U0808704

# 满铁农村调查

（总第6卷·惯行类第6卷）

（下）

徐勇 邓大才 主编
李俄宪 主译
华中师范大学外国语学院日语系翻译团队 译
邓大才 张晶晶 校订

中国社会科学出版社

# 资　　料

# 1942年5月

## （河北省邢台县七里河附近水惯行资料（一）—（八））

调查员　山本斌

本资料是1942年4月至5月在河北省邢台县做关于水的调查时，收集的相关簿册、碑文等资料，没有辑编号，作为资料分为八册誊写印刷出版。为方便使用者，特地请天海谦三郎在各个开头附上了注解。

### （一）东汪闸、溥济闸部分

东汪村的河簿　　　　　　　　　　在木头上贴上绢布染成了金色

封面　纵34cm　横27cm　　　　　里面的纸是在布上贴着上等的纸

上下各缝入3cm的青线

（这个账簿是道光八年编写的，在首页叙述了古南沟开凿的沿革，然后将用水的顺序按镰户按日列记的一种名寄账。据此我们可以知道此沟是明初东汪村（邢台县）民为了利用狗头泉灌溉而开凿，后隆庆年间由于白铺、大贤等村民企图使用其余水，特别新凿了沟渠，双方之间起了纠纷。从关于新沟（称作北沟）位置的相关信息到被叫作古南沟以及将旧沟称作正水，新沟称作余水，其用水率是六四分成，从灌溉地多的人公选出老人、小甲等沟渠管理人，20天作为一个用水周期，按顺序轮流灌溉的规定。调整后用水权者的移动相当频繁地进行，再加上每次其名义的变更，其中除庙名、堂名以外，还有袁家老门、袁家合族等族产，记录的赵王氏、胡豆氏等寡妇名等内容也值得关注（与此相同的一例在后附的各个簿册中也可看到）。而且也有对于被称作公镰的老人、小甲等管理者提供的报偿性用水权的解答。

虽然不期望正确理解镰的意义，好像是从在沟渠开凿时出工的劳动力——使用的工具铁镰——而得出的称号，其单位有：张（一张也有记名）、分、厘、毛、丝、忽等十进法，拥有一张镰（用水）的人拥有50亩的耕地灌溉权（参考本卷第106辑水篇第11号246页[1]吴村，陈积善家人谈以及248页关湾河使水规则第1—2行）。本文中的句号和顿号以及行侧的圈点是注解者为了引起注意而附加的，上述内容以此为标准。

古南沟记

---

〔1〕 译者注：此处的页码是指引文在日语原书中的页码。

古南沟即狗头泉之下谅也、明处泉水甚盛、泛滥洋溢、自武家庄村北以及小汪村并东汪村东入七里河、本乡父老、因泉水势险镰开导源头、自西而东、中腰自南而北、末复自西而东、以灌一村之田、但水势甚大、非一沟所能盛、因于小汪村南、复开小沟、将水退归七里河、以杀其势、且亦以便春夏闭河疏瀹地、此时只名狗泉河、原无南沟之名、至隆庆年间、白铺大贤等村、见余水闲归七里河、因约共开河道、本乡不允、白铺大贤等村叩禀本县耿公讳鸣世驾亲勘验、见水闲退七里河、谕本乡父老、曰与其将水置之无用、不如公之邻乡、且二沟既开、东汪先古子灌溉之利、本乡父老不敢违抗、耿公遂命白铺大贤等村、将退水沟头建立石闸、而通沟北沟开焉、但狗泉河开自东汪、与二沟同其劳逸非理也、二沟使余水、与东汪正水停使、亦非理也、因命二沟、将狗泉河上流修闸挑河一切经费、二沟分代、狗泉河止从与北沟分水处疏瀹、盖狗泉河创劳于始、二沟代劳于终也、又命通沟八寸、仅使水十分之四、北沟八村亦仅使水十分之四、东汪一村独使水十分之六、盖也明正水余水之分也、又恐两沟年深日久、愈展愈广、不复四分之利、故于通沟河口安立石闸、较狗泉河闸狭二尺、北沟河底甚低、故于河口横堵牙石、雨旁上下俱用石铺压、使水从牙石上滴落、仅合四分之利、盖不特欲二沟四分之利、万年不坏、且以预绝后世争端也。

通沟北沟既开、狗泉河下流居其南、而古南沟遂名焉、此古南沟得名之由、与二沟分水之利也、至若古南沟执事之利、老人小甲轮流充膺、地多者为率、不得推诿、使水之期一昼一夜、共镰五张、二十日一轮、不得混乱、此古南沟执事使水之例也、嗟乎石闸牙石既立、众者不得暴寡、水期镰张既分、强者何至凌弱、此皆耿公之公明、本乡父老之余泽也、故著之簿首、使后世有所考据、云。

第一日

李建白镰一张、杨致节镰一张、王恺镰一张、杨三春，杨三典，杨三会，镰一张、杨文旅镰六分、杨文成镰四分

贴纸——

20c

| |
|---|
| 王恺将水一张、卖与杨元亮名下<br>同治元年 |

6c

一　但是以下大小不定

二　只贴了上部

三　普通的纸

第二日

袁家庙镰五分、袁耀斗镰五分、袁新林镰五分、袁绍孔镰一张二分九厘一毛、袁照斗镰一张二分九厘一毛、袁起元镰九分一厘七毛

| |
|---|
| 民国元年九月初八日<br>杨国珍买杨学文第三日水镰七分、<br>係日落使水、同中人杨景珍 |

贴白纸

| |
|---|
| 同治八年二月二十四日<br>袁大孝把袁绍孔第二日镰五<br>分，同梁兴卖干董正治名下<br>午时接水 |

贴白纸

第三日

杨孟吉镰五分、胡宗先镰一张、杨庸德焕镰一张三分、杨学文镰二张二分

第四日

李起镰五分、李超林镰五分、杨明德镰二张、袁分泰钦恭镰二张

| |
|---|
| 咸丰十年十一月十六日，杨珍买李福田<br>第四日水镰五分同杨名成 |

真贴
红纸

| |
|---|
| 同治四年十一月十六日、<br>○○○○○○○○○<br>袁明道把袁文钦第四日水镰五<br>○○○<br>分、卖与袁升堂名下 |

贴白纸

第五日

钦

袁文　镰一张、胡宗先镰一张五分、宁达镰七分五厘、杨际春镰七分五厘、杨仁

泰

普镰一张

| 白贴纸 | 红贴纸 |
| --- | --- |
| 第五日<br>袁家庙买宁达镰七分五厘 | 同治五年十一月十三日、杨珍买赵王<br>氏第五日水镰五分、同人梁兴 |

第六日

胡宗瑗镰一张六分五厘、杨士恒镰八分、胡宗先镰一张二分五厘、李登镰一张三分

| | |
| --- | --- |
| 同治二年十一月十三日<br>绳武堂买胡豆氏（凤桐）第六日水镰七分五厘 | 振幽堂买胡凤山第六日水镰八分 |

第七日

李建白镰一张五分、李建邦镰五分、李科镰一张、袁文恭镰一张、李建科白登镰一张

同治六年十一月十六日、杨珍买杨刘氏第七日水镰五分、午时使水、同人董全义

李花荣买到李付名下第七日水镰半张、子时接水
光绪十年十月初一日

白

第八日

杨玉焕镰五分、杨俊才镰一张、李科镰一张、杨玉明镰一张、赵林山镰五分、杨玉明镰一张

道光十六年、绳武堂买杨俊才第八日水镰五分

第九日

刘万清镰一张三分、李杜镰六分、杨西成镰六分、杨西棚镰五分、王蓉镰五分、惠得心镰五分、王恺镰一张

道光九年二月十四日、杨志节同杨鸣高、买李恭第九日水镰六分、上至白，下至惠

红贴纸

杨志节买李杜第九日水六分

第十日

杨步云镰一张六分二厘五毛、杨振九镰三分六厘、杨麓三分六厘、杨懋镰三分六厘、杨见高五分四厘、杨见吉镰五分四厘、杨见广镰三分六厘、杨见知镰三分六厘、杨见可镰三分七厘、杨心粹/玉镰一分二厘五毛

十一日、袁家庙买袁老门镰二分

第十一日

袁家老门镰四张七分、胡凤羽镰三分

袁太来退与

袁合族名下水镰六分二厘五毛

十一日午后水

第十二日

杨学文镰五分、董彬镰五分、杨秉正镰五分、杨太 达王镰七分五厘　杨磨头镰七分五厘、杨名生/可才/方茂镰一张、张万库镰五分、张巽镰五分

第十三日

杨生贤镰九分、杨家庙镰五分、杨聚/金堂镰七分、杨三兴/俊镰六分、杨士忠镰三分、李金科/建白镰一张、李科镰五分、绳武堂镰五分

第十四日

杨玉明镰五分、杨见恭镰五分、胡验业镰五分、杨桢镰八分三厘、杨安镰二分一厘、杨顺/义山镰一张四分六厘、袁合族镰五分、李起镰五分

第十五日

袁绍孔镰一张、袁家庙镰五分、李起镰五分、胡宗先镰一张、胡宗瑗镰二张

第十六日

杨作明镰一张、杨文旅镰五分、杨存心五分、杨孟吉五分、杨兆吉镰五分、杨 兆吉 孟 金聲 镰一张 杨玉明镰一张、杨玉工/发财镰五分

第十七日

杨春荣镰一张、杨家庙镰七分、张万库镰五分、袁子继镰五分、胡宗瑗镰八分、袁绍孔镰五分、张万库镰一张

光绪四年春

第十八日

杨心正镰二张、杨玉明镰一张、杨家庙镰一张、杨玉焕镰一张

第十九日

杨步云镰五分、杨法福镰五分、杨元春镰一张五分、杨士恒镰一张、杨法仁镰一张五分

袁仁将袁绍孔十七日水镰五分、卖于袁
家庙使用

白

光绪二十二年
杨书德将杨存心十六日水镰五分、买与恭名使
用、同人董八月/杨景俊　午时接水

袁大清买袁绍孔水镰二分五厘
袁大清又买袁绍孔水镰二分五厘

白

第二十日

杨家庙镰一张、胡宗先镰一张、杨隆春/隆实/隆林镰一张、李栎镰一张、杨的文镰五分、王容镰二分五厘、惠得心镰二分五厘

第二十一日

老人小甲公镰五张

邢台
县印
道光八年八月
??
??

这个印章和河会的河簿的印章相同

日立

东汪闸水簿

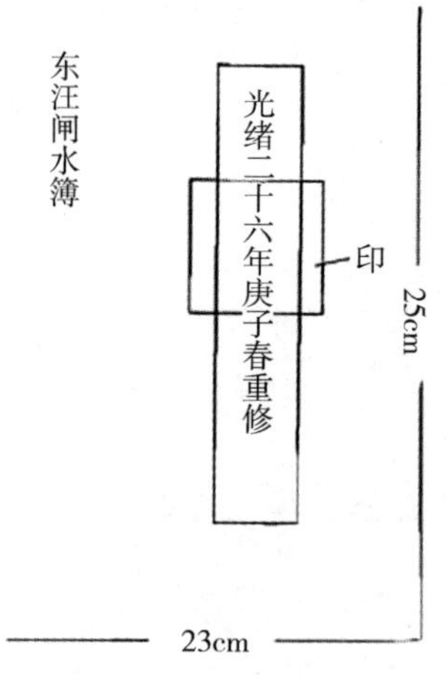

东汪闸水薄

（这本账簿是光绪二十六年重修的东汪闸用水权者的地亩册。一开始提出了两项规约，明确了合计镰数、小甲等工程赋役免除的特别恩典以及闸、桥梁等修理责任，然后记载了邢台县知县的和同闸的用水方法有关的训令，将以下各村的用水权者和镰数按小甲列举。只有在任麻村的尾页附上（275 页[1]）对于景致向的头工以下任好名的捌工（开凿工程的赋役出力？[2]）合计镰一张，这可以理解为符合知县令中的所谓的“有工小甲”的有工的人。后半是因为沟渠开凿而收购的用地面积、买价、报偿物件的明细。本册里也有大量宗祀堂、衍庆堂等堂、会、庙、社、号等自然人以外的镰户名。但是由于用水权者的移动而导致的名义变更极少。）

光绪庚子春重修

东汪河闸章程款项、开列于后

一　三村切镰三十六张、每春初桃河、所有小甲十二名、应出镰夫、因当初各家先人创造河闸、操心劳力、买人地基、用银八十八两二钱零三厘四毫、又包地主麦子十三石零一升、三村因伊等如此辨理、所以充膺小甲、传流后人、永不出夫、将每村四名小甲之镰、散派公中

二　普及闸、永济闇、永利闸、三闸、当初创立、东汪闸槽县盖普济等闸之上、若东汪闸坏漏、我等即难使水、以故普济等闸与我三村有四讨项、无论何时、每逢东汪闸损坏漏水、普济等三闸允许急速补修、如迁延时日、许我三村送官宪治之、永利闸借用东汪闸河身百二十步、每年春初开工、仍系我等三村挑河出夫、至下游有桥三座、更有闸石桥一座、此四桥如或损坏、系任村四小甲所管修筑、因此一件注明

直隶顺德府邢台县为遵照东汪闸开自永乐年间、以得民便事、务照后开有工小甲镰夫、各依派定日期时刻、挨次轮流使水、毋得混乱抢夺偷使、如违、许本闸老人执各禀报、定行以法究治枷号、决不轻恕、须至薄者

计开

东汪闸老人　　　李振声

河会村小甲四名　窦堪　李凤珍

（271 页[3]珍字写成琴子）

李振鹭　李陈义

（272 页[4]开始补入）

大贤村小甲四名　高合　高遇周

---

〔1〕译者注：此处的页码是指引文在日语原书中的页码。

〔2〕译者注：原文如此。

〔3〕译者注：此处的页码是指引文在日语原书中的页码。

〔4〕同上。

高逢林　韩秉彝　斌一赤

任麻村小甲四名　任清才　任兆庆

任好才　任兆瑞

双楼村小甲一名　赵斌

唐家庄小甲一名　唐秉性

共管镰一百张零六分二厘五毫

河会村共镰三十二张五分

小甲窦堪　管镰八张三分

硃批、以上逐名过割、如违抗不服者、原产带来

窦　让　一分五厘

窦定宇　七分四厘

韩春泰　一分八厘五毫

南九官　一分八厘五毫

张玉泰　一分七厘五毫

窦河成　一分七厘五毫

南凤翔　三分

窦　祖　一张一分

景庆文　二分

窦　兰　二分五厘

窦　名　一分五厘

李　怡　一分五厘

李　性　一分五厘

李　情　五分

景周功　四分

景保坤　二分

窦　铎　四分五厘

宝锡禄　三分

张三省　二分

宗祀堂　二分三厘

宝培兰　一分四厘

窦　恺　六厘

李　仲　一分

李疼妮　一分

晏如堂　一分七厘

李　尚　七厘

宝　达　二分

谭长玉　一分

杨有信　一分
景公田　一分七厘
师　有　三分
楊大勋　一分五厘
窦宪天　一分五厘
张玉德　一分
窦庙成　一分
共鐮八张三分
小甲李凤琴　管鐮八张三分二厘五毫
李廷谔　一分五厘
李凤琴　二分二厘七毫
景奉熙　四分
景盛文　二分五厘
景冬令　二分五厘
景西荣　一分五厘
景万令　二分五厘
景建中　五分
景会明　七分五厘
景兆凤　一分五厘
景德星　二分五厘
南凤翔　三分五厘
楊梦魁　二分零五毫
张玉泰　四分三厘五毫
杨梦熊　六厘五毫
张共功　五分
张玉山　一分
张　兰　二分
张　祖　四分五厘
窦景伊　一分七厘五毫
窦景周　一分七厘五毫
景清仁　二分
玉景祥　二分
李舒帛　二分
张聚奎　七厘
窦　铎　七分
南九徐　二分
张四門　一分五厘

窦会意　一分
程有德　一分六厘
景鸿儒　二分二厘三毛
衍庆堂　一分四厘
共镰八张三分二厘五毫
小甲李振鹭　管镰八张一分八厘
李振声　一分八厘六毛
李台起　二分五厘
李三元　一分
李在珠　七分一厘
张云才　九厘
李义宗　七厘八毫
李　挥　三分七厘
李以南　一分七厘二毫
李　庚　一分
窦打控　二分
惠济桥　四分一厘八毫
李　慉　三分
受福会　二分一厘七毫
宝世昌　四分五厘
李凤我　一分二厘
李凤鸣　一分二厘
高处芳　二分五厘
李贵山　一分四厘七毛
李　怡　二分
衍庆堂　九分九厘
李乘法　四分五厘
李　起　二分五厘
王景祥　一分一厘二毫
高以信　一分
高兆琴　五厘
张聚奎　七厘五毫
张连奎　七厘五毫
杨树德　二分五厘
李　恂　四分
三官庙　二分
李先德　二分

杨可意　三分

景好人　二分五厘

共镰八张一分八厘

小甲李陈义　管镰七张六分九厘五毫

李　哲　二分八厘四毫

李　哲　二分

东李祖　九分一厘

南贡玉　一分一厘

南贡〇　一分七厘五毫

关帝社　一分一厘

张其颖　二分五厘

李　怡　八厘

窦树滋　一分八厘五毫

义学社　二分二厘一毫

宝　恺　一分六厘

杨梦魁　二分七厘

张任成　二分六厘

李中和　五分八厘六毫

师学我　二分

笃亲堂　三分五厘五毫

景业修　三分

景　三　八厘

师　有　一分三厘

三官庙　一分

窦洪爱　二分二厘

李　生　七厘五毫

窦　行　一分五厘

受福会　二分

宝洪德　二分五厘

火神会　七厘五毫

景庆文　六厘五毫

景林芳　九厘

景绍周　九厘

景化致　二分

景元英　一分三厘六毫

景偏妮　一分三厘六毫

景明文　六厘五毫

景思文 七厘五毫
景宅善 七厘五毫
景书文 一分
窦 媪 一分二厘
窦 坦 一分八厘五毫
窦树嘉 一分五厘
共镰七张六分九厘五毫
大贤村共镰三二张零七厘五毫
小甲高 合 管镰七张四分四厘
高四门 二分
张可成 六厘
石白修 二分
牛王社 三分八厘
石白起 三分
高 秀 三分
管富文 九分八厘
张玉泰 一分五厘
张连奎 一分五厘
张聚奎 一分五厘
张 亮 一分
张仁贵 一分
杨梦熊 二分九厘三毫
景有活 三分九厘三毫
梁复成 一分八厘
景会同 一分五厘
景建中 三分
张连奎 二分
张聚奎 一分
管富文 三分五厘
张魁才 二分
张世奎 二分五厘
张世奎 六厘
高文岳 一分五厘
张家庙 一分五厘
张占魁 一分
三运堂 二分三厘
左玉琳 一分四厘六毫

左庚辛　一分四厘六毫
左鸿宝　一分零八毫
高　经　二厘二毫
高金生　二厘二毫
高金鉴　二厘八毫
高金义　二厘八毫
高进良　一分
高宪先　五分六厘
进远堂　四厘
关帝庙　一分
共镰七张四分四厘
小甲高遇周　管镰七张三分六厘
张连奎　三分二厘五毫
左玉琳　二分五厘
张世荣　二分
张世显　五厘
左保元　二分五厘
张　润　七厘五毫
高　福　三分七厘五毫
高兆琴　一分
高建中　四分二厘五毫
景大沈　二分
石自起　三分
石自修　一分六厘
高辉先　一分四厘五毫
高　林　三厘
高兆琴　五厘
张文玉　二分
高庭芳　四厘一毫
高兆礼　八厘四毫
高振先　二厘五毫
高全白　一分五厘
高全生　七厘五毫
高金义　七厘五毫
韩百九　二分　厘五毫
牛王社　三分五厘
韩　文　二分五厘

张聚奎　二分零三毫
张连奎　二分零二毫
张玉德　二分
管富文　二分二厘
杨梦魁　一分五厘
昌盛号　一分
张运兴　七厘五毫
张　庆　七厘五毫
张聚奎　一分五厘
张玉泰　一分五厘
张　泰　一分五厘
景义忠　一分
景长龄　一分
景长度　一分
景叙春　一分
景玉丕　二分
高运道　八分五厘
张　润　一分五厘
共镰七张三分六厘
小甲高逢林　管七张二分八厘九毫
高逢林　二分五厘
高逢名　二分五厘
高与先　三分五厘五毫
高来先　三分七厘五毫
昌盛号　五厘
杨成祀　二分
张美普　一分
石白修　一分五厘
高逢德　三分五厘
张世荣　五厘
牛王社　一分五厘
高　眠　三分
张　太　二分
南庭槐　一分四厘
南宝仁　一分四厘
高春芳　二分五厘
张运兴　一分五厘

张成义　　七厘
高金成　　四分八厘
四盛堂　　九厘二毫
张玉泰　　九厘二毫
张秉魁　　九厘一毫
高　荣　　五厘
任家庙　　一分
任士豪　　二分
左保元　　二分九厘二毫
左玉琳　　一分一厘
王玉堂　　二分四厘
左宗顺　　二分九厘二毫
左宗于　　七厘
左宗敏　　七厘
石白修　　一分
管富文　　三分
张　福　　三分
张谓清｛后出｝一分五厘
张文玉　　一分
张文志　　五厘
张　润　　二分
张任成　　一分
李　愉　　二分二厘
共镰七张二分八厘九毫
小甲韩秉彝　管镰七张四分五厘八毫
韩百凤　　三分三厘
张谓清　　二分
韩　文　　二分
景遂来　　一分
景长庆　　一分六厘五毫
景雄妮　　二分六厘五毫
民国二十二年三月二十五日退到韩百云名下一分六厘
景盛文　　一分八厘
南集祥　　一分八厘
南振祖　　一分八厘
南景思　　一分七厘
高凤举　　二分

刘相公　　六分七厘
武　申　　四分
韩据德　　一分
管富文　　七厘五毫
管　春　　一分零一毫
高　祥　　六厘三毫
高　康　　六厘三毫
景公由　　二分二厘
景恪槐　　二分五厘
张奇珍　　一分七厘
张家庙　　五厘
张家庙　　二分
张其才　　二厘
李　庚　　五厘
武起行　　七厘
武开运　　二厘九毫
武凤翔　　二厘八毫
武德顺　　二厘八毫
韩共宗　　一分
韩秉正　　七厘
韩　纯　　七厘
韩秉科　　七厘
杨致美　　一分三厘
张士魁　　二分三厘
共镰七张四分五厘八毫
任麻村共镰二十一张五分
小甲任清才　　管镰五张三分七厘五毫
任清才　　四分七厘五毫
祀先堂　　三分
谭长信　　二分七厘五毫
谭庆贤　　一分一厘九毫
谭长明　　一分一厘八毫
谭祥云　　一分一厘九毫
谭官妮　　一分一厘九毫
师学礼　　二分
杨成祀　　八厘
谭长玉　　二分二厘

景世襄　二分
李化鹏　一分五厘
景由仁　二分五厘
景元善　一分
段桂林　二分
段刚旦　二分
任希祖　一分
景宝年　一分
任得福　五厘
南九德　二分
张二朋　六厘
景震海　一分六厘
景绍闻　二分
景二喜　六厘
景三喜　六厘
景文礼　一分
杨福祥　一分
景绍孔　二厘五毫
景绍廉　二厘五毫
任家庙　一分五厘
南九霄　二分
任金法　六厘
郝孔学　三分
任宗堂　五厘
杨示清　一分二厘五毫
杨　襄　一分二厘五毫
共镰五张三分七厘五毫
斌—朱
小甲任兆庆　管镰五张三分七厘五毫
南九德　一分
「任心良　七厘」——朱
名
任得敬　一分六厘
亮
任学启　一分三厘
景绍孔　二分
景绍基　六厘

韩致奉　二分三厘三毫
韩当住　三厘八毫
韩尊林　二分五厘九毫
韩官堂　三厘五毫
韩春太　三厘五毫
韩尊义　一分五厘六毫
韩尊魁　一分一厘六毫
韩尊仁　二厘九毫
韩尊礼　二厘九毫
韩尊信　二厘九毫
韩桃妮　二厘九毫
韩等堂　五厘二毫
谭祥云　一分
景世芳　一分五厘
任得礼　一分五厘
南宝仁　二分
南领太　一分
景应田　五分六厘
景公田　五分五厘——朱
果偏妮　二分
王福堂　二分零五毫
景郁文　二分五厘
景德宝　二分五厘
景三勋　二分五厘
「景琮光　二分七厘」——朱
景清泰　一分
景珍祥　一分
南九宵　七厘五毫
靳元庆　二分七厘五毫
景震云　一分五厘
景绍闻　七厘

共镰五张三分七厘五毫

小甲任好才共管镰五张三分七厘五毫

任好才　一分零六毫
任兆潭　三分
杨示手　三分三厘一毫
任得英　五分三厘

谭腊妮　三分
谭长信　八厘
景致向　三分一厘
景绍闻　一分一厘四毫
景林芳　一分八厘四毫
任文泉　一分五厘
任文上　一分五厘
任清秀　一分八厘
任士贵　一分
任学好　一分
景世昌　一分八厘五毫
慎祖堂　一分八厘五毫
景应田　三分
景重德　三分
任好名　一分五厘
任鸿挨　二分六厘一毫
景番岩　一分六厘九毫
任好光　一分七厘
任士美　三分
任好量　七厘
韩尊仁　五厘
韩尊我　五厘
陈凤鸣　一分二厘五毫
南贵成　一分二厘五毫
共镰五张三分七厘五毫
小甲任兆瑞管镰五张三分七厘五毫
任兆瑞　三分六厘五毫
景世襄　三分五厘
任家庙　一分五厘
景林森　二分四厘五毫
任兆潭　八厘五毫
任学兴　二分二厘
左得虎　二分五厘
南领泰　五厘
景考成　一分
任青山　一分七厘
任士兴　一分

任金忠　五厘

景文人　一分五厘

景巨川　一分五厘

景武仲　六厘七毫

景季冬　三厘三毫

南如意　一分七厘五毫

景兆麒　一分七厘五毫

景三元　二分五厘

景如锡　二分

景　明　一分五厘

杨家祖　二分

孟　芝　二分

杨振保　一分

杨示盛　一分

杨示清　一分

任清美　四厘

景宝年　一分五厘

景致向　头工

杨致富　二工

景致向　三工

任得昌　四工

任之惠　五工

任好名　六工

谭长信　七工

任好名　八工

以上八工共镰一张

共镰五张三分七厘五毫

双楼村共镰七张

小甲赵　斌

赵九鳌　一张

赵安仁　一张

赵一仁　一张

赵安康　一张

赵卑柞　一张

赵安太　一张

安常

赵五极林　一张

唐家庄共镰六张

小甲唐秉性

唐士皋　一张

唐桂英　一张

唐正己　一张

陈启的　一张

唐士金　一张

张登云　一张

唐汪子　一张

唐三才　一张

唐开雨　一张

唐克让　一张

买地挑沟使银记

计开沟宽三丈八尺五寸

郑守良、郑守才地三段共地五分五厘五毫、价银一两五钱

包麦子四斗五升

杨汝圣地二分、价银五钱四分　空地

杨汝平地一分二毫、价银二钱七分二厘二毫　空地

杨之栋地二分价银五钱四分　空地

周氏地一分二毫、价银二钱七分二厘二毫　空地

杨文焕地四分九厘五毫、价银一两三钱四分

包麦子二斗

白孝子地一亩七分二厘、价银四两六钱四分四厘

包麦子七斗三升

杨时尹地八分一厘二毫、价银二两一钱九分四厘

包麦子三斗

杨三孝地二段共地九分二厘一毫、价银二两四钱八分四厘

包麦子九斗二升

韩氏地二分七厘、价银七钱三分

包麦子三斗

杨克俊地二亩一分九厘二毫、价银五两九钱

包麦子一石六斗四升

杨三揖地一分五厘、价银四钱三分二厘

包麦子二斗五升

杨尔勋地二分六厘、价银七钱二分

包麦子二斗五升

杨于业地六分三厘、价银一两七钱一厘

包麦子三斗

杨汝松地二亩一分二厘三毫、价银五两七钱三分四毫 空地

袁可法地二段三亩三分二厘、价银九两八钱九分 空地

杨谈地三亩八分九厘九毫、价银十两五钱三分

包麦子二石三斗

杨克孝地一亩九分六厘、便银五两二钱五分二厘

包麦子一石二斗

杨手世地三分三厘、价银九钱

包麦子五升

杨文煌地三亩四分、价银九两一钱八分

包麦子三斗

郑守印地三分四厘五毫、价银九钱三分一厘

包麦子和树价大钱三百五十文

杨复许地五分四厘、价银一两四钱三分一厘

包麦子四斗

杨桐地二分、价银五钱四分

包麦子一斗六升

杨汝枝地一亩五分、价银四两五分 空地

李印地三分四厘、价银九钱一分八厘 空地

杨祖述地一分九厘、价银五钱三厘

包麦子一斗九升

杨时言地八分二厘、价银二两二钱一分四厘

包麦子六斗

丁尔禄地一亩三分、价银三两二钱四分

包麦子一石

高北英地一亩四分一厘、价银三两三钱八分五厘 空地

李氏地一亩、价银二两七钱 空地

张明选地七分五厘、价银八钱

包麦子七斗

杨三礼地九分八厘、价银二两六饯四分六厘

包麦子六斗二升

杨克俊地一分一厘、价银三钱 空地

杨明儒地一分一厘、价银三钱 空地

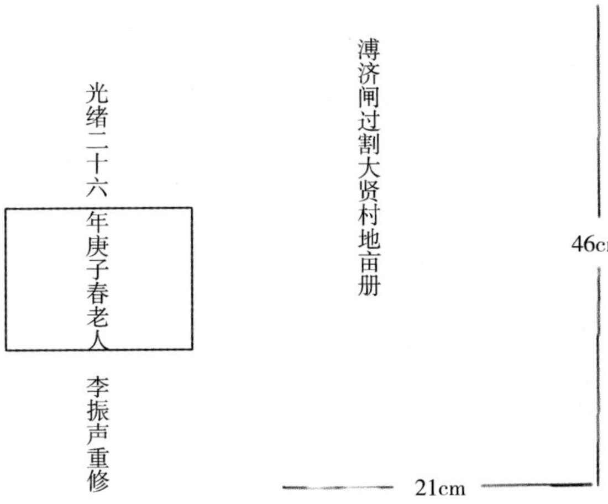


溥济闸过割大贤村地亩树株列于后

张玉铨

南北地一段长活（活是阔的简体字）十七步一小尺七寸

算地三分三厘九毛五系（丝的简体字）七忽

东西横活四步三小尺五寸

南北地一段长活九步四小尺六寸

算地六分四厘二毛三系二忽

东西横活十步二小尺七寸

南北地一段长活九步四小尺六寸

算地一分四厘二毛一系八忽

东西横活二步三小尺二寸

南北地一段长活九步四小尺六寸

算地三分三厘零六系七忽

东西横活八步

南北地一段长活九步四小尺六寸

算地一分九厘八毛四系

东西横活四步四小尺

以上地五段、共算地一亩六分五厘三毛一系四忽

张玉顺

南北地一段长活四十六步三小尺

算地六分四厘七系五忽

东西横活三步一小尺五寸

南北地一段长活九步四小尺六寸

算地一分四厘五系三忽

东西横活三步二小尺

以上地三段、共算地七分八厘一毛二系八忽　树三株

刘邦山

南北地一段长活九步四小尺六寸

算地三分九厘二毛六系七忽

东西横宽九步二小尺五寸

南北地一段长活九步四小尺六寸

算地一分六厘九毛四系六呼（呼是忽的一般形）

东西横活四步五寸

南北地一段长活九步四小尺六寸

算地三分五厘九毛六系

以上三段、共树二十七株

东西横活八步三小尺五寸

南北地一段长活一百八十七步

原买地五亩

东西横活未丈量

丘凌高

南北地一段长活十七步一小尺

算地三分八厘七毛

东西横活五步二小尺

南北地一段长活十七步一小尺

算地二分二厘二毛一系七忽

东西横活三步五寸

南北地一段长活十步一小尺

算地二分二厘五毛二系五忽

东西横活五步一小尺五寸

南北地一段长活十步一小尺

算地一分七厘

东西横活四步

以上地四段、共算地一亩四毛四系二忽　共树十株

高立德

南北地一段长活四十六步三小尺

东西横活六步一小尺

张进善

南北地一段长活九步四小尺六寸

算地一亩二分三毛八系三忽

东西横宽六步一小尺　树十七株

张彦正
　　南北地一段长活九步四小尺六寸
　　　算地一分四厘四毛六钱七忽
　　　东西横宽三步二小尺五寸　树二株
丘尚奇
　　南北地一段长活十步一小尺
　　　算地三分二厘三毛
　　　东西横宽七步三小尺
　　南北地一段长活十步一小尺
　　　算地一分七厘
　　　东西横活四步
　　以上共地二段、共算地四分九厘三毛　共树六株
丘尚志
　　南北地一段长活八步
　　　算地三分六厘六毛六系七呼（忽）
　　　东西横活十一步
管大顺
　　南北地一段长活十七步一小尺
　　　算地三分八厘七毛
　　　东西横活五步二小尺　树六株
左来朝
　　南北地一段长活十七步一小尺
　　　算地七分五厘九毛六系七忽
　　　东西横宽十步三小尺
管立己
　　南北地一段长活十步一小尺
　　　算地三分三厘一毛五系
　　　东西横活七步四小尺　树三株
管相寰
　　南北地一段长活十步一小尺
　　　算地一分五厘七毛二系五忽
　　　东西横活三步三小尺五寸　树四株
管立昌
　　南北地一段长活十步一小尺
　　　算地一分五厘七毛二系五忽
程德庄
　　南北地一段长活十步一小尺

算地二分三厘七毛一系五忽
东西横活五步二小尺五寸　树一株
程德雄
南北地一段长活十步一小尺
算地二分三厘三毛七系五忽
东西横活五步二小尺五寸
张元善
南北地一段长活十步一小尺
算地二分三厘三毛八系
东西横活五步三小尺　树三株
刘邦汉
南北地一段长活十步一小尺
算地二分三毛八系
东西横活五步三小尺
南北地一段长活九步四小尺六寸
算地二分八厘九毛三系三忽
东西横活七步
以上共地二段算地五分二厘三毛一系三忽　共树三株
张玉成
南北地一段长活十步一小尺
算地三分二厘三毛
东西横活七步三小尺　树五株
张明凤
张明选
张择善
南北地一段长活十步一小尺
算地三分二厘四毛
东西横活七步三小尺五寸　树四株
张玉成
南北地一段长活九步四小尺六寸
算地六分七厘六毛二系
东西横活十六步一小尺八寸　树十八株
丘崇高
南北地一段长活九步四小尺六寸
算地八分九厘二毛八系
东西横活二十一步三小尺　树三十株
高良弼

南北地一段长活九步四小尺六寸
算地二分一厘四毛九系三忽
东西横活五步一小尺　树六株
小来家
高北杰
高崇德
东西地一段长活五十三步
算地二亩三分二厘七毛五系八忽
南北横活十步二小尺七寸　树七十七株
武应举
南北果一段长活一百七十步
算地四亩一分五厘
东西横活六步　树六十三株
高良红
南北地一段长活一百四十步　原地五亩
东西横活未量　又一段原地四分　树五十四株
张择善
南北地一段长活九步四小尺六寸
算地二分八厘一毛六系七忽
东西横活六步四小尺
张文明
南北地一段长活九步四小尺六寸
算地二分八厘一毛六系七忽
东西横活三步三小尺
张明武
南北地一段长活九步四小尺六寸
算地二分零六毛六系七忽
东西横活五步
张明凤
南北地一段长活九步四小尺六寸
算地一分零三毛三系三忽
东西横活二步二小尺五寸
丘东周
南北地一段长活十步一小尺
算地五分八厘二毛二系五忽
东西横活十三步三小尺五寸
东西地一段长活五十一步三小尺五寸

算地二亩一分八厘六毛四系七忽

南北横活西横九步四小寸

东横十步二小尺五寸

以上地二段、共算地二亩七分六厘八毛七系二忽　共树卅九株

高应坤

南北地一段长活十步一小尺

算地二分八厘九毛

东西横活六寸四小尺

丁尔禄　原买地一亩五分

张明选　原买地一亩　树三十二株

胡　宅　原买地二亩五分　树二十三株

黄　宅　原买地五分　树七株

王钦高　原买地一亩三分

丁尔明　原买地五分

高碧芝　原买地一亩五分

武尚仁　原买地一分　树一株

丘尚忠　原买地一亩五分　树四十一株

硃批、以上逐名过割、如违抗不服者、原产带来

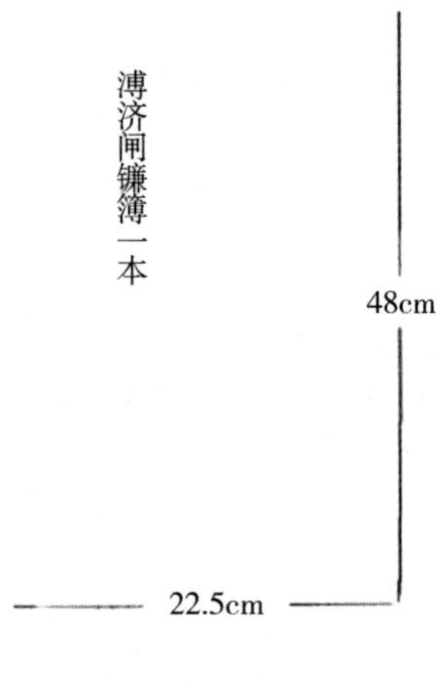


（这是溥济闸用水权者的地亩册。此闸是明代石井、张家屯村等7个村的村民开凿的耳沟（从本沟分流出去的支流沟渠），位于其上游的东（汪）、永（利）二沟之间屡起纷争。自从清朝开始，以洪水泛滥沟渠破损为契机重修、投票选出老人、总管、小甲等管理人重新制成此账簿，为了获得权威性还得到官宪的认证。关于用水期间，轮流使用，沟渠以及其他设施的保护，用水权得失转移的违反规则等被刊登出来，且记下每个村的用水权者、镰数、用水日程表，并且在册子的末尾还记录了道路、桥梁等的修理责任规约。写于乾隆二十二年二月。顺便说一句，橙槽的橙字，磴应该才是正确的。）

直隶顺德府邢台县重修溥济闸、为均水利、塞弊宝、以杜绝争端事、邢治迤东离城二十里许有石井、张家屯等七村、地居众闸下流之冲、旱不得分其膏、涝则尽为泽国、父老忧之、公举老人史子先、控其辞于明朝兵备道庐大老爷、本县张老爷申请、在郑家湾建一耳闸、命其名曰溥济、于是按地派镰、按镰兴工、按镰使水、以镰之多寡使水之多寡、无有偏而不公者矣、嗣后工已告成、有东永二闸、居上流者妒忌业生、将已换之沟渠屡行盗决、致溥济之众居下流者、有闸与无闸同、幸而清廉杨太爷亲诣郊原、立察形努、洞如指掌、断令水利便民、不得私核、既相地势水势之宜、愿为新沟旧沟之换、东永二闸业居上流、水利已裕、溥济新沟桥梁橙槽修补三年为期、如仍前盗决、有三尺在下令垂之于石、以杜其弊、揆厥所自、岂易为力哉、至于

国朝定鼎、又有刁棍张玉铉生员、捏词具报、有本府清廉连太爷、本县米老爷、亲诣将其责惩、不意山水泛涨、闸被冲坏、民不得水、又公举老人史民钦总管史国柱、小甲张嘉会、史嘉典、史盛扬、史铎、王喜奎具状恩批重修、兹大工告成、爰是造簿一本、蒙本县高老爷砵批印信、但历年久远、人心鬼蜮、世俗豺狼、将原簿损坏、以致镰张不均、强梁者肆贪餮、儒若者徒劳费、有苦乐不均之弊、合闸老人小甲众镰夫、公同新造镰册一本、叩恳正堂清廉仁明马老爷砵批印信、将使水日期每月三轮、周而复始、十日为率、自下而上、不许错乱时刻、违者罚银十两、不许栏沟用土填塞、违者罚银十五两、不许盗卖镰张、违者罚银十两、不许上流私开子沟、违者罚银十两、不许镰张多寡不均、以致错乱、违者罚银十两、皆为修补桥梁橙槽之资、庶强者不得肆贪餮、懦弱不致徒劳费、行见膏泽下沛、不啻与渊俱深与流俱长矣、老人小甲姓名开列于后、以便遵守、以垂永远、预杜争端、是为叙

计开

| | | | |
|---|---|---|---|
| 河老 | 张起楼 | 总管 | 张得功 |
| 小甲 | 张开宗 | | 张有魁 |
| | 史大鹏 | | 苗来顺 |
| | 李荣 | | 阎如綍 |

石井等村共镰六十张、该分水六十九时五刻五秒、每月上拾日自初一日子时起、至初六日申时六刻七秒止、中拾日自初十日未时一刻八秒起、至十六日辰时七刻六秒止、下拾日自二十日卯时一刻三秒起、至二十六日亥时止

史一臣　镰一张六分五毛

史衍统　镰一张五分七厘五毛

史　煜　镰一张

史元臣　镰八分七厘七毛

史名臣　镰三分七厘

史王臣　镰五分

史王纯　镰五分七厘

史廷臣　镰二分七厘七毛
史帝臣　镰五分五厘
史　策　镰二分三厘二毛
史嘉玉　镰二分三厘八毛
史勋臣　镰三分
史衍绪　镰六分二厘五毛
史宗贤　镰六分
史宗禹　镰四分四厘五毛
史好仁　镰五分二厘八毛
史元儒　镰三分六厘八毛
史惟一　镰六分二厘
史贞一　镰六分四厘八毛
史敦一　镰三分五厘
史高一　镰二分四厘五毛
史永宁　镰二分八厘九毛
史　祯　镰二分八厘四毛
史　祥　镰四厘
史宗汤　镰三厘
史嘉福　镰二分三厘
史　月　镰三分二厘八毛
史　和　镰八厘
史陈善　镰九厘
史良陈　镰二分五厘五毛
史计勋　镰七厘
史计奉　镰一分五厘五毛
史文臣　镰七分
史三德　镰三分四厘七毛
史抱宝　镰一分
史抱朴　镰一分
史书一　镰二分
史三库　镰三分四厘三毛
史　当　镰三分三厘
史三网　镰二分五厘
史嘉斗　镰一分
史喜魁　镰三分
冯　氏　镰四分二厘
强家法　镰二分二厘

张家法 镰二分二厘
梁 升 镰二分八厘五毛
梁尽善 镰一分五厘
左邦成 镰五厘
郝玉林 镰三厘
郭自明 镰一分五厘
苗来顺 镰二张二分七厘二毛
史鑽盛 镰一张二分五厘四毛
史 信 镰一张五厘
史传心 镰九分三厘五毛
史传业 镰四分四厘五毛
史傅真 镰六分五厘九毛
史中斗 镰八分五厘
史逢盛 镰八分九厘
史 立 镰八分五厘
史辅盛 镰三分八厘三毛
史羽盛 镰五分
史夔龄 镰七分二厘五毛
史连城 镰一分
史 珣 镰一分三厘五毛
史扬盛 镰四分四厘八毛
史亮采 镰一张七毛
史重义 镰二分五厘八毛
史经方 镰三分五厘
史继盛 镰四分九厘三毛
史颂盛 镰四分四厘七毛
史维斗 镰一分九厘
史傅信 镰二分三厘五毛
史傅法 镰一分八厘一毛
史记德 镰八厘三毛
史记功 镰一分三厘
史记魁 镰六厘
史方成 镰七厘三毛
史光耀 镰三分七厘
史光才 镰一分六厘
史学孔 镰六厘
陈尚志 镰四分五厘

段色白　镰二分
高起德　镰一分七厘
王登良　镰九厘
石之美　镰一分
吴兴邦　镰二厘
史民从　镰一分五厘
史民畏　镰四厘
史嘉吕　镰二分四厘
史民由　镰四厘
史民服　镰一分五厘
史国民　镰三厘
史光炸　镰一分五厘五毛
史民爱　镰一厘
史民信　镰一分
史宗孟　镰一分六厘五毛
史民望　镰二厘七毛
史民裕　镰一分三厘八毛
史升文　镰四厘
史嘉准　镰八厘
史鸣岐　镰一分四厘八毛
史　铎　镰三分二厘五毛
史王冀　镰四分三厘五毛
史　鉴　镰四分三厘五毛
史嘉宝　镰一分六厘
史全忠　镰二分三厘
史全义　镰二分六厘
史金星　镰一分七厘
史金魁　镰四分七厘三毛
史金印　镰二分九厘
史民福　镰二厘
史宗颜　镰二分二厘
宁　焕　镰一分一厘
宁　秀　镰一分
宁　俊　镰二分二厘五毛
李景魁　镰一分零五毛
李交魁　镰一分七厘
李子俊　镰一分一厘五毛

李　云　镰三分九厘五毛
李子信　镰五厘五毛
李喜文　镰四厘
李　真　镰一分一厘
王好善　镰六分二厘六毛
王一心　镰四分四厘
王志善　镰四分四厘
王志全　镰一分
曹　龙　镰三分六厘五毛
萧善昌　镰五厘
窦全宝　镰五厘
唐开虔　镰一分
陈一秋　镰一分
唐时雍　镰一分
唐自富　镰一分
唐志巡　镰三分
王三江　镰三分
阎本见　镰三厘
陈俊德　镰三厘
陈其德　镰三厘
唐元臣　镰三厘
唐守宅　镰一分
阎进礼　镰一张四分七厘
阎世则　镰一张八厘
阎世深　镰六分三厘
阎进宝　镰五分
王文炳　镰三分四厘
阎如泽　镰三分六厘
王者起　镰三分三厘
王之桢　镰二分一厘
阎世累　镰三分八厘
王喜魁　镰三分八厘六毛
姬三来　镰五厘
许世田　镰七厘
阎世俊　镰九厘
王喜玉　镰四厘
王喜星　镰八厘

王本卿 镰五厘
王尧起 镰三厘
王之佐 镰三厘
王礼宝 镰一分六厘
王喜友 镰二分六厘
王本友 镰三厘
王志宾 镰五厘
王一仕 镰三厘
王喜好 镰七厘
王西堂 镰一分六厘
牛 阎 镰三厘
阎徒龙 镰一分
阎世奉 镰一分二厘
王国治 镰一分
王齐宝 镰一分
王文德 镰一分
阎世孔 镰七厘
王孟经 镰一厘
王喜高 镰二分一厘
阎计魁 镰八厘
阎如愚 镰一分七厘
阎嘉兴 镰三厘
阎文玉 镰二分五厘
王临宝 镰二厘
阎世耀 镰二厘
王国宝 镰四厘
高历年 镰五分九厘
薛 义 镰二分二厘五毛
薛全德 镰八厘五毛
薛崇德 镰三分五厘五毛
薛修德 镰七厘
薛万德 镰二厘六毛
薛 保 镰三厘六毛
薛有德 镰三厘六毛
薛成德 镰三厘六毛
薛自有 镰三厘
相崇好 镰一分六厘

相元振　镰一分三厘二毛

相元佐/臣　镰二分六厘

相崇义　镰三厘五毛

相元辅　镰一厘八毛

相国钦　镰一分四厘八毛

董德卿　镰六厘七毛

董天玉　镰六厘七毛

董天伦　镰六厘七毛

董自得　镰二分五厘

董天罔　镰六厘

董天贵　镰六厘

纽三玉　镰四厘

张家屯共镰四十张、分水四十六时四刻、每年上拾日自初六日申时六刻八秒起、至初十日未时一刻八秒止、中拾日自十六日辰时七刻七秒起、至二十卯时一刻七秒止、下拾日自二十六日子时七刻七秒起、至二十九日亥时止

张嘉会　镰四张三分五厘

张维翰　镰二张一分

张素志　镰三张五分五厘（以下张的地方原本是钱，可能是错别字所以改过来了）

张嘉语　镰一张三分五厘

张自强　镰一张三分五厘

张开凡　镰二张九分

张嘉美　镰一张二分

张廷相　镰一张九分

张廷秀　镰一张五分五厘

张廷辅　镰一张五分五厘

张嘉祉　镰一张四分

张加勉　镰二张

张素德　镰八分八厘

张所香　镰四张六分八厘

张国维　镰三张

张之觉　镰四分

张开山　镰三分五厘

张自然　镰一张一分

张起楼　镰七分五厘

张起炸　镰七分五厘

阎进礼　镰一张三分五厘

张沛然　镰一分

张仲民　镰四分
张得功　镰七分
史宗尹　镰四分
萧喜泰　镰五分
赵之功　镰二分
史大衡　镰一分五厘
陈来云　镰四分五厘
张　场　镰二分五厘
张素有　镰一张一分三厘
史　策　镰二分
张三贵　镰四张八分
张完性　镰二张八分
张会宇　镰五张三分
薛三夏　镰一分
张得功　镰三张三分
张　巡　镰七分九厘
张　惟　镰三分
张玉奇　镰七分
张三金　镰四分七厘
张三变　镰一张五分
张三杰　镰八分五厘
张三好　镰一张三分五厘
张启贺　镰一张二分八厘
张　府　镰一张六分五厘
路　照　镰六分
张　本　镰三张
张三思　镰七分
张　陶　镰三分
阎进礼　镰一分八厘
张起炸　镰五分二厘五毛
张三奇　镰三分
小王小　镰一张
王国法　镰四分
赵覆世　镰一张九分五厘
赵名世　镰二张二分五厘
王喜海　镰一张三分三厘
王印厂　镰一张三分

王　振　镰一张三分
朱英才　镰一张一分
张　场　镰六分六厘
张　堂　镰一分
李九思　镰四分
李从义　镰一张三分
韩文玉　镰一张九分六厘
韩文秀　镰一张
王孟权　镰二分
王之桢　镰三分
史扬盛　镰三分六厘
史衍统　镰一分
高三科　镰三分
高三宝　镰一张一分
高三光　镰一张
张所臣　镰一张五分
张问达　镰七分五厘
张维翰　镰五分
张所香　镰二张八分
张国维　镰五分八厘
王兆祥　镰四分五厘
高自方　镰五分
史从心　镰七分
王志喜　镰三分二厘五毛
阎本观　镰四分
张　金　镰三分七厘
张　崔　镰三张五分五厘
张　台　镰二张
王好善　镰二分
张有恒　镰二张六分八厘

张家屯村南子沟二道、村西官路北子沟一道、前石井村并开花屯村南子沟三道、村西路南子沟一道、后石井村北向相家屯子沟一道、阎家坟后子沟一道、系买史纳言地起新认镰、俱系此地下流至牛尾大河

乾隆元年春河老苗时伦、五小甲史晋、史阎尊、文张岭、史大幅、史伟、张际昌、挨官路桥新修护闸一座、闸系五小甲公修、官道系五小甲公修、路上桥梁磴槽、仍照旧规张家屯二小甲修补、写簿存照

计开小甲应修桥梁橙槽

杜家桥、吴家桥、石井西小甲独修、杨家桥、尹家桥、石井东小甲独修龙神庙后桥、孟家桥开花与后石井两半小甲独修、官路桥、临官路橙槽、双石、单石桥、小官道桥、张家屯桥二小甲公修、石牛庙渡单石桥、单楼橙槽、石井三小甲公修、左家桥、五小甲公修、其余桥梁橙槽、临近者修、不属老人小甲经理、存照

乾隆二十二年二月吉日

老人王柱臣、管史绍　　小甲　　李天福
王大任
史仲春
张元贵
张确
史大来

计开挑河大工

第一工闸至杨家桥

第二工杨家桥至关后桥

第三工关后桥至景家橙桥

第四工景家橙桥至苇园

第五工苇园至杜家桥

第六工杜家桥至双楼橙桥

第七工双楼橙桥至双桥

第八工双桥至子沟尽

## （二）永济闸部分

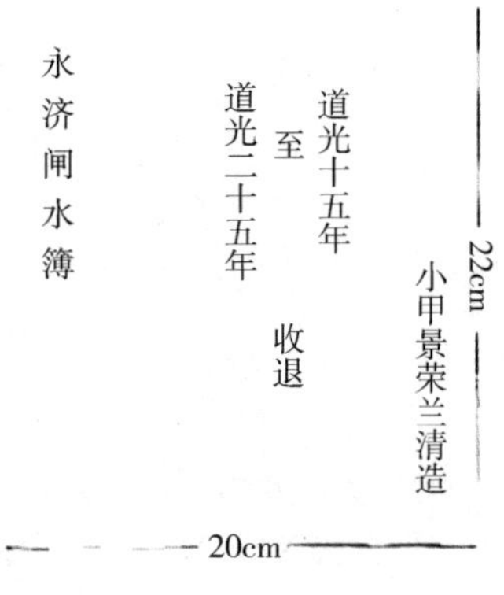


一小甲　镰七张六分六厘二毛

景孔章　换如廷　镰二分九厘四毛

退五甲韩法一分二毛

新立积德堂　　镰四分一厘二毛

收二甲南贡玉九厘九毛
景逢熙　　镰一张一分一厘九毛
退景官良五厘六毛　退五甲杨均五厘九毛
景麟祥　　镰一张七分七厘七毛
景仕朝　　镰二分五厘五毛
景仕廷　　镰一张八分零两毛
退景清盛三分　退景清玉二分七厘三毛　退景清芳二分五厘五毛　退景清涟一分　五厘二毛
景荣兰　　镰一分八厘三毛
景　忠　　镰二分六厘五毛
景清翰　　镰四分零六毛
景清晏　　镰五分六厘一毛
景长寿　　镰五分二厘三毛
杨文彰　　镰六厘五毛
二小甲　　镰六张四分零四毛
南贡玉　　镰七分零五毛
退一甲积德堂九厘九毛
退本甲景东荣二厘二毛
南贡琚　　镰一张六分一厘四毛
南九德　　镰二分八厘四毛
南贯成　　镰二分四厘九毛
南通美　　镰九分零六毛
南官成　　镰二厘四毛
南九霄　　镰一分六厘四毛
刘离小　　镰七毛
李凌云　　镰四厘五毛
李　平　　镰三厘
景继圣　　镰一厘四毛
景官良　　镰二厘
坟　地　　镰二厘七毛
樊化连　　镰五厘
樊居正　　镰一厘六毛
景　源　　镰一厘
景　淳　　镰四厘三毛
景　沛　　镰二厘五毛
景　淑　　镰三厘九毛
景　彪　　镰七毛

景如章　镰六厘四毛
段毓德　镰三厘
景　斌　镰九分九厘八毛
景　颜　镰六分二厘二毛
景天佑　镰二分三厘二毛
景士元　镰一分九厘九毛
三小甲　镰五张六分五厘六毛
景士俊　镰一分二厘五毛
退本甲景法干四厘
杨志学　镰六厘九毛
杨士亳　镰一张一分三厘一毛
景栋林　镰一张三分五厘五毛
退本甲景法干八分二厘
景春荣　镰四分零四毛
退二甲段毓德二厘
景存仁　镰七厘四毛
景　魁　镰一厘
景蒸云　镰三厘
景　兴　镰四厘
景用锡　镰一厘五毛
景如金　镰二厘
退本甲景法干二厘
景玉书　镰四分九厘九毛
退本甲景思明二分五厘三毛　退本甲景步云一分零三毛　又自景步云名下
退七甲师学礼三厘六毛
景新和　镰一分零一毛
景洪儒　镰七分二厘八毛
景泰和　镰二分九厘五毛
景贵章　镰八厘二毛
双合号　镰三厘二毛
景士奉　镰八厘六毛
收七甲景灿章一分零六毛
李广泰　镰八厘
四小甲　镰五张一分七厘八毛
景有成　镰一分五厘八毛
景有奇　镰一厘八毛
景有文　镰一分零三毛

景　钊　镰八分五厘一毛
景行恕　镰二分六厘一毛
景公田　镰九厘九毛
景琴光　镰二张零二厘八毛
景复新　镰一分五厘八毛
景如锡　镰一分一厘八毛
景运昌　镰一分八厘四毛
景运新　镰一分一厘二毛
景运远　镰一分六厘六毛
退本甲景存礼一分六厘六毛
景运颢　镰一分四厘九毛
退本甲景存礼一分四厘九毛
景福林　镰一分九厘三毛
退景天桂完
景喜林　镰七厘二毛
景恩林　镰六厘九毛
景双林　镰一分九厘六毛
退景天桂完
五小甲　镰七张七分六厘五毛
景宗光　镰四分零三毛
景梅林　镰五厘二毛
景杏林　镰八厘四毛
景棠林　镰三分二厘
王得玉　镰八厘八毛
王殿臣　镰四厘五毛
王朝臣　镰九厘七毛
景　爱　镰五分四厘三毛
退本甲景炳文三分零三毛
退本甲景大铨二分四厘
景行公　镰一厘
张靠山　镰六厘
张敢年　镰八厘
张　起　镰四厘八毛
郭进孝　镰六厘
任　合　镰一分四厘八毛
景国正　镰二分二厘九毛
景大爱　镰一分四厘三毛

景大恩　　镰一分零八毛
景国安　　镰七厘
景国栋　　镰八厘八毛
景国治　　镰一分五厘四毛
杨可成　　镰三厘七毛
杨可金　　镰二分零六毛
杨复成　　镰一分八厘八毛
杨崇德　　镰六分一厘九毛
杨文德　　镰五分七厘二毛
　退本甲谭更新五厘一毛
杨继贤　　镰四分三厘一毛
　收一甲景逢熙五厘九毛　收七甲韩荣八厘
杨　梓　　镰四厘六毛
韩　法　　镰一厘
　收一甲景孔章一分二厘
谭学道　　镰一分五厘七毛
谭学道　　镰一分五厘七毛
谭廷道　　镰二厘五毛
谭孝妮　　镰五厘七毛
谭廷彦　　镰六厘五毛
　退本甲谭更新四厘五毛
王克明　　镰五厘二毛
景允执　　镰一张二分二厘七毛
杨明志　　镰四厘二毛
　退六甲杨志贵一厘九毛　退本甲杨明德一厘
实　在　　镰一厘三毛
杨大起　　镰四厘五毛
景大铨　　镰二分零九毛
　收本甲景爱二分四厘
杨喜贵　　镰二分六厘一毛
王　宝　　镰七厘九毛
王　爱　　镰七厘一毛
景大复　　镰三分四厘六毛
景大信　　镰二分零九毛
杨明德　　镰一厘
六小甲　　镰一张三分四厘三毛
杨　运　　镰六厘

收本甲杨致明四厘
杨宗尧　镰二厘
景清仁　镰一分五厘七毛
程全喜　镰四厘
程　敏　镰八厘
杨　忠　镰一分二厘
杨致美　镰五厘
杨成祥　镰三厘
杨致贵　镰一厘
杨长生　镰三厘
杨可立　镰二分六厘八毛
杨公堂　镰一分五厘三毛
杨起新　镰九厘九毛
杨致明　镰七厘九毛
退本甲杨运四厘
张进忠　镰二厘
胡　仁　镰二厘三毛
杨致和　镰六厘九毛
杨　纯　镰三厘五毛
七小甲　镰三张二分三厘五毛
师学文　镰八厘八毛
师学礼　镰四分四厘八毛
师　通　镰五厘八毛
韩　荣　镰八厘
景行简　镰一张六分四厘四毛
退本甲景鸣一八分　退本甲景春恭九分八厘
退本甲景鸣一分九厘五毛　退本甲景泰生三分三厘　退景鸣鹿五厘九毛
师学颂　镰九厘七毛
景行宽　镰六厘四毛
景鸣鹿　镰四厘八毛
景　君　镰三厘九毛
景灿章　镰三分一厘三毛
退本甲景雪成二分零七毛　退三甲景士奉一分零六毛
景学德　镰二分二厘六毛
退本甲景雪成完
景学成　镰一分三厘
八小甲　镰二张零八厘

以上共镰三十九张三分二厘三毛

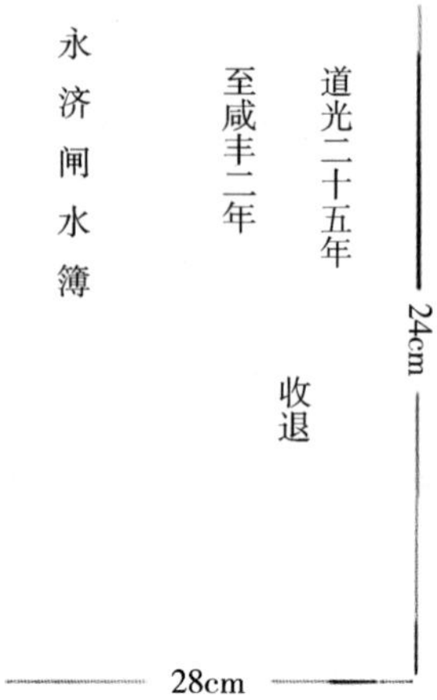


（在光绪六—十五年间与永济闸用水权人变动有关的账簿中，末尾记载着与光绪八年正月的改订相关的同闸修理相关的章程，（以对于老人报酬的增加、经费负担者、水看守者的顺序决定为主要内容）以及光绪二十一年定下的私立条规（老人、小甲的任期、桥梁和其他设施的修理、公课、祭祀费等其他清算方法、制作了两本帐薄，让新旧老人各保管图本等）。取得用水权的交接记为收、丧失记为退、除了普通的姓名以外也有使用堂名的。）

一小　甲　镰七张五分二厘六毛

景如廷　镰一分七厘五毛

积德堂　镰五分一厘一毛

景逢熙　镰一张零零四毛

景麟祥　镰一张七分七厘七毛

景世朝　镰二分五厘五毛

景仕廷　镰八分二厘二毛

退四甲景昌立五厘二毛　净落镰五分八厘

退本甲景清风一分九厘

新立景清盛　镰三分

新立景清玉　镰二分七厘三毛

退五甲谭楼中八厘一毛　净落镰五分八厘

新立景清芳　镰二分五厘二毛

新立景清涟　镰一分五厘二毛

退七甲景春太二厘　净落镰一分三厘二毛

景荣圆　镰一分八厘三毛

| | |
|---|---|
| 景　忠 | 镰二分六厘五毛 |
| 景清翰 | 镰四分零六毛 |
| 景清晏 | 镰五分六厘一毛 |
| 景长寿 | 镰五分二厘三毛 |
| 杨文彰 | 镰六厘五毛 |
| 二小　甲 | 镰六张三分八厘一毛 |
| 南贡玉 | 镰五分八厘四毛 |
| 南贡琚 | 镰一张六分一厘四毛 |
| 南九德 | 镰二分八厘五毛 |
| 南贵成 | 镰二分四厘九毛 |
| 南通美 | 镰九分零六毛 |
| 南官成 | 镰二厘四毛 |
| 南九霄 | 镰一分六厘四毛 |
| 刘离小 | 镰七厘 |
| 李凌云 | 镰四厘五毛 |
| 李　平 | 镰三厘 |
| 景继圣 | 镰一厘四毛 |
| 景官良 | 镰七厘六毛 |
| 坟　地 | 镰二厘七毛 |
| 樊化运 | 镰五厘 |
| 樊居正 | 镰一厘六毛 |
| 景　源 | 镰一厘 |
| 景　淳 | 镰四厘三毛 |
| 景　沛 | 镰二厘五毛 |
| 景　淑 | 镰二厘九毛 |
| 景　彪 | 镰七毛 |
| 景如章 | 镰六厘四毛 |
| 段毓德 | 镰五厘 |
| 景　斌 | 镰九分八厘八毛 |
| 景　颜 | 镰六分二厘二毛 |
| 景天佑 | 镰二分三厘二毛 |
| 景世元 | 镰一分九厘九毛 |
| 新立景东莹 | 镰二厘二毛 |
| 三小　甲 | 镰五张七分零四毛 |
| 景世俊 | 镰八厘五毛 |
| 退六甲景大铨三厘八毛　净落镰四厘七毛 | |
| 杨志学 | 镰六厘九毛 |

景世豪　　　镰一张一分三厘一毛
景栋林　　　镰五分三厘五毛
新立景法干　镰八分八厘
　　退本甲景法唐三分零七毛 } 净落镰二分零七毛
　　退本甲景法坤三分六厘六毛
景春荣　换景鸿泰名　镰五分八厘四毛
　　退本甲景成云一分八厘五毛
　　退本甲景燕云二厘 } 净落镰三分七厘九毛
景存仁　　　镰七厘四毛
景　魁　　　镰一厘
景燕云　　　镰三分
　　收本甲景春荣二厘　合镰三分二厘
景　兴　　　镰四厘
景用锡　　　镰一厘五毛
景玉书　　　镰一分四厘三毛
　　退本甲景步太六厘七毛　净落镰七厘六毛
新立景思明　镰二厘五分三毛
　　退本甲景贵良一分　退本甲景步太一分五厘三毛
新立景步云　镰六厘五毛
景新和　　　镰一分零一毛
景鸿儒　　　镰七分二厘八毛
景太和　　　镰三分九厘五毛
景贵章　　　镰八厘二毛
双合号　　　镰三厘二毛
景士凤　　　镰一分九厘二毛
李广泰　　　镰九厘
四小　　甲　镰五张一分七厘八毛
景有成　　　镰一分五厘八毛
景有奇　　　镰一厘八毛
景有文　　　镰一分零三毛
景　钊　　　镰八分五厘一毛
　　退五甲景大铨五厘
　　退五甲杨刚志一厘　　净落镰七分六厘五毛
　　退五甲杨明德一厘
景行恕　　　镰二分六厘一毛
景公田　　　镰九厘九毛
景琴光　　　镰二张零二厘八毛

景复新　　　镰一分一厘五毛
景如锡　　　镰一分一厘八毛
景运昌　　　镰一分八厘四毛
景运新　　　镰一分一厘二毛
景存礼　　　镰三分一厘五毛
景天桂　　　镰四分三厘七毛
景喜林　　　镰七厘二毛
景恩林　　　镰六厘九毛
景双林　　　镰一分九厘六毛
五小　　甲　　镰八张零二厘四毛
景宗光　　　镰四分零三毛
景梅林　　　镰五厘二毛
景杏林　　　镰八厘四毛
景棠林　　　镰三分二厘
退四甲景运芳五厘　净落镰二分七厘
王德玉　　　镰八厘八毛
王殿臣　　　镰四厘五毛
王朝臣　　　镰九厘七毛
新立景炳文　镰三分零三毛
景行公　　　镰一厘
张靠山　　　镰六厘
张敢年　　　镰八厘
张　起　　　镰四厘八毛
郭进孝　　　镰六厘
任　合　　　镰一分四厘八毛
景国正　　　镰二分二厘九毛
景大爱　　　镰一分四厘三毛
退本甲希荣四厘五毛　净落镰九厘八毛
景大恩　　　镰一分零八毛
景国安　　　镰七厘
景国栋　　　镰八厘八毛
退本甲景大生五厘八毛　净落镰三厘
景国治　　　镰一分五厘四毛
退四甲黄殿元四厘五毛　净落镰一分零九毛
杨可成　　　镰三厘七毛
杨可金　　　镰二分零六毛
杨复成　　　镰一分八厘八毛

杨崇德　　镰六分一厘九毛
杨文德　　镰五分二厘一毛
杨继贤　　镰五分七厘
杨　梓　　镰四厘六毛
　退本甲杨成一厘五毛　净落镰三厘一毛
韩　法　　镰一分三厘
谭学道　　镰一分五厘七毛
谭廷道　　镰二厘五毛
谭孝妮　　镰五厘七毛
谭廷彦　　镰三厘
新立谭更新　镰九厘六毛
王克明　　镰五厘二毛
景允执　　镰一张二分二厘七毛
杨明志　　镰一厘三毛
　收四甲景钊一厘八毛　合镰三厘一毛
王大起　　镰四厘五毛
景大铨　　镰四分四厘九毛
　收四甲景钊五厘　合镰五分三厘七毛
　收三甲景世俊三厘八毛
杨喜贵　　镰二分六厘一毛
王　宝　　镰七厘九毛
王　爱　　镰七厘一毛
景大复　　镰三分四厘六毛
景大信　　镰二分零九毛
杨明德　　镰一厘
　收四甲景钊一厘八毛　合镰二厘八毛
六小　甲　　镰一张三分四厘三毛
杨　运　换杨秀德名　镰一分
杨宗尧　　镰二厘
景清仁　　镰一分五厘七毛
程全喜　　镰四厘
程　敏　　镰八厘
杨　忠　　镰一分二厘
杨致美　　镰五厘
杨成祥　　镰三毛
杨致贵　　镰一毛
杨长生　　镰三毛

杨可立　镰二分六厘八毛

杨公堂　镰一分五厘三毛

杨起新　镰九厘九毛

杨致明　镰三厘九毛

张进忠　镰二厘

胡　仁　镰二厘三毛

杨致和　镰六厘九毛

杨　纯　镰三厘五毛

七小　甲　镰三张零八厘七毛

师学文　镰八厘八毛

师学道　镰四分八厘六毛

师学颂　镰九厘七毛

师　通　镰五厘八毛

新立景鸣球　镰八厘

新立景春泰　镰九分八厘

收一甲景清涟二厘

新立景鸣韩　镰一分九厘五毛

新立景泰生　镰三分三厘

新立景鸣鹿　镰一分零七毛

景行宽　镰六厘四毛

景　熹　镰三厘九毛

新立景雪成　镰四分三厘三毛

景学成　镰一分三厘

八小　甲　镰二张零八厘

以上共镰三十九张三分二厘三毛

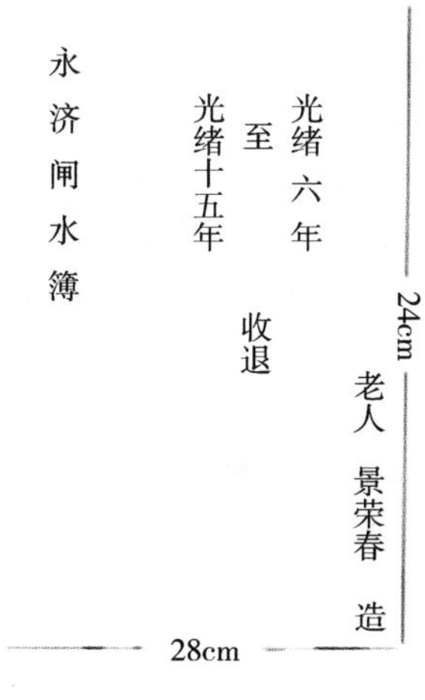

一甲　　　　　镰六张八分一厘九毛

景如廷会同　镰一分七厘四毛

积德堂　　　镰五分八厘七毛

收三甲景鸿太六厘
收二甲南景召七厘六毛　　共镰七分二厘三毛

景桂令　　　镰三分零六毛

退五甲景保树五厘八毛
退六甲景魁六厘　　下存一分八厘八毛

景凤辉得名　镰八分二厘

退得录二分七厘三毛
退得名二分八厘一毛　　退景得于二分六厘六毛

新立景凤山　镰一分零三毛

新立景平安　镰二分九厘九毛

景武仲　　　镰五分二厘六毛

景荣春　　　镰三分九厘四毛

联甲

景长寿　　　镰五分二厘三毛

杨文彰　　　镰六厘五毛

吴清风　　　镰一分八厘三毛

景建忠　　　镰二分四厘一毛

景长令

景万令　　　镰九厘九毛

景增令　　　镰五厘二毛

景　忠　　　镰九厘四毛

景连庆　　　镰二分六厘

孝

景　节　　　镰一分四厘一毛

新立景凤梧　镰五分四厘八毛

新立景济川　镰六分九厘一毛

新立景巨川　镰七分一厘三毛

新立景德禄　镰二分七厘三毛

新立景得名　镰二分八厘一毛

新立积德堂

收二甲南魁元六厘五毛　收三甲景治美二厘五毛共九厘

以上共镰六张九分二厘七毛

二甲　　　镰六张二分九厘二毛

南贡琚　　　镰一分七厘

　　退景绍文九厘四毛　存七厘六毛
南九江　　　镰五分一厘九毛
南魁元　　　镰一分九厘
　　退一甲积德堂六厘五毛
　　退本甲南振宗四厘　　　　下存一分二厘五毛
　　退本甲南振基四厘三毛
　　退本甲南振林四厘二毛
南景绍　　　镰一分
　　退一甲积德堂七厘六毛　下存六厘四毛
南全福
南廷福　　　镰六厘五毛
　　收本甲南廷章一分一厘九毛
　　收本甲　廷珍四厘六毛　　共镰二分三厘
南廷章　　　镰一分一厘九毛
　　退本甲南全福完
南廷珍　　　镰四厘六毛
　　退本甲南全福完
南廷槐　　　镰五厘四毛
南灵台
南贵成　　　镰二分零九毛
　　退本甲南淑成一分四厘九毛　下存六厘
南通美　　　镰九分四厘七毛
南宫成　　　镰二厘四毛
南春成　　　镰二厘四毛
刘离小　　　镰七毛
李华鹏　　　镰四厘五毛
李清云　　　镰三厘
　　退五甲杨树德三厘
景继圣　　　镰一厘四毛
景有信　　　镰二分二厘七毛
樊化运　　　镰五厘
樊居正　　　镰一厘六毛
景新如　　　镰四厘三毛
景　沛　　　镰二厘三毛
　　退本甲景东荣二厘五毛
景可成　　　镰二厘九毛
景　滮　　　镰二厘九毛

退本甲景东荣七毛
段毓德 镰五厘
景人塘 镰一分七厘
景有田 镰七分二厘四毛
退景玉田三分六厘三毛 净存三分六厘二毛
景登岳 镰四分八厘六毛
收景鸿太一厘五毛 共五分零一毛
景如桂 镰七厘五毛
景文祥 镰六厘
景起法 镰一厘九毛
景五成 镰四厘五毛
景东荣 镰四厘七毛
收本甲景东沛二厘五毛 } 共七厘一毛
收本甲景滤七毛
景有临 景考正镰五毛
退本甲景登魁五毛
景登魁 镰六厘九毛
收本甲景有临五毛共七厘四毛
南丙辰 镰一厘
南九成 镰一分一厘
南九官 镰一分一厘
收景致美二厘八毛 共一分一厘八毛
南九章 镰一分七厘
南起成 镰二毛
南九经 镰二分二厘一毛
景人驊 镰四分五厘
景人龙 镰三分一厘九毛
新立景玉田 镰二分九厘二毛
退五甲杨梦麒七厘 下存二分九厘二毛
新立南淑成
收本甲南贵成一分四厘九毛
以上共镰六张
三甲 镰五张二分六厘八毛
景鼎金 镰一张一分三厘一毛
景鼎玉 镰一张一分三厘一毛
新立景贤 镰二分九厘五毛
景法圣 镰二分九厘五毛

景法干　　镰二分九厘五毛
景毓昌　　镰一分七厘五毛
景芳馨　　镰四分零五毛
景鸿泰　　镰四分零五毛
　收景成云一分三厘
　退景登岳一厘五毛
　退积德堂六厘
共四分三厘四毛
景重报　　镰一分四厘六毛
景玉山　　镰一厘
景登监　　镰一厘
景蒸云　　镰三分二厘
　退本甲景天头一分零七毛
新立景鸿化　镰一分零七毛
新立景鸿业　镰一分零六毛
景　兴　　镰四厘
景文魁　　镰七厘七毛
景新和　　镰一分零一毛
　退本甲景眼三厘七毛　下存六厘四毛
景治桐　　镰一分一厘五毛
景治岐　　镰三分一厘八毛
新立景香山　　镰二分二厘五毛
新立景香玉　　镰九厘三毛
景治向　　镰一分四厘九毛
景大头　　镰一分四厘九毛
景治美　　镰一分三厘二毛
　收景蒸云一分零七毛
　退一甲积庆堂二厘五毛　退二甲南九官二厘八毛　下存七厘九毛
景有才　　镰五分二厘一毛
景文治　　镰一分七厘四毛
景仁治　　镰一分七厘四毛
景化治　　镰一分七厘三毛
景贵昭　　镰三厘七毛
景贵章　　镰八厘七毛
双合号　　镰三厘二毛
景士凤　　镰八厘六毛
　退本甲景鹿臣六厘六毛　　下存二厘

景贵良　　　镰一分三厘二毛
景万仓　　　镰五厘五毛
景呈云　　　镰五厘五毛
　　退景芳馨一分三厘　下存五厘五毛
景文翰　　　镰六厘八毛
景文理　　　镰三厘七毛
景世昌　　　镰三分三厘五毛
景法坤　　　镰三分三厘五毛
景法唐　　　镰一分九厘八毛
　　退本甲景遂意一分五厘五毛
　　退本甲绳祖堂四厘三毛
程玉衡　　　镰一分一厘
　　退五甲杨天德一分一厘
景双全　　　镰二厘
景中秋　　　镰二厘
景更新　　　镰二厘七毛
新立景鹿臣
　　收本甲景士凤六厘六毛
景士清　　　镰五毛
新立三和成　镰五毛
　　收五甲韩春生四厘七毛
　　收五甲韩秀德四厘七毛　　共九厘四毛　退韩春
新立景眼妮　镰三厘七毛
　　收本甲景新和镰
新立景遂意
　　收本甲景德堂一分五厘五毛　收四甲景登高八厘四毛　共二分三厘九毛
新立绳祖堂
　　收本甲景德堂四厘三毛
新立景诚意
　　收四甲景登高七厘三毛
以上共镰五张二分八厘一毛
四甲　镰四张八分一厘九毛
景义忠　景有奇　景长治　镰一厘八毛
景殿春　　　镰四厘六毛
景昌令　　　镰九厘八毛
景昌顺　　　镰二厘六毛
景昌庆　　　镰二毛

景习文　　　镰五分一厘三毛
景双成　　　镰五分一厘三毛
景公田　　　镰九厘九毛
　收五甲景金祥五厘六毛　共一分五厘五毛
景登高　　　镰一分五厘七毛
　退三甲景遂意八厘四毛　退三甲诚意七厘三毛
景思义　　　镰六厘五毛
景北成　　　镰一分六厘六毛
　退本甲景重德七厘二毛　下存九厘四毛
景震濂　　　镰一分五厘八毛
景喜林　　　镰七厘二毛
景天绵　　　镰二分六厘五毛
景重德　景存信　镰五分二厘
　收景存礼七厘二毛　共一分二厘四毛
景存忠　　　镰三厘一毛
景震云　　　镰一分四厘
　收五甲三义成五厘一毛　共一分二厘四毛
景天德　　　镰一分八厘九毛
景祥云　　　镰一张一分零八毛
　退景心裕一分四厘二毛
本甲退景同凤二分五厘一毛
　退景心广三分九厘八毛
　退景荣生一分零七毛
　退景玉凤二分一厘
景居仁　景兆凤　镰二分三厘九毛
景西成　　　镰九厘七毛
景九城　　　镰二厘二毛
景兆麒　　　镰三分一厘三毛
景兆熊　　　镰四厘三毛
新立景荣生　　镰一分零七毛
新立景桐凤　　镰二分五厘一毛
新立景玉凤　　镰二分一厘
新立景心广　　镰三分九厘八毛
新立景心裕　　镰一分四厘二毛
以上共镰四张七分五厘九毛
五甲　镰九张零七厘六毛
景路妮　　　镰七厘八毛

景有令　　　镰一分三厘三毛
景玉祥　　　镰二厘一毛
景扬成　　　镰七厘
景德成　　　镰九厘三毛
景堂妮　　　镰五厘二毛
　退景长命五厘二毛
景长命　　　镰八厘四毛
　收本甲景堂妮五厘二毛　收本甲景金祥二厘　共镰一分五厘六毛
景宝贤　　　镰三分零三毛
景行公　　　镰一厘
张敢年改名　镰八毛
张　起　　　镰四厘八毛
程祥云　　　镰七厘
景盛文　　　镰一分一厘八毛
景昌文　　　镰四厘二毛
　收本甲景天培三厘一毛
　收本甲景魁文三厘一毛　　　　共二分五厘八毛
　收本甲景珍祥一分四厘九毛
景正文　　　镰六厘六毛
景明文　　　镰一厘五毛
新立景大法　镰一厘五毛
新立景大孝　镰一分零九毛
新立景有信　镰三厘七毛
杨树德　　　镰五厘二毛
　收二甲李青云三厘　共八厘三毛
杨　址　　　镰一分零三毛
　退本甲杨天德四厘　下存六厘三
立新杨天德　镰五厘一毛
　收三甲程玉衡一分一厘　　收本甲杨址四厘　　　　共二分零一毛
杨满当　　　镰一分八厘七毛
杨呈祥　　　镰二分八厘九毛
立新杨梦麒　镰二厘五毛
　收二甲景玉田七厘　共二分二厘五毛
杨继贤　　　镰一张一分四厘
新立杨吉祥　镰四分六毛
官堂
韩春生　　　镰二分三厘三毛

退三甲三合成四厘七毛
退本甲韩拿仁七厘九毛　　下存一分零七毛

韩春泰　　镰一分八厘九毛

景珍祥　　镰一张二分二厘七毛

退景昌文一分四厘九毛

退景倾全八文　　存九分九厘八毛

杨永年　　镰一分一厘一毛

收本甲双顺和六厘一毛　共一分七厘三毛

好仁

景宝泰　　镰一分五厘

景宝树　　镰一分五厘

收一甲景桂令五厘八毛　共二分零八毛

景宝坤　　镰二分零六毛

景诚茔　　镰一分七厘一毛

新立王　秋　　镰七厘九毛

景修文　　镰三厘四毛

景多文　　镰二分零九毛

杨会　　镰二厘八毛

收本甲三义成四厘

退韩义一毛　　下存六厘七毛

谭长信　　镰一分一厘

景大生　　镰五厘八毛

景西茔　　镰七厘三毛

杨东堂　　镰四分六厘四毛

韩当柱　韩秀德　镰一分八厘七毛

退三甲三和成四厘七毛　下存一分四厘

陈兴泰　　镰二分五厘一毛

退本甲杨恩六厘七毛　　下存一分八厘四毛

新立杨恩　　镰六厘七毛

天保

张会成　　镰八厘四毛

谭长令　　镰九厘

谭长玉　　镰一分四厘

新立谭庆玉　镰九厘九毛

收本甲谭长春三厘四毛　　共九厘九毛

新立谭长春　镰三厘四毛

退谭庆生完

谭宗堂　　　镰二厘八毛
谭高中　　　镰二厘
谭祥云　　　镰三厘五毛
王春　　　　镰二分零四毛
新立王二皮　镰一分九厘四毛
谭兴云　　　镰七厘二毛
景魁文　　　镰一分一厘
　　退景恩文五厘一毛　　退景昌文三厘一毛　下存二厘八毛
新立三义成　镰一分二厘一毛
　　退本甲杨惠四厘
　　退四甲景震云四厘
　　退韩尊义四厘
景思文　　　镰一分八厘九毛
　　收景魁文五厘一毛　共二分四厘
景天培　　　镰三厘一毛
　　退本甲景昌文完
景遂来　　　镰二厘二毛
新立韩尊仁　镰七厘九毛
　　收本甲韩春生
新立韩尊义
　　收本甲三义成四厘　收本甲杨惠一毛　共四厘一毛
景领全　　　镰八厘
　　收本甲景珍详
以上共镰九张一分五厘三毛
六甲　镰一张二分三厘七毛
新立杨千祥　镰一分四厘八毛
杨明水　　　镰五厘九毛
景清仁　　　镰五厘二毛
景登堂　　　镰八厘五毛
景化堂　　　镰一厘
景荣堂　　　镰一厘
程　敏　　　镰八厘
杨呈祥　　　镰三厘
杨长生　　　镰三厘
杨福祥　　　镰一分五厘九毛
　　收本甲张选忠一厘　共一分六厘九毛
杨公堂　　　镰二分六厘八毛

新立杨永春　镰九厘八毛
张进忠　　　镰二厘
　退本甲景魁一厘　退本甲杨坤一厘
景　魁　　　镰二厘三毛
　收本甲张选忠一厘　一甲景桂令六厘　共九厘三毛
杨　山　　　镰五厘二毛
杨永祥　　　镰五厘二毛
杨　湘　　　镰六厘
以上共镰一张二分九厘七毛
七甲　镰三张七分三厘
师换成　　　镰一分八厘五毛
师宗堂　　　镰一厘
师　廉　　　镰七厘
师　杰
师　远　　　镰三厘七毛
师　玉　　　镰二厘三毛
师　恭　　　镰一厘七毛
师　宽　　　镰二厘七毛
师　俊　　　镰一分零七毛
师　敏　　　镰二分二厘八毛
师宗堂　　　镰七厘六毛
师万成　　　镰五厘
景鸣球　　　镰八厘
景伯祥　　　镰四分零三毛
景绍先　景鸣祥　镰一分三厘五毛
景太生　　　镰三分四厘
景鸣遂　　　镰三分五厘
景鸣邃　　　镰一分一厘一毛
景仪祥　　　镰六厘四毛
陈　兴　　　镰八毛
　收师杰六厘　收师远一厘师俊一厘　收师宗堂一厘　　共一分二厘八毛
景云成　　　镰三分二厘八毛
景玉笙　　　镰二分一厘六毛
　玉华
景学成　　　镰一分三厘
景仲祥　　　镰四分六厘二毛
景绍闻　　　镰四分五厘三毛

收南贡琚九厘四毛　退景春荣四毛

祥集堂　　　镰五厘三毛

新立景春莹

退本甲景春荣八毛

收本甲祥吉堂八毛　　　　　下存四厘五毛　共一厘二毛

收本甲景绍闻四毛

以上共镰三张八分二厘六毛

八甲　镰二张零六厘

以上共镰三十张三分二厘三毛

永济关更换条规开列于后

一　每名夫只许挑镰七分、不许多挑、每分镰作钱三百五十文、老人小甲吃镰亦如之

二　老人公食薄少、获利无多、贫而无力者不能充膺、每厘镰增麦一合、以明年开始、今年照旧

三　免镰之人多系贫家、罚夫错河等项、往往不措办，以致小甲受累、以偶俱按照本镰名说、与免镰人无干

四　河上使换钱、以十二月初一日钱齐、要地兴当主垫钱、不许当地人讨要、亦不许要地人扣处、若要地人私自开发、查出除重出使换外、罚条石一丈

五　凡免镰上河之人、上提下拔轮流看水、俱由老人安置、不得多言乱语、亦不得以成规为辞、有不遵者、罚项具（俱）照本镰名所出

光绪八年春正月

老人　景兆熊

景济川

景人搪

小甲　景玉文　　　　同众镰夫更换

景习文

杨继贤

景鸣遂

永济关私立条规开具以后

一　老人一年一换、不许连保、如果本年老人照章妥办、众镰夫心悦诚服。隔一年、小甲亦可再保

二　每年修补桥梁硅层及一切兑粮祭神等项、秋后同众小甲、将帐目算明、按此张再立一本、旧老人收存一本、新老人轮流一本、以防时久滋弊

光绪二十一年仲冬

景芳馨

景宝树

小甲　景桐凤　　　　同众镰夫立

南九章
景济川
景邵文

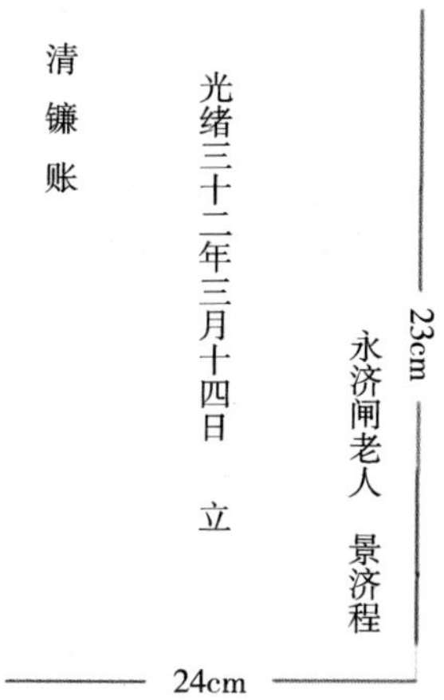


一甲　镰六张五分二厘二毛

景会同　　镰九厘

退师换成七厘又二厘

积德堂　　镰七分二厘三毛

退景缘小四厘　景召于七厘　南贵头六厘

退景宝义二厘　南贵头八厘　景元英一分七厘又六厘　退韩兴头四厘　景老管六厘四毛

景桂龄　　镰四厘一毛

退谭长敏四厘　景欣头一毛

景凤山

退景元英二厘三毛　景平安四厘　景老大四厘

景平安　　镰二分九厘九毛

退本名完

景武仲　　镰九分二厘

退杨遂住七厘　景保会六厘　段贵林七厘　景士芳七厘　景振云七厘　杨豹妮二分二厘四毛又四厘　景海杯七厘　景平安八厘　景宝平四厘　景老凹四厘八毛　景老波七厘八毛

景联甲　　镰五分二厘三毛

退段贵林一分二厘　景振云二分一厘　景平安一分九厘三毛

杨文彰　　镰六厘五毛

退景老波六厘五毛

景清风　　镰一分八厘三毛

退王春八厘　景老开五厘　景老波四厘　景欣头一厘三毛

景廷中　　镰二分四厘一毛

退景宗江一分四厘　景百咏七厘　景老波三厘一毛

景万令　　镰三厘八毛

退杨有信二厘五毛　景欣头一厘三毛

景增令　　镰五厘二毛

退师换成四厘　杨有信一厘二毛

景富成　　镰九厘四毛

退韩兴头四厘四毛　景老波五厘

景　节　　镰一分四厘一毛

退景禄小七厘　景老波七厘一毛

景一把　　镰八厘二毛

退景宝连五厘　景老波三厘二毛

景凤换　　镰五分四厘八毛

退谭庆生一分一厘　景保会一分一厘　南同名二厘　景芳兴七厘　景欣头四厘八毛

景济川　　镰六分九厘一毛

退师换成九厘　南老终四厘　杨豹妮四厘　本名一分二厘　景老济一分二厘　景老凹一分　景百咏一分一厘　景欣头七厘一毛

景巨川　　镰七分一厘三毛

退杨天法七厘　景宗江一分四厘　景羊妮七厘　景振云一分五厘　景平安一分二厘　景欣头一分六厘三毛

景得名　　镰三分四厘六毛

退景玉凤完

景文仁　　镰二分七厘三毛

退本花明一分　景羊妮四厘　南贵头一分三厘三毛

景德誉　　镰二分六厘六毛

退景欣头二分六厘六毛

积庆堂　　镰九厘

退景老堂五厘　景老波四厘

二甲　　镰五张四分四厘二毛

南日升　　镰二分零六毛

退南老从四厘　南同名六厘　南老从一分零六毛

南景思　　镰二分

退景禄心一分　景召庆一分　南老从五厘

收南通美五厘

南振宗　　镰四厘
　　退南老从完
南振麟　　镰四厘二毛
　　退南贵头完
南全福　　镰七厘五毛
　　退景化赞四厘南老从三厘四毛
南廷槐　　镰五厘四毛
　　退南老从五厘四毛
南灵台　　镰一分零三毛
　　退本名完
南通美　　镰一张零零三毛
　　退五春五厘　景宗江五厘　景羊妮二分二厘五毛　景化赞二分一厘　景宝义六厘　景元英八厘　南同名一分二厘一毛　又二厘　景老大五厘　景老济八厘七毛
南　杰　　镰二厘四毛
　　退南同名完
南可意　　镰八厘二毛
　　退景羊妮六厘　南老经二厘二毛
南丙辰　　镰一厘
　　退景老济一厘
南猛妮　　镰六厘九毛
　　退景世芳三厘　公镰三厘九毛
南廷瑞　　镰三厘七毛
　　退南同名完
南廷璧　　镰五厘三毛
　　退景化赞完
南心泰　　镰二分一厘三毛
　　退南同名完
南起成　　镰二毛
　　退景老济二毛
南小有　　镰一分六厘六毛
　　退杨梦龙三厘六毛　南贵头六厘　景老管二厘七毛　景召庆二厘七毛　景老济一厘六毛
南淑成　　镰一分四厘九毛
　　退景禄小一分四厘九毛
南景召　　镰六厘四毛
　　退景百詠六厘四毛

南兴妮　　镰四厘
　　退南同名完
南祥妮　　镰七厘
　　退景咩妮三厘　景老济三厘一毛　南老经九毛
刘离小　　镰七毛
　　退杨忠完
李化鹏　　镰四厘五毛
　　退杨梦龙四厘　退本名五毛
景人搪　　镰一分七厘
　　退杨忠五厘　景禄小七厘　景宝连五厘
景人騿　　退本名一份　镰一分四厘七毛
景人龙　　镰三分一厘七毛
景人魁　　镰一分三厘七毛
　　退景禄小一分三厘七毛
景人豪　　镰一分六厘六毛
　　退景禄小四厘六毛　杨有信一分二厘
景登岳　　镰九厘一毛
景登崑　　镰三厘八毛
景人伟　　镰一分二厘三毛
　　退段贵林一分二厘　景人愕三毛
景人愕　　镰三分二厘七毛
　　退杨天法一分二厘　本名二分零七毛
景人俨　　镰七厘二毛
　　退景人愕七厘二毛
景玉田　　镰一分六厘二毛
　　退景人愕六厘　景化赟六厘　南老经四厘二毛
景有田　　镰二分四厘二毛
　　退景清杰四厘　杨忠五厘　景世芳七厘　景宝连七厘　景禄小一厘二毛
景银庆　　镰九厘九毛
　　退景宝会六厘　南老经三厘九毛
景同庆　　镰一厘六毛
　　退南同名完
景骏德　　镰二厘
　　退段贵林完
景林森　　镰二分二厘七毛
　　退景人愕五厘九毛　景锡恩一分六厘八毛
景冈旦　　镰二厘五毛

退段贵林完
景考正　镰七厘四毛
退景禄小四厘　退杨满当一厘二毛　退景老凹一厘九毛　退景锡恩三毛
景东莹　镰八厘一毛
退景清杰三厘　南同名三厘　南老锡一厘　景锡恩一厘一毛
景新如　镰四厘三毛
退景大喜三厘　景锡恩一厘三毛
景可成　镰二厘九毛
退景之刚完
景继圣　镰一厘四毛
退景锡恩一厘四毛
樊化运　镰五厘
退段贵林五厘
樊居正　镰一厘六毛
退景锡恩一厘六毛
三甲　镰五张六分五厘四毛
景鼎金　镰一张一分八厘九毛
退景保会八厘　段贵林五厘　杨德生一分一厘　景老唐五厘　南贵头七厘
师敏一分一厘　景百咏四厘　景之刚六分七厘九毛
景法贤　镰二分九厘五毛
退杨忠七厘　景大喜一分六厘五毛　景贵章六厘
景毓昌　镰一分七厘五毛
退景老唐六厘　段贵林四厘　景人偔七厘五毛
景芳馨　镰四分三厘四毛
退段贵林一分二厘　景人偔九厘　本名二分二厘四毛
景重报　镰一分四厘六毛
退谭庆生六厘　段贵林八厘六毛
景玉山　镰一厘
退景锡恩一厘
景大头　镰一分二厘九毛
退王春五厘　景芳兴七厘九毛
景文魁　镰七厘七毛
退景召庆七厘七毛
景百岁　镰四厘三毛
退师换成完
景治桐　镰一分一厘五毛
退景清杰完

景香山　　　镰二分二厘五毛
　　退景清杰六厘　景芳兴一分六厘五毛
景香玉　　　镰九厘三毛
　　退景清杰三厘　景芳兴六厘二毛
景治向　　　镰二分一厘三毛
　　退景玉凤四厘五毛　退本名完
景仁治　　　镰二分零八毛
　　退杨忠一分零八毛　退杨梦熊一分
景文治　　　镰一分七厘四毛
　　退杨梦熊九厘四毛　师敏八厘
景化治　　　镰二分五厘三毛
　　退杨梦熊完
景贵昭　　　镰三厘七毛
　　退景平安三厘七毛
景贵章　　　镰八厘七毛
　　退景化赟四厘　退景海林八厘二毛　退景老管二厘　退景锡恩五毛　收景法贤六厘
双合号　　　镰三厘二毛
　　退景芳兴完
景士凤　　　镰二厘
　　退景保会完
景贵良　　　镰一分三厘二毛
景万仓　　　镰五厘五毛
　　退景大喜完
景文翰　　　镰六厘八毛
　　退南贵头完
景文理　　　镰七厘七毛
景世昌　　　镰三分三厘五毛
　　退南贵头八厘　景海林八厘　景老大一分　景芳兴四厘　景人偔五毛　南老强三厘
景遂意　　　镰二分三厘九毛
　　退杨天德七厘　景清条七厘四毛　景芳兴九厘五毛
绳祖堂　　　镰二厘一毛
　　退景芳兴完
景双全　　　镰二厘
　　退谭庆生完
景更新　　　镰二厘七毛

退谭庆生完

景鹿臣　　镰六厘六毛

退景保会六厘六毛

景眼妮　　镰三厘七毛

退师敏完

景诚意　　镰七厘三毛

退景清杰二厘四毛　景欣头四厘九毛

景芳林　　镰二分七厘

退景大喜完

景　槐　　镰一分八厘

退杨遂任完

四甲　镰四张八分六厘九毛

景义忠　　镰一厘八毛

退景欣头一厘八毛

景长治　　镰四厘六毛

退景宝年四厘景锡恩六毛

景昌令　　镰九厘八毛

退景召于完

景昌顺　　镰二厘六毛

退景锡恩二厘六毛

景昌庆　　镰二毛

退景锡恩完

景习文　　镰五分一厘三毛

退师换成六厘　景平安六厘　本名二分九厘三毛　景老四一分

景双成　　镰五分一厘三毛

退景召于一分二厘　景宝义六厘　韩兴头六厘　景老大一分五厘　景宝年九厘　景老四三厘三毛

景公田　　镰二分一厘七毛

退杨有信四厘又四厘　韩头兴五厘　景召于八厘八毛

景北成　　镰九厘四毛

退景召于六厘　景元英三厘四毛

景天锡　　镰四厘八毛

退景老波四厘八毛

景小元　　镰九厘六毛

退景锡恩完

景文中　　镰四厘三毛

退景锡恩四厘三毛

景重德 镰一分二厘四毛

退景禄小四厘 景老管八厘四毛

景喜重 镰二厘五毛

退景锡恩二厘五毛

景存忠 镰三厘一毛

退景元英二厘一毛 景老管一厘

景震沄 镰二分零一毛

退本名完

景震泗 镰一分八厘九毛

退景老开五厘九毛 景振云六厘

景玉清 镰二分三厘九毛

退景玉凤一分 景老管一分三厘九毛

景长法 镰九厘七毛

退景清杰三厘 景锡恩六厘七毛

景九成 镰二厘二毛

退景老凹二厘二毛

景兆麒 镰三分六厘八毛

退师换成一分 景光凹二分六厘八毛

景莹生 镰一分六厘七毛

退景老堂六厘七毛 景老清一分

景心裕 镰四厘七毛

退景老唐完

景兆熊 镰五分六厘五毛

退景老开四分六厘五毛 李化明一分

景桐凤 镰二分三厘九毛

退本名完

景玉凤 镰一分九厘八毛

退本名完

景心广 镰三分七厘四毛

退景老唐一分八厘七毛 景老清一分八厘七毛

景燕路 镰九厘三毛

退韩兴头完

景延寿 镰九厘二毛

退景老开九厘二毛

景心泰 镰八厘三毛

退景锡恩四厘六毛 景元英三厘七毛

五甲 镰九张四分三厘二毛

景宝祥　　　镰七厘八毛

　　退景宝年完

景有令　　　镰一分三厘三毛

　　退杨梦龙五厘五毛　景大喜五厘五毛　杨生二厘三毛

景玉祥　　　镰二厘一毛

　　退李化明完

景杨成　　　镰七厘

　　退景振云三厘　景老凹四厘

景德成　　　镰九厘三毛

　　退景振云三厘　杨豹妮二厘　景海林四厘三毛

景顺妮　　　镰四厘

　　退李化明完

景宝贤　　　镰三分零三毛

　　退谭庆生七厘　杨有信一分四厘　南老经七厘　吴元英三厘三毛

景行公　　　镰一厘

张改名　　　镰八厘

　　退本名完

文会堂　　　镰二厘

　　退张致名二厘

程祥云　　　镰七厘

　　退景元英七厘

景盛文　　　镰二分一厘八毛

　　退景宝义一分一厘八毛　景盛文一分

景昌文　　　镰二分五厘三毛

　　退景宝年完

景宝会　　　镰一分七厘五毛

　　退本名一分一厘五毛　杨忠四厘　景元二厘

景明文　　　镰乙厘五毛

　　退景宝义一厘五毛

景喜文　　　镰五厘六毛

　　退公镰二厘六毛　景芳兴三厘

杨有信　　　镰九厘三毛

　　退本名完

杨树德　　　镰一分八厘二毛

　　退谭长敏六厘　杨生完

杨满当　　　镰一分八厘八毛

　　退杨天德五厘师换成八厘　杨梦熊一分一厘

收景老正一厘二毛收　杨东堂四厘

杨梦龙　　　镰一分一厘

退本名镰二厘　杨天德九厘

杨梦麟　　　镰一分零九毛

退师换成八厘　景锡恩二厘九毛

杨梦麒　　　镰二分二厘五毛

退杨天德九厘　师换成四厘　杨有信四厘　景锡恩　五厘五毛

杨天增　　　镰一分七厘二毛

退景百咏一分七厘三毛

景好仁　　　镰六厘

退杨忠完

景家相　　　镰九厘

退杨忠完

景宝树　　　镰二分零八毛

退景保会完

杨梦魁　　　镰一张四分四厘

退杨梦龙一分　师换成三分零五毛　杨有信一分　师恭四分三厘　景海林六厘　张致名三分五厘六毛　张致名四厘　李化朋四厘九毛

杨吉祥　　　镰四厘六毛

退杨遂住完

韩官堂　　　镰六厘

退公镰五厘五毛　景元英五毛

韩春泰　　　镰二分五厘七毛

退杨豹妮二分零七毛　景宝连五厘

谭可心　　　镰五厘七毛

退谭庆井三厘　景元英七毛　景老大二厘

景珍祥　　　镰七分零八毛

退谭长敏六厘　又九厘　师换成一分　景召庆一分一厘　景世芳一分一厘　景宝义一分　景宝年九厘　景老四四厘八毛

景宝坤　　　镰二分零六毛

退杨遂住完

景成莹　　　镰一分七厘一毛

退杨忠完

景多文　　　镰二分六厘三毛

退谭长敏一分　谭庆生七厘　景宝年八厘　李化朋一厘三毛

王　秋　　　镰七厘九毛

退王春一厘九毛杨忠完

杨永禄　　　镰一分五厘七毛

退本名完

谭长敏　　　镰九厘

退本名完

谭长信　　　镰七厘

退谭长敏完

景大生　　　镰三厘八毛

退景宝年完

景西莹　　　镰七厘三毛

退师换成二厘八毛　景老大四厘四毛　程宝义一毛

杨东堂　　　镰四分六厘四毛

退杨梦龙五厘　杨满当四厘　杨天德一分　杨遂住九厘　杨梦熊四厘　杨生八厘九毛　景宝义一厘五毛

韩当住　　　镰三毛

退景老大三毛

谭兴泰　　　镰四厘五毛

退谭庆升四厘景宝义五毛

杨永盛　　　镰一分五厘

退杨忠完

杨天保　　　镰八厘四毛

退张致名八厘四毛

谭长玉　　　镰三分八厘八毛

退杨梦龙二分七厘七毛　谭长敏一分一厘　景宝义一毛

谭庆升　　　镰九厘九毛

退本名完

谭宗堂　　　镰二厘八毛

退师换成完

谭高中　　　镰二厘

退谭长敏完

谭祥云　　　镰三厘五毛

退谭庆生三厘　师恭五毛

王　春　　　镰二分零四毛

退本名完

王二皮　　　镰一分九厘四毛

退王春完

谭兴云　　　镰七厘二毛

退师恭七厘二毛

景宝善　　　镰二厘八毛

退景宝义完

景宝仁　　　镰一分零五毛

退王春三厘六毛　韩兴头六厘九毛

景遂来　　　镰二厘二毛

退景宝义完

韩尊仁　　　镰七厘九毛

退杨生五厘　景宝义一厘　杨有信一厘七毛　韩兴头二毛

韩尊义　　　镰四厘一毛

退韩兴头四厘一毛

景领全　　　镰八厘

退韩兴头四厘三毛　景百咏二厘九毛　师换成二毛　景大喜六毛

韩据德　　　镰五厘五毛

退谭庆升完

景宝义　　　镰一分三厘五毛

退本名完

杨梦熊　　　镰七厘

退杨天德四厘　本名三厘

六甲　镰一张二分九厘

杨德生　　　镰一分八厘九毛

退本名完

杨　忠　　　镰五厘九毛

退杨遂住完

景清仁　　　镰五厘二毛

退景百脉五厘二毛

景荣堂　　　镰一厘

退景百脉一厘

杨呈祥　　　镰三厘

退景召虞三厘

杨长生　　　镰三厘

退景海林完

杨梦云　　　镰一分六厘九毛

退杨梦龙四厘　杨生八厘　景大喜二厘五毛　师敏二厘四毛

杨公堂　　　镰二分六厘八毛

退杨永祥六厘八毛　杨梦龙二厘八毛　师换成八厘　杨有信四厘　景保会四厘　杨豹妮一厘二毛

杨永春　　　镰四厘一毛

退杨梦熊二厘九毛　师敏一厘二毛
景　魁　　　镰一分二厘五毛
退李花朋完
杨　山　　　镰五厘二毛
退谭庆升完
杨永祥　　　镰五厘二毛
收杨公堂六厘八毛　退谭庆升七厘　景玉凤五厘
杨　湘　　　镰六厘
退杨梦龙完
景百脉　　　镰一分五厘三毛
退本名完
七甲　镰四张零三厘四毛
师换成　　　镰一分八厘五毛
退本名完
师　廉　　　镰七毛
退师敏七毛
师　杰　　　镰一厘
退师敏一厘
师　达　　　镰三厘七毛
退杨生完
师　玉　　　镰二厘三毛
退师敏二厘三毛
师　恭　　　镰一厘七毛
退本名完
师奉仙　　　镰一分零三毛
退师换成五厘　师敏五厘三毛
师　敏　　　镰二分二厘八毛
退本名完
师宗堂　　　镰六厘七毛
退师恭完
师文中　　　镰九毛
退师敏二毛　景宝连六毛　公镰一毛
景大喜　　　镰九厘四毛
退本名完
景绍先　　　镰五分四厘四毛
退本名五分一厘　景海林三厘四毛
景绍泉　　　镰一分三厘五毛

退景老管一分三厘五毛
景鸣珂　　　镰一分四厘四
退景锡恩六厘　景宝连六厘
景绍廉　　　镰一分一厘一毛
退景宗江完
景仪祥　　　镰六厘四毛
退景海林完
景化赞　　　镰三分二厘八毛
退本名完
景玉笙　　　镰二分二厘一毛
退景老管完
景玉华　　　镰一分三厘
退景宝义一分一厘　韩兴头二厘
景绍虞　　　镰二分二厘二毛
退本名完
景绍闻　　　镰二分七厘
退景海林完
景绍基　　　镰三分二厘三毛
退景海林完
景林芳　　　镰一分四厘一毛
退景宝连完
祥吉堂　　　镰四厘五毛
退景海林完
景春莹　　　镰一厘二毛
退公镰一厘二毛
陈　兴　　　镰一分二厘八毛
退王春完
景绍庆　　　镰三分二厘九毛
退本名完
景二喜　　　镰三厘八毛
退景召庆三厘八毛
八甲　镰二张零八厘
以上共三十九张三分二厘三毛

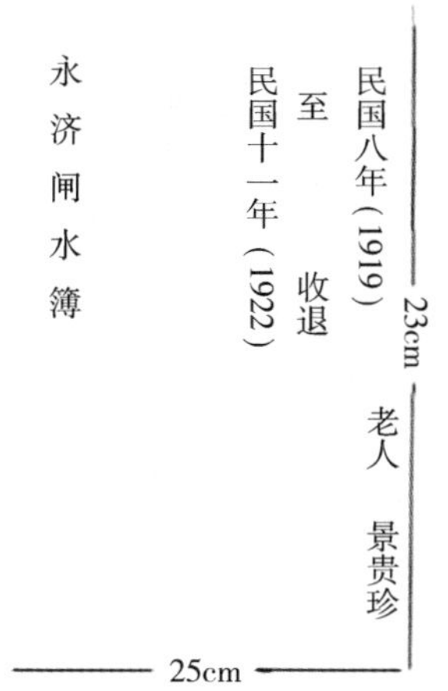


（民国八—十一年间　永济闸的用水权人在移动明细账簿中，末尾附记利同闸相关的规约10项以及新改订的规约4项。和旧规约相比，河老的报酬是每镰1厘2合增的麦子3合。为了与物价上涨相对应，把镰1分大钱300文的评价额上升到大约是其5倍的1500文，同时，还追加记载着对于那些没有参加修建闸的人，罚金从大钱300文增加到1000文。卖掉河岸的树木，充作老人的垫付经费。还追记了各小甲下设帮办1名、各帮办下设公直4名等事情。）

一甲　镰五张一分六厘四毛

积德堂　镰九分六厘七毛
景小马　镰二厘
景奋头　镰四厘一毛
景季冬　镰一厘四毛
景作舟　镰五分二厘三毛
杨文彰　镰六厘五毛
景柏青　镰三厘五毛
景增龄　镰五厘二毛
景延庆　镰一分五厘二毛
景一把　镰八厘二毛
景吉祥　镰八厘三毛
景凤梧　镰三分三厘二毛
景济川　镰六分零二毛
　收本甲景德玉二厘二毛　共六分二厘四毛
景巨川　镰二分七厘六毛
景德名　镰四分五厘一毛
　退三甲景贵珍二厘二毛　存四分二厘九毛
景锁住　镰二分零五毛

景得誉 镰四分三厘八毛

退三甲景清杰九厘三毛 退四甲景燕如四厘九毛 退四甲景鹤亭五厘毛

退四甲景心合七厘三毛 退四甲景达仁四厘一毛 存四厘一毛

积庆堂 镰九厘

余庆堂 镰一分四厘五毛

义冢社 镰一分四厘

景祥妮 镰六厘

景圈妮 镰六厘

新立景魁妮 镰二分四厘七毛

新立景山保 镰二分三厘七毛

新立景裕德 镰一分二厘五毛

退六甲景春莹五厘五毛

新立景欲仁 镰二分二厘五毛

以上共五张一分七厘四毛

二甲 镰四张五分九厘八毛

南日生 镰六毛

南振宗 镰六厘二毛

南振麟 镰四厘二毛

南全福 镰四厘三毛

南体仁 镰八厘六毛

通美堂 镰一张零八厘五毛

南 杰 镰一分二厘四毛

南可意 镰八厘二毛

南猛妮 镰四厘九毛

退本甲南心裕三厘七毛

南廷瑞 镰三厘七毛

退本甲南心裕三厘七毛

南心泰 镰四分四厘

南心裕 镰二分一厘八毛

收本甲南猛妮三厘七毛 收本甲南廷瑞三厘七毛

共存二分九厘二毛

南贵头 镰七毛

南小有 镰一厘九毛

南保仁 镰一分四厘九毛

收四甲景福禄二厘 共一分六厘九毛

南平安 镰六厘四毛

南文中 镰四厘

收本甲南祥妮二厘

南祥尼　　镰三厘四毛

退本甲南文中二厘

刘离小　　镰七毛

李　霸　　镰一厘五毛

景人搪　　镰五厘九毛

景人驊　　镰三厘四毛

退本甲景增田三厘四毛

景人龙　　镰一分五厘二毛

景大田　　镰一分七厘三毛

景增田　　镰一分六厘六毛

收本甲景人驊三厘四毛

景登嵬　　镰三厘八毛

景人伟　　镰八毛

景人偔　　镰四分零七毛

景玉田　　镰五毛

景桐庆　　镰九毛

景骏德　　镰二厘五毛

段罔旦　　镰二厘五毛

景考正　　镰七厘四毛

景东莹　　镰八厘一毛

景不点　　镰四厘三毛

景可成　　镰二厘九毛

樊化运　　镰二厘五毛

樊居正　　镰一厘六毛

景人伦　　镰二厘

南金粟　　镰五厘六毛

南文英　　镰三厘九毛

南文魁　　镰八厘六毛

退本甲南长林二厘六毛　退本甲南长清六厘

景人偕　　镰一分四厘九毛

景甫田　　镰七厘二毛

收四甲景心裕一厘

南廷壁　　镰八厘九毛

杨心泰　　镰三分零九毛

新立南长林

收南文魁二厘六毛

新立南长清

收南文魁六厘

以上共四张五分九厘八毛

三甲　镰六张五分九厘

景万禄　　镰一张二分一厘八毛

景世行　　镰五分零二毛

景玉昌　　镰四分七厘六毛

景芳馨　　镰三分三厘九毛

退本甲景香岭七厘

景玉山　　镰一厘

景大头　　镰八厘九毛

景文魁　　镰四毛

景百岁　　镰一分三厘四毛

退本甲景化治一分零八厘

景治桐　　镰一分一厘五毛

景香山　　镰一分七厘七毛

退本甲景香岭一分七厘七毛

景香岭

收本甲景芳兴七厘　收本甲景香山一分七厘七毛

收本甲景香玉九厘三毛

景香玉　　镰九厘三毛

退本甲景香岭九厘三毛

景清杰　　镰七分四厘九毛

收一甲景得玉九厘三毛

收本甲绳祖堂二厘一毛　收本甲景遂意六厘

景文治　　镰一分五厘

景化治　　镰四分一厘六毛

收本甲景百岁一分零八毛

景贵昭　　镰三厘七毛

景贵章　　镰八厘七毛

双合号　　镰三厘二毛

景士凤　　镰二厘

景向辰　景渭清　镰六厘二毛

景遂意　　镰一分五厘

退本甲景清杰六厘

绳祖堂　　镰二厘一毛

退本甲景清杰二厘一毛

景双全　　镰二厘

景更新　　镰一厘八毛

退本甲景同声九毛

退本甲景锡令九毛
景鹿臣 镰六厘六毛
景眼妮 镰三厘七毛
景诚意 镰一分八厘
景 槐 镰二分九厘二毛
景之动 镰一分七厘七毛
景仁治 镰二分一厘
景贵瑶 镰一分一厘
景贵珍 镰一分五厘二毛
收一甲景得名二厘二毛 共一分七厘四毛
景贵琮 镰一分六厘一毛
收七甲景绍孔一厘一毛 共一分六厘一毛
景之彬 镰三厘四毛
收五甲杨德方一分七厘 收五甲杨梦魁五厘
收五甲景扬成二厘 共二分七厘四毛
新立景方成
收五甲景扬成四厘八毛
新立景锡令
收本甲景更新九毛
新立景同声
收本甲景更新九毛
以上共六张五分九厘
四甲 镰五张五分九厘四毛
景习文 镰五分二厘三毛
退本甲景玉身一分一厘五毛
退本甲景润身一分二厘六毛
退本甲景银身一分二厘六毛
退本甲景修身一分
景双成 镰五分二厘三毛
景公田 镰三分三厘
景长信 镰四厘六毛
景喜禄 镰二厘八毛
退二甲南保仁二厘存八毛
景长庆 镰二毛
景偏妮 镰一厘
退本甲景重德一厘
景穗仲 镰一厘一毛

景重德　　　镰九毛

　　收本甲景偏妮一厘收本甲景存忠三厘一毛　存五厘

景喜仲　　　镰二厘五毛

景存忠　　　镰三厘一毛

　　退本甲景重德三厘一毛

景震云　　　镰二分三厘六毛

　　收一甲景德玉一分零四毛共存三分四毛

景震泗　　　镰一分六厘四毛

景玉清　　　镰二分五厘九毛

景开楼　　　镰七分三厘四毛

　　收一甲景得玉五厘六毛

景莹生　　　镰一分六厘七毛

景心合　　　镰六分二厘

　　收一甲景得玉七厘三毛

景玉凤　　　镰一分九厘八毛

景心裕　　　镰四厘七毛

　　退二甲景莆田一厘

景燕禄　　　镰九厘四毛

　　收一甲景德玉四厘九毛

景廷寿　　　镰七厘九毛

景心泰　　　镰八厘三毛

景振泰　　　镰一分五厘五毛

景蓬来　　　镰五厘三毛

景达仁　　　镰二厘六毛

　　收一甲景得玉四厘一毛

景溥洲　　　镰一分九厘五毛

　　收五甲景有令二厘

景方文　　　镰二分六厘四毛

　　收五甲景有令五毛

　　退本甲景福海一分一厘

新立景锡章　　　镰六厘四毛

新立景炳章　　　镰一分九厘八毛

新立景福印　　　镰一分一厘二毛

新立景玉身

　　收本甲景习文一分一厘五毛

新立景润身

　　收本甲景习文一分二厘六毛

新立景银身

　　　　收本甲景习文一分二厘六毛

新立景守身

　　　　收本甲景习文五厘六毛

新立景福海

　　　　收本甲景方文一分一厘

　　以上共五张五分九厘四毛

五甲　镰九张三分二厘

　　杨德方　　　镰七分一厘三毛

　　　　退三甲景之彬一分七厘

　　景宝祥　　　镰七厘八毛

　　守先堂　　　镰九厘

　　景有令　　　镰一分零四毛

　　　　收本甲景扬成二毛

　　　　退四甲景瀛洲一厘

　　　　退四甲景福河五毛

　　　　退四甲景大来三厘

　　景扬成　　　镰七厘

　　　　退三甲景之彬二厘

　　　　退三甲景方成四厘八毛

　　　　退本甲景有令二毛

　　景德成　　　镰三厘

　　景顺妮　　　镰一厘八毛

　　景宝贤　　　镰一分五厘五毛

　　景行公　　　镰一厘

　　张　昆　　　镰二分一厘一毛

　　富春堂　　　镰二厘

　　杨世有　　　镰七厘

　　　　收本甲杨永禄八厘六毛

　　景宝璋　　　镰六分八厘八毛

　　景宝年　　　镰八厘

　　　　退本甲景好贵八厘

　　景宝会　　　镰九厘八毛

　　杨昭信　　　镰六厘七毛

　　　　退本甲景喜文一厘五毛

　　杨忠信　　　镰一厘

　　景喜文　　　镰一分七厘八毛

收本甲景明文一厘五毛

杨有信　　镰一厘

杨树德　　镰一分八厘二毛

退本甲杨逢祥二厘三毛存一分五厘九毛

杨天德　　镰一分二厘七毛

杨逢祥　　镰一分一厘七毛

收本甲杨树德二厘三毛存一分四厘

杨满当　　镰八厘三毛

杨梦龙　　镰一分三厘三毛

杨梦麒　　镰四分零八毛

杨梦麟　　镰三厘

杨天增　　镰六厘七毛

景家麟　　镰四厘二毛

景家相　　镰四厘四毛

景宝树　　镰三分二厘二毛

景梦魁　　镰三分零四毛

退三甲景之彬五厘存二分五厘四毛

杨吉祥　　镰四厘六毛

韩春泰　　镰二分二厘

退本甲韩梦妮五厘　退本甲韩春妮四厘　退本甲韩舍妮九厘　退本甲韩兴妮四厘

谭长秀　　镰八厘七毛

景宝呷　　镰三分八厘五毛

景多文　　镰一分一厘九毛

杨永禄　　镰五分四厘九毛

退本甲杨士有八厘六毛　退本甲杨世光九厘二毛

退本甲杨世存八厘　存二分九厘一毛

谭永林　　镰一分一厘

收本甲永治成七厘四毛

景西莹　　镰三分八厘

杨东堂　　镰四分六厘四毛

韩当住　　镰三毛

谭大皮　　镰四厘五毛

杨永盛　　镰一分零八毛

谭舒林　　镰三分八厘八毛

退本甲谭杏林一分二厘二毛

张天保　　镰八厘四毛

谭庆生　　镰九厘九毛
谭宗堂　　镰二厘八毛
谭祥云　　镰三厘五毛
王二皮　　镰一分九厘四毛
王保仁　　镰二分四厘四毛
谭兴云　　镰五厘五毛
景宝善　　镰二厘八毛
景宝仁　　镰六厘
景进德　　镰二厘二毛
韩尊义　　镰四厘一毛
景生小　　镰一分四厘
韩据德　　镰五厘五毛
景宝义　　镰三厘一毛
杨梦熊　　镰四厘七毛
谭公堂　　镰一厘七毛
景好俭　　镰七厘三毛
景好聚　　镰一分一厘八毛
景好有　　镰三厘一毛
景好财　　镰五厘九毛
景宝恭　　镰一分七厘二毛
景好育　　镰五厘四毛
景桂清　　镰三厘二毛
景好贵　　镰四厘五毛
　　收本甲景宝年八厘
谭忠霖　　镰八厘二毛
新立永治成　镰七厘四毛
　　退本甲谭永林七厘四毛
新立杨赞　　镰七厘二毛
新立景好文　镰三厘
新立三盛聚　镰二厘五毛
新立谭呼群　镰一厘八毛
新立谭杏林
　　收本甲谭舒林一分三厘二毛
新立韩命尼
　　收本甲韩春太五厘
新立韩春尼
　　收本甲韩春太四厘

新立韩舍尼
收本甲韩春太九厘
新立韩兴尼
收本甲韩春太四厘
新立杨世先
收本甲杨永禄九厘二毛
新立杨世存
收本甲杨永禄八厘
新立景大来
收本甲景有令三厘
以上共九张三分二厘
六甲　镰一张二分六厘三毛
杨德生　镰八厘
杨福生　镰九厘四毛
杨孝忠　镰一厘七毛
杨呈祥　镰三厘
杨梦云　镰一分四厘七毛
杨公堂　镰二分六厘七毛
景明治　镰五分六厘七毛
杨玉振　镰六厘
以上共一张二分六厘三毛
七甲　镰四张七分零四毛
师杰　镰一厘
师达　镰三厘七毛
师玉　镰二厘三毛
师奉先　镰一分七厘七毛
师敏　镰一分七厘八毛
师宗堂　镰七厘六毛
师文中　镰九毛
景世芳　镰二分一厘
景绍孔　镰一厘一毛
退三甲景贵珠一厘一毛
景绍莲　镰一分五厘五毛
景化赞　镰三分三厘六毛
景黯卿　镰二分二厘一毛
退本甲景虞卿三厘七毛

退本甲景光宗二厘七毛
退本甲景宗田二厘九毛存一分三厘八毛
景玉华　　　镰四厘三毛
景孚晋　　　镰五分三厘一毛
退本甲景孚颐一分七厘三毛
退本甲景孚辰八厘九毛存二分二厘四毛
退本甲棣华堂四厘五毛
景曹氏　　　镰七厘
新立景孚颐
收本甲景孚晋一分七厘三毛
景宪书　　　镰九厘五毛
新立景孚辰
收本甲景孚晋八厘九毛
新立景宪雍　镰七厘五毛
新立棣华堂
收本甲景孚晋四厘五毛
景宪绅　　　镰七厘五毛
景宪辰　　　镰九厘七毛
景杨氏　　　镰四厘三毛
景仪祥　　　镰六厘四毛
新立景兰芳　　　镰四厘二毛
新立景宪唐　　　镰九厘
收本甲景体芳二厘
景体芳　　　镰九厘
退本甲景宪唐二厘
师道明　　　镰一分八厘五毛
退本甲师儒珍五厘
退本甲师怀珍五厘
退本甲师习珍八厘五毛
新立师儒珍
收本甲师道明五厘
景绍基　　　镰三分三厘
师怀珍
收本甲师道明五厘
景林芳　　　镰三分八厘四毛
师席珍
收本甲师道明八厘五分
祥集堂　　　镰四厘五毛

景春荣　　　镰一厘二毛

收本甲景玉得五厘五毛

景绍庆　　　镰五分六厘五毛

退本甲景梅芳二分八厘九毛

退本甲景宪平一分六厘二毛

退本甲景莲芳一分一厘四毛

新立景莲芳　　　镰一分一厘四毛

陈聚德　　　镰一分六厘一毛

退本甲陈聚祥七厘八毛

陈聚祥

收本甲陈聚德七厘八毛

景二喜　　　镰三厘八毛

景宗江　　　镰四厘六毛

退本甲景宪平四厘六毛

新立景宪平　　　镰一分六厘二毛

收本甲景宗江四厘六毛

景费嘴　　　镰四厘二毛

退本甲景中伙四厘二毛

景茂林　　　镰三厘一毛

景玉林　　　镰六厘三毛

新立景梅芳　镰二分八厘九毛

收景绍庆

新立景虞卿　　　镰二厘七毛

收景黯卿

新立景光宗　　　镰二厘七毛

收景黯卿

新立景宗田　　　镰二厘七毛

收景黯卿

新立景中伙

收本甲景费嘴四厘二毛

以上共四张七分零四毛

八甲　镰二张零八厘

以上共镰三九张三分二厘三毛

永济闸条规刊列于后

一　老人公食薄少、获利无多、贫而无力者多不能充应、每厘镰增麦一合、旧例二合、增一合、与旧例共合三合

二　免镰之人多系贫家、罚夫错河等项往往不能措办、以致小甲受累、以后俱照

本镰夫名说、与免镰人无干

三　凡免镰上河之人、上提下拔轮流看水、俱由老人安置、不得多言乱语、亦不得以成规为辞、有不遵者、罚项俱照本镰夫多所出

四　每年修补桥梁蹬槽及一切免粮祭神等项、秋后同众小甲公直帮办、将账目算、按此账再立一本、旧老人存一本、新老人轮流一本、以防时久滋弊

五　每分镰向作大钱三百五十文、近因粮米人工价昂、公议每分镰作大钱一千五百文、老人小甲叫人头吃镰亦如之

六　镰夫上河一名夫不到、旧例罚大钱三百文、今因人工日贵、往往故意不到、甘愿受罚者、公议一名夫不到、罚大钱一千文、以示整重河规

七　重修桥梁蹬槽一添石工、方许行利、若补修不添新石者、不得行息出利

八　每名夫只许挑镰七分、不许多挑、每分镰向作大钱三百五十文、今因人工米粮价高、作大钱一千五百文

九　河上使换钱文、要地与当主垫钱、不许当地人讨要、亦不许要地扣出（除的假借字）若要地私自开发、查出除重出使换外、罚条石一丈

十　河工补修工程、与兑粮祭神等项、俱系老人先行垫办、俟秋后算账、始能齐钱、以致贫而无力者不能充应老人、今议将河上树木先卖数株、共除大钱四十一文、以为老人垫办花费、至秋后算账、上七甲预先扣除、各小甲扣钱六千五百文、惟五甲镰大扣钱八千五百文、与旧老人无干、至明年清明节、交于新老人、仍作河上垫办花费

本闸新更条规刊列于后

（一）各小甲各挑帮办一名、帮办公学公直四名、以监督老人账目、帮办由老人挑选、公直由帮办推举、五村亦保举帮办一名、以维河章

（二）上八甲公举老人、一年一保、如老人练达世事、亦许连保、但只许连保三年、不得再保、以防时久滋弊、如果老人照章妥办、一年亦可再保

（三）每年闸粮、由公直帮办小甲公议、齐期先期贴帖、布告镰户

（四）河上使换、以十二月初一日钱齐、每年于算账后、老人出贴、布告镰户、各帮办于十月十五日督催各小甲齐钱、方不误期

河正　景上田　窦生华

民国三十年（1941）十一月十三日　立

永济闸花费账

25cm

24cm

| | |
|---|---|
| 正月 | |
| 看闸人垫路四次 | 支洋十一元八毛 |
| 桩橛 | 支洋五元 |
| 买毛头纸半刀 | 支洋一元陆毛 |
| 正月十七日破土 | |
| 买大边二挂 | 支洋一元 |
| 买红帖三十张 | 支洋三毛 |
| 买顶炮六斤 | 支洋二毛 |
| 买烧纸二两 | 支洋二毛 |
| 买元锞二十把 | 支洋一毛 |
| 买料香二股 | 支洋一毛 |
| 二十二日 | |
| 三闸公上府会议盘川 | 支洋四元九毛 |
| 二月初七日 | |
| 垫官道桥修天井 | 看闸人盘川二次 |
| | 支洋十五元一毛 |
| 稻草八个 | 支洋二元 |
| 十五日上供 | |
| 红贴二十张 | 支洋二毛 |
| 麦子一斗五升 | 支洋十一元九毛 |
| 大肉拾斤 | 支大洋十一元 |
| 黄酒二十斤 | 支洋十二元 |
| 粉皮二斤 | 支洋二元八毛 |
| 大米一升 | 支洋一元一毛 |
| 鞭二挂 | 支洋八毛 |
| 顶炮六斤 | 支洋二毛 |
| 烧纸二两 | 支洋一毛六分 |
| 元锞二十把 | 支洋一毛六分 |
| 料香二股 | 支洋一毛 |
| 赶集盘川 | 支洋一元八毛 |
| 二十日修官道桥 | |
| 稻草六个 | 支洋一元五毛 |
| 秫稭二个 | 支洋五毛 |
| 桩橛三根 | 支洋一元零五分 |
| 犒劳看闸人 | 支洋六毛五分 |
| 二十一日修东汪橙槽 | |
| 日用 | 支洋五元五毛五分 |

| | |
|---|---|
| 买石灰九百斤 | 支洋二十一元六毛 |
| 匠人工价 | 支洋三元 |
| 买筛子 | 支洋五毛 |
| 二十七日 | |
| 垫大路饭钱 | 支洋四元六毛五分 |
| 初九日当二工头埝 | |
| 稻草十五个 | 支洋三元七毛五分 |
| 白酒三斤 | 支洋十五元五毛 |
| 馍馍十五斤 | |
| 当二道沟 | |
| 看埝夫 | 支洋五元 |
| 稻草四个 | 支洋一元 |
| 席三领 | 支洋三元 |
| 四月初六日 | |
| 垫天井饭钱 | 支洋五元八毛 |
| 二十四日大挑河 | |
| 小甲上河饭钱 | 支洋十一元 |
| 垫大路盘费 | 支洋五元七毛五分 |
| 五月十五日 | |
| 垫大路盘川 | 支洋五元二毛 |
| 六月初四日 | |
| 清丈河沟 | 支洋三元三毛 |
| 看庙小 | 支洋四元 |
| 二十日大挑河 | |
| 小甲上河盘川 | 支洋八元六毛 |
| 七月初二日修官道 | 桥 |
| 稻草十五个 | 支洋一元二毛五分 |
| 初三日垫小沟沿桥 | |
| 稻草五个 | 支洋一元一毛五分 |
| 干草十把 | 支洋一元 |
| 十二日 | |
| 兑粉 | 支洋九元五毛四分 |
| 兑粉盘川 | 支洋一元一毛 |
| 十七日修天井 | |
| 稷子六斤 | 支洋一元五毛 |
| 十九日修天井 | |
| 工人花费 | 支洋六元九毛 |

| | |
|---|---|
| 席三领 | 支洋四元 |
| 石灰六百斤 | 支洋二十元 |
| 稻草十个 | 支洋二元五毛 |
| 　八月初三日垫大路 | |
| 看闸人花费 | 支洋七元六毛 |
| 　初十日垫大路 | |
| 工人盘川 | 支洋六元一毛 |
| 　九月初三日 | |
| 拉官路桥稻草钱 | 支洋二元 |
| 　初五日 | |
| 垫官路桥稻草十个 | 支洋二元五毛 |
| 十根 | 支洋三元 |
| 　十五日 | |
| 垫大路花费夫钱 | 支洋四元二毛四分 |
| 　二十五日 | |
| 垫天井花费 | 支洋七元零五分 |
| 　十月初四日 | |
| 垫大路花费 | 支洋四元二毛 |
| 　十二日 | |
| 垫大路花费 | 支洋五元二毛 |
| 麦季公款 | 支洋一百三十九元四毛三分 |
| 地亩捐 | 支洋四十七元 |

以上共花费国币四百七拾八元零八分

## （三）永利闸、龙兴闸部分

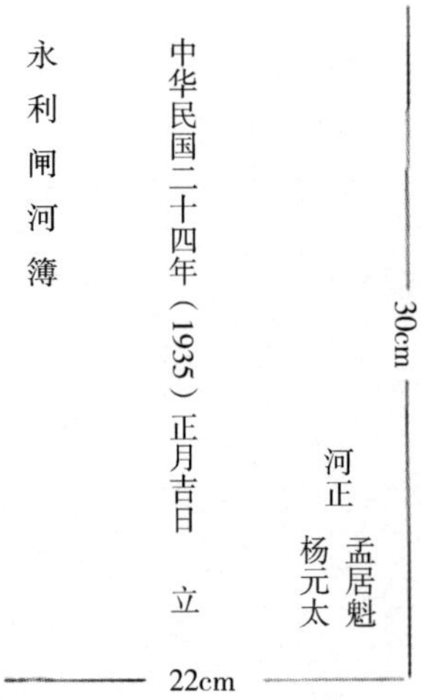

小甲　孟居仲　共镰居拾二分八厘五毛（三张六分七厘四毛六分）

于其昌　　镰四厘一毛

于培村　　镰一厘五毛

于朝干　　镰一分六厘七毛

于振麟　　镰八厘八毛

于振铎　　镰八二厘一毛

于振鹭　　镰八厘八毛

于先堂

于德阔　退二厘八毛义盛太收　镰七厘一毛、九厘九毛

于其祥　　镰一分二厘五毛

于守礼　　镰五毛

郝鸣凤　　镰一分五厘四毛

郝鸣春　　镰一分五厘

郝鸣富　　镰一分五厘六毛

刘清滨　退郝昆鹏名下　镰五厘四毛

郝鸣太　　镰三厘一毛

郝鸣珂　　镰三厘一毛

郝鸣玉　　镰三厘

郝振梅　　镰九厘七毛

孟振头　　镰一厘五毛

孟金义　　镰一厘八毛

郝进荣　　镰二毛

王进才　　镰一厘五毛

郝进忠　　镰九厘七毛

郝得良　　镰四厘五毛

孟　绿　　镰三厘二毛

孟　祯　　镰六毛

孟　祥　　镰三毛

孟居韶　　镰五厘

义盛泰　　镰五厘四毛、二厘六毛

孟士魁　　镰二厘六毛六系

卢之荣　　镰六厘三毛

卢士林

德兴号

卢士秀　　镰二厘一毛
泰山行宫　镰九厘八毛
孟居仲　　镰七厘一毛

孟五仲　　镰一分四厘二毛
孟金仲　　镰七厘八毛
孟居魁　　镰五分零三毛
孟居毫　　镰一分八厘
孟居学　　镰六厘二毛
胡金击　　镰一厘九毛
胡金魁　　镰四厘

黄廷珪　　镰二毛
黄廷珍　　镰二厘六毛
黄廷瑜　　镰三厘六毛
郭占魁　　镰七毛
小甲孟泽起　共镰二张九分六厘八毛
孟祖庙　　镰三分三厘四毛
孟尚义　　镰一厘
孟士庙　　镰五厘二毛
孟士莫　　镰一分三厘
孟士英　　镰一厘四毛
孟尚嗃　　镰二分七厘一毛
鼎和永　　镰二厘三毛
孟尚清　　镰一分八厘八毛
孟　坤　　镰九厘九毛

孟居邦　　镰三厘五毛
孟车梅　　镰二厘一毛
孟泽起　　镰一分五厘七毛
孟泽云　退孟居跋名下二厘八毛　镰一分二厘三毛、一分五厘一毛
孟居瀛　　镰五厘六毛
孟士忠　　镰二厘五毛
孟居广　　镰五厘三毛

同心成　　镰一分九厘二毛
孟居敬　收孟泽云二厘八毛　镰六分七厘八毛、六分五厘

孟居思　　镰二厘九毛
孟居门　　镰二厘三毛
孟桂先　　镰一厘二毛
孟桂枝　　镰一厘三毛
吴自任　　镰七毛

白衣堂　　镰六毛
孟泰和　　镰一厘七毛、三张八分二厘九毛
小甲　郝承渡　共镰七分七厘五毛
郝金孝　　镰一毛
郝恩义　　镰二厘四毛
郝鸣贵　　镰五厘一毛
郝得泰　　镰五毛

郝金辰　　镰一厘六毛
追远堂　　镰二厘二毛
郝吉羊　　镰一厘六毛
郝重仁　　镰六厘三毛
郝金义　　镰一分二厘六毛
郝重魁　　镰五厘六毛
郝重文　　镰一分一厘

郝得润　　镰五厘
郝得英　　镰五厘二毛
郝进禄　　镰二厘一毛
郝得全　　镰九毛
郝得才　　镰四厘八毛
郝升堂　　镰一厘五毛
郝文馨　　镰九厘八毛

郝祖先堂　镰二厘二毛
郝景泰　　镰一厘九毛
郝景玉　　镰一分四厘二毛
郝景文　　镰五厘六毛
郝景长　　镰五厘八毛
郝庆荣　　镰一厘
郝逢春　　镰九毛

郝逢生　镰三厘八毛
郝恩成　镰六毛
郝如恒　镰五厘一毛
郝昆鹏　旧刘清宝五厘四毛　镰二分九厘五毛、二分四厘一毛
郝寿昌　镰二分九厘三毛
郝承宗　镰一分四厘
郝昆弯　镰五毛
郝昆镯　镰二厘七毛
郝升田　镰三毛
郝祥麟　镰一分四厘
郝守孝　镰二毛
郝　林　镰七毛
王　智　镰四分五厘七毛
郝家庙　镰一张零分三厘一毛
火神灶　镰一分四厘六毛

泰山行宫　镰九厘八毛
小甲　郝人灵　共镰三张三分五厘一毛
郝人得　镰八厘五毛
郝清人　镰九厘三毛
郝清魁　镰三厘一毛
郝凤岗　镰三厘五毛
郝清泉　镰一分三厘七毛

郝清连　镰六厘九毛
郝凤德　镰三厘八毛
文盛公　镰一厘一毛
郝锡福　镰三厘八毛
郝锡禄　镰四厘七毛
郝际堂　镰五厘
郝文之　镰六厘七毛

郝锡均　镰二分二厘
郝锡麒　镰一分七厘
郝锡勇　镰二分一厘九毛
郝凤辉　镰一分一厘

郝锡智　　镰三厘
郝锡金　　镰一厘一毛
郝凤彩　　镰九厘三毛

郝凤来　　镰八厘五毛
郝凤相　　镰一分七厘二毛
郝凤之　　镰一分四厘九毛
郝凤清　　镰三分二厘三毛
郝锡庆　　镰六毛
郝从虎　　镰一厘三毛
郝长奉　　镰一分五厘八毛

郝孝堂　　镰九文九毛
小甲　景三门　共镰八张四厘九毛、七张九分七厘一毛
万亿成　　镰一分一厘五毛
敬宗文（敬是景的借用字）　镰四毛
景孝文　　镰一厘九毛
景万禄　　镰六毛
景立彬　　镰一厘六毛

景之网　　镰三厘
景培林　　镰二厘
景处乡　　镰六厘一毛
景万朝　　镰一分一厘一毛
景兴成　　镰九毛
景万杰　　镰四厘五毛
景仁庆　　镰一厘八毛

尊祖堂　　镰二厘三毛
景康生　　镰四分四厘二毛
景锡断　　镰二厘三毛
景玉昌　　镰一分九厘七毛
景存仁　　镰二厘八毛
景宗汤　　镰三分六厘九毛
景上田　　镰一分一厘五毛

景中田　　镰一分五厘五毛

景世行 镰四分六厘七毛

景绍基 镰四厘八毛

景增田 镰一分二厘八毛

景大田 收景清川 镰七厘八毛 镰八厘二毛

景人搪 镰一分九厘五毛

景浦田 镰九厘九毛

景人俨 镰一分五厘八毛

景人偕 镰九厘

景福村 镰七毛

景荣田 镰三分八厘四毛

景守义 景芝头 景芳馨 镰六厘三毛 镰九厘三毛、三厘

景芳林 景芳馨 镰一分五厘四毛 镰一分六厘八毛、一厘四毛

景芳成 镰四厘

景芳馨 退于景芝头名六厘三毛 退于景芳林名一分五厘四毛 镰二分一厘七毛

景告崔 镰一分六厘

景治向 镰八分一厘八毛

景林芳 镰三厘二毛

景惠平 镰七厘

景俊福 镰五厘九毛

景莲芳 镰一分七厘六毛

景百令 镰八厘四毛

景时令 镰七厘一毛

景有令 镰六厘

景杨氏 镰六厘九毛

景元莫 镰二厘一毛

景蓬莱 镰二厘三毛

景瀛洲 镰三厘四毛

景达仁 镰一分二厘一分

景非熊 镰八厘二毛

景玉清 镰三分六厘

衍盛堂 镰八厘四毛

景相凤 镰八厘四毛

景隆泰 镰一分三厘八毛

景心裕 镰一分一厘

景开田 镰四厘二毛

景心泰 镰四厘三毛

景光宗 镰八毛

景福印　　镰一分一厘一毛
景正卿　　镰三厘九毛
景炳璋　　镰二分二厘九毛
景云卿　　镰一分一毛
景云卿　　镰四厘
杨大狗　　镰一分六毛
杨廷舍　　镰三厘一毛
景顺尼　　镰一分一厘七毛
景振铎　　镰一分六厘九毛
景光成　　镰一分
景玉来　　镰一分四厘六毛
景贵宗　　镰二分一厘五毛、三张九分七厘

小甲　景济川　共镰四张零四厘八毛

南心泰　　镰三厘
南心裕　　镰一分八厘三毛
南廷璧　　镰一厘三毛
南文英　　镰六毛
南　杰　　镰一分五厘
景绍基　　镰六厘四毛
景林芳　　镰七厘六毛
景辅臣　　镰五厘三毛
南通美　　镰四厘八毛
南体祥　　镰一分
南长怡　　镰四厘九毛
南九德　　镰六厘八毛
南文江　改南合心　镰一分三厘六毛
南文凯　退于南文江名一分三厘六毛　退于南文时名下九厘二毛　镰九厘三毛、三分二厘一毛
南文时　改南合心　镰九厘二毛
景作舟　　镰六分二厘六毛
景济川　退于景大田名下七厘八毛　镰二分三厘六毛、三分一厘四毛
忠厚堂　　镰一厘七毛
景欲仁　　镰三厘一毛
景圈尼　　镰五厘五毛
景伏成　　镰六厘一毛
景　节　　镰八毛
景俊杰　　镰一分三厘

徐庆堂　镰七厘一毛
杨开廉　镰四厘
景得名　镰一分零六毛
景　泰　镰三厘六毛
景德玉　镰八厘一毛
景秉尼　镰一厘三毛
景遂保　镰二分九厘五毛
景祥妮　镰八厘三毛
景欲志　镰四厘六毛
景贵瑶　镰四厘一毛
景贵珍　镰八厘二毛
景贵照　镰五厘六毛
景至极　镰三厘四毛
景世芽　镰七厘四毛
景公田　镰四分一厘五毛
韩景公　镰八厘
义冢社　镰七厘九毛
二合公　镰一厘三毛
小甲　杨修志　共镰一张八分三厘五毛
高　重　镰三厘六毛
杨凤楼　镰一厘五毛
观音堂　镰四分二厘八毛
柴恩贤　镰三毛
柴士英　镰二毛
柴得圈　镰二厘二毛
韩文清　镰二厘六毛
柴恩忠　镰七毛
柴恩敬　镰一厘八毛
柴恩文　镰一厘七毛
柴书魁　镰五厘
柴士顺　镰一厘
杨振德　镰一分四厘九毛
杨九清　镰七厘八毛
杨九堂　镰六厘一毛
杨行德　镰一分八厘
杨成德　镰三厘一毛
杨凤廷　镰一厘五毛

杨德保　镰五厘二毛
杨德贵　镰九毛
杨春祥　镰二厘三毛
杨毓祯　镰一分二厘三毛
杨毓桂　镰七厘
杨毓梓　镰五厘一毛
杨毓珍　镰三毛
杨　文　镰一毛
杨德仁　镰一毛
杨士基　镰一毛
杨成才　镰六毛
杨凤鸣　镰一毛
杨　门　镰五毛
杨　儒　镰四分一厘三毛
小甲　杨士准　共镰四分四厘
杨　儒　镰一分五厘
冯兴林　镰二毛
杨士清　镰一毛
杨士准　镰二毛
杨兴德　镰一厘一毛
杨敬开　镰一毛
杨希贤　镰一毛
杨希振　镰二厘四毛
杨希旗　镰三厘
杨九尼　镰五毛
杨顺成　镰四毛
杨鸣玉　镰二厘二毛
杨好德　镰二毛
杨凤林　镰二厘五毛
赵进乡　镰三厘
杨希安　镰一厘六毛
杨平安　镰一厘
杨家庙　镰一分零四毛
小甲　四合公　共镰七厘五毛
赵芳辰　镰二毛
赵　佃　镰一厘八毛
赵　依　镰二厘八毛

张如山　　镰二厘
赵光岚　　镰七毛
小甲　田　忠　共镰一张四分七厘、九毛
赵连河　　镰七厘六毛
赵　梅　　镰五厘四毛
赵人和　赵振江　退锡胜镰三厘八毛　镰一分八厘六毛、一分四厘八毛
赵连魁　　镰二分二厘三毛
赵栢枚　赵之依　镰七厘四毛
段得名　　镰四毛
田生才　　镰一厘三毛
田　忠　　镰四毛
杨文章　　镰一分四厘三毛
关帝庙　　镰一分一厘三毛
田忠南　　镰四厘二毛
高玉林　　镰二厘一毛
杨法文　　镰一厘
杨文喜　　镰一厘
杨士选　　镰四厘
高　法　退一厘八毛　赵居西收　退三厘三毛　赵锡俭收　镰二分零六毛、二分二厘四毛
慧清庵　　镰一分
合盛号　　镰四毛
杨知山　　镰四厘三毛
杨　信　　镰四毛
杨成头　　镰二厘五毛
杨祖堂　　镰一厘五毛
杨家庙　　镰五厘七毛、九张七分九厘三毛
小甲　赵金常　共镰四分二厘
赵可爱　收三厘五毛赵鸿振退　收二厘五毛赵鸣振退　镰四分八厘、四分二厘
赵　华　　镰二分一厘八毛
赵书田　　镰三分五厘五毛
赵长春　收赵锡漳退　镰八厘七毛
赵成德　　镰三分三厘六毛
赵　芝　　镰四分六厘
赵元居　　镰一分二厘六毛
赵炳文　　镰四分六厘
赵锡胜　退于赵振江名下三厘八毛　退于赵锡恩二厘　镰一分四厘五毛、二分一厘九毛

赵锡虾　退于赵希吾一厘六毛　镰二分一厘三毛
赵锡麟　　镰二厘九毛
赵元绪　　镰一厘五毛
赵锡恩　赵元祥　镰六厘九毛　镰七分零七毛、六分零三毛
赵锡胜　　镰二厘
赵锡磐　　镰二分二厘五毛
赵锡震　　镰一分九厘三毛
赵元祥　　镰一分七厘九毛
赵元祥　退锡恩名下九厘九毛　镰九厘四毛、一分六厘三毛
赵元培　　镰四分二厘八毛
赵元依　退于枚名下七厘四毛　镰一毛、九厘
　　　　退于锡恩名下一厘五毛
赵荣支　　镰三厘
赵光辰　　镰五厘八毛
赵三富　　镰七毛
赵　香　　镰二厘七毛
赵　廷　　镰六厘八毛
赵　茗　　镰三毛
赵　蓉　　镰三厘六毛
赵元韶　　镰三厘六毛
赵元鑫　　镰三厘五毛
赵元吟　退二分五厘赵鸣振收　镰三厘三毛
赵元田　　镰三厘三毛
赵锡智　　镰一分二厘九毛
赵锡勇　　镰六厘二毛
赵植堂　　镰一分一厘六毛
赵植楷　　镰一分一厘六毛
赵锡德　　镰二分九厘四毛
赵乐敬　　镰八毛
赵锡福　　镰一分八里九毛
赵锡常　　镰一分六厘四毛
赵　荷　　镰七毛
赵锡珍　　镰一分六厘
赵锡珂　　镰一分七厘
赵玉成　　镰二厘
赵居西　　镰一厘八毛　高法退一分二厘六毛、一分零六毛
赵海振　退二厘五毛赵可爱收
　　　　退三厘五毛赵可爱收　镰六厘四毛、三厘九毛

收二厘五毛赵元哈退
赵居蓬　镰七厘八毛
赵居安　镰二毛
赵鸿斌　镰五厘四毛
刘顺成　镰六厘五毛
赵元杰　镰二厘六毛

刘顺和　镰三厘
刘顺心　镰一分三厘五毛
三张五分二厘八毛
小甲　赵福传　共镰一厘二毛
赵玉林　镰三厘九毛
赵合妮　镰二厘五毛
赵金堂　镰一分一厘四毛
赵　玶　镰二分一厘
赵　璐　镰二分六厘八毛
赵兴武　退四厘六毛赵兴甲收　镰八厘九毛、一分三厘九毛
赵　望　镰四分五厘六毛
赵兴甲　收四厘六毛赵兴武退　镰一分四厘七毛、一分零一毛
赵希鲁　收一厘六毛赵锡胜退　镰一张二分九厘四毛、七厘八毛
赵玉隆　镰六厘八毛
赵　纯　镰一毛
赵心合　镰一厘四毛
赵增森　镰八毛
赵林森　镰一分六厘六毛
祀先堂　镰一厘三毛
小甲　任住村　共镰五张四分零五毛
穆清臣　镰七厘九毛
穆文孝　镰一厘七毛
杨文年　镰二分五毛
杨百禄　退杨得林三毛　镰七毛
退杨吉林四毛
杨文和　退杨得林六厘
退杨吉林七毛　镰六厘七毛
杨敬祖　镰一分八厘三毛
杨得林　收杨方禄三毛
收杨文和六厘　共镰一分零四毛
收杨文情二厘六毛

杨文秀　　镰一厘三毛
杨文怡　　镰一厘四毛
杨文情　退于杨得林四厘一毛　镰六厘七毛
　　　　退于杨吉林二厘六毛
杨名林　　镰二分六厘三毛
杨元太　　镰二厘
杨景太　　镰八厘
杨新太　　镰九厘九毛
杨雪唐　　镰[1]
杨坑林　　镰二厘六毛
杨茂林　　镰三[2]
杨士林　杨太唐　镰一分一厘一毛
杨乔林　杨情堂　镰一分二厘九毛
杨春林　　镰九厘七毛
杨祥村　　镰三毛
杨百银　　镰五厘四毛
杨文魁　　镰六厘二分
杨喜生　　镰一分
杨凤廷　　镰四厘
杨　全　　镰二厘
杨裕祥　　镰一厘二毛
杨凤生　　镰四厘五毛
杨莫妮　　镰四厘一毛
杨程祥　　镰二厘四毛
沈士喜　　镰二分三厘
沈士良　　镰一分六厘三毛
沈学道　　镰一分六厘
杨青林　　镰三厘
沈学山　　镰二分四厘三毛
沈学林　　镰一分零九毛
沈致珍　　镰一分

〔1〕译者注：原文如此。
〔2〕同上。

杂花老账

民国三十年（1941）二月　立

永利闸河正　郝鸣珂
副　沈长生

二月十五日　上共用
馍馍十五斤　出洋三元五毛
猪肉三斤　出洋三元
白酒一斤　出洋一元二毛

粉皮一斤　镰一元五毛
边炮一挂　镰五毛
香一把　镰二毛
烧纸四两　镰四毛
日用　镰十二元五毛、一元八毛
二月二十日　算镰日用
馍馍二十斤　出洋五元
挂皮一斤　出洋一元
大肉三斤　出洋三元
鸡子三十　出洋一元
片柴　出洋一元
油醋　出洋十一元八毛　出洋八毛
稻草　全年五十个　出洋十五元
椿三十根　出洋九元

闸板五挂　出洋五元
当款　出洋二十元
完粮　五月二十日　出洋一元四毛八
日用又　五十二元四毛入　出洋二元
谢事花费
馍馍六十斤　出洋十五元

大肉二十斤　出洋十八元
砟子六十斤　出洋一元
粉皮条五斤　出洋六元
白酒三斤　　出洋三元
片柴百斤　　出洋二元
香油一斤　　出洋一元五毛
醋五斤　　　出洋一元
日用　　　　出洋一元八毛五分
厨工　　　　出洋一元
鸡子二十个　五十一元三毛五　出洋一元
以上共花一百二十八元一毛五分
每分镰派洋二元七毛
以上共派洋一百二十九元四毛四系分
下存洋一元二毛九分

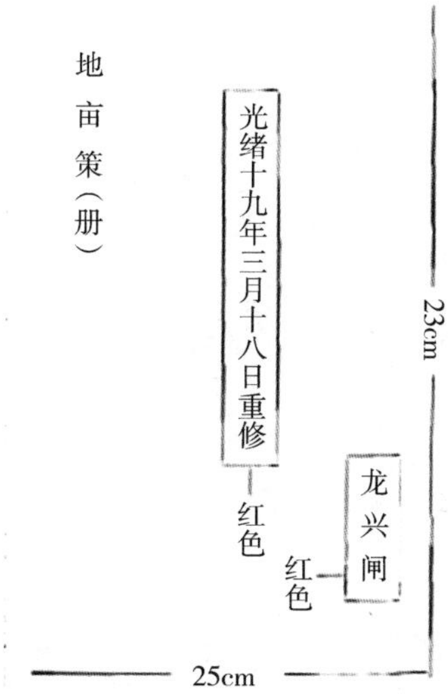


（以河会村和景家屯共同建设的龙兴闸因为山洪泛滥而决堤为动机，两村在龙王庙的东边和西边分别建设了新闸，之后河会村专有的闸改名为重兴闸。这个账簿就是关于重兴闸用水权者的土地台账。在光绪十九年重修。首页的记事记载了乾隆五十二年建设该闸的由来。用水权的授受必须是老人、小甲立会，应该对照水薄进行名义变换。明确规定不能进行无届的让渡。）

乾隆五十二年记

奥自神禹导河以来、水由地出、其利普矣、厥后引流灌溉、以生百款、明季河会村、景家屯、同建龙兴闸于大贤龙王庙前、承接下流与工灌田者、有望儿庄、井家庄、康家屯、菜村、迨我国朝定鼎、山水泛滥、将闸冲决、景家屯撰地于龙王庙西、独建闸口、取其便于己也、河会村移闸于龙王庙东、因易其名、曰重兴闸、望儿庄等村承接下流与工灌田如故、种稻使水、不分时日、鳞次浇灌、其来已久、仍遵为律焉、是为记、又公议新例、凡遇橙镰、不许私收同至老人处、八面对照、共登水薄、庶不致差靴流弊、以滋事端、如不遵例而私自收退者、天厌之、天厌之

共地八顷零七分六厘六毛

头工　六十丈
二工　八十一丈
河会小甲七名　豆妙成
豆善堂
张玉山
豆　礼
李　滋
李陈畴
豆树绩

豆妙成　共地十八亩七分四厘八毛

Ⓝ民国六年豆妙成名下退到豆梦锡名下二亩二分一厘六毛（标注N的记号表明原本没有注记）

李　滋　　六亩八分二厘八毛
又收小甲妙成滩上豆禾羽镰二亩六分六厘
李　愉　　二亩六分
张玉德　　一亩二分九厘九毛
李　性　　二亩八分
西豆祀　　十一亩
东豆祀　　九亩三分八厘
李厌歌　　三亩五分
自宝
豆树堂　　三亩
豆铭室　　二亩
吕村森　　二亩
周启臣　　四亩
景常莹　　二亩四分一厘
景宝会　　一亩五分
李学会　　三亩六分

景宝年　一亩五分
景凤楼　三亩五分
李　哲　一亩三分
杨三德　二亩
　　共地八十五亩六分二厘一毛
豆善堂　共地十四亩二分四厘三毛
豆咸和　三亩
义　学　五亩六分六厘
张宗孔　二亩七分
豆沆　　三亩
李廷谔　五亩
西李户　二亩三分三厘七毛
　　民国六年正月十九日退到豆献祥名下三亩
豆素行　二亩八分
李自登　三亩二分九厘一毛
　　正月十九日多退到豆　祥名下三亩八分
李天禄　一亩八分
李陈畤　一亩一分六厘七毛五

李怡　　二亩三分三厘五毛
李陈尧　一亩一分六厘七毛五
朱廷谔　三亩三分三厘七毛
景多文　五亩零五毛
南心泰　四亩
　　Ⓝ六年正月十九日退到景宝树名下四亩
景炳文　四亩
景修文　二亩二分
景二喜　二亩二分
景三喜　二亩五分
景鼎玉　五亩
　　民国六年正月十九日退到景贵瑶名下四亩
张会成　四亩
师学礼　十亩
杨公堂　三亩二分八里八毛
南通美　五亩五分四厘八毛
景保年　四亩一分五厘二毛
　　Ⓝ六年正月十九日退到景樟名下三亩四分三厘七

南纳成
南魁元 六亩五分
南九经 二亩四分九厘六毛
关帝庙 五亩七分六厘
共地一顷二十一亩五分三厘五毛
张玉山 共地二十四亩零一厘七毛
张树海 二亩九分一厘
豆箐莪 十五亩七分八厘四毛
李 滋 三亩六分二厘五毛
李 培 一亩三分
豆咏义 二十五亩五分
李廷谔 三亩七分
四亩五分
李白冬 二亩六分三厘七毛
豆预樟 二亩二分五厘
景百祥 五亩
景长寿 十亩
谭大兴 四亩 退豆控保名下二亩九分
自 大兴名退
Ⓝ豆控保 二亩八分
南心泰 四亩
赵家 三亩
东李祀 三亩一分五厘
张北祥 三亩
张老户 三亩
邱炽昌 二亩五分
邱茂林 一亩八分
共地一顷一十八亩四分六厘三毛
（下一个空格中有下面的贴纸）

○○共地七顷九十二亩九分七厘七毛
豆 礼 三十一亩四分四厘四毛
追达堂 八亩三分六厘二毛
李廷谔 六亩 退到豆树洞名下二亩一分七厘二毛
豆铭室 一亩九分
豆树相 二亩一分七厘二毛
豆 镜 二亩四分九厘八毛

张家庙　一亩
本牌李恂　三亩四分五厘八毛
李文成　五亩七分八里七毛
Ⓝ民国五年十月十五日退到　下余二亩八分七厘七毛
张树海名下二亩九分六厘　退到李希智名下四亩
李顺隆名下一亩零二厘五毛
李廷臣名下二亩四分
受福会　七亩四分二厘五毛
Ⓝ张树梅　二亩九分一厘
刘文　四亩五分三厘一毛
左保德　六亩零九厘三毛
民国九年左梦祥名下三亩一分四厘六毛五系
李慈愫　七亩
李愲　七亩
刘三元　六亩二分
师炳成　三亩三分六厘三毛
景可成　三亩五分
左梦祥　三亩一分四厘六毛五丝
南景孔　三亩四分三厘七毛
南令泰　三亩
共地一顷一十七亩零一厘一毛
退到李陈义名下一亩四分五厘
李　慈　共地二十八亩二分九厘五毛
退到李怀名下一亩一分四厘
退李愫名下四亩五分七厘三毛
退李性名下四亩五分七厘三毛
李　愫　四亩五分七厘三毛
Ⓝ陈策　七分　退到李陈义名下五亩三分
豆会意　二亩　退到豆呈祥名下二亩　豆呈
换豆献祥名　祥名下二亩
豆　广　二亩
豆鸣琴　一亩四分
豆鸣栾　二亩
豆鸣鹤　三亩四分六厘
豆　锡　十八亩二分二厘九毛
退豆鸣凤七亩五分五厘七毛
退豆和名下三亩四分

退豆鸣鹤名三亩四分六厘
退豆百合三亩八分一厘一毛
李运昌　　三亩六分二厘九毛
退到邱炽昌名下一亩三分六厘一毛
退到刘冲旺名下一亩二分七厘九毛
豆百合　　三亩八分一厘一毛　收豆鏵名
李如意　　一亩　退到李端名下
邱炽昌　　一亩三分六厘一毛
受福会　　三亩
退到豆鸣凤名下一亩
支到赵通滩工
豆鸣凤　　七亩零五厘八毛
收豆鏵名
又收赵月名一亩
支赵通滩上
李　惠　　一亩五分
退到李端名下
刘冲旺　　一亩二分七厘九毛
李台贵　　五分　退到李端名下
李　端　　三亩
本豆祀　　三亩
景世芳　　一亩七分　收郭起名
郭　起　　三亩一分
退景世芳名下一亩七分
退景北成名下一亩四分
景北成　　退到三官庙名下一亩四分　收郭起名
南官成　　一亩七分八厘
共地一顷三十亩九分九厘
李陈畴　　一十八亩四分六厘二毛
自赵达名退到李名愫三亩二分六厘
自赵达名退到追堂营名下二亩八分
自赵通滩工赵月名下退到

李　性　　二亩四分
李　慈　　二亩七分五厘三毛
李　愫　　四亩九分三厘三毛
李　恂　　三亩三分

（在这上面有“李芳辰”的空白）

退到豆运名下三（亩）三分

受福会　六亩三分三厘一毛、三厘一毛
豆鸣凤　一亩
李　怀　五分五厘
李　愲　三亩三分
李　惶　三亩三分
报本堂　一亩九分五厘
追远堂　三亩八分
赵廷杰　一亩七分
赵　珍　退到豆鸣凤名下六分六厘一毛
豆　兴　二亩六分　退到豆同运名下
邱茂林　三亩四分八厘四毛
积德堂　五亩
景更衍　二亩五分
景　法　二亩五分
景　太　五亩

景大法　四亩一分五厘五毛
景玉坐　三亩七分四厘
景士记　三亩九分四厘
九章　六亩

退到南心泰三亩六分

退到南廷备二亩四分

景人骆　六亩　退到南心泰六亩
景登棠　三亩
景郁文　三亩
西豆祀　三亩二分四厘
四李祀　九亩五分

共地一顷一十八亩五分四厘九毛

豆树绩　四十六亩五分五厘
豆树嘉　二亩二分
李　恂　五亩
李长寿　一亩四分五厘
李　瑶　四亩九分八厘三毛

Ⓝ　退到李芳辰名下二亩五分

Ⓝ李芳辰　自李瑶名下退二亩五分

同心成　　改梦康名下二亩七分七厘
李　怀　　二亩二分五厘五毛
李　怡　　二亩二分五厘七毛
李　性　　二亩二分五厘七毛
李　埠　　二亩九分六厘一毛
李　愫　　一亩四分
李先辰　　三亩四分
　照临
本李祀　　二亩
张宗孔　　九亩二分二厘五毛
李长住　　二亩
受福会　　一亩
李顺乾除退下余三分九厘八毛退到景富文名下二亩九分三厘三毛
　马妮
景会门　　五亩九分三厘三毛
　　又退到豆宽名下二亩九分零二毛
豆　宽　　二亩六分零二毛
景长龄　　二亩二分八厘九毛　退到景绍庆名下
Ⓝ景绍庆　　四亩五分七厘八毛自景长龄贵令退
景贵令　　二亩二分八厘八毛　退到景绍庆名下
景万令　　二亩二分八厘八毛
张大法　　三亩五分　退到南心泰三亩五分
　　　　　　　　　　　自景会树名下
景富文　　二亩九分三厘三毛
景文礼　　三亩　退到景贵瑶名下三亩
　　　　　　　　　　　退景寒义名下
景贵良　　一亩五分
　　自景贵良景受成二名退
景寒义　　三亩
景爱成　　一亩五分　退到景寒义名下
　　共地一顷一十一亩八分零八毛
南里莊小甲十名列于后
魏　宅
黄奉起
李文杰
任　家
李士英

马　骆
程兴忠
王根泰
程得才
陈起第
井家莊小甲四名列于后
赵同珍
井仁
宝从富
王建中
康家屯小甲一名列于后
康白来

正月二十四日保老人

| | |
|---|---|
| 大肉七斤 | 支大洋二元 |
| | 支大钱五千三百三十文 |

三月初四日挖大工

| | |
|---|---|
| 大肉七斤 | 支大洋二元 |
| | 支大钱五千六百二十文 |

三月十五日挑河嘴

| | |
|---|---|
| 大肉二斤 | 支大钱二千四百文 |
| 饭川 | 支大钱三千九百文 |
| 福衣魁　杂货盘川 | 支大钱二千五百五十文 |
| 买闸板五尺 | 支大洋二元五毛 |
| 买老账一本 | 支钱一千三百文 |
| 当公村麦子捐 | 支洋三元二毛一分 |
| 兑钱粮 | 支洋一元七毛三分 |
| 当公村秋款 | 支洋三元二分一分 |
| 应摊三闸公 | 支洋一元七毛三分 |
| 应摊七闸公 | 支钱二十八千九百四十文 |

十月初八日　账费共支钱十八千三百三十文
十一月二十三日使利小当账共支钱十二千九百七十文
补记三闸公账支洋一元
共支洋　十二元七毛三分钱　八十千五百九十文
民国二十一年三月二十日挖大工
徐大肉二元
旺

福衣魁货钱　三千零八十文
四盛永馍馍七斤　补记二月二十九日挑河口
徐旺大闸钱　一元
豆永祥饼九斤
福衣魁货钱　五千四百文
买摺子一　　一百五十文
买闸板　　　一元二毛五分　支洋元三元
　　　四月二十一日挑七里河
大肉三元　东汪巷子　支洋元三元
本汪连太馍馍四十斤
益太恒　酒　三斤　四千二百文
　　　　粉条四斤　四千八百文
　　　　粉皮一斤　一千六百文
　　　　大料　三百文
片柴五十斤　　　　支大钱七千文
大盐　　　　　　　支大钱五百文
烧饼　　　　　　　支大钱一千七百文
熟肉　　　　　　　支大钱一千文
香油醋　　　　　　支大钱一千一百文
烟　　　　　　　　支钱五百文
　　　四月二十三日
兑邢台钱粮　　　　支洋八毛七分
盘川　　　　　　　支大钱一千文
　　　四月二十九日　商量找利钱
东大肉五斤　　　　东汪巷支洋一元
汪
福衣魁货钱四千七百六十文
馍馍十斤　　　　　支大钱三千六百文
　　　六月十三日
当麦款钱　　　　　支洋一元九毛
　　　十一月二十三日
存树价　　　　　　大洋一百零二元
　　　十二月二十日
存李占祥利钱本、利　大洋十九元
存使豆名下利钱　　大洋二十五元
　　　以上共存洋二百二十一元
除支下存洋钱二元一角

三十年三月初五日　按月一分八
存使李名下利钱　　大洋七十元
二十五日　按月二分
存使豆名下利钱　　大洋二十元
存各小甲镰钱　　大洋三百六十三元五角
以上共存洋四百五十五元六毛
十一月初五日　按月二分
存使七合号利钱　　大洋二十元
二十六年正月二十六日　按月二分五厘
使七合号利钱　　存大洋十元
十二月二十六日　按月三分
收使利钱　　存大洋三十元
民国二十七年三月二十日
按月三分
收使利钱　　存大洋十元
七月按月二分
收使利钱　　存大洋十元
十二月二十六日
收李光林利　　存大洋二元
民国二十八年二月二十日　按月二分
收使利钱　七合号　存大洋十元
三月初八日　按月二分
收使利　李名下　存大洋二十元
十二月十四日
按月二分五
收使李名下利钱　　存大洋二十元
以上共收大洋五十二元
民国二十九年二月二十日　　按月二分
存使七合号名下利钱　大洋二十五元
三月初十日　按月二分
存使豆名下利钱　　大洋五十元
共支钱五十六万九千八百九十文
十二月二十七日　按月三分
豆佐林
使利钱　　存大洋十元
民国二十三年十一月十三日算
除支净存　　大洋二十二元

大钱五千四百五十文

十二月二十六日

收李老干红粮一斗　　存大洋七毛

民国二十四年三月初一日算

除支净存　　大洋一元一毛三分

大钱五百七十文

十八日

李芳兰

使利钱　　存大洋十元

本年花费除支无存

十二月初六日

收李占祥利钱　　存大洋一元五毛

民国二十五年正月二十四日　按月二分五厘

使利钱七合号　　存大洋十元

本年花费除支无存

十月二十九日

收李占祥利钱　　存大洋二元

存账民国二十年正月二十四日立

存李占祥利钱　　大洋一元

十一月二十三日

存李占祥利钱　　大洋二元

使敬宗堂利钱　　大洋三十五元

存李老干租子钱　　大洋一元

二十一年五月初一日　按月三分

使李占元利钱　　大洋十五元

十二月十一日

收李老干红粮　　大洋一元

民国二十一年十二月十一日算

除支净存大钱三十九千四百文

二十二年四月初五日　按月三分

使陈九保利钱　　存大洋二十元

四月二十五日　按月三分

使豆鸣凤利钱　　存大洋三十元

自十月初六日以上除支无存

二十二年十月二十九日

收李占祥利钱　　大洋二元

十二月初三日

收李老干红粮一斗五毛　大钱二千四百四十文
共收镰钱　　　　　　共存大钱五百五十五千四百七十文
归七合号本、利二十九年使　支洋三十一元
　　摊三闸公花费　　　　支洋十七元
以上共支洋四百五十五元八毛八分
　　结亏洋三毛八分
　　十一月初五日
归利钱
落账　盘费　　　　　支洋十六元三角
白酒五斤　　　　　　支洋四元
粉条　　　　　　　　支洋六元
粉皮　　　　　　　　支洋一元八角
白菜　　　　　　　　支洋一元五角
大盐　　　　　　　　支洋六角
山药六斤　　　　　　支洋一元五角
海带　　　　　　　　支洋五角
粉皮　　　　　　　　支洋五角
香料　　　　　　　　支洋三角
葱　　　　　　　　　支洋二角
片柴　　　　　　　　支洋三元
大米百斤　　　　　　支洋六元
白糖　　　　　　　　支洋四角
香油　　　　　　　　支洋五角
豆油　　　　　　　　支洋二元
干菜费　　　　　　　支洋一元七角
厨工　　　　　　　　支洋一元
归李名下本　　　　　支洋八十一元三角
　　　利
　　二十九年十一月二十日
归豆名下本　　　　　支洋三十一元
　　　利
归豆名下本　　　　　支洋二十三元六角
　　　利
归七合号本二十五、六年　支洋二十六元
　　　利
　　七月初八日挑河口
福魁饱子钱　　　　十千二百文

福衣魁酒钱　　一千四百文
茶钱　　支钱九百文
　　八月十九日下流来闭闸
豆永祥
　　饭钱　　一千八百文
兰良魁
　　九月初五日　屯闸
豆永祥饭钱　　四千二百三十文
吴太恒酒钱　　二千二百文
支福大肉三斤　　三千四百文
　葱　萝卜　　支大钱五百文
应摊七闸公　　三十三千一百文
应摊三闸公　　三十八千九百文
　　　　洋　四十二元二毛一分三厘
　　共
　　　　钱　一百一十二千零四十文
　　九月二十五日薄账
福衣魁杂货　　三千九百七十文
大肉　　支洋一元六毛
白菜钱　　五百文
豆永祥　饭钱　　二千六百文
兑邢台钱粮　　七元六毛三分
　　九月二十八日　算账
双盛永馍馍四十斤
老　大肉
　　　　共四元三毛　支洋四元三毛
福　下水
粉条六斤　　支洋一元五毛
粉皮一斤　　支钱一千四百文
豆油一斤　　支钱一千一百文
大料一斤　　支钱一百文
姜七两　　支钱一百二十文
粉皮四百两　　支钱七百文
白糖二两　　支钱一百六十文
醋五斤　　支钱六百文
油半斤　　支钱六百五十文
茶叶、烟　　支钱三百五十文

海代（带的假借字）半斤支钱二百六十文
白菜十科（颗的假借字）支钱一千四百五十文
大盐一斤　　　　支钱四百八十文
葱二斤　　　　支钱一百文
片柴　　　　支钱四百文
炸子八十斤　　　　支洋八毛
厨子工钱　　　　支钱一千六百文
山药五斤　　　　支钱七千七百五十文
酒五斤　　　　支钱六十文
芥花　　　　支钱一百文
大米三斤　　　　支洋一元零五分
赶集盘费　　　　支钱一千文
当利　　十三元二毛
十月二十八日　斋钱费　支洋七元六毛五分
　　共花洋　　八十五元九毛四分
　　共花钱　　二十六万五千三百四十文
每小甲应摊钱　二万六千九十文
又白酒二斤　　　　支大钱二千八百文
　　十月二十八日　钱
　志福大肉二十一斤半　　大盐一斤
　　　四十一斤　　葱二斤
粉条六斤　　　　片柴二十斤
豆油一斤　　　　炸子八十斤
大料一百文　　　　山药五斤
蕒二两　　　　厨子工钱一千六百文
粉皮四两　　　　茶叶钱一百文
白糖二两　　　　白酒七斤
醋五斤　　　　白酒七斤
香油半斤　　　　大米三升
海带　半斤欠老寿货钱一千三百文　　粉皮一斤
白菜十科[1]
　　　十月二十八日
归敬宗堂　利钱　　支洋三十五元
归李占元　利钱　　支洋十五元
　　民国二十一年十二月十一日算账当账

〔1〕 译者注：原文如此。

大肉五斤　　　　　支洋一元
饭钱　　　　　　　支大钱五千文
白菜三科　　　　　支大钱五百文
酒、粉皮钱　　　　支大钱七千五百文
烟、醋　　　　　　支钱七百四十文
　　十二月二十六日
立碑酒饭钱　　　　支钱六千九百二十文
摊七闸立碑钱　　　支洋二元
　　二月二十九日　载（栽的假借字）树
小甲议事盘费　　　支大钱一千八百文
买树载（栽）　　　支大洋一元
本村大肉五斤　　　支洋一元
贿相
馒首[1]十斤　　　　支大钱三千六百文
李芳兰货　　　　　三万四千三百文
　　三月初六日　浇树
自兴馆饭钱　　　　三千文
本村大肉一斤四两　支大钱一千二百五十文
益太恒酒钱　　　　一千一百文
　　三月二十三日　挖大工
本村大肉七斤半　　一元五毛
本头[2]馍馍七斤半　三千七百文
豆付[3]二斤　　　　支大钱四百文
吉旦（鸡蛋的假借字）十斤　　支大钱五百文
福衣魁货钱四千五百文
买褶子二个　　　　支大钱一百六十文
　　三月二十日　修桥
买石灰六百斤　　　支洋二元
　　　　　　　　　又支大钱二千六百文
本村修桥馍馍二十斤
现（咸的假借字）菜二斤、烟六封
买石头五丈五寸　　支洋七元七毛
　　四月十一日　浇树

〔1〕译者注：原文如此。
〔2〕同上。
〔3〕同上。

支钱一千文

四月十七日

摊三闸公城里馍馍十一斤四两　支大钱三千五百八十文

二十二日

进城盘川　支大钱一千文

买红帖五十张　支大钱五百文

四月二十九日

商议挑七里河　张会成饭钱　李芳兰酒钱　一千八百文

六月十一日

当麦款　大洋二元六毛

六月二十日　挑河口

会支馆饭钱　四千七百八十文

老福大肉一斤　支大钱一千六百文

豆付（腐）　支大钱六百文

任济堂酒十二两

九月二十四日

量议收公粉盘费　三吊零四十文

豆付酒十二两　九百五十文

九月二十五日工景家屯收拾公料饭三千六百文

应摊七闸公　支大洋二十一元七毛三分

应摊三闸公　支大洋二十五元三毛六分

兑邢台钱粮

陈九保利钱四元八毛　支洋二十四元八毛

豆志岐利钱六元三毛　支洋三十六元三毛

买闸板三尺半　一元二五　洋元　七十五元八毛四分

十月初六日　算账

馍馍四十斤　支大钱八千文

大肉十九斤　支洋四元

下水一付　又支钱一千二百文

粉条七斤　支大钱四千五百五十文

豆油二斤

山药五斤　支钱一千五百文

片柴十五斤　支钱五百文

葱二斤　支钱八十文

白菜十科[1]　支钱一千四百文

---

〔1〕译者注：原文如此。

醋五斤　　　　　支钱八百文
香油半斤　　　　支钱四百文
白糖二两
芥花一两　　　　支钱六十文
大米四斤　　　　支洋七毛
粉皮一斤　　　　支钱九百文
佐料　　　　　　支钱二百四十文
姜二两　　　　　支钱二百文
粉皮四两　　　　支钱二百文
白糖二两　　　　支钱二百文
海带半斤　　　　支钱二百四十文
大盐一斤　　　　支钱六百四十文
白酒七斤　　　　支洋一元　又支大钱一千文
炸子八十斤　　　支钱三千文
厨子工费　　　　支钱一千文
赶集盘费　　　　支钱一千四百文
红帖十张　　　　支钱一百文
烟五封　　　　　支洋五元六毛
　火柴二合[1]
齐钱费共子　　　洋五元六角
　　以上合计共花费
　　　　　　　　洋元八十七元五毛四分
　　　　　　　　大钱一百六十九千二百一十文
　　将去年存项除外共花大钱　五百五十六千三百文
按二十二个九分派每小甲应摊二十四千三百文
　　十一月初七日　刷树
众志成　红土一斤半　支大钱六百八十文
　　　　水胶二两
仁清堂白酒六两　　支大钱四百文
会子请饭钱　　　　支大钱一千五百文
兑川粮　　　　　　支大钱二千二百文
盘川芳兰　　　　　支大钱七百文
补记正月二十六日白酒半斤
　　烟捐（烟卷的假借字）一盒　支大钱八百文
又摊三闸公漏馍馍钱　支洋一元五毛

[1] 译者注：原文如此。

以上共支 五百六十四千八百九十文
共存 五百六十七千七百一十文
民国二十二年十二月初三日

算账 支大钱二千一百八十文
大肉六斤 支洋一元
饭钱 支大钱八千九百二十文
粉皮酒钱 支大钱二千五百文
大料 支大钱二百文
补记栽树大贤馍馍四斤 支大钱一千六百七十文

二十三年二月二十六日

闭闸稻草 支大钱二百文

三月初三日

买双红帖二十张 支大钱二百文
买闸板 支大洋一元

三月初八日挖大工

徐旺大肉六斤半 支大洋一元
平心成货 支大洋二千九百五十文
馍馍六斤 支大钱一千二百文
油醋 支大钱四百文

三月二十一日

买红帖二十五张 支大钱二百五十元

四月二十二日垫大路堰

四合居大肉七斤半 支洋一元
支钱八百文
众志成货 支钱三千一百五十文
馍馍鸡旦（蛋的假借字） 支大钱一千九百六十文

九月十五日

兑钱粮 支洋二元三毛四分
盘费 大洋一千文
应摊七闸公 支大洋四元五毛
应摊三闸公 支洋六元六毛一分

十月初九日商量算账

大肉七斤 支洋一元
油醋 支大钱三百文

| | |
|---|---|
| 白菜四科[1] | 支大钱三百文 |
| 馍馍七斤 | 支钱一千九百六十文 |
| 粉皮一斤 | 支大钱一千三百文 |
| 白酒一斤四两 | 支一千二百文 |
| 豆付[2]二斤 | 支大钱三百二十文 |
| 葱一斤 | 支大钱六十文 |
| 炸子　盐　烟 | 支大钱五百文 |
| 十月十三日算账 | 支洋十七元四毛五分 |
| 馍馍四十斤 | 支洋二元 |
| 粉皮七斤 | 支洋一元 |
| 豆油二斤 | 支大钱一千六百文 |
| 山药五斤 | 支大钱一千五百文 |
| 片柴 | 支大钱五百文 |
| 葱 | 支大钱一百二十文 |
| 白菜 | 支大钱一千五百文 |
| 醋五斤 | 支大钱六百文 |
| 香油半斤 | 支大钱六百文 |
| 白糖二两 | 支大钱二百文 |
| 大米四升 | 支洋八毛 |
| 粉皮一斤 | 支大钱一千一百文 |
| 芥花二两 | 支大钱一百二十文 |
| 大料 | 支大钱二百文 |
| 姜二两 | 支大钱一百二十文 |
| 粉皮四两 | 支大钱七百二十文 |
| 盐二斤 | 支大钱六百文 |
| 海带半斤 | 支大钱三百六十文 |
| 大肉 | 支大洋三元五毛 |
| 炸子八十斤 | 支大钱三千文 |
| 白酒七斤 | 支大钱一元　又支大钱一千文 |
| 赶集盘川 | 支大钱一千文 |
| 厨子工钱 | 支大钱一千文 |
| 烟三封 | 支大钱一百二十文 |
| 又买闸板三尺　账老板 | 大洋七元三毛 |
| 当秋款 | 支大钱一元三毛一分 |

〔1〕译者注：原文如此。

〔2〕同上。

| | |
|---|---|
| 又摊七闸公 | 支大钱二毛 |
| 利钱 | 支洋三元一毛五分 |
| 本钱十元 | |
| 齐钱费用 | 支洋八元三毛 |
| | 又支钱十五千三百六十文 |

以上共支洋四十九元七毛一分

民国二十三年十一月十三日　以上收支算清

十二月十二日

| | |
|---|---|
| 当送遍分金 | 支大洋九元 |
| 摊三闸公遗漏账 | 支大钱一千三百文 |
| 摊七闸公 | 支大钱二毛七分 |
| 当账洋元赔数 | 支大钱二千八百文 |

补记二月二十五日浇树

| | |
|---|---|
| 自兴馆饭钱 | 支大钱八百八十文 |

民国二十四年正月二十九日　保老人

| | |
|---|---|
| 大肉五斤 | 支洋一元 |
| 福衣魁货 | 支大钱二千八百九十文 |
| 四盛永馍馍六斤 | 支大钱一千八百文 |
| 白菜三科[1] | 支大钱三百文 |

二月初一日

| | |
|---|---|
| 进城开会 | 支大洋三毛 |

二十八日

| | |
|---|---|
| 闭闸酒饭 | 支大钱三千九百文 |
| 稻草九个 | 支大钱一千文 |

三月初一日　保河正　支洋十元零五毛七分

| | |
|---|---|
| 自兴馆饭[2] | 支大钱三千九百文 |
| 张回成饭 | 支大钱一千文 |
| 本村东头肉架大肉 | 支大洋一元二毛二分 |
| 福聚魁货 | 支大钱三千三百文 |

十八日挖大工

| | |
|---|---|
| 东头大肉 | 支大洋一元五毛 |
| 同力成货 | 支大钱三千文 |
| 王快 | 支大钱一千三百六十文 |

[1] 译者注：原文如此。

[2] 同上。

二十一日垫桥

| | |
|---|---|
| 东头肉架 | 支大钱三千文 |
| 仁济堂酒 | 支大钱一千二百文 |
| 自兴饭馆 | 支大钱五千三百五十文 |
| 刘贵志果子 | 支大钱一千三百二十文 |

四月初十日垫路口

| | |
|---|---|
| 自兴饭馆 | 支大钱一千五百文 |
| 东头肉架 | 支大钱二千一百二十文 |

五月十四日挑河嘴

| | |
|---|---|
| 自兴饭馆 | 支大钱一千九百四十文 |
| 善太恒货 | 支大钱四百文 |
| 善济堂粉皮 | 支大钱四百文 |
| 东头肉架 | 支大钱二千文 |

二十一日条七里河

| | |
|---|---|
| 东汪永贵魁货 | 支大钱一十四千八百四十文 |
| 杨赞大肉 | 支大洋一元八毛 |
| 又茶 | 支大钱三千二百文 |
| 梁康成炸子 | 支大钱七百文 |
| 本村四合永馍馍 | 支大洋二元零八分 |

八月初一日垫桥

| | |
|---|---|
| 东汪老德肉 | 支大洋一元 |
| 同力成货 | 支大钱四千零二十文 |
| 四合永馍馍 | 支大钱一千九百二十文 |
| 买就子 | 支五百二十文 |

补记三月十二日

| | |
|---|---|
| 买闸板七块 | 支大洋二元 |

五月十七日

| | |
|---|---|
| 兑钱粮 | 支大洋二元一毛一分六厘 |
| 盘费 | 支大钱一千二百文 |

补柴家庄挑河

| | |
|---|---|
| 四合永馍馍 | 支大洋三元三毛二分 |
| 片柴 | 支大钱一千文 |
| 使李芳蓝本利 | 支大洋一十一元六毛 |
| 应摊三闸公 | 支大洋三十二元一毛 |
| 应摊七闸公 | 支大洋十一元五毛六分四 |

二十六日薄账

| | |
|---|---|
| 东头肉架 | 支大洋一元 |

同力成货　　　　支大钱四千五百三十文
老会饭　　　　支钱二千文
豆永祥　　　　支大钱三千零四十文
九月二十七日算账
算账酒饭钱洋八元九毛六分
十月二十八日齐钱
齐钱酒饭钱洋八元九毛六分
买红帖子　　　　支大钱一千三百七十文
全年花费共洋一百零一元二毛七分
除存净花大洋七十八元五毛七分
共总合钱　五百四十四千
按二十二甲九每小甲应派大钱　二十三千七百六十文
每亩大钱　二百二十六文
七小甲应摊　百六十六千三百二十文
以上除支无存
十一月初六日
齐镰钱费用　　　　支大洋一元三毛
二十五年二月十三日　保河正
花费　　　　支大洋二元一毛五分
摊七闸公遗漏账四元
摊三闸公　　　　三元三毛五分
当账洋元账数　　　　支大钱三千三千八百文
三月初五日栽树
买树子　　　　支大洋一元
东头肉架　　　　支大洋六毛五分
自兴馆钱　　　　支大洋一元六毛八分
盖太恒货　　　　支大钱四千五百文
三月二十二日　浇树
自兴馆饭　　　　三千七百文
二十六日　上关沟
盘费　　　　支大钱三千零八十文
后三月初五日　挖大工
盖太恒货　　　　三千零六十文
自兴馆饭　　　　五千二百文
东头肉架　　　　一元
四月初二日　挑河口
自兴馆饭　　　　一千六百文

十二日挑河嘴

| | |
|---|---|
| 梁康辰饭 | 一十千五百文 |
| 永兴魁货 | 一元 |

十七日 小甲观夫用

| | |
|---|---|
| 自兴馆饭 | 四千九百文 |
| 刘贵善 | 二千六百文 |
| 盖太恒货 | 一千二百文 |

六月十二日

| | |
|---|---|
| 进城兑钱粮 | 支大洋一元九毛 |
| 盘费 | 支大洋二毛 |

十四日

| | |
|---|---|
| 出麦款 | 支大洋一元七毛二分 |

十八日 挑河工 小甲

| | |
|---|---|
| 王快馍馍三十斤 | 二元 |
| 同老成货 | 八千八百五十文 |
| 鸡子 | 四毛 |
| 油醋 | 二千四百文 |
| 粉条瓜菜粉皮 | 九百六十文 |
| 片柴盐 | 一千二百文 |
| 闸板 | 一元二毛五分 |

补记五月 挑河口

| | |
|---|---|
| 花费 | 一十千文 |
| 出利 | 二元 |

九月三十日 薄账

| | |
|---|---|
| 酒饭 | 大洋二元 |

应摊七闸公洋一元一毛

应摊三闸公洋十六元八毛四分

十月二日垫桥

| | |
|---|---|
| 徐汪肉 | 一元 |
| 双盛馆 | 四千文 |
| 豆永祥 | 三毛 |
| 油醋 | 七百六十文 |
| 帖子 | 一千二百文 |

初三日算账

盘费共洋十五元七毛二分

以上全年共花大洋七十七元九毛五分

将去年存项除外共花大钱 四百五十九千三百四十文

每小甲应分大钱　二十千六百六十文
全年花费共支大钱　一百二十三千二百六十文
洋　七十七元九毛五分
民国二十六年正月二十日
闭闸酒馆饭钱　大钱四千五百文
三月初四日　挖大工
大肉　支大洋一元五毛
馍馍　支大洋七毛
盖泰恒货　支大钱五千文
自兴馆饭　支大钱六百文
油醋　支大洋三毛
初三月当
双盛馆饭　支大钱八千文
稻草　支大洋三毛
二十日垫桥
豆永祥饭　支大钱七千八百文
四月初八日　挑河口小甲
东汪肉　支大洋一元五毛
梁康辰饭　支大洋一元五毛
上闸用
佟五　支大洋四毛
刘贵善　支大钱三千零四十文
补记去年陈欠
李陈情肉　支大洋七毛
利钱　支大洋二元七毛六分
闸板　支大洋二元二毛
送礼酒洋　支大洋一元六毛
算账盘费　支大洋二元四毛六分
摊三闸公洋　支大洋十一元
当麦款洋　支大洋一元一毛六分
当钱粮　春季　支大洋一元一毛六分
将去年存项除外全年共花洋二十六元八毛四分
共花钱　二十八千九百四十文　折洋五元八毛
共支洋　二十六元五毛一分
共支洋[1]　三十二元六毛零六厘

〔1〕 译者注：原文如此。

共会花费洋三十一元一毛八分
民国二十七年二月初九日

| | |
|---|---|
| 会议酒饭 | 支大洋三元一毛 |
| 三月十五日　挖工 | |
| 大肉 | 支大洋二元 |
| 粉皮条 | 支大洋九毛 |
| 馍馍 | 支大洋一元三毛 |
| 白酒 | 支大洋七毛五分 |
| 油醋 | 支大洋二毛 |
| 大料咸菜 | 支大洋一毛六分 |
| 二十六日　上关沟闸 | |
| 关沟河放水盘费 | 支大洋一元一毛 |
| 五月十四日 | |
| 当麦款 | 支大洋四元五毛八分五 |
| 七月 | |
| 当垫坑工钱 | 支大洋十元 |
| 挑河口盘费 | 支大洋二元五毛 |
| 稻草 | 支大洋二毛 |
| 稻草 | 支大洋二元 |
| 利钱四宗 | 支大洋十六元五毛五分 |
| 应摊三闸公 | 支大洋十一元四角一分 |
| 闭闸盘费 | 支大洋三元五角 |
| 摊账盘费 | 支大洋三元二角五分 |
| 石头 | 支大洋二元 |
| 稻草 | 支大洋五毛 |
| 帖子 | 支大洋二毛五分 |
| 十月初四日　算账 | |
| 馍馍四十二斤 | 支大洋四元 |
| 大肉 | 支大洋八元五毛 |
| 白酒 | 支大洋二元六毛 |
| 大米 | 支大洋一元五毛 |
| 粉条 | 支大洋一元五毛 |
| 海代（带）[1] | 支大洋五毛 |
| 炸子 | 支大洋三元 |

〔1〕译者注：原文如此。

白菜　　　支大洋一元
盐　　　支大洋二毛
粉皮　　　支大洋五毛
豆油　　　支大洋六毛
姜科　　　支大洋二毛
葱山药　　　支大洋六毛
片柴　　　支大洋五毛
粉皮白糖　　　支大洋二毛
赶集盘川　　　支大洋一元三毛
厨子　　　支大洋二毛
油醋　　　支大洋四毛四分

二十三日　齐钱

齐钱花费　　　支大洋二十六元八毛

以上二年共花大洋十四元八毛二分二厘

按二十二个九小甲派每小甲应摊洋六元四毛八分

共收小甲二十二个九大洋一百四十八元二毛二分

以上除支无存

民国二十六年三月初五日　挖工

大肉　　　支大洋二元
馍馍　　　支大洋一元五毛
粉条　　　支大洋一元二毛
白酒　　　支大洋一元

酒醋　　　支大洋二毛
大料　　　支大洋五分

二十六日

上关湾河盘费　　　支大洋一元三毛

五月二十九日

当公村麦款　　　支大洋四元三毛
挑三闸公洋　　　十七元五毛五分
闸板　　　二元二毛
稻草秫稭绳　　　一元
帖子　　　二毛
闭闸饭　　　一元七毛

十一月初七日

算账盘费　　　七元二毛五分
利钱　　　三元六毛

登水上闸　　　　　一元四毛七分
全年共花洋四十七元五毛一分
当遗漏账　　　　　一元七毛六分
当七合号利钱　　　二元二毛
　　以上共花大洋五十一元四毛八分
　　民国二十九年二月二十一日　保举河正
馍馍九斤　　　　　支洋二元六角
大肉三斤十二两　　支洋三元
粉菜　　　　　　　支洋一元五角
白酒一斤　　　　　支洋一元五角
豆油半斤　　　　　支洋五角
片柴　　　　　　　支洋二角五分
蒸菜盐　　　　　　支洋三角五分
与日军刨树饭　　　支洋三元
填闸花费　　　　　支洋三元
当堰稻草支洋四角
　　四月十九日　修河薄
馍馍十斤　　　　　支洋二元
吉旦（鸡蛋的假借字）支洋二元
白酒二斤　　　　　支洋一元九角
粉菜　　　　　　　支洋二元
片柴　　　　　　　支洋二角
油醋　　　　　　　支洋六角
姜料盐　　　　　　支洋二元
毛头纸　　　　　　支洋四角
红帖　　　　　　　支洋四角
　　五月二十九日
当麦款　　　　　　支洋七元七角
当戏　　　　　　　支洋一元一角五分
当河会秋款　　　　支洋十元三角
豆成林闸板六块　　支洋二元
　　十月十五日
摊三闸公花费　　　支洋九元
　　二十二日
兑钱粮　　　　　　支洋二元
盘费　　　　　　　支洋一元五角
　　二十日　摊账号数

| | |
|---|---|
| 本村牛肉 | 支洋三元七角 |
| 本村馍馍 | 支洋二元 |
| 老会饭酒 | 支洋三元九角 |
| 粉皮条 | 支洋一元五 |
| 白菜 | 支洋四角 |
| 葱 | 支洋一角 |
| 片柴 | 支洋五角 |
| 粉皮 | 支洋四角 |
| 大盐 | 支洋一角 |
| 油醋 | 支洋七角 |
| 白酒一斤 | 支洋九角 |

十一月二十三日

两宗本利

| | |
|---|---|
| 归二十八年使李名下利 | 支洋四十八元八角 |
| 归二十九年使豆名下利 | 支洋五十八元 |
| 当七合号利 | 支洋六元七角 |
| 本村牛肉 | 支洋六元 |
| 粉菜 | 支洋三元二 |
| 白酒二斤十两 | 支洋三元二 |
| 馍馍 | 支洋二元五 |
| 葱 | 支洋一角 |
| 猪 | 支洋一角 |
| 片柴 | 支洋五角 |
| 烟 | 支洋二角 |
| 白菜 | 支洋五角 |
| 椒料 | 支洋五分 |

十二月二十日

| | |
|---|---|
| 查利钱当账盘费 | 支洋九元六角 |
| 当河会村冬款 | 支洋五元五角 |

以上共支洋二百一十八元九毛

民国三十年正月二十八日

| | |
|---|---|
| 河会村省令 | 支洋六元九角 |

地亩捐

| | |
|---|---|
| 填坑 | 支洋三十八元 |
| 当麦款 | 支洋十一元五角 |
| 当秋款 | 支洋十七元二角 |
| 兑钱粮 | 支洋一元三角八分 |

补二月二十五日与军队刨树

开林　十一月初五日

| | |
|---|---|
| 饭钱 | 支洋六元二角 |
| 三官庙 | |
| 酒一斤四两 | 一元二毛五分 |

九月初三日　修中清桥

开林饭　十一月五日当

支洋六元五角

| | |
|---|---|
| 白酒一斤 | 支洋八角 |

九月二十五日

| | |
|---|---|
| 摊账盘费 | 支洋十五元 |

十月初三日算账

| | |
|---|---|
| 馍馍四十二斤 | 支洋十七元 |
| 大肉二十二斤 | 支洋二十元 |
| 白酒 | 支洋四元 |
| 粉条 | 支洋六元 |
| 粉皮 | 支洋一元八角 |
| 白菜 | 支洋二元五角 |
| 大盐 | 支洋六角 |
| 海带 | 支洋五角 |
| 粉皮 | 支洋四角 |
| 豆油 | 支洋二元 |
| 姜料 | 支洋三角 |
| 葱 | 支洋二角 |
| 山药 | 支洋一元五角 |
| 片菜 | 支洋三元 |
| 大米四升 | 支洋六元 |
| 白糖 | 支洋四角 |
| 香油 | 支洋五角 |
| 醋 | 支洋五角 |
| 槺末 | 支洋五分 |
| 赶集费 | 支洋二元 |
| 厨工 | 支洋一元 |

十月二十九日　齐钱

| | |
|---|---|
| 馍馍四十斤 | 支洋八元 |
| 大肉二十二斤 | 支洋二十元 |

## （四）济民闸、广润闸部分

（下述的两种薄册都与邢台县北豆村的济民闸有关，前者是收支日记薄，后者是用水权者的姓名册。是在民国三十年前后制作的。权利者名义中，社、庙、堂、会、阁、家号（还有店名）以及其他法人名称使用得比较多，这是这个册子的特征。另外首页上的用水日期（321 页[1]）中记有刘家阁以下四闸名及前三闸每月各四日，只有最后的林东闸有着倍数的八日作为比例。据此可以得知济民闸是这四部分闸的总称。此外，上面记载的“公镰”可以解释为对于老人，小甲等管理人的职务报酬性的用水权的意思）

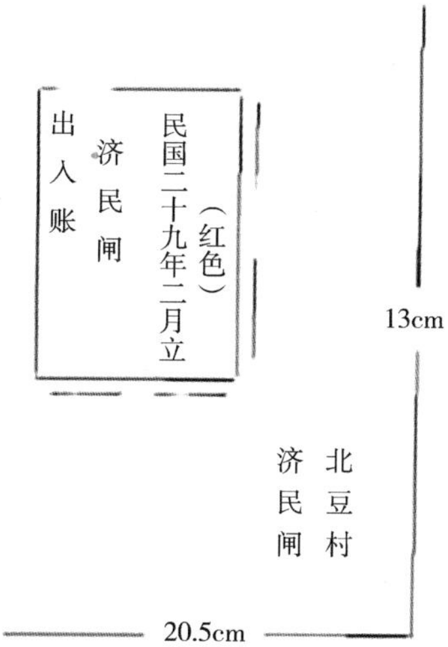


蔡鸣琴　罗子地作保
使大钱六十五文
　　二月十九日
收刘清臣大洋五元
收李树森大洋五元
　　二十日
出过镰饭钱洋五元四毛
出笔钱洋一毛五分
出布皮洋账大洋七毛
出买洋二毛五分
出烟茶叶大洋三毛
　　二十四日
出双楼杂派大洋三元

〔1〕译者注：此处的页码是指引文在日语原书中的页码。

三月初二日
收刘福泰大洋九元
收李五的大洋四毛
出褶子红帖大洋四毛
出油钱四元
出粉条大洋三元
出粉皮大洋一元
出花椒姜大洋二毛
出盐钱大洋二毛
出红帖钱二毛二分
出盘川一元二毛
出烟卷大洋一毛二分
出豆腐钱大洋二元
出豆芽大洋五毛
出片柴大洋一元
出醋钱大洋五分
出过镰饭钱大洋四元一毛
出李逢辰烟钱货钱大洋三元零二分五
十三日
出饭钱大洋一元一毛
十五日
出屯闸饭钱大洋一元六毛
十七日
出饭钱大洋九毛
十八日
收李树森大洋五元
收刘开泰大洋五元
收刘开泰大洋十元
收刘清臣大洋五元
出东头店大洋四元一毛
收刘清臣大洋四元一毛
出酒钱大洋四元
出大肉洋十二元
出下水洋一元五毛
出烧纸金香炉大洋三毛一分
出酱一毛九分
出海带大洋二毛

出粉皮大洋一毛二分
出大盐钱二毛
出藕钱大洋三毛
出韭菜钱五分
出盘川大洋六毛　三十四元二毛九分五
十九日
收刘清臣大洋一元
收刘清臣大洋五元
出豆腐大洋二元
出豆芽洋八毛
出油醋钱六毛
出鸡子洋一毛
出片柴大洋一元五毛
收刘开泰大洋五元
出商店饭钱洋四元六毛
出罚夫钱一元一毛
出烟卷洋二毛
收李树森大洋十元
出厨子钱大洋四毛
收李树森大洋三元九毛
出馍钱大洋十五元三毛
收刘清臣大洋一元五毛
出西头饭钱一元
二十七日
收刘清臣大洋三元
出罚系德甲夫大洋一元二毛
出上河饭洋一元九毛
二十八日
出饭钱大洋一元六毛
二十九日
出河会饭钱大洋六元五毛
出白酒大洋一元五毛
出烟卷大洋一毛三分
四月初二日
出饭钱九毛
初三日
出饭钱大洋一元一毛

十七日
出刘开泰大洋五元
出饭钱大洋三元九毛
出罚金中甲夫大洋一元二毛
二十四日
出罚希贤甲夫大洋六毛
出饭钱大洋九毛五分
五月二十六日
以上共河粮巨麦三石九斗五升
出二人看闸麦子一石
出挑麦子二石九斗五升
收挑麦子大洋二百二十六元八毛五分
出肉钱大洋三元
出粉条皮大洋三元
出香油钱大洋七毛五分
出醋钱四毛
出豆芽钱四毛
出青酱钱大洋一毛五分
出大盐钱大洋一毛
出黄瓜大洋二毛
出盘川大洋二毛八分
出片柴大洋一元
出糖蒿钱大洋一元五毛
出茶叶钱大洋一毛五分
出鸡子大洋八毛
又上共收河粮巨麦子大洋
收李逢臣利钱大洋二元零二分五
出还刘清臣借款大洋二十四元六毛
出刘开泰借款洋二十六元七毛九分
出老四馍钱七元
出李逢臣烟洋三元零二分五
出打巨饭洋三元一毛
出烟卷钱一毛五分
出冰糖钱二毛
出打巨饭洋一元二毛
出饭洋一元八毛五分
出要小胡村巨粮饭洋一元二毛

出斗钱二毛五分
出河郭饭大洋四元五毛
出烟卷大洋一毛五分
六月初七日
出雨伞大洋九元
出河会要巨饭二元九毛
　　初九日
出烟卷洋一毛五分
出打巨饭大洋一元九毛
出打巨饭大洋一元八毛
　　十五日
出酒钱大洋二元五毛
出粉条皮大洋二元
出大盐洋二毛
出烧纸香鞭大洋七毛
出茶叶大洋一毛
出盘川大洋九毛
出烟卷大洋一毛
出南瓜钱大洋四毛
出大肉钱大洋三元
出豆角钱四毛
出香油钱三毛
出醋钱三毛
出片柴洋五毛
出馍馍大洋四元
出南店饭钱一元
出纸钱二毛二分
以上共收大洋三百零九元三毛五分
以上共支大洋二百四十九元五毛五分
除支下存五十六元八毛
收蔡牛的利钱二元四毛五分
收公村大洋十三元三毛
收旧存大洋五十六元八毛
　　十八日
出河会地大洋一元三毛
出河会饭钱一元四毛
出蔡得礼甲夫洋六毛

出烟钱三毛

七月二十四日

出上闸饭钱一元三毛

出补请饭钱二元二毛

九月十六日

出七闸开会饭钱二元四毛

二十八日

出双楼杂派洋十一元二毛

出双楼用饭洋一元二毛

十一月十九日

出三闸公大洋九元

二十九日

出粉条大洋一元五毛

出豆腐大洋一元

出烧饼大洋八元

出油半斤大洋七毛

出白菜大洋五毛

出秫稭大洋三毛

出酒洋一元

出大米洋一元

出四次稻草大洋二元七毛

出四次烟洋二元一毛

出下河饭洋二元五毛

出下河饭洋一元七毛

出秫稭大洋三元

出双楼杂派洋五元

以上共收大洋三百二十二元零八分

共支大洋三百十三元八毛五分

除支下存八元二毛三分

民国三十年二月初二日 立

收旧存大洋八元二毛三分

二十三日

出过镰用饭钱二元

出过镰用饭洋一元四毛

又出过镰用饭洋二元四毛

三十日

出上闸饭洋八毛五分

出南和请示饭洋四元九毛
出烟卷一毛五分
三月初一日
出褶子红帖洋八毛
十九日
出饭洋五毛
又出饭洋一元零五分
收李树森借款五元
出饭洋二元四毛
二十一日
出请示河口饭洋九毛
二十二日
出宗镰刀饭洋六毛
又出宗镰饭洋一元二毛
二十三日
出宗镰饭洋六毛五分
又饭洋一元五毛
出上闸饭洋九毛
二十四日
出上闸饭洋七毛
收李树森借款十元
出油钱三元五毛
出粉条洋三元
出大肉洋三元
出花椒姜二毛
出盐钱六毛
出上集盘川一元
二十五日
出宗镰饭洋九毛
出豆牙洋八毛
出片柴洋一元二毛
出醋钱二毛
二十六日
出上闸饭洋一元二毛
二十七日
出拉闸饭洋一元四毛
四月初二日

出拉闸饭洋一元二毛

初四日

出酒洋三元五毛

出粉条皮洋四元

出纸香烟洋六毛

出上集盘川一元二毛

出拉闸饭洋二元

初二日

收刘玉魁借款洋十元

收刘开太借款洋十元

出茶叶钱二毛

出上闸饭洋一元七毛

收刘玉魁借洋十元

收李树森借洋五元

出柳树价洋五元

初七日

出大肉洋十四元五毛

出海带洋三毛五分

出花椒姜洋三毛

出片柴洋一元六毛

出豆芽洋一元

出豆腐洋三元

出开河罚夫洋一元

出巨饭洋三元

收刘开泰借款洋二元

初十日

出上河饭洋三元九毛

出酒洋二元

出大肉洋七元

出东汪饭洋一元八毛

十四日

出上河饭洋一元四毛

十六日

收李树林借款洋五元

收刘玉魁借款洋五元

出双楼二人用饭洋一元二毛

十八日

出呈公事饭洋一元一毛
出杂花大洋五毛
二十日
出进城盘川九毛
五月初四日
收刘开太借洋十五元
出钱四馍洋十五元五毛
二十八日
出双楼用饭洋一元七毛
六月十四日
收刘玉魁借款六元
出粉皮洋四元
出酒洋三元
出纸香鞭洋六毛
出豆腐洋一元二毛
出大盐洋五毛
出菜洋二元
出南瓜洋七毛
出上集盘川一元二毛
出烟卷洋二毛
十五日
出片柴洋一元
出油洋一元八毛
出醋洋八毛
出双楼杂派十五元
出双楼用饭洋一元六毛
十六日
收李树森借款洋四元
收刘开太借款洋五元
初九日
出上闸饭洋一元一毛
二十五日
出南豆村村正饭洋一元
二十六日
出河会村正反洋二元二毛
二十七日
收巨麦子二石五斗

出挑麦子二石五斗
收挑麦子价八十元
出晒麦子饭洋一元五毛
收麦子洋二元
二十八日
出上河饭洋一元二毛
出景屯村正饭洋七毛
出豆小胡村正饭洋七毛
出小胡村送麦用洋三元
出饭洋三元
出挑麦子价二十一元六毛
收刘致勤洋四元八毛
出双楼杂派洋十元
出长庆伞洋三元
出河会稻草洋一元五毛
出还刘开太款洋三十二元五毛
出还刘玉魁款洋二十九元
出还李树森款洋二十九元
收麦价洋三十二元五毛
七月十四日
出双楼二人用饭洋一元二毛
十六日
出赴邢盘川二元
收本村派镰钱三十九元九毛
收派镰元豆四斗洋二十六元
收襍派款五元
收派红粮二斗五升洋十二元
收南豆村镰钱五元
收河会村镰钱九元四毛
十一月十九日
出双楼二人用饭洋一元五毛
初五日
出双楼杂派洋九元八毛
出双楼二人用饭洋一元五毛
十四日
出三闸公摊洋十七元
十二月十四日
出余力成酒饭洋七元二毛

出双楼杂派洋七元二毛
出双楼二人用饭洋一元六毛
二十九日
出河会地亩洋四元八毛
出黄纸洋二毛
收蔡牛的利钱二元四毛
收李凤辰旧利钱十二元五毛
出凤辰烟卷酒洋十一元九毛
出算账用饭洋五元
以上共收新旧借大洋三百五十二元五毛八分
以上共支大洋三百四十八元五毛
除支下剩大洋四元零八分
刘开太存洋二元七毛
刘清辰存洋九毛
刘生文存洋四毛八分

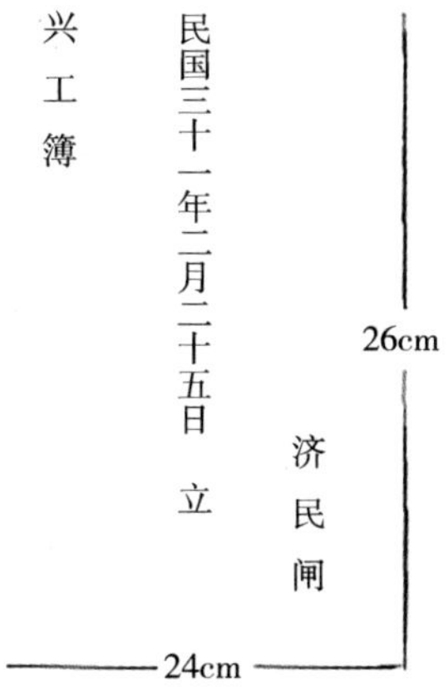


李庆寿
公直三名　刘麟书
李逢辰
河　正　王赞绪
河正每年二月初一日公直开选
小甲
每年老人二月初一日交薄
五月初一日分水
刘家闸初三日、十二日、十八日、二十七日
邱家闸初四日、十三日、十九日、二十八日

关帝庙闸初五日、十四日、二十日、二十九日

林东闸初六日、十五日、初七日、初八日、二十一日、二十二日、二十三日、三十日

俱是前一日未时接水，该日午止

第一小甲 左孟祥

豆 见 三厘

李兴云 三分二厘七毛

李刘喜 一张一分八厘三毛

豆登流收镰一厘六毛

李重鹿收镰九厘六毛九系九

郭没仓收镰七厘三毛四系三

豆家林收镰六厘

李张林 五分九厘三毛

李凤楼 四分零三毛八

李 芳 二分九厘三毛

李重的 四厘三毛

李辛酉 四厘

李心玉 二厘二毛

宗祖堂 一分五厘二毛

刘合义 二分六厘

李家庙 一分零七毛

豆精堂 二分九厘

豆拉的 八厘五毛

豆景山 二分七厘五毛

李玉献 九厘一毛

灯楼社 三厘

李 资 一分三厘六毛

李维网 一分八里八毛

移占元小甲

李小旦 一分二厘四毛

李皮地 一厘二毛

豆飞蛟 八里四毛

豆飞鹏 一分三厘七毛零三

豆 濯 六厘五毛

李成美 四厘六毛六

土地庙 三厘

李孟熊 四分四厘一毛零八忽八

收刘致祥六厘二毛七
左孟祥　六分一厘零六系
李庆祥　五厘零四
李光辰　六厘
李春和　二分二厘八毛六
张开芳收镰六厘七毛二系七
左孟弼　一分九厘七毛
李进喜　二分五厘八毛
李得仁　三分
李得泰　一分五厘二毛
李树春　一分三厘四毛九系四
李国玉　一分四厘五毛
左怀玉　二厘五毛
左书善　二分五厘八毛
第二小甲　李金中
刘邻书　一张三分零一毛
收刘恒昌九厘三毛
李毛群　二分七厘九毛
李彦彪　三分二厘九毛
李明元　二分四厘
刘振德　一厘
李雨成　四分五厘一毛三
李西元　五厘四毛
李万兴　一分二厘二毛
李改元　二分五厘三毛
刘余庆　一张七分七厘七毛
积善堂　一张四分
李善的　一分九厘八毛
凤辰收镰五厘四毛
李金花　一分八里二毛
李小群　四毛
刘希珍　一分零一毛
李清泰　三厘一毛
李秀兰收镰七厘二毛一
李占元　一张六分六厘六毛
李午辰　八厘二毛二丝二
刘希泰　一分二厘八毛

郭叙堂　　二分九厘三毛
谢凤祥　　一分五厘三毛
胡大黑　　三厘五毛
刘希全　　三分三厘二毛六
李思义　　二分零七毛
李进善　　四厘
中和泰　　三厘四毛
李团的　　二分四厘三毛
李玉花　　一分五厘五毛
李双喜　　二厘二毛七
天地社　　六分五厘四毛
李双全　　五毛
李中门　　五毛
李树森　　五分七厘二毛四
左黑的　　三分六厘二毛四
冀德顺　　二分八厘七毛二
李小锯　　一分二厘四毛
李多熬　　一分三厘三毛八

第三小甲　刘致清

李山林　　二分五厘二毛
李万清　　二分九厘三毛九
　　双盛堂收四厘八毛四
刘致清　　一张二分零五毛
　　李进注收一分四厘二毛
李永福　　五厘四毛
李可有　　一分二厘
刘天佑　　六分零六毛
刘致祥　　四分零二毛九
　　李梦熊收镰六厘二毛七
刘致文　　五分零八毛三
　　收南豆村三厘三毛一
刘林的　　六分三厘一毛六
　　景公堂收镰八厘二毛五系九
红白社

第四小甲　刘希德

刘春祥　　一分七厘七毛
刘克勤　　四厘四毛

敬宗堂　　一张四分九厘九毛
　　全成收四厘四毛三　喜增收一分四厘四毛二
　　景向辰收一分六厘一毛七系一
　　三山庙一分零五毛
永业堂　　一分六厘一毛
刘拉的　　一分八里三毛二
　　收刘致清一分四厘二毛
刘如意　　一分一厘四毛
刘全成　　四厘
　　收敬宗堂四厘四毛三
刘希俊　　五分二厘六毛
　　南李拉收镰五厘三毛零四
刘响名　　二分三厘四毛
刘振江　　四厘一毛
　　收敬宗堂一分四厘四毛二
刘振山　　四分
刘希彦　　二分六厘九毛
景茂林　　九厘四毛
景献文　　二分一厘九毛四
刘振基　　一张四分七厘二毛
　　收刘恒昌九厘
景玉林　　二分六厘一毛
刘银的　　四厘二毛
李逢辰　　一分九厘四毛
　　收金花镰五厘四毛
　　收刘恒昌七厘五毛
刘喜生　　一张三分二厘五毛
　　李芝期收镰一分四厘零三
郭鸿义　　二分四厘一毛
景体芳　　一分零三毛
郭金花　　二厘一毛
郭鸿保　　一分零二毛
赵愧成　　一分二厘二毛四
王盛思　　六厘四毛七系一
邱振刚　　六分三厘九毛
李富辰　　六厘四毛
兴盛堂　　一分七厘四毛六

景梅芳　　四厘三毛
刘任的　　一分一厘零七系
赵丁臣　　六厘三毛
　自邱九生名下
李树春　　六厘六毛五系
第五小甲　王赞雨
刘福泰　　一分二厘八毛
刘鸿泰　　一分七厘七毛九
　邱召堂收镰一分零四毛四
刘　顺　　一分八厘三毛
六合堂　　八分八厘六毛二
王赞雨　　三分四厘六毛
王赞贤　　三分四厘五毛四系
王赞林　　二分七厘二毛八
　收蔡兴收镰一分零六毛五
郭万清　　一分一厘七毛
　收李刘熬镰七厘三毛四
刘生文　　三分零二毛一
　收刘致勤镰一分五厘四毛九
刘春起　　一分零四毛
王宗武　　一分四厘二毛
刘福元　　一分二厘二毛
左际昌　　五分一厘七毛
德义公　　四厘八毛
三官庙　　四厘一毛
刘兴泰　　八分四厘三毛
刘延宣　　八分九厘七毛六系六
康富贵　　一分七厘七毛
王赞臣　　四分八厘零一毛
刘狼咬　　一分九厘三毛一系二
南九率　　八厘
南九保　　一厘六毛
南贵成　　八厘
南景任　　四厘
南官成　　四厘
景明治　　一分零三毛六
景保树　　四分零二毛

景清杰　一分一厘五毛
胡明江　六厘五毛
程家庙　六厘
张树森　一分
李悟一　四厘七毛
李　兴　一分
李玉粱　六厘
李弘仁　一分九厘四毛
南李拉　五厘三毛零四
刘阳泰　三分一厘九毛
刘长庆　三分九厘二毛

第六小甲　邱绍棠

邱绍棠　一分零零九四三
刘成林　二分二厘
刘会的　一分二厘七毛
付心成　一分一厘九毛
左富昌　三分四厘七毛五系
左树森　一分一厘二毛
邱善庆　一分
邱会林　二毛
邱汝瀛　二分九厘二毛
邱荫棠　四分七厘六毛
农务会　一分三厘五毛
景元勳　一分四厘九毛
南九霄　八厘
李忠孝　五厘
李湘公　四厘
李得英　一分二厘零五系
笃视堂　六厘六毛二
玉帝阁　二厘
以上十名三上止
李先辰　二分九厘八毛八系
左梦兰　九厘八毛
景毛遂　一分四厘八毛
景重报　二分二厘二毛
景好辰　六厘八毛
刘振宗　二张六分七厘二毛

刘希贤收镰一张三分三厘六毛
景好聚　　六厘四毛
景修身　　八厘四毛
李午辰　　二分八里一毛二
收列开收镰七厘一毛七系六
收李占元八厘二毛二系二
李芳辰　　一分二厘九毛
李德明　　二分五厘零八
刘致勤　　一张四分四厘四毛
刘生文收镰五厘四毛九
南木祥一分零五系九
王大点　　二厘一毛
南金良　　七厘七毛二系四
刘希贤　　一张三分三厘六毛
刘任的　　一分一厘零七
第七小甲　蔡廷宝
蔡景章　　一张三分三厘二毛
蔡忙的　　三分四厘二毛
蔡景瑶　　三厘二毛
蔡正身　　三厘五毛
蔡兴川　　三分零一毛
王赞林公谦一分零六毛五
收刘书田七厘五毛
蔡景春　　二分零七毛二
蔡春成　　一分三厘九毛
蔡兴林　　五分零九毛六
蔡有成　　一分五厘七毛
刘恒昌　　三分九厘四毛
刘共书收镰九厘三毛　刘希德收九毛
李逢臣七厘五毛　刘书田一分三厘六毛
邱保昌　　三分一厘一毛四
刘　振　　四厘八毛
刘金钟　　三分一厘六毛
刘天德　　四厘四毛
刘朝桂　　一分七厘九毛
刘天增　　六厘二毛
百忍堂　　一分

娘娘庙　　一分
蔡分成　　一分二厘
胡　湘　　二分
刘恒泰　　三分九厘四毛
　刘书田收一厘四毛　刘兴太收一分二厘
　刘致仁收五厘一毛　蔡景瑶收二厘四毛
蔡聚泰　　一分零三毛
蔡双全　　九厘九毛
南木祥　　一分零五毛
　二合工
　自致勤名下
第八小甲　刘　招
郭自林　　一分
郭器重　　五厘
郭九富　　二厘三毛
五余堂　　六厘三毛
郭自存　　二分
刘全忠　　一张六分四厘五
赵　宝　　一分九厘
郭九恩　　六分五厘
第九小甲　张书坤
郭　泰　　六分一厘
谢有恒　　口分口厘
谢还生　　三厘五毛
　李修德收镰四厘
　郭庆春收镰四厘
谢时中　　七厘
谢怀仁　　三厘
谢文明　　三厘五毛
谢大文　　一分四厘五毛
义和堂　　一分五厘七毛
光裕堂　　一张二分八厘
谢庆善　　二分五厘
三余堂　　四分三厘六毛
谢贵明　　二厘八毛
张自省　　一张五分四厘六毛
张全保　　七厘五毛

张臭货　二分三厘五毛
张文明　二分五厘二毛七系
龙王庙　四分零四毛
李扬生　一分五厘
李　㦬　二分
豆　均　一分七厘六毛
李春晏　三分九厘九毛
谢树森　三厘一毛
郭庆春　四厘
李修德　一分零三毛
义桥社　三厘
郭九章　三分五厘
郭九德　四分一厘八毛
郭德禄　四厘六毛
郭全礼　二分八厘二毛
郭来的　一分二厘六毛
三盛公　五厘
郭九令　一分二厘八毛
郭九茹　五厘一毛
豆　补　五厘三毛
三和盛　三厘一毛
谢树芳　三厘二毛
谢贵荣　二分七厘三毛
观音堂　一分四厘六毛
谢来福　一分二厘四毛
谢树祀　一分一厘四毛
老母社　四厘三毛
豆　玉　六厘二毛
五裕堂　一分五厘六毛一
谢居荣　二厘三毛
宋其富　二分零七毛
宋善德　一分二厘二毛
宋登妮　一分七厘五毛
张　瑶　五厘
谢作贤　一分六厘一毛
高祖堂　九厘九毛
谢老春　七厘

第十小甲　刘新民

刘才熬　二厘三毛

刘三礼　二厘七毛

栗奉章　二分七厘九毛

邱生祥　九厘五分二毛五

邱生福　一分七厘七毛

邱恒昌　四厘

邱汝舟　一张四分五厘

收周豆见三分

李多熬公镰一分三厘三毛八

豆　见　三分

此名付邱汝舟

邱绪正　七分五厘四毛

李没舟公镰一分三厘三毛八

收双盛堂一分二厘五毛

刘保太　八厘八毛

豆付的收二毛五系五忽

刘安礼　三分七厘三毛

刘书田　八分三厘八毛

收刘恒昌一分五厘

蔡兴川七厘五毛

刘廷俊　一分五厘九毛

刘彦文　一分八厘

刘廷玉　一分零二毛

蔡永清　四分七厘九毛

刘金贵　七分九厘二毛

王赞绪　三分三厘九毛

刘振岚　一厘五毛

第十一小甲　刘致誉

邱生瑞　四分一厘八毛

邱至冬　八厘七毛

邱头门　一分二厘五毛

双盛堂　一分二厘五毛

邱红登　一分九厘一毛

邱全有　七厘六毛

邱德昌　四分四厘八毛九

邱润生　四厘五毛

邱九生　　四分八厘四毛
邱玉田　　三分八厘九毛四
冀德功　　二分四厘零四
冀呈祥　　二分二厘九毛九
刘五献　　二分六毛四
李连法　　一分
积益堂　　二分七厘六毛
豆伯合　　二分零四毛
李陈策　　三分三厘二毛
刘学良　　一分九厘二毛六
段兆吉　　一分六厘四毛
李树基　　五分一厘
李明仁　　八厘
李明勳　　九厘八毛
刘致誉　　八分四厘九毛
杨永禄　　一分六厘二毛
豆登瀛　　二分二厘
　　收李晚成五厘七毛　收刘昌基
豆夫的　　二分二厘
　　收李晚成六厘
豆双祥　　九厘三毛九
刘学礼　　二分零七毛
豆　朴　　四厘八毛
李芝兰　　一分五厘六毛
刘致仁　　四厘六毛二
三山庙　　四分一厘五毛二
　　收敬宗堂一分零五
张树梓　　一分七厘一毛
刘开泰　　一张五分三厘一毛
　　李午辰收镰七厘一毛七系六
豆树潘　　七厘二毛
豆培荣　　一分二厘五毛
豆熬来　　一分二厘六毛
豆树绪　　二分零六毛
五聚公　　四厘一毛
豆　正　　二分六厘五毛
豆　恭　　四厘八毛

李陈畴　　三分六厘四毛
豆成祥　　二分零一毛
程　明　　三分
王起家　　一分
樊民望　　一分
温宪章　　一分六厘五毛
李陈情　　四厘
胡吉庆　　六厘二毛
刘良生　　三分一厘五毛二
两姓公　　五厘八毛一
李扬辰　　八厘一毛零六忽三
李从舟　　八毛
　　收邱振绪一分三厘三毛八
刘致昌　　一分一厘九毛七
杜秀梅　　七厘三毛六
李清云　　二分六厘二毛
李庆云　　二分三厘二毛
李庆辰　　二分三厘二毛
李来春　　一分零一毛八
豆明聊　　一分二厘零八
李从中　　一分六厘一毛
井李公　　八厘三毛四
景公南　　九厘七毛
　　收刘林的八厘二毛五
景向辰　　八厘二毛七
　　收敬宗堂一分六厘一毛一
豆　镰　　三厘九毛二四忽
李秀兰　　八厘二毛二二忽
张开景　　五厘九毛三五忽
张开芳　　六厘七毛二忽
　　自春和名下
李芝旗　　一分四厘零三系八

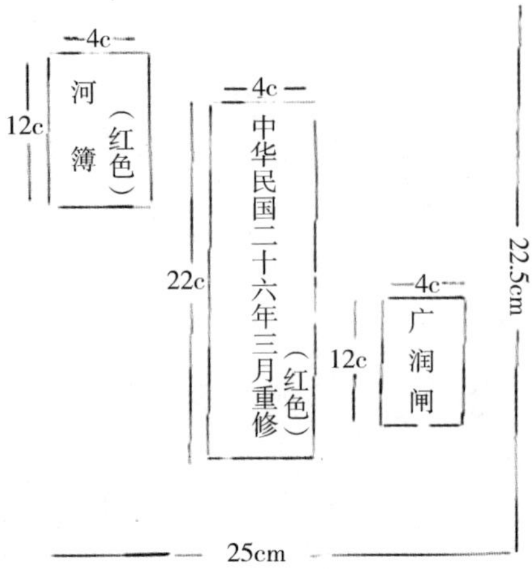


（这是邢台县河会村及南和县南豆村的灌溉用沟渠广润闸的用水权者的姓名册。根据文章开头所说，该水门是在明朝的万历年间建立的，在清朝初期的康熙八年对于破损的地方进行了修复工程。最后工程被分为头工乃至三工的三期（或称为区域），与之有关系的镰户要服役于各甲别的负责区域。此外，还列举了民国三十一年支出经费的用途）

广润闸在龙兴闸南数步、创于万历年间、因康熙七年山水冲毁、重建于康熙八年、共镰五十余张、灌两村地亩、自河会起至南和县南豆村止、渠宽一丈、长三里

小甲　窦溥　一分一厘八毛

一分三厘七毛五

窦乐堂　二厘五毛

窦瑶堂　二分二厘

窦　润　三分一厘二毛一系

窦　桂　六分八厘

窦□堂　一分

窦桂馨　三分五厘

窦树廷　一分九厘

窦慎学　四分八厘

义学社　五厘

窦慎修　七厘六毛

窦德润　一分三厘

窦　晋　一分

民国二十九年退张开琼名下一分

张开琼　收一分

窦　朴　六厘五毛

窦慎铭　　六厘五毛
窦　方　　二分零二毛
三官庙　　一分二厘
窦光祖　　二分
追远堂　　一分六厘七毛
张　祖　　一分二厘一毛
李之广　　三分三厘三毛五系
李　伸　　三分三厘三毛五系
窦树江　　二分
张树樟　　二分
宗祖堂　　六分
衍庆堂　　二分三厘零四系
窦鸣凤　　二分二厘九毛六系
窦　秩　　二分一厘
窦献南　　六厘四毛九系
窦素履　　二分四厘二毛五系
　　民国二十九年退到窦溥名下一分三厘七系五
窦献文　　五厘四毛
窦经魁　　二分零四毛六系
窦　镜　　一分二厘三毛九系
李恩庆　　三分五厘
李　怀　　一分六厘一毛
　　共镰七张二分零三毛

小甲　张继惠

李陈畴　　三分四厘
窦桂馨　　六分一厘
窦桂祯　　三分四厘
窦芝堂　　一分五毛
窦多堂　　一分零五毛
宗祖堂　　一分九厘二毛
张玉德　　五分
张树人　　九分三厘八毛
张九德　　五厘
李如恒　　一分五厘
惠济桥　　一分五厘
三官庙　　二分
张　祖　　八厘

李长寿　三分三厘五毛
张翰卿　一分
张耀卿　一分
龙兴寺　两张二分
义学社　四分
共镰七张零六厘五毛
小甲　李承平　七分九厘八毛
窦　坦　九厘
晏如堂　一分
光裕堂　两张九分一厘八毛
谢老户　八厘
李廷译　三厘三毛
窦成林　一分九厘八毛
宗祖堂　七分八里六毛
李式之　一分九厘三毛
李恩庆　八厘
窦素履　一分二厘七毛
李　慈　三厘
李铭仁　一分一厘三毛
继志堂　八厘四毛
谢来福　一分
王金贞　二分
龙兴寺　二分三厘五毛
窦蓝田　一分三厘五毛
窦树琛　一分四厘
李占祥　三分四厘
李光斗　一分
共镰六张八分八厘
小甲　赵景光
李　伸　一分一厘八毛
衍庆堂　一分
宗祖堂　五分七毛
窦经魁　三张三分三厘九毛四系
窦文魁　二分五厘三毛
窦连魁　二分六厘三毛
窦经魁　六分六毛二系
李德英　二分

窦占魁　　二分六厘六毛二系
窦桂馨　　二分一毛
玄帝庙　　一分
窦占德　　一分九厘
李贵民　　一分八厘七毛五系
李贵成　　六厘二毛五系
李　伸　　四厘六毛
李之广　　四厘六毛
窦　坦　　九厘
张　祖　　一分
李振网　　五厘
龙兴寺　　二分四厘五毛
　　共镰六张六分三厘四毛
小甲　李树荣
李凤琴　　一分四厘二毛
　　民国三十年退到窦溥名下八厘
李廷谔　　一张六分三厘一毛
衍庆堂　　一张二分三厘
窦　坦　　一分
李贵贤　　四分
李凤阿　　一分三厘五毛
张树樟　　二分五厘
惠济桥　　七厘
李振鹭　　一分
窦　彦　　一分七厘五毛
李恩庆　　一分
李陈畴　　一分二厘
李富义　　一分七厘
李长富　　二分三厘
窦素履　　六厘
张树槑　　九厘
李　端　　一分
李　伸　　四分
李光宝　　二分五厘
光裕堂　　二分
义学社　　二分
窦成林　　四厘

李廷寞　一分二毛
　民国三十年十月初八日收到李凤琴镰
昱　溥　八厘
　共镰六张二分九厘五毛
小甲　郭九兴　一分五厘九毛七系五
高祖堂　四厘
郭全兴　四厘
郭全信　三分九厘五毛
　民国三十年收郭保太名下五厘
郭全义　一分九厘七毛五
郭保太　一分九厘七毛五
　民国三十年退到五余堂名下九厘七毛
　民国三十年退到郭全信名下五厘
郭九林　二分六厘二毛五
郭九仁　一分三厘二毛五
郭九重　三分九厘一毛
郭鸿寞　四分九厘
郭鸿恩　四分二厘九毛七
郭鸿儒　二分六厘三毛九
郭全礼　一分二厘六毛七
天地社　一分二厘六毛七
谢成美　四厘四毛八
三余轩　三厘
郭鸿修　五分八厘六毛四
　民国三十年退到郭九章名下一分五厘
郭鸿义　一分五厘零七系五
郭鸿信　八厘
郭发财　一分七厘
郭九章　五分九厘八毛一
　民国三十年收郭鸿修一分五厘
郭九山　一分五厘
观音堂　二分七厘
李二黑　八厘三毛二
郭九令　一分零五毛
郭九儒　一分四厘五毛
郭云中　二分四厘一毛五
郭云和　一分九厘一毛五

郭九德　一分九厘六毛
五余堂　三分八厘
民国三十年收郭保太九厘七毛
郭九皋　六厘三毛三系五
谢　牛　三厘三毛
共收六张七分五厘一毛三系五

小甲　郭九令

郭九官　一分一厘九毛二系五
三盛公　六厘三毛
五余堂　一分
李铭仁　三分
观音堂　一分九厘
赵全福　一分
李芳兰　一分
李绳玉　一厘
窦　恭　一分四厘五毛
窦　朴　一分四厘五毛
六合堂　一分五厘
窦　诲　四厘
郭鸿义　一分一厘八毛一
郭鸿保　一分一厘八毛一
郭鸿信　七厘八毛一
高祖堂　一分一厘七毛五
追远堂　四分四厘二
高鸣扬　三厘
李扬生　二分五厘三毛七
郭九章　二分六厘五毛九
老母社　一分二厘七毛五
谢学恭　六分一厘六毛三系一
民国二十九年退到惠济桥名下一分五厘
谢文魁　二分三厘三毛九
谢来福　九厘六毛零五
谢富生　八厘
吕林森　七厘七毛三系四
宗祖堂　八厘
谢怀仁　六厘三毛六
郭全礼　二分八厘三毛二系五

郭　俊　　一分四厘
郭九锡　　二分八里八毛五
郭文绳　　一分
窦庆雲　　五厘
谢树森　　九厘四毛九
郭鸿儒　　三分一厘八毛
惠济桥　　一分五厘
　　共镰五张六分二厘六毛三系五
小　甲　刘钊　四分九厘七毛九
郭九章　　三分一厘
窦素位　　四分五厘
窦献堂　　四分五厘
六合堂　　一分三厘
张文举　　二分
张树申　　一分三厘
赵麟成　　二分三厘
郭全兴　　三分二厘四毛五
李二黑　　一分八里七毛

郭鸿信　　三厘七毛
老母社　　二分
高祖堂　　四分四厘
郭鸿恩　　一分六厘七毛
李陈畴　　三分二厘三毛
龙神庙　　一分
窦　才　　一分四厘
窦慎田　　一分一厘八毛
五余堂　　三分
崔振山　　七厘五毛
　　共镰五张零九毛四系
分
大第一小甲
工
头　工　　十二丈四尺七寸
二　工　　十六丈三尺八寸
三　工　　三十三丈五尺四寸
第二小甲

| | |
|---|---|
| 头　工 | 八丈八尺三寸 |
| 二　工 | 十三丈四尺二寸 |
| 三　工 | 二十八丈 |
| 第三小甲 | |
| 头　工 | 十二丈零二寸 |
| 二　工 | 十八丈二尺七寸 |
| 三　工 | 四十丈 |
| 第四小甲 | |
| 头　工 | 十二丈三尺 |
| 二　工 | 十八丈六尺九寸 |
| 三　工 | 三十九丈八尺四寸 |
| 第五小甲 | |
| 头　工 | 十丈二尺二寸 |
| 二　工 | 十五丈五尺五寸 |
| 三　工 | 三十四丈零七寸 |
| 第六小甲 | |
| 头　工 | 十二丈四尺三寸 |
| 二　工 | 十八丈五尺五寸 |
| 三　工 | 南　沟 |
| 第七小甲 | |
| 头　工 | 十丈三尺 |
| 二　工 | 十五丈四尺 |
| 三　工 | 中　沟 |
| 第八小甲 | |
| 头　工 | 八丈九尺四寸 |
| 二　工 | 十三丈三尺五寸 |
| 三　工 | 北　沟 |

广润闸民国三十一年开支列后

| | |
|---|---|
| 本村地亩款 | 支洋二元 |
| 沿河树苗 | 支洋十元 |
| 栽树饭洋 | 支洋八元 |
| 兴署亩捐 | 支洋四元八毛 |
| 刷树红土水胶 | 支洋二元 |
| 开河分土饭洋 | 支洋十二元 |
| 修桥石头价 | 支洋十五元 |
| 本村公款 | 支洋一元九毛 |

兑田赋　　　　支洋一元二毛
兴署开会　四次　支洋四元八毛
本村秋款　　　支洋五元九毛
修桥费　　　　支洋十二元
摊三闸公饭　　支洋十五元
结账花费　　　支洋十八元
买闸板　　　　支洋八元
斋镰钱饭洋　　支洋二十一元
放水饭钱　　　支洋二十五元
上开雇工资　　支洋三十五元

以上共支大洋二百零三元六毛

## （五）邢台、南和两县绅民公立挑河使水恳情钤记薄

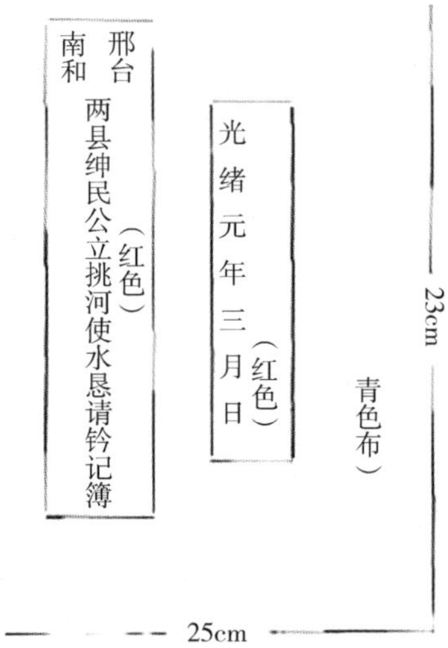


（这是邢台县所属景家屯和邻接的南和县所属樊家屯外五村之间发生争水纠纷后，根据当地官宪的指示做出裁断为背景的光绪元年三月水利权者账薄。最初根据顺德府的调查命令，共同审理的三位知县裁定有关的用水规约，列举了沟渠管理人的姓名，还有按照村落、甲别排列的用水权者姓名以及镰数等。后半部分记载着作为沟渠（含水门）用地而购买的土地面积，地价等原所有者的资料。簿册内最引人注目要数对于无偿提供土地的王登科等4人赋予用水权的事情（337页[1]）。另外，有把堂、号、庙等作为镰户名的。还记录着被认为是寡妇的人，如果想处理掉土地必须经过自己儿子同意的说法）

〔1〕　译者注：此处的页码是指引文在日语原书中的页码。

府正堂薛谕邢台南和两邑绅民人等知悉、案查邢台景家屯等村与南和接界、各村绅民因河规紊乱兴讼、当经伤委候补县高令、会同各该县亲诣履勘、并令查照旧章悉心筹办、宜如何立定章程、禀请立案、以杜讼端、兹据邢南两县及高令面禀、会勘讯明、酌量筹议、各立界石、派夫出镰、分段挑挖、计镰使水及修理桥梁等项、一律照章派办各事宜、尚属妥协、合行谕知遵辨、并伤各该县、会禀本府立案、以垂永久、尔两邑绅民等毋再紊乱规模、致启讼端、特谕

光绪元年三月二十六日　　谕

南和县正堂史

光绪元年三月二十六日

谕

邢台县正堂松谕景长寿等及南和县民人樊仁义等知悉

候补县正堂高

卷查该绅民人等前以河规紊乱互相正讼一案、现经本县会讯、问确立查阅河薄旧章、本极公允、乃因南和下五村各小甲参差不齐、不惟挑河人夫不到、及应摊钱文亦不按时摊给、以致景长寿等垫款无着、因而兴讼有伤和气、兹本县会讯、断令所有景长寿等代垫钱文、已伤樊仁义等五村、按陆成归还清楚、其余应办河工、日后均按旧章遵办、并伤南和下五村、公保老人一名、以备遇事与景家屯老人会商、大河自分水、龙王庙永济闸口起、至杨家沟嘴止、共一千零五十丈、分别段挑挖、易挑者陆百八十丈、难挑者三百七十丈、诚恐段落太长、公挑期齐楚、与其日后废弛、莫如早为分定、现以全河丈尺、中间易挑者、分作二段、首尾难挑者分作六段、邢台景家屯合段分四段、南和下五村合段分四段、两处绅民各分一半、各立界石、各具认管丈尺甘结、永远各挑各界、每年闭闸四次、均由两县老人监视、商同开闭、不准私行开、于争执似觉公允、倘有用夫之处、邢台景家屯一村、出夫一半、南和县五村出夫一半、查叫夫头向系一名、今公议邢南两县各议一名、分头催夫、至向来进项麦粮、二人均分、至于河源地基、坐落邢邑、应完地粮、届期由樊家屯老人、随同景家屯老人、先行完纳、此外倘有应摊桥梁橙槽修垫大道兑粮祭神行坝等花项、照章一律派办、倘人夫不到、每名按旧章罚大钱三百文充公、所有各村耳河小沟、各按地界自行修筑、并各村使水、遵照公会团样水薄镰分数目用水浇、不准籍词紊乱、自谕伤之后、该绅民人等务即查照堂断、永远遵守、并批伤薄内令原被两造公立合同二纸、交于两处老人

分执、底稿存卷、由本县会卫禀请府宪钤印、以凭遵循而作后据、庶几河工有益、而乡邻亦可和好、倘日后两县民人、有不遵旧章及事不公允者、准两老人分赴邢南两县据是禀诉、据情转禀府宪、谕饬遵办、即可永息讼端矣、

此将两邑新保老人小甲花名、开列于后、

计　开

邢台县属景家屯

老人　景增力　住景家屯

叫人　杨永春　住景家屯

小甲　景得名　住景家屯

南景孔　住景家屯

景鸿业　住景家屯

景兆凤　住景家屯

景大爱　住景家屯

师长生　住景家屯

景振芳　住景家屯

杨有良　住杨家庄

南和县属樊家屯五村

老人　李学经　住北里庄

小甲　杨可喜　住北里庄

樊保成　住樊家屯

吴学易　住吴家屯

候宗仁　住西贾郭

康文诰　住康家屯

光绪元年三月二十六日

景家屯一甲镰六张八分九厘四毛

景如廷　镰一分七厘四毛

魏德堂　镰五分八厘七毛

景桂令　镰三分六毛

景凤楼　镰一张九分五厘二毛

景清盛　镰三分四厘三毛

景清玉　镰一分三毛

景清芳　镰二分九厘九毛

景清连　镰一分六厘五毛

景荣兰　镰四分九厘五毛

景天保　镰五分二厘六毛

景清晏　镰三分九厘四毛

景长寿　镰五分二厘三毛

景文彰　镰六厘五毛
景清风　镰一分八厘三毛
景长令　镰三分一厘六毛
景万令　镰一分五厘一毛
景凤德　镰三分一厘二毛
二甲镰六张四分五厘三毛
南贡琚　镰一张六厘
南九德　镰二分八厘四毛
南贵成　镰二分四厘九毛
南通美　镰九分六毛
南官成　镰二厘四毛
南春成　镰八厘二毛
刘离小　镰七毛
李凌云　镰四厘五毛
李　平　镰三厘
景继圣　镰一厘四毛
景官良　镰二分一厘四毛
坟　地　镰二厘七毛
樊化运　镰五厘
樊居正　镰一厘三毛
景新知　镰四厘三毛
景　沛　镰二分五毛
景可成　镰二厘七毛
景　彪　镰七毛
景如章　镰六厘四毛
段毓德　镰五厘
景　斌　镰九分八厘八毛
景　颜　镰六分八厘四毛
景天佑　镰二分三厘二毛
景士元　镰一分九厘九毛
景东莹　镰二厘二毛
景有临　镰五毛

景登魁　镰五毛
南景孔　镰五厘一毛
南九成　镰一分一厘
南九官　镰九厘

南九阜　镰一分七厘
南九章　镰一分七厘
南起成　镰八厘二毛
广育堂　镰九厘八分
南九经　镰三分八厘一毛

三甲镰五张四分二厘二毛

杨志学　镰五厘六毛
景鼎玉　镰一张一分三厘一毛
景栋林　镰二分七毛
景鸿泰　镰三分七厘九毛
景存仁　镰七厘四毛
景登盐　镰一厘
景蒸雲　镰三分二厘
景　兴　镰四厘
景玉书　镰七厘六毛
景爱成　镰六厘五毛
景新和　镰一分一厘
景鸿儒　镰七分二厘八毛
景太和　镰四分七厘二毛
景贵章　镰八厘七毛
双和号　镰三厘二毛
景士凤　镰一分九厘二毛
景贵良　镰一分
景呈雲　镰一分八厘五毛
景秋生　镰一分一厘
景法坤　镰三分六厘六毛
景法唐　镰二分二厘九毛
程玉衡　镰一分一厘
景中秋　镰二厘
景更新　镰二厘七毛
景士清　镰五毛
景美章　镰五毛
景法乾　镰二分七毛

四甲镰五张一厘八毛

景有成　镰一分五厘八毛
景有奇　镰一分八厘
景有文　镰一分三厘

景　钊　镰七分六厘五毛
景行恕　镰二分六厘一毛
景公田　镰九厘九毛
景登高　镰一分五厘七毛
景加锡　镰一分一厘八毛
景存礼　镰一分六厘六毛
景天桂　镰一分八厘
景喜林　镰七厘二毛
景恩林　镰六厘九毛
景双林　镰一分九厘六毛
景殿元　镰四厘五毛
景昌令　镰五厘二毛
景连芳　镰五厘
景存信　镰五厘二毛
景存忠　镰三厘一毛
景天德　镰一分八厘九毛
景天章　镰一分四厘
景祥云　镰一张一厘八毛
景凌云　镰九分三厘四毛
景西成　镰一分二厘二毛
景九成　镰九厘五毛

五甲镰八张六分三厘三毛

景琮光　镰三分一厘七毛
景梅林　镰五厘二毛
景杏林　镰八厘四毛
景棠林　镰七厘六毛
王得玉　镰八厘八毛
景炳文　镰三分三毛
景行公　镰一厘
景敢年　镰八厘
张　起　镰四厘八毛
郭进孝　镰六厘
任　合　镰一分四厘八毛
景大爱　镰九厘八毛
景大恩　镰一分八毛
景国栋　镰三厘
景国治　镰一分九毛

杨可成　镰三分七毛
杨可金　镰二分六厘
杨复成　镰二分八厘八毛
杨崇德　镰二分八厘九毛
杨文德　镰一分五厘五毛
杨继贤　镰一张二厘
杨　玉　镰三厘一毛
韩　法　镰二分八厘五毛
谭廷道　镰二厘五毛
谭孝尼　镰五厘七毛
谭廷彦　镰二厘
谭更新　镰九厘六毛
景允执　镰一张二分二厘一毛
杨永年　镰一分一厘一毛
景大铨　镰五分三厘七毛
王　宝　镰七厘九毛
景大复　镰一分七厘四毛
景大信　镰二分九毛
杨明德　镰二厘八毛
谭层中　镰一分一厘
景西莹　镰四厘五毛
杨　成　镰一厘五毛
杨东堂　镰四分六厘四毛
韩道生　镰五厘
来春公　镰二分九厘五毛
谭兴泰　镰一分三厘五毛
双盛和　镰六厘一毛
张会成　镰八厘四毛
谭长玉　镰二厘三毛
谭庆云　镰五厘三毛
谭宗堂　镰二厘八毛
谭高中　镰二厘
谭得中　镰四厘五毛
谭祥云　镰三厘五毛
王　春　镰一分一厘六毛
王青云　镰一分九厘四毛
谭复兴　镰三厘七毛

景魁文　镰一分四厘九毛
景思文　镰一分五厘
六甲镰一张二分四厘二毛
杨秀德　镰一分四厘八毛
杨宗尧　镰二厘
杨清仁　镰一分五厘七毛
程　敏　镰八厘
杨　忠　镰一分二厘
杨呈祥　镰三厘
杨长生　镰三厘
杨可利　镰一分五厘九毛
杨公堂　镰一分五厘三毛
杨起新　镰九厘九毛
杨致明　镰三厘九毛
杨进忠　镰二厘
胡　仁　镰二厘三毛
杨志和　镰六厘九毛
杨　纯　镰三厘九毛
杨明法　镰六厘
七甲镰三张五分八厘一毛
师学文　镰八厘八毛
师学孔　镰八分九毛
师学颂　镰九厘七毛
师万成　镰五厘八毛
景鸣球　镰八厘
景伯祥　镰一张二分一厘一毛
景鸣祥　镰一分三厘五毛
景太生　镰三分三厘
景鸣鹿　镰一分四厘六毛
景仪祥　镰六厘四毛
景雪成　镰四分三厘三毛
景学成　镰一分三厘
八甲镰二张八厘
和　尚　镰二分三厘
景莹田　镰二分三厘
杨　珍　镰七厘一毛六系
杨景和　镰二分五厘二系

杨文成　镰五厘三毛
杨景贵　镰四厘九毛
杨景魁　镰四厘九毛
杨景梅　镰五厘三毛
杨成来　镰五厘一毛
杨天爵　镰四厘
杨天申　镰三厘六毛
樊喜保　镰一厘三毛
杨连成　镰四厘四毛
杨福成　镰二厘
杨　智　镰一厘
南景公　镰二厘三毛
樊道妮　镰一分九毛一系
康家庙　镰三厘八毛
杨　纯　镰一分一厘六毛五系
杨　君　镰五厘
杨　祥　镰四厘
杨士尊　镰一厘三毛
杨立公　镰四厘
杨守田　镰五厘四毛
杨文成　镰三厘
双合号　镰六厘九毛
沈全心　镰七厘六毛
杨廷珍　镰五厘四毛
杨景兰　镰六厘七毛

南和北里庄镰二张四分七厘

李文兴　镰一厘四毛
王四宗　镰一厘
樊玉贵　镰三毛
李学道　镰二厘一毛
李学书　镰二厘五毛
李学易　镰七厘二毛
李　有　镰二厘
李　法　镰三厘五毛
吴魁忠　镰六厘七毛
吴进德　镰一厘五毛
谭有道　镰五厘九毛

景相公　镰九毛
李学径　镰一厘三毛
黄米成　镰二厘三毛
李福禄　镰七毛
杨全德　镰八毛
康振方　镰一分三厘七毛
康振先　镰一厘七毛
康有功　镰五厘
康奇文　镰五毛
康希荣　镰一厘四毛
康希哲　镰一厘四毛
李　功　镰二厘
康庆林　镰一厘五毛
康　英　镰九厘
康振西　镰一厘
康魁元　镰五毛
康三元　镰五毛
康家庙　镰二厘五毛
康建德　镰三厘一毛
康普亮　镰三毛
康普付　镰一厘二毛
康文魁　镰一厘
康计礼　镰一厘三毛
吴贵清　镰七毛
吴贵香　镰二厘三毛
吴清选　镰二厘九毛
吴贵义　镰一厘三毛
姚志学　镰一厘
陈全祥　镰一厘二毛
樊双成　镰三厘四毛
樊　秋　镰二厘一毛
樊　英　镰六毛
樊全福　镰二毛
樊居正　镰三毛
樊明德　镰三毛
樊　有　镰三厘一毛
樊骏德　镰三毛

杨景梅　镰一分二厘八毛
福全周　镰三毛
杨士杰　镰四毛
关帝庙　镰六毛
杨天锡　镰一厘一毛
杨秋贵　镰三毛
杨　普　镰二厘
杨士太　镰三厘二毛
杨　清　镰三厘二毛
杨　纯　镰一厘七毛
杨麻妮　镰三厘一毛
杨士善　镰二厘五毛
杨文通　镰七毛
杨成学　镰六毛
杨　玉　镰四厘三毛
杨　宽　镰五毛
杨志山　镰二毛
杨全成　镰一分三厘二毛
杨　箴　镰七毛
杨景兰　镰四厘八毛
张自荣　镰一厘七毛
杨　勤　镰二厘三毛
杨家庙　镰二厘
杨立身　镰一厘三毛
杨景槐　镰二厘七毛
杨景桂　镰二厘七毛
杨景魁　镰四厘六毛
杨成德　镰二厘八毛
康继舜　镰九厘八毛
康继曾　镰五厘七毛
康继业　镰五厘九毛
康修文　镰三厘一毛
程维道　镰四毛
程家庙　镰二厘二毛
程继世　镰八厘五毛
程凌云　镰一厘四毛
程圯珍　镰五厘一毛

程兴龙　镰二厘
程树林　镰一厘八毛
程士秀　镰五毛
祥元公　镰二厘四毛
程玉衡　镰八厘五毛
程玉和　镰七厘
　　樊家屯镰四分
杨　清　镰八毛
杨　纯　镰五毛
杨士太　镰四毛
杨　印　镰四毛
杨景槐　镰七毛五系
杨景桂　镰七毛五系
和　尚　镰三厘
三官庙　镰三毛
杨景魁　镰二厘四毛五系
三合号　镰一毛
杨天申　镰四毛七系
杨　均　镰三毛
杨文会　镰五毛
杨家庙　镰三毛
陶志学　镰一厘五毛
任　海　镰一毛五系
程　景　镰五毛
李福志　镰七毛
程振先　镰三毛
三官会　镰一厘五毛
杨福成　镰三毛
三官庙　镰七毛
陈王文　镰一厘
杨景玉　镰一厘四毛
樊福元　镰五毛
樊　秋　镰五毛
杨景兰　镰一厘四毛六系
杨景荷　镰三厘九毛四系
杨廷知　镰六毛五系
景有才　镰一厘七毛一系

康居尧　镰六毛
康振方　镰六毛
康振锡　镰六毛
杨廷宝　镰一毛五系
双合号　镰四毛
杨麻妮　镰一厘四毛
杨　普　镰一厘一毛
杨士尊　镰六毛九系
樊逢云　镰八毛七系
樊庆云　镰二毛五系
樊双喜　镰二毛五系
樊同云　镰六毛
樊拉妮　镰四毛
康继文　镰一厘八毛五系
李敢年　镰一厘五毛
李良贵　镰三毛
杨景增　镰二毛九系
杨进德　镰三毛

吴家屯镰五分

吴保泰　镰一厘二毛
吴心泰　镰八毛
吴心广　镰二厘五毛
吴兆态　镰一厘五毛
吴志科　镰一厘三毛
吴开泰　镰三毛
吴振泰　镰一厘三毛
吴春泰　镰一厘一毛
吴起全　镰一厘一毛
吴具光　镰一厘
吴其凤　镰一厘二毛
吴其盛　镰二毛
吴大卷　镰二厘五毛
吴观海　镰三毛
吴观堂　镰一厘一毛
吴三变　镰一厘二毛
吴混张　镰一厘四毛
陶全喜　镰一厘五毛

陶全子　镰二厘五毛
陶喜欢　镰一厘一毛
李佩兰　镰一厘六毛
李鸣凤　镰一厘七毛
李鸣皋　镰一厘六毛
吴廷奎　镰三厘二毛
吴学义　镰二厘三毛
吴学礼　镰二厘二毛
吴万成　镰二厘三毛
吴怀志　镰一厘二毛
吴怀禄　镰二厘三毛
吴怀善　镰一厘一毛
吴怀秀　镰二厘五毛
吴起秀　镰一厘一毛
吴金保　镰二毛
吴三盛　镰一厘六毛

西贾郭镰七分八厘五毛

侯宗仁　镰五厘二毛
侯景元　镰三厘四毛
侯宗唐　镰二厘六毛
窦自安　镰三厘二毛
侯宗盛　镰三厘六毛
窦　相　镰一厘六毛
窦魁泰　镰八毛
窦为清　镰二厘六毛
侯忠林　镰二厘
朱文谨　镰四厘二毛
豆自泰　镰一厘
孟上才　镰一厘二毛
豆长明　镰一厘
侯士珍　镰四厘
豆开和　镰一厘六毛
朱凤泰　镰一厘
豆成善　镰三厘
豆成章　镰三厘四毛
豆逢春　镰六厘四毛
豆自新　镰四厘

豆成海　镰三厘
侯宗汉　镰二厘四毛
侯宗文　镰二厘四毛
侯宗舜　镰二厘
侯宗禹　镰二厘
康振卿　镰四厘五毛
康　丰　镰三毛三系
康丰太　镰一厘零五系
康全祥　镰一厘一毛二系
康显功　镰三厘七毛二系
康三合　镰一厘二毛
康文玉　镰三毛五系
康学丰　镰五毛七系
康起功　镰一毛
康登科　镰五毛
康普亮　镰一系
康禹功　镰一毛四系
陈随相　镰二毛
陈如桂　镰五毛
陈明堂　镰四毛
陈明文　镰三毛
康振精　镰七毛一系
康振礼　镰一厘五毛一系
康振重　镰一厘四毛四系
康振先　镰一厘五毛八系
吴金研　镰五毛八系
吴邦牛　镰四毛三系
吴好学　镰一厘零三系
赵好问　镰五毛
康顺信　镰一毛
杨家庙　镰一厘
赵景法　镰四厘二毛
杨文璋　镰一厘一毛
赵典元　镰八毛
范道妮　镰五毛
杨进法　镰五毛
杨景魁　镰八毛

杨富贵　镰六毛

康家屯镰八分

康振基　镰二厘五毛三系

康继泰　镰一厘五毛三系

康继业　镰一厘三毛

康继曾　镰二厘

康修文　镰四厘

康心广　镰八厘二毛

康丰本　镰三厘五毛九系

康候锡　镰三厘八毛三系

康文诰　镰四毛七系

康继礼　镰三厘四毛

吴好善　镰一厘二毛三系

康文魁　镰五毛三系

康贵子　镰五毛七系

康振酉　镰二厘六毛三系

康秋元　镰七毛七系

康三元　镰五毛八系

康　门　镰一厘零三系

康振东　镰三毛九系

郑有含地一段计地一亩、受价银四两、小麦一石

长活（活是阔的简略字）三十六步　　西活六步四小尺五寸　　东活五步三小尺

郑有印地一段计地二分七厘五毛、受价银一两一钱、小麦三斗

长活三十六步　　西活四步二小尺五寸　　东活三步二小尺五寸

郑有库地一段计地二分七厘五毛、受价银一两一钱、小麦三斗、树价钱三百文

长活三十六步　　西活四步二小尺　　东活三步二小尺五寸

郑有才地一段计地三分四厘、受价银两三钱六分、小麦三斗四升

长活二十步二小尺　　横活四步

郑有库/印地一段计地一亩五分、受价银六两、小麦一石五斗、树价钱一千三百文

长活四十步　　横活九步

郑有才/仓地一段九分七厘、受价银三两六钱三分、小麦九斗

长活二十四步一小尺　　横活九尺

郑有印地一段计地八分二厘六毛、受价银三两三钱四厘、小麦八斗二升

长活十六步　横活十二步四小尺

袁守心地一段计地二分四厘、受价银一两二分

长活七步　横活七步

吴贵富　镰三毛五系

康振宇　镰六毛

康继成　镰二毛

康　根　镰九毛九系

康根来　镰二毛

康振生　镰一厘六毛一系

康灵元　镰一厘六毛一系

康启文　镰三毛六系

康占祥　镰五毛

康振民　镰四厘三毛八系

陈王父　镰一厘五毛

程祥云　镰五毛

程继士　镰七毛

程树林　镰七毛

李大用　镰二毛四系

李　义　镰三毛四系

李　凤　镰六毛六系

康振方　镰二厘九毛一系

建闸置买地段姓名

郑有才地一段计地一亩五分七厘八毫、受价银六两三钱一分二厘、小麦一石六斗、树价钱二千文

长活四十六步　横活九步

郑子利闸头地一段计地一亩、受价银四两、小麦一石外、银一两

长活三十六步　西活六步四小尺五寸

东活五步三小尺

高北任地一段五分、受价银一两五钱、小麦七斗

长活二十五步　横活四步四小尺

高任杰地一段四分五厘八毛、受价银一两　钱七分四厘、小麦七斗

长活二十二步　横活五步

高北英地一段三分七厘、受价银一两一钱一分、小麦五斗

长活二十二步　横活四步

李氏同男丁尔程地一亩二分、受价银三两六钱、小麦一石二斗

长活十九步三小尺　横活十四步三小尺五寸

张明选地一段一亩一分四厘五毛、受价银三两四钱二分、小麦一石二斗

长活二十五步　横活十一步

左来间地一段三分、受价银一两五钱、小麦五斗

长活十三步　横活五步二小尺五寸

左来朝地一段三分、受价银一两五钱、小麦五斗、树价钱一千二百文

长活十三步　横活五步二小尺五寸

立崇高退水沟地一段五厘、受价钱一百文

长活六步　横活二步

张应斗沟北有路地一步

杨复初地一段二分五厘二毛、受价银一两二钱六分、小麦二斗五升

长活六步　横活十步五寸

张应斗沟北有路地一步

杨复述地一段二分一厘九毛、受价银一两一钱、小麦二斗一升、

长活十三步　横活四步

张应斗沟北有路地一步

李印堂地一段五分一厘八毛、受价银二两五钱九分、小麦五斗一升

长活十二步　横活十步一小尺

张应斗沟北有路地一步

杨师颜地一段一亩二分五厘三毛、受价银六两二钱六分五厘、小麦一石二斗

长活十四步　横活二十一步二小尺五寸

张应斗沟北有路地一步

杨同鹤克孝地一段一亩四厘六毛、受价银五两二钱三分、小麦一石四升

长活十六步　横活十步三小尺五寸

张应斗沟北有路地一步

丁尔线地一段七分、受价银二两一钱

长活二十六步　横活六步二小尺

高北相地一段七分五厘、受价银二两二钱五分、小麦七斗五升、树价钱八百文

长活二十二步　横活八步

李氏同男丘迎春地一段一分二厘三毛、受价银三钱二分九厘、树价银一千文

长活八步　横活三步三小尺五寸

张泉敬地一段七分一厘、受价银二两一钱三分、谷子钱二千文

长活十二步　横活十四步一小尺五寸

管大维地一段二分、受价银六钱、小麦二斗、树价钱四千文

长活十二步　横活四步

程德明地一段二分五厘三毛、受价银七钱五分九厘

长活十二步　横活五步五寸

程大宽地一段三分、受价银九钱、小麦三斗
　　长活十二步　　横活五步五寸
黄相公地一段五分、受价银五两
　　长活（以下的字脱落）
张尔敬地一段一分五厘、受价银四钱五分、小麦三斗
　　长活十二步　　横活三步
李氏地一段一分五厘七毛五系、受价银七钱八分七厘五毛、小麦二斗
　　长活十二步　　横活三步七寸五分
张明选地一段一分五厘七毛五系、受价银四钱七分二厘五毛、小麦一斗五升
　　长活十二步　　横活三步七寸五分
张尔敬庙前地一段一分三厘九毛、受价银四钱一分七厘
　　长活九步　　横活三步三小尺五寸
张尔行庙前地一段一分三厘九毛、售价钱四百文
　　长活九步　　横活三步三小尺九寸
张明选地一段九分三厘七毛五系、小麦一石、价银二两八钱一分二厘五毛
　　长活十五步　　横活十五步
丘陵高地一段一分三厘、售价银三钱九分、小麦一斗三升、树价银六百文
　　长活十二步　　横活二步三小尺
丘尚奇地一段二分一厘九毛、售价银六钱五分七厘、小麦三斗
　　长活十二步　　横活四步一小尺九寸
丘陵高地一段一分九毛五系、售价银三钱二分八厘五毛、小麦一斗
　　长活十二步　　横活二步九寸五分
丘崇高地一段一分九毛五系、售价银　钱二分八厘五毛、小麦一斗
　　长活十二步　　横活二步九寸五分
丘尚忠地一段一分二厘三毛、售价银三钱六分九厘、树价钱四千文
　　长活八步　　横活三步三小尺五寸
张明武、张明义坟前地一段二分九厘、受价银一两三钱、小麦二斗六升
　　长活十二步　　横活五步
张好善坟前地一段二分、受价银一两、小麦二斗
　　长活十二步　　横活三步四小尺
王氏坟前地一段二分七厘一毛、受价银一两三钱七分五厘、小麦六斗
　　长活十二步　　横活六步二小尺五寸
张尔敬地一段四分一厘、受价银一两二钱三分
　　长活十二步　　横活八步一小尺
刘邦秀、刘邦山地一段一分九厘、受价银五钱七分、小麦二斗
　　长活十二步　　横活三步四小寸
刘天福坟前地一段二分四厘六毛五系、受价银一两二钱三分二厘五毛、小麦二斗

四升

长活八步　　横活三步四小寸

刘邦秀、刘邦山坟前地一段七分六厘、受价银三两八钱、小麦七斗六升

长活十二步　　横活十一步

张尔敬南北沟地二分、受价银六钱、树价钱二百文

长活十二步（以下的字脱落）

刘应试地一段二分、受价银六钱、小麦二斗

长活十二步　　横活三步四小尺

张自行坟地一段二分八厘五毛、受价银一两四钱二分五厘、小麦三斗

长活十二步　　横活五步三小尺五寸

刘天福地一段九厘五毛、受价银三钱、小麦一斗

长活十二步　　横活一步四小尺五寸

刘邦山地一段二分三厘、受价银六钱九分、小麦二斗三升

长活十二步　　横活四步三小尺

张南行地一段二分、受价银六钱、小麦二斗

长活十二步　　横活三步

张尔德、张尔行坟前地一段二分一厘八毛、受价银一钱九分、又钱二百文

长活十二步　　横活三步二小尺五寸

张明凤、张明选地一段二分、受价银六钱、小麦二斗

长活十二步　　横活三步二小尺六寸

王氏地一段一分八厘五毛、受价银九钱二分五厘、小麦二斗

长活十二步　　横活三步三小尺五寸

张明扬坟前地一段二分六厘、受价银一两三钱、小麦二斗六升

长活十二步　　横活四步四小尺五寸

凤<br>
张明　坟前地一段一分三厘五毛、受价银六钱七分五厘、小麦一斗四升<br>
选

长活十二步　　横活二步三小尺五寸

长活十二步　　横活七步

丘尚忠地一段七分六厘、受价银三两八钱、小麦七斗、树价钱一千二百文

长活十二步　　横活十五步一小尺

李氏同男丘迎春地一段七分、受价银二两一钱、小麦七斗

长活十二步　　横活十四步

丘尚奇地一段三分八厘五毛、受价银一两五分五厘

长活十二步　　横活七步二小尺五寸

丘尚贤地一段五分、受价银一两五钱、小麦五斗

长活二步　　横活十步

又地一段三亩、受价银九两、小麦三石
长活六十步　　横活二十步
又地一段一分五厘、受价银七钱五分
长活十二步　　横活三步
丘尚奇坟后地一段二分五厘五毛、受价银一两二钱六分五厘
长活十二步　　横活二步二小尺五寸
丘陵高坟后地一段二分二厘五毛、受价银六钱二分五厘
长活十二步　　横活二步二小尺五寸
丘尚忠坟后地一段一分二厘二毛、受价银六钱二分五厘
张南行地一段八分五毛、受价银四两二分五厘、小麦八斗、树价钱二千文
长活十二步　　横活十六步
丘崇高地一段五分五厘、受价银一两六钱五分、小麦三斗五升、受价钱六百文
长活十二步　　横活十步一小尺
高应聘地一段一分五厘、受价银四钱五分
高良弼地一段一分五厘、受价银四钱五分、小麦一斗五升
长活十二步　　横活二步三小尺五寸
胡地一段五分、受价银四两五钱
长活　　　　　横活[1]
郑氏父高应坤地一段三分、受价银九钱、小麦五斗
长活十二步　　横活五步四小尺
王钦高、王钦玉地一段三分六厘、受价银一两零八分、小麦六斗
长活十二步　　横活七步二小尺
刘可学地一段三分五厘、受价银一两零五分、小麦三斗
长活十二步　　横活三步二小尺五寸
李氏同男丘迎春坟后地一段一分二厘五毛、受价银六钱二分二厘
长活十二步　　横活二步二小尺五寸
黄相公地一段一亩、受价银一两
长活十步　　横活二十四步
武尚印地一段二分五厘、受价银七钱五分、高粮二石、钱二百文
长活二十五步　　横活三步
武尚贤沟地一段一分、受价银三钱
长活十二步　　横活三步
高梁洪地一段九分、受价银三两六钱、小麦钱一千文
长活二十一步　　横活十步
又地一段、受价银二两四钱

[1] 译者注：原文如此。

长活一百三十七步　　横活一步

高良又地一段四亩二分、受价银十二两六钱、小麦四石二斗

长活一百五十八步　横活、南活六步一小尺五寸、中活六步二小尺七寸　北横六　　步一小尺

管立平地一段一分、受价银三钱、小麦一斗

长活九步　　横活二步四小尺

丁善友地一段二分、受价银六钱、树钱三百文

长活七步　　横活七步一小尺五寸

张尔德地一段三亩一分五厘、受价银九两四钱五分、小麦四斗五升

长活二百一十步　　横活三步二小尺五寸

李氏同男丘迎春地一段三亩一分五厘、受价银九两四钱五分、小麦四斗五升

长活二百十步　　横活三步二小尺五寸

高景义地一段二分五厘、受价银七钱五分、小麦二斗五分

长活九步　　横活六步三小尺

刘邦山地一段二分一厘、受价银六钱三分、小麦二斗一升

长活八步　　活横六步一小尺二寸五分

刘邦秀地一段二分一厘、受价银六钱三分、小麦二斗一升

长活八步　　横活六步一小尺二寸五分

韩守己地一段一分六厘七毛、受价银四钱一厘、小麦一斗六升

长活八步　　横活五步

齐宗礼地一段五厘五毛六系、受价银一钱六分九厘八毛

长活八步　　横活一步三小尺五寸

齐心正地一段一分、受价银三钱、树钱三钱

长活八步　　横活五步

武尚印地一段一分、受价银三钱

长活八步　　横活二步二小尺五寸

齐宗礼地一段一分七厘三毛、受价银五钱一分九厘、小麦七升

长活八步　　横活五步一小尺

武尚才、武尚年地一段一分七厘三毛、受价银五钱一分九厘、小麦七升

长活八步　　横活五步一小尺

武尚勇地一段二分一厘、受价银六钱三分

长活十步　　横活六步一小尺五寸

胡地一段三分五厘、受价银三两五钱、小麦三斗

长活十步　　横活八步二小尺

武尚才、武尚年地一段一分四厘七毛、受价银四钱四分一厘

长活八步　　横活四步二小尺

高良洪地一段二分、受价银八钱、小麦二斗

长活八步　　横活五步二尺二寸

高鸣凤地一段一分、受价银三钱

长活八尺　　横活二步三小尺七寸

高应元地一段一分五厘二毛、受价银四钱七分、小麦?

长活八步　　横活七步四小尺三寸

管大为地一段一分三厘七毛、受价银四钱一分二厘

长活八步　　横活四步六寸

武尚勇地一段二分八厘、受价银五钱四分、小麦三斗

长活八步　　横活三步三小尺

高应斗地一段三分九厘、受价银一两一钱七分

长活八步　　横活十一步三小尺

武尚才、武尚平地一段一分八厘三毛、受价银五钱四分五厘

胡地一段一分二厘五毛、受价银一两一钱五分、小麦一斗二升

长活十步　　横活三步

武尚秋地一段九厘、受价银二钱七分、小麦一斗

长活八步　　横活二步三小尺五寸

程德明地一段二分、受价银六钱、小麦二斗

长活八步　　横活四步三小尺

武应任地一段二分、受价银六钱、小麦二斗

长活八步　　横活四步三小尺

武尚勇地一段二分一厘六毛、受价银六钱四分九厘六毛、小麦二斗

长活十步　　横活六步二小尺五寸

胡地一段一分三厘一毛、受价银一两三钱五分、小麦五斗

长活十步　　横活三步七分

刘邦山地七厘、受价银二钱一分、小麦一斗

长活八步　　横活二步五寸

袁亨地一段一分、受价银五钱、小麦五升

长活十步　　横活二步小一尺

高尚才地一段一分二厘八毛、受价银三钱八分四厘、小麦二斗

长活八步　　横活三步四小尺二寸

长活一百五十一步　　西横活五步二小尺五寸

东横活五步一小尺

袁氏同男小左存地一段二分、受价银六钱、小麦二斗

长活七步　　横活七步

管自成、管自德地一段二分、受价银二钱、小麦二斗

长活七步　　横活七步

豆希孟地一段三分四厘

长活七步　　横活十一步四小尺五寸

王时新地一段一亩二分、受价银四两八钱、小麦一石二斗

长活　　　　横活九步四小尺五寸

豆希孟地一段五分六厘

长活七步　　　横活十七步一小尺七寸

王登科地、头一段不受价银、许本地使水

王自宽地、头一段不受价银、许本地使水

王进义地、头一段不受价银、许本地使水

任希晚地、头一段不受价银、许本地使水

任希桐地一段一分五厘、受价银四钱五分

长活□步　　横活？

景方开地一段一分五厘四毛五系、受价银四钱六分三厘五毛

长活七步　　横活五步一小尺五寸

许地一段一分五厘

李以栢地一段二分、受价钱六钱、

长活八步　　横活三步四小尺

石景明地一段一分四厘、受价银四钱二分

长活八步　　横活三步四小尺

胡地一段一分二厘、受价银一两二钱

长活十步　　横活三步四小尺

丘尚忠地一段二分五厘、受价银七钱五分

长活八步　　横活七步二小尺五寸

石中子地一段四分、受价银一两三分八厘、小麦三斗

长活八步　　横活十一步五寸

丘尚忠地一段三分四厘六毛、受价银一两三分八厘、小麦三斗

长活八步　　横活十步一小尺九寸

管大维地一段九厘、受价银二钱七分、小麦一斗

长活八步　　横活二步三小尺

丘陵高地一段二分、受价银六钱、小麦二斗

长活八步　　横活五步三小尺

张尔德地一段三分一厘三毛三系、受价银九钱三分九厘、小麦四升

长活八步　　横活九步二小尺

张敏功地一段一分、受价银三钱、小麦一升

长活八步　　横活三步

董友善地一段三亩、受价银六两六钱、小麦三石

长活七步　　横活七步三小尺

景方开地一段四分六厘五毛五系、受价银一两三钱九分六厘五毛

长活七步　　横活十六步

景色新地一段三分六厘七毛五系

长活七步　　横活十二步三小尺

景色新地一段一分八厘三毛三系、受价银五钱五分

长活七步　　横活六步一小尺

师群地一段一分六厘、受价银四钱八分

长活七分　　横活五步二小尺五寸

景文芳、景绍芳地一段一分四厘一毛五系、受价银四钱二分四厘

长活七步　　横活四步四小尺二升

景文臣、景文德地一段一分四厘一毛五系、受价银四钱二分四厘

长活七步　　横活四步四小尺二寸五分

景世新地一段一分二厘八毛三系、受价银三钱八分六厘

长活七步　　横活四步二小尺

景维新地一段一分二厘八毛三系、受价银三钱八分六厘

长活七步　　横活四步二小尺

景鸣楼地一段二分六厘二毛五系、受价银六钱七分五厘

长活七步　　横活九步

张地一段一分五厘

长活七步　　横活四步四小尺

景世新地一段一分四厘六毛

长活七步　　横活五步

景新色地一段二分二厘一毛六系、受价银六钱六分五厘

长活七步　　横宽七步三小尺

## （六）七里桥、大贤村、张家屯石井、水簿部分

七里桥水薄（没有封皮，封皮的外面应该有脱页）

（因为这个账薄的封皮及首页缺失，所以不能推定内容的性质，但是可以确定是与上四村（七里桥、西静安村、双楼村、祝村）及下四村（东、西康庄、吴城（这里的城是名称）村、张村）等邢台县所属8村有关的用水薄。按照村落详细地规定了与康熙五十一年的调制有关的以作为管理人的老人、小甲、看闸人等为首的各村的用水权者、用水日期、镰数等。不必说之前关于用水权让渡的事情，就连之后乾隆年间镰的得失都有详细记载。卖、退、过、换、更名、过割等用语都是近年才开始使用的，还可以看到说合人、官中、中人等权利的得丧当中，有中介人到场的惯例。（342页[1]）以下的记述中有许多与之前不同的内容，还有很多从其他薄册中混入的东西，用水权分为董理镰与兴工镰两种。前者可以解释为与老人、小甲等管理人有关的职务上报偿性质的用水权，及所谓的公镰是

〔1〕　译者注：此处的页码是指引文在日语原书中的页码。

同一性质的。)

至二十三日戌时上四刻止

西康庄小甲二名马德良、共镰二十四张、上半月初九日辰时初一日午时尽止、下半月二十三日戌时下四刻起、至二十五日卯时下六刻止

东康庄小甲二名吕九舞、共镰四十四张、上半月初十日未时起、至十二日戌时上四刻止、下半月二十五日卯时七刻起、至二十七日酉时上四刻止

吴称村小甲一名赵名祖、共镰十六张、上半月十二日戌时下四刻起、至十三日未时？尽止、下半月二十七日酉时下四刻起、至二十八日未时上四刻止

王（有脱落的字）勉惟礼、共镰二十张、上半月十三日申时起、至十四日申□□□□□下半月二十八日未时下四刻起、至二十九日申时尽止

□□□□小甲七名、共镰一百零五张、上半月初九日辰时起、至□□□□□□□□□□□□□、下半月二十三日戌时下四刻起、至二十九日申时尽止

□□□□□老人二名、共小甲十七名、共镰二百六十八张、凡有三十日□□□□□□一书一夜□□九日酉时起、至三十日卯时尽止、下四村老人卯时起、至□□□□尽止、如无三也管看闸人王志魁、薄内并无揠补涂抹笔迹、老人小甲内轮流应管、周而复始、交薄之时细验

康熙五十一年　月　　日造

◇

骑缝印

董家屯小甲一名王国镇、管镰十五张

| | |
|---|---|
| 穆逢春 | 七张 |
| 马万祥 | 一张 |
| 杨　奇 | 一张 |
| 王　吉 | 一张 |
| 王功弼 | 五张 |

西静安村小甲二名李君平、张宗尧、管镰七十二张

Ⓝ乾隆二年十二月二十□□立卖契主李君平同子恒发说合生常敬一将小甲镰三分五厘、卖与王聪、永远为业、换薄更名

| | | |
|---|---|---|
| 王　蓁 | 四张 | Ⓝ子王绍先随地卖与尹本顺名下半张有□ |
| 刘　恕 | 一张 | Ⓝ刘果子雍正五年四月六日、随地卖单吴宗衍名下、受价银一两 |
| 李景贺？ | 十张 | Ⓝ随地卖王国镰二张<br>随地卖郝旌一张 |

Ⓝ乾隆二年十二月二十日、李君平父子、同中见生常敬薄更名、退与景贺名

下□□□

孟仲曾　三张　二十一年十一月十八日、子孟泗体同中人李□□□王继武名下一张

贾登花　一张

刘玉秀　半张　换焦德纯换子焦名珍名下

姚从道　一张　杨　人　才　贴纸

贾景翠　一张

贾英邦　半张　二十二年十月十八日、同中人贾天福、卖与王继武□□

贾金邦　一张　换子贾天德名下

刘延基　二张　乾隆二十七年五月初一日、刘大成将租与公镰　张、同小甲王者师、老人王玉、随地卖与□季慎使水

穆逢春　十四张　随地卖与王国镇镰四张

随地卖与马万祥四张、随地转卖王国镇四张、随地卖与梁继绪、梁姓随地又卖与王聪、穆逢春名下与工二张、同穆元龙过割、穆逢春子穆光前、随地卖与刘祖庇镰一张、刘祖庇又随地卖王公辅名下

张景星　二张　雍正八年三月二十一日、穆元龙因祖穆春兴工使费不便、将镰四张、同老人张振英卖

刘玉泰　二张　兴王公辅名下、兴工使费并不兴穆姓相干□

丁泉慎　四张　随原丁家屯卖与候日附一张、同丁遇盛过割、雍正五年候日升转卖□□□

王近春　半张　镰一张

张宗尧　三张　张宗尧四十四年四月十三日、卖与任大任随地镰一张、任大任、五十八年三月初七日、又将原地镰卖与胡李凹名下文约为证

杨登祀　三张　卖王聪随地一张、又卖张宗尧镰二张、系任宗昌一张、穆逢春镰一张、其过镰三张于杨登祖名下

袁为宪　半张　康熙五十九年五月初二日、袁士祥□□宪半张、同小甲张宗尧、老人□□□一张、胡季慎随地使水

雍正十年十二月二十八日立卖约人杨门鹭氏同子杨培林、无艮（银的简略字）使用、园卖王聪镰一张、卖张宗尧镰一张、共镰三张、共价艮（银）□□□两、价艮（银）三两交足、卖与王聪随地使水、□□更名

张　道　一张

路兴隆　一张

任　俊　半张

逮兴永　一张半

| | | |
|---|---|---|
| 任起道 | 一张 | |
| 吴道隆 | 一张 | |
| 勒安邦 | 半张 | |
| 牛魁斗 | 半张 | |
| 王世忠 | 二张 | 乾隆二十七年五月初一日、王者辅、将自己祖兴工水镰一张、同老人王玉、卖与胡季慎使用 |
| 傅　相 | 一张 | 随地卖与王公辅父王国镇、分与公辅 |
| 李　才 | 半张 | |
| 牛应斗 | 四张半 | 乾隆二十七年五月初一日、牛大勇将自己祖兴工水镰一张、同老人王玉、小甲王者师、过与胡季慎名下使用 |
| 姚名卜 | 一张 | |
| 姚子凤 | 半张 | |
| 袁　烟 | 半张 | 康熙五十九年五月初二日、袁士珍将祖长烟镰半张、随地卖与胡季慎、同小甲张宗尧、老人王公辅过割 |
| 吴应科 | 一张 | 随地卖与王睿<br>换王用资　换吕九富 |
| 西康庄小甲马兆魁、吕调芳、管镰二十二张 | | |
| 熊 | | |
| 马兆魁 | 六张 | |
| 龙 | | |
| 马黑子 | 一张 | |
| 田一证 | 一张 | |
| 李文绍 | 一张 | |
| 王冲斗 | 一张 | |
| 贺三好 | 一张 | |
| 王贺宝 | 一张 | |
| 张进才 | 一张 | |
| 王文善 | 一张 | |
| 王太斯 | 一张七分五厘 | |
| 张从焕 | 二分五厘 | |
| 张进忠 | 一张 | |
| 惠奇龄 | 半张 | |
| 惠奇忠 | 半张 | |
| 张士秀 | 半张 | |
| 李从学 | 半张 | |
| 张士杰 | 半张 | |
| 张士兴 | 半张 | |

张希文　半张
孟抱朴　二张半
吕调律　一张
张可仁　二分五厘
张士寰　半张
张珮玉　二分五厘
张大率　半张
张大成　半张
张希颜　二分五厘
史学礼　半张
田守学　半张
杜进交　半张
杜万奉　半张
张白绍　一张半

Ⓝ九思
东康庄小甲吕九舞、　管镰四十四张
吕九魁

隋元功　一张
吕　栋　二张
吕　标　半张
杜邦彦　半张
田从龙　半张
惠奇忠　二分五厘
杜　翠　半张
梁居谦　一张五分
田从祈　一张
王昌明　一张
郭金成　二张
刘蒙亨　一张
刘选亨　一张
张蕴美　五分
朱昌祚　五分
刘　仲　半张
高文斗　一张
何学孟　一张

| | |
|---|---|
| 何　文<br>何　村<br>何　印<br>何起证 | 四人一张 |
| 冯思德 | 二分五厘 |
| 冯　茂 | 二分五厘 |
| 吕调鼎 | 一张 |
| 吕调阳 | 一张 |
| 吕九成 | 一张 |
| 吕　梓 | 一张 |
| 张守礼 | 二张五分 |
| 张希云 | 二张五分 |
| 吕调律 | 一张 |
| 王九思 | 半张 |
| 杜文学 | 半张 |
| 吕　诉 | 一张 |
| 王金斗 | 一张 |
| 杜计孟 | 一张 |
| 吕　达 | 一张 |
| 张自然 | 半张 |
| 董国政 | 一张 |
| 武　油 | 一张 |
| 李　秀 | 二分五厘 |
| 吕九舞 | 三张 |
| 于　绍 | 八分 |
| 张宗尧 | 一张 |
| 梁化明 | 半张 |
| 王口好 | 二分五厘 |
| 吕　水 | 半张 |
| 张焦渼 | 半张 |
| 王元生 | 一张半 |
| 王元运 | 一张半 |
| 宋可长 | 一张 |
| 梁子重 | 半张 |
| 梁　兴 | 半张 |
| 杜邦好 | 二分五厘 |
| 冯　升 | 半张 |

胡自明　二分五厘
王太明　半张
于施颐　二张
于施蒙　二张
于施鼎　二张
吕调芳　一张
张村小甲王勉、崔维礼、管镰二十张
崔　甲　一张
王凤俄　一张
崔时俊　一张半
崔时彦　半张
田对奇　半张
崔明荣　七分五厘
崔时交　半张
池邦山　半张
崔时进　半张
崔尚忠　一张
崔时佐　一张
崔时宝　四分五厘
崔一鹤　六分
崔时运　一张
田野助　一张五分
田荣藜　半张
刘登盈　一分五厘
田大寄　一分五厘
田自安　二分
田工奇　半张
王好贤　八分
王守明　半张
田文彩　二分五厘
王道先　一张
崔一龙　一张
崔一登　一张
王好民　一张
崔士显　半张
田加太　半张
　　　　Ⓝ张峰臣

侯上文

东静安村小甲四名迟中清、王国镇　管镰三十五张

朱大正

朱效古　一张
郝　昇　一张
赵宗齐　半张
赵赴选　一张
王正喜　一张
焦冲宇　一张
杨天柱　一张
迟希计　半张
闫（阎）文高　半张

迟凤祥、张学臣、迟兴起、迟兴金　Ⓝ张一张半
四人三张
迟朝荣七？卜（分）五厘迟朝动、迟进喜？七？卜（分）○厘？
迟文七卜（分）五厘？[1]

贾显明　半张
Ⓝ宋德高　一张　Ⓝ换王聪名下
刘　节　一张　Ⓝ卖于王玉名下、换簿更名
迟希夏　二张
刘景亮　一张　Ⓝ过与王玉名下
孙自交　半张
杨应发　一张
刘兴汉　二张　Ⓝ卖与王玉名下、换簿更名
侯孟秋　半张　Ⓝ卖与王国镇
孙承用　一张　Ⓝ孙大志
郭士雄　一张　Ⓝ郭聚雷
迟子江　一张　Ⓝ后迟见新
于门秀　一张　Ⓝ子于开吉
郭玉柱　一张　Ⓝ后郭从孝卖与王守仁半张、下剩半张换郭从孝名
张蕴美　半张　Ⓝ孙张简
郭天成　半张　Ⓝ后郭全凤卖与尹明
袁可备　半张　Ⓝ换袁映斗

〔1〕译者注：原文如此。

袁大儒　半张　Ⓝ换袁照斗
侯国栋　二张
尹　维　半张
崔九成　半张

贴纸（地方不明）乾隆三十六年正月初六日、同老人王玉、将兴工镰一张、卖与尹士俊名下、兴工使水

李　和　一分三厘
杨冲高　三分七厘
郭光前　半张
郭彦芳　半张
郭孔阳　半张　雍正二年十月十四日、于耀祖、同老人张士英、小甲侯玉福、将镰半张过与迟玫名下
侯士登　半张
尹伯珠　一张
吕　善　半张
尹柏林　半张
刘加才　半张

双楼村小甲一名王国镇、管镰一张

王宗尧　二张　康熙二十七年一月
王宗禹　二张
袁思科　一张
王培祚　半张　康熙二十七年三月廿二日、王显祚价艮（银）五钱、同尹福有卖与王国镇
王允祚　半张
董一忠　半张　胡尚村原董一忠镰半张、康熙廿七年四月初七日同尹二尹福有将镰半张、卖与王国镇名下
陈　恋　半张　陈恋卖与段色祈康熙二十七年五月十二日段色祈、同陈所知、镇福有受艮（银）五钱、卖与王国尹
陈大库　一张
赵尚保　一张　康熙廿七年赵珆/瑶受价艮（银）一两、同尹福有卖与王国镇
赵　周　一张　康熙二十七年赵平、赵秉哲等受价一两、卖与王国镇
段伯通　一张　康熙二十七年五月初四日、子小霍住、同尹福有卖与王国镇

半张

樊大喜爱　半张　二十七年六月十二日、段作服矿?、段作免镰半张、同尹福（有卖与?）[1]王国镇

---

〔1〕译者注：原文如此。

王天考　半张

唐　官　三分七厘

祝村小甲二名王国镇、胡廷官、管镰三十一张

雍正七年正月廿八日、立卖约人胡启才、同官中谢君贵、张正宗、将胡廷官小甲一名、卖与王听为业、换簿更名

| | | |
|---|---|---|
| 王腾雷 | 一张 | 乾隆八年七月二十九日、立卖约人王日钦、官、同老（人）？朱文学、小甲御王福祖等、将曾祖国镇名下小（甲）？[1] 一名、限同过与赵大兴名下经管拨夫挑沟、换簿更名 |
| 王大亮 | 一张 | 乾隆十年五月初八日、立卖约人王日翼、同老人赵大兴、小甲侯玉区等、将父镰卖与胡廷官 |
| 王登科 | 一张 | 小甲一名、眼同过（過的简体）与王介名下为业、更名换簿 |
| 王希增 | 一张 | |
| 王宗仓 | 一张 | 康熙二十七年三月廿七日、王洪才同小甲王云客□□王国镇镰一张、价银一两 |
| 王　宝 | 一张 | 康熙三十一年二月廿三日、王昌友/临将父王宾镰四分、同小甲王云客、中人尹福有、卖与魏兴旺名下、有原约可凭 |
| 王自安 | 一张 | 康熙五十六年正月廿六日、魏兴旺同老人张宗尧、小甲王公辅、中人史抱珠、卖与闫（阎）进修名下 |
| 王友仓 | 一张 | |
| 马　进 | 一张 | 康熙廿七年八月、同杨显荣、将买马姓镰、同尹福有、转卖与王国镇 |
| 杨　洪 | 一张 | |
| 杨天成 | 一张 | 康熙廿七年八月初二日、杨新富同赵寒尹福有、卖与王国镇镰一张、价良（银）一两 |
| 王进忠 | 一张 | |
| 王　鳌 | 一张 | |
| 王　高 | 一张 | |
| 王天义 | 一张 | 康熙廿八年十二月廿二日、王连同王培源卖与王国镇 |
| 王守忠 | 一张 | |
| 王开仁 | 一张 | |
| 王润铉 | 一张 | |
| 王进周 | 一张 | |
| 王登枝 | 一张 | |
| 淮　鹜 | 一张 | |
| 王宗仁 | 一张 | |

〔1〕译者注：原文如此。

王孟乾　　一张　康熙二十八年十二月廿二日、王言周、王培源（卖与）王国镇
王孟顺　　一张
王进成　　一张
王进善　　一张
王孟春　　二张

吴城村　小甲一名赵臣名祀、管镰十六张
赵辉斗　　七分五厘
赵宝天　　七分五厘
赵体心　　一张
赵佪心　　一张
段景冬　　半张
段成业　　半张
殷孟真、殷孟庆　　半张
赵射斗、赵邦、赵荣祀、曹秀　　四人一张
赵永安、赵景科　　二人一张
赵希节、赵希贵　　三人一张
赵希枝

赵子荣、赵子玉、赵贵斗、殷士昌　　四人一张

殷登宅、殷登成、殷克明　　四人一张
殷朝起
梁之光　　七分五厘

第十一小甲杨兆鳌董理镰一张五分实在兴工镰□
梁似虎　　七分五厘

上半月该八十九刻十二分、自一日酉时六刻十二分起、十二日酉时六分止、下半

月该八十三刻十二分、贰拾□日丑时一刻四分起、至本日亥时五刻止

计开兴工镰

甄大名　四张一分六厘七毫　杨兆鳌　一张
李光富　二张三分三厘三毫　刘　广　二张
梁似虎　一张五分　贾邦旬　五分
梁　润　五分
李　富　二分五厘
李学义　六分六厘

第十二小甲王　智董理镰一　张实在兴工镰十六张

王朝选　九厘
陈　刚　二分五厘
王公臣　七分五厘

上半月该一百一十七刻十一分二厘、十二日酉时七分起、至十三日亥时二刻二分止、下半月该一百六刻二分二厘、二十六日亥时五刻一分起、至二十八日子时七刻二分止

计开兴工镰

陈　刚　二张五分六厘五毫　陈　才　五分
陈　李　一张七分一厘　王　番　五分
刘见邦　八分五厘五毫　李　花　一张
李　连　六分六厘六毫　刘原溥　九分
刘可宗　四张六分五厘　贾得□　□□
王启奉　三分五厘
李　康　一张二分
梁　直　七分二厘二毫五丝
赵乘龙　一分五厘

第十三小甲李光富董理镰一　张

梁似虎　四分六厘五丝
徐　维　六分六厘二毫

实兴工镰十张、上半月该七十七刻十二分四厘、十三日亥时二刻三分起、至十四日申时七刻十四分止、下半月该七十二刻九分四厘、二十八日子时七刻三□□□□□日酉时七刻一分止

计开兴工镰

梁似虎　一张四分三毫五丝　陈　刚　三分
梁　直　一张四分三厘二毫五丝　马洵美　五分
□□□　一张六分六厘二毫　李光富　三张
□□名　一张二分　赵乘龙　五分二

23.8cm

七里桥老人的河簿（没有封面）　（七里桥）

狗头泉管河老人王　玉为接镰分水、均沾恩泽事、

吕九畴

邢台县各闸各沟、俱是分时使水、因天道屡年亢旱、内有依强压弱、仗财欺贫者、互相争夺、而水利因有不均之叹、今幸蒙

本县正堂老爷清查、水利接镰使水、瓜就时刻、至公至时、以杜争端、如有不法之辈、许老人小甲扭禀、按律治罪、永远遵行、须至簿者、今将上下八村各小甲姓名、并分水时刻、开列于后

七里桥小甲一名王国镇、共镰十五张、每逢初一日、二日、三日酉时起、至初一日申时尽止、无三十日、二十九日酉时起、至初一日申时尽止、每逢十四日酉时起、至十五日申时尽止

胡宗先

王国镇

西静安小甲二名　王者德　梁　恩　共镰七十二张、上半月初一日酉时起、至初五日卯时尽止、十（下半？）月十五日酉时起、至十九日午时尽止

26cm

在关于隶属邢台县的，与七里桥外上下各4村共8个村相关的狗头泉闸的用水权明细账中，明确记载着基于该县知事的纠纷裁断而定下的各村落用水日期。

除去在乾隆四十年间发生的二三件事的记载，几乎看不到关于权利得失的记载，唯一值得关注的是“随地代（带的音借字）镰”这个字句。这是包括镰即用水权在内的耕地转让，换言之就是将用水权和土地一起转让的意思，应该与其他资料上由于将两者分开转移而产生纠纷的事例（参考363页[1]）对照而记载。

东静安小甲四名、张钟零、阎天隶、迟洪源、阎剑、候之富、共镰三十五张、上半月初五日辰时起、至初七日丑时尽止、下半月十九日未时起、至二十一日午时上四刻止

双楼村小甲一名、王国镇、共镰十一张、上半月初七日寅时起、至申时尽止、下半月二十一日午时上四刻起、至二十二日丑时上四刻止

祝村小甲二名、王者德赵灵、共镰三十一张、上半月初七日酉时起、至初九日卯时尽止、下半月二十二日寅时起、至二十三日戌时上四刻止

上四村共小甲十名、共镰一百六十三张、每逢初一日、有三十日、酉时起、无三十日、二十九日酉时起、至初九日卯时尽止、每逢十五日、十四日酉时起、至二十三日戌时上四刻止

西康庄小甲二名、马德良、吕九富、共镰二十四张、上半月初九？日辰时起、至初十日午时尽止、下半月二十三日戌时下四刻起、至二十五（日?）[2] 卯时下六刻止

[1] 译者注：此处的页码是指引文在日语原书中的页码。

[2] 译者注：原文如此。

东康庄小甲二名、吕九畴、吕岳、共镰四十四张、上半月初十日未时起、至十二日戌时上四刻止、下半月二十五日卯时七刻起、至二十七日酉时上四刻止

吴城村小甲一名、赵三义、共镰十六张、上半月十二日戌时下四刻起、至十三日未时尽止、下半月二十七日酉时下四刻起、至二十八日未时上四刻止

张村小甲二名、王又魁、崔首峰、共镰二十张、上半月十三日申时起、至十四日申时尽止、下半月二十八日未时下四刻起、至二十九日申时尽止

下四村公小甲七名、共镰一百零五张、上半月初九日辰时起、至十四日申时尽止、下半月二十三日戌时下四刻起、至二十九日申时尽止

以上八村、老人二名、小甲十七名、共镰二百六十八张、凡有三十日、老人水一昼一夜、二十九日酉时起、至三十日卯时尽止、上四村老人酉时起、至寅时尽止、下四村老人卯时起、至申时尽止、如无三十日、老人无水、小甲俱不许朋名、恐小甲多其人也管看闸人王志魁、簿内并无揠補涂抹笔迹、老人小甲内轮流应管、周而复始、交簿之时细验

七里桥小甲一名王国镇、管镰十五张

王国镇　　十四张

杨　榜　　一张　　后?[1]　随地代（带）镰卖与王玉名下使水

王国镇、胡宗先

西静安小甲二名　　　　　　管镰七十二张

王者德、梁　恩

王国镇　　二张

郝　旌　　一张

梁大福　　一张

王者德　　二张

焦衣勇　　半张

冯治山　　半张

傅锡纯　　半张

贾　英　　半张

贾文德　　半张

贾　随　　二分五厘

贾　秀　　二分五厘

赵　玺　　二分五厘

郑文德　　三分

牛大士　　三分

〔1〕译者注：原文如此。

| | | |
|---|---|---|
| 梁　恩 | 三张 | 八分五厘后?[1] |
| 王　明 | 二张 | |
| 郑和扬 | 二张 | 三分后?[2] |
| 郑名扬 | 半张 | |
| 郑文德 | 一张 | |
| 牛大士 | 一张半 | |
| 姚之亮 | 一张 | |
| 刘　坤 | 六分五厘 | |
| 牛　佐 | 一分 | |
| 贾思礼 | 半张 | |
| 焦广勇 | 半张 | |
| 王　爱 | 半张 | |
| 梁大福 | 半张 | |
| 贾　随 | 半张 | |
| 贾　英 | 半张 | |
| 刘文德 | 一张 | |
| 王者德 | 八张 | |
| 王者钦 | 一张 | |
| 王五行 | 半张 | |
| 赵　玺 | 六张 | |
| 付锡纯 | 六张 | |
| 任锡府 | 二张 | |
| 贺朝机 | 一张 | |
| 贺朝扬 | 一张 | |
| 梁　明 | 半张 | |
| 牛大勇 | 半张 | |
| 张进禄 | 半数[3] | |
| 胡宗先 | 七张 | |
| 袁绍孔 | 一张半 | |
| 袁　分 | 半张 | |
| 胡宗仁 | 一张半 | |
| 王　明 | 半张 | |
| 张万库 | 一张 | |

〔1〕译者注：原文如此。

〔2〕同上。

〔3〕同上。

禹超群　一张
尹士俊　一张七分五厘
尹士英　七分五厘
于法祖　半张
尹田氏　二分五厘
郭法才　二分五厘

　　　　阎天霖　闫　钊
东静安小甲四名迟洪源　王守业　管镰三十五张
　　　　张钟零　武长城

张钟零　二张
阎　钊　二张
傅锡纯　一张
赵　玺　一张
郭　琳　半张
郭进才　半张
阎士文　半张
迟同天　七分五厘
迟之俊　七分五厘
郭士贵　二分五厘
郭爱仁　二分五厘
阎天霖　四张　乾隆四十三年三月、同老人王玉、将东净（静的借字）安村刘小甲王国镇、小甲镰（脱字?）[1] 张、
迟洪源　同小甲王守业过与东净安村阎天霖、迟洪源充应
杨　×
于大张　一张
王者德　一张半　乾隆四十一年三月廿日、老人王玉、将镰夫王者德名下镰(脱字?)[2]
杨　琳　张、过与杨　琳名下兴工使水

尹士俊　一张半
尹　明　半张
袁绍孔　半张
缪　城　半张
王守业　二张七分五厘

---

〔1〕译者注：原文如此。
〔2〕同上。

武长城　一张
王守业　半张
迟忠正　半张
尹进广　一张半
　　　　半张
孙起法　二分五厘
于兆吉　半张
刘福全　半张
尹　聚　半张
阎　剑　一张半
阎士经　二张　随地代（带）镰卖与付锡纯
武长城　半张
迟忠正　半张
于兆吉　半张
尹士全　半张
尹赶孝　半张
李白方　二分五厘
杨廷枢　二分五厘
袁绍孔　一张
郝成贵　一张
赵　玺　半张
双楼村小甲一名、王国镇、管镰十一张
王国镇　十一张
祝村小甲二名、王者德、赵玺、管镰三十一张
任锡府　二张
刘　坤　一张
王　爱　半张
焦广勇　半张
郑和扬　半张
梁　恩　一张
贾　龙　半张
王者德　十一张
赵　玺　六张
王守业　半张
王国镇　八张
西康庄小甲二名、马德良、吕岳、管镰二十四张五分
张文甫　二分五厘

| | |
|---|---|
| 张可蓝 | 二分五厘 |
| 史　端 | 五分 |
| 冯大智 | 一张 |
| 王　智 | 二分五厘 |
| 王　甫 | 一张 |
| 张大用 | 二分五厘 |
| 张文应 | 五分 |
| 张文交 | 五分 |
| 惠奇领 | 五分 |
| 惠奇忠 | 五分 |
| 张　玉 | 二分五厘 |
| 李可进 | 二分五厘 |
| 张善玉 | 二分五厘 |
| 张　秋 | 二分五厘 |
| 沈　澄 | 一张 |
| 张可法 | 二分五厘 |
| 吕师富 | 二分五厘 |
| 吕九富 | 二分五厘 |
| 张修身 | 二分五厘 |
| 冯大文 | 七分五厘 |
| 张自得 | 二分五厘 |
| 张　连 | 二分五厘 |
| 张文喜 | 二分五厘 |
| 张沛玉 | 二分五厘 |
| 张玉铉 | 二分五厘 |
| 史成名 | 二分五厘 |
| 田文星 | 二分五厘 |
| 张希颜 | 二分五厘 |
| 杜进有 | 二分五厘 |
| 杜万奉 | 二分五厘 |
| 刘　来 | 一张五分 |
| 吕九贵 | 五分 |
| 马德良 | 三张 |
| 马调良 | 二张 |
| 马兆龙 | 二张 |
| 马用智 | 一张 |
| 张进道 | 三分 |

王　佐　　四分
吕　典　　三分
王好贤　　五分
贺名旺　　五分
王贵魁　　一张

吕文德
东康庄小甲二名　　管镰四十五张
吕九畴

吕文禄　　一张
吕　从　　一张
吕　耀　　二张五分
坟头社　　二张三分七厘五毛
吕　行　　二分五厘
吕　扶　　二分五厘
吕　池　　二分五厘
吕九钦　　二分五厘
吕九明　　一张三分七厘五毛
吕九征　　五分
吕　维　　五分
吕九阜　　五分
吕文贤　　一分
吕　招　　五分
吕文山　　一张五分
吕九畴　　四张
吕文明　　一张
杜从容　　五分
杜从兴　　五分
王者贵　　五分
赵　玺　　一张
张玉铉　　七分五厘
董其身　　二张五分
董淑身　　二张五分
田白美　　二张五分
史秉信　　二张五分
武　油　　一分
张大用　　五分
得　汗　　五分

| | |
|---|---|
| 梁九乾 | 五分 |
| 吕九思 | 五分 |
| 吕　珍 | 二分五厘 |
| 吕文德 | 七分五厘 |
| 吕　奉 | 七分五厘 |
| 胡玉廷 | 五分 |
| 胡守才 | 五分 |
| 刘成信 | 二分五厘 |
| 张进道 | 二分五厘 |
| 冯　显 | 二分五厘 |
| 杜之明 | 二分五厘 |
| 张自合 | 二分五厘 |
| 王九思 | 五分 |
| 杜文亮 | 二分五厘 |
| 杜守才 | 二分五厘 |
| 冯　翼 | 二张 |
| 冯起明 | 一张五分 |
| 王　辅 | 五分 |
| 刘善政 | 一张二分五厘 |
| 于施蒙 | 七分五厘 |
| 崔首峰 | 二分五厘 |
| 杜文铎 | 二分五厘 |
| 杜承印 | 五分 |
| 胡仁廷 | 五分 |
| 刘　征 | 五分 |
| 刘　端 | 一分四厘 |
| 刘成已 | 三分六厘 |
| 刘　听 | 三分 |
| 刘　瑞 | 二分 |
| 杨从贵 | 五分 |
| 何　漠 | 五分 |
| 何　思 | 五分 |
| 何　吾 | 五分 |
| 何金奉 | 五分 |
| 何金全 | 二分五厘 |
| 惠　用 | 二分五厘 |
| 张计武 | 五分 |

何　富　五分
杜进忠　二分五厘
冯大智　七分五厘
冯　兑　三分七厘五毛
冯焕保　三分七厘五毛
刘兴汗　一张
刘张氏　一张
刘成业　五分
高见才　一张
白　奉　五分

吴城村小甲一名、赵三义、管镰十六张

赵泉明　五分
赵元珠　五分
赵明祖　五分
赵三让　五分
董大富　五分
董大贵　五分
高起先　五分
高邦有　五分
高美宗　五分
高名宗　五分
张起富　五分
张起贵　五分
郭名魁　一分二厘五毛
樊进禄　七分五厘
魏大任　一张七分五厘
魏大生　七分五厘
魏大斗　五分
赵子玉、赵盛、殷进京　三名共一张
魏大用、赵三义、赵起祯　三名共一张
魏明禄　五分
郭进孝　五分
赵元同　五分

赵元正　五分
赵元和　五分
赵元方　五分
赵进才
赵元亮　}　三名共八分七厘五毛
董　法
赵三真　五分
赵三思　五分
赵之祥　五分
赵　恂　五分
赵大志　五分
赵大伦　五分
赵　见　五分
赵德昌　五分
赵旺祖　二分五厘
曹进才　二分五厘
殷进才　七分五厘
张村小甲二名、王又魁、崔首峰、管镰二十张
王又魁　一分
王弘功　五分
史　瑞　一张
王姚氏　五分
王本立　三分
张　秋　二分五厘
王廷柱　二分五厘
王　奉　五分
王本道　五分
王本知　四分
王守成　三分
崔　源　五分
田　豪　二分五厘
田　积　三分五厘
马用义　三分五厘
田　云　二分五厘
田大望　六分
胡　俊　一分
田九围　五分

田九旧重　二分五厘
田　朴　二分五厘
田　生　二分五厘
×考子　一张二分五厘
×　钦　三张
崔首峰　一张二分五厘
王本成　五张
崔　轩　二分五厘
崔家庙　一张
崔　安　二张五分
崔好信　五张
崔　玺　三张
崔　杰　二分五厘
崔　旺　一张二分五厘
崔　登　二张五分
崔　秀　二张五分
崔　宝　四分五厘
崔　山　四分五厘
崔　和　一张六分

大贤村人带来的东西
（没有封面）
17cm
25cm

这是邢台县的小汪、东汪、大贤、河会、东静安、王麻、任麻以及双楼等8村村民拥有镰541张多的村落，管理人（小甲16名）有用水权的人（镰户或镰夫）的名寄帐。这些村落修建了在同县城东武家庄狗头泉的水闸东沟、北沟二闸的东闸，其用水量相当于总水量的六成。北沟有小甲16名，镰夫213名，用水量仅限于四成。帐内只记录了在同治十年发生的以两件开端的数十件镰户变更的事。其中已经记下的解说以外，也能看到

“更”“收”等用语，其他账簿表示用水权的单位“张”被记为“名”，张即名，据推测二者为同义词。

直隶顺德府邢台县城东武家庄狗头泉古闸一道、管闸老人一名、小甲三十二名、共镰夫七百五十八名下、有遵断重修分水双闸、四六分为二股、东沟六分、闸宽六尺、北沟四分、闸宽四尺、照例闭闸使水、该东沟浇灌日期、闭北沟六（脱?）日、该北沟浇灌日期、闭东沟四日、东沟管水老人高进良

呈、今将小汪村起至双楼村等八村小甲、镰夫姓名、数目、理都开报

计　开

东沟老人高进良等、小甲十六名、共镰夫五百四十一名六分三厘

小汪村小甲梁满舍

　　共镰四十一名八分

付乡宦　　十八名八分

高文致　　一名

王文玉　　三名五分

胡宗仁　　三名五分

王邦治　　一名

王进才　　一名

王从甫　　一名

王威远　　五分

杨应旂　　五分

杨　懋　　一名

梁治郎　　三名五分

高　勤　　五分

李廷稔　　二名

高文景　　五分

高文致　　五分

高登现　　五分

高登惠　　五分

李邦实　　一名

胡文学　　一名

梁守费　　一名三分

东汪村小甲袁玲、杨逢源、袁家店小甲甯达共镰二百二十名三分三厘

杨振村　　一名五分

杨重廷　　一名五分

贴纸

红（下面的字不明）

程　祥　　一名
杨重廷过白受彩水二名

| |
|---|
| 王济众退兴<br>张爱名下水镰四张 |

| |
|---|
| 袁玉良过一名 |

| |
|---|
| 王济众　二名 |

惠登财　　三名　　袁　勤　　过三名
杨显宗　　二名

| |
|---|
| 张景芳过杨显宗<br>水镰一张 |

胡继业　二名

| |
|---|
| 王学礼<br>惠的心 |

二名
→ 这上面
胡继?[1]
杨懋　　二名
丘崚　　一名

| |
|---|
| 杨成/文龙<br>退与王恺名下两张二分△八毛<br>七丝五忽 |

——下面是红的

| |
|---|
| 杨显荣退与张景芳名下一张<br>张景芳收杨显荣名下一张镰 |

——红

杨显荣　　四名
吕进才　　二名

---

〔1〕译者注：原文印刷模糊。

| | | |
|---|---|---|
| 惠尚义 | 二名 | |
| 杨　现 | 五分 | |
| 郭万福 | 五分 | 袁勤　过一名 |
| 惠光生 | 二名 | |
| 袁士会 | 一名 | |
| 张学圣 | 一名 | |
| 张学礼 | 一名 | |
| 张学成 | 一名 | |
| 白　珩 | 一名 | |
| 李自才 | 一名 | |
| 王启运 | 一名 | |
| 王启生 | 二名 | |
| 管喜春 | 四名一分二厘五毫 | |
| 张　孝 | 四名一分二厘五毫 | |
| 胡继慎 | 三名一分三厘五毫 | |
| 杨克振 | 三名一分三厘五毫 | |
| 杨应旂 | 二名 | |
| 杨立道 | 二名一分三厘五毫 | |
| 胡　恕 | 二名 | |
| 杨会道 | 四名一分三厘五毫 | |
| 杨应旂 | 四名一分三厘五毫 | |
| 杨会道 | 四名一分三厘五毫 | |
| 杨文旂 | 五名五分七厘 | |
| 张　孝 | 二名七分 | |
| 刘阶阳 | 二名 | |
| 郭启宗 | 一名 | |
| 袁　仁 | 一名 | |
| 杨喜梅 | 一名八分三厘五毫 | |
| 吕　兴 | 一名八分三厘五毫 | |
| 杨得文 | 二名 | |
| 袁守谦 | 二名 | |
| 王从顺 | 二名五分 | |

| | |
|---|---|
| 王从顺水镰二名五分 | |
| | 袁玉良名下五分 |
| 退与 | 张景芳名下一张 |
| | 王恺名下一张 |

杨聚才　　二名五分

| 袁子计过<br>湾　善镰一名 | 二名 | 张承苍过<br>王济善　一名 |
|---|---|---|

→

这下面

王　铭
王　箴
袁守约　　六名
袁　　　　〃[1]
袁真起　　一名
袁耿斗　　三名二分
袁照斗　　三名一分三厘
袁喜福　　三名
杨　谈　　二名
杨振岗　　二名

杨重廷过杨振纲水一张二卜（分的简略字）五

杨吉庆　　三名
杨吉兆　　三名
杨吉祥　　三名
红
｜
杨重廷过白受彩水三名七分五厘
↓

这下面
白受彩二名五分　白受彩一名二分五厘
一名二分五厘

[1] 译者注：原文如此。

杨重廷

↘

这下面　　杨楚

袁勤　过一名

祁　凯　二名　　　　　　　—红

袁　勤　　过<br>王济善镰一名　一名

杨见知　六名五分
杨见广　六名五分
杨见可　六名五分
杨见吉　三名二分五厘
杨见高　三名二分五厘
张　平　七名
杨　车　三名
杨　轮　三名
杨克振　二名
杨作明　三名
杨重廷　一名
杨　芳　二名
杨文辉　四名
杨祀吉　二名
杨祀谟　八名
杨重廷
一名

红
扬兆喜　一名
杨重廷收宋得家水

一名
王吉人　一名
王启斗　三名
杨显荣　一名五分
惠尚义　一分五厘　　张万苍收一名

王济善退
王济众 一名

杨中礼 四名
杨文桂 一名
杨名世 一名
杨心会 二名五分
杨祀述 一名五分
杨祀适 一名
杨文焕 二名
王时通 三名
王时昇 三名
袁真起 三名
杨重修
杨重廷 五名五分 红
大贤村小甲 程良、高辉先
共镰一百三十七名七分
张三省 一名
张 孝 一名 同治年二月十八日退与牛王社五分
程德来 一名五分 红
左进福 七分五厘 退于张三省名下收镰一名
左进保 一名
高兴先 七分五厘 更高东
张 芳 二名 更张纯 白
张文魁 五分
尹进全 一名 张起先
武应兴 五分 更张三省 红
左克峻 二名二分 红纸

武应兴退
尹 泰收

其上 更张富

左必达退与左际太一名一分，左必达字？刘八分

左克明 一名九分 红

左必达　一名九分

左后郢　五分　更太福成

左金全　三名五分

左　润　二名五分

高可明　一名　高福元退与韩仁镰一名

高进良　二名　红

左　史　一名

高三敬　二名二分五厘　更左福成　白

高　攀　一名五分

高兴先　五分　更高仁　白

高圣保　一名二分

高魁先退与高仁名下一分　红

更高魁先

其上

高良有　一名一分五厘

高良惠　一名一分五厘

高三明　三名七分五厘

高良洪　四名五分

高应好　一名　更高中

高北贱　一名二分五厘　白

高良全　一名二分五厘　更管荣孔

高景义　五分

管文生　一名五分

管学孔退五分张桂林收

管文禄　一名

从左必达名下更于左金全七厘五毛

左金全　一名七厘五毫

更高东

高兴先　一名　后　白

[张义功] —红

张振宗　一名

[更张富]

尹进全　八分三厘五毫　红

其下[更尹太]

管立昌　一名八分三厘

[更管学孔]

白

白

管　斌　二名　—红

张文运　五分　[张起瑞]

张文桂　五分　[退与高宗先　五分]

张　孝　五分

武　邦　三分三厘五毫　[退于张富一分六厘五毫　退于张三兴一分七厘]

（以上）红

韩兴宗　一名七分　[韩兴退与张润名下镰二分] —红

张起成　二分　[张起先]　[更张三兴]　红

尹邦同　一名

高百有　一名

管文禄　七分　[更高现义] —白

高北雷　一分

高应元　二名

高立德　二分五厘　退张桂林名下镰一名

高北霜　二分五厘

高宗正　一名

高宗周　一名

高易得　六分

高荣先　四分　[高兴先更高东]

高应秋　五分

| | | | |
|---|---|---|---|
| 王时通 | 二名五分 | 王时通退与高兴先二名<br>退与管学孔名下五分 | —在这上面 |
| 王时昇 | 二名五分 | | |
| 袁真起 | 五名 | | |
| 田　家 | 一名 | 更左福成 | —白 |
| 左偖郢 | 一名五分 | 张现泰 | —红 |
| 张守礼 | 一名五分 | | |
| 张桂林 | 二名 | 收高喜先一名 | —红 |
| 丘尚贤 | 一名 | | |
| 高士杰 | 一名 | 更高会 | |
| 丘东周 | 五分 | | |
| 丘宗周 | 一名一分 | | |
| 丘登为 | 一名 | | |
| 丘凌高 | 一名一分 | | |
| 石孟祥 | 二名 | | |
| 石孟孝 | 二名 | | |
| 石启龙 | 一名一分 | | |
| 左来朝 | 五分 | | |
| 石中节 | 一名 | | |
| 高文德 | 一名 | | |
| 同治十年<br>牛王社 | 五分 | | |
| 任开远 | 一名 | | |
| 任希尹 | 一名 | 更高振元 | |
| 丘心道 | 五分 | | |
| 高成山 | 五分 | 更武中 | |
| 武尚平 | 一名 | | |
| 张　李 | 二名三分七厘五毫 | | |
| 武守才 | 一名三分七厘五毫 | | |
| 张　忠 | 一名 | 张顺城退于高凤<br>君名下水镰一名 | |
| 武应经 | 五分 | | |
| 此镰退于<br>左玉钟名下 | | 武应仕<br>退尹泰收 | |
| | 五分 | | |

武应仕　五分　[更张富]
左金全　一名二分五厘　右上
张永庙　五分　[张起先]　—红
张才安　一名
韩秉正　二名　[韩仁收 高福元镰一名]
韩秉忠　三名三分
[韩柏林退与张润名下镰一张]　—红
张门武　一名五分　[张起美一名]　——白

河会村小甲李成家
共镰四十八名
左克峻　二名
左克明　一名
丘凌高　五分
丘宗周　五分
王道纯　二名
左克让　二名五分
李　常　五分
李一柏　五分
李调阳　一名
李上宾　七分五厘
李来阳　四分
赵文举　一名
李化明　一名
杨发仁　四名
左金全　一名
豆希孟　二分
李人清　一名
豆诉药　一名
杨法仁　二名
程　雷　五分
豆希春　六分
豆可久　五分
张　登　二分

袁映斗　一名
胡宗仁　一名
袁　恺　一名
袁　炯　一名
袁守约　一名
杨秉正　二名五分
杨克振　一名
杨汝松　一名
杨胜任　一名
杨永德　八分
张　启　一名
李道明　七分五厘
管喜春　四分
黄　斌　三分
杨弘贵　二名
杨廷生　二名
东静安村小甲尹德新
共镰二十名
尹懋勋　一名五分
尹　柏　三名
尹懋学　一名
尹懋修　一名
尹　佐　一名
吴子良　一名
侯目栋　二名
郭荣会　一名
禹克凝　一名五分
郭加俊　二名
禹三魁　一名五分
禹贯味　一名
尹懋功　二名五分
王时昇　一名
王麻村小甲王烈炳、王榜
共镰四十名
王时清　一名二分五厘
王九重　一名二分五厘
王希尧　二名

王时交　　二名
王三仕　　一名二分五厘
王时所　　一名三分四厘
王时明　　一分二分五厘
郑士彦　　一名五分
郑子观　　一名
郑世明　　一名
郑世云　　一名
郑世雨　　一名
王希楼　　三分三厘三毫
王时美　　三名
王正傅　　五名
王修儒　　一名二分
王开印　　一分五厘
王正希　　八分三厘四毫
王时维　　一名
王开府　　一名一厘五毫
王好贤　　一名
侯　春　　一名
华文藻　　三分五厘
王希狗　　五分
王时茂　　一名五分
王时通　　二名六分六厘
王时昇　　二名六分六厘
尹自同　　八分三厘三毫
王家邦　　一名五分

任麻村小甲任学知

共镰三十八名
小启维　　一名
任三仪　　五分
任三正　　七分
景洪昌　　三分
任应勉　　一名
任三栋　　一名
任希晓　　一名
任希尹　　一名
任启尹　　一名

任维正　一名
任三宝　一名
任三白　五分
任希龙　一名
任三台　二名
任希台　五分
任希哲　五分
任希蛟　一名
张洪奇　一名
任希纯　一名
任希纯　七名
任养蒙　一名
任养浩　二名
任三戒　五分
任可晓　一名
王文现　五分
王自宽　五分
任崇礼　二名
任修儒　二名
王时所　三分三厘四毫
任养梧　五分
王好贤　二名
侯进安　五分
王时通　六分六厘六毫
王时升　六分六厘六毫

双楼村小甲刘万振

共镰十八名
赵达光　五分
赵安常　五分
陈加信　一名
陈加佥　一名
赵安常　一名
赵大道　一名
侯进孝　一名
侯孟友　一名
侯孟选　一名
刘子奇

　　　　　共一名

刘三才

侯三秋

　　　　　共一名

侯孟甫

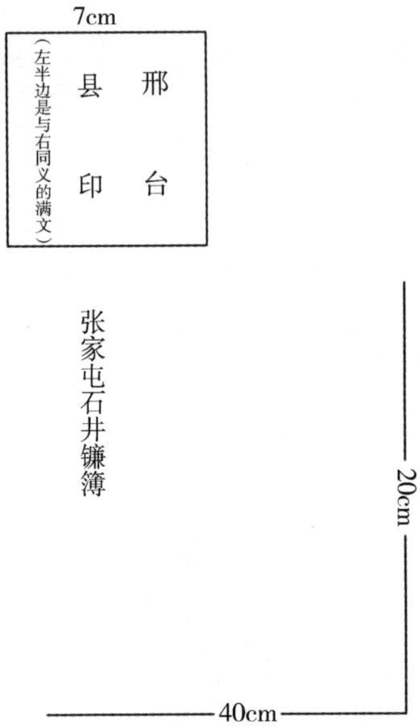


张文通　　六分四厘六毛零七呼（忽的借字，以下均改为忽）

张文炳　　一钱八分五厘零五忽

张廷芬　　一钱二分二厘五毛二丝（丝的简体字，以下以此为准）

张九仪　　七分六厘六毛三丝

　　退与张起荣名下镰二分三厘三毛三丝五忽

赵祥云　　一分五厘

赵显清　　五分四厘三毛八丝

张起泰　　四分七厘五毛五丝五忽

张如翼　　二分

张文焕　　一钱零六厘五毛零七忽

张丕绩　　四分六厘四毛七丝四忽

张泽深　　六分五厘六毛四丝四忽

韩兴和　　一钱二分二厘五毛四丝九忽

张九为　　三分四厘五毛

清和号　　六分七厘七毛四丝

韩攀贵　　二分七厘三毛四丝六忽

　　张家屯西小甲　二
韩天桂　二分七厘三毛四丝六忽
张振清　七钱六分七厘八毛一丝
张　奇　三厘一毛三丝
张登成　四分七厘五毛五丝五忽
张文彪　四分零一毛三丝
　　退与韩兴邦名下镰四分零一毛三丝
张九奇　六分八厘一毛七丝五忽
　　换名重花
张九可　二分五厘二毛
张九芝　二分七厘八毛零五忽
张复名　一钱二分九厘二毛五丝
张起荣　一钱三分八厘八毛九丝
　　收张九仪镰二分三厘三毛三丝五忽
韩祀堂　四分二厘六毛六厘
韩兴能　五分二厘七毛六丝
张仲祥　一分七厘零四丝
张正贤　三分七厘零四丝
赵天甲　四分一厘八毛八丝
赵天祥　六分八厘三毛七丝
赵天元　三分九厘一毛三丝
赵显亲　三分六厘一毛七丝七忽
苗玉林　四分
史行业　二分
赵长春　二分九厘四毛七丝
杨式绍　三分四厘九毛八丝
杨万年　一分七厘七毛
杨盛祖　五厘三毛六丝
张祀堂　三钱九分六厘一毛
赵天泰　三钱三分四厘八毛九丝二忽
唐九登　二分
赵显名　五分三厘
张金缘　一钱九分五厘五毛一丝四忽
史起祥　五分九厘一毛零三忽
高　法　四分三厘六毛三丝
张重光　二钱一分六厘二毛五丝三忽
张受乡　一钱一分四厘四毛一丝

张文斗　　六分四厘六毛零七忽
张如泰　　八分七厘二毛八丝五忽
张进德　　七分九厘六毛四丝
张文皋　　六分四厘二毛九丝
张文令　　二分一厘九毛三丝
张泽元　　一钱八分五厘五毛八丝四忽
杨　春　　三厘一毛
　　换名荣佳
韩兴邦　　三分五厘二毛五丝七忽
　　收张文彪镰四分零一毛三丝
张九德　　二分一厘零八丝
赵希鲁　　一钱四分九厘三毛四丝
赵起云　　五分九厘三毛
段得名　　六分九厘五毛四丝
赵显功　　一钱零九厘六毛
赵志功　　二分
赵尊名　　二分九厘
赵平生　　九厘七毛三系
赵玉湖　　五分七厘二毛
张重民　　四分
张重光　　二分六厘二毛四丝
高廷机　　一钱一分零六毛三丝
张复明　　七分七厘七毛二丝五忽
张文起　　六分一厘五毛八丝五忽
赵显名　　九分一厘四毛八丝七忽
韩兴诗　　一钱六分一厘三毛五丝七忽
张如金　　五分
赵　彦　　二分二厘四毛二丝
张如海　　一钱二分八厘三毛九丝
张玉祥　　九分六厘七毛八丝四忽
张如银　　四分七厘二毛八丝
杨万年　　三分五厘六毛
杨　亮　　一钱五分七厘四毛六丝
张如为　　二分
田大有　　二分零六丝
　　张家屯东小甲　二
高　法　　六分零三毛九丝

清和号　一钱六分七厘三毛四丝
张恩文　四分零四毛三丝
赵显功　一钱三分七厘九毛
王国法　二分
张振清　二钱五分七厘四毛五丝七忽
张文纯　二分五厘三毛二丝
张文魁　三分二厘八毛三丝
赵平田　一分零二毛八丝
　　张泽厚　五分零三毛八丝
韩兴能　五分五厘零三丝三忽
韩兴贤　三分五厘零三丝三忽
张廷会　一钱四分七厘七毛八丝
　　张家屯东小甲　一
苗玉林　二分
张致诚　三分一厘五毛九丝四忽
张致和　三分一厘五毛九丝五忽
　　收张如才镰一分三厘
张九春　三分八厘二毛五丝
张兴祥　二分
张佰祥　六分五厘三毛五丝二忽
张仲祥　二分四厘九毛六丝一忽
　　换名荣贵
韩兴邦　一钱七分七厘一毛八丝四忽
韩兴考　二钱四分零四毛九丝五忽
韩兴让　一钱三分八厘八毛八丝
韩兰桂　一分六厘四毛五丝
韩祀堂　九分四厘九毛五丝
张文通　二分二厘七毛一丝
　　收韩方桂镰一分七厘六毛四丝
张文焕　二分二厘七毛一丝
张文斗　二分二厘七毛一丝
张受卿　五分零三毛八丝
赵祥云　二分六厘五毛四丝
高景和　三分三厘三毛三丝
王爱贤　二分
赵居易　七分六厘
高　重　四分三厘九毛六丝

张金镯　　一钱二分八厘八毛九丝五忽
张致祥　　一分八厘八毛四丝
沈　禄　　七厘
张如才　　三分五厘
　　退与张致和镰一分三厘
张芳桂　　一分七厘六毛四丝
　　退张文通镰一分七厘六毛四丝
张泽元　　一钱零一厘六毛四丝
张文炳　　二分二厘
　　退张起荣镰二分三厘三毛三丝五忽
张文彪　　二钱八分八厘三毛八丝
　　退张如和二分三厘
王　明　　一分一厘三毛一丝
　　张家屯东小甲　三
赵天泰　　七钱二分三厘一毛八丝七忽
张恩义　　二分零一毛二丝
韩天桂　　八分一厘九毛四丝四忽
赵天甲　　八分二厘五毛三丝
赵天祥　　一钱三分六厘七毛九丝
赵天元　　七分四厘零三丝
赵显亲　　一钱一分六厘零一丝八忽
史起秀　　一分二厘
张　均　　一分四厘
张庭芬　　七分九厘四毛二丝五忽
玄帝庙　　一分三厘九毛
韩兴和　　二钱一分零一毛九丝三忽
韩兴祥　　四分五厘一毛零四忽
张九奇　　五厘七毛三丝
杨　春　　七厘六毛六丝
杨成秀　　二分六厘三毛四丝
张如和　　一钱六分三厘一毛零五忽
　　收张文彪二分三厘
赵尊位　　一分五厘
萧进奉　　八分七厘三毛二分
赵希鲁　　一钱二分三厘六毛六丝
张如泰　　九分零三毛一丝九忽
张如为　　一钱五分二厘四毛零七忽

史桐元　一分六厘
朱　显　一分二厘
张祀堂　二钱四分零三毛四丝
张九清　一分一厘五毛五丝
赵显清　一钱二分五厘零九丝八忽
赵起云　二分
张廷会　八分二厘七毛二丝一忽
张起荣　二分三厘三毛三丝五忽
　收张文彪
　石井西小甲　一
史至俭　一分二厘五毛五丝五忽
史至勤　一分二厘五毛五丝五忽
史观兰　一分二厘四毛零二忽
史怀瑛　一分三厘九毛七丝
史德广　五厘五毛
史元会　一分一厘六毛九丝
史可省　一分一厘一毛八丝
史怀一　一分一厘
史帝吕　三分四厘
史国富　一分四厘六毛七丝三忽
史国成　七厘九毛
史国荣　四厘四毛
　退史怀义名下四厘四毛
史立身　六厘四毛
史立富　一厘五毛
史可富　一厘
史定有　一厘二毛四丝
　退史怀义一厘二毛四丝
史　均　二分三厘六毛
史云庆　六分一厘零八丝九忽
陈天祥　二厘
史蓬云　八厘二毛五丝一忽
史风云　八厘三毛五丝一忽
史恩温　一分二厘三毛五丝四忽
史恩忠　六厘八毛
史起祥　一分四厘八毛五丝
史起秀　一分七厘七毛五丝

史起俊　　二分三厘三毛零九忽
史化鹏　　二分五厘六毛
史全德　　一分二厘八毛三丝二忽
史桐元　　二分六厘九毛五丝二忽
　　石井西小甲　二
史三门　　一厘
　　退史廷芳三毛五丝二忽　退史贵祥四毛一丝二忽
　　退史永祥一毛一丝九忽　退广余堂一毛一丝九忽
史公地　　三分零五毛六丝
史三纲　　五厘
史四门　　二厘五毛
史应太　　七厘八毛六丝六忽
史应云　　六厘一毛
史应生　　六厘二毛
史应魁　　一分五厘六毛二丝五忽
史如意　　一分一厘四毛二丝五忽
史天喜　　四厘一毛
史廷芬　　五分五厘六毛三丝
　　收史三门镰三毛五丝二忽
元化寺　　八厘
董吉昌　　一厘五毛零六忽
史林生　　六厘三毛七丝
史玉兰　　五厘四毛
史贵祥　　二分四厘七毛
　　收史三门四毛一丝二忽
史金兰　　五分二厘五毛五丝二忽
史永祥　　二厘五毛
　　收史三门镰一毛一丝九忽
史呈祥　　八厘
史敬祥　　五厘
　　收史定有一厘二毛四丝
史怀义　　二分七厘五毛八丝
　　收史国荣四厘四毛
史近义　　一分八厘五毛
史龙文　　五厘八毛
史学礼　　九厘一毛
史风文　　二分三厘五毛

史学易　二厘五毛
史怀连　一分二厘九毛二丝二忽
史怀元　一分六厘五毛五丝
史积盛　一分七厘
史积太　五厘八毛六丝

石井西小甲　三

史春芳　九毛六丝三忽
史长令　四分八厘二毛五丝
史积英　一厘三毛二丝
史积贵　二厘九毛一丝五忽
史积富　七厘二毛三丝五忽
史积荣　二分二厘六毛三丝二忽
史景来　三厘一毛二丝
史行的　七厘二毛五丝
史行明　九厘八毛二丝五忽
史怀有　一分零七毛二丝
史行道　八毛九丝
史行惠　一厘一毛
史庆礼　七厘三毛五丝
史旗会　六分零七毛七丝八忽
史可仁　一分零二毛
史元泰　六分零四毛六丝六忽
史之价　一分零一毛六丝六忽
史元喜　一分五厘一毛六丝六忽
史元登　一分零一毛六丝六厘
史桂芳　一分二厘四毛一丝六忽
史兰芳　一分零三毛六丝九忽
史长芳　一分四厘八毛八丝五忽
史玉芳　八厘八毛八丝五忽
张致秀　九厘九毛五丝
张金祥　九厘九毛五丝
张明礼　三厘一毛
张明善　七厘三毛
张心魁　一分六厘五毛
石有德　三分八厘九毛五丝四忽
石惠文　六厘五毛

石井西小甲　四

石金声　　二分零二毛四丝
石文秀　　四厘一毛五丝
史中有　　一分九厘五毛三丝五忽
史　林　　一分零三丝五忽
史中和　　一分零九毛
史守义　　三厘九毛
史起芳　　五厘三毛零七忽
史玉明　　一分四厘
史春明　　九厘三毛九丝四忽
史敬义　　一分一厘六毛零六忽
史长清　　七厘五毛五丝
史中义　　五厘四毛五丝
史　武　　三厘
史郝才　　一分五厘
史王义　　一分一厘四毛
史亮俭　　二厘九毛三丝
史苍妮　　一分
史彦珍　　七厘五毛
史安民　　七厘五毛
史　让　　五厘
史进才　　二厘
史太云　　一分四厘九毛
史中富　　一分一厘零六丝六忽
郝廷西　　八厘
郝廷玉　　三厘二毛七丝
郝进信　　四厘九毛二丝
史清云　　三厘六毛四丝
郝起秀　　六厘
郝起法　　二厘五毛
梁国祯　　一分五厘

石井西小甲　五

史　辉　　七厘
史元良　　一分五厘二毛四丝一忽
崔如冈　　二厘九毛九丝四忽
姚　庆　　二厘三毛
姚廷俊　　四厘五毛
姚廷价　　六厘

姚廷兰　四厘
姚　良　一分
姚从荣　二厘九毛
姚重阳　六厘
姚廷魁　一厘四毛九丝
王宗荣　八毛
王有年　六厘七毛
王文魁　二分二厘二毛八丝
阎复盛　五厘五毛
阎清兰　九厘八毛
阎复志　一分三厘八毛五丝
董贵祥　二厘五毛
相步云　五厘
相春良　五厘
相清云　九厘
相金声　六厘
高俊德　五厘五毛
高成祥　四厘五毛
薛忠显　一厘
赵显清　五厘五毛
赵显亲　五厘五毛
韩兴让　三厘七毛九丝二忽
韩兴贤　七厘
张廷会　八厘六毛

石井西小甲　六

唐士长　一分
唐　芳　五厘七毛四丝八忽
唐　芬　三厘二毛
唐有进　一分二厘一毛
唐上魁　一分二厘一毛
唐永清　二分二厘零八丝
唐含章　一分一厘八毛
唐士昌　四厘
唐振清　四厘
唐士林　一分
杨长春　一分五厘五毛四丝七忽
杨贵祥　七厘三毛

广余堂　　一毛一丝九忽　收史三川镰

石井东小甲　一

史希良　　一张二分六厘二毛
史的和　　二分一厘
史重姚　　一分二厘
史元堂　　一分一厘三毛七丝
史月明　　一分二厘三毛六丝六忽
史孟春　　一张一分五厘二毛三丝七忽
苗　斌　　一分七厘三毛四丝二忽
史佳成　　一分八厘
苗　信　　九厘九毛
苗贵德　　三厘三毛
苗贵良　　九厘九毛
苗　行　　一分一厘五毛
史秀生　　二分四厘一毛八丝
史祥春　　一分七厘一毛三丝五忽
史季春　　一分七厘一毛三丝五忽
史金荣　　八厘六毛
史金铎　　八厘六毛
史观兰　　一分
史坟地　　四厘
史得成　　三厘七毛
苗玉书　　一分二厘二毛二丝一忽
史上功　　六厘
史希功　　一分二厘九毛
史廷芝　　四厘五毛
史维公　　一分二厘五毛
史缵公　　三分一厘七丝
史中富　　三厘二毛
史的林　　二厘
石有德　　三分零五丝五忽

石井东小甲　二

史东花　　一分六厘五毛
史廷令　　九厘
姚清顺　　七厘二毛零四忽
王文焕　　一分零三毛
王文选　　七厘五毛

史缵绪　三厘
王金铎　六厘一毛一丝九忽
史　立　七厘六毛
史好仁　二分二厘五毛六丝六忽
史功第　一分三厘一毛七丝二忽
姚廷兰　四厘九毛七丝
史　柯　四厘七毛五丝
史春良　一分一厘一毛八丝二忽
史元良　六分八厘六毛九丝七忽
史　绅　二分四厘二毛五丝九忽
史　仁　四分三厘二毛
史文焕　一分零二毛三丝
史成祥　三厘三毛五丝
史金山　四厘
史自立　一厘
史守礼　八厘五毛三丝
史玉振　一分三厘三毛三丝
史金堂　一分三厘八毛五丝
史玘德　三毛一丝
张如海　五厘六毛九丝二忽
史之璋　一厘四毛二丝
史永春　五厘七毛
史应太　六厘四毛
王好贤　五厘
史起俊　七厘四毛六丝

石井东小甲　三

姚复荣　一分六厘八毛二丝

退王金铭镰六厘

史　林　二厘六毛二丝七忽
张如和　二厘八毛零八忽
史复元　二厘
史有禄　一厘八毛
史秋保　九厘零五丝五忽
张文明　一分零六毛
史怀义　九厘四毛五丝
史旗令　一分二厘
王道通　二厘零四丝六忽

赵显业 八厘六毛四丝六忽
史元太 一分五厘七毛三丝四忽
史兰芳 五厘三毛三丝一忽
明远号 一分六厘
史天成 五厘七毛三丝三忽
李有德 一厘五毛
史观礼 二分六厘五毛八丝
史观光 二分二厘零八丝
史近义 一厘四毛
阎复志 二分一厘二毛
姚 亮 一分四厘二毛四丝五忽
史风书 六厘
史 倩 一分四厘三毛二丝
史 彦 一分四厘三毛二丝
阎清兰 六厘
史修良 二分四厘四毛八丝
韩兴和 六分三厘三毛六丝七忽
韩兴祥 一分五厘四毛五丝六忽
韩天桂 一分五厘四毛五丝六忽
崔如岗 一厘八毛二丝一忽

石井东小甲 四

唐 芬 五厘一毛六丝四忽
唐 芳 九厘六毛
唐含章 七分二厘四毛
史春芳 一分六厘五毛
萧进奉 一分
唐 禧 一分三厘
韩兴邦 一分五厘四毛五丝五忽
姚廷俊 四厘二毛四丝
姚 章 四厘
姚廷桂 六厘五毛
姚 志 六厘四毛
姚 庆 一分九厘九毛
史来风 一分
王和生 五厘五毛二丝
郝天祥 八厘
李天祥 七厘三毛二丝

阎逢云　一厘七毛八丝六忽
阎复元　三厘六毛一丝三忽
张文魁　六厘六毛六丝七忽
张文纯　六厘六毛六丝七忽
张九思　六厘六毛六丝七忽
张九如　一分
张纯如　一分
陈　法　四分
王金铭　九厘九毛一丝九忽
张九礼　六厘八毛六丝七忽
史金兰　一厘五毛
史春龄　二厘
史贵德　四厘
史禾贵　七厘零九忽

石井东小甲　五

史俊堂　二分五厘六毛
史茂林　二分四厘四毛五丝
史芳林　二分三厘四毛
史邦志　二毛
史四门　七厘
史积荣　一厘七毛八丝七忽
张致和　三厘
张起荣　三厘

开花屯小甲　一

李万春　一分二厘零一丝七忽
李金喜　七厘一毛八丝七忽
李如梅　三分二厘九毛九丝
史荣光　一分五厘七毛一丝
王士起　一分三厘二毛五丝五忽
王廷梧　一分八厘五毛
史起文　四厘
曹玉显　三厘五毛七丝
史其魁　一分一厘零七丝四忽
王存心　一分四厘八毛六丝七忽
史成金　四厘四毛
王万兴　一厘
王士通　一分二厘零六忽

王存福　　八厘六毛五丝六忽
王存禄　　五厘八毛五丝七忽
崔法旺　　五厘八毛
崔如冈　　一分
甯庆成　　七厘五毛
甯庆隆　　七厘五毛
史守财　　二分四厘一毛八丝
史合珠　　五厘二毛
史守德　　一厘
史秉恒　　一厘一毛
史玉撰　　一分三厘
史制清　　四厘
苗复荣　　四厘七毛
史仲春　　七厘
史风书　　六厘
史　辉　　三厘二毛二丝

开花屯小甲　二

史元会　　七厘八毛
史中立　　四厘
张心魁　　三厘
郝起秀　　三厘
阎清兰　　七厘八毛四丝
李有才　　二厘八毛
姚重阳　　六厘五毛
姚清云　　四厘六毛六丝
姚　良　　五厘五毛
王文魁　　二分一厘八毛
张振清　　六厘
张如和　　二厘
张廷学　　八厘
张致中　　四厘
张恩敬　　五厘

退张如海一厘

张如海　　一分二厘

收张恩敬一厘

张重光　　一厘八毛
赵显业　　八厘一毛七丝

张士玉　　二分零八毛
赵天泰　　一分二厘二毛九丝二忽
史金堂　　八厘二毛九丝八忽
史锡龄　　一分零四毛五丝
史正本　　一分三厘九毛一丝五忽
史缵绪　　六分五厘八毛九丝四忽
史恩明　　二厘
史的成　　八厘一毛二丝
史万春　　五厘
史缵功　　一张一分四厘七毛四丝七忽
史元志　　八厘七毛八丝七忽
史复信　　六毛

开花屯小甲　三

史尊志　　三厘零七丝三忽
史起德　　一分零一丝二忽
史起公　　五厘五毛二丝
史起高　　三厘五毛一丝
史春令　　四厘九毛三丝
史民化　　四厘
史蓬云　　五厘
阎复志　　五厘四毛八丝
王廷惠　　九厘
王礼堂　　一厘五毛
王永年　　二厘五毛
李祯祥　　一分零七毛一丝二忽
李祖会　　五厘
陈一秋　　八厘
陈起的　　三厘
赵九合　　一分三厘五毛四丝
唐士逊　　一分一厘
唐　芬　　一厘五毛
唐上魁　　八厘
唐　云　　二分
唐元吕　　三厘
唐守泽　　三厘
唐尊法　　三厘
唐祥云　　一分

阎本献　　三厘
唐自成　　一分
史玉塚　　三厘
　　后石井小甲　一
姚　宪　　三厘五毛五丝一忽
姚　亮　　八厘六毛
姚　章　　九厘三毛
姚廷兰　　一分八厘
姚　志　　三厘一毛
姚清顺　　一分三厘三毛一丝五忽
姚　庆　　一分二厘七毛四丝
姚廷桂　　四厘
姚复荣　　二厘五毛
姚清云　　四厘三毛
王韶年　　一分二厘八毛
王学庭　　一分一厘
王文焕　　一分一厘四毛
王永年　　九厘四毛
王文选　　三分三厘四毛五丝
王　根　　二厘
王金治　　一厘九毛
王祀堂　　一分三厘六毛
王文素　　八厘九毛
王道清　　三厘七毛
王文锡　　一分零三毛
王金兰　　八厘五毛
王西堂　　二厘五毛
王金铭　　七厘
王进英　　二厘
王继贤　　四厘五毛
王　兴　　五厘
王过善　　九厘五毛
王好贤　　三厘五毛
　　后石井小甲　二
王　桂　　四厘
王增年　　三厘三毛
王好学　　八厘二毛五丝

李增盛　　五厘
余庆堂　　一分一厘五毛
阎明义　　六厘三毛三丝四忽
阎名起　　六厘三毛三丝四忽
阎复盛　　七厘
阎蓬云　　七厘三毛三丝四忽
阎九寿　　九毛二丝四忽
阎振元　　一分六厘五毛一丝九忽
阎复元　　八厘一毛二丝
阎进元　　四厘一毛
阎三男　　九厘七毛
阎九河　　二分一厘
阎复始　　九厘五毛
阎复志　　二分零三毛
阎九的　　三厘
阎云清　　五厘一毛九丝七忽
阎云白　　八厘八毛九丝六忽
阎云庆　　七厘三毛九丝六忽
阎云其　　六厘三毛九丝五忽
阎其祥　　四厘二毛
阎清源　　一分八厘四毛五丝
阎的泰　　六厘二毛五丝
阎复心　　一厘六毛
阎名昇　　三厘五毛
阎光珠　　八厘八毛
阎三锡　　六厘一毛
阎守信　　五厘

后石井小甲　三

阎光生　　二厘
阎景魁　　一分
阎九立　　六厘七毛
阎九义　　六厘五毛
阎九直　　七厘
阎景江　　九厘四毛六丝
阎祀堂　　七厘五毛
姬云和　　四厘
姚　平　　二厘

| | |
|---|---|
| 许九成 | 一厘五毛 |
| 路福财 | 七厘 |
| 路福贵 | 五厘六毛五丝 |
| 牛王会 | 五厘五毛五丝 |
| 姚廷价 | 一分二厘 |
| 姚重阳 | 一分八厘六毛 |
| 史进义 | 七厘 |
| 史桂成 | 五厘二毛三丝 |
| 史贵元 | 四厘 |
| 史金兰 | 六厘三毛 |
| 史观兰 | 三厘 |
| 石有德 | 一分三厘二毛七丝 |
| 石金声 | 四厘五毛 |
| 史缵功 | 八厘六毛四丝九忽 |
| 史进才 | 八厘五毛 |
| 史义惠 | 二厘 |
| 义学堂 | 四厘 |
| 相家庙 | 八厘四毛 |
| 相竹德 | 四厘一毛 |
| 相廷高 | 四厘九毛五丝 |
| 相可仕 | 五厘 |
| 后石井小甲 四 | |
| 相景福 | 五厘 |
| 相蓬云 | 三厘八毛五丝 |
| 相景和 | 二分四厘一毛七丝八忽 |
| 相春芳 | 一分三厘 |
| 相春连 | 二分五厘七毛二丝 |
| 相振堂 | 一分一厘 |
| 相步云 | 八厘九毛二丝二忽 |
| 相清云 | 七厘四毛二丝五忽 |
| 相春良 | 一分二厘三毛五丝 |
| 相行玉 | 四厘九毛六丝一忽 |
| 相廷学 | 四厘九毛五丝 |
| 相行兰 | 四厘一毛 |
| 薛士可 | 一分五厘零二丝 |
| 薛见可 | 四厘五毛八丝五忽 |
| 薛玉兰 | 九厘六毛三丝八忽 |

| | |
|---|---|
| 薛立德 | 二厘六毛 |
| 薛玉明 | 二分零八毛五丝五忽 |
| 薛金来 | 六厘五毛二丝八忽 |
| 薛成可 | 一分三厘 |
| 张干祥 | 二厘五毛五丝 |
| 董起珍 | 四厘二毛 |
| 董志宽 | 四厘 |
| 董春祥 | 一分四厘一毛七丝二忽 |
| 董秋祥 | 七厘六毛七丝三忽 |
| 董吉祥 | 三厘五毛 |
| 董恩考 | 四厘 |
| 董起复 | 三厘 |
| 董珍祥 | 八厘 |
| 董起元 | 三厘五毛 |
| 董起贵 | 三厘 |
| 高　玉 | 五厘 |
| 高历年 | 一分五厘五毛 |
| 高福泰 | 一分七厘零二丝二忽 |
| 高峻德 | 七厘五毛五丝三忽 |
| 柴文秀 | 一厘 |
| 史风兰 | 五毛 |
| 丰盛号 | 五毛 |
| 张廷锡 | 一分三厘 |
| 张心魁 | 四厘九毛 |
| 李文富 | 八厘 |
| 王金铎 | 三厘 |
| 李文成 | 二厘 |
| 阎清兰 | 五分零五毛 |
| 李富德 | 三厘 |

## （七）瓦河、葫芦套、重兴等三闸及百泉闸部分

（这是在光绪四年正月里调制的关于邢台县管辖内的瓦河、葫芦套、重兴等三闸一沟的账簿。从沿革来说，明朝弘治三年的瓦河最古老，葫芦套闸是万历十四年，重兴闸是万历四十五年续建的沟渠，后二闸的水会分别回流到瓦河的旧渠。此后在崇祯十年以重兴闸堰堤损坏其沟水流入七里河为动机，以至于以前拥有用水权的邢台县孔桥等的村民与邻接的南和、任两县村民间再三发生水争。账簿首先以重兴闸的缘起开始叙述，列举了关于纷

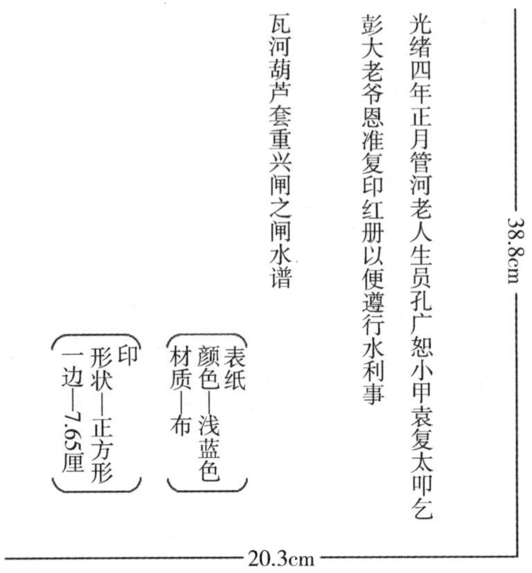


争的真相、官员的裁断的“看语”“批”“票批”等以及碑刻的渠闸规制等应当成为日后证据的资料，最后记载了为了沟渠开凿而买来的用地段落以及将各闸的用水日区分为一昼夜5名或10名（即镰五张或十张）而记载。用水日期是瓦河闸为一期18天的轮流循环，叫作旧水；葫芦套、重兴两闸同为25日一循环，叫作新水）

直隶顺德府邢台县城东南八里许、有瓦河葫芦套重兴闸、老人姚起元禀为乞恩讨印红册、以便遵行水利事、瓦河水在郝家庄村前、开自弘治三年、浇灌孔桥、王快、东市三村地亩、十八日一轮、约六里许入七里河、万历十四年老人孔自才告准开葫芦套闸、自西楼下村东引水、投入瓦河旧渠、二十五日一轮、至万历四十五年大旱、老人张喜亮投告

本府王大老爷案下、详情

上台捐奉买地、复立重兴闸引水、复入瓦河旧渠、以助水势、三闸一沟行水、流至孔桥村东、立分水闸、分为南北两河、北河仍浇灌孔桥、王快、东市三村地亩、南河浇灌孔桥、王快、南市、南市屯、两徐汪六村地亩、俱系买地挑沟、阔一丈、长九里、议定该上村使水、闭下村正沟、该下村使水、闭上村耳沟、按日分时不容紊乱、民获大惠、崇祯十年、重兴闸堤堰溃坏、水归七里河、王快等村方众议重修、有南和县、任县人等陡起争端、控告本府于老大爷案下、准送

清军听范老爷查审、幸蒙亲临闸口、步行踏看、不与七里河下闸相干、乃拘重兴闸老人小甲东立、下闸人等西立、使各吐其欲、而理在重兴闸、面谕老人张一元等、今旱荒如是、旧闸旧渠又如是、而宜即时修补、众皆叩谢、即时按镰起夫、自六月至八月告成水行、民大悦、感戴

范老爷恩德无穷、立碑河洲之阳、永以为记、今据三闸并水一沟、每年春期公力老人小甲遵照水簿、沿渠挑滤、分日定时、议定三月初一日上闸、轮水灌田、各有限例、瓦河水碑刻详载、数百年来莫之或易也、至康熙二十三年旱魃为虐、孔桥村势居

上流、当三闸之要冲、为六乡之咽喉、刁民吴九显等贿买楚应昌等作证、假捏借沟行水一语、竟将百泉葫芦套等河耳沟、不许封闭搅河、肆行截坝、致令王快等村涓滴不沾、幸蒙署府

汪大老爷、复蒙

本府鲁大老爷、本县吴老爷断明、耳沟一概按时启开、不得混捏借沟一语、偏图水利、批给印照二纸、永为定例、至康熙五十七年、孔桥刁民滑奉山、粘有富、粘弘如、许怀玉、李恃强等、欲翻毁前案、复捏借沟之说、将老人姚起元逼立文约、耳沟不许封闭、正沟不许挑滤、姚起元、吴致中等具呈

提督学院吴大老爷案下、批

督河分府张大老爷确查报、滑奉山咆哮公堂、不容审讯、蒙

大名道康大老爷访闻提审、将滑奉山重责二十、复蒙亲行踏看、批令孔桥村耳沟、原应照例启闭、不得常开、以防下流、归结在案、不意墨迹未乾、滑奉山讼心不息、贿买楼下村楚应昌等、于六十一年四月内、捏控

守道李大老爷案下、蒙批、邢台县戴老爷确实查报、随即亲旨河堤、遍历水源、查葫芦套重兴之水、流入瓦河旧渠、向为孔桥、王快等村浇灌地亩、与楼下村毫无干涉、孔桥耳沟、理应按时启闭、楼下耳沟理应永远封闭、流珠小堤、既在百泉河南、瓦河葫芦套等闸、在百泉河北、相隔二里、不得肆行混赖、申详守宪、蒙批、既经勘明、仍照旧历、按时启用、永息争端、勒石社讼在案、但恐日久年远、争端复起、仍将本县看语、各上宪批详定例、并用过价银买到立闸开沟、立碑地段亩数、各闸使水镰夫姓名、开列于后、因此叩

天讨印红册、永为定例、遵照

计开

署顺德府汪大老爷、因孔桥吞塌百泉葫芦套两河耳沟一案看语

看得兴利除害、原不过因民而利、无使偏而不公也、乃无知小民立心不恕、遂起争端、郡之有百泉等闸、引水灌溉、自孔桥而下流沙邑、利至普也、然启开有时、行之既久、法亦最善、无如时当旱干、启闭放流、尚难周及、况又分散其势而不闭傍溢乎、则孔桥之耳沟、原应照例启闭、使上下远近均得其利、永著同井之好、毋相竟讼、至于启闭、仍照旧规、非创举也、两造原因水利致讼、俱从宽免究可也

鲁大老爷因孔桥村混捏借沟一语、吞霸百泉葫芦套两欢？耳沟一案、批、查府志云、百泉闸前府刘开创、隆庆四年耿知县重修、自楼下村起至沙河徐汪村止、灌田八村、渠阔一丈、长九里等语、旧制昭然、岂容混捏借沟一语、偏图水利、仰邢台县秉公严查、万勿轻率、速速

邢台县吴老爷看语

看得邢邑东南百泉葫芦套等闸之水、上自楼下村、下达孔桥、王快等村、仰资灌溉、其利甚普、设闸分日、耳沟按时启闭、勒石垂之已久、不容紊越者也、每至分水、有老人派日有红簿、前人立法最善、后人遵守宜坚、今孔桥吴九显等、与王快村张抚邦等、并相讦告者、在九显等称、耳沟係向来不闭、在扰邦等称、耳沟（脱）按

时启闭、如耳沟不闭、一遇天旱、水小流细、下莫能遍、是耳沟应随时启闭为词、第查碑文、并未载耳沟不闭之说、况大河之水灌溉数村、挨次轮流、每村俱有耳沟者、是孔桥耳沟不闭、则下村之耳沟亦都不闭、各分水势、末后村庄焉能使半点之水、今将耳沟、仍令按时封闭、况业经

署府汪宪台审明在案、相应仍照前断、以杜葛藤、仰请宪台钧批定案、永为成例、庶日后官英能变、民不敢摇、勒石杜讼、功垂奕世矣

鲁大老爷批、如详照旧使水、缴

大名道陈大老爷批、详

百泉小堤离套河二里许、则与瓦河混而为一、小堤之碑文、似未足为准、即借地穿渠、使水二三日、亦足以酬之矣、况耳沟之启闭、久有定规、载之水簿、勒之真珉、岂因其地高沟少、日期短促、遽而纷更、况去夏勒写认约、尤为并不常开之明验耶、仰再细查耳沟旧制、斟酌尽善妥详报夺、缴

大名道陈老爷票批

叩天陈情等事、据邢台县详覆、王快等村与孔桥村开闭耳沟一案、仍照前议、详到道、据此除详批外、查承审案件、固宜察情势之有无、尤当查案卷之先后、故凡定爰？书而议庶务者、必遵照后例、以为准绳、此一定之章程也、查沟渠规制、上村使水则闭下村去流、下村使水则闭上村耳沟、合以放流直注、尚虑难以遍及、若从旁略有渗透、则势杀力公、不能一往、莫御畅达沟渠、据理县断、则孔桥之耳沟、原应照例启闭、不得常开、以防下流者也、况孔桥之小堤碑记、立于崇祯十四年、王快等村之朱批印照、定于康熙二十三年、当经前任鲁守亲勘、吴令审查、盘盘可据、尤宜照前守令之案、乌知后田？不又翻本道与该县之案耶、如果孔桥之地势颇高、自应照旧开滤、何以该县仅议三尺为度、乃不从此推敲、率而定案、恐将来之刁风日炽、讼无已时也、事关利弊、不厌精详、合函节审、为此票、仰该县官吏照票事理、文到即会同任县遵照指验情节、细加详勘妥议报夺、务使两造允服、永久无争、毋远、速速、须票

学院吴大老爷批

据督河分府呈详、生员姚起元、吴致中控告滑奉山、粘有富等缘由、本院以事关水利、批漳河同知查审、讵滑奉山召集棍徒张益明、孔玉庭等百余人、咆哮公堂、大干法纪、仰顺德府严提详内人犯、肃法严究报

大名道陈大老爷为滑奉山等豪恶霸水一案、票批

据姚起元呈控滑奉山等一案、仰该县查勘据详来查核情理不符、屡经驳斥、未得实情、已据详批、亲临渠所查勘在案、旋本道转饷塞外、县案未结、今驻郡城、合行查勘、仰该县官吏照票事理、文到即将姚起元所呈一干人犯证佐、传齐至孔桥村渠所区处、限次日、以凭本道亲勘定案、勿违、速速

邢台戴老爷

看得楚应昌与姚起元争水一案、孔桥村与王快等村、向用瓦河之水、后因天旱、各村水不足用、于万历年间复开葫芦套、重兴两闸之水、俱投入瓦河、流至孔桥村

东、立分水闸、北流灌孔桥、王快、东市三村地亩、南流灌孔桥、王快、南市、南市屯、两徐汪六村地亩、孔桥村居水上流、王快等村居水下流、议定该上村使水、闭下流总沟、该下村使水、闭上村耳沟、姚起元等具控大名道宪、经前任审查、未克允协、后批发理河分府、亲行踏看、断令照旧按时启闭、取具甘结遵依详结在案、而与楼下村无与也、不意墨迹未干、滑奉山讼心不息、又唆使楼下村楚应昌等、二村同出名、混以耳沟不得常闭为词、控准宪辕、蒙批查审、遵即亲旨河堤、遍历水源、楚应昌供称、流珠小堤、从百泉流入瓦河、向为楼下村独用、今王快等村控准、耳沟按时启闭、势将楼下村耳沟启闭在内等语、第查葫芦套重兴闸之水、流入瓦河、为孔桥、王快等村浇灌地亩、若非将耳沟按时启闭、则水势分散、下村如何足用、况流珠小堤之水、不特不能流入瓦河、并不能流入百泉河、即或流入百泉河、亦在冬节无用之时、何得假此为由、便起争端、况历查旧案碑文、与王快等村所执印照、盘盘可据、孔桥村之耳沟、既不可使之常开、则楼下村之耳沟、又岂不可使之按时启闭忽、楚应昌听人率众、庭讯之下亦觉辞穷、不知水泽之利有关地方民生、利此则害彼、不容偏徇应昌、而欲例情博胜、岂理也哉、应请照旧例按时启闭、永息争端、是否允协、伏为宪裁、为备由开册、伏乞照详施行、蒙陛任守道李大老爷批、既经勘明、仍照旧历按时启闭、永患争端、缴、元因同六村之民、禀明本县戴老爷批准、于雍正元年四月内勒石、不意孔桥村陈应科、耿文远等、目无王法、倡率乡众、将碑打碎、蒙

本县戴老爷将陈应科、耿文远等各责二十五板、面谕照旧立碑、如违重究、滑奉山不遵断令、元等于元年九月内具呈

巡抚部院李大老爷案下、蒙批、仰守道即查案报、蒙

守道桑大老爷申请

总院李大老爷案下、蒙批、按时启闭、既有旧例、滑奉山等何得复起争端、殊属刁健、仰饬仍循旧例、轮流浇灌、毋得再起争端、致干重究、缴、元等遵批勒石渠所、以垂不朽

仍将渠闸规制、列于后

一　设立制石、惟分水闸无有、其余俱无

二　沟渠规制、阔一丈、至孔桥村东立分水闸、分为南北两沟、北沟闸阔六尺、南沟闸阔四尺

三　修补桥梁定制、原以论水利之有无、有水利者与无水利者修补、至若楼下村与郝家庄、全无水利、其桥梁则系孔桥、王快、南市等村代修、孔桥等村桥梁、俱系各村自为修补

四　修橙槽定制、原以论沟渠之先后、孔桥村西橙槽在后、理应孔桥村自为修补、议定眼同王快等村老人看视、不许狭隘、有妨下流

五　挑沟定制、每年春期、管河老人率领各村小甲、镰夫、荷锸持器、高者下之、狭者广之、不许淤塞

六　使水定制、该上村使水、闭下村正沟、该下村使水、闭上村耳沟、各村俱有耳沟、俱宜按时封闭、如有恃强吞霸、许老人具禀、以偷水治罪

重兴闸用价银买到立闸开沟立碑地段亩数、开列于后

一段　买郭全地一分五厘、南北长七步、东西阔五步五寸

二段　买王懋昌地二分四厘、长九步三小尺、阔六步

三段　买梁本宁地六分、南北长二十二步、东西阔六步二小尺七寸、天启元年增买梁本宁地二分

四段　买尹秉恒地一亩六分一厘、南北长四十二步、东西阔九步一小尺

五段　买董一性地一亩五分七厘五毛、南北长四十五步、东西阔八步二小尺

六段　买梁图兴地二亩四分一厘五毛、南北长四十一步、东西阔十四步

七段　买挑官亩地六厘、长二步二小尺、阔六步

八段　买梁本宁地二分二厘、长八步四小尺、阔六步

九段　买董一性地一分八厘五毛、长七步一小尺、阔六步

十段　买梁本宁地一分七厘五毛、长七步、阔六步

十一段　买董一性地亩一分六厘五毛、长四十六步三小尺、阔六步

十二段　买范希祥地八分、长三十二步、阔六步

十三段　买尹秉衡地八分八厘五毛、长三十五步二小尺、阔六步

十四段　买尹秉衡地八分、长三十二步阔六步

十五段　买官道地一分、长四步、阔六步

十六段　买杨可成地一分五厘、长六步、阔六步

十七段　买填地二分一厘五毛、长八步三小尺、阔六步

十八段　买杨可成地二分一厘五毛、长八步三尺、阔六步

十九段　买尹秉衡地四分二厘五毛、长十四步、阔六步

二十段　买袁师平地四分五厘、长十八步、阔六步

　　　　郝文通

二十一段　买刘用良地七分七厘、长三十步四小尺、阔六步

以上买立闸开沟地二十一段、共计地十三亩一分、已经过割讫、碑亦载之

崇祯十二年六月、重兴闸老人张一元、刘芳、李廷植等用价银一钱五分、同人梁本宁、

买到梁守定地一分、立碑、约定每年包谷子一斗、守定仍前耕种、永远不过割

康熙二十九年四月老人张捥邦等、用价银四两、买到葫芦套闸东任自有地一段、计地一

亩、长四十步、阔六步、光绪十五年七月初一重立合同瓦河、葫芦套、重兴闸三闸、一

沟、行水灌田村庄名、列于后孔桥村分瓦河水三日、每昼夜五名使、三昼夜为旧水

第一日

粘计道　一名　　粘大金　一名

姚　魁　一名　　许子敬　半名

许世太　半名　　许子荐　半名
许加计　半名
第二日
滑济民　一名　　滑自圮　一名
陈子威　一名　　刘　其　一名
耿逢银　半名　　耿子招　半名
第三日
许子荐　半名　　许子良　一名半
粘大金　一名　　王之顶　二名
王快村分瓦河水，十一日，每昼夜五名使，十一昼夜为旧水
第一日
周尚德　一名　　周尚友　一名
周大禄　半名　　张希言　一名二分五厘
张天臣　七分五厘　姚时兴　半名
张天贵　七分五厘
第二日
张一礼　一名二分五厘　张一奎　一名二分五厘
张一选　一名二分五厘　张一元　一名二分五厘
张体仁　二名半
第三日
孔　祥　一分　　孔汝勤　四分
孔应节　五分八厘　孔尚登　三分五厘
孔尚奎　三分四厘　孔宗言　六分一厘
孔尚科　三分四厘　孔登选　六分一厘
孔宗武　六分一厘　张天臣　二名
孔登云　六分一厘　张天贵　二名
孔宗汤　六分一厘
第四日
袁大经　半名　　张天臣　半名
袁思文　半名　　袁光祚　四分三厘
袁思礼　半名
袁　貌　一名　　袁　苍　一名
袁　通　一名　　袁　苗　一名
第五日
明　初　一名　　姚起元　一名
袁周　二名半　　张　训　一名
袁满　二名半

第六日

姚自东　一名　姚民顺　一名
吴　潚　一名　吴　稿　一名
　　　　一名[1]

第七日

吴守先　一名　吴天祐　一名
吴　高　一名　袁思明　一名
吴思文　一名　袁思贤　一名
吴思礼　一名

第八日

姚时兴　半名　袁思明　半名
袁光祚　半名　郝希舜　半名
孔尚登　一名　孔尚科　半名
孔登山　半名　郝希颜　半名

第九日

袁思明　一名一分　李贞春　六分二厘五毛
袁思贤　二厘五毛　王建先　一名
袁国佐　二名五厘　王建治　一名
袁国先　二名五厘　王建度　一名
　　　　　　　　　王建极　一名
耿登臣　一名　　　张　隆　一名

第十日

董安武　一名　袁思文　七分五厘
董安卿　一名　袁思礼　七分五厘
袁思荣　七分五厘　董安仁　三分三厘
董安义　半名　董通然　六分七厘
董天然　六分七厘

第十一日

吴邦勋　一名　吴纷　一名
吴守先　一名　吴梅　一名
吴守先　一名

东市村分瓦河水二十名、每昼夜五名使、四昼夜为旧水

第一日

袁登科　一名　袁　敏　一名
袁宗尧　一名　张林选　一名

[1] 译者注：原文如此。

半名[1]　　张计花　半名

第二日

张　岩　一名　　刘天才　一名
刘尚贤　一名　　刘　芳　半名
单　莺　半名

第三日

张希盂　一名　　张希孔　一名
雷希商　一名　　刘光先　一名
王宗尧　一名　　张守田　一名

第四日

荣　其　一名　　荣邦蜀　七分
荣奎先　三分　　荣文光　一名
荣应祯　一名　　荣文光　半名

瓦河水十八日一轮、终为旧水、葫芦套、重兴闸二十五日一轮、为新水、三闸一沟行水、先旧后新、周而复始

葫芦套、重兴闸、王快村老人张一元管五小甲、共分新水一百二十九名、每昼夜十名、使十三昼夜、少一名

孔桥村小甲滑敬节，分新水二十名，使二昼夜

第一日

李景芳　一名　　李景先　一名
李景翠　一名　　粘有富　一名
粘弘儒　一名　　准提奄　三毛
耿子爱　一名　　陈应元　一名

第二日

滑光斗　一名　　滑敬节　一名
粘东来　一名　　粘士彦　一名
许起风　一名　　许大才　一名
许怀玉　一名　　粘弘儒　一名
许学诗　一名
许学易　一名　　陈应选　一名
许起蛟　一名

王快村小甲孔登俊、耿立名、郝壮、姚思本、分新水一百零九名、使十一昼夜、少一名

第一日

耿　炳　一名　　姚守志　半名

[1] 译者注：原文如此。

姚开天　七分五厘　田守　七分五厘
姚家茂　一名　姚思官　一名
姚弘基　一名　袁景信　一名
耿金龙　一名　袁光祚　一名
袁光祚　一名

第二日

姚起元　一名　耿　炳　一名
耿辉圣　一名　性　天　一名
性　皋　一名　宗　禅　一名
赵子贤　半名　周得禄　半名
王协第　三名

第三日

王金玉　半名　张茂桂　半名
吴中正　半名　姚起元　半名
张良栋　一名　袁光荣　一名半
张良栋　半名　王时全　一名
王时全　半名　张弘亮　半名
张茂林　二名　杨喜生　半名
耿辉圣　半名

第四日

孔兴邦　半名　孔文运　半名
孔士奇　一名　孔印美　一名
耿德弘　一名　孔金　一名
左呈瑞　一名　孔学士　半名
孔心保　半名　孔学士　一名
姚堪任　一名　姚建基　一名

第五日

葛天锡　七分五厘　袁子厚　七分五厘
袁家臣　七分五厘　袁嘉乐　七分五厘
袁四端　半名　董应名　半名
袁时友　半名　董明良　半名
董应钣　一名　董天锡　一名
吴尔治　一名　董王良　一名
姚重任　一名

第六日

赵之贵　一名　赵之贵　一名
郭继先　一名　袁应举　一名半

袁光宣　半名　　袁应举　一名
袁光荣　一名　　袁光祚　三名

第七日

袁光祚　一名　　袁光荣　一名
耿辉圣　半名　　耿金龙　半名
袁光祚　半名　　袁景考　半名
袁光生　半名　　袁怀兴　半名
袁景官　半名　　董王良　一名
周得禄　一名　　周一正　一名
周得禄　一名

第八日

吴　凤　一名　　吴致中　二名
吴尔治　二名
吴明儒　二名　　姚　金　一名
吴中正　二名
姚邦新　一名　　张　环　一名
常问能　一名　　姚安宁　一名

第九日

姚时兰　一名　　姚继任　一名
姚泽身　一名　　姚士富　一名
姚后全　六分六厘　姚法仁　六分六厘
姚法仁　六分八厘　姚名山　一名
姚贵德　一名　　赵子贤　一名
左邦生　一名

第十日

张廷秀　半名　　孔士奇　半名
董玉春　一名　　孔　金　半名
孔印孟　半名　　孔印龙　一名
杨　仁　二名　　姚堪任　二名
郝明德　一名　　张大成　一名

第十一日

张养性　一名　　张大业　一名
张士明　一名　　张士美　一名
张士奇　一名　　张士俊　一名
耿　建　一名　　耿尽忠　一名
张金宝　一名

王快村葫芦套重兴闸新水十一日终

东市村老人刘芳、小甲高文斗、张化民、袁自显、雷九贵共分葫芦套重兴闸新水一百二十一名、每尽夜十名使、十二昼夜、多一名

第一日

任从兴　半名　　荣起云　半名
豆　彪　二名　　杨　仁　一名半
孔印龙　一名　　和　尚　二名
黄国鑑　一名半　李中义　半名

第二日

高文斗　一名　　雷富/安民　一名
雷天禄　一名　　雷士民　一名
高冲云　一名　　姚一宗　一名
张自龙　一名　　豆文慎　一名
高冲云　二名

第三日

雷安民　一名　　黄国鑑　一名
袁光荣　一名　　豆克让　一名
高文斗　二名　　袁思成　二名
张三库　一名　　高冲云　一名

第四日

高玉极　一名　　　　张奎文　三名七分五厘
张士达　一名二分五厘　张化民　二名
袁　维　一名　　　　张天禄　半名
高冲云　半名

第五日

高冲云　一名　　袁思贵　一名
荣自来　一名　　高文斗　三名
黄国鑑　一名　　黄元会　一名
袁文炳　二名

第六日

袁玉生　一名　　袁学生　一名
袁思贵　一名　　袁弘道　一名
袁光金　一名　　荣自来　一名
高文斗　一名　　高会极　一名
高玉极　一名　　张自孔　一名

第七日

耿士达　二名　　雷生云　一名
孔云凤　一名　　荣万钟

| | | | |
|---|---|---|---|
| | | 荣我隆 | 三名 |
| | | 耿德弘 | |
| 荣我振 | 半名 | | |
| 荣万禄 | 一名 | | |
| 荣万芳 | 一名 | 雷士民 | 一名 |
| 荣万淳 | 一名 | | |

第八日

| | | | |
|---|---|---|---|
| 苏宗道 | 二名 | 荣　芳 | 一名 |
| 张　秀 | 二名 | 荣万祉 | 一名 |
| 陈　纲 | 一名 | 王九思 | 三名 |

第九日

| | | | |
|---|---|---|---|
| 王九思 | 三名半 | 荣万禄 | 半名 |
| 荣万禄 | 一名 | 荣自来 | 一名 |
| 张　德 | 二名 | 张　亮 | 一名 |
| 张　广 | 一名 | | |

第十日

| | | | |
|---|---|---|---|
| 赵子贤 | 四分 | 齐　生 | 六分 |
| 袁　贵 | 半名 | 雷文动 | 半名 |
| 耿德弘 | 一名 | 袁文炳 | 一名 |
| 袁光祚 | 一名 | 袁瑞麟 | 二名 |
| 郝邦显 | 半名 | 荣起云 | 半名 |
| 袁文炳 | 半名 | 高沖云 | 半名 |
| 李中义 | 一名 | | |

第十一日

| | | | |
|---|---|---|---|
| 赵　振 | 半名 | 黄国鑑 | 二名半 |
| 性　天 | 一名 | 能　兴 | 一名 |
| 能　安 | 一名 | 赵耿芳 | 一名 |
| 荣起云 | 二名 | 杨师芳 | 一名 |

第十二日

| | | | |
|---|---|---|---|
| 董呈祥 | 一名 | 李长枝 | 一名 |
| 李悟一 | 一名 | 张廷秀 | 半名 |
| 孔尔勤 | 半名 | 袁　富 | 一名 |
| 孔德弘 | 一名 | 陈开新 | 一名 |
| 袁文炳 | 一名 | 郭　贞 | 半名 |
| 豆　钦 | 半名 | 任凤盈 | 半名 |
| 雷　富 | 半名 | 张志学 | 半名 |
| 李中义 | 半名 | | |

（下面是在前页资料中记载的关于在万历十四年间建设的邢台县葫芦套（重兴闸）的水簿。根据例子，在首页记载了该水门建设的沿革和之后审理发生在南和、沙河两县民间的用水争讼的官员确认孔桥村等正当用水权的原委。后半部分是用水镰夫（用水权者）的村落，用水日期的名寄账。另外，后文刘承谟名义下的割书是将土地所有权和用水权分开处理来买（卖）水、买地、水价等的，是在其他的资料上看不到的罕见特例。

这个账簿缺少封面，册内只有康熙年间的注记，其制作日期不明，或者可以从前面记载的资料附页中推测，但从记载的内容来看，完全像另一个账簿。）

直隶顺德府邢台县为新开闸口作兴水利事、万历十四年因久旱、王快村老人孔自才等、见得城东南百泉闸下流有葫芦套、地涌源水、水势甚胜、具告本县郝老爷并本府张大老爷准、开、修葫芦套水利、买地挑沟、阔一丈长八里、自孔桥村起至沙河徐汪村止、沟成修地价各项费银千两有余、水行至孔桥村东、老人郭子先又用价银三十余两、买地挑沟引水南汪、水利已行、被南和县民具告、赴抚/按两院并兵道告争水利、老人孔自方并诉、蒙批、三县审理未定、又蒙本府清军听刘老爷、粮听陈老爷、亲旨踏看、得水势原系邢台地方涌出、源泉难以分轮、上闸数月、以定成规、永远遵守、恐有无知小民告扰、因造写印信清册修照、共水五百名、分为两沟、北沟二百五十名、南沟二百五十名、每昼夜十名、周而复始、议定该上村使水则闭下村正沟、该下村使水则闭上村耳沟、各村俱有耳沟、俱各按时启闭、均沾水利、民获大惠、至万历十八年又被沙河县民告争、本县朱老爷断令、双庙以前、邢台正东、沙河正南、不许侵我瓦河旧例、亦不许别行挑沟、至万历十九年、又被沙河民告扰、蒙本县朱老爷召沙河民、谕之曰、尔胡贪而健讼若是、夫以邢民所买邢泉、不尽为邢之用、而以借汝、汝又不图报德、而狡焉以侵我旧例、是无厌也、因蔽其罪、乃始顿首服请、勿复敢争也、妥勒贞珉以垂永远、至康熙五十七年、孔桥村刁民滑奉山、粘有富等、捏借沟之说、将老人姚起元逼立文约、耳沟不许封闭、正沟不许挑滤、姚起元、吴致中等俱呈

学宪吴大老爷伊等咆哮公堂、不容审讯、蒙

大名道陈大老爷访问、提审将滑奉山重责二十、复蒙亲行踏看、批令孔桥村耳沟、原应照例启闭、不得常开、以妨下流、归结在案、不意墨迹未干、滑奉山讼心不息、贿买楼下村楚应昌等、于六十一年四月内捏控

守道李大老爷案下、蒙批

邢台县戴老爷确查报、随即亲旨河堤、遍水源查、葫芦套重兴之水流入瓦河旧渠、向为孔桥、王快等村灌溉地亩、与楼下村毫无干涉、孔桥耳沟理应按时启闭、楼下村耳沟、理宜永远封闭、流珠小堤、既在百泉河南、瓦河葫芦套闸在百泉河北、相隔二里、不得肆行混赖、申祥守宪蒙批、既经勘明、仍照旧例、按时启闭、永息争端、勒石杜讼在案、恐日久年远、争端复起、因叩

天讨印红册、永为定例遵照、仍将本县看语（脱）及各上宪批详定例、并用过价银买到立闸地段亩数、各村小甲使水镰夫姓名、开列于后

南河葫芦套重兴闸、孔桥村分水八名、灌地八十亩

第一日

许子荐/平　七名半　　张一诗　半名

王快村分葫芦套重兴闸水四十二名、使四昼夜零二名刘承谟买水文约朱批、刘承谟水二名自子时使水、至日出为止、不许多使时候、断语、彼时高氏卖地与陈纲、不会卖水与陈纲、刘承谟　二名　因陈纲将地并水转卖与刘承谟、得水价银一两二钱、所以起争端也、今将水价断明追陈纲所受之银、以与高氏使用、高刘两家轮流使水、以绝葛藤、与陈纲全无干涉文约、康熙二十六年二月十八日

第二日

姚起元　四名　　吴承典　一名

吴贞吉　二名　　吴贞吉　二名

姚相臣　半名　　吴贞吉　半名

第三日

吴贞吉　一名　　吴起　二名

董安友　二名　　吴思隆　一名

吴在前　二名　　吴奋/化鹏　二名

第四日

吴计学　一名　　吴化鹏　一名

吴奋/化鹏　一名　吴奋鹏　一名

吴性樸　一名半　吴明儒　一名半

吴养心　一名　　吴承业　一名

吴承典　一名

第五日

吴绍宗　一名　　吴邦勋　一名

吴　缟　一名　　吴景翠　一名

吴大猷　二名　　吴舜卿　一名

周　春　一名　　吴性樸/明儒　一名

姚光宝　一名

南市村共水一百名

第六日

葛九叙　四名　　姚一宗　二名

葛九叙　四名

第七日

吴祭诚　二名　　葛九德　四名　卖于吴钧

黄国鉴　四名　　卖于姚等忠

第八日

陈见可　四名　　葛奎/锡光　三名

葛本固　二名　　葛九增　一名

第九日

葛九战　一名　　葛九合　一名

葛大良　一名　　葛希舜　一名

葛之全　一名　　葛如杭　二名

吴大献　三名

第十日

葛　英　三名　　田化云　一名

刘宗汉　四名　　郭卫民　一名

郭尚会　一名

第十一日

郭子先　一名　　郭弘尽　一名

郭尚彬　一名　　郭尚樸　一名

郭　平　一名　　郭卫民　一名

郭巩固　二名　　李毓粹　二名

第十二日

郭进财　二名　　郭完固　二名

郭巩固　三名　　郭廷起　二名

高自卑　一名

第十三日

范登科　三名　　魏邦学　一名

张宗儒　一名　　姚安仁　一名

姚守法　二名半

姚泽大　二名半　李廷植　半名

赵可振　二名半

第十四日

姚一明　二名　　李之秀　一名

姚思颜　二名　　葛延昌　一名

葛延安　一名　　姚起元　一名

冀从周　一名　　冀孟春　一名

第十五日

葛万钟　二名　　苏宗道　二名

郝大山　六名

南市屯共水五十名

第十六日

伙　水　一名　　李恒　一名

李一明　一名　　周君位　一名

杨　随　一名　　田守金　一名
李治邦　一名　　秦承业　一名
赵连增　一名　　刘进　一名
赵继宠　一名

第十七日

董文举　一名　　范知礼　一名
胡喜山　一名　　李应名　一名
刘　进　二名　　田万仓　一名
赵　煜　一名　　田万粮　一名
王文秀　一名

第十八日

赵文广　一名　　张棋昌　一名
刘　进　二名　　赵文广　一名
梁国栋　五名

第十九日

梁国栋　二名　　张守先　一名
胡运成　一名　　张守业　一名
李士俊　一名　　晋来贵　二分五厘
晋姿元　七分五厘　苏宗道　一名
晋来贵　一名　　晋自美　一名
　　　　　　　　晋来贵　一名

第二十日

赵方叶　一名　　秦绍光　一名
马时春　一名　　赵弘量　二名
　　　　　　　　赵连鲁　二名
刘　进　一名　　刘登科　四毛
徐汪村共水六十名

第二十一日

刘中举　三毛　　刘登选　三名
杨　富　三名　　杨登云　一名
杨　贵　三名

第二十二日

杨登举　一名　　杨进朝　一名
杨大贤　一名　　胡士威　一名
胡　贵　一名　　王守库　三名
王尚友　二名

第二十三日

宋天保　一名　　何孟秋　一名
何天福　三毛　　王　甫　二名
王　江　二名　　王大有　一名

第二十四日

王加会　一名　　杨复元　一名
王　何　二名　　王　强　一名
张有才　三名　　张有库　二名

第二十五日

张景堂　二名　　张存仁　一名
吴大猷　三名　　张相公　一名
王尚花　二名　　王朱才　一名

第二十六日

王有才　一名　　王满坐　一名
张朝德　一名　　陈进忠　一名
李中仁　一名　　岳廷高　一名
袁大让　半名　　张福田　半名
吴大猷　一名　　王建度　二名

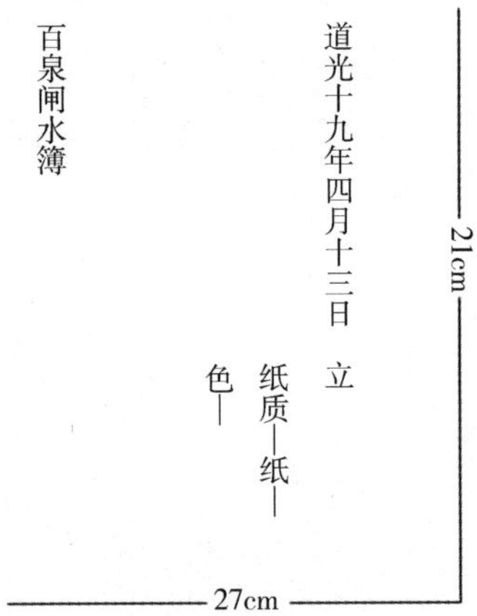


注：本簿和后面的百泉闸水簿不同的地方如下

百泉闸水簿※的地方有如下追加

“嘉靖十一年十月十五日、买王戒百泉村堤前地临河地二十八亩七分、顺河南岸、曲曲弯弯、至顶头泉、四至活科宽窄不等、同人吴?[1]卖与百泉社吴西等七寸使水人户护堤使用、价即五十五两”

---

〔1〕 译者注：原文如此。

相同的百泉闸水簿的※A 印的地方如下

※A

“道光三年、百泉闸楼孔二村老人李金性、东市八村老人荣景祥、于三月十三日上闸、见堤堰将坏、意欲修补、颇缺挖土地、共相踌躇、赖弓楼下村李金性口称、自乾隆二十八年九村老人辛复元等新欠邓姓租科、未能交完、遂将闸北苇地一段、许伊收割、以当租科、迄今数十余年矣、因东市村老人荣景祥、查看水簿、查出新租外姓地亩、自乾隆四十八年地尽回、租科不要、理应此地仍归百泉闸、挖土筑堤、但而时老人不究郑姓不交、年深日久、谁复记忆、今幸者老人李金性、荣景祥皆成事之人、不忍以前人新置之地、弃之如遗、同心协力兴郑姓理论、将北地讨回、地之苇草、轮流老人收割、以编纳粮、此系旧例、永为遵守”

1、租科轻重，开列于后

又有护堤地、众人租种者

蔡家地秋租八斗

以下同文

同样在※B 印

有“自乾隆四十八年新租外姓地亩尽收回、租科不要”，以下同文

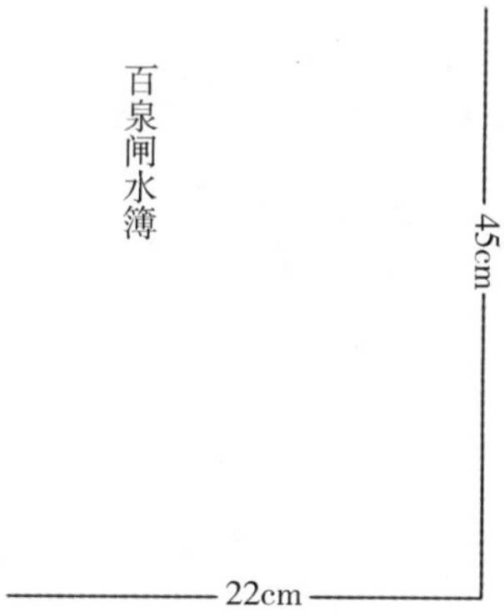


（这是关于从邢台县楼下村流至沙河县徐汪村、作为 9 个村的耕地灌溉用水而建造的百泉闸（后来被称作盆永或永利的闸名）的镰户的用水簿。在前半部分有刻了同闸的堤、石闸、蓄水（储蓄水）原地等的创设由来的碑文、以及记录了堤防、河身、退水（排水）沟的等水门、沟渠用地的买收契约证、在后半部分是其用地征收的税额和镰户的分摊方法、还将分属于南河和中河的用水权者以用水日以昼夜而分特别列记（前者是每 27 日、后者是每 25 日轮流一循环）据此，略知同水门是明朝弘治年间创设的，并在雨后数次反复修复。在买卖契约上百泉闸社、百泉社等买主除了使用一种法人名义?[1] 以外，中介

〔1〕 译者注：原文如此。

者即说合人几乎无一例外参与了买卖，这一点是应该重视的吧。）

洪治年间社建百泉堤

嘉庆年间顺德府知府刘应节、邢台县知县何岑重修

隆庆年间邢台县知县耿鸣世创建石闸

万历年间邢台县知县吴光龙、王夫受

顺治年间邢台县知县米里、相继重修、引百泉水、自楼下村起、至沙河县徐汪村止、灌田九村计二十五顷、渠阔一丈、长八里、八村共分水五百二十名、每月周而复始、按印册、该上村使水、闭下村正沟、该下村使水、闭上村耳沟、定有成规、再楼下孔桥二村、轮流、议老人督工、至北屋王快南市东市四村、亦轮流、议老人督工、勿容紊乱

万历四十年重修百泉闸碑序　　　吴道明撰

邢之南十里有地曰百泉者、澧水之所自出也、旧有堤蓄之、而东灌楼下等九村、然秋辄决、春复筑之、颇烦民之财力、隆庆四年、山东新城耿侯、始议创建石闸、以时起闭、而堤用是不溃、诸堤三有闸自此始、于是九村之民得永享其利、而不敢忘侯之功也、相与尸祝之、而名其堤曰耿公堤、沿于今四十余年、车马之所摧铄、风雨之所摧剥、湍激之所齿蚀、堤渐坏而树渐秃、即闸水亦磷磷就圮、昔耿侯虑始深、惟今昔之故、印簿分水、井水界限、毫丝不可搅、人们守为令申者、今亦申损不可读、万历壬子春、九村民检举吴缟为三老、缟乃建白于县、欲筑堤修闸造册请印、以为后世永赖之计、时南海吴侯晋知水利、而保民如子、因慨然主其事、篁不数月而功竣、长堤蜿蜒如龙蛇、桃柳遥望寥然、而照前册印造、且批照如山岳之不可动、比前更严、事事为之一新、于是九村之民感侯之德、如耿侯也、鸣呼莫为之后、虽盛弗传耿侯、虽兴利得吴侯、而名益永、自此以后、又食吴侯之德、于无穷矣

郡人能绍先百泉闸顶头堤序

夫为政之道多端、大要在与民兴利而已、利莫重于民食、所望于父母斯民甚殷也、己卯之夏、公来治邢、为民生计者、咸登怀抱阅、明年庚辰旱魃为虐、公方尽力于沟洫、补天地之憾、遍历邢封、旨百泉头、泉有旧堤见溃、因立石闸名永利、未几而沙民无端起讼、且蚁聚蜂屯、欲决百泉之堤、以缟邢东九村之禾、公即立为砥柱、申请上台、蒙批已成铁案、公又虑之远矣、命生员孟伸曾、用时值价银三十五两、买王道陆地三十二亩、为蓄水之源地、堤外众家地胥共二十九亩九分五厘七毫、卖与东九村管闸老人葛汉卿管以为关锁、念百泉与九村皆为邢人、务期境内相安、仿古者让半之风斯已矣、功成而利兴、岁荒不能为之灾、俾室家归妇子、幸有秋而歌、宁止伊谁之功、昔赴大观宰永昌筑堤灌田、以绝水讼、比召杜君、又为民镯荒地之税、怜倈马之苦害、唯恐其独累事、惟举于重轻、绅衿跻堂称贺、小民途歌巷舞、种种善政、姑述其一二大端、余未易更朴敷衍、将秉公衡道、济天下、则永利闸之流膏其肇端耳

邢台县知县韩按祖、号湛中、百泉闸南顶头堤、新立永利闸碑记

崇祯十四年庚辰月　日立

洪治十三年九月十五日、立文约人张岩、因为不便、将堤后东西地一段、计地四亩七分、南至阎秀、东北至卖主、西至河、说合人阎志通、卖与张雷名下为业、价银四两七钱、立契存照

正德二年五月二十八日、立文约人张雷、将原买张岩地一段、四亩七分、南至郭廷相、东北二至张四听、西官亭、说合人张志达卖与百泉社吴越等七村使水人户护堤使用、今丈量昌阔五十一步二小尺、东西二阔俱十四步、其地三亩、其外地一亩七分、俱保闸口以下河身

百泉闸社旧地亩四至条段、开列于后

弘治十二年八月二十三日、立文约人阎福海、因为不便、将堤堰前后地十一亩五分、东南二至河、北至堤、西至兰、说合人孔明、卖与百泉社兰深名下、价银十一两五钱

正德九年五月二十三日、立文约人兰深、将原买阎福海堤堰前后十一亩五分、南至张四教、西至阎思让、北至官亭、东至河堤、说合人孔自起、卖与百泉社吴越等七村使水人户挖土筑堤使用、价银十一两五钱、今丈量长活六十五步、东活十六步、西活二十一步、算地五亩、其外地六亩五分、俱係闸口下河身

正德九年五月二十日、立文约人阎秀、将堤前退滩地二亩七分、东至李升、南至阎福海、西至河、北至堤、说合人王赞卖与百泉社郭永年等七村人户挖土筑堤使用、每亩价银一两、共价银二两七钱、两家情愿、永远存证

正德十五年五月初二日、立文约人阎福海、将堤前退滩地三亩二分、东至李昇、西至河、南至卖主、北至买主、说合人张臣、卖与百泉社郭永年等七村使水人户挖土筑堤使用、每亩价银一两、共价银三两二钱、当日交足不欠、永远存照

正德十一年五月十五日、立文约人阎友仁、将堤前退滩地六亩、东至李昇、西南二至河、北至买主、说合人张臣、卖与百泉社郭永年等七村使水人户挖土筑堤使用、每亩价银一两、共价银六两、当日交足不欠、永远存照

以上前后三段、郭永年共买地十一亩九分、今退粮十三亩二分、丈量明白、东至李孟春、北至吴越、西南二至河、共计苇地正九亩以下河身空地四亩五分

嘉靖五年四月二十七日、立文约人王河、将河东地三亩三分、东至赵王、西南北三至俱係河身、说合人张进、孙会、卖与孔政德等七村使水人户挖土筑堤使用、每亩价银一两五钱、共价银四两九钱五分、其银当日交足不欠、永远存照

嘉靖八年二月初三日、立文约人阎福海、将堤后地一段、计地一亩八分、南至买主、东西北三至卖主、说合人、张学、卖与百泉社任吉等使水人户作退水沟使用、价银三两四钱、今丈量长活四十步、横活七步一尺、算地一亩二分、又长活三十六步、横活四步、算地六分、两段共地一亩八分

※别记参照（道光十九年树德堂、百泉闸水记）

嘉靖二十四年三月初八日、立文约人郝清、将小堤河北地一亩二分、东西二至郝洪、北至买主、南至河、说合人张渠、卖与百泉社孔明德等七村使水人户挖土筑堤使

用、每亩价银三两、价银共三两六钱、其银交足不欠、永远存照

嘉靖十一年十月十五日、立文约人王戒、将百泉村堤前地二十八亩七分、顺河南岸曲曲弯弯至顶泉、四至活科宽窄条段不等、说合人吴河、卖与百泉社吴锡等七村人户护堤使用、共价银五十五两

嘉靖三十四年四月十七日、立文约人董敖、将大堤后地二亩六分、东西二至吴友仁、南北二至流水河、说合人张周明、卖与百泉社葛大臣七村使水人户、以作退水沟使用、每亩价银二两、共价银五两二钱交足、永远存照

隆庆四年、王戒堤后约三百余步、有地二亩五分、欲出卖与闸上吴锡等、因离堤遥远不买、王戒具状告县、差役踏验、回到县审的、王戒粮尽地尽、今吴锡买下价银五两、又令老人当堂拘镰夫修官亭三间、今日久年远、将官亭倒塌、一切砖瓦木料、被人盗去无存、东乡镰夫、人多姓杂、心力不齐、无人查考、托地基侵去、本县正堂耿、因修闸口救民荒旱、镰夫吴邦礼告查在河水泉地契、旧官亭地二亩五分、在生员徐体仁名下承种、彼时老人郭有得、耿自亮检举、蒙提徐体仁到县审出、在域社韩连盗卖情由、将各犯拘获到县、审的韩连一亩三分、近邻王竣盗卖地八分、王德侵种地四分、三人取种认罪、退官亭地二亩五分、断令老人郭有德、耿自亮、尽官亭坐根基使用、仍结照一章、日后闸口地亩不许侵占盗卖

隆庆五年五月十六日、百泉社立卖约人徐体仁、当堂同说合人胡以良、将旧官地四亩、卖与吴锡等七村修盖官亭使用、每亩价银一两五钱、共价银六两、立契存照、本县正堂耿因此地遥远、往来不便、令老人郭有德、耿自亮、将此地换与高村社王三锡承管王三锡堤后地四亩、王三锡、郭有德两家情愿兑换、印信红契各一张收执存照、其后地内盖官亭三间、门房一间、茅厕一间、内立府碑一桶、县碑一桶、共十二契、共买地七十三亩五分、内有河身空地四十亩一分一厘一毛

皇恩照例除豁、有帖存照、现在官亭地四亩、堤堰苇地二十九亩三分九厘、共地三十三木三分九厘、楼下等七村镰夫三百九十一名均摊、每镰摊认地九厘、在该年小甲名下承管、以备纳粮、其外苇地树木、日后苇贷卖银钱、修补闸口官亭公用

崇祯十四年邢台县知县韩按祖、因沙邑之民无端妄控、欲决堤争水、以稿邢邑楼下等九村之禾、邑侯即力为砥柱、命老人葛汉卿、又用价银三十二两、买到百泉村顶头堤外众家地二十九亩九分五厘三毛、人一丁共征银二两五钱九分六厘、两河共出籽科水分三百九十一名、每名摊银九厘、在十三小甲名下承管、以便纳粮

康熙五十六年七月十三日、立约人赵卜世、将百泉村东地二段、计中地二亩、北段东至柴、南至官地、西北二至胡、南段东至胡、西至官地、北至徐、南至田、外代（带的借字）空地五分、同官中游大衢、扬永利说、卖与百泉闸老人等挖土筑堤使用、共价银六两、永远存照　※A

一租课轻重

蔡家地秋租八斗钱银在内、今已卖与百泉村

又有护堤地泉人租种者

梁艾宇谷子四斗

阎　　　　　　　　北屋村水子一石二斗

　家地秋租一石七斗

魏　　　　　　　　前楼下老人水子一斗五升

　王氏谷子三斗八升

郑家地秋租一石、麦租三斗

赵家地秋租一石二斗

李家地秋租一斗、麦租一斗

看闸工粮三石

共该秋谷十石九斗、亦按三百九十一名均摊、每名摊谷三升九合四匀、在十三小甲名下承管、以便纳租

※B

一护堤地亩、开列于后

梁　举　地一亩八分一厘七毛

梁　通　地二段一亩二分三厘三毛

王安己　地四分七厘五毛

王道兴　地一亩八分

任　贺　地四亩

梁治民　地五分八厘四毛

贺文桀　地七分五厘

王安才　地一亩

李　英　地五分八厘四毛

共九契、计地十二亩二分四厘三毛、此系郑家堤周围、于崇祯十四年老人葛汉卿、同小甲公买、以作关锁之计者

百泉闸使水名分、开列于后、上段系南河、下段系中河

楼下村使水十八名　　　　楼下村使　水十三名

空水十二名（不知何故）　空　水十四名

孔桥村使水五名　　　　　孔桥村使　水四十三名

北屋村使水六十六名　　　王快村使　水六十四名

　今系楼下使不知何故

王宅使水十名　　　　　　东市村使　水二十六名

北屋村使水八名　　　　　南市村使　水二十六名

王快村使水十二名　　　　南市屯使　水十五名

南市村使水五十七名　　　孔桥村使　水十名

王快村使水二十二名　　　西徐汪使　水九名

南市村使水五名　　　　　东徐汪使　水二十一名

南市屯使水十七名　　　　孔桥村使乱　水三名

西徐汪使水七名　　　　　王快村使乱　水三名

东徐汪使水二十一名
苇地使水十名
以上共水二百七十名、
二十七日一轮
南河第一日苇地水
葛宅　水十名
第二日昼六名
张春元　楼下村起
水一名半
张振秀　水半名
张相如　水一名半
韩大朋　水半名
郝　旗　水二名
夜四名
李　宅　水四名
第三日昼六名
李　宅　水六名
第四日
李　宅　水二名
空　水　水二名
第四日昼夜　夜四名
空　水　楼下止
水十名
第五日昼六名
赵守登　孔桥起
水一名
赵　智　水一名
赵治臣　水一名
许廷诏　水一名
许　详　孔桥止
水一名
牛　兴　北屋起
水一名
夜四名
魏邦汉　水一名
魏国宁　水半名
牛兴鲁　水半名

南市村使乱　水三名
王宅使　水十名
以上共水二百五十名
二十五日一轮
中河第一日昼六名
张立邦　水一名
张相如　水二名
申奇献　水半名
刘际春　水半名
孟四钵　水一名半
张进财　水半名
夜四名
楚应昌　水一名
辛　深　水二名
孔贞贤　水半名
李　宅　水半名
第二日昼六名
郝　旗　水二名
空　水　水四名
空　水　水四名
第三日昼六名
空　水　水六名
夜四名　楼下止
空　水　水一名　孔桥起
耿登科　水一名
曹景新　水一名
李成奇　水一名
第四日昼六名
李成奇　水半名
耿　介　水二名
许　灿　水一名

李　盛　水一名
魏国俊　水一名
魏国来　水一名
第六日昼六名
魏国行　水三名
魏国昌　水三名
魏起汗　水一名
魏国印　水一名
刘千刁　水一名
刘千古　水一名
夜四名
智　学　水一名
蔡　宅　水一名
任之荣　水一名
蔡　宅　水一名
第七日昼六名
蔡　宅　水一名
任登应　水三名
田?[1]慈　水一名
辛承旗　水二名
夜四名
辛承旗
赵加起　水二名
第八日昼六名
赵加起　水二分
赵可成　水八分
赵可明　水三名
赵可仁　水七分
赵可举　水七分
赵可才　水七分
赵可印　水五分
任养富　水二名
赵加起　水一名六分
辛义生　水一名
夜四名

曹景新　水一名
许　灿　水一名
吴邦玉　水半名
夜四名
吴邦玉　水半名
吴景文　水二名
吴安仁　水一名
李　宅　水半名
第五日昼六名
李　宅　水半名
耿　文　水一名
李成奇　水二名
李景先　水二名半
夜四名
李景先　水一名半
赵　氏　水半名
赵可为　水一名
赵　纪　水一名
第六日昼六名
赵　纪　水半名
赵可武　水二名
许治臣　水一名
许治宁　水一名
许廷成　水一名
许　受　水半名
夜四名
许　受　水半名
许天禄　水一名
许大朋　水一名

〔1〕译者注：原文如此。

魏起隆　水一名

孙光前　水二名

张遇达　水一名

夜四名

张遇达　水二名

李　宅　水一名

霍养达　水一名

第十日昼六名

霍养达　水半名

霍从信　水半名

霍从礼　水半名

刘　达　水二名

刘相公　水一名

辛承旗　水一名

霍尔同　水半名

夜四名

霍养明　水一名

辛承旗　水一名

胡　玉　水二名

第十一日昼六名

晋周南　水一名

霍德秀　水五名

夜四名

赵家兴　水二名

蔡交　水二名

第十二日昼六名

任之荣　水一名　北吴起<br>楼下起

王　宅　水五名

夜四名

王　宅　水四名

第十三日　昼六名

王　宅　水一名　楼下止

晋周南　水二名　北屋起

许廷诏　水一名

许廷戚　水一名

滑　森　水一名

滑　学　水一名

夜四名

粘有富　水一名半

粘士彦　水半名

许　祥　水二名　孔桥止

第八日昼六名

黄国鑑　水三名　王快起

袁怀璞　水一名

吴学申　水一名

吴进成　水一名

夜四名

焦尔富　水一名

吴成业　水一名

李相公　水一名

吴文学　水一名

第九日昼六名

吴承现　水半名

吴根心　水二分五厘

吴承业　水七分五厘

吴承典　水七分五厘

吴继方　水一名半

曹大经　水一名

吴　乾　水半名

袁景官　水一名半

夜四名

周全福　水一名

周满学　水一名

姚发身　水一名

姚开天　水一名

第十日昼六名

姚家隆　水一名

吴跃龙　水二名半

吴仲秀　水一名

魏邦秀　水一名　　　　　吴正吉　水一名
胡　玉　水二名　　　　　吴正学　水半名
夜四名　　　　　　　　夜四名
胡　玉　水一名　　　　　吴正学　水一名
李　宅　水二名　北屋止　吴学身　水一名
吴体心　水半名　王快起　吴大猷　水一名
吴邦礼　水一名
吴承现　水半名　　　　　吴　吉　水一名
第十四日昼六名　　　第十一日昼六名
吴存心　水半名　　　　　周名业　水一名
吴根心　是半名　　　　　王　宅　水五名
吴养心　水一名　　夜四名
许怀玉　水一名　　　　　王　宅　水四名
薛邦英　水一名　　第十二日昼六名
李子身　水一名　　　　　王　宅　水一名
吴跃龙　水半名　　　　　吴振体　水一名
马乘龙　水半名　　　　　姚发身　水一名
夜四名　　　　　　　　　张　玿　水一名
马乘龙　水二名　　　　　张大臣　水半名
吴　凤　水二名　　　　　张大业　水七分五厘
第十五日昼六名
田长民　水一名　王快止　夜四名
葛维世　水一名　南市起
葛之刚　二分五厘　　　　胡　灿　水一名
葛景芳　水一名二分五厘　郝　良　水一名七分
葛奎光　水一名　　　　　郝　玉　水一名
葛泽昇　水三名　　　　　孔学秀　水二名
孔学诗　水二名
第十六日昼六名　　　　　左呈瑞　水一名
葛泽昇　水六名　　　　　孔印朋　水半名
夜四名　　　　　　　　　孔印美　水七分
葛之盈　水一名　　　　　赵光前　水八分
葛之才　水二名　　夜四名
葛三保
葛现成　水半名　　　　　赵光受　水半名
葛养元
郭文辉　水半名　　　　　袁景祥　水半名

第十七日昼六名

郭文辉　水一名
郭尔富　水一名
郭尔全　水一名
郭文焕　水一名
郭　汗　水一名
郭文跃　水一名

夜四名

郭文跃　水一名
许怀玉　水三名

第十八日昼六名

许怀玉　水二名
董才玉　水一名
孟自夏　水半名
郭昌俊　水半名
郭喜福　水二名

夜四名

李　宅　水一名
葛之柄　水一名
郝乘龙　水一名半
杨仁　水半名

第十九日昼六名

杨　仁　水一名
葛渶宾　水一名
曹文香　水一名
冀武秀　水一名
冀福有　水二名

夜四名

冀福有　水二名
郝乘龙　水二名

第二十日昼六名

张奇虎　水一名半
张可治　水半名

赵子贤　水一名二分
赵发身　水一名二分
姚泽谟　水三分
姚一体　水半名
吴文学　水一名

第十四日昼六名

董建标　水一名
董应钦　水一名
董建标　水一名
张九思　水七分五厘
张九义　水七分五厘
张茂之　水一名
刘承谟　水一名七分五
姚守业　水半名

夜四名

张　灿　水一名
姚家茂　水一名
耿文盛　水一名
董承瑞　水一名
孔印朋　水一名
吴福成　水一名

第十五日昼六名

袁景灿　水一名
袁德光　水半名
袁光起　水半名
袁光富　水一名　王快止
杨　仁　水一名　东市起
袁思齐　水二名

夜四名

袁思齐　水一名
吴良吉　水半名
荣光显　水二名半

第十六日昼六名

荣自来　水二分五厘
荣万祉　水一名五分五厘
张　户　水七名
荣万禄　水一名
李　梅　水半名

张自成　水半名

张其素　水半名

葛之盈　水半名

葛之全　水一名

霍养家　水一名半

夜四名

葛泽昇　水二名　南市止

吴凤　水二名王快起

第二十一日昼六名

吴跃龙　水一名

吴成现　水一名

吴成典　水一名

吴成业　水一名

吴继芳　水一名

张志方　水一名半

夜四名

吴福成　水一名

吴大献　水一名

吴学申　水一名

吴　吉　水一名

第二十二日昼六名

周全福　水一名

张九思　水半名

张九义　水半名

吴体心　水半名

姚守法　水一名

姚思勤　水一名

吴根心　水半名

郝　旗　水半名

孔印志　水半名

孔印美　水半名

夜四名

袁景灿　水一名

姚同佐　水半名

姚大任　水半名

吴大献　水一名

荣　芳　水六分七厘

荣万喜　水三分三厘

荣万禄　水一名

夜四名

吴王邦　水半名

荣　芳　水半名

吴　玉　水半名

许　灿　水半名

粘九良　水一名

粘九重　水一名

李崇奇　水半名

赵　乾　水半名

第十七日昼六名

李崇奇　水半名

赵　乾　水半名

吴进吉　水一名半

荣自来　水一名

田自有　水一名

李可利　水一名

张益显　水六分

夜四名

张益显　水四分

王九思　水一名六分

宗　道　水二名　东市止

第十八日昼六名

郭廷相　水一名　南市起

郭廷爵　水一名

郭廷弼　水半名

葛宗洪　水半名

耿文焕　水三名

夜四名

耿文柄　水二名

郭自贤　水一名

郭　洪　水一名

第十九日昼六名

葛九德　水二名南市止

葛天锡　水一名　　　　葛良臣　水二名
第二十三日昼六名　　　姚安宁　水一名　南市屯起
吴承典　水一名南市起　夜四名
郭　宽　水一名　　　　吴承业　水半名
郭　广　水一名　　　　李成奇　水一名七分五厘
郭尔富　水一名　　　　曹景社　水一名七分五厘
郭宏振　水一名南市止　第二十日昼六名
马时春　水一名南市屯起　吴光祀　水一名
夜四名　　　　　　　　袁怀显　水一名
张志达　水二名半　　　陈　刚　水一名
王宏昌　水一名　　　　姚开天　水一名
胡升阶　水半名　　　　薛邦英　水半名
第二十四日昼六名　　　姚泽大　水半名
刘　进　水四名　　　　姚思尹　水一名
　　　　　　　　　　　姚思臣　水一名
刘继善　水一名　　夜四名
李　恒　水一名　　　　宋显德　水一名
夜四名　　　　　　　　吴好扑[1]
吴大猷　水四分　　　　吴　凤
第二十五日昼六名
吴大猷　水半名　　第二十一日昼六名
胡升阶　水一名半　　　新　水　六名孔桥使
王明德　水一分西徐汪起　夜四名
许来秀　水半分　　　　新　水　四名　孔桥使
刘可顺　水七分五厘　　第二十二日昼六名
刘方全　水一名　　　　许　灿　水三名徐汪起
辛　梅　水半名　　　　孔　金　水一名
赵光显　水二分五厘　　孔文通　水一名
夜四名　　　　　　　　张　邦　水一名
赵光显　水一分五厘　　夜四名
杨恒敬　水一分　　　　许国花　水一名
杨守金　水半名　　　　许学易　水一名
杨正德　水二分五厘　　滑光斗　水一名西徐汪止
杨恒昌　水半名　　　　李文盛　水一名　东徐汪起
杨国豪　水半名　　第二十三日昼六名
王起才　水半名　　　　李文盛　水半名

[1] 译者注：原文如此。

王满楼　水二分五厘　　　李从凤　水一名半
张远光　水二分五厘　　　李玉达　水一名
李进财　水一名　　　　　李喜玄　水一名
第二十六日昼六名　　　　李宝秀　水二名
　　　　　　　　　　　　李奋朋　水二名
李进财　水半名　　夜四名
李奉儒　水二名半　　　　李奋朋　水一名
李春芳　水二名　　　　　李异品　水二名
李明道　水一名　　　　　王邦兴　水一名
夜四名　　　　　　　　第二十四日昼六名
李明道　水一名　　　　　王邦兴　水半名
李兴子　水二名　　　　　王增易　水一名半
李春芳　水一名　　　　　李自重　水一名
第二十七日昼六名　　　　郭　介　水一名二分
王毛岗　水一名　　　　　郭希禹　水一名七分
王德才　水二名　　夜四名
郭　介　水一名　　　　　王邦才　水一名半
葛希禹　水一名　　　　　王昌振　水二名半
王建功　水一名　　第二十五日係乱水
夜四名　　　　　　　　　　许　灿　水三名
文昌阁　水四名　　　　　王　快　水三名
　　　　　　　　　　　　南　市　水三名
南河共水二百七十名终　中河共水二百五十名终
以前按三百九十一名均摊、其后按四百四十名均摊

## （8）水利方面碑文等部分

### 1. 东汪村内碑文（1）

孔公功德暨新建西方碑志　功垂贞珉

公讳广泗、字滨海、前清邑庠生、亭耆寿有王、为人古老淳朴、敦厚劲直、好善恶恶、出于性成、一生不露圭角、不尚圆通、壮年任村事务、以整齐风俗、兴利除害为宗旨、许多公务、经公办理、皆蒸蒸日上、大有起色、我村苇席树木诸经纪、向自县衙揭帖、于村诸多不便、自公缴帖公署、归之本村、村人纳资少许、尽可充作、买者卖者双方便利、乡人柔弱、每被棍徒欺侮、公则据理判正、少无偏袒、此公之能力正气大有造于村也、他如办团练、浚沟渠、修桥路、建房屋、凡百义学、锐气坚行及今、晚年任东南区保卫团总之职、几于无日无事、而公则处之裕如不惮烦、亦无疑难、夫公固拙于辞、疏与才、未若人之簧流其口、敏捷其心者

也、而遇事之能容、能忍、能担任之力、彼调唇弄牙、矜才使气者、则绝不三及、语云、有德使是才不误也、公之过人处、皆由至公无私之一心、即间有不当人意者、人多谅之、故不惟我村倚公如长城泰山之固、邻里亦蒙庇阴焉、壬戌春公病、人忧之、及殁人哀之、佥呼奈何天而已、今大众协力同心、不敢发前烈、推举公胞弟丰公任村事、复任团总职、癸亥春新建申义堂西瓦房三间、修公之业、承公之志、如公之存也、是岁冬合乡愿颂公功德、属文于余、余腹无墨渗久矣、奚以文、乃再辞不得、因顿首而为之记、

前清郡庠附贯世晚吴文之撰文

前清邑庠生员门生王　琛书丹

前清邑庠生员门生姚达德篆额

董事人　王振鹅　王树基　耿清魁　姚清明　姚凤岐　吴章明　吴国士　吴文运　郭承礼　袁复祥　吴任清　吴献廷　王　琛　姚　新　孔广沛　耿树梅　吴文元　刘廷唐　吴文杰　孔宪时　敬立

民国二十年十月中旬谷旦立

**2. 东汪村内碑文（2）**

（关于禁止投标竞卖在东汪村的共有地生长的苇草的村民规约中，没有直接和用水权相关的交涉）

本村苇草买卖、道光以前系由乡村保长、并无经纪、自咸丰初年、始有人入县揭帖、充当经纪、后又续有揭帖之人、至再至三、则赔累不堪矣、后因赔累不堪、缴帖两张、仅剩吴任顺一帖、仁顺思念、村中向来本无经纪、愿复旧规、与村中董事等商议、将帖归入申义堂、申义堂为之出大钱一十四千文、又花费钱文、将帖交清、每年苇草买卖典（?）[1] 人办理、自今以后、永远不许揭帖、如有私行揭帖者、男盗女娼、从揭帖人手买者亦如之

合村公立

大清光绪二十六年冬月谷旦

---

〔1〕译者注：原文如此。

### 3. 东汪村内碑文（3）

永保堤埝碑记

村北里许有堤埝一道、不知创自何年、凡以防百泉河水患而保护村庄者、去年七月朔河涨发、堤溃数处、村中之水、深者至四五尺、房屋有全泡塌者、有未泡塌而被伤者、至初四日黄昏时、未见水势、先闻水声、沿河村庄、人人心惊胆破、惟有馨香祷祝祈神保佑而已、治水声已过而水方至、比初一稍微、人心始安、郊外秋禾、大半淹没、岁大饥、河水之可畏如斯、若非堤埝、村庄受害将不止、于是今春起夫修筑、众惩去年之灾、莫不踊跃赴事、特既已告成、须防其坏、公议、凡埝树株、无论何人出树与拾柴、均不许刨查剜根、违此、树罚价一半入公、拾柴者按身家议罚、公议既定、犹恐历久而忘、因刻石以为之记

合村公立

民国三年仲冬之月　谷旦

### 4. 东汪村内碑文（4）

（这是关于邢台县东汪村民专用的古南沟的水利碑文。主旨与最初开凿的古南沟和后续开凿的四六闸无关，记载了光绪二十八年时由于小汪村民新建的无名小渠而发生的纠纷事件。这个小渠本来是用于清洗蔬菜、衣服的，但后来由于渐渐地将其用于小汪村公有苇草地的灌溉，最终导致东汪村民后来用水不足。诉讼的结果是，允许小渠以现状使用，但是制定了有关除苇草地灌溉以外的古南沟的用水保障等规约，随着约定好遵守其规约，问题得到了解决。在篇末可得知其原委。）

东汪村古南沟水利碑文

载稽邑乘、我东汪村西有古南沟一道、发源武家庄、自小汪村中直达东汪、灌田若干顷、系一村专水、邻村不得分润、后邑侯耿大老爷留心民谟、见该沟源渊水畅、与其有余置之无用、不如公之近村以分其泽、因自小汪西添修四六闸、以利七里桥等村、自小汪村西又建牙石桥、以利小汪等村、均有志书碑文、历历可考、俾多村均分其利、定有章程、垂旨久远、无不感、贤邑侯之功大德远也、不意趋利避害、人之常情、法有经久遇坏之理、前数年小汪村又自胡家街私挖小渠一道、谓作洗菜浣衣之举、村居上游、置未苛求、乃久假不归、骤然灌伊苇地数亩、更自北地头闸口、将古南沟有用之水、引至北河、亢旱情水如金之时、不无争竞之虑、由于光绪二十八年七月日、我村绅民将小汪村梁光斗等控至　戚大老爷案下、蒙堂讯、断令胡家街渠有便日用、不忍遽毁、既又借灌苇地数亩、以后北地头高筑土埝、不准将南沟水引作别用、复断令两村灌地时、均不许挡坝截水、东汪不许挡牙石/小汪不许挡南河、利己损人、立有罚款、各遵旧章、谕令建石、永垂不朽、所有违章罚款、开镌于左

计开条款罚项

一　小汪借灌苇地、不许自北地头放水、违者罚白米十石
二　在南沟坝水、不许截水不往下流、违者罚白米十石
三　古南沟不许小汪村挡坝截水、违者罚白米十石
四　东汪南沟灌地、不许私挡牙石、违者罚白米十石
以上罚款入官充公
邢台县正堂戚大老爷断案、既有水簿、不准紊乱
优禀生师保庆撰文
杨廷元　武生　杨建勋　李文蔚
生员杨春奎　修生　杨景堂　杨珠
胡肇庆　修生　杨立勋　袁兴祥

**5. 河会村内碑文**

（这是关于邢台县河会村民重修广润闸的资料。这个闸原是因万历年间引用百泉水建设的，但由于闸的位置高于河底，在蓄水方面有必要筑堤来拦截河水。其结果就是与下游的南和县民之间发生了争水事件。记载了在与负责管闸两县没有利害关系的广宗县三知县的共同审理下，直到坝的重修得到公认的事情梗概。）

广润闸循旧筑坝碑记

水之为利薄矣。生于天、成于地、利于人。利之所在。无人已皆不欲之。但天地之间。物各有生。攘人之利以利己、非理也。舍己之利而利人、非情也。准情度理。变而通之以尽利、势也。邢邑广润闸。建自前明万历间。引百泉之水。以资灌溉。尽源出于邢。而利于邢也。于兹二百有余年矣。惟闸座高于河底。非拦河筑坝。不能博跃以上。其势则然。岂违禁曲妨哉。丁未夏旱正。水注维难。筑坝蓄水。南邑之人。窃取不得。而明争之又不得。遂召刘寅、高宝树、王飞熊、王俊、挺身与讼。以百泉河指称沣河名色。捏控　道宪。批委顺德分府亲往勘讯。经　　分宪稽、以事关水利。躬率邢·南各印官。亲往履勘、后复令邢台县成公。南和县梅公会审。又恐各子其民。未能平允。再委广宗县陈公。三县会审。讯明刘寅等所禀。悉属虚捏。将刘寅等依不应重律。杖则完结。著河会村民人。循旧筑坝。详蒙分宪、转详道宪龙大人批准。如详发落结案。尽源出于邢。以邢之利、利邢之人理也。邢台余利始行波及于南邑。以为邻好、情也。坝不筑而水不入闸。而邢无以利其利、势也。理之当然、情之自然。兼以势之不均、不然。所以邢志水利内载。顺治二年、蔡公断案凿凿。今刘寅等架空造无。一经勘讯。俯首无词。然人心叵测。将来或遇雨泽愆期。安知刘寅之后。必无复蹈前辙者。故将勘断梗概。勒之碑记。碑后人间所考云。

己酉科拔贡赵好礼　撰文

**6. 普济闸相关碑文**

（下面是光绪十二年二月改订普济闸闸规，即水门的规约。内容主要是大闸以及沿河

桥梁以外设施的修理义务，所需经费的分摊方法、违反罚则等款项。有8份合同，正文以外，另有副本7份，老人、小甲各保存1份。）

普济闸公议合同、为协力公修重整闸规事、缘大闸向系五小甲、沿河桥梁橙槽、五小甲各有修补、日久淆乱不均、致起争端、老人无人充膺、于是五小甲暨各帮办公议、闸已塌坏、丞宜修补、不能互保老人、谁理闸务、因定议、上自七里河、下至牛尾河、凡顺大河桥梁橙槽、兴大闸一例公修、至于出夫摊钱、所有闸桥橙槽一切人工花费、五小甲仍照旧规、均按二十张镰公摊、务要均停坝、不得少有参差、应摊钱项、由老人定期务要交齐、如不交齐、公罚该小甲银百两（两的略字）为修闸公用、公议允协、公同禀案、爰立合同八张、一张存案、老人暨各小甲各执一张、以垂永远、立合同存照

光绪十二年二月廿五日

| | | | | |
|---|---|---|---|---|
| | | 东石井 | 史峰璘 | 史长太 |
| 石井村 | 史来凤 | 西石井 | 史锡璘 | 史天禄 |
| 老人 | | 张家屯 | 赵芳春 | 张文治 |
| 张家屯 | 张九宵 | 后石井 | 王文源 | 阎清连 |
| | | 开花屯 | 史住妮 | 孚万春 |

（下面是第六段以下）

史中法

史其令　史维祺　史乔令

张受卿

张仲祥　韩振玉　张如来

姚复元

**7. 龙王庙内碑文（1）**

（记录了永利闸重修的由来，在邢台县大贤村龙王庙内的碑文。此闸是从这个碑修建的光绪九年起在五百年前的明代建造的水门处，尔后数次重修而来的，但同年春天又遭遇了水灾而破损，几乎不能起到灌溉作用。歌颂了其管理人（老人）作为守业者率先为了募集资金修复而奔走，直到最后很好的、像原来一样能够沐浴水利恩泽的事迹）

重修永利闸碑记

粤自江河疏而水置以消、沟渠开而水利以兴、明永乐元年诏天下、建立石闸、其年久坍塌、不能蓄泄者、令修复故迹、一时翕然称便、襄左大贤村南、龙神庙前、旧有永利闸一座、创自前明、至今已有五百年余、不知几为修补矣、今春水冲坍塌尤甚、所以河流拥塞、水势渗衍、道路冲坏、既无灌田之资、亦非行人之便、而议者多以一经重修、必需兴众工、筹巨款、甚非易事、遂为扼腕、老人于守业目睹心恻、因集众甲、议筹资斧、购物料、以兴大修之工、工成告竣、赐予为文序之、予观永利闸

之水、其源发自邑南百泉、其流导入于陆泽、其旁介乎普济、永济两闸、其上为由邢达南、往来通衢、闸石一修、水势顺流、河无淤塞之患、道亦成广平之区矣、鸠工频兴、修费更巨、今则乃其旧址、俾有基而勿坏、更添新石、期届久而弥坚、或蓄或泄、以时启闭

旱则不致叹于涸辙、涝则不致伤夫泽国、洵乎万年之利也、是为序

侯选知县己卯科举人赵允中撰文
钦加五品衔候补州同高　牲校正
邑庠增广生员　　赵元勋书丹
郡庠附生员　　赵居廉篆额
大清光绪九年五月　谷旦　　石匠

老人　于守业　柴士礼　　买办　于守经
叫人头郝吉惠　杨敬和　　邑庠生　景长寿
小甲等孟居韶　九小甲　　赵惠
孟倘信　田美　　穆保齐
郝凤俄　赵复魁　　监工　郝文焕
景凤梧　赵其令　　郝尽忠
景思叉　杨文兴　　景可喜
靳莫头　　杨敬祥
看闸　武　城　买石头出大钱七十九千六百六十文　　刘逢魁
看水出大钱十四千四百零七文　　段智
当
买柏木出大钱十千四百四十五文　　沈广心
立碑出大钱十千文　　管钱　孟尚和
买石灰出大钱二十三千九百四十文　庠生
杂支出大钱十九千六百　　赈邑　杨济
共合大钱　一百五十九千文　庠生　赵殿臣

## 8. 龙王庙内碑文（2）

咸丰三年二月重修龙神庙宇门楼院墙碑记、董事人等
叫人头　高翻
张凤连
杂支　邱振共、韩、张、左
买办　高庆、左
管账　郡庠生、高牲
大会长　张三省
副会长　郡庠生、高伟

存钱　　韩鹿元、石均
监工　　郡庠生、张树均、高、庄、左
拨夫　　张三纲、高祥
叫人头　韩秉哲
四乡善人布施开列于后
河合村　施大钱五千文
和邑　北河郭　施大钱四千文
和邑　马庄　施大钱一千文
和邑　冈头　施大钱二千文
和邑　北关　施大钱二千文
和邑　西侯家庄　施大钱二千文
双楼公村　施大钱三千文
任家麻村　施大钱二千文
王家麻村　施大钱二千文
和邑　康家庄　施大钱一千五百文
王快张清魁　施大钱一千五百文
永邑　祁村徐万众　施大钱一千五百文
和邑　刘义屯　施大钱一千五百文
和邑　南河郭　施大钱一千五百文
和邑　南豆村　施大洋一千五百文
沙邑　东徐记　施大钱一千三百文
和邑　张相西三牌　施大钱一千文
和邑　东贾郭陈士英　施大钱一千文
沙邑　杨徐记　施大钱五百文
袁家店　施大钱一千文
和邑　三官店任景亮　施大钱一千文
和邑　大东汉　施大钱一千文
和邑　西东汉　施大钱一千文
和邑　裴家庄裴有会　施大钱一千文
裴玉佩
和邑　小胡桥　施大钱一千文
和邑　贾宋翼洛正　施大钱五百文
和邑　西郑家庄　施大钱七百五十文
南高村左建平　施大钱一千文
和邑　贾宋李家牌　施大钱五百文
和邑　东贾　郭李增盛　施大钱五百文
祝　王元恺

村　刘观福　　共施大钱六百文

王正义　　施大钱二百文

孔桥霍进德　　施大钱二百文

**9. 龙王庙内碑文（3）**

（与前页的记载资料同为龙王庙内的碑文，对于关湾闸与其下游的东汪、普济、永济、永利、龙兴、济民、广润等7闸的争水事件，民国二十一年五月雕刻了邢台县政府下达的暂时解决法和永久解决法两个调停案，各闸的河正、河副、董事、小甲、帮办等各管理人一同联名约定。）

永垂不朽

邢台县政府训令

为令遵事，查关湾闸与下七闸争执水利一案，经于本月二十一日召集全体会议决，（一）暂时办法，定于本月二十六日由县长会同各机关及双方河闸代表，前赴争执之地点，查勘明确，再行核议，在未查勘之前，双方只有各挑各河，均不准在关湾闸附近五丈之内挑挖及上闸当埝等行为，须听其水势自流，（二）永久办法，挑河时由建设局雇夫挑挖，并由公安局派替监视，双方河闸代表秉公疏濬，以免争端等因，记录在案

县长 王溥

东汪闸 河正 高锡奎　济民闸 河正 刘金贵

河副 韩德福　河副 王志忠

普济闸 河正 史全礼　广润闸 河正 窦树楷

河副 张云合　河副 窦成章

永济闸 河正 景莲芳

河副 杨庚泰

永利闸 河正 郝鸣富

河副 沈福新

龙兴闸 河正 李午辰

河副 张树勋

七闸董事 窦经魁 李廷谔 韩晏丈 高星斗 赵锡恩 张树橘 窦慎修

中华民国二十一年五月二十四日　立案

遵守其规定。）

（下面是A出列举的以闸分的小甲等的连名）

东汪闸小甲帮办

任金良　任鸿田　左保元　李振鹭　李廷珍

窦文魁　李芝兰　高　纭　高　穆　韩德顺

高长生　高逢吉　任清杰　任景凤　卢经田

普济闸小甲帮办

史成村　史云青　张如梅　张清连　史增寿

史连魁　史文成　李兰芳　史朋龄　甯占朝
王用元　阎德寿　阎文德　史更令　张云潮
张兰馨　赵建中　张如兴　史百庆　史尊荣
永济闸小甲帮办
吴凤祥　吴玉芳　豆景太　景管章　杨凤岐
景人偔　景鹤亭　景孚晋　景作舟　景廷庆
景人俨　景万箱　景际太　谭杏村　杨梦云
景玉麟　南体祥　景之绳　景玉身　景宝璋
景振铎　杨登荣　杨清文　杨凤岐　樊银山
李　栋　李祥庆　康国壁　康清连　吴孝成
永利闸小甲帮办
景廷寿　郝人杰　郝清泉　郝寿昌　郝景泰
孟泽起　孟士才　郝振海　孟居亳　赵　发
孟　贞　孟　嵬　郝重义　郝人信　景连凤
杨成德　田和公　田　忠　沈学林　杨凤昇
景裕仁
杨凤祥　孟泽钧　郝鸣珂　沈治新　靳令魁
杨元泰　杨士林　赵福鹭　赵　理　赵金茂
赵锡泽　赵仁和　高成林　杨喜奇
龙兴闸小甲
窦　瑞　窦精室　张树槐　窦　运　李得寿
李芝兰　窦　宽　陈永锡　张金鼎　井振江
王仲元　程鸿庆　程庆长　王黑妮　吴秋成
石天成　程进财　程连科　程俊杰　张喜泰
王秉会　赵修
济民闸小甲帮办
左梦祥　林鸣治　刘致杰　刘振基　王盛德
刘振宗　蔡景璋　刘安民　刘致举　张书绅
刘　招　刘振生　刘余庆　刘廷玉　邱汝舟
广润闸小甲
窦甲林　张廉卿　张承兴　李福林　李凤琴
郭九兴　郭九龄　刘招

**10. 大贤村内碑文**

（下面是作为水门管理的职务奖励，给予新设乡村乡官一昼夜的用水权，以及作为其想出的对策，采用了将旧用水权者的用水时间缩减 1 个半小时乃至 4 个半小时左右的方法的情况，即小汪村以外的 7 个村的用水时间减少的规约。）

邢台县为均拨水利事、武家庄闸管河老人石中节禀称、新乡添乡官胡嘉（?[1]）献、无凭（?[2]）水一日一夜添设、在于原日期内郡（?[3]）减、今将各村原水并减日时、后开明白、各自遵守、呈县重治不恕、

计开　共河地二十顷九十一亩、各村分定粮散议百亩地所

小汪村小甲共镰二百二十名三分三厘、原水六日六夜一个时、今去四个时半、今该时分水五日五夜八个时、自初二日子时起、至初七日酉时中止、十六日午时起、至二十一日子时止

大贤村小甲共镰一百一十七名七分、原水六日六夜、今将去四个时、该时分水五日五夜七个半时、自初七日酉时中起、至十三日卯尽止

初十日亥时去六个半、起——小字

二十二日丑时起、至十七日酉时止、至十一日寅时中止、二十五日丑时中起、至巳时止——小字

共镰四十八名二日二夜五个时、今去二时、亥时分水、二日二夜三个时、自十三日辰时起、至十五日午时止、二十七日戌时起、至二十九日亥时止

东静安村小甲共镰二十名、原水一日一夜六个时、今去一个时、亥时分水、一日一夜五个时、自初七日酉时起、至初九日丑时止、二十三日丑时起、至二十三日午时止

大麻村小甲共镰四名、原水二日二夜十个时、今去二个时、亥时分水、二日二夜八个时、自初九日寅时起、至十一日酉时止、二十二日未时起、至二十六日寅时止

任麻村小甲共镰三十八名、原水二日二夜九个时、今去二个时、亥时分水、二日二夜七个时、自十一日戌时中起、至十四日辰时止

二十六日卯时起、至二十八日申时止

双楼村小甲共镰十八名、原水一日一夜三个时、今去一个时半、亥时分水、一日一夜一个半时、自十四日巳时起、至十五日午时止、二十八日酉时起、至二十九日亥时止

## 11. 邢台县公署民国三十一年惠民土木事业补助申请书

(1) 工程计划书

①水源

| 泉源河流名称 | 坐落区域 | |
|---|---|---|
| 七里河百泉黑龙潭 | 第五区 | |
| 达活泉野狐泉大汪泉 | 北小汪 | |
| 野河大沙河 | 羊范镇 | |

〔1〕译者注：原文如此。

〔2〕同上。

〔3〕同上。

②水量

| 名称 | 座 | 河身 | 容水量 | 流速（以时为单位） |
| --- | --- | --- | --- | --- |
| 百　泉<br>黑龙潭 | 100 平方米<br>深 4 米 | 七里河 | 宽 6 米口深 4 米水深 2 米 | 8 公里 |
| 达活泉<br>野狐泉<br>火泽泉 | 50 平方米深 4 米<br>20 平方米深 3 米<br>30 平方米深 2 米 | 牛尾河 | 宽 6 米口深 5 米水深 2 米 | 10 公里 |
| 野河 | 宽 20 公尺<br>深 2 公尺 | 大沙河 | 宽 10 米口深 3 米水深 2 公尺 | 10 公里 |

③开发面积

第五区　50000 亩

北小汪　4500 亩

羊范渠　20000 亩

（2）设计概要书　可为补助之对象取入施设及用排水干线工事之设计概要

①查本县第五区向有三大干流（七里河、百泉、黑龙潭）横连全区原有稻田一万余亩兹经本署调查在可能范围改良水利扩充稻田能增加至五万亩附计划书

②查北小汪等十三村向有达活泉野狐泉大汪泉水环绕地势洼湿播种不易收获自三十年经本署测量指导挑挖三大干渠支渠四条播种稻田三千亩第因工事上设备不完全善及受水力不足兴虫害等损支约收水稻六百余石本年拟修筑闸桥等公式并增开支渠四道及排水干沟八道支沟十八道同时开垦荒地一千五百亩以便完成四千五百亩之计划

③查本县第四区羊范镇一带土壤良好惟以水脉太深不宜凿井非天雨不能播种在事变前有镇正绅曲蔚文者实地调查发现引用大沙河水利开阀羊范渠之计划呈请前河北省水利委员会派员勘察核准补助准予开阀在案继因事变中止二十九年该绅复以地方公营事业申请补助继修经王前县知事商得前驻军石井司令官允可由模范地区农事工作补助费项下贷给五千元又春耕贷款二千五百元三十年度已将干渠大致挖竣业已通水灌田六千亩其余工程尚待补助兴修

（3）开发计划

①事业主体

第五区　开启泉槽疏濬葫芦套挑挖支渠建筑分水闸

北小汪　挖泉建筑桥闸疏濬沟渠开发荒地购买农具

羊范渠　建筑进水闸分水闸滴水石橙槽

②经　费

第五区　开启泉槽二料费五千元　疏濬葫芦套挑套支渠工料费二千元建筑分水闸工料费五千八百元共计一万二千八百元

北小汪　建筑大闸五个工料费六千五百元小闸十一个工料费六千六百元干渠石桥八个工料费六千四百元支渠木桥十个工料费一千五百元补修大闸三个工料费二千一百元界石椿一百个工料费六百元脱稻机十五个价洋三千元树栽三千二百株价洋六百四十元疏濬沟渠工费一万元开垦荒地九百亩工价洋二万七千元修筑道路费一千元购买农具费二千元其他杂支费五千元共计七万八千一百元请配给挖泉（河）机一架

羊范渠　建筑费四万零三百零一元　附清单

以上三处共需工料费洋十三万一千二百零一元

挖泉（河）机一架

③方　法

［1］工事由本县紧急食粮增产实行委员会全体职员负责监督指导

［2］款项请建设总署补助

［3］第五区水田由县公署及合作社联合会共同办理北小汪水田由县公署办理羊范渠由曲蔚文办理

（4）工程效果

| 区别 | 现在农作物品目 | 每亩产量 | 将来农作物品目 | 每亩产量 | 每年约计增加产量 |
|---|---|---|---|---|---|
| 第五区 | 稻麦谷豆高粱 | 平均7斗 | 稻麦 | 平均10斗 | 以增加稻田40000亩合计增加水稻12000石 |
| 北小汪 | 稻谷　高粱 | 平均3斗 | 稻麦 | 平均8斗 | 以扩充稻田4500亩合计增加水稻2250石 |
| 羊范渠 | 麦谷　高粱 | 平均1斗2升 | 麦谷高粱棉花 | 平均4斗<br>棉花100斤 | 以灌溉20000亩合计增加农产5600石棉花300000斤 |
| 合计 | | | | | 每年经？增食粮19850石棉花300000斤 |

附记：查本县开发北小汪水田羊范渠蒙建设总署水利科派遣三浦耕田葛荫萱等技术人员前后来邢三次勘察多有指导兹拟请派遣水利技术员四名来邢指导以便早日完成

## 12. 邢台县第五区开发水田计划书

邢台县全境共分六区城西位于山脉之地毫无水利灌溉之可能惟县署东南五区一带向有三大干流（图为第一、二、三、干流）横进全区以致乡民运用水利堪称便利昔年已有二十余村开辟稻田一万余亩相继耕种历数百年矣但际此期间除县属北小汪于本年新开河道耕种稻田四千余亩外而五区内虽有此天然河流之横运而稻田数目较诸往昔有减无增考其缘由盖有一大原因其一提倡乏人其二为水量缺乏兹仅据此因以职所调查者为实事而在水利之运用上加以讨论以供有力提倡者讨论之资料俾便参考进行也

（1）五区境内河流概况

①七里河　查邢台五区界内灌田最主要之干流为邢南七里河（第一干流）即邢南百泉之上流也以在城南七里故名曰七里河考其最上源流出自城西北九十里黑龙关东口之马跪泉由此东南流经十余里旮?[1]旭河及金头河山西河之水合流而入之直至石桥岭河水忽然伏而不出（?[2]）由此暗流五十里至南北陈村之间水始复现去城正七厘东流弥盛又五里纳百泉之水通为百泉河其干流（第一支流）由百泉西楼下村北起经东汪镇村南至龙王庙由此再分为二其一东北而下入任县大陆谭该河灌田最多其二东南而下经河会村入南和县界此七里河之概况也

②百泉　百泉位于城南八里七里河迤南里许之地泉出平地无数汇为池泽因泉池中间有百泉村至西楼下村之便道数条故将该村分为南北正副两泉正泉升水量较大故其水势除注入第三干流之外余者注入副泉迤东之葫芦套由此再分为二一入孔桥王快等村（第二干流）一入七里河干流（第一干流）此为百泉之水势之概况也

③黑龙潭　黑龙潭位于城东南十里许于七里河迤北由此引渠经由东小汪村西入心口河往北直流入县属第三区界内该河又称（应该有脱字）河盖为心口闸与黑龙潭归入同一沟渠之意也

（2）各干流引水地之比较及水势之分配

据百泉河簿文载正泉之水注入第三干流其利用该干流之水利者共为北屋等八村灌地共二千四百余亩余者不准使用该河之水然非稻田近查该八村等每届春夏用水之期则群起而将百泉正副两泉中间之过水闸完全挡塞使正泉之水不得北流完全注入第三干流由该八村等任意使用复查该正泉之水量较副泉高有二倍而该八村之引水地连同其他地亩合计占一二干流百分之三十且该八村等地占高势如开稻田实为匪易倘仅灌溉此旱田则用正泉十分之二之水量即为足矣故其剩余之水则尽量下流注入沙南二县之地而治沙南二县之地殊为可惜也又查一二干流所经地区之引水地除麦田之外开有稻田一万余亩且多为下湿之地倘然水量够用则稻田区域可加增原有数目五倍以上兹根据该项原则仅将应予改善者陈述如下

①启封闸门　前述第三干流一带较高之地区既有正泉十分之二之水量即可够用则其每逢春夏挡闸门一事可以制止如此则流入沙南两县之废水仍可流入副泉注于一二干流之内而供邢民之用如此水量既加则下湿地带之稻田开发当属易举此为增加稻田设治水利方法之一也

②开发泉源　查正泉西岸现有泉槽一处面积约十平方公尺然百泉村民为防止水患

[1] 译者注：原文如此。
[2] 同上。

现将该泉槽以木草堵塞使水不能上升此诚属可惜也倘若依照前条将闸门启开使水下泄从将该泉挖开亦不致再生泛滥之患于此凿泉尤为大众所望轻而易举增益免患是为开发水源增加稻田方法之二也

③疏浚葫芦套　查葫芦套为百泉水源分水之处其东支每年疏浚且引水地亦多高岗之地亦无开辟稻田之可能惟北流之渠为七里河支流现今淤塞水流不畅倘将此支流疏浚一里余则该泉之水即可尽量下流水量剧增虽如此而第二干流之流量并无减低之虑其原因有二一纵而往北浚深一尺余而较东支仍然为高二倘疏浚成功泉水下泄则泉源上面之下压力减小泉借之生水远力及生水量当然随而增加如此则泄水量生水量成正比第一支流之下湿地多可改为稻田王快等村亦无何影响此为增加稻田方法之三也

（3）增加稻田亩数

据查五区全境现有稻田约一万一千八百余亩其所占地区皆在第一支流即七里河下游景家屯张家屯石井镇一带因地势低洼下湿地倘然水量充足极易改为稻田即以景家屯赵麻村两村言之在十年前越有五千余亩稻田至近数年间以水量不足而改为旱田者达三千亩于兹提倡开发稻田之期若改良水利使灌溉充足似较他处为易兴公私皆有裨益又查东汪镇东静庵双楼村一带至河会景屯赵麻村石井镇止约有下湿地而可改为稻田者不下数万余亩现仅种一万余亩第以不知改良水利致使不能普遍播种稻田若将百泉正副两泉间之过水闸每届春夏用水之际将闸启开更将由葫芦套至七里河入口处之分水渠加深加宽使水下泄则七里河下游之水量增加当较原有水量增强五倍有奇由此观之最少亦可增加稻田五万亩虽此以正泉之水引灌第一干流之地而第三干流并不受若何影响倘若启开沟渠使泉水畅流而下则泉源上水面之厚度减少泉眼上水水量之下压力亦减少换言之泉眼升水量之上压力自然增大较比以前之生水率增加如此除二三干流下受损害之外其百泉村历年之水患亦可免除诚一举两得之计也

以上数点系于一月十日在第五分所招集全区乡长会议讨论一致赞成通过理合缮具经过情形呈请

鉴核参考施行

**邢台县31年北小汪水田事业进行计划工料费清单**

| 项别 | 工料单价（元） | 小计（元） | 摘要 |
|---|---|---|---|
| 大闸5个 | 1300 | 6500 | |
| 小闸11个 | 600 | 6600 | |
| 补修闸3个 | 700 | 2100 | |
| 干渠石桥8个 | 800 | 6400 | |
| 支渠木桥10个 | 150 | 1500 | |
| 界石椿100个 | 6 | 600 | |
| 脱稻机15架 | 约计200 | 3000 | |

续表

| 项别 | 工料单价（元） | 小计（元） | 摘要 |
|---|---|---|---|
| 杨柳树栽3200株 | 2 | 6400 | |
| 疏浚泉渊 | | | 请求配给挖泉机1架 |
| 疏浚沟架 | | 10000 | 已开干渠3条支渠4条 |
| 开垦荒地 | 30 | 27000 | 荒地900亩每亩按30元估合计如上数 |
| 修筑道路费 | | 1000 | |
| 农具 | | 3000 | |
| 其他 | | 5000 | |
| 合计 | | 78100 | |

**邢台县羊范渠工程工料用费预算单**

| 所需工料 / 数量 / 工程名称 | | 青石 | | | 石灰 | | | 木板 | | | 工匠 | | | 合计（元） | 共计（元） |
|---|---|---|---|---|---|---|---|---|---|---|---|---|---|---|---|
| | | 数量（丈） | 单价（元） | 小计（元） | 数量（斤） | 单价（元） | 小计（元） | 数量（丈） | 单价（元） | 小计（元） | 数量（名） | 单价（元） | 小计（元） | | |
| 干渠进水闸 | 1 | 60 | 2 | 120 | 3000 | 2（100斤） | 60 | 6 | 3 | 18 | 50 | 2 | 100 | 298 | 298 |
| 干渠滴水处 | 6 | 30 | " | 60 | 1000 | " | 20 | | | | 25 | " | 50 | 130 | 780 |
| 干渠内支渠平石分水闸 | 8 | 60 | " | 120 | 3000 | " | 60 | 6 | 3 | 18 | 50 | " | 100 | 298 | 2384 |
| 支渠内灌溉渠口平石分水闸 | 29 | 30 | " | 60 | 1000 | " | 20 | 3 | " | 9 | 25 | " | 50 | 139 | 27939 |
| 支渠内橙槽 | 10 | 150 | " | 300 | 8000 | " | 160 | | | | 75 | " | 150 | 610 | 6100 |
| 支渠滴水处 | 40 | 15 | " | 30 | 500 | " | 10 | | | | 15 | " | 30 | 70 | 2800 |
| 总　计 | | | | | | | | | | | | | | | 40301 |

附记：①支渠内灌溉渠口平石分水闸共201处第1支渠12处第2支渠30处第3支渠12处第4支渠25处第5支渠50处第6支渠30处第7支渠30处第8支渠12处合计201处

②支渠滴水处共40处计第1支渠3处第2支渠6处第3支渠2处第4支渠5处第5支渠10处第6支渠6处第7支渠6处第8支渠2处合计40处

③支渠橙槽7架　第2支渠1架第3、4支渠各一架第5、6支渠各两架第7、8支渠各一架[1]

---

〔1〕译者注：原文如此。

# 1941年12月

（顺义县采访资料）

## 赋税及其它

调查员　小沼正
助　手　杨恩贵

这份资料是专门由天海谦三郎先生负责校正修订完成的。

### 一　县公署组织方面

| |
|---|
| 民国二十六年六月二九日<br>修正冀东各县政府组织规程（七月一日施行）<br>冀东防共自治政府训令 |

（前略）

第八条　总务科职掌如下

（中略）

丙　建（实设）股

一　关于农矿林垦事项

二　关于工商事项

三　关于鱼牧养殖事项

四　关于劳资事项

五　关于合作事项

六　关于度量衡事项

七　关于河防水利事项

八　关于道路桥梁电业交通事项

九　关于建筑及测量事项

第九条　财务科职掌如下

甲　库款股

一　关于经征粮租事项

二　关于经征契税事项

三　关于经征屠宰牲畜当税及各种牙杂等税事项

四　关于经征营业税烟酒牌照印花税事项

五　关于带征附加税捐事项

六　关于粮租及各项税收与革事项

七　关于田赋地租及各项税务纠纷之处理事项

八　关于库款之催征及考核事项

九　关于地户更名拨粮事项

十　关于官旗黑荒各地升科事项

一一　关于查报灾欠及蠲免粮租事项

一二　关于地方经济状况之调查及整理事项

一三　关于审核库款收解事项

一四　关于库款收支登记事项

一五　关于公款之保管及生息事项

一六　关于编造预算计算概算决算事项

一七　关于造报各项财政旬月报表册事项

一八　关于库款报解抵解请领支付事项

一九　关于各项票照收据颁发印制及保管造报事项

二十　关于库款接收移交事项

二一　关于稽核所属机关款项接交事项

乙　县款股

一　关于经收县款事项

二　关于县款整理事项

三　关于县款纠纷之处理事项

四　关于审核县款收支事项

五　关于县公产管理事项

六　关于县款之催征及考核事项

七　关于县款收支登记事项

八　关于县金库事项

九　关于县款请领支拨事项

十　关于县款接收移交事项

（中略）

第十三条　县政府送达公文传票拘捕催款征及兼理司法各县司法警察各职务除依法应由承发吏办理者外由警务局轮流派警察若干人承县长承审员之命办理之

### 第四章　经费

第十四条　各科局原支县款应依照原支数目按月拨归县政府经费项下统一支发

第十五条　各县田赋经征费另定之

### 第五章　县政会议

第十六条　县政会议以下人员组织之

一　县长

二　各科局长

三　警务局长

遇必要时县长得指定其他人员列席

第十七条　县政会议以县长为主席决议案由县长採择施行但遇有重大事项应专案呈报政府暨各主管厅核准后再行办理

### 第六章　附则

第十八条　县政府办事通则另定之

第十九条　本修正规程自本年七月一日起施行。

（以下的各规则没有抄写详细内容）

修正冀东各县政府职员任用规程

修正冀东各县政府办事通则

顺义政府改组职员表（二十六年七月一日）

冀东防共自治政府官吏服务规程（二十六年十二月二日公布）

冀东防共自治政府及所属各机关职员请假暂行规则（十二月一日公布）

冀东防共自治政府及所属各机关例假暨办公时间暂行规则（十二月一日公布）

冀东防共自治政府官吏惩戒条例（二十七年一月十四日）

县旅费暂行规则

## 二　征税手续方面

### 1. 民国二十九年度亩捐

| | | | |
|---|---|---|---|
| 文别 | 训令 | 送达机关：各分所驻所 | 三十年七月十八日拟稿<br>七月二十九日封发 |
| 事由 | 为令各分所分驻所遵限将二十九年度代征亩捐催齐送署由 | | |

财字第　号

顺义县公署训令

所
令各分
驻所

为令遵事查本县二十九年度亩捐欠缴甚多前将欠户收据随令附发饬即除分令外合行令仰该分所长/警官切实遵照迅将二十九年度亩捐设法催齐限于本月三十日以前归将缴送来署以济需要勿稍迁延致干未便切切此令

**2. 民国三十年度商捐亩捐**

民国三十年一月

摘要　商捐亩捐规定实施办法卷

| | |
|---|---|
| 文别 | 布告 |
| | 三十年六月六日拟稿<br>六月十日核发 |
| 事由 | 布告各乡乡民人等遵照定限连速交亩捐由 |

财字第　号

顺义县公署布告

为布告事查本县以前随粮带征附加捐以及各种摊款等项自本年度起遵照省令一律取消改为亩捐直接征收所有本年度应交之款及地亩数目按段填明亩捐收据之内责成乡长照数代收汇送来县以凭传报除节令各村乡长遵办外合仰各村乡民人等一体知照凡有地亩者接到乡长通知后迅即遵照定限速赴该村办公所交纳（每地一亩应交洋二角五分）除此之外并无其它费用如收款人有额外勒索情事准予来署报告定行从严办处该民等亦不得延不交纳致干处罚其各凛遵切切此布

再亩捐收据每张工本费一分已由本署担负人民勿用再交并布告照

| | | | |
|---|---|---|---|
| 文别 | 训令 | 送达机关 | 各乡乡长副 |
| | | | 三十年六月六日拟稿<br>六月十日核发 |
| 事由 | 训令为乡长副负责征收亩捐遵限汇送由 | | |

财字第　号

顺义县公署训令

令各乡乡长副

为训令事案查本县以前随粮带征附加捐款自三十年度起一律取消改称亩捐各乡人民应征之款已饬令各乡事务员照地户地亩数目按段填明亩捐收据之内应由该乡长副负责照数代收（每地一亩征洋二角五分）遵照定限如数收齐汇送来县征款不得额外需索故意延误致干惩处除布告外合亟仰该乡长副遵办此令

| | |
|---|---|
| 训令　各警所/队 | |
| 文别　电　　送达/机关　各分所/分驻所 | |
| 事由 | |
| 代电各分所长及营长调查各乡征收亩捐有无多征情事由 | |
| | 七月四日拟稿 |
| 去文　字第三十六号 | |

财字第　号

顺义县公署快邮代电

各警务分所所长分驻所警官览查本县三十年度亩捐暂行饬令各村乡长代收本年亩捐每亩一律二角五分在此试办期间诚恐征收手续及收入数目有不当行为合行电仰该分所长/警官切实遵照迅即亲赴该管各村严密调查各村征收亩捐是否确实按每款二角五分征收有无征收二角五分以上之处征收手续人民是否称便火速查明负责密报勿稍违延致干未便顺义县知事夏〇〇支印

### 3．第九、第十两区三十年度商捐亩捐

| | | |
|---|---|---|
| 文别　呈 | | |
| 送达　省公署 | | 三十年七月二十三日拟稿 |
| 机关　道公署 | | 七月三十一日核发 |
| 事由　为报告三十年度亩捐征收情形由 | | |

呈为呈报事案奉

钧署　财监字第五七二零/燕财字八五一　号令发商捐亩捐等则税率表征收商亩捐准备调查表概算编制要纲等各一份饬即遵照办理等因业经遵照将职县原有田赋附加亩捐及商农经临各项摊款铺捐等取消分别归并于商亩捐之内编造顺义县地方款三十年度岁入概算书及第九第十两区（五月一日由大兴县接收者）三十年度五月至十二月岁入概算书呈送在案查顺义县自去年设置土地调查员已将旧有一至八区各乡所有地亩完全调查清楚本年征收亩捐规定每亩二角五分确系按户按段由县属派员直接征收绝无阳奉阴违仍按以前摊款办理之情事惟第九第十两区系本年五月一日由大兴县接收而来中

间因种种情事未能施行土地调查致各乡地亩确实数目无从知悉若俟土地调查完竣再行征收则缓不济急如按田赋附征亩捐则移交粮租各册迄今未能接收清楚且现在青纱帐起匪易窜扰治安经费需用万急知事筹思再四于无可如何之中但对九十两区亩捐暂时仍由各乡自行按亩缴纳即系按以前摊款办法办理以济急需计九十两区地亩约为十九万亩每亩征捐洋二角五分共计四万七千五百元（九十两区收入概算书第二项第一目第二节）俟明年该两区各乡土地调查完竣即可与其他各区同样办理分呈河北道/燕京道公署外合理据实呈报

钧署鉴核备案（准予施行）实为公便谨呈

河北省省长吴

燕京道道尹李

署理顺义县知事　夏〇〇

| | |
|---|---|
| 文别　呈 | |
| 送达机关　河北省公署　燕京道公署 | |
| | 三十年七月三十日拟稿 |
| | 八月　六　日核发 |
| 事由为呈送第九/十区商捐征收册由 | |

呈为呈送事案查职县三十年度商捐征收册业经呈送在案本年五月一日复奉令接收大兴县第五区改为顺义县第九第十两区兹将该两区商捐清册编造完竣除分呈燕京道/河北道公署外理合备文呈送

钧署鉴核备案实为公便谨呈

河北省省长吴

燕京道道尹李

顺义县第九/十区商捐征收册一本

署理顺义县知事　夏〇〇

| | |
|---|---|
| 顺义县公署警察所第五分所呈顺义县公署 | |
| | 三十年八月二十一日送 |
| 事由　为呈缴十区三十年度亩捐款项事由 | |

呈为呈缴事举奉

钧署训令略开“为训令事案查亩捐为县款主要收入三十年度亩捐每亩二角五分九十两区计有粮地十九万余亩按每亩二角五分共应交纳四万七千五百元筹齐送县勿延”等因奉此遵与天竺分驻所协同根据二十九年度亩捐借据通知核计两区共地十万零七千

三百三十一亩九区计三万八千六百亩十区计六万八千七百三十一亩照上开十九万余亩实少八万余亩按实有亩数核计每亩合洋四角四分三厘九区实收一万七千零九十九元八角应缴一万七千零八十元尚存十九元八角十区实收三万零四百四十七元八角三元应缴三万零四百二十元尚存二十七元八角三分现已收齐理合检同花户各单及现款一并备文呈缴伏祈

鉴核验收谨呈

知事　夏

附　各村款敷单　一纸

国币三万零四百二十元正

第五分所长　刘士兴　〇

附请　发给各村收据以昭信用俾分给各村

中华民国三十年八月

批示

呈件均悉据呈缴第十区三十年度亩捐洋三万零四百二十元业经列收该分所长竟能于短期间将巨款征齐殊堪嘉慰惟详核册列二十九村亩数合计应为六万八千七百三十八亩款数合计应为三万零四百五十元零九角三分除呈缴外余款应为三十元零九角三分清册则填列亩数合计为六万八千七百三十一亩款数合计为三万零四百二十元余额为二十七元八角三分钧署不合业经代为更正仰将区存底册更正并将余款洋三十元零九角三分克日返署以资结束再本署既已发给该区为收据所谓分给各村收据一节应不准行该分所可自制三联收据以一联发给交款村庄一联呈县一联留区存查并仰遵照办理为要册存此令　印八月二十八日

顺义县公署商捐征收册

顺义县第九/十区商捐征收册

民国三十八年八月

摘要　修正河北省各县市局处经征处组织办法

（河北省公署训令　财税字第五五四七号
八月二十六日收到）
（未抄写）

#### 4. 民国三十年度田赋

顺义县公署训令　财字第　号
令　乡长副
　　事务员

为令遵事查田赋一项系属国家正供人民应提前踊跃输将方合义务天职乃近数年来多以观望侥幸为避免纳之能事虽属一时侥幸但非长久之计现在本县彻底整理田赋非违

到明朗时期不予停止所有三十年度应征田赋暂事由务员征收乡长副负监察责任各该事务员乡长副务当振刷精神设法查找务无遗漏全数征齐方不负本知事殷殷之委托也倘花户有故意观望躲避不交情事事由务员报告来署定予从重处罚事务员亦不得浮收刁难为要除分令外合行令知该事务员乡长副切实遵照切切此令

计发

三十年度征收田赋暂行办法一份

顺义县知事　夏　崧　生

中华民国三十年十二月一日

顺义县三十年度征收田赋暂行办法

一　本县土地调查现以查竣所有应征田赋暂行规定本办法征之

二　本年田赋暂由各乡事务员代征乡长副负监察责任

三　所有应征田赋由经征处按照台账将各乡花户姓名住址应征数目填明收据存根发交各该乡事务员照收据内数目征收之

四　事务员接到收据后遵照定限在乡公所限同乡长副征收事务员于收款时将收据外联（即发给纳款人一联）及中联照存根所填之数清细填写在征收员处盖章立填明收款年月日经乡长副对明与存根数目相符发给纳款人收执

五　乡长副负征收田赋监察责任如发生事务员所收之款与存根数目不符时乡长副连带负责

六　乡长副于对明事务员所填收据外联及中联数目与存根所填数目一致方可盖章（乡长副在外联及存根钱数之旁盖章）以免受连带责任

七　所收之款乡长副事务员共同保管于定限之内征齐送县公署核定

八　征收期限定为十五日自事务员由县领取收据之日起至征齐将款（连同收据存根中联）送到县公署核明发给收讫证之日止不得超过十五日

九　事务员征收田赋款项奖惩办法列后

1 能于定限以内将应征之款全数征齐送县者照所征之款提给百分之一奖金并记功一次（特别出力人员不但提给上项奖金并予特殊奖励（另定））

2 能及定限以内将应征之款征收九成以上者照所征之款提给百分之一奖金

3 逾限不及十日能将应征全数征齐者在百分之一以内酌给奖金

4 征收不及九成及逾期十日以上者记过一次

5 征收不及八成者罚薪

6 对于不热心设法征收等情及违反本办法者从重议处（另定）

7 乡长副特别出力者酌给奖金对于此次征收不热心辅助从重议罚

十　事务员如有浮收款项情事除依法治罚外并将浮收之款退还乡长副亦不得辞其咎

十一　本年田赋适在整理期间对于征收事务员征收事务员乡长副等务必实心任事设法查找（如甲村人在乙村有钱粮名未更等事）应以收据在何乡由何乡征收总之此系初办非竭力设法查找难收全效　本知事对于此次出力人员格外记载以后遇有改组调遣以此次成绩如何而定

十二　本办法以三十年度为限考其成效如何来年另行规定
十三　本办法如有未尽事宜随时修正之
十四　本办法自公布日施行

### 5. 屠宰场相关卷宗名（未抄写）

二十六、七　屠宰场章程卷
二十九　屠宰场建筑方案卷
三十、七、一　成立屠宰场各文件
三十、七　呈报屠宰场收支月报表等项文件

## 三　村落边界方面

### 1　村落边界方面卷宗摘录（秘书科所藏）

| 顺义县政府布告　第　号 |
| --- |

为布告事查县属各村青苗会旧日习惯有活圈死圈之分习惯不同弊窦丛生往往因圈地之纠纷经年累月缠讼不休耗材费业为害实深殊非整理村政之道本县长下车以来详为考察境内活圈之地固有死圈之地究属多数兹为遵照法令立从多数划一村政起见规定为属地主义（例如甲村之地出卖于乙村将来此地之一切摊款仍向甲村交纳看护费暨学警一切花费乙村不得争收反之乙村之地出卖于甲村亦仍向乙村交纳）即乡俗所谓死圈也自布告之日起一律实行乡款既可固定彼此亦免纷争其有已经完纳者不得再行追究合行布告仰商民人等一体遵照毋违切切此布

县长　安静山

中华民国二十五年十一月二十九日
布告　实贴

| 中华民国二十六年一月三十日收到<br>冀东政府民政厅训令　民二字第四九号 |
| --- |

令顺义乡长

案查各县改编乡镇选举乡镇长副均经次第办理竣事极应划分乡镇疆界以期完成乡治基本工作兹经拟定冀东各县划分乡镇界办法十项呈奉冀东防共自治政府秘字第一二零号指令内开呈悉查所拟办法第三条“乡镇界之划定以便管辖为宗旨与土地所有权不相牵涉”二十四字业经修改为“乡镇界之划定为整理乡镇疆界以便行政管理为标准”二十

二字又第十条“本办法自呈准日施行”九字并经修改为“本办法自核准之日施行”十字其余各条尚无不合除予以备案外仰即遵照由厅令饬施行此令等因奉此除遵照修正并分行外合行抄发原办法一份令该县长遵照于文到三个月内一律办理完竣造册具报不得借词延宕或请求展期并不准动用地方款项以杜虚糜仍将奉文日期先具报备查切切此令

计发 冀东各县划分乡镇界办法一份

中华民国二十六年一月二十八日

厅长 张任

主任秘书 周鸿勳代

冀东各县划分乡镇办法

(一) 各县于乡镇编定乡镇长副选举竣事后应即照本办法划分乡镇界

(二) 各乡镇应各依其原有区域界限为准如旧无确定界限者依下列各款划分之

甲 以山之分水岭为标准

乙 以河流沟渠堤岸为标准

丙 以道路阡陌为标准

丁 以旧有习惯及青鄙为标准

以上四款仍应相度乡镇彼此距离之远近并其向来之相互关系及习惯酌量划分之

(三) 乡镇界之划定为整理乡疆界以便行政管理为标准

(四) 因划分乡疆界而发生争议时依冀东各县乡镇规程第五条之规定办理之不服者得诉愿于民政厅

(五) 划分乡镇界由该管警务分局所员警督各乡镇长副协商办理并由县政府内务科民治股职员随时分别督促指导之

(六) 乡镇界划分后应将四至界标镌明某县第几警区第几乡或镇某某村某界等字样植立于交界之处界石图样如下

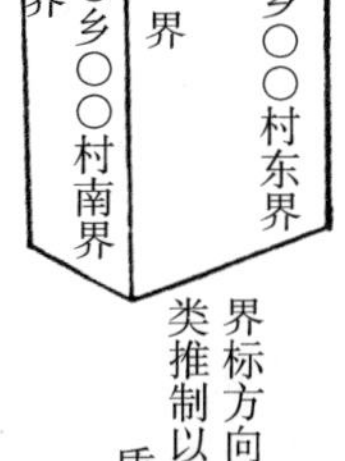


界标方向字样以此类推制以石质或木质

（七）乡镇界划定后应将所管地段周围界限由乡镇公所绘具简明形势图说及四至清册各三份以一份存镇公所以二份报由本管警务分局存转

（八）各警务分局应将上项图说及四至清册汇齐以一份存局备查以一份转呈县政府应按照警区分别造具各乡镇四至总册呈报民政厅备案

（九）乡镇界划定后凡在界内土地均由各该本乡镇施行管辖权

（十）本办法自核准之日施行

文别
　　送达机关　民政厅
呈文
二月一日拟稿
二月三日封发
事由　呈报办理各乡划界奉文日期由

呈为呈报事案于本年一月三十日奉

钧厅民二字第四九号内开案查各县改编乡镇选举乡镇长副均经次第办竣亟应划分乡镇疆界以期完成乡治除分行外合行抄发原办法一份令仰该县遵照于文到三个月内一律办竣造册具报仍将奉文日期先行具报备查此令计发划分乡镇界办法一份等因奉此职县与本年一月三十日奉令前因除定期招集主管科股暨各分局所开会讨论积极进行外理合将奉文日期先行备文呈报

钧厅鉴核谨呈

民政厅厅长张

署理顺义县县长　安〇〇

文别
　　送达机关　民政厅
呈
三月十二日拟稿
三月十三日封发
事由　呈为呈请乡镇划界收具各村插花地承办法祈鉴核示遵由

呈为呈请事案奉

钧厅训令民二字第四九号令发冀东各县划分乡镇界办法十项并仰遵照于文到三个月内一律办理完竣造册具报此令等因奉此当经遵照令警务分局督同各乡镇长副协商办理并派民治股职员随时督促指导各在案窃查职县境内乡村部位疏密参差不齐远近距离又相悬殊相距稍远此界线易清尚长孚议即或稍有争执亦不难酌量情势依据习惯为此疆

彼界已难分划正或三村相联形同一字数村围聚势如梅花其中间及中心之村庄除村名房屋之外几无管辖范围而究其所属圈界则孤悬外村考其形势则直同插花相度地势必须划入他村始能整齐然以事务而言管辖愈小责任愈轻各该乡似无争议之可言惟旧日习惯各乡负担警学捐款之多寡即以圈界广狭为标准若按照区域形势分划界线则位于两村中间及数村中心之乡村界段落必小圈界自随之削减不但警学各捐筹划维艰即本村之经费恐难以支持警学各款倘一动摇不仅纠纷难解警学警费立受影响若按其旧日习惯此等村庄界石将置于何处即削长补短地势所限亦难补足其原有圈界之数量县长再四维思并特访周资详为讨论惟有依照本办法第二条第一项各款之规定相度地势划分界限俾管辖收责有依归其位于各村中间或中心之村即按照地势依其狭小之面积划定村界而旧有圈界仍保留属于何村界内此即在何村地名内加以标点注明有某村插花地若干亩以固其经费展于兼筹并顾之中仍寓界线分明之意征之各村乡长副等钧表赞同县长查于本办法第二条第二项所载其向来之相互关系及习惯之意义亦相符合唯事关乡镇界要务未便据专理合将所拟插花办法具文呈请鉴核示遵实为公便谨呈

冀东政府民政厅厅长张

板桥村分驻所呈顺义县政府
民国二十六年三月二十五日收到
事由 为呈报李家史山等村因与邻县各乡划界致起纠纷请鉴核由

呈为呈请事案据李家史山暨营尔五各庄等村呈称为呈请事案奉钧所训令第三号略开关于划分乡镇疆界限期完成具报等因奉此乡长等遵即将本县邻村设法均已划好惟邻县各乡因县界关系恐不易解决请钧所派员监视以免争执而利进行理合具文呈请鉴核俯准派员实为公便等情据此巡官亲自前往所属营尔村公所当即通知昌平属桥子村乡长同赴村郊实行划界双方因争地基而起纠纷巡官查所争之地均系插花遂即设法排解经竟无效立据桥子村乡长云此次划界本村尚未奉到明令本管分局（系昌平县第五分局）亦未招集开会一俟奉令再行划界等语巡官舌干唇焦难以理解又因限期已屈迫不得已理合据情呈请

钧鉴查核施行谨呈

县长安 板桥分驻所巡官 段继元 印

中华民国二十六年三月二十四日

冀东政府民政厅指令
民国二十六年三月二十八日收到
事由 为据呈拟各村划界时标明插花地本办法等情应准照办由

民第二字第四三九号

冀东政府民政厅指令

令顺义县县长

呈一件呈为呈请仰镇划界拟具各村插花地办法祈

鉴核示遵由

呈悉查该县所拟办分乡镇界仍收旧有圈界保留一节核与原颁冀东各县划分乡镇界办法第二条各项之规定尚无不合应准照办仰即遵照此令

中华民国二十六年三月二十五日

厅长　张仁蠡

板桥分驻所呈顺义县政府
事由　为呈报所属东石槽各乡因划界而起纠纷请鉴核由

呈为呈请事案查前奉
钧府训令划分乡镇疆界业经巡官三令五申所属各乡并招集开会两次迄今遵限呈报者有之划好尚未呈报者亦有之兹因限期已届不得已又于本月二十五日招集因划界而起纠纷之各乡乡长做进一步之商讨以便获最后之解决但经此次排解双方已经一致不计外惟查东石槽和北石槽西绛州营和前桑圈板桥和南石槽等村均因互争圈界（所争之圈甲村以看圈为标准乙村以地基为标准）意见悬殊不肯让步致巡官无法排解复查所属各乡按旧有习惯多系活圈前自奉
县长布告取消活圈均划死圈然按实际情形各乡并未自动划为死圈以致现因划分乡界而起纠纷巡官揆情度理设例解释终于罔效迫不得已理合据情请呈
钧鉴查核将争圈各乡分别传讯或派员实地勘察实为公便

谨呈

县长安

板桥分驻所巡官　段继元　印

中华民国二十六年三月二十六日

东府分驻所呈顺义县政府
民国二十六年三月三十日收到
事由　为呈报各乡划定村界四至清册暨地界略图由

呈为呈报事案奉

钧府训令内字第八一零号内开除分行外合亟抄发原办法令仰该分所遵照奉发办法切实进行依限一律办竣绘图造册呈报来府以凭转报切切此令计抄发翼东各县划分乡镇界办法一份等因奉此遵即召集各乡长副开会并印发划分乡镇界办法暨地界图示当经详细讨论按照划界办法进行复经巡官督促各乡长副秉公办理现各乡业将村界四至清册地

界略图先后呈送到所审核完竣除各留一份备查外理合检同村界四至清册暨地界略图具文呈报恭请

鉴核施行谨呈

县长安

计呈

村界四至清册　三十七本　地界略图

三十七张　东府分驻所巡官　董瑞亭　印

中华民国二十六年三月二十八日（注：与下文相同内容均已省略）

一六、四、一　　第一分局　划分乡镇疆界图册　一本

一六、三、三一　　第二分局　各乡镇地界略图及四至清册　计十八份

一六、四、三一　　第三分局　各乡镇简明形式图说三十六份　四至清册三十六本

一六、三、三一　　第四分局　村界略图及四至清册

各三十七份

| | |
|---|---|
| 呈 | 中华民国二十六年四月六日收到 |
| 事由 | 为聂山营村乡长张子华监察员蒋寿山校长康学增等违抗合法之命令伪称出门不予盖章恳予彻查究办以警效尤而维法治由 |

呈为聂山营村校长康学增乡长张子华监察员蒋寿山等违抗合法之命令伪称出门不予盖章恳予彻查究办以警效尤而维法治事窃职等于二月十九日奉划界训令之后即行依据颁发划界规程按照旧有区域地界绘成村界略图及造具四至清册眼同该乡长等栽植界标界内之地纯为民村各户所有距村远至二里半之遥界外距该村有三里半之遥插花地实多退让于情于理均无不合该乡长等彼时亦承认无言熟料心怀叵测非但乘机穷拔界标抑且籍故拒绝盖章已于三月八日至二十九日分呈第四警区公安分驻所在案虽经该管巡官妥为调处仍然阳奉阴违不予遵行屡经传唤非伪称出门即诈言游约避不见面直延至四月一日钧座亲赴白浪河村调查集市情况职又面呈民村所绘地图界略图请予指令该主村乡长等盖章伊等始而强词狡辩继竟俯首无词所属子虚难逃一实见于今日何况

钧座明镜高悬无微不烛不容狡诈之徒逞其奸诈即行面谕该乡长等承认民村所绘合理地图予以加盖图记讵知该乡长等不遵面谕自恃主村执管图记益为扬扬拒绝仍不予以盖章职等于四月四日又往该管公安分驻所面讲请乡长等盖章仍伪称出门拒却盖章该巡官顾全情面不忍依法办理伊等始敢玩视法令意延迟深恐划界纠葛永无解决之日亦即政府令行划界永无完成之期窃谓划分村界原为行政便利杜绝公所争执免去井地不均之弊岂容该乡长等违抗合法之命令不予盖章将期行政便利反而增加障碍若不依法略施处罚恐将群起而效尤法令之威信何存公务员之命令谁遵为此再四思维别无他术惟有迫切恳求县长台前迅予秉公彻查究办清纠葛而利行政实为公便谨呈

顺义县县政府

具呈人　顺义　赵任新庄村　乡长　吴荣禄　印

校　长　吴兆魁　印

监察员　周新田　印

闾　长　冯玉璞　印

中华民国十六年四月

| | |
|---|---|
| 呈 | 民国政府二十六年四月十一日收到 |
| 事由 | 为聂山营村监察员蒋寿山付品三违反谕令公然煽惑愚民聚众威胁意图破坏划界栽标妨害秩序恳求严拘罚办以严法令而利行政事由 |

呈为聂山营村监察员蒋寿山、付品山违反谕令公然煽惑愚民聚众威胁意图破坏划界栽标妨害秩序恳求严拘罚办以严法令而利行政事窃差本年政府颁布划界命令非但于行政方面有所便利即于民间纠纷亦必因减少该蒋寿山等不思违犯国法屡经煽惑愚民抗拒合法之命令意图排拨诉讼从中渔利因此职等两村划界纠葛难以解决故于四月五日呈请

钧府在案于四月七日业蒙钧座二次谕令该蒋寿山付品三负责加盖图记栽植界标职等回村之后于四月八日上午奉公安分驻所关阎书记通知即前往界地遵照谕令眼同阎书记静候栽标不意该蒋寿山付品三接本通知后避不见面即鸣罗呼啸乃由张子华等三人为首率领民众百余人壮者手持器械勇往界地奔来扬眉吐气怒不可竭职等观此景况实无容理论恐演成重大之惨剧因以口退民村当因紧急关系面请公安分驻所阎书记具实呈报覆以资证明查该蒋寿山付品三公然煽惑愚民抗拒合法之命实触犯刑律妨害秩序罪且意图为强暴胁迫尤为法所不许为此情急无术唯有具实具文恳乞　县长洞鉴迅即拘捕该蒋寿山付品三到案依法罚办以严功令而利行政实为公便谨呈

顺义县县政府

闾　长　张玉珠　十

具呈人顺义县　乡　长　吴荣禄　押花　校长　吴兆魁　押花

赵任新庄　监察员　周新田　十　闾长　冯玉璞　押花

中华民国二十六年四月九日

| | |
|---|---|
| 第二分局呈县政府 | |
| | 民国二十六年四月十二日收到 |
| 事由 | 为呈报南彩坞里二村区分圈界中生枝节仰请鉴核示进由 |

为呈报事窃查敝局属南彩双营坞里三村为划分圈界争执一节业经

县长面谕该三村乡长副互相退让勿执己见以旧有圈界为准则并示折衷办法当时该三村各无异议圆满承认并饬职随时监视绘图树立界标职即遵于四月九日前往该三村视察圈界催立界标南彩双营两村业已遵谕奉行无他异议不料坞里村突生中变据坞里乡副马普仁言称向往每年交纳南彩村青捐九元今而变更按亩摊派合计十四元有奇较之向例骤增五元之钜事关全村地主财力实难承认且此等之款交纳一次即成惯例推而计之连年损失何可预计非乡长之不承认亦恐难以应付全村地主等情据此职即再四向伊解释通融和平了解奈其置若罔闻坚持成见势难调解除南彩双营两村着手绘图树立界标外所有坞里村中生枝节情形理合具交呈报伏乞　钧裁鉴核示遵实为公便谨呈

县长安

顺义县政府警务局第二分局局员

兼理局长　　　　　王振中 印

中华民国十六年四月十日

| | |
|---|---|
| 呈 | 民国二十六年四月十八日收到 |
| 事由 | 为恳请解释划界困难情形由 |
| 批示 | 呈悉查地方款项凡系出款地亩在上旧有属地主义之令本县有死圈之布告是尔村与聂山营在二十五年布告以前在何村会内纳款在先归何村至与昌平境接连之地以钱粮为标准粮归顺义地款应向顺义完纳粮归昌平地款亦应向昌平完纳此一定不易之理由至明且显仰即遵照勿得故违切切此批 |
| 印 | |

为职乡长与聂山营乡划界纠葛一案迭经

钧座在白浪河乡与板桥分驻所面谕退让两部及堂谕职等两乡依令办理职乡遵令即与该聂山营乡协商确定村界树立界标绘图互换所有退让部分中之地亩权利各归乡登记处理而该乡狡猾异常不遵谕令以致两方决裂职等又于本月十六日到府请示业蒙

钧座面谕两方依上年十一月二十九日县府布告各乡去岁会账中登记之地亩查清无论在何处均划归各该乡圈内自此后即为死圈等语指示一切令依谕办理职等愚昧不明未敢贸然恳请　钧座详细解释以定确遵查职乡系属顺义弧屯村也周围各乡尽皆昌属淮北部与县属聂山营半乡毗连因地方不靖职乡富户萧某张某移居北平其所有地租与各乡分种设以去岁各乡会账登记为据划各归各乡为死圈将见职乡如雪人见日立见消释东为大东流西官庄两村圈去南西两方为大小赵任莊胡芦河三村圈去北方即属之聂山营乡矣距乡较远者不必言即在乡之咫尺腹部内地者为数不尠亦在他乡被圈之例地亩无有入款无着皮之不存毛将安附如此职乡何能存在乎又查职乡富户于去岁九月间将聂山营和其他各乡

各户租地收回与本乡各户分种和自种现已于本年二月间登记会账业已每亩纳款一角设职乡遵谕将各该地转登记于聂山营乡会账纳款而各户已纳之款如何处理其与他各邻乡亦有此同样情形又当如何处理又布告于上年十一月间公布施行而职乡之地权已于上年九月间收回不知职乡之情形是否同样遵此布告以上

　　所有各情由恳请

钧府鉴核迅予解释指令示遵不胜待命之至谨呈

顺义县县政府

赵任新庄乡　副乡长　吴荣禄　印

监察员　周新田　印

闾长　冯玉璞　印

张玉珠　印

校长　吴兆魁　印

| | |
|---|---|
| 呈 | 民国二十六年四月十二日收到 |
| 事由 | 为民村与聂山营村乡界纠葛一案请求维持调解原谕依法予以行政处分由 |

为民村与聂山营村乡界纠葛一案请求维持调解原谕依法予以行政处分事窃民村与聂山营村因乡界纠葛一案几经第四警局板桥分驻所调处均因彼方并无诚意嗣复蒙

钧座于本年四月七日及十日屡为调解计调解结果系将民村村北约两里半东西道以北之民村管辖界内土地迤西二段由民村管辖但此四段内之土地所有权属于何村租与何村仍在何村纳款俟植立界标后再将此项插花地由县长註明乡界图中发给双方承诺各无异议从而调解即已合法成立双方即应受法律之拘束不得任意违反讵知彼村果为违反调解于本年四月十六日双方面议县长彼村要求租地租与何村在何村纳款并以去年青亩会账为凭等情于法殊有未合民村确实承认查县府去年十一月二十九日布告内载属地主义明白解释甲村之地出卖于乙村将来此地一切摊款仍向甲村交纳看护费及学警一切花费乙村不得争执反之乙村之地出卖于甲村仍向乙村交纳自布告之日起划定死圈后出卖尚且如此规定何况民村属地租与彼村乎且民村因无力摊派公款债台高筑迫不得已于去年布告之古历八月间向地主说明困难业由地主萧张两姓收回租地分租民村贫民并于本年古历正月间上洋一角依法律不溯及既往之原则尤难以去年青苗会账为凭按翼东各县划分乡镇界办法第二条规定各款距离之远近相互间旧有习惯之关系民村所绘村界地图亦无不再查本年二月十九日本县警局板桥分驻所训令内载遇有争执者由局所即以摊款多寡酌量排解如不能了结具报再由县查核办理等语即按摊款多寡民村较彼实多一倍有事实可查不难证明即由县查核办理想亦不能无据果因去年租于彼村为凭不间收回与否民村非但摊款无所从出即生活亦不能维持为此于情于法万难承担只有具状　钧府迅即依法予以行政处分以资遵守而符法令实为公便谨呈

顺义县县政府

附　村界略图一件　四至清册一件

具呈人　顺义赵任新庄

邻　长　冯振辉　拇印

邻　长　刘　坦　〇

校长　吴兆魁　〇

监察员　周新田　口

代理乡长　张德纯　口

闾　长　冯玉璞　口

闾　长　张玉珠　〇

邻　长　张德义　〇

邻　长　冯云禄　〇

中华民国二十六年四月二十一日

前桑元村乡公所呈顺义县县公署

二十九年八月二十七日收到

事由　为不服处分依法提起诉愿由

秘字第四二一号

批示　呈悉查该乡长等既不服处分仰即迳赴道署提起诉愿可也并仰将诉愿副本呈送本署为要此批

八月二十八日　印

为不服处分依法提起诉愿事窃有前乡长马良等与高福吉等因圈界摊款涉讼一案已蒙

钧署送达处分书主文内载原告控诉驳回被告高福吉地十八亩王大政地七亩报入板桥村随板桥村纳款等因查系争地二段二十五亩系前桑元村圈界所有权有青苗会帐可凭并有安前县长于民国二十五年颁布死圈属地主义布告可证自应在前桑元村乡公所报地纳款今竟处分被告人高福吉王大政报入板桥村随板桥村纳款将原告之控诉驳回民等对于本案处分全部不服理由另行追加外为此声明呈请　钧属鉴核俯准将本案卷证转送

燕京道公署废弃原审处分另予适当之处分令被上诉愿人高福吉等赴前桑元村乡公所报地纳款以维圈界而图救济实为公便谨呈

顺义县公署公鉴

前桑元村乡长　孙承绪　印

副乡长　孙绍纶　印

中华民国二十九年八月二十六

呈　民国二十九年十日收到

诉愿人　孙承绪　二十九岁男性顺义县乡长　　　　住西单十饭寺甲二十号马宅代收

诉愿人　孙绍纶　四十九岁男性顺义县乡副　住所同上

代理人　沈坦　律师住前内石碑胡同三十一号

原处分公署　顺义县

为不服顺义县公署行政处分谨依法提起诉愿于下

诉愿之事实及理由　缘乡长等与高福吉等因圈界摊款诉讼一案近接到顺义县公署行政处分书主文开原告控诉驳回被告高福吉地十八亩王大政地七亩报入板桥村随板桥村纳款等因乡长等捧读之下实难甘服情因按民国二十五年十一月二十九日蒙顺义县安前县长静山颁布死圈属地主义布告内开甲村之地出卖于乙村将来此地之一切摊款仍向甲村交纳看护费及学警一切话费乙村不得争执反之乙村之地出卖于甲村仍向乙村交纳等因有案可查各村遵照实行已久即原审亦未敢违反此项主张再查本案讼争之地高福吉系于民国二十六年置买前桑园村人孙承谟之地王大政系于民国二十七年置买前桑园村人孙承训之地七亩系在前桑园村圈界之内历年向桑园村乡公所交纳地款有青苗会账可查自应遵照上开布告办理赴前桑园村报地纳款实为事实证据及法令所当然乃高福吉等违反公命拖欠地款屡讨不给遂由前乡长马良等依法诉消地户丁玉温自知无理已将应交之地款向前桑园村乡公所如数交纳立蒙原审将高福吉王大政讯明地在前桑园村圈界以内当处分令伊等依法赴前桑园村乡公所交纳地款而高福吉王大政亦自知理由情愿遵照处分完结具有切结存卷有案可查实已成铁案断难一事再理拒该板桥村乡长孙诒经乡副李春和等忽玩法妄为凭空据词高福吉王大政之地均在板桥村圈内人在板桥村居住应在板桥村报地摊款等情并未提出丝毫证据仅以请派员调查混珠顺义县公署竟违法一事再理自行撤销案而令板桥村警察分驻所调查该巡官李星三与孙诒经当同住一村徇情袒庇既不彻底调查事实更未详查双方证据仅以高福吉王大政之地均在板桥村圈界内空言呈复顺义县公署竟舍证据而重空言即以该巡官李星三之偏袒空言呈复为重行处分基础而违法为不当之处分乡长等实难甘服谨缕陈不服理由如下

（1）按圈界以属地主义最为适宜顺义县安前县长静山于民国二十五年十一月

二十九日颁布死圈属地主义布告各村遵行已久实可永杜纠纷本案高福吉之十八亩地系于民国二十六年置买前桑园村孙承谟之地王大政之七亩地系于民国二十七年置买前桑园村孙承训之地不惟有弃地主孙承谟孙承训可证且为高福吉等所不争均在前桑元村圈界以内历年向前桑园村报地纳款亦有弃地主孙承谟孙承训可证更有多年之前桑园村青苗限可查且高福吉等置地更名均在安前县长颁布布告之后自应遵照布告在前桑园村乡公所报地纳款本为必要之事该板桥村万无因该村人置他村之地妄思破坏成规之理原处分书显属于法不合此难甘服者一

（一）按一事不再理系法之原则本案业经顺义县县公署依法处分谕令在前桑园村报地纳款而高福吉等亦情愿遵照处分具有切结完结在卷且丁玉温业经将欠款交清是本

案应向前桑园村报地纳款不惟证据确切布告亦明且为各方所共认该板桥村乡长孙诒经等在乡长等与讼时则更未参加今竟在案已处分完结并经当事人具结认可后忽挺身插讼妄思一事再理显属于法不合更显见孙诒经等明知圈界为前桑园村所有因与警察分所同村居住关系密切故铤而走险违法证据员调查而顺义县公署竟自己撤销处分而违法一事再理即令其同村之巡官调查更舍会账等项物证旧业主人证及当事人业已自认之甘结更即以该巡官之空言报告重为处分谓非违法其谁能信此难甘服者二

(一) 按物证优先人证为证据原则伏查青圈报地纳款历来以青苗会账为凭本案系争之地在前桑园村报地纳款

有关青苗会账物证可证绝非空言所能否认更非同村居住关系密切之巡官偏袒之空言所能推翻今顺义县公署舍物证而信空言尤属与法不合此难甘服者三

(1) 又查与本案高福吉王大政讼争地亩处同一位置者尚有约二顷之多均在前桑园村报地纳款且高福吉王大政诉争之地适居此约二顷地亩之中间无论如何亦不能两旁均为前桑元圈内而独高福吉王大政两条地报入板桥村纳款则多年旧圈由巡官偏袒不近情理之空言变更更恐青圈从此多事纷争实不知伊于胡底矣此难甘服者四

(1) 又查本案板桥村乡公所对于高福吉等置前桑园村人之地亩应向前桑园村报地纳款本无争执并非乡公所与乡公所涉讼系与地户索地款故由乡公所代理人乡长副出名直接诉地户高福吉等追交地款又近来前桑园村乡长马良业已去职业选委民孙承绪为乡长经合由民孙承绪负责诉讼理合诉明以昭核实者五

(1) 又查本案原诉人本为乡长马良因事未能到案然已委有代理人孙尧臣到案虽遗漏递委任状然可以补递追认且尚有乡副孙绍纶到案陈诉一切本无甚关系今顺义县公署忽就此三点指摘尤属于法不合此难甘服者六

综以上事实理由及证据原处分显有未合理合请求

钧署鉴核恩准迅赐查卷彻底详赐调查将原处分废弃责令高福吉地十八亩王大政地七亩赴前桑园村乡公所报地纳款立责令高福吉追交民国二十七年地款洋十八元民国二十八年地款洋十八元王大政追交民国二十八年地款洋七元至为公德两便谨呈

证据 证人旧业主 孙承谟 孙承训 均住顺义县前桑园村

证物地亩账二册 布告抄件壹纸

燕京道公署 公鉴

诉愿人 顺义县前桑园村

乡长 孙承绪 印

副乡 孙绍纶 印

代理人 沈坦律师 印

中华民国二十九年九月九日

河北省燕京道公署训令 燕民字第一二五六号

令顺义县县知事

为训令事案据该县前桑元村乡长副孙承绪等不服该县处分与高福吉等因圈界摊款一案提起诉愿到署并据声明已向该县呈递诉愿副本等情除批示外合行令仰该知事遵照出具答辩书检同本案卷宗即日呈送以凭核办勿延此令

中华民国二十九年十二月二十六日

| | |
|---|---|
| 文别　呈　送达机关燕京道公署　三十年五月十五日拟稿<br>五月三十一日封发 | |
| 事由　为呈送前桑园村与板桥村因圈界村款纠葛一案卷宗及处分书鉴核由 | |

案奉　钧署燕民字第一二五六号训令内开"案据该县前桑园村乡长副等云云此令"等因奉此遵即拟具答辩立检同卷宗处分书一并备文呈送

钧署鉴核谨呈

燕京道尹李

计呈送　县卷一宗　答辩书一份　处分书二份

署顺义县知事　夏〇〇

（以下仅抄录了答辩书）

为答辩事案查前桑园村乡长马良等呈控板桥村人高福吉在前桑园圈界内种地十八亩欠交民国二十七年地款洋十八元又欠二十八年地款洋十八元王大政种地七亩欠二十八年地款洋七元丁玉温种地八亩欠二十八年地款八元请照圈界属地主义追交等情当经饬传原告马良并未到案代理人孙尧臣未得相当委任应无代理诉讼权被告丁玉温早将地款交清当经庭讯以丁玉温即将欠款交清遂令高福吉王大政事同一律谕令高福吉等亦在前桑园报地纳款嗣据板桥村乡长副孙诒经等联名声请高福吉王大政之地均在板桥村圈界以内人在板桥村住居地在板桥界内且已向本村交纳地款多次理应随板桥村报地纳款请求勘查实情当以本案真相未明令委该区警官勘查旋据额警官李星三报称以查得高福吉王大政之地确实均在板桥村圈界以内此案丁玉温既于未禀之先将地款交清应毋庸义唯高福吉之地十八亩王大政之地七亩既经查明均在板桥村以圈界以内该高福吉王大政亦均在板桥村住居论属人论属地均应在板桥村报地纳款前桑园村争执殊无理由是以处理此案高福吉王大政向板桥村报地纳款以免他村相率效尤纠纷难解此处理本案之大概情形也所具答辩是实

| |
|---|
| 呈　民国二十九年十一月十六日收到 |
| 批示　秘字第二三一号 |
| 呈悉关于各村连洼种地应拿青钱仰仍按照旧日习惯办理不得争执此批　十一月十八日 |

为额外勒征地款请求明白批示以便遵行事缘民村青苗圈界与仁和镇北会及西马坡北上坡等村界连接壤各村地亩互看关于看护费款征收办法已奉

钧署明令最多不得逾本村二角客村一角之数现经仁和镇北会及西马坡北上坡等村送达会帖均按每亩征款六角显与客村一角之规定浮征数倍之多但上开各村之地亩亦有坐落民村圈内者入准伊等按每亩六角征收不知可否亦准民村按同一数目对外征收为此理合具呈声明恳请

县长钧鉴俯准明白批示以便遵行实为德便谨呈

顺义县公署

具　呈　大营村乡长　庞仲文 印

副乡　娄福昌 印

中华民国二十九年十一月十三日

于辛庄乡公所　呈顺义县政府

民国三十年四月九日收到

事由　为马得华等不附地款请指令遂行由

批示　秘字第五〇三号

呈悉该村对本公署用贵敝二字出于乡长口吻不合体方屡次宣示仍踏故辙是否为缮状生陋于积习抑该乡长故递此呈无效此批

四月十日

为陈情事窃查敝村于辛庄虽密云县属孤村实居贵治二区适中地点为顺杨公路爱护村因与南彩村圈界毘连向来邻村之圈界均本属地主义互不侵犯无论产权归于何人圈界并无变动之理近因敝村破产邻村之地多有卖与南彩村民耕种敝村仍有负护田责任必须妥为保护以免丢失惟护田各项开销又必斟酌轻重按亩分担邻村均无异议惟该村地户马得华等独挡一面借端作梗以致护田之地一顷余亩应担负之款经年不附且谓每亩不得超过一角否则分文不附丢失须按亩数赔偿等语云云查去岁麦秋本村每亩一元以上对该村地户格外减轻每亩不足五角再无如是减轻之村查二区各村圈界均有外村之地担负轻重者居多如杨镇对于外村之地每亩一元以上水屯王辛庄等村均按七八角分担亦因百般高涨开支日多较之前年相差甚远若仍照旧例所收不敷所出且该项担负不仅雇佣青夫之用必须稍有盈余以备赔偿丢失以重信用该马得华等不顾及此借端作梗以致经年之款不附保护又难卸责任现在麦秋将至护田再难维持理合据情陈请

钧署一视同仁应如何办理指令只遵实为公便谨呈

顺义县公署公鉴

具呈人　秦致贵

年龄　四十一岁

籍贯　密云县
职业　乡长
住址　于辛庄
连署人　副乡　宋凤义

中华民国三十年四月八日

**2. 与土地调查相关的村落边界方面**

（财务科所藏）

中华民国二十九年六月十一日收到
彩乡公所呈为呈请按照土地调查实有亩数平均分摊警款由
呈悉查土地调查本县正在进行仰候办理完竣再行核议此批

为负担警款过巨请求按照圈界地亩多寡平均支配以免苦乐不匀而昭公允事窃查各村警款之分担应以地亩为标准方为公允北彩村警款为二十元零六角八分其他各项摊款亦以警款数目为比例而圈界共有地二十七顷零七亩其他各村地亩超过北彩村者为数甚多而警款只摊七八元或十余元不等致使北彩村受多年摊款之损失殊欠公允若长此以往地少款多地多款少未免苦乐不匀非按各村土地调查实有亩数平均分摊警款以免苦乐不匀而昭公允实为公便谨呈

顺义县公署公鉴

北彩村乡长　张九德　印
副乡　蒋占谦　印
监察员　郝乃桓　印
刘长儒　印
保长　蒋占芳　押
李为斌　忠

中华民国二十九年六月四日

中华民国二十九年三月二日收到
呈

为具文声明呈请立案维护佃权障人生命恳恩允准事窃因民原有祖遗佃户租定元圣功地一段十五亩给民先人耕耘复有数十年由于民国十六年银钱改革事经当官法定上等地交租一元二角中等四角下等二角民种之地交租一元二角共交十八元正定于阴历十月十五日为租期当即发给地租执照自此以后分文不欠双方并无异言惟至于去年十月十五

日民因服务外出是日遣人代交租洋十八元整不意该元圣言并未收留亦未发给租票而代交人竟将此租洋完全交给牛开山天盛兴铺内存与元圣宫账内载明现经数月之久并未发给租票惟恐该朝僧人意出不善故此来案具文声请伏乞

钧署鉴核允准声明之案摊款佃权障人生命实为公德两便谨呈

顺义县公署公鉴

具呈请人　孙秉贤　押

现年三十八岁

职业　教员

住　牛栏山

中华民国二十九年二月二十七日

呈悉查该民所陈保护租佃纠葛纯属民事范围应按司法程序声请可也所请立案不准此批　三月七日

中华民国二十九年一月六日收到

六区板桥村谨呈顺义县公署

事由　为呈报前桑园村各地户抗不报地由

呈为呈报事案奉

钧署训令财字第　号内开兹经一再会商决以属地主义进行外合再重申前令仰该乡长副切实遵照迅即传知村民凡有外村圈内地亩即赴外村详报如有外村之人在该村圈内有地该乡长副通知外村地户到该村报告外村人民如有不遵情事该乡长立即来县呈报本署定按严拘办法办理自此次通令后如再有抗不遵办者以故违功令论等因奉此职乡遵即通知前桑园村各地户凡在职村圈内有地者速到职村报地乃该村地户竟抗不来报坚持属人主义若听其自便不但将来无法测量而以后圈界之争永无宁日职等思维再三难安缄默为此备文呈报恳请

钧署鉴核恩准迅予传追各地户详报以符功令而利进行实为公便

谨呈

顺义县公署公鉴

计开前桑园村各地户六名

孙学礼孙学忠孙承训孙得贵马长玉马二

具呈人板桥村乡长　孙诒经　印

乡副　李春和　印

首事　齐政举　印

李正发　印

中华民国二十九年一月五日

| 中华民国二十九年一月四日收到 |
| --- |
| 呈　为诉高福吉等抗不报地由 |

为违抗公令不报地亩请求速赐传案责令当庭请报事审奉钧署训令土地调查之后即留切通告村民遵令切实报告以便呈报等因全村民众均各遵令办理惟有板桥村高福吉在前桑园村圈界内有地十八亩王大政七亩丁玉温八亩履经婉言开导伊等不但不报反以恶言拒绝查高福吉等三人之地三十三亩均系前桑园村圈界内之产于民国二十六年以后卖与高福吉等有会账可查既奉有死圈属地主义明令该高福吉等自应列入前桑元村土地调查册内转报方为合法乃高福吉等履经劝导至今不报实属违抗公令目无法纪乡长以责任攸关只得来案呈请

钧署鉴核俯准速赐传案责令高福吉等当庭报地实为公便谨呈

顺义县公署公鉴

前桑园村乡长　马　良　印代

副乡长　孙绍伦　印

中华民国二十九年一月九日

呈悉仰候专案讯夺此批　一月十九日

| 中华民国二十九年一月十三日收到 |
| --- |
| 呈　为呈诉孙诒经破坏圈界由 |

为违背法令破坏村圈界请求速赐传案依法讯办事窃查前桑园村民孙全廷孙德贵马长玉等之地均系祖遗历年在前桑园村青苗会报地纳款业已年有会账可查并列土地调查册内不料板桥村乡长孙诒经借口清圈违反安前县长规定死圈属地主义明令迫令孙全廷等三人赴伊村青苗会报地实属违背法令故意捣乱破坏圈界妄与讼端若任孙诒经如此违法妄为则颁布死圈明令岂不竟成虚设耶被迫无法只得呈请

钧署鉴核准速赐传案依法讯办以符法令而维圈界实为公便谨呈

顺义县公署公鉴

前桑园村乡长　马　良　印代

副乡长　孙绍伦　印

中华民国二十九年一月九日

呈悉查此案已经饬传仰候讯明核夺此批　一月十九日

| 中华民国二十八年十二月二十九日收到 |
| --- |
| 呈 |

为呈报事窃奉

县长面谕令各乡长副调查本乡青苗会账所有之地亩按段清造土地调查册一份等情奉此即行遵造土地调查清册一份惟职乡圈内所有之土地地户属于邻县邻村者尚不在少数故对于调查钱粮黑地一项颇不顺利所以不敢注明清晰而负全责为此恭请

钧署鉴核谨呈

顺义县公署

火神官乡长　黄致详　印

乡副　张景顺　印

中华民国二十八年十二月　日

| |
|---|
| 中华民国二十八年十二月九日收到<br>呈 |

呈为情形特殊呈报地亩发生困难仰祈

鉴核示遵事窃民村等地居顺义县边境毘邻通县民等之地地产有在通州属村（如窑上村寨里村皮村等）圈界以内者而通县属村之地产亦有在民村等圈界以内者前奉

钧署土地调查专员来区指示按圈界呈报地亩本应遵照早日呈报奈因通县各村在民村等代为呈报以通县土地调查办法未决恐以后按实产呈报之故也而民村等之地亩在通县属村圈界以内者如按圈界呈报势必剩余非民等故意隐匿不报上述各情究应按照实产呈报或按圈界呈报恳请钧署鉴核示遵实为公德两便谨呈

顺义县公署知事夏

顺义县第四区张辛庄乡长　张廷鑫　印

小临清乡长　李文元　印

寨里辛庄乡长　白永利　印

葛渠村乡长　单荣　印

吴各庄乡长　王益　印

| |
|---|
| 事由　为妨害实产调查请求明白批示由 |

为妨害实产调查请求明白批示以便遵行事缘乡长等奉令调查实业产已蒙明白训示应按照属地主义施行管辖权认真调查呈报惟敝村与前奉伯村毘连接壤两村地亩互报互看所有该村地亩均经该乡长副等开具地户名单及详细坐落亩数存证此次调查土地业经乡长等通知该村地户遵章投报并将民村坐落该村圈内地户名单送交该村乡公所要求互相遵章投报乃现接该村乡长杨玉田乡副顾永通等覆函答复谓本村之地宜报入本村为适宜等因查该村函内所称伊村之地宜报入伊村为适宜一语实与事实不合缘伊村住户在民村圈内有地八顷八十亩本为系争之地业经诉讼尚未解决而前奉伯村乡长副等即认此项

地亩为伊村之地亩显与属地主义背道而驰到土地调查之进行发生特别困难又恐调查不详乡长等难免贻误之咎且与民村接壤互报互看之乡除前奉伯村之外尚有后奉伯九王庄杜各庄南彩村乡各庄等数村兹各村均已遵照属地主义互相投报惟前奉伯村标奇立异抗不遵守法定程规殊属妨害土地调查之施行乡长等以事处两难进退维谷只得公同来署具报声明并将前奉伯村地户名单一纸附呈

钧鉴恳请

县长钧鉴俯准明白批示以便进行如准乡长等照单调查即请颁发指令以便遵行实为德便谨呈

顺义县公署

计呈地户名单一纸（略）

具呈人河北村乡长　许连璧　印

（注：共地4.257顷）　副乡长　王克勋　印

民国二十八年十二月四日

| 民国二十九年一月十九收到 |
| --- |
| 呈　为乡长违抗功令不遵训令请求传讯究办由 |

呈为刘各庄乡乡长直信新庄乡长董福德违抗功令坚不遵行恳祈传讯究办事窃前奉

钧署训令财字第〇〇号内开查本县办理土地调查宜原为确立土地方案所有各种办法业经三令五申凡村民有外村圈内地亩即赴本村详报如有外村人民如有不遵情事该乡长立即来县呈报本署定按严厉办法办理等因奉此查职乡正南新庄乡东南刘各庄乡该两村之土地与职乡之土地唇齿相连彼此插花职乡之土地在彼二村圈界之内者均赴该村详报为该村之属地乃该二村乡长竟对于该村圈外之土地坚持属人主义对该村之土地在职村圈内者决不投报抗不遵行职则通知屡屡而该乡长竟置若罔闻支吾搪塞似此行为不但将来土地无法测量而以后圈界之争永无宁日后患何堪设想为此理合备文展请

县长大人迅予传讯以法究办而警效尤实为德便谨呈

顺义县公署

县长夏

具呈人第六区寺上村乡长　　郑恩洪　印

中华人民二十九年一月十七日

呈悉所诉如果属实该两村乡长确系有意违抗命令仰候

傳案讯明重惩此批　元月十九日

中华民国二十八年十二月初八日收到
事由　呈明土地疑义究以圈为主或以村为主请解释
批示　呈悉仰候传案讯究此批

一月三十一日

为因呈报土地疑义请求明白解释俾便遵循事兹奉

钧署指令呈报土地按照各村村会所辖圈界据实填册具报等因是甲村地户之地而在乙村圈界以内者应赴乙村呈报甚为明显村民之邻村河北村杜各庄北彩村在民村各地户均遵令向民村会呈报入册惟前郝家屯村前俸伯村亦系邻村在民村圈界以内之地甚多而该两村地户不但不向民村报请入册而民村各地户在两村圈界者该两村会亦拒绝入册并云各村之地向各村呈报等语按照该两村会之办法未免违背县令而有混乱圈界之处究竟以圈界为主亦或以村为主未敢擅专恐伤邻村和睦理合具情呈请

钧署鉴核准予提前明白解释俾使遵循实为公便呈请

顺义县公署

具呈第二区后俸伯村乡长　刘　勋　印

乡副　傅现廷　印

中华民国二十八年十二月六日

后俸伯村乡长副　呈
民国二十九年二月二十六日收到
事由　为呈明前俸伯村会已按圈报地请撤回原呈由
批示　呈悉已在前呈批示矣仰遵照此批

二月二十九日

为呈明详情请求撤回原呈事民等村会与前俸伯等村会因报地争执一案该前俸伯村已按以圈界为本位而在民等村圈以内之各地赴民村会报写地亩前已具呈请求撤回原呈在案近查前俸伯村会呈递办诉理由之呈文系属一事而又经批传未免一事两岐实为公便谨呈

顺义县公署

具呈人　刘　勋　印

年龄　三十五岁

籍贯　顺义县

职业　乡长

住址　后俸伯村

连署人　傅玉玲　印

乡副

民国二十九年二月二十二日

| | | |
|---|---|---|
| 中华民国二十九年二月二十一日收到 | | |
| 呈 | 呈悉此批 | 二月二十三日 |

为诉明原委以便调查事窃魏辛庄乡长张万镒诉后营乡长抗报地亩一案蒙

庭训示以派员调查理宜静候曷敢冒渎祗缘两村居住相隔一道所有之地亩实属毘连坐落民村以北伊村之西北自民国以前互相看守并无纠葛继而成立青苗会仍系历年合雇青夫五名业经数十载未分圈界前奉

钧署训令调查土地应详查造报奈因两村原系合圈并无确定界线无从入手调查故商诸魏辛庄乡长同意以便合报不意魏辛庄乡长心怀叵测反诉民村抗报地亩不系合圈等语既不系合圈伊村张贴告白因何有魏辛庄与后营共启情形现有伊告白贴可证似此反复于情于理显有不合兹蒙庭谕详细调查斟酌适中划清圈界诚属尽美不惟有益于现在更可免纠纷于将来是以谨将原委情形上呈

知事大人鉴核斟酌适中划清圈界不惟一村感念

鸿恩即三村均感大德于无既矣谨呈

顺义县公署

具呈人第三区后营村　　乡长　程得仲　印

保长　张万福　印

中华民国二十九年二月　日

| | |
|---|---|
| 中华民国二十九年二月二十一日收到 | |
| 事由 | 为其结请求调查由 |
| 批示 | 准结 |

为具结事依奉结得缘民村与魏辛庄村系属连圈界并无一定即是活圈情愿具结请求调查如果与所供不符愿领重咎

所具结状是实

顺义县公署

具呈人　程得仲　印

张万福

住址　后营　乡长

副

民国二十九年二月十七日

民国二十九年五月二十日收到
呈

为再呈请求划清圈界以便起会保护麦禾事窃后营村与魏辛庄合圈纠葛一案前蒙
庭讯示以派员划清圈界至今两月有余未蒙划清理宜静候何敢赘陈情因麦秋临尔极应起会保护麦禾惟查民村各方均与魏辛庄系属合圈合雇青夫历已有年前蒙钧谕现在决无合圈之理一致划旧死圈以免纠纷兹值麦秋起会圈界不清双方均无法看守倘再按合圈公雇青夫实与现代不合况土地调查员不久到乡查调土地圈界不清亦难按段详报为此恳请
知事大人速赐派员划清圈界以便起会而应调查实为德便
谨呈
顺义县公署

具呈人第三区后营村乡长　程得仲　印
副　张万福

批示　财字第　　号
呈悉已饬令各该区所会同办理仰即知照此批
五月三十日
中华民国二十九年五月　日

呈

为办诉事窃编村魏辛庄副乡长张万镒诉新庄户乡长抗报地亩一案今蒙票传理宜候讯何敢多渎情因两村毘连之地自民国三年汤县长设立青苗会并未分圈界民村与魏辛庄系唇齿之村不拘一里之遥民村以南伊村北所有之地亩两村公雇青夫一名互相看守经历数年总未分圈界前奉
钧令按圈调查土地所谓公平起见民村所有之地亩具实按段调查业已呈报
钧署而魏辛庄副乡长张万镒诉民村抗报地亩实属不明意义查两村既系合圈并无圈界难以呈报故将民村所有之地详细造册呈报伊村所有之地已报未报民村不得而知副乡长张万镒反诉抗报地亩殊属于理不合实与合圈之本意大相背谬倘圈界以清应接圈界呈报为标准因两村合圈民等不得不历历诉明为此请求
知事大人揣情度理体恤民情公断是非实为公德两便谨呈
顺义县公署

具呈人第二区新庄户乡长　张继良　印
乡副　魏廷宾　印

中华民国二十九年二月　日

| |
|---|
| 中华民国二十九年三月二十八日收到<br>呈 |

为陈明圈界不清无法计算总数造报事窃民村东南西南所有之地亩均系与魏辛庄合圈并无一定之界线公顾青夫一名历有年矣前已呈报业蒙

庭谕派员调查适中划分圈界兹复奉

钧署饬区调查总数理应详查填报奈因圈界未划无法入手划算是以延缓填报不意魏辛庄乡长心怀叵测昨向二分所声称民村东南所有之地亩与伊村合圈并未言及西南合圈之地显系有意吞并兹查二分所呈报之存根均照伊村所言或未明了真相为此谨将原委情形形上呈恳乞

知事大人明镜高悬揣情度理划清圈界以便计算总数实为公德两便谨呈

顺义县公署

附呈地图一张

具呈人第二区新庄户乡长　张继良　印

副　魏廷宾　印

中华民国二十九年三月　日

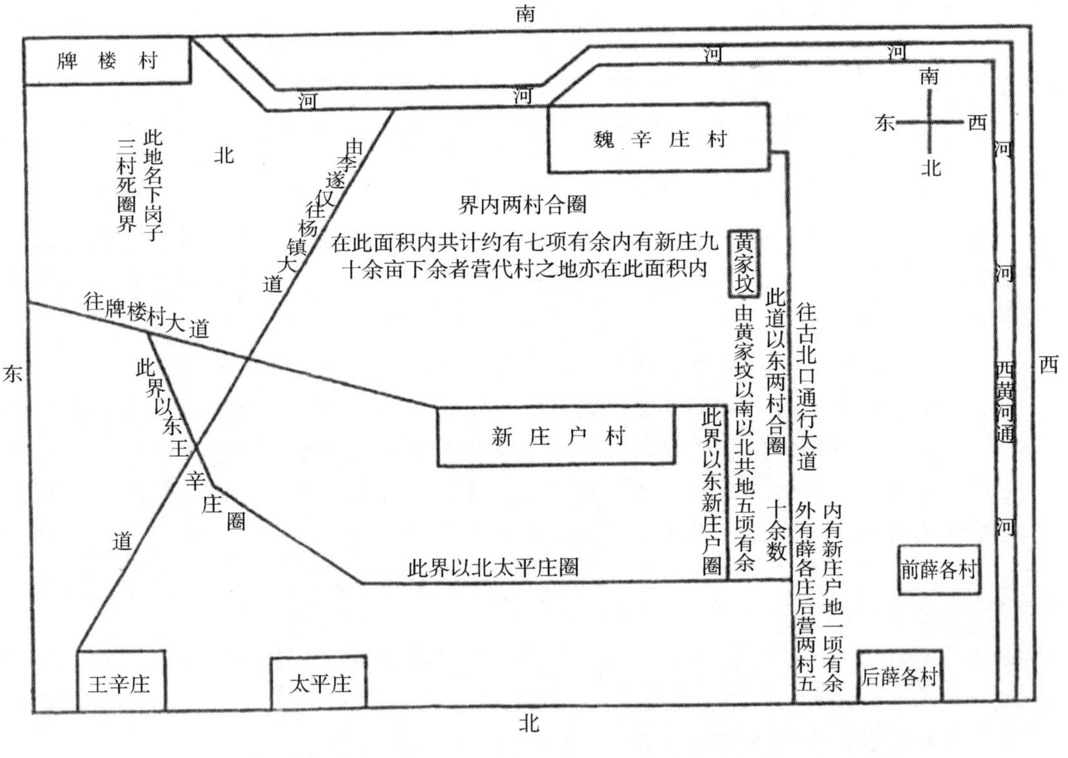

| |
|---|
| 民国二十九年五月二十九日收到<br>呈<br>为签请事查第二区魏辛庄与新庄户村第三区前后营为圈界纠葛屡经排解均未根本划清界线批令第二分所会同清查秉公划界具图说送署备查以免讼端是否有当谨请<br>县长顾问钧鉴核示<br>财政科长<br>是否尚有三区一村如有叙白 |

为呈请批示以便只遵事窃新庄户与魏辛庄因圈界不清一案前蒙

庭示现在并无合圈之说定即派员划分清楚一律归死圈俾免纠纷以安永久至今将届三月有余未蒙划清兹值麦熟在即亟应起会保护麦禾理应按照属地主义双方均应按界报入以便看守现在并未划清界线应如何看守之处呈请

知事大人俯赐批示以便只遵实为公便谨呈

顺义县公署批

具呈人第二区新庄户乡长　张继良　印

乡副　魏廷宾　印

民国二十九年五月　日

| |
|---|
| 民国二十九年五月十日收到<br>呈 |

为再行恳请划清圈界以便应附土地调查事窃职村与魏辛庄因圈界纠纷一案业蒙

钧谕派员调查适中划分圈界迄今两月有余未蒙划清想系要务繁未暇顾及理宜静候曷敢多渎只缘土地调查员不日到乡调查土地查职村东南西南各方均与魏辛庄合圈倘圈界不清无从入手添报以现在属地主义论境界尤属不便含混此所以再为恳请者一也复因麦秋临尔急应起会保护麦禾圈界不清双方均难报入倘再按合圈公雇青夫实与属地主义大相背谬此所以再为恳请者二也以此两因不得不再为陈明垦乞

知事大人速赐派员划清圈界以资应附调查借便起会保护麦禾实为德便谨呈

顺义县公署

具呈人第二区新庄户乡长　张继良　印

副　魏廷宾　印

中华民国二十九年五月　日

批示　财字第二〇六号

呈悉该村与魏辛庄圈界纠纷仰候令饬该区分所长会同本署清查员并该两村乡长副齐集系争地点按照面积及地形兼理划清以杜纠纷而便清查此批　五月十三日

民国二十九年十一月十九日收到
呈
财字第五三七号
批示　呈悉仰候汇案核办此批
十一月二十五日

为未分圈界不便清查恳请分清事窃前奉到

钧署二十八年十二月二十九日训令略开查本县办理土地调查事宜愿为确立土地方案对于各村相互着地亩以属地主义办理凡有外村圈内地亩即赴外村详报如有外村之人在该村圈内有地该乡副即通知外村地户到该村报告等因奉此业于本年二月间造册呈报在案惟民村西南两面与魏辛庄系属合圈合雇青夫历有年矣圈界未清无法入手详报屡蒙

庭训派员划分经二分所会同清查员两次到场未能分清查属地主义不能再有合圈仍按合圈实与属地主义不符值此清查员于昨日（即十五日）到乡惟民村除有固定圈界外与魏辛庄旧有合圈暂查固定圈仰或俟合圈分清后一并清查民等实无所是从除清查员转呈外理合呈请

钧署赐批示以便只遵实为德便谨呈

顺义县公署钧鉴

第二区新庄户乡长　张继良　印
乡副　魏廷宾　印

中华民国二十九年十一月十六日

### 3. 与办事员相关的村落边界方面

（财务科所藏）

事由　为呈请由
批示　财字第二二二号
呈悉查此案业经提本县署第3次县政会议议决候令该管区确查呈复再夺仰即知照此
批　五月二十二日

为呈请事窃查职村王泮庄位县之东北偶与怀密两县圈地数面接壤而住民之房产与邻县毫无尺寸关系兹仅有本村后街东北偶之地居民复杂查乔唐两姓系由远方迁来住土百有余年有怀属南坞村袁姓复有怀属孝德村刘姓移居顺境业经土住数世所有人丁差徭向由我顺属征调乃近数年来怀属士绅等及怀属第三分局境木林村士绅等见我村广大户口繁众迭次垂涎划归该县属无效果垂涎已久无隙可乘讵料该第三分局境木林村编乡办事员昨于四月二十五日到王泮庄迫令远近所迁之民扬言汝等十余户前者编入木林编乡倘有事宜必须与木林合作我今之口口为汝等十余户地亩登记彼时各户向职等讨论职亦

于同日向该办事员颇横强词谓有怀属住民此处即系归怀属等语职等复向伊讨论前编乡和登记事汝皆未争过我村今又地亩登记乞暂时停止俟我等呈本县公署批示讵伊争执不听职等因事关系重要熟思至再即负一村代表不能为全村谋利益造幸福亦不能丧失顺属之领土为后世羞然职等所争者非为一村计实为全县计否则若任伊以整划界影响所及殊非浅鲜可否之处理详细备文请县长大人电鉴准予所请或亲莅调查或派员调查敬候

批示祇遵谨呈

顺义县公署

王泮庄乡长　高赓云　印

乡副　高树滋　印

中华民国二十九年四月二十六日

定于三十日下午四点临时提会公议　二十九日

文别　训令

送达机关　东府分驻所

事由　令查明王泮村民与木林圈界情形由

五月二十八日批稿

财字第　号

顺义县公署训令

令东府分驻所

为令遵事兹据王泮庄乡长高赓云等呈称窃查职村云云等情据此案业经本署第3次县政会议议决候令该管区确查具报核夺合行令仰该乡长遵照查明该乡长等所称是否属实究竟因何情形呈报来署以凭核办此令

检原卷提会报告　民国二十九年七月九日收到

第二一九号

呈　为呈复查明王泮庄村因由外县迁来住民四姓与木林村编乡办事员争执情形

请　鉴核由

为呈复事案奉

钧署财字第二四号训令略开兹据王泮庄乡长高赓云呈称怀属木林编乡办事员强词争执有我住民十四户系应归伊县所管地亩应向伊县登记一案饬即遵照详查确情具报核夺等因奉此遵即前往调查该村东北隅之住民间有乔唐刘袁四姓计十四户乔唐两姓系由远方迁来住居多年袁姓系由怀属南坞村迁入已住十余年刘姓系由怀属孝德村迁来土住亦有数世所有田产均归王泮庄乡公所管辖与顺属王泮庄居民同等担负一切义务与木林

警察分局向无任何负担王泮庄村公所与木林分局亦无任何担负个中事实与该乡长所呈各节确属相符理合取具四姓住民详情切结一并备文呈复

钧署鉴核备查谨呈

县知事夏

附呈切结一纸

东府分驻所警官　张柄　印

民国二十九年七月八日

## 四　特殊的不动产方面

### 1. 祗德堂钟杨宅地

A 清理开始准备关系（财务科所藏）

| |
|---|
| 河北省公署训令　财产字第一七二八号<br>令顺义县知事 |

为训令事案查前奉

行政委员会训令以据北京祗德堂杨产业清理处代表吴新洲呈为祗德堂杨所有祖遗价买坐落清河等二十一县地亩红契尽数遗失恳请转令查明补契完课等情饬即查明具复一案经以财产字第四五零六号训令饬将此项地亩在该县境内计若干亩系何粮名应完粮银若干查明具复在案兹将据清理处代表吴新洲呈称窃查敝堂前在河北省香河大兴宛平通蓟涿武清良乡房山平谷三河顺义县怀柔密云遵化新城安次昌平容城交河固安等二十一县有祖遗价置红契地一千四百二十八顷二十八亩六分九厘不意被窃遗失物甚多竟将以上地契随带遗失百般搜寻亦无踪迹兹为产权完整及完纳国课起见除已登报声明将以上地契作废外并呈蒙

行政委员会秘字第一四四号批示内开呈悉仰候令行河北省公署转令各县查明实在情形呈复到会再行核办此批在案等因兹奉此遵即检抄地契底册一本共计地一千二百四十七顷二十八亩二分九厘其余底册遗失无法检抄理合备文附呈地契底册前来呈请钧署准预令催各县查明呈送各底卷以便对照汇复而俾照现行宽待定章补契完课施行等情据此除批示外合行抄发原送底册令仰该知事遵照先令各令参照底册迅速查明具复以凭核转此令

计抄发坐落该县地亩册一份

吴　赞　周

中华民国二十九年四月十七日

监印　阎舒忱

事由　为呈请准预备案由

为呈请准预备案事窃查北京北城前马厩三十三号祇德堂杨宅有顺义县境内有自置红契民粮地坐落在马各庄各村多有未置买者现在各该户均愿留置兹经杨宅委托民王子忠代为办理卖地事宜所有卖地留价手续民等与地户接洽妥协由杨宅立契后分列花户名单清册呈报

县公署更名交粮以固产权现民等来县进行卖地事宜除另行具保证明外为此具呈恳请

钧署鉴核准予备案实为公德两便谨呈

顺义县公署公鉴

附呈保结一纸

王子忠
年四十三岁
职业　为商

具呈人　住址　南郎中村中间十八号

李书秋
年四十二岁
职业　为农

住址　牛栏山镇北门东厢三十一号

保结

为具保结以资证明事窃有本县人王子忠李书秋等确保北京祇德堂杨宅委托办理本县该宅红契民粮地卖地事宜如有虚伪铺保愿负全责具保结是实

顺义县公署公鉴

铺保　振复兴
姓名　马殿允
年龄　六十二岁
职业　杂货商
住址　李遂镇
民国二十八年七月七日　立

河北省公署训令　财产字第四五〇六号
令顺义县知事

为训令事案奉

行政委员会秘字第八二七号训令内开据北京祇德堂揭产业清理处代表吴新洲呈称只德堂杨在河北省香河大兴宛平通蓟涿武清良乡房山平谷三河顺义怀柔密遵化新城安次昌平容城交河固安等等二十一县有祖遗价买红契地一千四百二十八顷二十八亩六分

九厘因被窃全部地契遗失为产权完整及完纳国课起见除已登报声明作废外所有补契完课手续拟遵现行宽待定章办理请饬省转令各县查明各地底卷照宽待定章补契完课等情查原呈所称地亩散在各县为数颇多是否均系民红契地应先行分别详细查明除所称大兴与宛平通县三县咨由内政部饬查外合行录同原呈训令该省公署仰即分饬各县切实查明呈复以凭核办等因奉此查此案前据北京杨厚安邮递呈函称窃查厚安在河北大兴与等二十一县境内之祖遗自置红契地亩民国二十一年四月十三日委托吴枫林为代表具呈河北官产总处请按特殊情形代为处分并呈交契纸五十七张嗣于同年五月十八日奉前河北官产总处批示红契存等因各在案迄今八年之久此项红契尚未发还现在厚安对此地亩拟不处分自应退回红契以资结束近闻前河北官产总处卷宗悉已移送钧署保存理合具文呈明仰恳鉴核准予发还红契五十七张实为德便等情据此当以前河北省官产处移交前省府之文均于事变时毁失无存本署无案可稽该民在大兴等二十一县境内之祖遗自置红契地亩究竟共有若干坐落某县某村各有若干完何粮名有无粮串收执委托吴枫林代表呈交前河北官产总处之契纸五十七张有无该处发给之收据仰即详细开具清单检同粮串收据一并呈送来署以凭察夺等语批示在案兹奉前因复查奉发抄呈具呈人为只德堂杨产业清理处代表吴新洲而在本署具呈人杨厚安呈内有委托代表吴枫林之语其地亩坐落县分同为二十一县恐系一人两名惟该代表吴新洲则称地契遗失呈请补契完课杨厚安则称红契呈交前河北省官产总处肯准发还情词又各不同究竟此项地亩该县境内计若干亩系何粮名应完粮银若干亟应彻查除分令合行令仰该知事遵照详细查明具复以凭核转此令

吴赞周

中华民国二十八年十一月　日

监印　曹纬斌

公函

径启者敝宅在贵县有自置红契地亩若干上年四月间由刘雨亭介绍言继臣与于曦即于智轩等办理言明所售地价每月月底交附一次伊等自携去红契租账以后迄今延未交款既然伊等违背契约自未便由去其再办现拟将此项红契租账收回呈请

河北兼热河官产总处代为处分惟言继臣等办地契约虽经解除而租种敝宅地亩各佃未必周知不免再有私行置买地契情事除函

贵县官产分处外相应函请

贵县一面布告承种钟杨宅及祇德堂并杨宅地亩各佃切勿再向言继臣于智轩等买地并一面制止言继臣于智轩等不得再有变卖敝宅地亩行为至深感荷此致

河北省顺义县县长

杨厚安　启

中华民国十九年三月六日

| | |
|---|---|
| 事由 | 呈送北京只德堂杨宅地亩调查表由 |

呈为呈送事案奉

钧署财产字第四五〇六号训令饬将北京祇德堂杨宅在县境内所有地亩数目系何粮名应完粮银若干查明具复以凭核转等因奉此遵即饬科详查北京祇德堂杨宅在县有粮地亩计四十六顷六十八亩六分八厘分别造具调查表除该宅无粮地亩无法调查外理合备文呈送

钧署核转谨呈

河北省省长吴

计呈送调查表一纸

署理顺义县知事　夏〇〇

**顺义县所有北京祇德堂杨宅地亩数目调查表**

| 姓名 | 地亩坐落村庄 | 地亩数目（亩） | 每年应完银数（元） | 备注 |
|---|---|---|---|---|
| 祇德堂 | 葛渠村 | 2.70 | 0.076 | |
| 又 | 〃 | 48.00 | 1.317 | |
| 又 | 〃 | 13.00 | 0.748 | |
| 又 | 〃 | 13.00 | 0.690 | |
| 又 | 榆林村 | 12.00 | 0.414 | |
| 又 | 〃 | 21.00 | 0.725 | |
| 祇德堂杨 | 吴各庄 | 1.25 | 0.071 | |
| 又 | 〃 | 16.25 | 1.049 | |
| 又 | 〃 | 5.00 | 0.288 | |
| 杨祇堂 | 沙峪村 | 18.00 | 1.035 | |
| 锡振 | 郭家村 | 顷亩<br>1.15.76 | 14.343 | |
| 又 | 汉石桥 | 1.63.00 | 5.624 | |
| 又 | 牌楼村 | 3.28.50 | 13.197 | |
| 又 | 芦各庄 | 顷<br>5.98.84 | 20.660 | |
| 又 | 牌楼村 | 2.19.14 | 7.561 | |
| 锡宅 | 四马各庄 | 7.02.00 | 24.119 | |
| 崇蟾堂杨 | 郭家村 | 6.22.50 | 11.475 | |
| 杨士武 | 下管村 | 3.34.50 | 11.771 | |
| 又 | 葛渠村 | 70.00 | 2.415 | |
| 又 | 北务村 | 1.27.74 | 4.407 | |
| 又 | 沮沟村 | 95.30 | 3.312 | |

续表

| 姓名 | 地亩坐落村庄 | 地亩数目 | 每年应完银数（元） | 备注 |
|---|---|---|---|---|
| 又 | 史中匆 | 6.45.00 | 12.153 | |
| 宜　振 | 鲁各庄 | 1.01.00 | 3.485 | |
| 崇蟾堂杨 | 南郎中 | 58.90 | 2.033 | |

总计　二十四段　四六顷八六亩六八

一六三元一七九

说明　本表所列计二十四段共地四十六顷八十六亩六分八厘均系北京祇德堂钟杨宅地亩应交粮银自民国十四年以后迄未完纳理合说明

第一九〇号

公　函

径启者前奉

行政委员会秘字第一四四号令行

河北省公署转令各县查明地契底卷实在情形按照现行宽待定章补契完课敝处业已函达

贵县暂候送到地契底册再行呈复在案兹随函附上地契底册一本共计地一百四十五顷九亩二分〇厘相应函请

贵县查照以便呈复至纫公谊此致

顺义县长公鉴

附地契底册一本（注：参考第394页[1]）

北京祇德堂杨产业清理处代表　吴新洲

中华民国二十九年一月二十三日

事由　为报本县并无祇德堂杨地亩底册请鉴核由

呈为呈复事案奉

钧署财产字第一七二八号训令内开案查前奉

行政委员会训令以据北京祇德堂杨云云此令等因计抄发呈坐落该县地亩底册一份奉此查以前北京王公府第到各县收租系自行征收并不经过县署所有租户姓名地亩数目等册（即租账）均由租主收存以致无从造送口令前因理合备文呈请　钧署鉴核谨呈

[1]　译者注：此处的页码是指引文在日语原书中的页码。

河北省省长吴

署理顺义县知事　夏〇〇

民国二十九年五月十一日

| |
|---|
| 财产字第五一九号 |
| 河北省公署指令 |
| 令顺义县知事 |
| 呈一件复查明祇德堂杨在县境地亩数目造具查表送请鉴核由 |

呈表均悉查此案前据祇德堂杨地亩清理处代表吴新洲呈送地契底册请饬县详查等情到署业以财产字第一七二八号训令抄发底册饬即参照查复在案查核呈表所列地亩数目与原送底册开列之数目相差甚巨仰再遵照先令各令参照抄发底册迅速查明具复以凭核办表存此令

吴赞周

中华民国二十九年五月十日

B 县公署调查关系（财务科所藏）
民国三十年
河北省公署令调查北京祇德堂杨宅地亩卷

| |
|---|
| 民国三十年一月五日收到 |
| 河北省公署训令　财产字第六八〇九号 |
| 令顺义县知事 |

为训令事案查前据北京祇德堂杨产业清理处代表吴新洲呈请调查价买坐落香河等县地亩一案今据该县呈复调查情形到署当经通知该祇德堂杨将此项地亩开列清册呈送核办并指令知照各在案兹据该代表人分别造册呈送前来除批示外合行抄发原呈并检同坐落该县地亩清册令仰该知事即便遵照根据册列村庄亩数户名详细调查具报为要此令

计发抄呈一件附租户姓名清册四本

吴赞周

民国二十九年十二月二十八日

监印　郭芳春

河北省公署附令

抄原呈

呈为呈送清册请令各县并准会同本堂指明地段以凭详查而为根据事窃查本堂前为

价买香河等二十一县红地契遗失业经呈准

华北政务委员会文字第一三八一号批示内开呈悉已分令内务总署及河北省公署转饬各县查案遵章办理矣即仰即径赴该堂地亩坐落各县公署呈请可也此批等因奉此当即呈蒙

钧署财产字第十三号通知书内开为通知事案查前据该代表呈送祇德堂杨地契底册请准照章补契完课等情形到署当经照抄原册分发各县参照查明具复并经批示在案兹据武清昌平良乡涿顺义容城交河等县先后呈复或称无案可稽或称并无该堂地亩各等情据此查该各县所称情形自属实在除指令外合函通知该代表将此项地亩庄头及租户姓名住址并租种亩数完粮名称数目分别开列清册呈送来署以便转饬各县根据详查仰即遵照特为通知等因奉此遵即分别开列清册各二份兹随呈附上以便分令各县并祈准令各县会同本堂指明各地段落实地详查根据较妥是否有当理合文备文呈请

鉴核准予分令各县会同本堂指明地段详查办理以维民产而裕国课实为公便谨呈

河北省省长吴

附呈清册二十二本

北京祇德堂杨产业清理处代表　吴新洲

民国二十九年十一月二十二日

文别　训令
送达机关　各村
事由　饬查北京祇德堂杨地亩情形由

三十年三月二十三日

**祇德堂杨产业清理处地契底册　顺义县**

| 买主姓名 | 卖主姓名 | 置买年月日 | 地亩数目 | 地亩坐落 | 置买价值 | 税契机关 | 税契年月日 | 备注 |
|---|---|---|---|---|---|---|---|---|
| 杨祉堂 | 刘闲泰 | 同治六年 | 二顷八十二亩 | 李家史山村 | 三百两 | 左翼执照 | 同治七年 | |
| | 白鹤龄 | 同治十三年 | 四顷七十五亩 | 郭家务沙子营大洛泡等村 | 三百三十八两 | | 光绪元年 | |
| | 善 佑 | 道光二十九年 | 二顷八十三亩 | 栢树王各庄等村 | 四百两 | | 咸丰二年 | |
| | 徐 锦 | 咸丰五年 | 一顷六十三亩 | 汗石桥村 | 一百六十两 | | 同治七年 | |

**续表**

| 买主姓名 | 卖主姓名 | 置买年月日 | 地亩数目 | 地亩坐落 | 置买价值 | 税契机关 | 税契年月日 | 备注 |
| --- | --- | --- | --- | --- | --- | --- | --- | --- |
| | 穆靖额 | 道光二十八年 | 四顷二十亩 | 前王各庄村 | 三百两 | | 咸丰二年 | |
| | 栢 龄 | 同治元年 | 四顷十三亩 | 东牌楼村南牌楼村 | 四百五十两 | | 同治五年 | |
| | 郝宝善 | 道光二十年 | 一顷零一亩 | 水屯村西于辛庄东等处 | 二百零二两 | 左右翼执照 | 民 三 | |
| | 王 德 | 光绪二年 | 七十亩 | 英各庄村 | 一百四十两 | | | |
| | 项柏龄 | 同治十三年 | 二顷零二亩 | 北坞村等村 | 四百零四两 | | | |
| 祟蟾堂 | | 光绪元年 | 十顷十七亩五分 | 李家桥庄子营英各庄头营等村 | 二千二百四十两 | | | |
| 祟蟾堂杨 | 松 琭 | 道光二十八年 | 六顷二十亩半 | 郭家府陈辛庄等村 | 一千三百七十两 | | 民三补契 | |
| | 项鹤龄 | 光绪二年 | 五顷 | 李家桥英各庄张辛庄等村 | 一千一百两 | | | |
| 福峰堂杨 | 满吉甫 | 咸丰八年 | 六顷六十四亩 | 安北南狼冢小营等村 | 一千四百六十两 | | 民 三 | |
| 杨祉堂 | 高殿选 | 光绪十六年 | 一顷零九亩 | 赵家庄沮沟营朱宝屯杨家庄等村 | 一百六十三两五钱 | | 民三补契 | |

续表

| 买主姓名 | 卖主姓名 | 置买年月日 | 地亩数目 | 地亩坐落 | 置买价值 | 税契机关 | 税契年月日 | 备注 |
|---|---|---|---|---|---|---|---|---|
| | 吴玉山 | 咸丰六年 | 十顷七十四亩五分 | 松各庄王各庄小店村王家新庄李家新庄庞各仓上 | 一千六百十一两七钱五分 | | | |
| | 王奎明 | 光绪二年 | 一顷二十三亩 | 李辛庄等村 | 一百八十四两五钱 | | | |
| | 张岳熙 | 道光二十年 | 十顷有零 | 卢各庄沿河等村 | 一千两 | | 咸丰二年 | |
| | 札清阿 | 道光二十三年 | 一顷零一亩 | 卢各庄西等处 | 三百两 | | 道光二十四年 | |
| | 吴玉山 | 咸丰六年 | 八顷八十一亩 | 去碑营赵泉营大官庄小高丽营等村 | 一千三百二十一两五钱 | | 民三补契 | |
| | 裕宽 | 道光十年 | 八顷零四亩五分 | 于家辛庄南彩村小杜各庄等村 | 一千二百零六两七钱五分 | | | |
| | 熙儒裕钧等 | 道光十年 | 三顷六十九亩五分 | 东西府村位辛庄隔带子村前营村庄护害各庄 | 五百五十四两二钱五分 | | | |

**续表**

| 买主姓名 | 卖主姓名 | 置买年月日 | 地亩数目 | 地亩坐落 | 置买价值 | 税契机关 | 税契年月日 | 备注 |
| --- | --- | --- | --- | --- | --- | --- | --- | --- |
| | 裕宽 | 道光十年 | 八顷十八亩 | 南彩村薛各庄洼里桥头村双营坞里太平庄旱石桥下 | 一千三百零二两 | | | |
| | | | | 营下坡于辛庄河南河北村九王庄水屯菜园子等村 | | | | |
| 杨祉堂 | 穆恩 | 道光十三年 | 六顷六十亩 | 亮子口后营村 | 二千八百七十五两 | 左翼执照 | 道光二十一年 | |
| | 金士芬 | 光绪五年 | 七顷零二亩 | 东马各庄南法信小营村西缮营村等处 | 一千四百五十两 | | 光绪六年 | |
| | 金士芬 | 光绪元年 | 三顷三十一亩二分 | 海洪拨子房三家店北法信石门等村 | 七百四十两 | | 光绪七年 | |
| | 杨 儒 | 同治九年 | 四顷九十三亩半 | 杜各庄城南军营梅果营等村 | 九百八十七两 | 左右翼执照 | 民三 | |
| | 广渊 | 光绪元年 | 六顷四十五亩 | 沙井望泉寺南法信刘家营等村 | 一千二百九十两 | | | |

续表

| 买主姓名 | 卖主姓名 | 置买年月日 | 地亩数目 | 地亩坐落 | 置买价值 | 税契机关 | 税契年月日 | 备注 |
|---|---|---|---|---|---|---|---|---|
| | 隆熙 | 同治十二年 | 三顷四十亩 | 夏县营村等处 | 六百八十两 | | | |
| 崇蟾堂杨 | 赵春<br>建发林习 | 光绪十五年 | 五顷二十四亩 | 临河村等处 | 一千一百五十两 | | 民三补契 | |
| 崇蟾堂杨 | 张殿　卿 | 光绪十五年 | 二顷七十亩 | 南狼塚等村 | 五百九十五两 | | | 以上共计地亩数目一百四十五顷零九亩二分 |

训令　财字第　号

令李家桥等村乡长引

为令遵事案奉

河北省公署财产字第六八〇九号训令内开案查前据北京祇德堂杨云云此令等因奉此除分令外合行抄册令仰该乡长副遵照速将册列各户地亩数目按户查明分别签注原册备注栏内呈送来署以凭汇转此令

计抄发地册一本　由该乡长查明分别签注仍交

民国三十年三月十九日收到
呈
批示　财字第一〇八号
呈件均悉准予设立办事处仰将处址报署备查附件存此批　三月二十七日

县　字第三十一号

北京祇德堂杨产业清理处

呈为呈请事案奉

华北政务委员会文字第一三八一号批令内开呈一件为地契遗失请饬省转令各县遵照省现行补契章规办理由呈悉已分令内务总署及河北省公署转饬各县查案遵章办理矣仰即径赴堂地亩坐落各县公署呈请可也此批等因奉此遵查本堂地亩散处各县历由所在村庄花户租种除因地契遗失业经请准直接在县呈请补契外兹为办事便利起见拟在本堂地亩坐落各县设立北京祇德堂杨产清理处驻县办事处以资清理而收便捷之效查

钧县现有本堂田产百余顷自有设立办事处之必要为此理合呈请

钧署鉴核俯准设立北京祇德堂杨产清理处驻顺义县办事处并恳派员协助随时赐予保护以维民产实为德便谨呈

顺义县知事夏

附呈华北政务委员会原批影片一张

北京祇德堂杨产清理处代表　吴新洲

民国三十年三月十七日

| |
|---|
| 民国三十年四月初八日收到<br>呈 |

北京祇德堂杨产业清理处　县字第三二号

呈为呈报处址恳饬警保护事案奉

钧署财字第　号牌示内开呈件均悉准予立办事处仰将处址报署备查附件存此批

等因遵此当即备妥顺义县城北街谢家胡同二十七号门牌内设立北京祇德堂杨产业清理处驻顺义县办事处除据情呈报外并恳

钧署准予饬警保护以利进行实为德便谨呈

顺义县知事夏

北京祇德堂杨产业清理处代表　吴新洲

民国三十年四月七日

批示　财字第一五七号

呈悉此批

四月十四日

| |
|---|
| 民国三十年四月十五日交<br>呈　为呈请颁发布告责令佃户备价留置并恳派警协助督催由<br>批示　二十五日 |

为呈请颁发布告责令佃户备价留置完纳租金并恳派警协助赴乡督催进行事窃查职处之成立为清理佃户租金及卖佃等事宜但当此整顿伊始之际惟恐各户相观望以致产权之清理无法推进思维再四只得恳请

钧署准予颁发布告俾众周知一面派警协助赴乡责令佃户携带有关本产文件来处核对克日交租备价留佃以便整理而维产权实为公便谨呈

知事夏

具呈　北京祇德堂杨产清理处驻顺义县办事处

经理　吴新洲　启

民国三十年四月十四日

<table><tr><td>民国三十年五月一日收到<br> 财字第一九三号 批示　呈悉仰将契据呈验以凭核夺此批<br> 五月六日 </td></tr></table>

为非法重卖佃地侵害产权请求传讯确认买卖契约合法有效严令制止重复卖佃索租以重产权而恤民艰事缘民等早年原有北京祇德堂杨宅佃户租地坐落前后鲁各庄等处按年交租向由该宅之代表收租人李遂镇人黄伸经手征收历有年所于民国十六年春经祇德堂杨宅委派黄伸将民等佃租之地作价售卖每亩价洋三元九角嘱令民出资留买计民长春十亩民高瑞七亩一分六厘民单俊山五亩五分民高安六亩五分民任洪复四亩民汤礼贤四亩民单贵二亩二分五厘民黄有二亩民赵恒四亩民单希英四亩民周维和二亩民柳宗厚四亩民董连诚二亩民刘自诚三亩民高锡二亩民刘太刚二亩民柳培六亩民刘太增一亩五分民单钦六亩民洪士儒二亩五分民单云四亩民单尚贤三亩五分民柳池二亩民金库二亩民高洪海四亩合计民等各户共买佃地九十五亩九分一厘当将价款付清由祇德堂杨署名盖章黄伸刘雨庭署名作中担保成立正式买契并将粮额照数分拨更名交纳民等向

钧署遵章投税审核无讹卖发官契领收存执各在案后此该宅即停止起租迄今十余年亦从未发生异义不意现于全县城内忽有北京祇德堂杨宅产业清理处驻顺办事处之设立并向民等按户通知令赴该处重复买佃并拟定高价每亩价洋国币二十三元声称须另立卖契立迫令补交十六年以后之地租等语惟查民等之佃地既经该宅立契卖佃更名交粮完全成立买卖契约是所有权已经移转于民由民等完全取得该项地产之所有权岂有再出重价二次留买之理且如果重复价买试问民国十六年发之粮将如何办理如须另行报粮升科堂岂非一地二粮民等以愚鲁农夫无所适从只得公推代表人刘长春单身亲赴北京祇德堂杨宅询问民国十六年之卖佃是否属实业据该宅负责人答称确有其事等语更足证明殊无重复价买之必要为此共同具状证明恳请

县长钧鉴俯准传讯审理确认民等买卖契约合法有效严令制止该祇德堂杨宅非法卖佃以重产权买契临审呈验实为德便谨呈

顺义县公署公鉴

具呈人　刘长春

民国三十年五月一日

（附：草契一张。买契一张。田赋收据二张。）

立卖地字据人祇德堂杨因纳粮乏款今将自置红契地一段七亩一份六厘此地坐落顺义县后鲁各庄西亲托中人说合情愿将此地卖与该村

高瑞名下永远为业言明卖价现大洋二十八元整其洋立即交清不欠自卖之后任凭置主更名税契纳粮管业自便不与弃主相涉如有舛错具有买主中保人完全担负恐口无凭立

此卖字以期年久保存永远存照

中保人　黄伸忠
刘雨庭　十
立字人　祗德堂　杨
代字人　单秀峰　忠

中华民国十六年阴历二月初一日
永远为业

| |
|---|
| 民国三十年五月三日收到<br>呈为呈请扣押盗卖祗德堂地契由 |

为呈请扣押盗卖祗德堂地契事查本堂地亩具系价买红地并无押租纯系现租手续前经各催头以及官产处有窃卖各产情形既无本堂粮契为凭而彼等即系盗卖盗买无疑嗣彼无论发现何种盗卖本堂契（注：和无一样）恳祈一律扣押以凭法办查本县第八区鲁各庄催头黄绅前因本堂地亩盗卖与各租地户若干所有盗卖情由曩在

钧署呈控确定业已在案除另呈控黄绅盗卖租户盗买依法追押外理合据情呈请

钧署准与扣押鲁各庄村各租户盗卖祗德堂地契以重产权而维法纪实为感便谨呈

顺义县知事夏

北京祗德堂杨产业清理处代表　吴新洲印呈

批示　财字第一九三号

呈悉仰候传讯黄绅到案核夺此批　五月六日

| |
|---|
| 文别　票<br>事由　为传讯祗德堂催头来县候讯由<br>民国三十年五月三十一日 |

顺义县知事夏　为传讯事案据北京祗德堂杨产业清理处代表吴新洲报告鲁各庄催头黄伸盗卖祗德堂杨宅租地请依法传追等情据此除批示外合亟仰警速赴鲁各庄即将后开人等限日传唤来

县以凭讯办去警毋得延抗干咎速速

计传

黄　伸
住　鲁各庄

| | |
|---|---|
| 文别　布告 | |
| 事由　布告各乡人民持有祇德堂杨宅契据不得重卖由 | |
| | 民国三十年 |

财字第　号

顺义县公署布告

为布告事案查北京祇德堂杨宅在本县地亩虽系自置红契地并经呈请

华北政务委员会批准到县清理惟此项地亩前已由该宅原佃持有正式契据者自不得再行重买其未经置买者得由该宅自行清理但该宅不得有强迫行为人民方面亦不得借端拖延侵害他人产权其各凛遵切切此布

又称该宅呈称前有庄头黄伸盗卖本宅地亩已经地方法院判决本宅不能承认已卖等情此项地亩候本县查明卷判另行布告饬遵特布

| | |
|---|---|
| 文别　布告 | |
| 事由　布告祇德堂地亩买卖办法由 | |
| | 民国三十年 |

财字第　号

顺义县公署布告

为布告事查北京祇德堂杨宅在本县地亩系属自置红契地并经呈请华北政务委员会批准到县清理仰承种该宅地亩佃户一体遵照后开各条办理勿得观望致无产权切切此布

一　前经催租人黄伸盗卖之地因有法院判决应作为无效

二　经非祇德堂本宅正式委任呈准官厅备案所为之买卖而在民国九年以后者概作无效

三　除黄伸外经祇德堂正式委任之管家所卖之地作为有效

四　买卖价格按地之优劣分上中下三等上等为三十元中等为二十五元下等属二十元沙淤河荒稻田苇田另议

五　未经处分之地由本年起每亩地租作为二元五角

六　买卖地原佃人有优先权期限为一个月如在布告一个月后原佃人不愿承买时所有权者得随意卖与他人

七　所有权者对于未处分之地与承租人另约契约此优先权亦由布告之日起为一个月优先期内未定约者所有权人得将该地另租他人

八　祇德堂在各县之地均系民产性质非旗产可比各租户未明地之性质已在前官产处留置者应作无效但此次承买时应在买价内将所交官产之价刨出以为优遇而示体恤

九　买卖主买卖商酌妥协双方须至公署讯明许可方准买卖

县字第五七号

北京祇德堂杨产业清理处

为陈明事窃查本堂地亩均系价买红契民地而与旗产地亩性质不同坐落河北省顺义县等二十一县共地一千四百余亩顷在顺义县者不过百余顷耳于民国二十九年六月二十六日业经呈蒙

华北政务委员会文字第一三八一号批令内开呈悉已分令内务总署及河北省公署转饬各县查案遵章办理矣仰即径赴该堂地亩坐落各县公署呈请可也此批等因奉此即于本年三月二十七日前来呈请

钧县财字第　号批准内开呈件均悉准予设立办事处仰将处址报署备查附件存此批等因奉此遵在顺义县北街谢家胡同二十七号设立北京祇德堂杨产业清理处驻顺义县办事处以便依法清理清理目的有二要点一为维护人民产权一为充裕国家课税清理地亩之中有经租人黄伸私将鲁各庄等处地亩盗卖与各租户矣所有黄伸盗卖罪业经顺义县公署及北京法院判决在案并于本年前月间又蒙顺义县公署拘传黄伸到案不意黄伸闻声逃避拘传不到先后均已在案本堂现为维护产权起见除一面承催拘传黄伸一面呈请拘传盗买各户到案依法解决外理合具实陈明敬请准予谅解实为德便谨陈

顺义县公署顾问

附华北政务委员会原批影片一张

北京祇德堂杨产业清理处代表　吴新洲

中华民国三十年六月十九日

**关于钟杨宅地主收税报告书**

中华民国三十年六月十九日

东府分驻所警官王横飞　印

一　收租之机关

北京祇德堂杨宅产业清理处

二　地亩收租之氏名

办事员高东初

三　奉何处之指令收租

该杨宅收租之办事员言论系奉行政委员会令河北省公署转令县公署

四　收租对百姓是否使用强制手段

在十四年以前杨宅系委定李遂镇黄伸在八区代为收租在十六年时经黄伸手有卖与百姓者此次钟杨宅又派办事员赴本区收钟杨之宅租因此百姓言论以为已买佃为何重行收租因此一般百姓有赴县申请者该清理处办事员并无使用强制手段去收租

五　是否以宪兵队之名义收租

该清理处之办事员并无以宪兵队之名义去收租在收租时该办事员与百姓言论奉行政委员会令河北省公署之令去收租

六　一般百姓对收租者之评价

一般百姓对钟杨宅收租表示并无不满意者不过有地多者之地户一时筹款购买殊觉困难立表示无本县县公署之令购买多有怀疑者

七　八区管内钟杨宅之地共计亩数

约有三顷余亩

八　收租对每亩之地价若干

于民国十四年以前钟杨宅收租每亩按两吊收租十四年以后每亩按二角收租

九　收租之手续及证据物

地主交租者由钟杨宅办事员发给交租之完票该办事员对钟杨宅之耘地户只口头言说奉有行政委员会令对河北省之令但该办事员并无拿出证据物与一般百姓实在发表

十　迫（和拍同义）卖地价每亩若干元

此次钟杨宅清理处之地价分为三等一等价洋二十五元二等价值二十元三等价值十五元按照此三等价值迫卖

十一　其它

一般百姓有钟杨宅之地者因为现在百姓一时筹款稍觉困难所以也不表示买亦不表示不买经秘密调查此事一般百姓有言论钟杨宅收租以为正当有少数之人又言论无何处官厅之证据亦无本县县公署之令收租恐怕有不确实之处因此百姓始有赴县方申请

顺义县公署顾问　殿

| |
|---|
| 事由　为通知祇德堂暂行停办由<br>民国三十年八月十九日<br>字第　号 |

顺义县公署通知

为通知事查该宅来县清理地亩所有进行办理手续均有呈请

省署解释之必要该办事处自即月起暂行停止进行该处人员亦应先行回京俟奉

省署指令到县再行通知来县办理特此通知

右通知北京祇德堂杨宅　准此

C　杨产业清理处驻顺义县办事处所藏资料

| 清理缘由 |
|---|

杨本宅为渤海公司（北京宣外板场小六条）（主任齐峻峰氏）之股份在民国十三年借得公司银元若干以各县之地契作抵押（数目不知道）直至民国二十九年本银和利银均未归还此时因公司计算所欠本利银数目很多故公司商讨与杨宅交涉还债之事这时杨宅因

无钱附利便言明以各县所有之地租充当利息所有租银不够时再由杨宅自已补给公司已经承认故由今年三月起便在县内成立办事处以收各佃户之租银此办事处之性质为试办

北京祇德堂杨（即钟杨宅）产业清理处三河县分处通知

第一号

种北京祇德堂杨（即钟杨宅）地的租户们你们最好机会来了就是你们由租户的立场一转身变为自耕农了所租种的地一变就为自已所有了

可是人家的租业而产为什么能归你们所有呢就是因为他愿意卖给你们收受了你们所交的代价（即卖价）的缘故于是他的产业才会转到你们的手中这是当然的办法也是很合法的

但是物之所值佃户虽然想买因为现在地价太贵自己手中又没有许多的钱也是不容易办到的（不然不然）本堂早已顾念到这个情形特别减轻了地价所定的价非常的便宜就按普通的说吧（1）上等地每亩二十五元（2）中等地每亩二十元（3）下等地每亩十五元此外还有一种特等地每亩五十元

什么是特等地呢例如房基场园及每年能收一石五斗粮者皆为特等地

现在物价增涨到这个样子这种地价可算是再便宜没有了差不多一年的收成就可以够啦换句话说买到这项地之后有一年的出产就抵补上代价啦这地就是净赚的了这不是很好地机会么这种机会实在不可多得的

或者有精神过敏的人告诉你们说那有这种便宜事到了你们办呢恐怕没有保障吧你们听到这种话或者要起疑心的不要紧你们听本处告诉你们吧

你们置买产业最要紧的手续是以卖契为根据的譬如买的是张三家的地必须有张三的卖契为凭必须向张三接洽商量价格不然的话就是李四写给你的字据那是绝对不中用的不但李四就是任何官的机关私的名义也是绝对不能发生效力的这是古今不变的法理

这回钟杨宅清理处来卖地必须有钟杨宅地的堂名所出的卖契才能收受买主的代价一面交买价一面交卖契买主持卖契再到县公署税契这才手续完备手续办完这才取到所有权及保障从此之后永远是自己的产业啦同时也脱离了租户的立场啦这个道理即使本处不说大家都会明白的既然明白这个道理还有什么可怀疑的呢

假若再有一种人告诉你们说“钟杨宅地这项地反正也卖不了即使你们不买也是归你们种着”这话你们听见之后当时可以明白分析一下因为这个地价定的太便宜了以货贱无忧的道理来推断不能卖不出去吧你们如果迟迟延延的观望确实这项地有很多人想买恐怕人家捷足先登那时再想买也没有了

确乎本堂顾念你们系多年的租户不肯将此项地卖与他人之手所以积极的设立清理处一面清收欠租一面告诉你们留置的办法先让你们买如果你们不买那就马上卖给别人啦你们也不要后悔请你们仔细想想吧

还有一件最要紧的情形租户们更要彻底了解你们所租种的地纯粹是（钟杨宅）即北京祇德堂在多年前花了若干银两价买民粮红契地与其他的旗地官产是毫不相同的因为什么呢旗产地官产地不是花钱买的是无红契地是无钱粮的钟杨宅地是价买的是有钱粮的是有红契的如何能援照旗产官产的办法呢你们如果拿那种地作比较那就大错而特错了

你们务切要明白这个情形
你们欠下的租价赶快交还吧　你们愿意留置的赶快留置吧
中华民国二十九年十二月　日

财字第　号

顺义县公署训令

令四区　乡长
乡副

为令遵事案奉

河北省公署财产字第六八零九号训令内开案查前据北京祇德堂杨产业清理处代表吴新洲呈请调查价买坐落香河等县地亩一案今据该县呈复调查情形到署当经通知该祇德堂将此项地亩开列清册呈送核办并指令知照各在案兹据代表人分别造册呈送前来除批示外合行抄发原呈并检同坐落该县地亩清册令仰该知事即便遵照根据册列村庄亩数户名详细调查具报为要此令等因奉此除分令外合行抄册令仰该乡长副遵照素将册列各户地亩数目按户查明分别签注原册备考栏内呈送来署以凭汇转此令

由该乡长查明分别签驻仍缴

计抄发　地册一本
中华民国三十年三月　日

知事　夏松生

| 区别 | 村名 | 佃户姓名 | 租佃亩数 | 日前交租款数 | 折合现在总数 | 欠租年亩 | 应交欠租总数 | 备注 |
| --- | --- | --- | --- | --- | --- | --- | --- | --- |
| | | | ……亩 | ……吊 | ……元 | | ……元 | |
| | | | …… | …… | …… | | …… | |

卖契存根

立卖地文契人北京祇德堂杨今将本堂原以祇德堂

名字价买

自有红契地　段坐落　县　区　村　计地　顷　亩　分　厘情愿卖与　名下永远为业言明每亩地价国币　元共合国币　元整其洋笔下交足并不短欠自卖之后任凭买主完粮管业永与卖主无干此系本堂呈准行政委员会清理在案除分别呈报县署准予买主依法税契过割外相应发给此据为证

计开　四至
　　弓口

北京祇德堂杨产业清理处发给

中华民国　年　月　日

**河北省顺义县卖字第天字　号**

卖契

立卖地文契人北京祇德堂杨今将本堂原以祇德堂

名字价买

自有红契地段坐落顺义县区村计地顷亩分厘情愿卖与名下永远为业言明每亩地价国币元共合国币元整其洋笔下交足并不短欠自卖之后任凭买主完粮管业永与卖主无干此系本堂呈准行政委员会清理在案除分别呈报县署准予买主依法税契过割外相应发给此契为证

计开　四至

弓口

北京祇德堂杨产业清理处发给

中华民国　年　月　日

附言　本堂地亩上如建筑等项另发契据

注意　本堂地亩系价买红地向现租性质如有不交地租者即行将地收回特此声明

地租收据

今收到

县　区　村　名下租种本堂　则地亩每亩地租旧制钱　吊　折合现在国币　元角　分　共　年统合国币　元　角　分整如数收讫相应发给此据为证

北京祇德堂（即钟杨宅）产业清理处发给

中华民国　年　月　第　号

顺义县　地字　第　号

存根

今收到

（和上文一样所以省略了）

（注　十四年一吊等于三十年的二毛钱）

D 村落的针对县公署调查的答复（财务科所藏）

| |
|---|
| 呈<br>民国三十年四月九日收到 |

为呈复事顷接

钧署训令调查北京祇德堂杨产业根据产业亩数户名详细调查具报为要此令等因奉此乡副遵即册列各户地亩数目按户详查分别填注原册备注栏内呈送来署所有查明原有

与变更者俱已依式填清惟原册内载邢俊邢瑞地一亩不但无此名亦无从调查此项地亩为此据实呈复鉴核

谨呈

顺义县公署

附呈原表册一纸

米各庄编乡乡副杨瑞 印

中华民国三十年四月八日

**顺义县公署调查祇德堂杨地亩册**

| 村别 | 姓名 | 亩数 | 备注 |
| --- | --- | --- | --- |
| 米各庄 | 杨景全<br>王　悦<br>宛振纲<br>邢　俊<br>邢　瑞 | 十八亩<br>十八亩六分<br>一亩四分<br>一亩<br>一亩 | 有<br>卖梅沟营村刘明十四亩三分<br>余四亩三分仍归王悦<br>卖与刘润田<br>调查并无此名<br>调查并无此名 |

呈为缴调查祇德堂杨地亩册由

民国三十年四月十日交

案奉

钧署训令财字第　号内开

为令遵事案奉

河北省公署财产字第六八〇九号训令内开案查前据北京祇德堂杨产业清理处代表吴新洲呈请调查价买坐落香河等县地亩一案今据该县呈复调查情形到署当经通知该祇德堂将此项地亩开列清册呈送核办并指令知照各在案据该代表人分别造册呈送前来除批示外合行抄发原呈并检同坐落该县地亩清册令仰该知事即便遵照根据册列村庄亩数户名详细调查具报为要此令等因奉此除分令外合行抄册令仰该乡长副遵照速将册列各户地亩数目按户查明分别签注原册备注栏内呈送来署以凭汇转此令等因奉此职遵即根据册列各户地亩数目按户查明依式签注分明理合检同具文呈缴

钧署鉴核谨呈

顺义县公署

附呈顺义县公署调查祇德堂杨地亩册一件

南郎中村乡长　德　起 印

乡副　王　福 印

中华民国三十年四月八日

**顺义县公署调查祗德堂杨地亩册**

| 村别 | 姓名 | 亩数 | 备注 |
| --- | --- | --- | --- |
| 南郎中村 | 程芯亭 | 40 亩 | 程珊种 |
| | 程菊圃 | 20 亩 | 小管村汪善继种 |
| | 高万和 | 12 亩 | 刘志瀛种 |
| | 程文治 | 9 亩 | 程敏种 |
| | 赵佩 | 2 亩 | 郭继荣种 |
| | 程遇贤 | 4 亩 | 程绪种 |
| | 吕梦怀 | 6 亩 | 张振种 5 亩<br>吕元丰种 1 亩 |
| | 张珍 | 3 亩 | 宋亭林种 |
| | 程有章 | 3 亩 | 宋亭林种 |
| | 程坦 | 6 亩 | 程坦种 |
| | 张国春 | 4 亩 | 冯锐种 |
| | 王展弼 | 3 亩 | 冯锐种 |
| | 王珍 | 6 亩 | 秦增种 |
| | 程宽 | 10 亩 | 此地六亩刘泽种 |
| | 张国有 | 6 亩 | 张凤种 |
| | 王福 | 3 亩 1 分 | 王福种 |
| | 王玉山 | 4 亩 | 据王玉山之子王庆有声称并无此地 |
| | 池玉海 | 3 亩 | 池玉海种 |

呈为呈复祗德堂地亩调查留置及河占情形由

民国三十年四月十日交

为据实呈复事窃奉

钧署通令调查祗德堂杨地亩及附表册等因奉此乡长副遵即按户认真调查除村人立芬等已于民国十七年间留置更名拨粮外惟村人高殿甲等地均被河占无法留置故此乡长副碍难令以留买但此事若不声明确情将来难免纠葛将调查各户留置及河占地亩册

附呈理合备文请求

钧署鉴核备案施行谨呈顺义县公署公鉴

计　开

调查祗德堂杨地亩册一本

沮沟村乡长 蔡杰臣 印

副 田景兴 印

中华民国三十年四月八日

**顺义县公署调查祗德堂杨地亩册**

| 村名 | 姓名 | 亩数 | 备注 |
|---|---|---|---|
| 沮沟村 | 李芬 | 13亩半 | 此地已于17年卖过更名纳粮 |
| | 高展甲 | 3亩7分5厘 | 此地已经河占未买 |
| | 赵永立 | 3亩5分 | 同上 |
| | 高士荣 | 2亩5分 | 同上 |
| | 田耕明 | 3亩 | 此地已于十七年卖过更名纳粮 |
| | 李文恒 | 5亩半 | 同上 |
| | 高天敍 | 10亩 | 同上 |
| | 李芬 | 4亩 | 同上 |
| | 段绪 | 房一处 | 同上 |
| | 高峰 | 3亩7分5厘 | 此地已经河占未买 |
| | 高连 | 2亩半 | 此地于17年卖过更名纳粮 |
| | 张杰 | 2亩半 | 同上 |
| | 段日亮 | 6亩 | 同上 |
| | 马万春 | 5亩 | 同上 |
| | 李文恒 | 8亩 | 同上 |
| | 李芬 | 8亩 | 同上 |
| | 段连 | 房一处 | 同上 |
| | 李厌 | 房一处 | 同上 |
| | 李先 | 3亩7分5厘 | 同上 |
| | 田耕立 | 6亩 | 同上 |
| | 蔡廷臣 | 13亩半 | 同上 |
| | 赵林 | 2亩 | 此地已经河占未买 |
| | 刘玉 | 5亩 | 此地于17年卖过更名纳粮 |
| | 高天甲 | 3亩 | 同上 |
| | 高天锡 | 6亩 | 同上 |
| | 李文海 | 3亩3分 | 同上 |

徐永江等呈为陈明呈请缓期留置由
民国30年5月3日收到

批示 财字第193号
呈悉查本县办理土地清查屡经公布凡租籽地亩应在申请式内注明系某处租籽以免混合该民明知租项竟年久无人起租而报黑地岂非自寻苦恼姑念乡愚无知准予更正至留置部分该祇德堂在顺地亩均系自置红契地系属自行清理之项应向该宅办事人接洽此 批

为陈明下情请求准予缓期留置事窃前奉
钧署令发祇德堂地亩册一本令即查明呈报并经祇德堂派人到乡催令留置各等因查民徐永江先祖徐廷桂承种祇德堂地十八亩五分已卖与张天海四亩更承种二段二十二亩分卖与郭祥十亩赵得有五亩周庆锡三亩阎庆芳四亩黄山承种十三亩黄玉承种六亩张九如承种四亩卖与李永盥阎志忠四亩七分五厘卖与周景先李际发四亩七分五厘卖与周景兰于去年调查土地时民徐永江以此地十四亩五分张天海四亩郭祥十亩因年久无人起租均按无粮黑地报告下余民等之地仍按祇德堂租地报告诚恐买后有一地二粮之累再查此地地名东洼子均系矾碱沙压不堪耕种虽为最下等之地但值此春初不接之时黎民困苦之际无论价钱多寡实难当时留置为此公同来案陈明呈请
钧署鉴核俯赐准予更正并准缓至大秋后分期留置实为德便谨呈
顺义县公署公鉴
王各村村民 徐永江（花押以下同样）
张天海 〇
郭 祥 〇
赵得有 〇
周庆锡 〇
阎景芳 〇
黄 山 〇
黄 玉 〇
李永芳 〇
周景先 〇
周景兰 〇
中华民国三十年四月二十八日

蔡如桐呈为地已留置请求准免重复留置由

为地已留置请求准免重复留置事窃有村人蔡如桐等佃种北京祇德堂杨宅老租地七

十亩零六分（亩数令造清册）归祇德堂管事人于曦（即于智轩）经理收租业已有年至民国十五年十七年间由于曦（即于智轩）经手将此地卖与各户为业有祇德堂杨立给卖契为凭并有负责人于曦或于智轩在卖契内署名签押买后将应纳粮额拨与各户更名自行完纳而各户亦已将卖契遵章投税今已十余年之久并未发生异议现有顺义县清理祇德堂地亩调查员张子玉等三人到村狂言于曦或于智轩经理出卖祇德堂之地系属盗卖勒令重复置买等语查于曦（即于智轩）既在祇德堂管事经理收租多年出卖此地即无盗卖之可言况此地各户既已置买自行更名完粮投税尤无再行重复置买之理今该调查员勒令置买实属于理不合情出无奈只得造具各户置买地亩清册具呈请求

钧署鉴核俯赐准免重复置买实为公便谨呈

顺义县公署公鉴

计　呈

清册一本　此地内多河流合并声明

后沮沟村乡长　蔡如桐　　花押

中华民国三十年八月八日

顺义县第四区第二十三乡后沮沟村谨将祇德堂卖与各户情形造具清册　民国三十年　月　日

| 村名 | 姓名 | 亩数 | 税契纳粮年月 | 备注 |
| --- | --- | --- | --- | --- |
| 后沮沟村 | 蔡如桐 | 8亩5分 | 民国15年税契 | 经手人于曦 |
| | 李长春 | 22亩5 | 民国17年税契 | 经手人于智轩 |
| | 高天叙 | 10亩 | 同上 | 同上 |
| | 李逢春 | 15亩1分 | 同上 | 同上 |
| | 高学会 | 6亩 | 同上 | 同上 |
| | 李先 | 3亩 | 同上 | 同上 |
| | 高天谌 | 5亩 | 民国30年税契 | 同上 |
| | 蔡士林 | 5亩 | 民国15年税契 | 经手人于曦 |
| | 刘万宝 | 5亩5分 | 民国17年税契 | 经手人于智轩 |

**2. 东西黄寺地**

中华民国三十年五月

河北省公署东西黄寺地亩暂毋征收钱粮卷（财务科卷宗）

| | |
| --- | --- |
| 河北省公署训令 | 财产字第一二〇一号<br>中华民国三十年三月三日收到<br>令顺义县知事 |

为训令事案

华北政务委员会内务总署民字第四八号咨开据北京喇嘛寺庙整理委员会呈据东黄寺呈称据顺义县香灯地亩催头函称本县举办土地调查晓谕各村正副停交香灯地租俟清查后凡无粮地准由承种人按亩交粮等语查本寺香灯地亩曾于民国四年由章嘉呼图克图领衔在王前京兆尹任内注册暂缓交粮在案况此项香灯地租每亩每年只收一角或京制钱二三百文租文甚微无力纳粮现届收租租期各县公令停止交纳地租殊与供奉佛前香灯发生影响再本寺原有自置香灯地座落河北省属文安任邱顺义等县共计三十七顷有余除文安任邱二县现因路途不靖未敢前往收租外惟顺义县各村尚能收租今该县又晓谕佃户停止交租甚为惶恐为此恳请援照雍和宫香灯地免粮办法转咨河北省公署饬县免予纳粮以维香灯而保庙产附呈清单一纸转请查夺实为德便等情署正核办间复据该会呈据西黄寺呈称查本庙有自置香灯地三顷九十余亩座落河北省三河县城外每亩每年租洋一角每当秋后派员前往收租以备循列于旧历十一月初二日班禅佛塔周年记念供奉香灯之需近据佃户报称本县土地清查在即香灯地亩一律纳粮为此恳请转咨河北省公署饬县免予纳粮以示优遇附呈清单一纸转请查夺各等情到署案查雍和宫在大兴等二十九县香灯地亩前经本总署据情咨准贵公署准予免粮在案据呈前情相应照抄清单二纸咨行贵公署查照饬知各该县公署对于前项地亩如为确定经界自应依照通案办理准暂毋征收钱粮以示优异并希将饬办情形见复以凭饬遵等因准此除咨复并分行外合行抄发清单令仰该知事即便遵照办理具报此令

计发清单一纸　　　　　　　　　　　　　　　　　　吴赞周

中华民国三十年二月二十六日

鉴印　郭芳春

照抄东黄寺所有顺义县香灯地亩清单

谨将县名村庄地亩数开列于后

顺义县　王各庄地二顷十二亩六分

业兴庄地一顷二十六亩五分

蒋各庄地二顷十二亩六分

北彩村地二顷三十三亩八分

南彩村地二十亩五分

江头村地五十五亩七分

陀头庙地一顷四十八亩七分

河北村地一顷六十三亩

西坞村地四十四亩

水屯村地二十四亩

李各庄地三顷七十八亩八分

小营村地二顷四十七亩九分

柳行村地七十九亩

薛各庄地九十六亩七分

北府村地一顷四十五亩
东疃村地一顷三十三亩
沟东庄地九十亩
东府村地一顷零三亩
荣各庄地六十九亩一分二厘
茶棚村地九十八亩九分

事由　为收租由

财政科第三〇〇号

财字第一三五号

批示　呈悉仰将该寺坐落本县地亩处所数目呈报来署以凭核夺此批

三月二十八日

为请赏给手谕俾便前往各区所接洽收租事窃敝寺原有香灯地亩散在河北各县兹拟整理起见曾于上年呈请北京喇嘛寺庙整理委员会转呈内务总署咨请河北省公署援照雍和宫香灯地亩免粮成案免予交粮去后旋蒙内务总署训令民字第二六七号内开为训令事案查前据该会先后呈据东黄寺及西黄寺呈称在顺义文安任邱三河等县境内有香灯地亩免粮成案免予交粮转请鉴察核夺等因到署当经据情并照抄清单二纸汇案咨行河北省公署饬知各该县对于前项地亩如为确定经界自应依照通案办理惟暂毋征收钱粮以示优异并指示该会转饬知照各在案顷准复开已令行顺义等县遵照办理矣等因训令到寺兹委收租员郭巴拉丹前往　贵治下河北村等处进行收租但恐四乡地方不靖为安全计为此请

贵县公署大发慈悲迅赐手谕俾便赴各区所接洽收租实为德便谨呈

河北省顺义县公署

北京东黄寺职任喇嘛王拉布告

中华民国三十年三月二十日

文别　呈　送达机关　省公署　　三月五日拟稿

三月二十三日核发

事由　为呈复东黄寺香灯租籽并无晓谕各村村正副停止交租情事由

呈为呈复事案奉

钧署财产字第一二〇一号训令以准

华北政务委员会内务总署民字第四八号咨开据北京喇嘛庙整理委员会呈转东黄寺呈据顺义县香灯地催头函称本县举办土地调查晓谕各村村正副停交香灯地凡无粮之地准由承种人按亩交粮等语转令到县兹将办理情形具复等因奉此查奉发清理田赋办法对

于官旗各产地亩并未明文规定职县办理土地调查对于官旗各产（所有王公府第及寺庙等项租籽均在内）只饬各该地户出具申请书填明地数注明东处租籽以便核对全县面积之总数而备查考并无晓谕各村村正副停止交租情事奉令前因理合将办理情形备文呈复

鉴核谨呈

河北省省长吴

呈 财字第一九三号

批示 呈悉查前奉

河北省公署训令仅为该寺地亩暂毋征收钱粮对于收租一节并无明文指饬仰复转请核示俟奉指令再行办理可也此批

五月六日

敬复者顷蒙

贵公署批示内开呈悉仰将该寺坐落本县地亩处所数目呈报来署以凭核夺此批等因奉此遵即将敝寺在顺义县香灯地点数目村镇开单呈请鉴核

计 开

王各庄郑继德等二十户共地二百十二亩六分

业兴庄唐朝汝等十三户共地一百二十六亩五分

小营村苏安等十八户共地二百四十七亩九分

北彩村郝士珍等二十九户共地二百而是按亩零八分

李各庄赵宽等二十八户共三百七十八亩八分

蒋各庄季广文等二十七户共地二百二十亩六分

柳行庄黄绍余等十户共地七十九亩

薛各庄张信等十三户共地九十六亩七分

南彩村王德立等九户共地二十八亩五分

江头村李湘等十一户共地五十五亩七分

陀头村刘义祥等十五户共地一百四十八亩七分

河北村张朝奎等十五户共地一百六十三亩

西坞村彭营等三户共地四十四亩

水屯村孙鹏等三户共地二十四亩

北府村吴贵廷等十二户共地一百四十五亩

东嗔村王永德等 户共地一百三十三亩

沟东村张绍唐等八户共地九十亩

东府村孙魁等十户共地四十一亩八分二厘

荣各庄安九卿等四户共地四十一亩八分二厘

茶棚村许有才等九户共地九十八亩九分

外有　西府　礼务　杨各镇　安乐庄　张家村　鲁各庄　上辈　下营　洼里村　汉石桥　田家营等十一

村内有接种邻村之地亩不计特此声明

以上共地二十七顷九十一亩零为谨呈

贵公署鉴核立请发给手谕以凭持赴各区接洽收租实为公

德两便谨呈

顺义县公署

北京东黄寺职任喇嘛　得木奇拉布吉　印

征租员郭巴拉丹　印

中华民国三十年四月三十日

河北省公署指令

事由　据报东黄寺香灯租籽并无晓谕各村村正副停止交租情事仰候汇案核转由

财审字第一二六一二号

河北省公署指令

中华民国三十年五月二十日收到

令顺义县知事

呈一件为呈复东黄寺香灯租籽并无晓谕各村村正副停止交租情事由

呈悉仰候汇案核转此令

中华民国三十年五月五日　吴赞周

监印　郭芳春

**3. 和硕裕宪亲王府地**

民国三十年三月

摘要　调查和硕裕宪亲王府地亩卷

民国三十年二月二十九日收到

训令

财产字第九九三号

河北省公署训令　　令顺义县知事

为训令事案奉

行政委员会交字第一〇九四号训令内开据前清和硕裕宪亲王后裔今世铎呈称原有上赏地亩旗产坐落在河北省属蓟遵名称地亩繁多均有册账曾经先后在河北省公署等官

署呈请备案奉批准予清理收租令行各属县知照在案惟现有明奉阴违积日延宕情形请令行河北省属各县实习维护产权以维生计附呈地亩清册请鉴核等情前来查所呈各情形是否属实亟应查明合行抄发原呈册令仰该省公署转饬查明具复以凭办理等因奉此呈据金世铎呈同前情到署除批示外合行拟同坐落该县地亩清册令仰该知事即便遵照册列各数查明具复以凭核转此令

计发清册　一本

仍交　吴赞周

民国三十年二月十五日

和硕　裕宪亲王府

顺义县地亩清册　　第　号

**河北省顺义县肖家坡等村/庄裕宪亲王府地亩表册**

| 庄头姓名 | 住址 | 坐落 | 亩数 | 租额 | 附件 |
|---|---|---|---|---|---|
| 吴永清 | 城内西街 | 肖家坡 | 12 顷 70 亩 | | |
| 同上 | 同上 | 城内南街房一所 | | | |
| 吴秀茔 | 城内 | 蛮子茔香火地 | 1 顷 30 亩 | | |
| 同上 | 同上 | 家北地 | 5 顷 | | |
| 同上 | 同上 | 家南地 | 5 顷 | | |
| 吴崇瑞 | 同上 | 北横领地 | 25 顷 | | |
| 同上 | 同上 | 肖家坡东南地 | 50 顷 | | |
| 同上 | 同上 | 舒家坡 | 25 亩 | | |
| 杜宇俊 | 后曲河村 | 同上 | 14 顷 | | |
| 金钟 | 沙务村 | 同上 | 29 顷 34 亩 | | |
| 同上 | 柳各庄 | 同上 | 69 亩 | | |
| 统计 | | | 69 顷 98 亩 | | |

承催人　吴崇瑞

| 事由　为函请备案事由 |
|---|

为函请备案以资清理地亩事窃（世铎系和硕裕宪亲王后裔）原有祖遗地亩坐落在贵县所属各村庄等处其地亩数目为数甚多均有地册可凭因屡次受官产处处分其已处分地亩若干未处分地亩若干敝府等不得而知于本年官产处被撤后敝府函请各机关以备清理地亩而固产权为此函请

贵县准予备案一则国库多得税收二则救济北京穷困王公三则佃户确定产权一举三

数备焉并请

贵县转通知境内各机关并饬所属妥为保护实为公便为此函请

贵县准予备案以固产权而利税收因否有当理合具呈谨呈顺义县公署公启

裕宪亲王后裔

兼察盟地亩清理处处长　金世铎

如蒙赏批示请寄至蓟县城内四大街十八号裕宪亲王府地亩联合清理处蓟县办事处

中国民国二十八年十二月　　日

民国三十年三月三十一日收到

呈　为金世铎清理收租一案请求转详由

财字第一三四号

批示　呈悉仰候查明核夺此批

三月二十八日

为金世铎呈请

河北省公署准予清理收租转行到县被传一案据实呈明民家从未承租金姓田地请求转详事窃查民父杜宇俊逝世距今近二十年民家从未租种任何王府田地此不但合村咸知即乡长副保甲等亦可出具证明而据金世铎租册载民父承租由十四顷之多尤非少数可以隐蔽又查金世铎由何人承催租项至何年即未收租均未叙明只称民父杜宇俊租种伊地十四顷显属不实为此具呈陈明伏乞

钧署鉴核俯赐据实转详实为德便谨呈

顺义县公署公鉴　　　　具呈人后渠河村

杜来甫　忠

民国三十年三月十八日

民国三十年三月二十五日收到

呈　为大方家胡同和硕裕宪亲王府地由

财字第一三三号

批示　呈悉仰候查明核夺此批

三月二十八日

（只抄了地亩册）

南街房一所　史玺三十亩　小地名南五十亩

小地名北恒头　西马坡郭珩十二亩　陈星元十八亩

出王廷佐五十亩　出赏德二十一亩　马坡吴尚义十三亩

蔡崑八亩　小地名北五十亩　又北恒头二十一亩
白各庄上八十亩　刘洪全二十亩　出孔海二十一亩
小地名西坡　下八十亩　蔡家肉铺十三亩
小地名小卷地　出孔海十二亩　衙门村香火地一顷二亩
吴言二十亩　出王廷佐四十亩　小地名向阳秦家坟
肖家坡吴承德八十亩　刘子平八十亩　小地名小卷地
出张贵禄中保十亩　小树行董纯五十亩　又小卷地八十亩
出王长林二十亩　小地名舒家坡　王宝廷三十亩
刘洪举六十亩　小地名小卷地　九亩赵花子中保人
王宝庭四十亩　刘洪义六十亩　出言绪十五亩
十三亩　小地名姚各庄　小地名西马坡
大方家胡同　燕子村三十亩　向阳王富中保二十四亩
出郭二先生二十五亩

和硕裕宪亲王府金宅

其余地均在河滩不堪种者

具呈人　吴汪氏

民国三十年三月二十二日

| | |
|---|---|
| | 民国三十年三月二十五日 |
| 事由　为声明脱离庄头关系请求免传 | |
| 拟办　呈悉仰候传案讯明核夺此批 | |
| | 三月二十六日 |
| 批示　传王合及金琇到署查询清楚后再核示 | |
| | 二十九日 |

为声明事实请求免传事窃和硕裕宪亲王府金世铎呈报沙浮村庄头金钟管理地亩不清一案已蒙票传办理理宜静候曷敢多渎情因民曾祖金钟充当庄头系德公府时代并非裕宪亲王府至光绪二十四年间经德公府将金钟之庄头取销另派本县属官庄村王合接充管理此项地亩所有一切租账租册以及佃户完全交清与民曾祖金钟并不相干迄今民家脱离庄头关系已有四十余年且民曾祖金钟早已病故矣为此声明事实请求

钧署鉴核准予免传俯赐另传负责庄头王合到案实为公德两便谨呈

顺义县公署公鉴

具呈人　金琇忠

民国三十年三月二十三日　（忠字是押字不是名字）

| | |
|---|---|
| 事由　为呈复查明前清和硕裕宪亲王府地亩情形由 | |
| | 第二四五号 |

呈为呈复事案奉

钧署财字第九九三号训令内开案奉

行政委员会交字第一〇九四号训令内开据清和硕裕宪亲王后裔金世铎呈称原有上赏地亩旗产坐落河北省蓟遵各县曾经先后在河北省公署等处呈请备案奉批准予清理收租令行各县知照在案惟现有明奉阴违日延宕情形云云此令等因附发清册一本（仍交）奉此遵即按册列庄头姓名分别调查查得吴永清吴秀茔吴崇瑞三名系属一家其后人在县者系一妇人即吴汪氏询其经管是项地亩多不详细据杜宇俊之子杜来甫呈称民家从未租种任何王府田地民村乡长副等均可出具证明又据金钟后人金琇呈称民曾祖金钟充电庄头系德公府时代并非裕宪亲王府光绪二十四年间经德公府将金钟之庄头取销另派本县属官庄村王合接充管理此项地亩所有一切租账以及租册佃户完全交清与民曾祖金钟并不相干迄今民家脱离庄头关系已有四十余年且民曾祖金钟早已病故当经另传王合讯问据其继子王显明共称民继父王合已死多年因他家并无产业亦无族人民已仍同原主现在姓马王合家中已无人了对于当庄头的事一概不知当经令饬分别取保在案并经知事由侧面调查此项地亩多在民初卖与佃户奉令前因理合将调查经过情形备文呈请

钧署鉴核谨呈

河北省省长吴

计呈交清册一本

署理顺义县知事　夏〇〇

民国二十九年五月二十五日

#### 4. 肃王府地

<table>
<tr><td>公函<br>　　财字第　号</td><td>中华民国三十年四月二十八日收到</td></tr>
<tr><td colspan="2">批示<br>　　呈单均悉查官旗各产自行清理或继续收租应向<br>　　河北省公署呈请核准特令到县方准进行仰即知照此批<br>　　　　　　　　　　　　　　　　　　　　　　五月六日</td></tr>
</table>

呈为呈请继续收租清理地产呈请再行备案查照保护事窃肃王府分府前清已故镇国将军宪同早年自置地一项计地十五顷余亩坐落顺义属李坞杏落等村向由各散佃承种交租降至民国政体改革设立官产散佃等事而敝府未经呈报迨至民国十四年各佃并未交租敝府并未收取履经派员调查该地段仍各佃按段承种原数相符于民国二十五年呈请冀东防共自治政府财政厅在案十二月间经冀东防共政府批示内开呈悉仰候令饬顺义县查明具复再行核夺此批等因外缮具佃户花名清册随文呈请鉴核协助保护收租该县奉训令饬查在案敝府派员于是年春间至县接洽各乡正副尚属顺利以后被承催人马双惠及吴永山等惑众抗横不交隐种地段希图渔利以及各佃私退私接敝府深受影响若不整顿恐宕延日

久放弃敝府权利今敝府仍缮具各佃花名地亩清册备函请呈饬警保护收租一面清理地段应分尽原佃备价目自留而维产权是幸实为德便希即见复谨呈

顺义县政府均鉴

中华民国三十年四月二十四日

附呈各佃花名一纸列于后

代表人高玉衡　住北平市内三区北新桥雍和宫太保街路南四号

肃王分府李坞/杏落各佃承种花名单

开清

| | | |
|---|---|---|
| 吴永昌 | 12.5 亩 | 杏落 |
| 董振旺 | 6.2 亩 | 杏落 |
| 史义山 | 8.55 亩 | 小东庄 |
| 赵延右 | 80.0 亩 | 杏落 |
| 陈香恩 | 7.97 亩 | 李坞 |
| 董先正 | 6.37 亩 | 杏落 |
| 董善仓 | 3.4 亩 | 杏落 |
| 辛安 | 11.22 亩 | 牛栏山 |
| 吴永山 | 5.7 亩 | 更张 |
| 朱成义 | 9.4 亩 | 李坞 |
| 王成有 | 9.0 亩 | 李坞 |
| 董占元 | 7.0 亩 | 杏落 |
| 董良俊 | 6.0 亩 | 杏落 |
| 董盛清云 | 2.75 亩 | 杏落 |
| | 5.63 亩 | |
| 田际雨 | 26.81 亩 | 杏落 |
| 张展奎 | 70.0 亩 | 北门外 |
| 王九官 | | |
| 屈振三 | 2.7 亩 | 杏落 |
| 王永明 | 8.0 亩 | 李坞 |
| 富伦泰 | 20.0 亩 | 本城 |
| 董朝元 | 9.1 分 | 杏落 |
| 董克昌 | 4.0 亩 | 杏落 |
| 董良俊 | 6.15 亩 | 杏落 |
| 董廷清 | 6.64 亩 | 李坞 |
| 董复春 | 五段 39.7 亩 | 杏落 |
| | | 怀付 |
| 陈凤 | 9.76 亩 | 李坞 |
| 吴永海 | 富伦泰交 | 9.5 亩 |

| | | |
|---|---|---|
| 董广升 | 7.5亩 | 杏落 |
| 严顺 | 5.5亩 | 李坞 |
| 董希凯 | 6.41亩 | 杏落 |
| 董九经 | 6.58亩 | 杏落 |
| 董克昌<br>董安良 | 9.95亩 | 杏落 |
| 赵春田 | 6.18亩 | 杏落 |
| 董蕴昌 | 2.48亩 | 杏落 |
| 张金 | 2.89亩 | 张庄 |
| 张玉 | 6.08 | |
| | 3.45 | |
| 洪旺文 | 7.0亩 | 杏落 |
| 张春 | 2.53亩 | 杏落 |
| 董振清<br>董善清 | 5.0亩 | 杏落 |
| 夏永立 | 5.0亩 | 杏落 |
| | | 王成 |
| 王者臣 | 5.58亩 | 李坞 |
| 董思宝 | 40.0 | |
| | 67.45亩 | 李坞 |
| 董振邦 | 5.0亩 | |
| 王弼 | 35.0亩 | 西街 |
| 王高 | 4.2亩 | 李坞 |
| 董和 | 2.0亩 | 杏落 |
| 直俊畯 | 7.5分 | 下堡屯 |
| 王永山（由双寿来） | 18.0亩 | 李坞 |
| 董安贵 | 3.0亩 | 杏落 |
| 任国治 | 5.0亩 | 杏落 |
| 陈　庆 | 9.72亩 | 李坞 |
| 董振刚 | 二段43.25亩 | 杏落 |
| 董振长 | | |
| 吴永兴 | 5.87亩 | 杏落 |
| 吴永昌 | 二段9.83亩 | 杏落 |
| 孙文如 | 5.25亩 | 李坞 |
| | | 王化 |
| 张元明 | 6.55亩 | 张辛店 |

| | | |
|---|---|---|
| 陈国奎 | 5.28 亩 | 李坞 |
| 瓮德山 | 4.27 亩 | 杏落 |
| 董景良立<br>董景交 | 4.95 亩 | 杏落 |
| 赵顺 | 7.18 亩 | 杏落 |
| 董良俊 | 17.1 亩 | 杏落 |
| 陈国恒 | 18.24 亩 | 李坞 |
| 董发 | 10.0 亩 | 杏落 |
| 陈付旺 | 4.46 亩 | |
| | 2.62 亩 | |
| | 7.1 分 | 南小营 |
| 董善继 | 30.0 亩 | 杏落 |
| 董国勋 | 5.0 亩 | 杏落 |
| 董顺 | 4.95 亩 | 李坞 |
| 董安宅 | 3.2 亩 | 杏落 |
| 张久叙 | 7.625 亩 | 牛栏山 |
| 杨德玉 | 9.4 亩 | 马辛庄 |
| 高长荣 | 6.16 亩 | 李坞 |
| 张洪旺 | 27.0 亩 | 李坞 |
| 双寿 | 20.0 亩 | 本城 |
| 季玉 | 5.0 亩 | 李坞 |
| 董善绪 | 6.6 亩 | 杏落 |
| 阎发 | 32.0 亩 | 杏落 |
| 董玉丰 | 4.25 亩 | |
| | 5.0 亩 | 杏落 |
| | 8.47 亩 | |
| 吴永海 | 15.64 亩 | 李丰 |
| 陈增 | 4.5 亩 | 杏落 |
| 河滩 | 一亩新开 1.58 亩 | 杏落 |

各佃承种地 10 顷 34 亩 4 分 2 厘

下余河荒地 5 顷 10 亩

**5. 船户地**

| |
|---|
| 黄滙等呈为呈请明白批示以便进行由<br>民国三十年七月二十五日收到 |

为呈请明白批示以便遵行事窃查桥头前后郝家屯鲁各庄马辛庄等五村共有船户地六顷四十亩此地专为建筑修理渡船之用每年每亩摊洋数角或数元不等不负纳粮之义务已历有年于本年土地调查之际前后郝家屯鲁各庄马辛庄等村均未造报桥头村已将船户地一顷二十九亩七分五厘按户分段造报在案并在查报表内注明船户地本年事务员在村征收地亩捐每亩二角五分各船户均在征收之列虽已照数交纳而修理渡船则仍令照旧纳款查此项船户地既已征收地亩捐不欠即将纳粮既负纳粮之义务即不能再负渡船摊款若两项均交则系一地两负义务状况前后郝家等四村均未造报即不负纳粮之义务独令桥头村两负义务同为船户地而受两种待遇未免苦乐不匀再者本年李调查员少熠赴桥头村调查地亩时当向其声明答以必有相当办法至今办法毫无殊属焦灼为此声明呈请

钧署鉴核俯赐对于此项船户地或将查报表注销免予交纳粮或免摊修理渡船之款迅予明白批示以免一地而负两项义务实为德便谨呈

顺义县公署公鉴

计粘呈　各船户地亩单一纸

桥头村乡长　黄淮 印

副乡长　李天相 印

中华民国三十年七月二十五日

府各船户地亩单

| | | | | | |
|---|---|---|---|---|---|
| 李　芙 | 5亩 | 魏　琛 | 2亩 | 魏进展 | 2亩5分 |
| 魏　琛 | 2亩5分 | 魏利氏 | 5亩 | 黄有光 | 5亩 |
| 黄起忠 | 3亩5分 | 李天得 | 5亩 | 黄　询 | 4亩 |
| 黄　淞 | 2亩5分 | 李廷玉 | 2亩5分 | 李廷金 | 2亩7分5厘 |
| 李　与 | 2亩5分 | 袁白明 | 2亩 | 袁白辛 | 3亩 |
| 李　友 | 2亩5分 | 李振友 | 3亩 | 崔　宽 | 5亩 |
| 崔世廷 | 2亩5分 | 徐　才 | 3亩 | 张　明 | 5亩 |
| 张　瑛 | 5亩 | 孟　剑 | 10亩 | 刘六堂 | 5亩 |
| 孟　钊 | 5亩 | 黄宝忠 | 2亩 | 李　香 | 5亩 |
| 李天计 | 5亩 | 李天贵 | 9亩2分 | 李天恩 | 3亩 |
| 李　艾 | 4亩 | | | | |

以上共地1顷29亩7分5厘

## 五　没有印刷的资料

1. 顺义县公署民国二十九年度县款收支决算书
2. 顺义县民国三十一年度预算编成方针
3. 顺义县地方款三十一年度岁入概算书（岁入经常门）
4. 顺义县地方款三十一年度岁出概算书（岁出经常门）
5. 顺义县地方款三十一年度岁出概算书（岁出临时门）

6. 顺义县各镇商捐额数清册（三十年度）
7. 顺义县第十九区商捐征收册（三十年度）
8. 大乡制实施计划案（民国三十年九月十三日）
9. 东社兰庄“出入总账”（民国三十年一月一日开始）
10. 财政概要（王沛霖科员用来训练助理员的教材）

# 1941 年 2—3 月

（河北省顺义县资料）

## 地券集

调查员　杉浦贯一

这个地卷集是在土地所有权第 4 号（调查资料第 24 辑）调查中收集的资料。

正好这个时候土地调查也在进行，大量的地券也被提交到了县里面。而在其中挑选了大约 200 种样式进行了抄写，现在编集委员又选录了大约三分之一左右。其中跟沙井村有关的地卷已经全部收集录下了。( ) 内的银元额是后来写在卷面上的。

这份资料是经天海谦三郎先生的校正完成的。

【1】立资舍与

圣师庙地文约人系道教李永清因自种遥远情愿同中说明将此地一段坐落某处开具于后情愿舍于教弟刘良文永远耕种为业但教弟念师兄寒苦情愿资助东钱二百一十吊（五十元）正以备养身之费用舍之后倘有亲族人等争论舛错有李永清中人一面承管此系教兄教弟两家情愿各无反悔恐后无凭立舍字存照

| | | |
|---|---|---|
| 东西长九十弓<br>计弓口<br>南北宽二十六弓零二尺 | 东杨柏风<br>至<br>西孙奎文 | 南张德<br>至<br>北蓟长荣 |

贴上去的纸

计地十亩东西陇坐落东府北石槽坑

中保人　王　瑞　十

嘉庆二十三年九月一日

立舍地文约人　李永清　押

代书人　刘福生　押

【2】

立卖地契文约人戴兴诗因手乏今将祖遗庄伙地一块坐落在彰禧庄村南街东头河南南北长四十五丈八尺五寸南头东西宽十丈零一尺北头东西宽九丈四尺七寸［东至张君弼西至张成至］（东西至张姓南至道北至置主南头西至坟茔四至分明托中人说合情愿卖与张成玉名下永远为业言明小数钱九十五吊（四十元）其钱笔下交足不欠此系两家情愿各无反悔恐口无凭立卖契为证

宽长丈数计算七亩四分七厘

中保人　乔　安　押
说合人　王　瑛　押
立字人　戴兴诗　押
代字人　薛　斌　押

嘉庆九年十月十三日

永远为业

【3】

立杜绝卖契文约人杨其禄因手乏将自置地一块坐落俸伯村庄西南北长二十七丈南头宽五丈二尺五寸中宽五丈北宽五丈东至置主西至谢姓北至官道弓口四至分明自烦中人说合情愿将此地土木相连出卖与赵爱贞名下永远为业言明卖价纹银十两整（作十五元）其银笔下交足不欠自卖之后任凭置主栽种修造自便不与弃主相干尽凭置主过格税契此系两家情愿并非逼勒如有亲族争竞者有弃主中保承管恐口无凭故立卖契存照

咸丰元年十二月十五日

弓口

| |
|---|
| 四至东至丁头　西至杨玉荣　宽十弓零二尺　长十四弓<br>（合计二亩分四厘） |

中保人　李廷杰　十
立卖文约人　杨其禄　押
代笔人　张永和　押

【4】

立推二道官租地文约人郭炳忠郭炳孝因手乏无钱使用今将祖遗租地一段座落南狼塚村家东大道二亩半情愿托中人推与暴德山名下为业言明东钱九十五吊（十二元）正其钱笔下交清并不欠少自推之后任凭暴姓修立坟茔不与郭姓相干郭姓远近人争论有契主一面承管两家情愿各无返悔恐口无凭立字为证

西至壕
四至东至壕
南至马春元
北至马春元
贴上的纸 [东西长四十六丈三尺　均宽三丈二尺]

说合人　郭永远　十
代字人　刘亭瑞
立字人　郭炳忠　十
郭炳孝　1
咸丰五年十二月初五日
永远为业

【5】

立过钱粮地文约人李景泰因手乏无力交纳将钱粮地一段二亩五分坐落黄家场正北南北陇东西参弓南北长二百零四弓亲烦中人说合情愿将此地过与李恭名下耕种言明实价东钱五十二吊（十元）正其钱笔下交清不欠自过之后任凭置主自便不与过主相干此系两家情愿各无返悔恐口无凭立字为证

计开四至东李萱　　南至李国详
西周洪全　　北至道

中说人　刘志全　十
立字人　李景泰　十
代字人　王秉钧　十
咸丰七年十月十五日

【6】

立退旗钱粮地文约人许万有因手不便自有旗钱粮地一段八亩坐落英各庄家北四至开列于后今托中人说合情愿将此地退与许进义名下承种言明地价东制钱一百七十吊（四十元）正其钱笔下交足并不欠少言明地与许进义自便不与许万有相干此系两家情愿各无返悔如有舛错有中人一面承管恐口无凭立退字为证

东至马姓　　东至孙平　　南至赵怀信　丁头
西至马姓　　西至刘玉峰　　北至邓广仟　横头

四至分明

南　刘
至
北　丁头　南北长一百六十五弓　东西宽十一弓八尺

中保人　张国瑞　十
贾任清　十

陈连任　十
酆　惠　十
立字人　许万有　十
代笔人　酆　顺　十

同治七年十一月十九日　永远为业

【7】

立退老租地文约人马云因手乏今将本身老租地一段二亩座落沙务庄东地名两河地宽四弓长一百二十弓亲烦中人说合情愿将此地退与高金名下承种当日受退价东市栏钱一百二十吊正其钱笔下交清不欠约退之后任其置主自便与退主无干言明一年十月十五日张庄头交租钱五吊五厘正永远不许增租移佃此两家均无返悔如有舛错等情自有退主中人一面承管口无凭立退字为证

| | | | |
|---|---|---|---|
| | 东 | 南 | 东至周顺 |
| 四至 | 至马姓 | 至道 | 西至强深 |
| | 西 | 北 | 南至道 |
| | | | 北至道 |

贴上的纸

中保人　段祥玉　十
李永才　十
立退字人　马　云　恶
代笔人　马玉瓏　恶

同治七年十月十三日

【8】

立卖房基地人杜国汉因正用不足今有自置红契房基地一段一亩七分五厘坐落北河村东头亲托中人说合情愿将此房基地卖与高永升名下永远为业同中言明作价东市栏钱一百三十吊正其钱笔下交清自立字之后盖房养树任其置主自便不与弃主相干此地内靠东边有南北通街道一条东西宽弓尺一弓一尺此系双方言明各无异说恐口无凭立卖字为证

此地南北长四十二弓东西宽十弓

四至　东至王
西至高
南至高得功
北至道

中保人　王　开　十
立卖房基字人　杜国汉
代笔人　王　儒　十

同治九年三月二十三日立　十二月二十五日前投税

【9】

立过船差地字据文约人董禄因无力当差今将此船户地一段四亩东西长八十五弓南北宽十一弓一尺四分坐落前俸伯村西南东至道西至顶头南至顾姓凤鸣北至李阳中四至分明亲烦中人说合情愿将此船户地过于董进利名下承种永远为业同中人言明过价东市钱二百吊（二十元）其钱笔下交清不欠自立过字后每年交鍊钱四吊正此钱归董禄成收此系两家情愿各无返悔日后如有异说有中人一面承管恐口说无凭故立此字为据

中保人　李廷和　+

顾　善　〇

立字人　董　禄　+

代笔人　李瑞琴　+

光绪四年九月初四日

【10】

立卖契文约人魏得富因手乏今将祖遗地一段二幅三亩三分坐落在张喜庄村正北南北陇四至列后东至张正魁西至张宝山南至道北至张凤春四至分明今托中人说合情愿将此地卖与叔父魏廷襄名下为业当面言明实卖地价铜制东钱二百吊整（十七元）其钱笔下交足不欠自卖之后由置主自便永不与弃主相干此系两家均各无翻悔如有亲族人等争论有中人一面承管恐口无凭立卖地契为证

东西宽北头七丈九尺五寸　执见人　魏登善　+

南头　七尺八寸　中保人　张玉达　+

计开丈数平均宽七丈八尺四寸

南北长二十五丈八尺五村

光绪六年九月初一日　　立卖字人　魏德富　志

永远存照　　代字人　张怀德　押

【11】

立卖兑场院字据文约人王宝林王茂林同侄王瑞王禄因正用今将祖遗场院一亩八分坐落本村后街东路南东西宽十九弓南北长二十三弓四至列后亲烦中人说妥情愿将此场院卖兑与族人王文华名下言明兑价实数二八市钱一百五十吊正其钱笔下交足不欠自兑之后不与弃主相干如有舛错有中人一面承管实系两家情愿各无返悔恐口无凭立兑字据为证

东至坟　地　南至王文芳

四至　西至于长春　北至王济先

原契在弃主收存　　说合人　张仲三　志

王俊　艹

中保　王永　十
王诚　十
光绪十二年正月二十日　立字人 王宝林　十 / 王茂林　十　同侄 王　瑞　十 / 王　禄　十

【12】

立杜绝葛藤字文约人吴荫因手乏今有祖遗地一段三亩坐落后桥村家东地名石桥南亲烦中人说合情愿将此地卖与鼎玉和名下为业当面言明卖价东制钱一百四十吊（十五元）正其钱笔下交足不欠自卖之后由置主自便不与弃主相干此系两家情愿各不反悔如有外错自有中人弃主一面承管恐后无凭立字为证

弓口南北长一百二十九弓东西宽五弓五尺八

南至官道
四至北至水坑
东至鼎玉佩
西至吴让

吴珍忍
中保人　鼎大俊　十
吴殿山　十
光绪十二年正月十四日立卖杜绝字人　吴　荫　十
代笔人　邢孝增　押

永远为业

【13】

立卖匠役地文约人薛国祥因无钱使用将本身受分祖遗匠役地一段四亩坐落塔河村东井北边南北行陇东至香火地西至李姓南至道北至道四至分明今烦中人说合情愿卖与薛国旺名下为业同中人言明卖价铜制东钱一百六十吊（二十元）整其钱笔下交足并不欠少自卖之后任凭置主自便无有契主相干如有外错有中人一面承管此系两家情愿各无反悔恐口无凭立卖字为证

坟壕二座许起不许埋
历年代交（帮的假借）匠役租东钱一千六百文
此地由中华民国十二年九月二十八日
批屈广名下二亩整

光绪十九年十月二十六日　　中保人　薛德贵　十
薛国卿　十
于十二月十日前投税　　立卖字人　薛国祥　十
代字人　薛国祯　忍

永远为业

【14】

立更退租子地文约人陈有忠同侄连财因乏用今将祖遗老租旱地一段九亩坐落东江头村正南东西陇地四至列后亲烦中人说妥情愿将此地更退与郝顺名下承种为业言明退价东市钱四百六十吊（四十五元）整其钱笔下交足不欠立退之后地由置主自便与退主无干此系两愿各无返悔如有舛错中人承管恐后无凭立退字永远为证

东西长二百一十六弓南北十弓

四至分明　东至祥　南至于檀　　中说人　于凤林　十

西至道　北至陈　祥　　陈明忠　志

立字人　陈有忠　十

光绪二十年正月初七日　　同侄连财　志

代字人　于濬志

【15】

立杜绝文约人贾永顺今因乏用将祖遗地一段六亩坐落临河村前街西头地名沟子经中人说合情愿卖与七圣庵会首黄大有董宗扬王绪彭思富黄思中王思铭等作为初中香火之资言明价钱二百五十吊（作三十元）整其钱笔下交足不欠自卖之后任凭七圣庵烧香修补自便即为该庙永久产业不与卖主及其他庙宇相干倘有舛错自有中人承管此系双方情愿各无返悔恐口无凭立杜绝字为证

四至弓口列后东西长一百二十七弓

南北均宽十一弓三尺三

东　何姓绍　　中保人　巩立年

南至郑姓邦有　　刘永富　恶

西　苏姓见谟

北　道　　代笔人　阮　鹤　押

光绪二十四年十一月初四日　　立字人　贾永顺　二十

永远为业

【16】

立杜绝地字据文约人孙郭氏同子孙秃子因手乏无钱使用今有祖遗粮地一段七亩五分整此地坐落在沿河村庄西北南北陇地名张水洼子四至开列于后亲托中人说合情愿将此地杜绝卖与梅正兴名下永远为业同中言明地价东市二八钱二百三十五吊（三十元）整其钱笔下交足分文不欠立字之后此地自许置主更名税契纳粮自便不与弃主相干此系两家情愿各无返悔如有返悔者自有中保人一面承管恐口无凭立杜绝地字据为证

东西宽　七弓五尺

南北长　二百四十弓　　中保人　李辉　十

光绪二十九年十一月初二日　　　　立字人　孙氏　[指纹]

四至分明　东至张俭　　　　同子孙秃子　十

西至张恩　　　　书字人　李藻　志

南北均至道

永远为业

【17】

立分种养生地字据人叔侄黄绍芳黄若田先奉父命分派将养生地一段八亩按三股均分叔侄三人各分一股宽官（弓）在内并未弓坐落在柳桁村正西头四至列后亲烦族中人解分给黄行绍先一股在两边纳粮生（升）科三面议定每股地地作东市钱七十五吊正其钱以为生父养膳之费生养死葬近其受分一股二亩六分殡葬之用此系三股均分并无争论倘有族中争吵均有中人一面承管恐口无凭立受分股为证

| |
|---|
| 此地东至黄著田　南至道 |
| 西至黄著田　北至道 |
| 两边地南北宽各弓零四尺 |
| 南北长三十八丈七尺 |

弟兄德各持一纸

中保人　王克勤　十

贴在白纸上　崔　连　中

黄　润　十

光绪三十年十月十五日

立给弟兄同侄人　黄善儒　十

代笔人　许朝元　志

【18】

立卖民粮地契李万通因手乏不便今将自己祖遗民地一段坐落白浪河村西官地计地两副十亩南北畛亲烦中人说合情愿出卖与管村庙会置买同众议妥东制钱五百吊（五十元）正其钱笔下交足分文不短自卖之后任凭庙会自便不与卖主相干如有外错有中人出业主一面承管此系两均愿各不返悔恐口无凭立此卖字为证为证存照

东　李树伦　　　　计文数南北长六十丈

计四至西至官　道　　　　南北宽十丈零二尺

南　李治常　　　　中保人　杨永国　〇　拇指印

北　七坑北道　　　　说合人　刘洪　〇　拇指印

立卖民地

光绪三十年十月初五日　　　　契文约人　李万通　士

代字人　李成书

【19】

立卖地契文约人郑德忠因手乏今将自己旗地一段十二亩坐落在刘各庄村西南南北

畛东至李姓西至施姓南北俱至道四至分明自烦中人情愿将此地卖与直天德名下永远为业言明卖价东钱四百八十吊（六十元）正其钱笔下交足并不欠少自卖之后任凭置主自便不与卖主相干日后并无外错如有外错者有中人一面承管此系两家均愿各无返悔恐口无凭立卖字永远存照

东至施文七　南至道　长二百三十弓

西至施文七　北至道　宽十三弓

说合　丁宝玉　十

中保人　郑甡知　志

冯心位　押

光绪三十二年十二月十二日立卖字人　郑德忠　十

代字人　王永仁　悉

【20】

立卖地契文约人奉父命王永庆因手乏无钱使用今有祖遗民粮地一段座落在高丽营村东北东水泉道道西计地二场四亩此地东西畛南至高姓玉兰北至高姓玉堂东至道西至梁姓九成四至分明亲烦中人说妥情愿出卖于王德山下永远为业同中言明实卖价东制钱二百四吊（二十乙元）正其钱当面交清并不短欠自卖之后如有亲族人等争论者自有卖字中人一面承管此系两造情愿各无反悔恐口无凭立卖字为证内有故坟六座自许拔出不许在（再）葬随带红白契纸各一张

谏（见）证人　王　崑　十

东至道　南至梁九成

说合人　王德福　十

东西长八十弓南北宽十三弓三尺

中保人　王德福　十

奉父命

西至高玉润北至高玉堂

立卖字人　王永庆　十

光绪三十四年二月初六日

代字人　李泽臣

【21】

立卖民粮地契字据文约人王兴郭斌等因清静庵住持僧忠果圆寂关于此庙无人经理实难兼顾不得焚修该承继徒博厚查本庙地产不足奉佛养僧何况修补故此亲烦中保介绍人履向本村灯花会会员等要求情甘将此庙所遗物产等项普通均让与南郎中村灯花会经理承管本会不忍住持损失全款过钜公议纳资弥补其款再肆思维实确无法筹备等因故托中保人说合人情愿将此会公产小地名南塔园民粮地十亩座落村南南北畛四至相连西至会中香火东至官道南至官道北至园墙四至分明今议定卖与本村冯景芝名下耕种永远为己业言明价洋国币二百四十圆正其款当同中人交足并不欠少自卖之后任凭置主投税纳粮永不许灯花会干预此系双方情愿各无返悔外错倘有外错者自有中保说合以及灯花会会员人等担负完全之重责恐后无凭立此卖契字契为证

随代（带）老契纸一张历年交匠役租东钱七吊七百四十文

中保介绍人　赵　珍　十

南北长二百弓　　中保人　李永魁　十
东西宽二十一弓　　说合人　李永贵　志
立过字人　王　富　志
王殿魁　十
代字人　李永藩　志

光绪二十七年十一月二十六日

【22】

立补契红罗寺庙座落在后沙峪村西头只因洪水泛滥契纸淹没毫无踪迹今乞中说合情愿将此地补契纳税计开四至东至沟心西至道心南至钱凤堂北至张世昌四至分明将会首招来作价东钱一千一百六十吊（十五元）此地南北长四十六丈五尺均宽二十九尺计地二十三亩一分七厘此系合村情愿各无返悔恐口无凭立此补字为证

后沙峪长　刘万清

光绪三十四年十月十二日

【23】

立卖护坟地文约人吕先因乏用今有公中茔地六亩老粮一段坐落在小临河关帝庙西东西陇四至列后亲托中人说合愿将此地卖与胞叔吕惟一名下耕种言明卖价制东钱三百六十五吊（三十一元）正其钱当面交清不欠自卖与胞叔自便不与卖主相干此系两家均愿各无返悔如有舛错等情全有弃主与中人一面承管空口无凭立卖字据为证

南北宽二十一弓六尺东西长六十五弓
四至分明东至阮廷有　南至顶头
西至大　道　北至单永禄

中保人　张永明　志
马玉堂　忠

宣统三年十月十五日　立字人　吕先亲笔　押

【24】

立卖旗地文约人内务府厢黄旗连荣佐领下景贤今有祖遗自置地一段七亩坐落在顺义县北关外上坡南北行陇四至弓口开列于后今烦中人说合情愿卖与佃户赵岭名下承种永远为业言明地价铜制钱一百一十吊（三十五元）其钱笔下交清并不欠少自卖之后任凭买主升科投税自便不许弃主相干如有舛错自有卖主中保人一面承管此系两家情愿各无返悔空口无凭立卖字为据

计开四至东至赵江　南至赵永瑞　弓口　南北长一百三十七弓
西至尹志　北至刘振　东西宽十二弓

中保人　玉东坪　十

说合人　刘　财　十
中华民国元年腊月二十八日　立卖字人　景贤　押
代字人　郭仲臣　志

【25】

立卖地契文约人张门吴氏因手乏今将祖遗民地一段二亩坐落在石行村西沙地来一幅东西畛四至开列于后今托中人说妥将此地卖与武蔡街阎文凤名下为业同众言明卖价大洋银圆三十圆正其银圆笔下交足不欠自卖之后任凭置主自便不与卖主相干此系两家情愿各无返悔如有舛错有中人担负完全空口无凭立卖字为证

东至李景斋
开列西至道
南至道
北至张海
东西长五十二丈
东宽三丈
四至分明中宽二丈八尺
西宽四丈零六尺

梁朝义　押
中保人　张　恒　平
王文来　志

中华民国元年十月十五日
永远为业

立卖字人　张门吴氏书
代笔人　王克敬　押

【26】

立退军地契文约王文来因为手乏今将自己祖遗军地一段坐落在白浪河村东地名沙岭计地六亩南北畛东至王姓西至李姓南至道北至道西至分明今托中人情愿出卖与张旺轩名下耕种为业言明作退价东钱一百二十吊（三十元）整其钱笔下交清分文不欠此系两家情愿各无返悔恐口无凭立退契为证

随代（带）连段上契一张
此地工（弓）尺旗下中长一百六十工尺宽八工尺

说合人　玉显峰　押
中保人　朱玉田　十
中华民国元年九月初二日　立退军地契人　王文来　十
代字人　王凤岐　十

东　王萧氏

计开四至西至李树芩
　　　南　道
　　　北　道

【27】

立卖民地契文约人刘富海同伊胞妹王刘氏当场监视因年老失目贫乏不能自存今托中人介绍愿将自置民地一段坐落在范各庄村北地名范各庄后东西畛计地五亩东至陈姓西至王姓南至张姓北至王姓四至分明卖与族弟刘澄海名下永远为业同众言明作价东钱三百吊（二十五元）整其钱笔下交足不欠分文自卖之后任凭置主自便不与卖主相干倘有意外枝节发生有胞妹王刘氏及中保人负责此系两家情愿各无反悔恐口无凭立卖契为证

东　陈立本　　　东西长一百一十二弓
计开四至南至张树兴　　弓口
西　王士才　　　南北宽西八弓三尺
北　王官禄　　　东十弓四尺

孙长和　十
中保说合人　刘景珍　忠
刘显臣　志
王恩荣　志

中华民国元年五月二十五日　　　立卖地契人　刘富海　指纹
代书人　王恩华　押

【28】

立卖东黄寺租地文约人张景兴、张景旺、张景公、张景贵兄弟四人因正用不足今将祖遗东黄寺租地一段七亩整坐落鞋山东西陇四至开列于后亲托中人说妥情愿将此地卖上华村孙光名下永远为业同众三方面言明卖价东市钱五百六十吊（四十八元）整其钱笔下交清不欠自卖之后任凭置主自便不与卖主相干如有舛错有中人一面承管恐口无凭立卖据存照为证

计开四至
东至道　南至香火地清新官　　　弓口东西长二百弓
西至横头北至香火地清新官四至分明均宽八弓零二尺

孙赤
中说人　孙　忠
立字人　张景旺　押
张景兴　忠
张景贵　志

张景公 十

中华民国二年十一月十八日 代笔人 马依仁 押

【29】

立杜绝卖字文约人奉祖母孙长元因正用不足今将自受祖遗民粮地一段十二亩坐落在马辛庄正西地名小石桥南北陇四至列后亲烦中人说妥情愿将此地卖与孙廷银名下承种永远为业言明卖价东市钱八百一十吊（七十元）整其钱笔下交清不欠自卖之后任凭置主永不与卖主相干此系两家共愿各无返悔如有外错自有中人一面承管恐口无凭立卖字为据

四至分明东至李植亭 南至孙廷有

西 道 北 顶头田保安

南北长一百九十弓长

东西头宽十五弓零一尺五寸

中保人 王永禄 十

吴作林 志

中华民国古历三年十月十五日

立字人 孙长元 志

代字人 马香三 押

【30】

立卖佃文约人德公府世宅代昌今因清查官产旗地均令升科纳税本宅财力不及情愿将本宅置到顺义县北门外地四亩同中言明作价栏钱九十吊出卖于本宅佃户赵钳名下报粮纳税永远为业以后本宅永不取租由佃户自便价钱笔下交清毫不短少日后倘有无赖之徒冒充本宅人等或再出别样契据等情有本宅与中保人一面承管恐口无凭立字为证

已报升科证

顺义县清查官产处

四至分明东至赵荣 北至赵姓

西至张姓 南至道

赵九卿

民国八年三月十八日

弓口东西宽四弓八

南北长二百一弓

洪宪元年乙卯阴历十二月初六日

立卖字人世宅代昌印印

中保人 张 元 恶

代字人 孙玉臣 十

【31】

立卖字人喀喇沁右旗三公主因进口乏用将自己旗产一段十六亩正坐落在后桥村家北地名大道亲托中人说合情愿将此地卖与后桥村吴振远名下为业同中人言明卖价东钱六百六十吊（八十元）正其钱笔下交清不欠自卖之后由置主自便不与卖主相干此系双方均愿各无反悔如有舛错自有中人等承管恐口无凭立卖字为证

南北长一百十弓　　中保人　张士永　十

东西宽三十五弓　　吴德崑　十

立卖字人委员　汪玉成　押

代字人　吴国勤　志

中华民国四年十一月十三日

永远为业

【32】

立卖佃文约人德公府世宅代昌今因民国清查官产旗地均令升科纳税本宅财力不及情愿将本宅置到顺义县南门外地六亩四分七厘五毫同中言明每亩大洋三圆计地六亩四分四厘五毫共合大洋一十八圆九毛九出卖于本宅佃户马维新名下报粮纳税永远为业以后本宅永不取租由佃户自便价洋笔下交清毫不短欠日后倘有无赖之徒冒充本宅人等或再出别样契据等情有本宅与中保人一面承管恐口无凭立字为证

宽八弓　　四至列后东至张姓鸿典　南至道

长一百九十弓　　西至刘姓先三　北至道

中华民国四年乙卯十月十三日

立卖契人　世宅代昌　印

知情底中保人　张　元　忑

中人代字人　孙玉臣　十

【33】

立卖起租项地文约人和硕瑞静公主府僧格苏达那睦原有祭田房基地一段（东一三十一南东（?）二十八弓二尺东三六弓北西宽十四弓）宽东西均长四十一弓经堂判断按一至九倍协同本府庄头卖与佃户吴殿魁名下为业言明卖价顺邑制钱三十六吊（十五元）正其钱笔下交足不欠自卖之后由置主升科投税自便永不与庄头相干如有舛错现有本县立案又有本府图章为证欲后有凭以立卖起租字据存照

坐落在后桥村西坑右边东至大坑西至道旁南至吴姓（吴国祥）北至道旁

此纸于民国二十八年十二月二十八日立约卖与民国相空基地计九分八厘并言明由主房根基墙下留有三弓尺余地下余地二亩八分

张士永　十

说合人　李永华　思　代笔人　吴殿仓　思

吴德昆　思

中华民国五年七月初九日　立卖字人　僧格苏达那睦

代理人　吴遵礼

【34】

立杜绝文约人京都正白旗满洲左廪下旗人文敏因正用不足今有旗粮地一处共计地三顷八十亩庄内拨出一段二亩此地坐落北桃园村西东陇四至列后亲托中人说合情愿此段地与王喜名下永远为业同中三面言明地价钱李遂店栏东钱票六十吊（十元）正其钱笔下交清不欠言明自立字之后任凭买主自便不与卖主相干此系两家情愿各无返悔如有舛错亲族人等争论搅扰者自有契主与中保人一面承管恐口无凭立此杜绝字为证

南至王永生东至大道　东西长一百八十二弓

北至米当　西至横头（米当）南北宽二弓四尺

米柏年　平㹊　米怀年　七

中保人　米深年　十　米秀山　十

吴永福　十

中华民国五年十月二十八日　立字人　文　敏　十

代笔人　米振声

【35】

立卖起租项文约人和硕端静公主府僧格苏达那睦原有祭田园田树行二段树行东西长二十一弓南北宽七弓一尺园田南北长西边五十一弓东边四十一弓东西宽南边九弓八尺北边七弓八尺坐落在顺义后桥村西头街北经堂判断按一至九倍协同庄头卖与本佃户晁德福名下为业言明卖价顺邑制钱三十八吊七百（十五元）正其钱笔下交足不欠自卖之后由置主升科投税自便不与本府庄头相干现在本县立案又有本府图章为证恐后无凭立卖字据存照

共三亩三分三　吴德崑　思

批卖出六分陈福　说合人　李永华　思

张七永　十

中华民国五年七月初七日

立卖字人　僧格苏达那睦　印

代理人　吴遵礼　押

代笔人　姜岱山　志

十二月十五日前投税

【36】

立卖房场文约人程文翰同子程瑄程珊因手乏无钱使用今将祖遗房场地一块坐落在本村正东道北今烦中保人说合人情愿将此房场地基卖与王永昇名下永远为业言明卖价东数钱三百五十吊（三十元）正其钱笔下交清并不欠分文房基三间树木相连土地砖石一概俱全计此尺量东西长十八丈二尺南北宽九丈二尺门窗户对俱归置主四至相连东至程姓西至程姓南至程姓北至程姓官道四至分明立字之后自由置主自便永不准出主相干并无亲族人等争论如有亲族人争论有出主中保人一面承管各无返悔如有返悔者自有中人出头承销恐口无凭立字为证

中保人　宋　瑞　十

说合　　中　生　十

中华民国旧历十月二十六日

立字人　程文翰

同子　　程　瑄　十

　　　　程　珊　十

代字人　王子芝　恶

【37】

遵父命立卖地文约人单常今将受分祖遗民粮地一段三亩坐落北务村西南地名西坑南北陇四至列后亲烦中人说合情愿将此地卖与尹有先名下为业同中人言明价制钱一百八十吊（十五元）整其钱笔下交清不欠言明自卖之后任凭处置主自便不与卖主相干此系两家情愿各无返悔如有舛错自有中人一面承管恐口无凭卖字为证

计四至东至单进德　南北至大道

　　　西至戊文如

计弓口南北长一百四十弓

　　　东西宽五弓零一尺

中华民国八年正月二十七日

立字人　单　常　廾

代字人　戊洪汉　押

【38】

立卖分赏起租地文约人吴廷芳因正项不足有受赏起租地一段二十八亩坐落在后桥村家东南地名南河套四至列后亲烦中人说合情愿将此地卖与本佃户王殿芝名下永远为业言明卖价大银元三十元整其银元笔下交清不欠自卖之后由买主升科投税自便不与卖主相干此系两家情愿并无返悔异言如有舛错等情有族长与中人一面承管空口无凭立卖字为证

　　　东至张姓凤朝

计开四至西至亢姓瑞

赵廷元

中保人　张士永　十

南至道

北至乔姓吴姓国祥 族长人 吴遵赐 恶

计开弓口南长二百四十弓 东宽二十八弓

北长二百四十弓 西宽二十八弓

中华民国十一年阴历新正月十六日

立卖字人 吴廷芳 十

代字人 应振绪 光明正大

永远为业

【39】

| 执照 |
| --- |
| 銮兴清理地亩征租处为<br>发给执照事照得本卫座落京兆[顺义]县西府村自置地亩计六亩〇分〇厘〇毫兹据[顺义]县民张铨呈请情愿备价大洋十三圆八角〇分〇厘〇毫永远为业本处复核无异核应发给执照以凭税契可也须至执照者<br>计开四至东至杨国用 南至汤祥奎<br>西至魏廷臣 北至道<br>计弓口长一百八十五弓二尺 处长 [印]<br>宽七弓四尺正合地六亩 右给 张铨收执<br>印<br>中华民国[十二年一月]二十三日 |

【40】

立退老租地文约人吴李氏同媳吴卞氏因正用不足将自置钟杨宅老租地一段三亩坐落榆林村南四至弓口列后亲烦中人说合情愿将此地退与顺义县人鲁吴氏名下永远为业言明退价铜制钱一百一十吊（十五元）其钱笔下交清并不欠少此系两家情愿各无反悔恐口无凭立退租文约为证

沈全礼 十

中保人 魏 茂 十

中华民国十三年十二月初十日 立字人 吴李氏

代字人 言月川 恶

西至吴和 南至道

东至马三 北至李家坟

弓口南北长一百七十八弓东西宽四弓零五

【41】

桂宅立给佃户收执

立卖租拨粮文约人宁咏琴今奉父命将祖遗自置老租籽红契粮地六亩八分座落顺义望渠村今已两方面议妥卖与原佃户邵常名下按历年所收租栏东钱十四吊文每吊合铜元十二枚照十五倍折合铜元枚（三十五元）业经当同两清自立字后任凭留置主交粮种地自便永远不与本宅相干此系两方均愿各无返悔恐后无凭立字为证

| 计开四至东至邵鲁堂南至邵以堂<br>西至河沟　北至邵永堂 | ← 贴上的纸 |
|---|---|

| 南北长四十三弓<br>东西宽三十八弓 | ← 贴上的纸 |
|---|---|

中保人　萧俊峰　印

邵启堂　印

中华民国十三年十二月十五日　　立字人　宁咏琴　印

【42】

立卖房基空地文约人许长林奉慈命手乏无钱今将祖遗基地一段一亩七分坐落九王庄西头弓口列于后亲烦中人说合情愿将此房基地卖与万国贤名下言明卖价大洋二十八圆整其洋同中人当面交清不欠自立卖字后由买主交粮自便修盖房屋栽培树木永不许卖主相干此系两家情愿各无反悔如有意外情形自有卖主家族中人承管恐口无凭故立卖字永远为证

东至道

西至于廷德　十　　中说人　于廷秀　十

刘永兴　十

南至道

北至张　方正　　族中人　许　祯　十

许得来　忠

南头东西宽十八弓二尺

北头东西宽十一弓零二尺　立卖字人　许长林　十

东头南北宽二十六弓　代字人　刘　玉　悲

西头南北宽十九弓零二尺

中华民国十三年十月十一日

【43】

立地契母亲养身小租地发丧之后胞兄卢大勋胞弟卢大臣受分母亲养身小租地计地五亩坐落在稷山营村北地名上坎地拨与卢大同名下承种永远为业作价洋二十五元整立拨字为证

四至东至卢世英
西至卢大勋
南至壕
北至壕

计开

南长一百零八弓
弓口北长一百零八弓
南宽十弓零四尺五寸
北宽十弓零三尺

中华民国十四年十月十二日　　中保人　叶荣光　恶
代字人　卢大用　押

【44】

执照

立卖钱粮地文约人北京德胜门外后黑寺寺主达瓦因本寺原有钱粮地坐落在北京顺义县属河南村今凭介绍人说合将钱粮地二十八亩〇分〇厘四至列后本寺主情愿将此钱粮地出卖与黄顺名下永远为业耕种自便同中当面言明每亩按大洋　共合大洋六十七元其银洋笔下交足不欠立字之后此地钱粮十年归买主自行缴纳不与本寺相干此系两家情愿各无返悔倘有本寺喇嘛从中阻挠者本寺主担任承管恐口无凭立此卖字为证

东至黄姓　　南北长一百五十六弓
四至西至王贯道王贯三　　东西宽十三弓一尺
南至道　　介绍人　　华运生　恶
北至丁头　　黄全山　恶
民国十五年二月初四日　　立字人　　寺主　　田达瓦　印
白云璞　印

字第十七号

【45】

立退佃文约人潘恒利因正用不足今将本身茔地一段（二亩）东西长二十三丈二尺南北宽东宽七丈八尺东二宽七丈西宽五丈西中宽五丈八尺内有官道七尺东通道坐落本庄正南亲烦中人说妥情愿将此茔地退与郭森名下为业同中言明作得退价栏东钱二百八十吊（二十四元）其钱笔下交清不欠自退之后此地任凭郭姓自便永不与弃主相干此地

租项买卖俱归置主承办两家情愿各无返悔恐口无凭立退佃字据为证

买租项使大洋银圆八块正

言明此地内有柳树两棵勿论远年近月归潘姓代收堪用不许郭姓抗阻内有坟五座自许潘姓葬之两辈为限

四至东至卖头王姓　南至傅姓　随代（带）老契一张

西至王姓　北至王姓

中华民国十六年阴历七月十一日

| | | |
|---|---|---|
| 东 | 道 | 南传家 |
| 至 | | 顺永盛 |
| 西 | 常 | 北王富 |

贴上去的纸

退佃执照　中保人　曾风兴　㔾

立字人　潘恒羽　十

代字人　杜秀芳　㔾

【46】

立卖地契文约人程卢氏同子程瑚因无使用将自置地一段坐落在南狼塚村家东小公道南北畛一幅五亩东西至邵姓南至壕北至河四至分明今托中人情愿将此地卖与刘德隆名下为业言明卖价银洋一百五十七元整其洋笔下交足不欠自卖之后任凭置主自便不许卖主相干此系两家情愿各无返悔如有舛错者有中保人一面承管恐口无凭立字为证

随代（带）原契老契各一张　中合人　王祯　大

南北长七十八丈西至邵

程卢氏　十

南宽三丈五尺　继宽

立字人　程　瑚　十

中宽三丈七尺　东至邵

北宽三丈四尺　永弘

随代原契老契各一张

中华民国乙卯年十二月二十八日

代字人　刘芳忠

执照

【47】

立卖地亩文约人张殿杰因有置地一段二亩内有许葬之赵家坟坐落在北门外陈家园子北边四至分明今烦中人说合就近仍卖与原坟主赵管山名下为业言明卖价银十圆其洋笔下交清并无短欠自卖之后此地任凭赵姓耕种葬坟自便永远不与张姓相干惟该赵家坟原有护坟土山子一个仍系多年坟基实与原坟大有好处并与邻坟亦有关系今已同中议安此土山子永作赵姓护坟山子万不准刨挖移动以免邻坟有碍致伤理两造均各情愿并无返

悔空口无凭立此卖字为证

计开四至北至王姓　　东至赵姓

南至董姓　　西至王姓

随带上身红契一张　　粮照一张　十五年粮票一张

中保说合人　余怀齐　押

中华民国十六年丁卯正月二十二日

立卖字人　张殿杰　忠

【48】

| 后黑寺执照 |
|---|
| 立卖地人北京德胜门外察汉喇嘛庙即后黑寺寺主田达瓦在本寺公议将座落在顺义县河南村香火地一段十二亩五分〇厘今蒙<br>监督庭讯判令原佃黄朝聘留置每亩备价现大洋四圆〇角共交地价洋五十圆〇角〇分〇厘自交价领照后准其置主持此执照赴县升科税契已归民产永远为业为此发给执照为证<br>东黄朝宗<br>南<br>西　官　道南北顶头<br>北<br>贴上的纸<br>南北长一百十八弓<br>均宽二十五弓四尺<br>管事员　白云璞<br>立字人　田达民<br>经理人　黄寿廷<br>中华民国十六年二月十八日 |

【49】

广善寺 ←印

立卖契文约人北平住持鹫峰今因正用不足经同宗议决先代自置民粮地一段庄在吴各庄西地名五十亩地南北行陇四至列后计地　亩零八厘今烦中人说合愿将此地卖与作价三十六元赵学信名下永远为业同中人议定卖价大洋三十五圆五角六分其洋当日交清不欠自卖之后地由置主更名投税自便绝不与弃主相干倘有同宗交涉等情均有卖主中人负担此地余两争论此系双方情愿并无异词恐口无凭立此卖契为证此地老契地图同众作废

四至东至胡克正西至张贵计弓口南北长一百二十八弓

西至李玉北至张宽　　东西宽九弓二尺

永远为业　　代字人　胡瑞甫　押

中华民国十七年夏历戊辰九月三十日 李子仁 十洗尘

扬永声 十押

中保人 吴秀峰 押

李 俊 平心

扬荫轩 契

立卖契人 广善寺 住持

← ↑ 印

鹫峰 押

【50】

为立补契文约人刘景林因有光绪年间落地一段计地十四亩五分坐落北务村庄东地名吟叹坑东西陇四至列后委因水灾遗失刻因奉令清查是系有据无粮理应遵章补契投税所有价格按照原契地作价栏东钱五百五十吊（七十元）整兹经乡长副连署证明清查免许可盖戳特此补契投税存照为证

长五十一丈五尺

四至东至李贵得 南至刘春林 东宽十七丈七尺

西至道 北至田 忠 中宽十六丈七尺三寸

西宽十六丈四尺

连署证明人 乡长 李广义 印

乡副 李长裕 口

中华民国二十九年四月二十一日 立补契人 刘景林亲笔

永远为业

【51】

立卖房基地文约人赵起赵发兄弟二人各有房基地因盖方各不适宜赵发有地一段计数南北长十三丈八尺东西宽六丈东至董姓西至置主南至胡同北至去主四至分明同中人说合情愿将此地换与胞兄赵起名下赵起有地二段计数南截东西宽一丈五尺南北长十三丈八尺东至去主西至置主南至胡同北至置主北截东西宽六丈东至置主西至去主南至置主北至道四至分明同中人说合情愿将此地换与胞弟赵发名下外贴银洋三十元正言明北截如赵发葬坟即许赵起葬如赵发不葬亦不许赵起葬自换之后由各人盖房自便不与各去主相干此系两家情愿各无反悔如有返悔有中保说合人一面承管恐口无凭立换发字为证

各币（执的旧字）一张 张尚仁 押

中保人 赵晋卿 十

赵文祥 人

董永义 十

中华民国二十一年二月十六日

信行　　说合人　　董永振　十
　　　　　　　　　董永珍　押
　　　　　　　　　赵　起　十
　　　　立换段字人
　　　　　　　　　赵　发　恶
　　　　代字人　　萧绍何

【52】

买卖田房草契

立卖契人灯花会代表人王兴刘桐张文郁郭斌程遇行张本清地一段房一所八亩坐落顺义县五区南郎中村落凭监照人陶贞一说合情愿卖与冯景芝名下永远为业言明卖价银元钱二百四十元笔下交清并无短少日后如有别项纠葛情事俱有说合人一面承当与买主无干恐口无凭立据为证

　　　　　　　　　长一百八十弓
计开　　弓口　宽十三弓三尺

东至会中香火
西至道
南至道
北至周墙
地　　顷十亩△分　　印
房　间　树　　株
井　眼　粮名
向完银
　　粮　随交根契

中华民国二十五年十二月二十二日　县政府立

【53】

为立补契文约人丁玉茂因有宣统元年今将自置祖遗旱地一段计地二十四亩坐落北务村庄北西喇嘛地南北陇四至列后因水灾遗失因奉令清查实系无粮无据理应遵章补契投税外有价格原契下地作价栏东钱一千一百五十二吊正（一百二十元）兹经乡长副连署证明清查免许可盖戳特此补契投税有照为证

四至东至李贵枝　　南至道
　　西至丁至山　　北至李长玉

连署证明人　乡长李应茂　印
　　　　　　　副立长玉　印

中华民国二十九年阴历四月十四日

立补契人　丁玉茂　拇印
代字人　冯永仲　㔾
计弓口西边南北长九十四丈零六尺　南宽十四丈
东边南北头长五丈七尺　中宽十三丈八
补契存根　宽六丈七尺　北宽十三丈

【54】

| 买卖田房草契 |
| --- |
| 立卖契人北军营范克宽今将祖遗粮项地房一段计数四亩整坐落顺义县第七区富各庄东北庄凭监证人乡长纪朝举说合情愿卖与富各庄<br>雷振鸣名下永远为业言明卖价洋国币洋二百五十圆整笔下交清并无短少后如有别项纠葛情事俱有说合人一面承管与买主无干恐口无凭立据为证<br>计开地名北河南北长六十六丈六尺南头宽三丈七尺北头宽三丈七尺<br>中保人　曹福仁　志<br>郭　山　十<br>东至卖主<br>西至王世昌<br>南至顶头　监证人　纪朝学　印<br>北至顶头　立卖契人　范克宽　㔾<br>地　顷四亩〇分〇厘　代笔人　雷福财　印<br>房　间树　株<br>井　眼　粮名吏房<br>向完银四分　随交根契　张<br>粮四分<br>中华民国三十年一月二十日　县政府立 |

县买字第一五五号

【55】

立认契文约人李金海因手乏今将自置旗租地一段计地五亩坐落庄西老坟东边今烦中人说合情愿将此地认与李成蹊名下为业言明认价东钱三百吊（二十五元）整其钱笔下交清并不欠少此系两家情愿各无返悔恐口无凭立字为证

代（带）元（原）契一张
南北长八十六丈
东西宽三丈六尺五寸　中保人　李廷斌
光绪八年十月初四日　立字人　李金海

代字人　李金铎

永远为业

【56】

立兑契文约人张绍美同子张赢因手乏无钱使用今有揽圈地一段五亩坐落沟东村西北东至刘姓西至张姓南北道北至沟四至分明亲托中人情愿将此地兑与张境名下承种为业不与契主相干同中言明兑价铜制钱七十六吊（二十元）整其钱笔下交清并不欠少此系两家情愿各无返悔恐口无凭立兑契为证

东西宽十八弓　　南北长六十六弓

中保人　邢保珍

道光三十年十一月初二日　　立兑字人　张绍美

同子　　张　赢

代字人　张　坎　卍

执照

余庆堂张　　　　今收到佃户张凤彭

应交当年地租洋　　　△元四角△分

每年以九月二十五日为期倘有至期不完者

即将地收回另行改佃绝不姑宽此照

中华民国二十五年十月　村桥余庆堂　发

【57】

立推老租地契文约人程自宽因手乏今将老租地一段计数二亩二分五厘坐落在良正卷村西地名毛家坟自烦中人说合情愿将此地卖与王顺名下承种为业言明卖价东铜制钱一百三十吊（十一元）整其钱交清不欠自立推字之后任凭置主交租不与推主相干此系两家情愿各无反悔如有舛错自有推主中人一面承管恐口无凭立字据为证

计开四至东至壑　南至道　计数列后东西长四十弓

西至道　北至刘龚　　南北宽十四弓

中保人　程得诲

中华民国二十八年十月十五日　　立推字人　程自宽

代字人　应客东

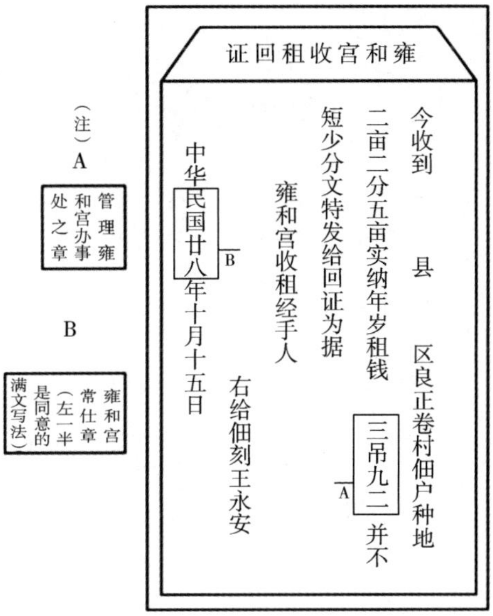
雍和宫收租回证
今收到　县　区良正卷村佃户种地
二亩二分五亩实纳年岁租钱　三吊九二　并不
短少分文特发给回证为据
雍和宫收租经手人
右给佃刻王永安
中华民国廿八年十月十五日

（注）A
管理雍和宫办事处之章
B
雍和宫常住章（左一半是同意的满文写法）

【58】

立退军地文约人李得秀李从善兄弟共议因先年祖遗军地一段九亩南北陇坐落在安乐庄正东亲烦中人说妥情愿将此地退与陈得瑞名下承种言明地价栏东钱四百五十吊（四十五元）整其钱笔下交清不欠自退地之后不许李姓相干自许陈姓自便陈姓历年交小租栏东钱七吊两家情愿各无反悔并无异说如有舛错自有中人一面承管立字为证

计开弓口南北长二百一十弓　　中保人　刘瑞兴

东西宽一弓零三分

立退文约人　李得秀　十

李从善　押

东至王永安　西至河沟

四至分明南至　横头　北至至河沟　　代字人　李焕章　押

往杨各庄交租

同治十四年十二月十三日立

【59】

立推老租地文约人陈永升同弟永成因手乏无钱今将祖遗老租地一段计地数十一亩坐落在三家店村西地名长幅子南北行陇东至陈姓西至陈姓南至沟北至道四至分明今烦人说合情愿将此地推与谢福禄名下承种永远为业当面言明退地价铜制东钱六百四十吊整其钱笔下交足分文不欠自退之后任凭置主更名认佃交租种地永无退主相干此系两家同愿并无反悔恐口无凭立退契永远存照

弓口　　长二百六十弓　宽十弓〇八

随代（带）老契一张

中保说合人　陈振纲　平心

陈　顺　十

光绪二十八年十月二十二日　　立退字人　陈永升　平心

陈永成　十

东至陈姓　南至置主　　代笔人　陈书田　愿

西至陈姓　北至置主

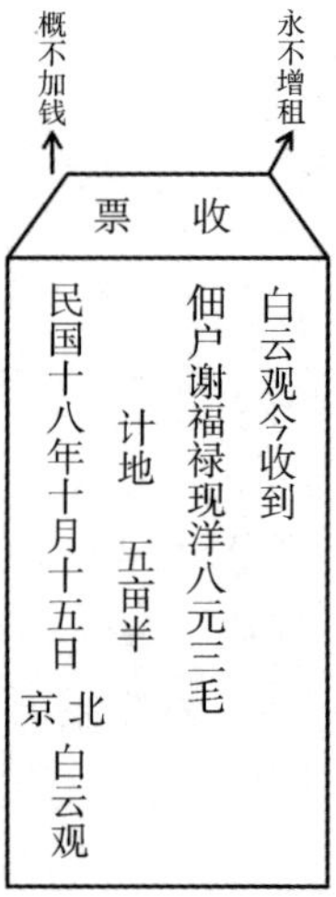
概不加钱

永不增租

票　收

白云观今收到

佃户谢福禄现洋八元三毛

计地　五亩半

民国十八年十月十五日

京北　白云观

【60】

立兑老租地契文约人杜廷恩因正用不足今将老租地一段六亩坐落沟东庄西北东西陇至横头西至道南至陈姓北至刘姓四至分明亲烦中人情愿将此老租地兑与耿宗贤名下为业同中言明兑价东市栏钱九百吊整其钱笔下交足不欠自兑之后任凭置主自便不与兑主相干涉此系两家情愿各无反悔如有舛错自有中人一面承管恐口无凭立兑字为证　　每年与黄寺交租制钱八百文言其每亩

收据

奉县谕每亩加学警钱
京兆东黄寺给发执照事今据
沟东村佃户耿忠贤交纳　年
香火地租钱大洋四毛八分
当面核对　地六亩
以免舛错
民国廿七年十月五日　给发
十月初一日

四至
东西　南北
南北宽十弓二
东西长一百四十弓

王景云　十
中保说人　刘克田　平心
立字人　杜廷恩　平心
代笔人　张守信　平心

中华民国八年旧历腊月十八日

【61】

立更租文约人周殿明有祖遗旱地一段六亩一分坐落望渠村正西东西陇地名七家子因手乏亲托中人说妥情愿将此地更与苏振林名下承种言明更价栏东市钱三百五十吊整其钱笔下交足不欠立字之后地由置主历年交租种地永远为业永不与契主相干此系两家均愿各无反悔恐口无凭立更租文约为证

东　道　　南至申姓
四至分明西至横头　北至刘姓
东西长一百一十五弓
南北宽十二弓七尺三
中华民国四年腊月二十五日
雍和宫交租

唐　庆　十
中保人　于有荣　平心
立字人　周殿明　平心
代字人　刘俊英　愿

【62】

立推佃文约人陈顺因手乏无钱使用今将自种老租地一段计地数四亩坐落在三家店家西地名长幅子东至韩姓西至陈姓南至契主北至道四至分明南北行陇特烦人说合情愿将此地退与谢福禄名下承种永远为业当面言明退价铜制东钱一百六十五吊整其钱笔下交足分文不欠自退地之后许置主交租种地永无契主相干此系两家情愿并无反悔恐口无凭立字为证

四至东至韩大　　南至道　　长九十四弓　　宽十一弓

西至置主　　北至道

堂德祇

今收到佃户　谢福禄
租　钱　十三千二百文
中华民国十乙年十月十五日

中保说合人　李　芳　十
光绪二十年十一月初三日　　　　立退字人　陈　顺　十
代字人　陈金甫　愿

【63】

立兑老租地契文约人古鸿池因手乏今将自置地一段十亩坐落在沟东村东河东上坡南北陇东至刘姓西至刘姓南至横头北至道四至分明亲烦中人说合情愿将此地兑与耿宗贤名下为业言明地价洋银元一百六十圆整其银同中如数交清不欠自兑之后任凭置主自便不与契主相干此系两家情愿各无返悔如有舛错自有中人一面承管恐口无凭立兑字为证

每年随代（带）老租洋银一元与宝坻县余庆堂张宅交纳

照　执

余庆堂张今收到　佃户耿宗贤
应交当年　地租洋　元九角八分
每年以九月廿五日为限倘有至期不
完者即将地收回另行改佃绝不姑宽
此照
中华民国廿六年十月一日　证

东刘长荣　东

四至西刘长荣　西宽八弓四

南至横道　南长二百八十五弓
北至道　　北

【64】

立卖地契文约人杨玉因手乏今将祖遗受分地一段六亩八分坐落在望泉寺北地名沙子地南北行陇四至列后亲烦中人说合情愿将此地卖与杨文增名下承种为业言明卖价铜制钱一百四十吊整其钱笔下交清不欠立字之后自许杨文增自便不与杨玉相干此系两家情愿各无反悔恐口无凭立字为证

计开四至　　南北长一百零二弓
南至道　东至李汇原　南宽十五弓五
北至濠　西至刘存贵　北宽十六弓五

立字人　杨　玉　押
光绪十六年十月十六日
中保人　李九皋　十
说合人　杜文秀　十
（附卖契）
代字人　郑少亭　押

【65】

立卖地文约人崇万顺因无钱使用将祖遗地一段二亩地名把边座落在南法信村家东南北行陇四至在后亲烦中说合情愿卖与本村杨清名下永远为业言明价钱铜制东钱八十吊整（七元）其钱笔下交清自卖之后任凭买主过格税契不与卖主干涉此系两家情愿各无返悔如有舛错等情有中人承管恐口无凭立字为证

南至顶头　东至张
计开四至　北至官道　西至李满元
南北长一百二十弓
东西宽四弓

中保人　李秀山　平心
立字人　崇万顺　十
光绪十九年九月初九日
代字人　杨　奎　押
（附卖契）

【66】

立过地契文约人于治川因手乏今将自置老租地一段六亩坐落在沙井村家南地名桥南亲烦中人说合情愿过与李文山名下耕种为业自过之后由李姓自便不与于姓相干言明铜制东钱一百二十吊整其钱笔下交足并不欠少此系两家情愿各无反悔恐口无凭立字为证如有舛错有中保契主一面承管

【67】

立过地文约人杜芝兰因手乏今将受分地一段四亩坐落在沙井村西地名东路北四至列后亲烦中人说合情愿过与本村李文山名下耕种言明价铜制东钱一百吊整其钱笔下交足并不欠少自过地之后不与杜姓相干此系两家情愿各无反悔如有舛错自有中保人一面承管恐口无凭立字为证

计开四至

东至张姓　　南至丁头

西至杜姓　　北至坟地　　　　中保说合人　张文元　十

立字人　杜芝兰　志

光绪二十七年十月十五日　　　　代字人　赵绍廷　愿

（外附新契纸卖契）

【68】

立卖地契人徐清山今有本身自置京旅恒姓地三段二亩半土木相连坐落在沙井村后头段东至杨姓西至杜姓北至道

计开四至　南至官道西至赵姓北至杨姓

东至杜姓

此地系周庄头租籽　　　　中保人　崇万顺

光绪二十四年九月二十五日　　　　立字人　于绍川

代字人　刘长春

三段东至道西至杜姓南至道北至杨姓亲烦中人说合情愿将此房产地卖与沙井村杜顺名下过格税契永为民业言明价值平松江银七两五钱整其银笔下交清并不欠少自立契据之后任凭杜姓自便不与徐姓相干恒姓也不相涉及此事如有舛错有中保人一面承管此系两家情愿各无返悔恐口无凭立卖契存照

谢上理　凭信

中保人　李玉田　押

徐子衡　押

光绪二十九年十月三十日　　　　立字生　徐清山　押

代笔人　王书祥　愿

【69】

房　契　官　纸

立卖房契人徐清山今因手乏将　房所坐落　县厅州　乡沙井村坐　向街门合院内东

灰草瓦土梗房　间南　灰草瓦土梗房　间西　灰草瓦土梗屋　间北　来草瓦土梗屋　间东邻杨姓南邻道西邻杜姓北邻杨姓统计共

房门窗户壁俱全上下土木相连凭　中人牙纪　说合情愿卖与　县厅州　乡　村　民　杜顺名下永

远为业言明卖价平银制钱七两五钱正其银笔下交清并不欠少自卖之后如有重契盗典盗卖以及

指房借贷官银私债远近亲族人等争竞等情俱有中人面承管恐口无凭立卖房契永执为据

随交上手累落红契　张　白字　张　中人牙纪　李玉田

写契投税章程列后

一　律载置买田房不税契者笞五十仍追契内田宅价钱一半入官又户部则例内载凡置买田房自立契之日起限一年内投税逾限不税发觉照律例责追

一　民间嗣后买卖田房必须用司印官纸写契违者作为私契官不为据此项官纸每张只交纸费制钱五十文向房牙买用准该牙行按八成缴官价制钱四十文

一　民间买卖田房契价务须从实填写不准暗减希图减税违者由官查出照契价收买入官另行估变

一　民间嗣后买卖田房如不用司印官纸写契设遇旧业主亲族人等告发验明原契年月系在新章以后并非司印官纸即将私契涂销作废仍命改写官纸并照例追契价一半入官

一　民间嗣后买卖田房其契价作为百分纳税三分三厘如契价库平足银一百两完税三分三厘即库平足银三两三钱契价制钱百吊完税三分三厘即制钱三吊三百文税银按数交清总以粘有布政司大印之契尾用本管州县骑缝印为凭此项契尾每张制钱二百五十文否则系经手人愚弄应即向经手人追问控究

一　民间嗣后买卖田房务须令牙纪于司印官契纸内签名牙纪行用与中人代笔等费准按契价给百分中之五分买者出三分卖着出二分系牙纪说成者准牙纪分用二分五中人代笔分用二分五如系中人说成者仅丈量立契只准牙纪分用分如牙纪人等多索准民告发查实严办

一　民间置买房地契后牙纪盖用戳记准买卖两家亲友酌添数人以免牙纪把持而为日后证据

一　本定新章以前民间所存之白契统限半年内尽数眷写司印官纸投税逾限不税发觉照律例责追

一　本定新章以前民间所存近五年之小契即未粘有本司大印契尾之契统限年内缴换司印官纸从宽减半投税逾限如不缴换发觉照私契论五年以前者免究

以上九条买卖田房民间均当切实遵办如官吏牙纪书差人等于前定各数外多放勒索准民赴司控告

一　官牙领出避印官纸遇民间买用不准该牙纪勒措不发例外多索犯者审实照多索之数加百倍罚令牙纪交出充公免予治罪仍予斥革如罚款不清暂行监禁

一　牙纪于更定新章以后见有新立之私契因贪使用钱不即告官者别经发觉并照所得用钱数目加二六倍照官牙第一条罚办

一　牙纪遇民间写契暗减契价者准禀官究办如牙纪扶同舞弊经查出并照所减之契价照官牙第一条严办

一　嗣后遇有民间用司印官纸写契后责成牙纪将存根填好截下按月同纸价呈送本管州县分别存转

一　嗣后凡遇契价与存根不符及契纸已用而存根不缴者即系牙纪主使漏税应将牙纪斥革仍予监禁十年

一　置买田房牙纪与卖主及邻佑里书知之最悉如未定新章以前之白契小契限满买主仍未补税准牙纪与卖主及邻佑里书告发查实于罚款内提五成充赏

一　牙纪与卖主及邻佑里书人等如有挟嫌诬告及吏役因缘舞弊滋扰者经查实除照例枷责外并予永远监禁

以上七条牙纪人等均当切实遵办

光绪廿九年十月卅日　　立卖字人　徐清山

【70】

执照

户部为给发执照事本部具奏民人承种向无
粮租各项地亩划清旗民报部核办折内声明
嗣后如有民人呈报向五粮租地亩除实系民
荒地亩仍照奏章议粮外其余官荒旗荒等项
地亩按照上中下三等科则议租俟核准后照
例给予执照归于旗租奏销公产项下造报等
因于光绪十三年三月初五日具奏本日奉
旨依议钦此钦遵行知在案今据顺义县册造民
人杜顺呈报官荒地一段二亩五分坐落沙井
村据该县说情发给转民人收执管业按照呈
报前项地亩　每亩议征租粮四分共征租
银　一　钱该县按年征解外相应填写执照
发交该县转给该民人收执管业可也
须至执照者
东至杨姓　南至官道　西至杜姓　北至杨姓
□　右照给　杜　顺　准此
光绪三十年九月
部　行

【71】

契尾

钦命头品顶戴直隶等处承宣布郑使司布政
使加十级记录二十次杨　　　为遵
旨议
前任总督部院方　宪牌乾隆十四年十二月
十九日准户部咨开本部议覆河南布政使当
明条奏买卖田产契尾为变通嗣后布政司颁
发契尾号数前半副照常细书业户等姓名买
卖田房价银若干后副于空白处预钤司印投
税时将价用大字填写钤印之处令业户看明
当面骑字截开前副给业户收执后副同季册
汇送布政司等因咨院行政司钦此拟合刊刷
颁发为此仰拿印官凡民间典置房屋地土等
项著业户照契内价银每两投税三分填写司
颁契尾照议当面骑写截开前幅给发业户收
执后幅随季造册送司年终汇报查核如官吏
改涂隐匿情弊查出撂三究处须至契尾者
坐落沙井
计开　杜顺地三段二亩半
价地　顷　亩　分
业户
布字第三百六十号
右给　业户杜顺准此
光绪三十年九月　日

【72】

立卖地契文约人杨永胜因手乏今将本身受分地一段一亩七分坐落沙井村南地名杨家坟坑东西行陇四至列后亲烦中人说合情愿将此地卖与杨永增名下承种为业言明卖价铜制东钱四吊整其钱笔下交清不欠立卖字之后自许杨文增自便不与杨永胜相干此系两家情愿各无反悔恐口无凭立卖字为证

计开四至　　东西长三十七弓四

南至张文通　东至官地　西宽十三弓五

北至官地　　西至道　东宽八弓五

立字人　杨永胜
中保人　杨　廉
光绪二十五年十月三十二日[1]　　代字人　杨　玢　恶
（附卖契）

【73】

立过地契文约人李文海因手乏无钱使用有自分祖遗地一段三亩此地坐落沙井村地名八分东西行陇四至列后亲烦中人说合情愿过与胞兄李文山名下为业自便并无亲族人争论此系两家情愿各无反悔如有舛错自有中保人一面承管同中言明东钱一百二十吊（十三元）整其钱笔下交足恐口无凭立过字为证

计开　四至东至吴玉山　南至李寿言
西至道　　北至童殿臣
东西长一百九十二弓
南北宽
西宽五弓
东宽四弓六尺

中保人　李秀芳　十
说合人　杨永才　十
中华民国三年九月二十八日　　立字人　李文海　十
代笔人　杜松佑　押

【74】

立卖民地文约人杨春旺因正用不足将祖遗地一段计五亩五分坐落本村西南地名八分东西行陇四至列后亲烦中人说合卖与本村李祥林名下为业言明卖价东钱二百吊（估二十元）整其钱笔下交足立卖字之后许李姓自便不与杨姓相干如有舛错自有中保人一面承管恐口无凭立卖字为证

东至赵廷奎　南至童殿臣
计开四至西至道　　北至刘长春
东西长一百九十六弓
西宽七弓六尺
南北宽东宽八弓

[1] 译者注，原文如此。

中保说合人　杨永瑞　平心
傅　菊　中
立卖字人　杨春旺　中
代笔人　张守义　平心

（附卖契）

【75】

立卖民粮地文约人王桂林因手乏今将受分民地一段计四亩五分座落在沙井村正南地名顺道南北行陇四至列后亲烦中人情愿卖与本村张永仁名下耕耘永远为业同中说明计同制东钱一百五十吊整其钱笔下交清不欠立卖之后与置主自便不与弃主相干此系两家情愿均各无反悔如有外错争论等情自有中人弃主承管恐后无凭立卖字为证

南头十二弓

计南北长一百零二弓三尺　东西宽北头九弓一尺

四至

东至周树棠　西至道　南至李文治　北至杨春旺

张　环　十
中保说合人　孙有让　十
中华民国十年十月初八日　立字人　王桂林　押
代字人　杜　祥　公恶

（附卖契）

【76】

立卖民粮地契文约人杨普增因正用不足有自置民粮地一段三亩座落在沙井村西南地名草厂东西行陇四至列后亲烦中人说合情愿卖与村中李祥林名下为业自便不与杨姓相干此系两家情愿各无反悔如有外错自有中保一面承管同中言明卖价东钱一百吊（九元）整其钱笔下交足不欠恐口无凭立卖字为据

计开四至

东至道　西至河　南至张芬　北至刘明

东西长一百一十五弓

南北宽六弓二尺

中保说合人　张书贤　十
立卖字人　杨普增　十
中华民国十年九月二十四日　代笔人　杜松佑　公志

（附卖契）

【77】

京旗　字　第　号

财政部执照

财政部　为

发给执照事据督办全国官产公署报告京兆区省

顺义县人杨玢住七区地方遵照章程留置坐落

县沙井村　地方内务府地十二亩△

分△厘除由该县等级留置旗产地亩簿第　册

第　页暨填给领地执据外合凭前项执据换给

部照以资凭证须至执照者

计开

四至　东至道　西至道　面积东西　丈　尺南北　丈

南至阳　北至李

其地十二亩△分△厘每亩售租价额洋四元共

计缴价洋四十八元带收照册费洋十元零二角

执据费洋三角应纳科额三分限于民国十九年

入册启征一并载明

右给留置人　杨玢　准此

中华民国十六年十一月二十六日

【78】

登记费收据村根簿内用纸　登二一六

登记费收据

收据号数　第三六三号

收件号数　三六三

声请人姓名　杜祥

声请标的　所有权保存登记　借用旧印

收费数额　一五角

备注

中华民国十八年五月八日

【79】

登记费收据存根簿内用纸　登二一六

登记费收据

收据号数　第四六三号

收件号数　四六三

声请人姓名　杜祥

声请标的　所有权保存登记　借用旧印

收费数额

备注

中华民国十八年五月八日

【80】

登记证明书存根簿内用纸　登二一八

不动产登记证明书

登记人姓名　杜祥

登记号数　不动产登记簿第七区二册第　十九号

收件年月日及号数　中华民国十八年五月八日收件第三六三号

不动产之标示　房基地一亩坐落河北省顺义县第七区沙井村村北东至杨斌西至杜春南至道北至杨文增北瓦房五间西土房六间

登记原因及其年月日

登记标记　所有权保存登记

权利先后栏数　所有权第一栏

登记年月日　中华民国十八年七月十一日

右证明登记完毕

北平地方法院顺义县分院登记处之印

中华民国十八年七月十一日　　登记处

证字第三三二号

【81】

登记证明书存根簿内用纸　登二一八

不动产登记证明书

登记人姓名　杜祥

登记号数　不动产登记簿第七区二册第二十号

收件年月日及号数　中华民国二八年五月八日收件第三六四号

不动产之标示　田地六分九厘坐落河北省顺义县第七区沙井村村北东至道刘树林西至杜春南至道北至杨文增

登记原因及其年月日

登记标记　所有权保存登记

权利先后栏数　所有权部第一栏

北平地方法院顺义县分院登记处之印

登记年月日　中华民国十八年七月十一日

上证明登记完毕

中华民国十八年七月十二日

证字第三三三号

【82】

**买卖田房草契**

立卖契人赵蚔今将祖遗房地一段计地五亩地名沙井所村南沙窝
坐落顺义县第一区沙井村庄凭监证人杨源
说合情愿卖与
杨春旺名下永远为业言明卖价银银元七十元整
笔下交清并无短少日后如有别项纠葛情事俱
有说合人一面承当与买主无干恐口无凭立据
为证
计开
东
西至
南
北
地　顷五亩〇分〇厘
房　间
树　株
井　眼
粮　名
向完粮银
随交根契　张在老契毗连
监证人　杨　源
立卖契人　赵　蚔　公志
代字人　吴殿臣　公志
东西长一百五十弓
南北宽八弓
中华民国廿三年四月九日

（附卖契）

【83】

庚英字第一九六号

**征收田赋收据**

河北省公署　为发给收据事兹据　县局　区　街乡镇
花户杜顺完纳二十九年　忙地　亩　分　厘
毫　每亩应征田赋正税租课国币银元　厘共应
征银元　元二角　分　厘又每地一亩正赋一元附加地
方捐银　元共应征银元　元　角　分　厘统
共应征银元　元　角　分　厘业经如数收讫
合给收据为证
中华民国二十九年十一月一日
征收员　金
此联给纳赋人收执如有错误五日内呈明更正

庚英字第一九六号

【84】

顺附字第三四八五号

此联由花户收据

**征收田赋附加收据**

顺义县公署　为发给收据事兹据顺义县第
区　村庄花户杜顺完纳二十九年　地　二亩
五分　厘
每亩应征国币八分计征收银元　元二角　分
厘业经如数收讫除应征正赋及县附加（亩
捐）另行征收掣据外合发此据存执
中华民国二十九年十一月一日
征收员　□盖章
如有错误限五日内持回更正

顺附字第三四八五号

# 1941年11月

## （山东省历城县资料集）

## 赋　税

调查员　小沼　正

这份资料集是在进行赋税第10号（调查资料第47辑）调查的时候收集的内容，由天海谦三郎先生校正完成。

### 一　预算及田赋关系

#### 1. 维持会时代

中华民国二十七年三月

呈请预借第一期田赋案卷

历城县治安维持会第六号

| 呈 | 二十七年二月十日 |
|---|---|

为呈请示遵事窃查维持治安必先修明内政整顿警察使城乡联络一气共同促进地方安全欲求措置裕好非整理财政经费充足不为功忆自客多

钧会及职会先后组织成立适值兵燹以后风鹤频警人心慌恐幸赖

钧座德威兼施多方救济地方渐有秩序商民始得安贴旧历年终又蒙商借巨款支付警饷统筹并愿勉度年关现当腊尽起回正宜及时整理政治分别缓急次第进行以期百废俱兴再庆承平城市警察虽已恢复原状而乡区警察只须积极筹设以卫间阎并拟添设精通日语交涉员以便遇事接洽免去误会若以经常支款特借贷应付他山之助终非久计自应妥筹以摊法俾免困难各项杂税固须征收然为数零星仍不免有杯水车薪之虞会长特蒙知遇承之斯职敢不竭尽愚诚维持治安以副我会长勤政爱民之至意现拟移缓济急变通以摊法按照预借丁漕成案赞成区里庄长先行按粮预借本年地丁庶款集而事有济只以前历城政府档案乃花户征册底札均已焚毁无存必须搜集调查方

能粮户相符国课足额手续纷繁又非仓猝所能竣事上忙开征现已届期未便久延致误要需故须从事预借以期迅速查东省近年以来每征地丁正银一两收正税洋四元附捐三元七角及四元不等现在教育实业等项尚未筹摊拟先格外从轻暂照民国十七年以前摊法每征正银一两收国家税洋一元八角地方附税洋四角轻而易举以示体恤一俟教育实业筹设完备再行随时请示加征按本县实征地丁银五万余两计之约可收洋数万元由职会生（?）[1] 给卸收俟造成粮串正式征收时再行如数抵还似此一转移间东乡民完纳地丁既负应尽之义务即受维持治安之保障共卫国家匹夫有责减轻预借自口说收起之款由联会合批呈解

钧会兑收以济饷需其乡区应设警察经费俟议定办法呈请钧会核准动支四角地方附税实用实报作正开销盖以历城为附郭首邑与外县情形不同凡有收款均应批解

均会兑收应支之项亦应随时造报呈请

核准后方可报销未敢稍涉擅敢含糊从事除将应革事宜分别筹画另文呈报外所有拟请预借本年地丁钱粮移缓济急各缘由是否有当理合具文呈请

钧会鉴核指令遵行实为公便谨呈

山东省济南治安维持会会长　马

全衔　郭〇〇

| |
|---|
| 山东省济南治安维持会指令<br>廿七年二月廿三日到<br>事由　据呈拟请预借本年田赋以资开支等情指令已议决每两预借二元仰知照由 |

山东省济南治安维持会指令　财字第七号

今历城县治安维持会会长　郭光箕

呈一件拟请预借本年田赋以资开支各乡经费由

呈悉查该县本年第一期田赋业经该会长赞同十三区区长来会议决每银一两预借二元除已分别训令该会遵办并布告周知外仰即知照此令

中华民国二十七年二月二十三日

会　长　马　良

副会长　朱桂山

| |
|---|
| 呈　　　　廿七年二月十九日 |

为呈请示遵事窃查职会拟请预借本年上忙丁银一案业已具呈请示旋奉

会长面谕核定每两预借正税洋二元至于地方附税随同附借令即切实筹画等因自应遵照办理（中略）会长思维至再拟请于预借丁银案内每银一两附借乡区地方警察费洋

[1] 译者注：原文如此。

四角乡村教育费洋四角随同预借正税共收洋二元八角庶几手续简便（下略）

全衔　郭〇〇

中华民国二十七年二月十九日

| |
|---|
| 山东济南治安维持会指令 |
| 二十七年二月二十三日收到 |
| 事由　据呈请预借田赋地方附捐每两八角等情指令准带收五角以作恢复乡村警察及教育之用由 |

山东济南治安维持会指令　财字第八号

今历城县治安维持会会长　郭光箕

呈一件请随同预借地方附捐八角以便应附警教各费由呈悉查所称各节尚属实情所有该县本年第一期田赋除本会每两预借二元外应准带征地方附捐五角作为恢复乡村警察及教育之用仰即遵照布告周知并备具印收填发各花户收执抵完附捐并将布告稿及收据样式录呈本会备案毋违此令

中华民国二十七年二月二十三日

会　长　马　良

副会长　朱桂山

**2. 民国二十七年**

中华民国二十七年十月

省公署令饬造二十七年度地方岁出岁入预算书卷

财字第一百九号

| |
|---|
| 文别　呈送达机关总公署 |
| 民国二十七年十月四日送稿 |
| 十月六日判行 |
| 十月六日缮收 |
| 事由　为呈请将本县第二期田赋附税一次带征以省手续请鉴核示遵由 |
| 六日即发 |

为呈请事案查前奉

钧署财字第一二五号训令内开在地方附捐捐率未经核定以前应准各县随同本年下忙应征附捐二元若有不足俟地方预算附捐捐率核定后再行补征以资应用等因奉此业经布告周知在案查现在庶政更新百废俱举所有建教警团自治等项均已分别推进需款孔殷值此事变之后原有之公款公产荡然无存各项费用专赖地方附捐支应一切若按每地丁正银一两先行带征附捐二元实属不敷应用当经通盘筹画力求撙节省之又省计本年应需经临各费洋十一万一千六百五十六元二角五分查本县第二期田赋额征银二万八千一百二十五两合计每丁银一两应带征附税洋三元九角七分查

核尚未超过正税兹为征收便利起见拟请一次带征以省手续已提交第4次县政会议一致通过纪录在案除将本年地方预算书编造完竣另文呈报外理合先行开列应征附税各项清单具文呈报

钧署鉴核迅赐照准指令只遵实为公便谨呈

山东省长　马

计呈送　清单一纸（注　原卷宗里缺失）

署理历城县知事　周　〇

| | |
|---|---|
| 文别 | 呈送达机关省公署<br>民国二十七年十月十三日送稿<br>十月廿二日缮收<br>十月廿二日印发 |
| 事由 | 为呈送本县廿七年度地方岁出岁入预算书请鉴核由 |

**历城县公署造送民国二十七年度地方岁入岁出预算书**

二十七年十月十三日

（根据省公署另造二十七年度地方岁出岁入预算书卷财字109号）

| 科　目 | | | 备注 |
|---|---|---|---|
| 岁　入<br>第一款　田赋附加 | 本年度预算数<br>元<br>111656 25 | | 查本县田赋额征银数五万六千二百五十两除第一期田赋豁免一半第二期田赋应征全年一半二万八千一百二十五两每两带征附加税三元九角五分共计如上数 |
| 岁出经常<br>第一款　建　设　费<br>第二款　教　育　费<br>第三款　社会教育费<br>第四款　警务局经费<br>第五款　保卫团经费<br>第六款　补助县署经费<br>第七款　自　治　费<br>总计 | <br>4264 13<br>19440 00<br>1800 00<br>9820 00<br>12176 00<br>7389 00<br>16668 00<br>71553 13 | （说明）（抄出）<br>查教育经临用费在事变前系以田赋附加之教育捐为基金全年约计十四万七千余元此款存储概不准作他用本年度系参照旧案及实际所需分别削减编造 | |

续表

| 科　　目 | | | 备注 |
|---|---|---|---|
| 岁出临时 | | | |
| 第一款 建　设　费 | 9603 00 | | |
| 第二款 教　育　费 | 1620 00 | | |
| 第三款 预　备　费 | 9900 00 | | |
| 第四款 警务局开办费 | 700 00 | | |
| 第五款 缴匪奖恤 | 3000 00 | | |
| 第六款 县署建设费 | 5000 00 | | |
| 第七款 购买枪弹费 | 5000 00 | | |
| 第八款 购买公共汽车费 | 3000 00 | | |
| 第九款 呈解济南维持会预借田赋 | 2275 52 | | 此款系前县维持会收起预借田赋解省维持会免收之款已呈奉省公署财字第四七号指令归入地方附税核算免与省库套搭等因共解洋如上数目应随粮附收以归有着 |
| 总　　计 | 40099 12 | | |
| 支出总计 | 111656 25 | | |

为呈报事案奉

钧署财字第九五号训令内开各县公署经费内应支县款及所属开支县款各机关尚未统筹规定兹为因时制宜适应事实起见所有各县开支县款者云云以昭划一令即遵照办理等因奉此查职县前经继续前历城县维持会预借田赋共计收齐一万四千余元业经呈奉

钧署财字第四七号指令将所收款内划出五千元呈解本署为预借本年下忙正税下余拨作地方附捐等因八月末日以前各项经临各费自不能再行预借本年第二期田赋现已开征本县建教警团自治等项经费应支数目已缮具预算总数清单呈请

钧署一次带征以省手续在案奉令前因遵将本县所属开支县款各部分自成立起至十二月底止或业经开支及必需开支各款分别核实计画逐一说明造具预算书表理合具文呈送

钧署鉴核指令遵行实为公便谨呈

山东省长　马

计呈送

二十七年度地方岁出岁日入预算书二份

（注　本页为预算书的参照）

署理历城县知事　周　○

| | |
|---|---|
| 事由 | 据财政厅提议据历城邹县曲阜等县知事造送县地方预算拟定附捐捐率请核示等情经分别核定编列简表可否准予遵照征收请公决案会经提本署省政议第一次谈话会议决通过并经第一一八次省政会议追认谈话会议决案纪录在案合行检发原表仰遵照办理由<br>附发预算表一份　　廿七年十二月三日收到 |

山东省公署训令　财字第三〇三号

令署理历城县知事　周鼎

为训令事案据财政厅提案称为提议事查各县公署开支县款部分及地方各机关经费应由各县编造预算并拟定附捐捐率呈候核定业经以财字第九五号通令饬遵在案兹据署理历城县知事周鼎遵令编造预算呈送前来经核该县自二十七年四月起至十二月止列支县署建教两科经费及警务局保卫团建设教育自治又县地方预备费内所列剿匪费赏恤费县署建筑费购置枪弹费购置县署公用汽车费奉令呈解前济南维持会预借田赋等计共一十一万一千六百五十六元二角五分均属必需之款该知事所请按该县本年下忙地丁应征银数二万八千一百二十五两计算（全年五万六千二百五十两）每两应准附加三元九角七分约可征收一十一万一千六百五十六元收支尚称适合亦未超过正赋可否准予照征理合编列简表提请公决施行经提本署省政会议第1次谈话会议决通过并经第一一八次省政会议追认议决通过纪录在案除令鲁北道尹知照外合行检发原表令仰该知事即便遵照办理此令

附发县地方预算表一份（没有抄写）

| | |
|---|---|
| 文别 | 呈送达机关省公署<br>民国廿七年十二月二十九日送稿<br>十二月三十一日判行<br>十二月三十一日缮校<br>十二月三十一日印发 |
| 事由 | 呈为保卫团建设等项临时费拟就三期田赋加征附捐请鉴核示遵由 |

呈为呈请事案查职县保卫团遵章组织成立屡经备文呈报钧署鉴核所有经常费用区列入地方预算于本年二期田赋项下随粮带征各在案唯临时费用均系参照奉发章程办理现在县境东郊之龙山设立分驻所因传达命令侦探匪情便利起见添募骑兵一分队专司其事电话一项与军情有密切关系已将由县署至龙山一带暂饬技工勘丈设计购置料物安装长途电话以期消息敏捷原有旧县署自兵燹之后损毁过甚修理费用不敷颇巨尚须追加并在县署安装电灯以资办公又酌列预备费以备临时发生事项之用撙节核计省之又省共计应需临时费洋二万零五百九十二元前因二期田赋加征附捐不便超过正税是以前项临时费均未列入兹拟就三期田赋随粮带征俾资应用查本县本年三期田赋额征漕米一万一千石按每石征洋六元共应征洋六万六千元兹因征收简便计拟按每元带征临时附捐洋三元一分二厘应请一次带征以省手续已提交第六次县政会议议决通

过呈报省公署核示遵行等因纪录在案理合造具清册备文呈请钧署鉴核讯赐指令只遵实为公便谨呈

山东省长　马

计呈送　清册一份

署理历城县知事　周　○

历城县公署造送本县第三期田赋应行带征地方附税数目清册

历城县知事周○经将本县本年第三期田赋应行带征地方附税数目开具清册呈请鉴核

计　开

一　保卫团　招募费共洋九百二十六元六角八分

物件及设备费共洋一千三百一十九元七角七分

子弹枪背带洋一百九十元六角五分

单　棉服装费共洋四千三百元九角

被服费共洋二千零五十元

骑兵分队薪饷津贴马干缠掌费五百零四元

共洋九千二百九十二元

二　建设临时费

由王舍人庄至龙山电话洋三千元

县公署安装电灯洋二千元

修理县公署应追加洋三千元

共洋八千元

三　县署预备费洋三千三百元

以上共计洋二万零五百九十二元

查本县第三期田赋计漕米一万一千石每石征收正税六元计六万六千元每正税一元带征地方附税三角一分二厘共计征收洋二万零五百九十二元

中华民国二十七年十二月二十九日

知事　周　行

训令　为据财政厅提案据历城县前知事周鼎呈复该县保卫团建设等费共计二万零五百九十二元并呈送清册单据簿等请于二十七年三期田赋每正税一元带征附捐三角一分二厘可否照准敬祈公决经提本署第十三次省政会议议决照案通过记录在案合行检发原提案及原册仰遵照办理由

廿八年三月廿一日收到

山东省公署训令　　财字第四五九号

令署理历城县知事　帅景略

为训令事案据财政厅提案称据历城县前知事周鼎呈复该县保卫团建设等费共计二万零五百九十二元并呈送清册单据簿等情于二十七年三期田赋每正税一元带征附捐三角一分二厘可否照准敬祈公决经提本署第十三次省政会议议决照案通过纪录在案合行检发原提案及原册令仰该知事即便遵照办理并转函前任知事周鼎知照此令

附发提案一件　原册一份

省长　唐仰杜

中华民国二十八年三月十八日

**3. 民国二十八年（1939）**

中华民国二十七年十二月

省公署令饬编造二十八年度地方预算书卷

财字第一四七号

| | | |
|---|---|---|
| 文别 | 呈送达机关省公署 | 廿八年三月廿三日送稿<br>三月廿四日判行缮写印发 |
| 事由 | 呈为廿八年度县地方预算尚未核定第一期田赋案内拟照上年度预算数目每两带征附捐三元九角七分先行征收请核示祇遵由 | |

呈为呈请事案查本县二十七年度县地方预算第二期田赋案内原系按每两带征附捐三元九角七分现在二十八年度开始开始县地方收支预算尚未核准附捐之率暂难确定唯二十八年第一期田赋已届开征之期若待预算核定再行征收不惟有误时日目前需款孔殷而无米难炊且碍县政进行况本县既划为模范县宜各项要争诸待推进尤难再延前奉

钧署第三七四号训令规定每丁银一两暂带征附捐二元按照事实所需实在不敷甚巨再三思唯所有附捐捐率在二十八年度预算未核定以前第一期田赋案内拟恳仍援照上年度周前县任内预算数目每丁银一两带征附捐三元九角七分先行征收以济要需将来预算核定款数有无出入于第二期田赋案内另行照数增减是否有当理合具文呈请

钧署鉴核指令只遵谨呈

山东省长　唐

中华民国二十八年三月

署理历城县知事　帅

指令　该县本年第一期田赋附捐请按地丁每两附收三元九角七分捐率过重为维持该县地方财政起见准按每银一两先征附捐三元俟预核核定下忙再行增减仰遵照由拟

廿八年四月五日收到

山东省公署指令　省财字第三八一号

令署理历城县知事　帅景略

呈一件为本年第一期田赋附捐拟请援照上年每丁银一两带征附捐三元九角七分俟预算核定再行增减由呈悉查该县二十八年度县地方收支预算尚未据编呈送到署本年第一期田赋附捐所请按地丁每两附收三元九角七分捐率过重为维持该县地方财政起见应准每丁银一两先行带征附捐三元以资应用俟县预算核定下忙开征再行增减仰即遵照此令

中华民国二十八年四月三日

省长　唐仰杜

## 历城县民国二十八年度地方预算总表

民国二十七年十二月

（根据省公署令饬编造二十八年度地方预算捐财字147号）

| 收入之部 | |
|---|---|
| 奉令核减全年房二十七万八千八百六十元<br>捐率粮银每两按三元九角漕米每石按五元征收 | 一　地方公款　无　查本县历年县地方余款及各项基金建设基金均经前县政府于事变之际损失净尽至二十七年度所收县地方附捐周前知事任内计尚不敷开支二千余元并无节余之款<br>二　地方公产　无　查本县县有房地租价及学田租金等项公产征收底册经事变之际损失无存虽经设法搜寻查找及饬各区查报尚未查明故无收数<br>三　地方杂捐　无　查本县以前征收之各项杂捐均经废除苛捐杂税案内取消故无收数<br>四　地方附捐　二十九万一千六百三十元　查本县第一期田赋额征银五万六千二百五十两并衙田赋额征银一千一百五十两 |
| | 223860（地丁附捐）<br>55000（漕米附捐）<br>278860<br>每两带征地方附捐三元九角五分计收国币二十二万六千七百三十元第三期田赋额征米一万一千石每石带征地方附捐五元九角计收国币六万四千九百元均未超过正税共计收入如上数<br>合计　二十九万一千六百三十元 |

续表

| 支出之部 | | | | | |
|---|---|---|---|---|---|
| 照准 | 一 | 县公署开支县款部分 | 经费 | 国币 | 九千八百五十二元 |
| 照准 | 二 | 警务局 | 经费 | 国币 | 三万七千三百五十元 |
| 核减三千七百二 | 三 | 保卫局 | 经费 | 国币 | 四万九千零三十三元 |
| 十元内柴价一千 | 四 | 建设 | 经费 | 国币 | 五万七千五百十九元 |
| 三百二十元侦探费 | 五 | 教育 | 经费 | 国币 | 六万八千一百三十元 |
| 二千四百元 | 六 | 自治费 | 经费 | 国币 | 二万三千四百二十四元 |
| 照准 | | | | | |
| 照准 | | | | | |
| 以下五项归入预备 | 七 | 模范县建设主要工作费 | | | |
| 费总数为三万七千 | | 补助费 | 经费 | 国币 | 八千三百十五元 |
| 二百六十五元 | 八 | 公用及军用汽车费 | 经费 | 国币 | 八千元 |
| | 九 | 剿匪奖恤费 | 经费 | 国币 | 五千元 |
| | 十 | 机密及情报费 | 经费 | 国币 | 五千元 |
| | 十一 | 预备费 | 经费 | 国币 | 二万元 |
| | | 合计 | 二十九万一千六百三十元 | | |
| 说明　查本年岁入为二十九万一千六百三十元岁出二十九万一千六百三十元收支适合支出各项经常费多已遵令开支临时各费均系必须开支之项所列数目均经知事按照实在情形核实估计实属无可再减登明 | | | | | |

| | |
|---|---|
| 文别 | 呈送达机关省公署 |
| | 民国二十八年八月一日送稿 |
| | 八月二日判行 |
| | 八月十一日印发 |
| 事由 | 为呈送本县二十八年度地方预算书请鉴核由 |

（前略）计二十八年度岁入为二十九万一千六百三十元岁出二十九万一千六百三十元收支适合岁入部分因无地方公款公产收入仅就一二三期田赋正税带征计每正银一两查带征县地方附捐三元九角五分漕米一石应带征县地方附捐五元九角均未超过正税至本年一期田赋业已带征三元计尚短征县地方附捐九角五分拟请由二期田赋一次并征以符功令是否有当理合缮具本年二十八年度县地方收支总表及预算书各二分具文呈送

钧署鉴核指令只遵再周前知事系于本年三月一日交卸货而本年预算尚未着手编造知事到任复虽经积极编制（下略）

（注：参考424页[1]预算表）

[1] 译者注：此处的页码是指引文在日语原书中的页码。

### 4. 民国二十九年（1940）

中华民国二十八年十二月

省署令发二十九年度概算方案一份饬将初步概算编齐派员送省卷

财字第二四四号

| | |
|---|---|
| 文别 | 呈送达机关总公署<br>中华民国二十八年十一月三日送稿<br>十一月四日判行<br>十一月十三日印发 |
| 事由 | 呈报遵令编造二十九年度县地方岁入岁出概算总表除派员送省呈核外鉴核查考由 |

（本文略）　（注：参考本页概算表）

| | | |
|---|---|---|
| 山东省训令 | 省财字第一六号 | 民国二十九年一月廿七日收到<br>一月三十日到科<br>令历城县知事 |

为训令事案查本省二十九年度省地方各机关收支概算草案业经汇核完竣报经本署第九十八次省政会议决呈送临时政府行政委员会查核嗣据财政厅将审核二十九年度各机关收支概算应行注意各点拟具八条报经第一零二次省政会议各等由纪录在案除分行外合将审核原案条文抄发令仰该知事切实遵行切切此令

计抄发审核概算条文一纸

省长　唐仰杜

中华民国二十九年一月

**历城县公署二十九年度县地方岁入岁出概算总表**

民国二十八年十二月

（根据省署令发二十九年度概算方案一份饬将初步概算编齐派员送省卷财字第244号）

| 岁入之部 | | |
|---|---|---|
| 田赋附捐收入 | 二十九万五千六百元 | 查本县第一二期田赋额征税五万六千二百五十两并衙田赋额征银一千一百五十两每两带征地方附捐四元计收国币二十二万九千六百元第三期田赋额征米一万一千石每石带征地方附捐六元计收国币六万六千元均未超过正税共计收入如上数 |
| 杂捐收入 | 无 | |
| 公款收入 | 无 | |
| 公产收入 | 无 | |
| 合计 | 二十九万五千六百元 | |

续表

| 岁　出　之　部 | |
|---|---|
| 县公署建设科经费 | 五千一百九十六元 |
| 县公署教育科经费 | 四千六百五十六元 |
| 警察所经费 | 四万九千一百五十二元 |
| 警备队经费 | 四万七千八百零六元 |
| 建设经费 | 六万一千六百八十六元 |
| 教育经费 | 六万七千二百九十元 |
| 自治经费 | 二万三千四百二十四元 |
| 预备费 | 三万六千三百九十元 |
| 合计 | 二十九万五千六百元 |
| 说明　查本年度岁入为二十九万五千六百岁出为二十九万五千六百元收支适合所列款目经知事按照实在情形核实估计实属无可再减登明 | |

计开

一　本省各机关各县二十九年度收入概算数以治安恢复之情状为核定应征收入之数目、

二　本省各机关二十九年度支出概算原以二十八年支度出预算为准但政务之推进日见纷繁各机关均有拟增之必要为审核支出概算之数目如施行时必须先行呈请主管机关签呈

省长核提省政会议议决方能有效

三　各机关除于实际上必要增加经临费外其俸给费一成五事务费三成（均按二十八年度原预算数）之增加均未超过规定范围

四　各机关职员进级加俸以政府令发考绩条例由各主管机关核请省长核准报告省政会议议决施行着手

五　二十五年度新设机关应于何时筹设时须先将能筹设完善情形由主管机关呈请省长核提省政会议议决方能着手进行

六　二十九年经临收入概算共为九百五十七万四千五百四十七元经临支出概算共为一千四百二十五万九千五百二十二元比较计不敷四百六十八万四千九百七十五元除以二十八年各月份支出剩余约数九十万元抵补外计实不敷三百七十八万四千九百七十五元业经呈请政府协助以资维持

七　二十九年度收支概算业经呈送

临时政府行政委员会查核但在未奉到政府核准以前所有明年度各机关应支之经费仍以二十八年度末月支出各机关经费数目为准如遇有临时发生必要之支出须由主管机关造具概算说明用途不能再缓切实之理由呈请省长核提省会议议决施行

八　济南烟台两市二十九年度收支概算按照原议在本省治安未完全恢复前仍以自足自给为原则俟该两市收支概算到署会同审核提请省政会议议决后再行转送临时政府

行政委员会查核

文别 代电送达机关省公署
中华民国二十九年二月二四日送稿
二四日判行印发
事由 为遵将职县二十九年度县地方概算岁入项下拟订附捐捐率先行电稟伏乞示遵由

山东省长唐均鉴窃奉效财代电内开查该县二十九年度县地方初步概算云云先行代电具报切勿逾延为要等因奉此遵查职县二十九年度县地方概算现已遵照签示各节赶速另行编造除另文呈核外所有职县二十九年度县地方附捐捐率拟请每地丁正银一两带征附捐四元漕米一石带征附捐六元奉电前因谨此先行奉禀伏乞电示只遵

署理历城县知事 帅〇〇

中华民国二十九年二月

文别 呈送达机关省公署
事由 为市区田赋业已遵令拨交所有短少附捐无法弥补拟请令饬市署或由省款项下照数拨补以重预算是否有当请鉴核示遵由
中华民国二十九年二月二十四日送稿
判行印发

为呈请事案查前奉

钧署民财字第八二号训令以据济南市长呈请饬拨市区田赋一案饬即会同于委员金璞限期移文清楚具报查放等因奉此遵即会委商明市署一面由县按照市署所查原册计县衙地丁共银五千二百三十八两九钱零八厘五豪七丝漕米一千零一石六斗二升三合八勺一抄先行停征并照册各户逐一拨归市署管辖一面由市即照原册于本年第一期筹备征收以免延误业将遵办情形另文会呈

钧署有案查职县二十九年度县地方收支概算前已编造呈蒙

钧署签示核定前送概算系按本县征田赋全额数目编列刻既遵令将市区田赋划出地丁附捐当然随减少约计全年亏短国币二万七千零五十三元之数（附捐税率系按地丁每两四元漕米每石六元折合）职县预算列支各款均按地方实际情形如实（编造即属无可再减而附捐率又与正税相等不能增加知事再三筹思前项亏短之数实属无法弥补益以职县治现已完全确立建设事业与日俱进拟请

钧署重念百端待理暨地方困难情形准予令饬市署或由省款项下照数拨补以重模范地区之发展而符预算是否有当理合具文呈请

钧署鉴核俯赐指令只遵为公便谨呈

山东省长 唐

署理历城县知事 帅景略

中华民国二十九年二月

训令 为各县二十九年度县地方预算业已核定关于各县实施预算应行遵守事项分别指示令仰遵照办理由
民国二十九年八月十六日到科

山东省公署训令 省财和字第四四六号
令历城县知事

为训令事查各县二十九年度县地方预算业已核定公布实行关于田赋附捐及各项经费之如何收支均经明细规定值此地方凋敝民生困苦之际各县知事身为民牧应如何推广县政以裕财源节约支出以纾民力乃近查各县依照预算切实奉行者固居多数而办毫法令苛政滥支者亦不乏人殊非取民有制节用爱人之道极应严申诰戒以资整饬兹将各县实施预算应行遵守事项分别指示如下

(1) 励行预算制度 各县本年度县地方预算业经核定所有一切收支均应绝对遵守预算范非有重大特殊之情形不得呈请变更非事属必要呈请追加预算田赋附捐非经核准不得擅自加征

(2) 恪遵核定捐率 各县田赋捐应遵预算核定捐率随同田赋带征如第一期带征附捐其捐率比较预算核定额短少者应将短征捐率于二期田赋案内照数补正其比较超过者亦将超征捐率

于二期田赋案内照数减征以符预算

(3) 严禁额外借征 各县本年度田赋附捐如因政令尚未普及全境收数亏短按照编制概算方案救济办法呈请借征附捐者其借征之款不得超过未收复区域应缴付捐以免借多征少不敷归还之虞各县经手借征附捐如有超过预算无款归还情事概以浮征论严行议处

(4) 节约临时支出 各县建设教育临时费用及县地方预备费预算均有定额应在核定范围以内按照地方财政收入状况撙节动用不得超支

以上各条在确定县预算制度永树县财政基础各县知事职责所在务须共体时艰切实遵行庶几财用不匮岁计有余本省长有厚望焉除分令外合行令仰该知事即便遵照办理此令

省长 唐仰杜

中华民国二十九年八月
中华民国二十九年九月

二十九年第二期田赋开征卷
财字第三二五号

训令 为饬各县征收田赋务使人民自行赴柜完纳不得设立分柜及派员游征田
民国二十九年九月二日到科

山东省公署训令　省财和字第五五四号

令历城县知事

为令饬事查花户完粮例须自行投柜携串游征早经县为厉禁乃近查各县间有派遣职赴乡征收或由乡镇长包揽收敛汇交县署甚至在乡区设立征收分柜收存巨款以致亏挪损失层见迭出殊属不成事体极应严行取缔嗣后如再有前项情事即唯县知事是问除分行外合行令仰该知事即便遵照此令

省长　唐仰杜

中华民国二十九年八月

| | |
|---|---|
| | 中华民国二十九年九月三日送稿 |
| 文别 | 训令送达机关征收处　九月七日印发 |
| 事由 | 为奉令征收田赋不为派员携串游征或设分柜及由乡镇长包揽收敛等因仰即遵照由 |

历城县公署训令　财字第　号

令征收处

为训令事案奉

山东省公署省财和字第五五四号训令内开为令饬事查花户完粮例须自行投柜携串游征早经县为严禁乃近查各县间有派遣职员赴乡征收或由乡镇长包揽收敛云云此令等因奉此合行令仰该处即便遵照为要此令

中华民国二十九年九月

| | |
|---|---|
| | 中华民国廿九年八月廿三日送稿 |
| 文别 | 牌示送达机关张挂征收处门前　十月四日印发 |
| 事由 | 为牌示本年第二期田赋正附税及附捐应征数目俾众周知由 |

历城县公署　　为牌示事案奉

山东省公署财字第四七三号训令以本年第二期田赋应于九月一日开征饬即遵照布告开征俾众周知等因奉此遵即依限设柜征收除布告周知外兹将每银一两完正附税国币数目牌示于左务各遵照完纳为要此示

计开

二十九年第二期田赋每丁银一两折收　正税四元

附税四元

带征临时附捐八角

共计第二期田赋应完丁银一两折收正附税八元八角

中华民国二十九年十月

省令二十九年三期田赋开征卷

财字三三八号

| | |
|---|---|
| 文别 | 布告 |
| | 中华民国二十九年十一月廿三日拟稿<br>十二月十一日封发 |
| 事由 | 布告本年三期田赋于十月一日开征仰周邑花户一体周知由 |

历城县公署布告　财字第　号

为布告事案奉

山东省公署财和字第六四九号训令内开为令饬事案查各县本年第三期田赋应于十月一日开征业于本省征收田赋暂行章程分别规定通行遵照在案饬即布告开征俾众周知等因奉此自应如期开征以符功令查本年三期田赋正税仍按六元征收至地方附税亦按六元带征计本年三期田赋正附税共收国币十二元除分令各区遵照并牌示外合行布告阖邑花户等一体周知自布告后务各踊跃完纳以济要需勿得玩延致干传送切切此布

中华民国二十九年十一月

| | |
|---|---|
| 训令 | 令为二十九年第三期田赋展限一个月催征报解由 |
| | 民国卅年二月十五日到科 |

山东省训令　省财和字第一一八号

令历城县知事

为令饬事查各县市经征二十九年第三期田赋照章三十年一月二十日截数业经分饬依限征解在案现在限期已过而各县市均未照额收齐扫解甚有尚未破白者似此催征不力本应照章严处姑念各县上年水灾匪患情形特殊准予从宽展限一个月俾便征解除分行外合行令仰该知事遵照加紧催征如能于展限期内照额收齐二月以前扫数解到省库者仍照章给奖倘再迟逾定行从严议处慎毋自误切切此令

省长　唐仰杜

中华民国三十年二月

## 5. 民国三十年（1941）

中华民国二十九年十二月

省令编造三十年度县地方概算

财字第三四九号

| | |
|---|---|
| | 二十九年十月七日收到 |
| 训令 | 颁发各县编制三十年度县地方岁入岁出概算方案令仰遵照办理由 |

附在上边的训令后的山东省各县编制三十年度县地方岁入岁出概算方案（注：参考428—429页[1]预算表）

（前略）

---

[1] 译者注：此处的页码是指引文在日语原书中的页码。

乙　岁入标准

一　田赋附捐　各县一二期田赋及第三期田赋附捐捐率以不超过正赋每两四元每石六元为原则田赋附捐征收额应按全县田赋征收额计算不得以政令所及仅能征收田赋数目计算捐率

（说明）　例如某全县第一二期田赋征收额为二万两第三期田赋为一万石应即按此标准计算捐率编列概算不得以现时政令及仅能征收第一二期田赋一万五千两第三期田赋七千石核算捐率此项办法可以平

| | | | | | | | | | |
|---|---|---|---|---|---|---|---|---|---|
| 老僧口分所经费 | 9821 | 00 | | | | | | | 与遥墙分所同 |
| 终宫分所经费 | 9821 | 00 | | | | | | | 与遥墙分所同 |
| 西营分所经费 | 9821 | 00 | | | | | | | 与遥墙分所同 |
| 清宁分所经费 | 9821 | 00 | | | | | | | 与遥墙分所同 |
| 东梧区分驻所经费 | 6171 | 00 | | | | | | | |
| 第一项　俸　　给 | 5376 | 00 | | | | | | | 警官一员月支四十元书记一员月支三十元二等警长一名月支二十二元三等警长一名月支二十元一等警士三名月各支十九元二等警士四名月各支十八元五角三等警士八名月各支十八元又官佐二员月各支津贴五元长警十七名月各支津贴三元全年共计如上数 |
| 第二项　办公费 | 120 | 00 | | | | | | | 月支十元全年共计如上数 |
| 第三项　服装费 | 675 | 00 | | | | | | | 官佐二员年各支四十元长警十七名年各支三十五元共计如上数 |
| 柳埠镇分驻所经费 | 6171 | 00 | | | | | | | 与东梧区分驻所同 |
| 韩家庄分驻所经费 | 6171 | 00 | | | | | | | 与东梧区分驻所同 |
| 派出所经费 | 3050 | 00 | | | | | | | |
| 第一项　工　饷 | 2628 | 00 | | | | | | | 一等警长一名月支二十四元一等警士二名月各支十九元二等警士二名月各支十八元五角三等警士五名月各支十八元又长警十名月各支津贴三元全年共计如上数 |
| 第二项　办公费 | 72 | 00 | 47806 | 00 | 69724 | 00 | | | 月支六元全年共计如上数 |
| 第三项　服装费 | 350 | 00 | | | | | | | 长警十名年各支三十五元共计如上数 |

续表

| | | | | | | | | | |
|---|---|---|---|---|---|---|---|---|---|
| 第三款　警备队经费 | 117530 | 00 | | | | | | | 大队长一员由县知事兼任不另支薪上尉大队附一员中队长三员月各支八十元中尉书记兼军需一员中队附三员月各支六十元少尉中队附六员月各支四十元上士司书四名月各支二十四元中士班长九名月各支二十二元下士班长十八名月各支二十元上等兵五十四名月各支十九元一等兵一百零八名月各支十八元五角二等兵一百零八名月各支十八元传事兵三名月各支十八元火夫一名马夫一名月各支十六元乘马二匹月各支马干二十元骑兵少尉队长一员月各支四十元中士班长二名月各支二十二元上等兵四名月各支十九元一等兵八名月各支十八元五角二等兵八名月各支十八元乘马二十三匹各支马干二十元又津贴中尉以上官佐八员月各支十元少尉七员月各支五元士兵夫三百二十八名月各支三元全年共计如上数 |
| 第一项　俸　给 | 102708 | 00 | | | | | | | |
| 第二项　事务费 | 1632 | 00 | | | | | | | 大队部月支三十六元三中队月各支三十元骑兵队月支十元全年共计如上数 |
| 第三项　办公费 | 1080 | 00 | | | | | | | 大队部月支三十元三中队月各支二十元全年共计如上数 |
| 第四项　服装费 | 12110 | 00 | | | | | | | 官佐十六员各支四十元士兵三百二十六名年各支三十五元火马夫二名年各支三十元共计如上数 |
| 第四款　建设经费 | 63818 | 00 | 61686 | 00 | 2132 | 00 | | | |
| 第一项　建设事业费 | 40528 | 00 | | | | | | | 电话事务所经费四千六百零八元电话增修费一万五千九 |

续表

| | | | | | | | | | | |
|---|---|---|---|---|---|---|---|---|---|---|
| | | | | | | | | | | 百二十元道路费一万元桥梁费一万元共计如上数 |
| 第二项 | 实业事业费 | 8354 | 00 | | | | | | | 苗圃经费一千二百三十六元苗圃作业费一千二百六十八元造林费三千九百元林场经费七百二十元农业指导员经费五百七十元合作办事员经费五百四十元合作费一百二十元共计如上数 |
| 第三项 | 建设预备费 | 14936 | 00 | | | | | | | 建设实业一切临时开支全年约计如上数 |
| 第五款 | 教育经费 | 78720 | 00 | 67290 | 00 | 11430 | 00 | | | |
| 第一项 | 教育款产管理委员会 | 948 | 00<br>00 | | | | | | | 月支七十九元全年共计如上数 |
| 第二项 | 学校经费 | 59328 | 00 | | | | | | | 县立模范小学年支五千六百五十二元县立完全小学十一校年共支三万二千零七十六元县立初级小学九十校年共支二万一千六百元共计如上数 |
| 第三项 | 社教经费 | 8328 | 00 | | | | | | | 新民教育馆年支一千七百四十元图书馆年支一千九百五十六元讲演所二处年共支二千八百三十二元阅报所十处共支一千八百元共计如上数 |
| 第四项 | 学校补助费 | 240 | 00 | | | | | | | |
| 第五项 | 教育预备费 | 9876 | 00 | | | | | | | 各学校社教机关冬季炉炭费修缮购置费模范小学图书费视学旅费及其他教育一切临时开支全年约计如上数 |
| 第六款 | 自治经费 | 20568 | 00 | 23424 | 00 | | | 2856 | 00 | |
| 第一项 | 区公所经费 | 9768 | 00 | | | | | | | 全县十一区每区月各支七十四元全年共计如上数 |
| 第二项 | 乡镇公所经费 | 10800 | 00 | | | | | | | 全县九十乡镇每镇月各支十元全年共计如上数 |
| 第七款 | 县地方预备费 | 59350 | 00 | 34720 | 00 | 24628 | 00 | | | |
| 第一项 | 县地方预备费 | 59350 | 00 | | | | | | | 县地方一切临时必要开支均由本款内呈准动用全年约计如上数 |
| 总 | 计 | 487910 | | 295600 | 00 | 192310 | 00 | | | |

## 历城县地方岁入预算书

中华民国三十年度

三十年一月一日起至三十年十二月三十一日止

（根据省令编造三十年度县地方概算财字第 349 号）

| 科　　目 | 本年度概算数/元 | | 上年度预算数/元 | | 比较增减数 增/元 | | 比较增减数 减/元 | | 说　　明 |
|---|---|---|---|---|---|---|---|---|---|
| 第一款　田赋附捐 | 266240 | 00 | 295600 | 00 | | | 29360 | 00 | 全县地丁五万一千七百两每两带征四元漕米九千九百零六石八斗每石带征六元全年共计如上数 |
| 第一项　田赋附捐 | 266240 | 00 | | | | | | | 全年共计如上数 |
| 第二款　省补助费 | 20040 | 00 | | | 20040 | 00 | | | |
| 第一项　省补助费 | 20040 | 00 | | | | | | | |
| 第三款　田赋临时附捐 | 201630 | 00 | | | 201630 | 00 | | | |
| 第一项　田赋临时附捐 | 201630 | 00 | | | | | | | 全县地丁五万一千七百两每两带征临时捐一元五角临时特别附捐二元四角全年共计如上数 |
| 总　　计 | 487910 | 00 | 295600 | 00 | 192310 | 00 | | | |

## 历城县地方岁出预算书

中华民国三十年度

三十年一月一日起至三十年十二月三十一日止

| 科　　目 | 本年度概算数/元 | | 上年度预算数/元 | | 比较增减数 增 | | 比较增减数 减 | | 说　　明 |
|---|---|---|---|---|---|---|---|---|---|
| | | | 元 | | | | | | |
| 第一款　县公署经费 | 42342 | 00 | 11520 | 00 | 30822 | 00 | | | 县知事一员月支二百八十元秘书二员月各支一百元科长三员月各支九十元技术员三员月各支八十元视学员三员月各支五十五元科员七员月各支五十五元办事员十员月各支四十元警长一员月支四十元雇员六员月各支三十元夫役五名月各支十四元警目三名月各支十六元警察三十 |
| 第一项　俸　　给 | 36804 | 00 | | | | | | | |

续表

| 科目 | 本年度概算数/元 | 上年度预算数/元 | 比较增减数 增 | 比较增减数 减 | 说明 |
|---|---|---|---|---|---|
| | | | | | 名月各支十五元又县知事一员月支津贴十元秘书科长技术员共八员月各支津贴十元视学员科员办事员警长雇员共二十七名月各支津贴五元夫役警目警察共三十八名月各支津贴三元全年共计如上数 |
| 第二项　旅费 | 600.00 | | | | 旅费月支五十元全年共计如上数 |
| 第三项　办公费 | 3948.00 | | | | 办公费月支三百二十九元全年共计如上数 |
| 第四项　服装费 | 990.00 | | | | 警目三名警察三十名年各支三十元全年共计如上数 |
| 第二款　警察所经费 | 105582.00 | 49152.00 | 56430.00 | | |
| 总所经费 | 14554.00 | | | | |
| 第一项　俸给 | 1248.00 | | | | 所长一员月支一百二十元督察长一员系长四员月各支五十五元督查员二员月各支四十五元所员四员月各支四十五元事务元一员月支三十五元训练员一员月支四十五元书记二元月各支三十五元户籍一等警长一名月支二十四元二等警长一名月支二十二元户籍一等警士四名月各支十九元又所长一员月支津贴十元官佐十五员月各支津贴五元长警六名月各支津贴三元全年共计如上数 |
| 第二项　办公费 | 864.00 | | | | 月支七十二元全年合计如上数 |
| 第三项　囚粮 | 360.00 | | | | 月支三十元全年合计如上数 |
| 第四项　服装费 | 850.00 | | | | 官佐十六员年各支四十元长警六名年各支三十五元共计如上数 |

续表

| 科　　目 | 本年度概算数 | 上年度预算数 | 比较增减数 增 | 比较增减数 减 | 说　　明 |
|---|---|---|---|---|---|
| 城内分所经费 | 10539.00 | | | | |
| 第一项　俸　给 | 8862.00 | | | | 分所长一员月支五十五元分所员一员月支四十元书记一员月支三十五元一等警长二名月各支二十四元二等警长一名月支二十二元三等警长一名月支二十元一等警士五名月各支十九元二等警士七名月各支十八元五角三等警士十一名月各支十八元又官佐三员月各支津贴五元长警二十七名月各支津贴三元全年共计如上数 |
| 第二项　办公费 | | | | | 月支三十六元全年共计如上数 |
| 第三项　囚　粮 | | | | | 月支十五元全年共计如上数 |
| 第四项　服装费 | 1065.00 | | | | 官佐三员年各支四十元长警二十七名年各支三十五元共计如上数 |
| 遥墙分所经费 | 9821.00 | | | | |
| 第一项　俸给 | 8214.00 | | | | 分所长一员月支五十五元分所员一员月支四十元书记一员月支三十五元一等警长二名月各支二十四元二等警长一名月支二十二元三等警长一名月支二十元一等警士五名月支十九元二等警士七名月各支十八元五角三等警士十一名月各支十八元又官佐三员月各支津贴五元长警二十五名月各支津贴三元全年共计如上数 |
| 第二项　办公费 | 432.00 | | | | 月支三十六元全年共计如上数 |
| 第三项　囚　粮 | 180.00 | | | | 月支十五元全年共计如上数 |
| 第四项　服装费 | 995.00 | | | | 官佐三员年各支四十元长警二十五名年各支三十五元共计如上数 |
| 龙山分所经费 | 9821.00 | | | | 与遥墙分所同 |

均分配减轻人民负担若不如此必使少数人民负担全县之经费不但负荷过重力有未逮转失公平之旨趣至政令未及全境之县事实似不无困难之处但用下列方法足资救济

（一）可于三十年第一期田赋截减数后查明政令不能达到区域内现时不能征收附捐数目酌拟借征捐率呈经核准后向政令所及各区借征三十年度附捐以资维持

（二）俟政令普及全县即按照预算核定捐率向新收复区域补征三十年度附捐归还前项借征附捐（后略）

令发提案一份各县三十年度地方附加之增加标准一份各县三十年度添设县署职员及增加各级员役津贴并加征临时附捐方案一份各县三十年度增加临时附捐收入及支配用途数目表式一份令仰遵照办理将三十年度县概算于文到七日内编造呈核由
民国二十九年十二月十三日到科

山东省公署训令　省警建民教财和字　第八九一号　令历城县知事

为训令事查本署前以各县编造三十年度县地方概算关于田赋仍以不超过正赋为原则但赋额较少县份事实所需必须超过正赋始能敷用者得按实需数目拟定临时附捐捐率编列岁入提经第一八二次省政会议议决通过并议定各县三十年度地方附加之增加标准纪录在案第前项增加附捐标准系规定增加之最高限度其增加附捐用途之支配兹经分别规定如下

一　各县因改善待遇及推进县政得增加一元以内临时附捐其支配用途现经制定各县三十年度添设县公署职员及增加各级员役津贴并加征田赋临时附捐方案报经第一九一次省政会议议定方案遵照修正办理纪录在案各县应遵照方案之规定于三十年度县地方概算案内编列并切实办理（方案附发）

二　各县因警察所警备队官佐长警兵夫改善待遇及扩充警备队得增加二元以内之临时特别附捐前项增加临时特别附捐应尽先充作长警兵夫增加饷项及各级官佐长警兵夫津贴之用如有余裕可按照实在需要情形再酌量扩编警察所或警备队以维治安亦报经第一九一次省政会议议定在案各县应遵照办理但各县在二十九年度内业已扩编警察所警备队者非有特殊情形不得再行增编

三　各县二十九年度内低级员役临时津贴截至十二月底业已期满三十年度应即归入年度概算案内岁出各项经费项下编列所有县公署及附属机关学校各级职教员政警夫役津贴应在一元临时附捐内支配列支其警察所警备队各级官佐长警兵夫津贴应在二元临时特别附捐内支配列支不得混淆

四　各县三十年度县地方概算案内编列前项临时附捐及临时特别附捐其拟定捐率收入数目及支配用途应由各县遵照附发表式详细填列随同三十年度县地方概算一并呈送以凭察核（表式附发）

除分令外合行检发原提案一份各县三十年度地方附加之增加标准一份各县三十年度添设县署职员及增加各级员役津贴并加征田赋临时附捐方案一份各县三十年度县地方概算案内增加临时附捐收入及支配用途数目表式一份令仰该知事即便遵照办理将三十年度县地方概算赶速编造于文到七日内呈送来署以凭审核再各县三十年度县地方概

算如已经编送其附捐捐率超过标准及支配用途不合规定者并应依限另造呈核均勿迟延切切此令

计发原提案一份

各县三十年度地方附加之增加标准一份

各县三十年度添设县署职员及增加各级员役津贴并加征田赋临时附捐方案一份

各县三十年度县地方概算案内增加临时附捐收入及支配用途数目表式一份

省长　唐仰杜

中华民国二十九年十二月

为各县编造三十年度县地方概算关于田赋附捐仍以不超过正赋为原则但事实所需必须超过最高限度始能敷用者得按实需数目拟定临时附捐捐率编列岁入提请公决由

财政厅提案

（一）案由

为各县三十年度县地方概算关于田赋带征县地方附捐捐率仍以不超过正赋为原则但如事实所需必须超过最高限度始能敷用者按实需数目拟定临时附捐捐率编列概算岁入案

（二）事实

查各县县地方收入以田赋附捐为大宗附捐捐率以不超过正赋为原则但二十九年度县地方预算案内有费县等三十二县均因田赋额数较少捐率虽已达到每两四元每石六元仍系不敷支出不得不超过最高限度以期适合现在各县三十年度县地方概算已届编制之期各县岁出各项经费因地方治安尚未完全恢复关于警察所警备队之扩充人额增加薪饷以及县地方建设教育等项事业之推进在需款三十年度县地方支出较诸二十九年度势须增加如限以附捐捐率不得超过正赋未免因噎废食恐有碍县政进行

（二[1]）拟议办法

兹拟各县田赋附捐捐率仍以不超过正赋为原则但各县如因事实所需必须超过每两四元每石六元始能敷用者得于编造三十年度县地方概算案内按实需数目拟定临时附捐捐率编列概算岁入以期收支适合将来各县地方治安恢复县政完全通违治安费用紧缩再将附捐捐率逐减少以轻人民负担庶于推进县政之中仍寓体恤人民之意是否有当理合提请公决

提案人代理财政厅厅长　李秉镕

十月十一日

三十年度地方附加之增加标准

一　附加税原则四元

二　一般各县（除二十九年度因特殊情形超过附捐之三十二县）物价昂贵及一切县政之推进改善得斟酌实在需要情形准在一元范围内征收临时附加

三　以治安第一主义之见地如有扩充警团警察及待遇有改善之必要时得在二元之内准按实在情形征收临时特别附加

四　因特殊情形二十九年度已超过四元附加之三十二县份遇有必要时准按照现况

[1] 译者注：原文如此。

实在情形照二三两项范围以内酌予增加临时附加

各县三十年度添设县署职员及增加各级员役津贴并加征田赋临时附捐方案

一　现因物价昂贵为加强县署行政机构改善各级员役待遇及一切县政之推进改善起见各县得于三十年度县地方概算案内在第一二两期田赋项下每两增加一元范围以内之临时附捐充作下列各项支出之用

二　各县公署财政科掌司省县款项之征解收支事务殷繁自三十年度起一等县准予添设科员一人办事员二人雇员一人二等县及三等县各准添设科员一人办事员一人雇员一人以增进工作之效率各县编制三十年度县地方概算案内得在县公署经费项下照应增员额如数增列

三　各县二十九年度低级员役临时津贴加征临时附捐一案截至二十九年十二月底已届期满各县各级员役津贴兹经另行规定自三十年度起除县知事每月津贴二十元外凡职员月俸在六十元以上者每员每月津贴三元各县编制三十年度县地方概算案内得在各该机关经费款内增列津贴一项

四　各县三十年度县地方概算案内依第一项之规定每两增加一元范围以内之临时附捐除先尽第二三两项规定开支外如有余裕可斟酌地方实在需要情形将各项事业费酌予增加之

| |
|---|
| 训令　制定各县三十年度县地方预算未公布以前暂行救济办法令仰遵照并转饬所属一体遵照由<br>三十年二月十日到科 |

山东省公署训令　　省财和字第一六号

今历城县知事

为训令事查各县三十年度县地方岁入岁出概算现正严催编送将来核定另令公布准三十年度业已开始在县预算未公布以前所有各县地方款项之数支亟应规定标准办法以利进行兹为便利各县推行县政起见制定山东省各县三十年度县地方预算未公布以前暂行救济办法提经第二零零次省政会议议决通过纪录在案除分令外合行检发办法一份令仰该知事即便遵照办理并转饬两属一体遵照此令

计发　山东省各县三十年度县地方预算未公布以前暂行救济办法一份

省长　唐仰杜

中华民国三十年一月

山东省各县三十年度县地方预算未公布以前暂行救济办法

一　各县田赋附捐在三十年度县地方预算未公布以前三十年度开征第一期田赋时所编三十年度概算田赋附捐率如未超过增加附捐标准之规定应暂照概算原拟捐率带征以资应用如果预算公布后捐率有变更时更于第二期应征捐率内照预算核定捐率分别增减但各县编送三十年度概算原拟捐率如超过增加附捐标准应暂依照三十年度增加附捐标准所定之最高限度（即于二十九年度预算原捐率外每两增加三元）暂行带征仍俟预

算公布后再于第二期照核定应征捐率分别增减

二 县地方各机关经费二十九年度内未经奉令变更者应照二十九年度旧额于年度开始之第一个月起每届月底先行借支

三 各机关经费在二十九年度内奉令变更者得照曾经核准应支数目先行借支但未经呈准者不得藉词已经由县编入概算要求按新数借支

四 各县关于临时开支除额定例支各款外均应俟预算公布再行办理如有特殊情形急不可待者应专案呈请核办

类别 财政
文别 呈
送达机关 济南道
民国三十年三月一日拟稿
三月七日盖印
三月八日封发
事由 为呈送三十年度县地方岁入岁出告诉俺书及总表请鉴核转呈由

为呈送事案奉

钧署财建字第二三号训令饬将职县三十年度地方收支概算克日编齐呈送来署以凭核转等因奉此遵即依县地方岁入岁出概算书表式样及编制方案查照地方情形兹将三十年度职县地方岁出岁入概算书编造完竣分别缮齐理合具文呈请

钧署鉴核俯赐转呈实为公便再查职县奉令拨归市署丁银计每年短收附税二万九千三百余元本年度奉令规定附加一元临时附捐案内恳请增加一元共为二元之数俾得弥补前项亏短以期收支相符合并陈明谨呈

济南道尹 王

计呈送

三十年度县地方岁入岁出概算书及总表直横式各二份

三十年度概算案内增加临时附捐收入及用途数目表二份（注：参考 432—433 页[1]）

暂代 历城县知事 何〇〇

训令 该县三十年度县地方预算现经核定提交省政会议议决通过栓发核定预算总说明令仰遵照办理具报考由
三十年五月廿三日收到

[1] 译者注：此处的页码是指引文在日语原书中的页码。

## 二　包税关系

### 1　中华民国二十七年三月
总会令传抗税屠户案卷

历城县治安维持会　第五号

| 山东济南治安维持会训令 |
|---|
| 民国二十七年二月廿日到 |
| 事由　为据丁学忠呈屠户陈云贤等抗税不交请传讯等情令将原被两造传案讯究 |

山东省济南治安维持会训令　　财字第八号

令历城县治安维持会会长郭光箕

为令饬事案据历城县乡区层包商丁学忠呈以屠户陈云

**历城县地方岁入岁出概算书**

收支对照表　中华民国三十年度

| 收入 | | 摘要 | 支出 | |
|---|---|---|---|---|
| 元 | | 岁入之部 | 元 | |
| 266,244 | 48 | 田赋附捐 | | |
| 103,401 | 29 | 二元临时附捐 | | |
| 103,401 | 29 | 二元临时特别附捐 | | |
| 20,400 | 00 | 省补助费 | | |
| | | 岁出之部 | | |
| | | 县公署经费 | 47,370 | 00 |
| | | 警察所经费 | 108,037 | 00 |
| | | 警备队经费 | 121,652 | 60 |
| | | 建设经费 | 63,818 | 00 |
| | | 教育经费 | 72720 | 00 |
| | | 自治经费 | 20568 | 00 |
| | | 县地方预备费 | 59,281 | 46 |
| 493,447 | 06 | 合计 | 493,447 | 06 |

## 历城县三十年度概算案内增加临时附捐收入及用途数目表

### （1）临时特别附捐

| | 摘　要 | 合　计 | 备　注 |
|---|---|---|---|
| 二元临时特别附捐收入 | 全年丁银两数 | 51,700 两 646 | 本年应征第一二期田赋及卫地丁银上数 |
| | 附捐捐率 | 2 元 | 每地丁银一两带征二元临时特别附捐二元 |
| | 全年收入数 | 103,401 元 29 | |

| | 摘　要 | 小　计 | 合　计 | 备　注 |
|---|---|---|---|---|
| 二元临时特别附捐支配用途数 | 警察所增加饷费 | 7,920 元 | 58,885 元 | 原有长警一百六十五名月加饷四元全年共计如上数 |
| | 警察所官佐长警津贴 | 20,616 元 | | 增二分驻所减共工作班保甲指导班经费及服装费等合计除减实额为上数 |
| | 警察所扩编增加经费 | 30,349 元 | | |
| | 警备队增加饷费 | 43,070 元 | 73,846 元 6 | |
| | 警备队官佐兵夫津贴 | 5,580 元 | | |
| | 警备队扩编增加经费 | 25,196 元 6 | | 增添骑兵队经费及服装费事务办公赏恤医药费等合计为上数 |
| | 总　计 | 132,731 元 6 | 132,731 元 6 | 收支相抵尚不敷二万九千三百三十元三角一分临时附捐余款项下拨补登明 |

### （2）临时附捐

| | 摘　要 | 合　计 | 备　注 |
|---|---|---|---|
| 二元临时附捐收入数 | 全年丁银数 | 51,700 两 646 | 本年应征第一二期田赋及卫地丁银上数 |
| | 附捐捐率 | 2 元 | 每地丁银一两带征临时附捐二元 |
| | 全年收入数 | 103,401 元 29 | |

| | 摘　要 | 小　计 | 合　计 | 备　注 |
|---|---|---|---|---|
| 二元临时附捐支配用途数 | 县公署增加员额薪俸 | 28,686 元 | 32,994 元 | 比较上年度旧额预算添列省款经费预算及增加员额薪俸津贴等项合计共增为上数 |
| | 县公署员役津贴 | 4,308 元 | | |
| | 建设经费增加 | 980 元 | 2,132 元 | |
| | 建设人员夫役津贴 | 1,152 元 | | |

续表

| | 摘要 | 小计 | 合计 | 备注 |
|---|---|---|---|---|
| 二元临时附捐支配用途数 | 教育经费增加 | | | 教育经费比较上年预算计减少五千六百八十二元本年度增加津贴一万一千一百一十二元除减计实增上数 |
| | 教育人员夫役津贴 | 5,430元 | | |
| | 县地方预备费增加 | 23,719元46 | 24,55元46 | 动支县预备职员计日文通译一员月支七十元全年共叶八百四十元 |
| | 动支预备费人员夫役津贴 | 840元 | | |
| | 总计 | 65,115元46 | 65,11元46 | 收支相抵计余三万八千二百八十五元八角三分拨补二元临时特别附捐不敷二万九千三百三十元三角一分计省节余八千九百五十五元五角二分查上年本县拨归市署田赋共计全年短收附捐二万九千三百五十五元五角二分内除省拨补助费全年二万零四百元下余尚短八千九百五十五元九角二分以上项余款拨补总计收支适合登明 |

（注：以上的表格均来自省令编造30年度县地方概算财字第349号）

（民国三十一年）

**历城县公署造送**

民国三十一年度岁入预算书

岁入经常门

| 科目 | 本年度预算 | | 上年度预算 | | 比较 增 | | 比较 减 | | |
|---|---|---|---|---|---|---|---|---|---|
| 第一款　田赋附捐 | 元 | | | | | | | | |
| 第一项　田赋附捐 | 未定 | | | | | | | | |
| 第一目　田赋附捐 | | | | | | | | | |
| 第一节　一二期田赋附捐 | | | | | | | | | |
| 第二节　三期田赋附捐 | | | | | | | | | |
| 第二款　省交付金 | | | | | | | | | |
| 第一项　省交付金 | 21,953 | 00 | | | | | | | |
| 第一目　省交付金 | 18,890 | 00 | | | | | | | |
| 第一节　省交付金 | 18,890 | 00 | | | | | | | |
| | 18,890 | 00 | | | | | | | 县知事一员年俸三千六百元年终加俸三百元秘书二 |

续表

| 科　　目 | 本年度预算 | 上年度预算 | 比较 增 | 比较 减 | |
|---|---|---|---|---|---|
| | | | | | 员各年俸一千六百八十元各年终加俸一百四十元科长三员各年俸一千五百六十元各年终加俸一百三十元警察所长一员年俸一千八百元年终加俸一百五十元警察大队附二员各年俸一千五百六十元年终加俸一百三十元及每员每月津贴十元一千零八十元以上共计如上数 |
| 第二项　征收处省补助费 | 3,063 00 | | | | |
| 第一目　征收处省补助费 | 3,063 00 | | | | |
| 第一节　征收处省补助费 | 3,063 00 | | | | 征收处全年经费九千一百八十元按三分之一补助合计算数如上数 |
| 第三款　杂项收入 | 1,900 00 | | | | |
| 第一项　杂项收入 | 1,900 00 | | | | |
| 第一目　杂项收入 | 1,900 00 | | | | |
| 第一节　串票费 | 1,800 00 | | | | 每期串票约六万张三期共计十八万张每张按一分计算合计如上数 |
| 第二节　契约价 | 100 00 | | | | 每张契约价一角按一千张计算合计如上数 |
| 第三节　推收费 | 无 | | | | |

岁出经常门

| | 本年度预算数 | 上年度预算数 |
|---|---|---|
| | 元 | 元 |
| 第一款　县公署经费 | 54,420 00 | 不明 |
| 第二款　赋税征收处经费 | 9,188 00 | 不明 |
| 第三款　宣传班经费 | 6,150 00 | 5,700 00 |
| 第四款　警察所经费 | 188,580 00 | 105,82 00 |
| 第五款　警备队经费 | 313,596 00 | 不明 |
| 第　款　建设经费 | 28,282 00 | 不明 |
| （注　第六七款不明，没有记录） | | |
| 第八款　区公所经费 | 22,968 00 | 不明 |
| 第九款　县地方预备费 | | |

岁出临时门

| | 本年度预算数 | 上年度预算数 |
|---|---|---|
| | 元 | |
| 第一款　县公署临时费 | 1,140 00 | |
| 第二款　附税征收处临时费 | 1,580 00 | |
| 第三款　警察所临时费 | 24,300 00 | |
| 第四款　警备队临时费 | 36,300 00 | |
| 第五款　建设临时费 | 56,674 00 | |
| | （没有第六款） | |
| 第七款　自治训练费 | 1,560 00 | |
| 第八款　受训旅费 | 2,000 00 | |
| 第九款　县新民会补助费 | 4,800 00 | |

贤等抗税不交请传案罚办等情据此除批呈悉查所称屠户陈云贤等抗税不交各节如果属实殊有不合仰候令饬历城县治安维持会传案质讯核究此批等语拟发外合行抄呈令仰该会长立即遵照迅将原被两造传案质讯究核夺勿延此令

附抄呈　一纸

中华民国二十七年二月二十日　会　长　马　良

副会长　朱桂山

抄呈

呈为呈请令饬传案处罚以整税收而儆效尤事窃第五区买得胜报告屠户陈云贤花户傅玉生傅凤元等抗税不交等情理合呈请

钧会令饬传案处罚以整税收而儆效尤实为公便谨呈

山东济南治安维持会会长　马

计开

| | | | |
|---|---|---|---|
| 屠户 | 陈云贤 | 住陈家庄 | 猪六十口 |
| 花户 | 傅玉佩 | 住付家店子 | 猪　十口 |
| | 郭长更 | 住小城点庄 | 猪　十口 |
| | 贾凤令 | 住三官庙 | 猪三十口 |
| | 秦而祥 | 住温家庄 | 猪　五口 |
| | 刘　钧 | 住龙山 | 猪五十口 |
| | 师明全 | 住石珩 | 屠宰二十头 |
| | 郭文兴 | 住柿子元 | 牛一头 |
| | 傅凤元 | 住付家店子 | 猪　五口 |
| | 李玉岱 | 住前二舍庄 | 猪　五口 |
| | 钟木经 | 住石珩 | 猪三十口 |
| | 傅玉生 | 住付家店子 | 猪　三口 |
| | 赵宝玉 | 住小城店庄 | 猪　十口 |
| | 李百关 | 住前二舍庄 | 猪　五口 |
| | 李者仔 | 住抬头河 | 猪　五口 |
| | 李长忠 | 住龙山 | 猪　五口 |
| | 乔心田 | 住三官庙 | 猪　三口 |
| | 韩　武 | 住全节河 | 猪三十口 |
| | 冯冶清 | 住冯家庄 | 猪百五十口 |
| | 丁福元 | 住牛玉庄 | 猪　五口 |
| | 王汝吉 | 住东洼寺 | 猪二十口 |
| | 李学谋 | 住柿子元 | 牛　一头 |

商人　丁学忠　谨呈

| 山东济南治安维持会 | |
|---|---|
| 事由 | 据历城县牲屠税包商丁学忠等呈称为老僧口乡王其岚报告田家庄刘文彬等抗不交税各节除批示外令仰该会长将原被两造传案讯究具报核夺由 |
| | 二十七年三月一日到 |

山东济南治安维持会训令　财字第十四号

令历城县治安维持会

为令饬事案据历城县牲屠税包商丁学忠等呈称窃老僧口乡王其岚报告田家庄刘文彬魏大昇魏大俊魏得荣郭秀春郭秀栢等牲畜税并屠宰税均抗不交催讨几次反以恶言顶撞任意所为似此抗税不交致阻税收不法已极理合呈请

钧会鉴核定夺等情据此除批呈悉查所称田家庄刘文彬等抗不交税各节如果属实殊有未合仰候令饬历城县治安维持会传案讯究此批等语拟发外合行令仰该会长立即遵照迅将原被两造传案讯究具报核夺此令

中华民国二十七年三月一日　　马　良

朱桂山

| 山东济南治安维持会 | |
|---|---|
| 事由 | 据历城县乡区牲屠税包商丁学忠等呈称为商派米寿珍与前分商丁克俊斥回等情除批示外令仰该会长查明具复由 |
| | 二十七年二月廿五日到 |

（前略）不料前分包商丁克俊阻止不令征收声称第一区大庄维持会（注，马家区）派伊征收该税应交大庄维持会皆是于地面办公将米寿珍斥回（后略）

| 山东济南治安维持会 | |
|---|---|
| 事由 | 据历城县乡区牲屠税包商丁学忠等呈县为第一区大庄维持会长派员征收牲屠税款等情除批示外令仰该会长立即遵照查明具复核夺由 |
| | 二十七年二月廿五日 |

（前略）窃第一区大庄设立维持会会长王本基已派员李冠三之弟并张元贞之子张立彬暨孙成等已宣告实行征收牲畜屠宰各税致商等税收无着（后略）

| 山东济南治安维持会 | |
|---|---|
| 事由 | 据历城县乡区牲屠税包商丁学忠等为屠户张崇震等抗不交税等情除批示外令仰该会长遵照传案讯究具复核夺由 |
| | 民国二十七年二月廿五日到 |

（本文省略）

附抄呈一纸

呈为抗税不交事窃商等赴各乡区遵照旧章征收牲畜屠宰两税该花户均称将税已交

张崇震等向其质问伊等承认接续办理税款迄今仍抗不交将花名开列于后理合呈请

钧会鉴核令饬传追公德两便谨呈

山东济南治安维持会会长　马

计开

| | | | |
|---|---|---|---|
| 张崇震 | 住终宫乡 | 陈召美 | 住同　左 |
| 张奎英 | 住清宁乡 | 王秀方 | 住邵而乡 |
| 崔寿成 | 住泉路乡 | 刘振东 | 住同　左 |
| 尹子珍 | 住东梧乡 | 彭允章 | 住洛口乡 |

商人　丁学忠

李玉卿

孙明德

米瑞义

中华民国二十七年二月十四日

| 山东省济南治安维持会训令 |
|---|
| 民国二十七年二月十八日到 |
| 事由　令饬将屠户尹子珍抗税不缴案两造传案讯究具复核夺由 |

山东省济南治安维持会训令　财字第五号

令历城县治安维持会会长　郭光箕

为令饬事据历城县乡区牲屠税包商丁学忠等呈称窃东梧乡尹子珍遥墙乡王毓鑫邵而乡刘振东崔寿成马家乡丁克后焦尚贞张奎英以变更时局而言推诿不纳屠宰税一项前党军时间倘若屠户抗税不交有县政府传案追究今已变更业蒙　钧会布告粘贴各乡区俾众周知令屠户照章交税不料藐视布告故纸不如被撕碎者甚多殊属无法已极若不呈请将尹子珍等传案勒令认税税款赖何呈缴理合呈请　钧会作主传案勒令认税以重税收而儆效尤等情据此除批呈悉查所称尹子珍等抗税不交各节如果属实殊有不合候令饬历城县治安维持会传案讯究此批等语拟发外合行令仰该会长立即遵照迅将原被两造传案讯究具报核夺毋延此令

中华民国二十七年二月十八日

会　长　马　良

副会长　朱桂山

| 为　传讯事　二十七年二月廿三日 |
|---|

计开　三棚朱善亭

丁克俊、焦尚贞　系被告

张恩庆　　系被告张奎英之代表
丁学忠　　系原告　即米寿祥

三月三日

资4四

计开　二棚　高玉山

刘振东
崔寿成　系被告

丁学忠　　系原告　即米寿祥

添传　王秀芳

三月三日　　　　讯

丁学忠　即米寿祥　供称于二十六年七月间将东湯马段店集分包王秀芳崔守城刘振东等三人价款四千六百元已交洋一千七百元该集并无受损失照常收税商等给伊布告决意不收现在二期税款早已逾期请求讯追蒙讯候添传王秀芳到案再行核办所供是实

刘振东
崔寿成　四十九岁　　二亩余

同供称三十七岁种有坡地十余亩民等所包总商丁学忠东湯马段店集牲屠税共合大洋四千六百元已交洋一千七百元自时局变乱之后无人买卖收税无几蒙讯候添传王秀芳到案再行讯办所供是实

三月三日

丁学忠　即米寿祥　供称所包济南市及历城县全境牲屠税价洋三千元嗣后将清马两乡续包于丁克俊焦尚贞张恩庆等三人供计价洋二千九百元当时总维持会将布告发下而各乡分包商有不接收者又有个人撕毁者情形不一至丁克俊等所云受损失各节回家商酌办理将损失去消另开清单具呈核夺所供是实

丁克俊　　三十九　　焦家集
焦尚贞同供称四十八岁　香玉店　人家有父妻子女
张恩庆　　四十七　　焦家集

民等于去年七月一日所包总商丁学忠清马两乡牲屠税价款二千九百元自接办以来因时局不靖收税寥寥嗣后北军退净皇军来济不料当地组织维持会所有马家乡各集税务已由伊等强敛清宁乡并有匪人以致无法抽税并恳面谕将价款减轻蒙讯回家与总商酌量

办理所供是实

三月三日

| |
|---|
| 山东济南治安维持会训令<br>二十七年三月九日收到<br>事由 据牲屠税包商丁学忠呈控大辛庄马永玉等抗不缴税等情仰即迅将两造传案讯究具报核夺由 |

（前略）窃商李玉卿赴第二区征收牲畜屠宰两税有大辛庄马永玉牛王庄王克长马大功小水坡庄张书中王窄子庄李俊铎冷水沟陈敬德屠宰营业仍抗税不交（后略）

| |
|---|
| 呈 二十七年二月廿八日到 |

为困难特殊奉传诉明恳请销案事窃缘商等自去年七月一日以认定二千九百元承包清宁马家两乡牲畜屠宰税分包商应交税款按期交纳一千二百元尚有预交二百元之多并有收条可证不料竟遇战事临尔迨至十一月间南军退却盘居数十日皇军继至于本乡各村庄所有集市均各停止人民迁居他处对于买卖毫无是系无处收入税款迨至二十七年一月间始经总包商丁学忠送有布告等件嘱即继续进行商等既属分包交有税款何不欢迎但以地方十室九空本乡较与他乡灾情之重大相差悬殊人民尚未回家惨苦情形达于极点一时更难恢复焉有交易之理是以将布告等件送还答其不能收税原因现奉票传系因撕毁布告抗不遵办商等不胜骇然确无此事来省面见总包商说明错误嗣后另行酌量进行当时马家乡有大庄维持会征收牲畜税款清宁乡匪众抗乱亦无集市如不减免税款实难进行为此诉明恳祈

会长鉴核准予销案减轻税额俾再进行感德上呈

清宁 马家牲畜屠宰税分包商 张奎英

丁克俊

焦尚贞

中华民国二十七年三月

| |
|---|
| 公函 民国二十七年二月廿八日到 |

迳启者兹据本县第十分会包商孟广玉声称关于邢村镇牲畜屠宰牙行等税原系历年合办征收近查 贵会尚未派员前往征收该项税务以致敝会包商无法进行等情据此除已函达邢村镇镇长负责协助办理外相应函达

贵会从速派员并饬布告周知前往协办至感谊为何 此致

历城县治安维持会 （章邱治安维持会）

中华民国二十七年二月二十四日

| |
|---|
| 呈 二十七年三月十三日到<br>事由 为违约妄控请求鉴核准予驳斥原诉退卸分包责任究追余款以免讹赖事由 |

刘振东　　　四十九岁　　　　　　　　　　东郭马庄

具呈人崔寿成　　年三十七岁　历城县第十区邵而乡崔　家庄距城五十里

窃以米寿祥假丁学忠之名指税讹赖诉商等一案业经传讯谅蒙洞鉴宜候核办曷敢冒渎但有下情不陈莫悉缘商等于去年由丁学忠等名下承包邵而乡泉路乡段店集等庄牲屠税言明全年四千六百元按三期交款立约为据上载无故告退者须将全年税款如数交清等语查商特自去岁八月十三日接办先交款一千七百元有收条为凭至十二月间时局一变各乡蹂躏损失颇多十集九空不但不能收税连命未遑前同保人告退不为无故除按第一期四个月计算应交一千六百元外尚余一百元应允返还孰意米寿祥剥夺税权不但不还延今反控希图讹赖第二期税款独不思人虽至愚决不承认为此据实诉明请求

会长鉴核准予驳斥原诉俾商等退卸分包之责究追余款以免讹赖不胜待命之至上呈

历城县维持会会长　郭公鉴

刘振东

民国二十七年三月　　　　　　　　　具呈人　崔寿成

| | |
|---|---|
| 呈 | 二十七年三月廿四日到 |
| 事由 | 为被奸商丁学忠　控据情答辩书 |

具办诉人王毓鑫　年五十四岁历城县第三区牲屠税包商

住县西巷门牌三十一号　为被控办诉事窃于二月二十六日接奉

钧会传票伏读案由始悉丁学忠等以抗税不交等情诉商在案理候讯办曷庸多渎但事有原委不诉莫明拟合据实答辩以凭　电核缘商承包遥墙乡牲畜屠宰税以来迄经五载未曾欠过税款一次去年丁学忠等在县府投票承包得二十六年度本县全境牲畜屠宰两税即以八百五十元之代价续办本乡当交洋二百元与丁学忠立有合同可查讵商境本年度开办未久清河水涨溢出成灾商之一境尽成泽国各村人民迁避一空商当即恳求丁学忠代呈县府请求豁免九月底水始退出至十月间战事发生商区又适当其冲商当又向丁学忠报告兵灾先后伊具未转呈查乡间人民遭受水灾兵灾一经官府查明属实不特能免除银粮并能得其赈济包税者既不受税何由交款应亦在报灾扣除之例情理明显此商在县府时代包税之实在情形也

自上年旧历十一月二十三日起日军进占济南税务遂即停止盖因牲畜买卖成熟屠户集场卖肉前往收税应立发税票而商持有票据均系县府颁发县府既早不存在若持该票征税不惟买卖牲畜及屠户人等严厉拒绝即商亦不敢有此非法举动讵丁学忠等不明此理在济南维持会续办二十六年下半年度此税以后于本年一月二十七日与商送去布告三张更不掉换票纸追令照旧办理如果强迫征收其各屠户大半野蛮成性不可理喻倘或酿成巨祸现无司法机关何处诉冤总之乡间民众以银粮正税尚无人过问不纳此种税款早已祸视为固然上述情形该丁学忠早已洞悉无遗不然伊既未与分商另订合同何不自行派人下乡征收也是丁学忠明知故昧见利忘义强人所难兹竟倒行逆施控商撕碎布告抗税不交不知何所据而云然伏思我

会长屡摄县篆洞悉民隐丁学忠等之居心自难逃洞鉴商似无晓渎之必要惟恐我

会长莅任伊始下情不能上达不得不据实答辩恳请电核将丁学忠之诉驳斥以维商艰

而昭公允是为德便谨呈

历城县治安维持会会长　郭钧鉴

中华民国二十七年三月二十三日

| | |
|---|---|
| | 山东济南治安维持会训令 |
| | 二十七年四月十一日到 |
| 事由 | 为据历城县乡区牲屠税包商丁学忠等呈为分包商抗不交款仰即遵照先今各令峻严讯办具报由 |

山东省济南治安维持会训令　财字第二一号

令历城县治安维持会会长　郭光箕

为饬催事案据历城县乡区牲屠税包商丁学忠等呈称呈为呈明事三月二十五日奉钧会财字第三八一号内开为谕催事查历城县乡区牲屠两税前经该商认税三千元承包半年在案春季税款应在三日以前交清除预缴七百元作抵外现在期限早届尚未呈缴殊属延缓合行谕催为此谕仰该包商立即遵照迅收本期应交之款于三日内措齐呈缴来会以凭核收毋稍逾延致干传追切切此谕等因奉此理宜遵既呈缴乃商自承包之后收近三个月之欠并未办有成绩所有分包抗不交款花户抗不交税以暨捣乱不能税收此均呈报历城县治安维持会已蒙票传处应故事毫无整顿税收前途任意分包商借询抗摊不交税款致商赔属实难支持税款赖何呈缴惟有呈请钧会鉴核饬令历城县治安维持会收商所呈明分包商王秀芳等暨花户抗不交税此勒传到案严押以重国税而整税收前途实为公德两便等情据此查该包商迭次呈控分商及花户抗税不交均经令饬该会传案讯追在案兹据前情陈批呈悉查前据该包商等呈控王秀芳等抗不交税业经令饬历城县治安维持会传案讯追在案据呈前情姑候再行饬催该会迅速严办仰即遵照赴收应交春季税款八百元于三月三十一日以前措缴来会以凭核收毋再借延致干传追切切此批等语拟发外合行令仰该会长立即遵照（后略）

中华民国二十七年三月三十一日

会　长　马　良

副会长　朱桂山

**2. 中华民国二十七年三月**

北会清四里张家庄张学堂承包秤斗牙行卷

历城县治安维持会　财字第五十一号

| | |
|---|---|
| 呈 | 民国二十七年三月十六日到 |

张学堂年五十三岁历程第一区北会清四里张家庄　商为认交税款承办秤斗牙行归为本庄义集自行征收事缘张家庄早有义集之设自党军秉政于二十一年编审添设秤斗牙

行招商承包前包商认交课程充当牙纪每逢集期无一集不与买卖商贩纠葛本庄民众难胜其扰事关财厅？案又无法铲除前牙纪承包二十六年底五年期满幸逢皇军战胜兹大局奠定凡废皆兴商庄间邻等长公推商来钧会出名具文认交税款承包该秤斗牙行归为家中征收除交纳课程外所得盈余拨为本庄学校经费及办理本庄公益之用非向前包商图利者比所谓是否有当静候批示只遵若蒙允准商每年情愿认交大洋一百十元分两期交纳先将第一期税款交清赐予布告谕单再行在集征收以符义集名实不胜待命　谨呈

历城县维持会会长　郭

张学堂　现在县西巷中亚旅馆

立字据人　王毓秀　陈万箱因经纪张家庄集秤斗牙纪已有年所至本年阴历正月十七日让于本庄七院公推张学堂接收倘有二十六年欠款仍归旧经纪等交纳自交卸以后所有官款杂项归新经纪张学堂担负此系双方情愿各勿反悔恐口无凭立字为证

介绍人　薛秀林

封　仁

代　字　陈宝元

代表人　王毓樑

刘长庆　刘传信

刘迎春　王清珠

张子汉　张玉林

陈宝珠

中华民国二十七年阴历正月十九日　立

| | |
|---|---|
| | 民国二十七年三月廿一日到 |
| 事由 | 为呈请缴费领证准予接办张家庄竹茂店两集秤斗牙行营业伏候示遵以杜把持而裕国课事由 |

陈万箱　六十一　历城东北乡第一区张家庄

具呈人王玉秀　年五十一岁　距城五十里

窃查本区张家庄竹茂店集场秤斗牙行经纪经商等包办已久向缴营业费洋一百五十元有案可查并有营业证为凭于去年十二月日期满商等正拟呈请接办之间无如时局骤变影响全境是以稍迟刻下尚称平靖商等仍愿接办遵照新章或先交包款若干再接某季交款若干并觅殷实商保期于国课商情两有俾益理合具呈恳请

鉴核准予接办张家庄竹茂店两集秤斗牙行营业即行交费领证伏候批示只遵以杜把持而裕国课是为公德两便上呈历城县维持会会长　公鉴

具呈人　陈万箱　印

王玉秀　押

中华民国二十七年三月二十一日　铺　保◇

包关禀　　　民国二十七年三月廿八日到

具包关人刘百朋　年不一　历城第一区
　　　　张玉臣
　　　　　　　　　　　住普利医院内经纪　　共恳

电核恩立赏包第一区张家庄集市秤斗牙行一节俟传报到当堂蒙讯集关押帖银及课程各自投标认可额数遵令照办为此来会具禀请求会长大人恩立传唤报道蒙讯当堂投标包办集关遵章履行公德俱便均感大恩无极谨呈

历城县维持会　公鉴

具呈人　刘百朋等　住丁家堐干成街

铺保◇

呈悉查此现据张学堂呈请充认张家庄集秤斗牙行经纪业已批示到集核办仰该民亦于是日到会以凭当堂投标决定可也此批

中华民国二十七年三月二十八日

呈　　　民国二十七年四月二日到

张笃忱
具包关人周少卿　　年不一　历城县第一区住张家庄现在丁家堐文华栈经纪
　　　　阎殿元

公恳钧鉴为承包青宁区张家庄集秤斗牙行呈请

恩准备案以专责成事窃查自事变后县境集税均以停顿以致国课大受影响现经钧会成立以来地面日见平靖各集大致就绪商业略有起色况已届编审年度自应招商标定费课认包办理为此来案呈请

会长鉴核准予按照原定税额承包青宁区张家庄集秤斗牙行经纪并请当堂布告以专责成而维国课实为公德两便谨呈

历城县治安维持会

会长大人　郭少箕

具呈人　　张笃忱等　住址同上

报到　正禀　民国二十七年四月廿日收到

具再报到人刘百朋年六十二历城县现住玉皇宫三号经纪

恭恳

钧鉴为前在县会已准承包第一区张家庄集市大小秤斗牙行关纪一节蒙已禀传限三日堂讯决定国课额数交款领帖布告接关等谕均有县会呈票卷宗电查存在会案不料陈万箱等已蒙县会传到而又因时不靖回家藐视县令抗违票传至今半月余终不来县况现历城公署成立到任已久伊等仍是在集私抽国税分肥惯便藐县抗令已极不但到案悬搁不定而且关税私抽无斯反更治民亦实难再为久候持此不揣冒昧急请

县长恩速电查票传关纪卷宗即再传讯定前案批示只遵是实谨呈

历城县公署　县长大人　周　公鉴

铺保　◇　现住永盛街三十五号

中华民国二十七年四月二十日

**3. 中华民国二十七年四月**

呈报　省公署办定各牙行卷　附清册

财字第六十一号

| 事由　呈报办定县境牙纪姓名集数费课数目由<br>民国二十七年四月十日送稿 |
|---|

为呈报事窃查本县自兵燹以后地方秩序紊乱百业停顿商民慌恐自职会于本年一月间正式成立竭力设法维持多方抚绥人民渐次安贴秩序次第恢复凡百商务亦多复业旋据各乡民等以各集经纪停顿后商民买卖无公斗公秤交易颇感困难请恢复原有各牙纪以维市面等情当查上届编审已于上年期满本届尚未奉文举办在此时期似未便久任放弃致碍市缠自应准各所请以裕课税而便商民只以新章尚未颁布以前未便遽定五年帖费遂将各乡民呈报到会者按照原认数目参酌各集市现在情形当面核定暂准试办一年帖费先按一年呈缴课程按两期交纳并随收二成地方附捐一俟新章颁布再行照案编审并呈报

山东省济南治安维持会在案共计办定董家庄集经纪吕云龙等二十八名共收一年帖费洋九百零二元四角上期课程洋二千一百三十八元五角二成地方附捐洋四百零三元七角除将收起费课抵领职会经费另文呈报并将附捐及各案卷宗一并咨交历城县公署接收外所有办定历城县牙行经纪姓名及帖费课程附捐各数目理合造具清册具文呈请省长鉴核备案谨呈

山东省长　马

计呈送

清册一份

历城县治安维持会会长　郭〇〇

中华民国二十七年四月十日

办定民国二十七年各行

历城县治安维持会造送　经纪姓名费课数目清册

历城县治安维持会为造送事今将职会自民国二十七年一月十三日成立之日起至四月十一日闭幕之日止所有办定各集行经纪姓名及帖费课程附捐各项数目逐一查明开列清册呈请

鉴核备案

计　开

董家庄集牙行经纪吕云龙办定一年帖费洋八十元　上期课程洋一百二十元

南关东西约肥猪行经纪王振声办定一年帖费洋二百元　上期课程五百元二成地方附捐洋一百元

济南市麻姜行经纪翟子文办定一年帖费洋一百元　上期课程洋三百五十元二成地方附捐七十元

焦家集秤斗行经纪丁德恩办定一年帖费洋二十元　上期课程洋三十五元二成地方附捐七元

济南市粮店行经纪翟敏卿办定一年帖费洋二十元　上期课程洋一百元二成地方附捐二十元

高芦家庄集大小牙行经纪张承材办定一年帖费洋三十二元　上期课程洋三十二元五角二成地方附捐洋六元五角

清宁寺集秤斗行经纪刘修均办定一年帖费洋十六元四角　上期课程洋三十一元二成地方附捐洋六元二角

东南关集牲畜牙行经纪魏栋臣办定一年帖费洋二十六元　上期课程洋二十元二成地方附捐洋四元

城埠牛油骨行经纪周万英办定一年帖费洋十六元　上期课程洋四十元二成地方附捐洋八元

段店集牲畜牙行经纪周松岩办定一年帖费洋二十元　上期课程一百元二成地方附捐洋二十元

崔家寨集稻斗牙行经纪张洪和办定一年帖费洋洋十六圆　上期课程洋三十元二成地方附捐洋六元

傅家庄公利栈杂货行经纪传茂领办定一年帖费洋二十元　上期课程洋七十五元二成地方附捐洋十五元

香王店集秤斗牙行经纪焦尚贞办定一年帖费洋四十元　上期课程洋七十元二成地方附捐洋十四元

济南市鸡鸭鱼蟹虾藕行经纪法士廷办定一年帖费洋四十元　上期课程洋一百元二成地方附捐二十元

济南市干鲜牛皮行经纪法鸿俊办定一年帖费洋二十四元　上期课程洋六十元二成地方附捐洋十二元

济南市牛肉行经纪周志忠办定一年帖费洋二十元　上期课程洋三十元二成地方附捐洋六元

东梧街集秤斗大小牙行经纪赵殿仁办定一年帖费洋二十元　上期课程洋二十二元二成地方附捐洋四元四角

邢村街集称斗大小牙行经纪李凤田办定一年帖费洋二十元　上期课程洋二元二成地方附捐洋四元四角

仲官集秤斗牙行经纪胡德胜办定一年帖费洋二十四元　上期课程洋八十元二成地方附捐洋十六元

邵而庄集牲畜大小牙行秤斗行经纪法杰臣办定一年帖费洋洋二十元　上期课程洋七十元二成地方附捐洋十四元

泉路集秤斗牙行经纪李俊三办定一年帖费洋二十元　上期课程洋六十元二成地方附捐洋十二元

周官屯集斗称牲畜大小牙行经纪刘欣斋办定一年帖费洋十元　上期课程洋二十五元二成地方附捐洋五元

大涧沟集称斗牙行经纪周万里办定一年帖费洋二十元　上期课程洋五十元二成地方附捐洋十元

东渴马庄集牲畜牙行经纪刘振东办定一年帖费洋十元　上期课程洋二十五元二成地方附捐洋五元

泊口集大小牙纪行经纪孙崑山办定一年帖费洋六元　上期课程洋二十元二成地方附捐洋四元

李家寺集秤斗牙行经纪刘毓荣办定一年帖费洋六元　上期课程洋二十元二成地方附捐洋四元

朱家庄集牲畜牙行经纪刁玉林办定一年帖费洋六元　上期课程洋十五元二成地方附捐洋三元

唐王道口秤斗牙行经纪里公义办定一年帖费洋五十元　上期课程洋四十元二成地方附捐洋八元

以上办定董家庄牙行经纪吕云龙等二十八名收起一年帖费洋九百二元四毛上期课程洋二千一百三十八元五角二成地方附捐洋四百三元七角登明

中华民国二十七年四月十日

会长　郭　行

**4. 中华民国二十七年八月**

省公署训令查办编审各集牙行卷

财字第六十八号

| | |
|---|---|
| 文别 | 呈 |
| 送达机关 | 山东省公署 |
| | 中华民国二十一年八月五日送稿<br>八月八日判行缮校印发 |
| 事由 | 为呈报本县查办编审牙行情形请　鉴核备查由 |

为呈报事案奉

钧署财字第八一号训令内开查本省征收牙税章程及招募牙纪投票规则前经分别订定令发遵照在案各县牙行于民国二十二年一月编定后截止上年十二月底止已届五年期满应自本年七月一日起另行改编照章以五年为有效期间令即遵照切实查办依限造册呈报仍将查办情形具报查考等因奉此遵查本县以前卷宗册簿均经前县政府焚毁无存所有行集及应纳费税各数目均无凭查考除按照现已来县报到之各牙纪并查传各旧纪到县切实查核当堂审定费税依限造册呈报外奉令前因理合将查办情形具文呈请

钧署鉴核备查谨呈

署理历城县知事　周　〇

山东省长　马

中华民国二十八年八月八日

| | |
|---|---|
| 文别　牌示 | |
| | 中华民国廿七年八月十日送稿<br>八月十一日判行缮校印发 |
| 事由　牌示各集牙纪来署投标核定费税由 | |

历城县公署　　　　　　　　　　　为

牌示事查各集牙纪现已奉文编审招纪承充其在同一地点有二人以上之请求时适用投标法决定兹将所有二人以上请求之各行集及各请包人分列于后务各照章取具殷实铺保欠款认赔甘结务于本月十五日来署声明挂号听候依法当堂投标核定费税幸无迟议特此牌示通知

计开

段店集秤斗牙行

请包人　李玉生

旧　纪　周松岩

东关集

请包人　王俊德　赵凤林　张

旧　纪　魏栋臣

猪　行

请包人　崔士恩　温传有　翟殿福

旧　纪　王振声

牛油骨行

请包人　马玉东

旧　纪　周万英

张家庄集

请包人　张学堂　王玉秀　刘百朋　张玉臣

旧　纪　张笃臣　周少卿　阎殿元　陈万箱

邵而庄集秤斗牙行

请包人　翟兆鸿

旧　纪　法杰臣

中华名国二十七年八月

| | |
|---|---|
| 文别 | 呈 |
| 送达机关 | 山东省公署 |
| | 廿七年九月七日送稿<br>九月九日判行缮校印发 |
| 事由 | 为呈复查办本县牲屠油各税情形请鉴核查考由 |

为呈复事案奉

钧署财字第一〇九号训令内开为训令事案查本年七月起云云此令等因奉此遵查前奉

钧署财字第四五号及第七八号训令业经先后具文呈报各在案查乡区牲屠两税上届系招商总包值此时局不靖各乡区间有不能收税之处即牵动全案借口拖欠税款

前山东省济南治安维持会招商承包本年上半年牲畜屠宰税款迄今尚未追缴清楚是其明证本届奉令后当经招集旧包商米瑞义来署询其愿否继续承包并示以应行办定税额乃该商所认税款甚微核与定数相差悬殊碍难照准遂拟定按区招商分包以免垄断取巧情弊已布告合境商民遵照定章分别承包去后旋据邵而泉滤终官清宁马家张马等六区商民先后来署报道愿包各该区牲屠两税当经分区酌核邵而泉滤终官三区税数正在核定清宁马家张马三区尚待查核其油税一项亦正在派员分赴四乡照章查办之际适值八月十二日事变后四乡多不平靖城关防范严密以致道路梗阻声气不通因而停顿难以进行应俟四乡秩序恢复已报者即可酌量定税未报者亦可招商承包除俟一律办齐即行分案造册呈报兹奉前因理合将查办情形具文呈复

钧署查考实为公便谨呈

山东省长　马

署理历城县知事　周〇〇

中华民国二十七年九月

| | |
|---|---|
| 文别 | |
| 送达机关 | 省公署 |
| | 二十七年十一月四日送稿<br>十一月五日判行缮校印发 |
| 事由 | 为呈报本县查办牙税情形附送已经接洽及办定各集经纪表请鉴核由 |

为呈报事案奉

钧署训令财字第一六二号内开各县本届编审牙行均已逾限皆因地方不靖商业多未

恢复进行不无困难自应量事变通原办限期应展至本年十月底为止令即赶速办定造册具报等因到县奉此查本届编审牙行奉令后遵即布告周知照章查办只以旧有卷宗册簿经前县政府于上年事变时悉数焚毁片纸无存所有各行集及应纳费税各数目均无案可稽当经按照调查所得情形传集地方平靖各集新旧经纪参照各处当时状况酌量核办正在分别审查间讵意八月十二日发生事变各经纪遂纷纷逃避竟致停顿难以进行已将办理情形具文呈报在案近来附近省垣各处虽渐就安谧而各乡镇仍多便衣队盘踞或土匪出没无常不但商民往返危险堪虞即政警传达县令亦颇多不易多方传唤均不敢公然来署以致迄未办定非常时期情事特殊展限又逾仍难藏事实为初料所不及其已经接洽各经纪既不能一律遵传来案是以费课多难确定除仍设法继续赶办以速补迟期早完竣造册呈报外兹将已经接洽及办定各经纪姓名行业地点理合先行列表具文呈报

钧署鉴核备查　谨呈

山东省长　马

署理历城县知事　周〇〇

计呈表一纸

中华民国二十七年十一月

| 集　　名 | 经纪姓名 | 税　数 | 费　数 |
|---|---|---|---|
| 北大槐树集 | 李捷三 | | 十元 |
| 黄　台　瓜行 | 刘亱臣 | | 二十元 |
| 洛　口　瓜行 | 杨兴斋 | | 二十元 |
| 泉　路　集 | 李俊三 | | |
| 堰　头　集 | 马汉卿 | | 十元 |
| 花生米油行 | 薛仲魁 | | |
| 干鲜牛皮行 | 马振鹏 | | |
| 毛　绒　行 | 张明轩 | | |
| 高芦家庄集 | 张振三 | | |
| 兴　隆　庄 | 赵世仁 | | 六十元 |
| 终　宫　集 | 吴明轩 | | |
| 柳　埠　集 | 张东轩 | | 百五十元 |
| 高而庄　集 | 张全美 | | |
| 姜蒜麻　行 | 李茂恒 | | |
| 段　店　集 | 周松岩 | | 三百元 |
| 东、南关肥猪行 | 崔士恩 | | 四百元 |
| 邵而庄　集 | 王延寿 | | |
| 洛口灰炭柴草行 | 翟子文 | | |
| 李家寺　集 | 翟盛堂 | | |
| 鸡鸭鱼虾螃蟹藕行 | 李长文 | | |

山东省公署指令
事由　该县花生米油等行已另令取消并派员查办泉路集等纪令认明行业猪行应令增加费税仰遵照由
民国廿七年十二月五日收到

山东省公署指令　财字第九三〇号

令历城县知事　周　鼎

呈一件呈报本县前经接洽尚未核定费税各牙纪列表请鉴核由

呈表均悉查来表所列花生米油及干鲜牛皮毛绒等行业经另文令饬取消鸡鸭鱼虾螃蟹藕行现据商民法士廷与李长林互控已派员前往彻查应归另案办理至柴草行在事变前早经取消不应再行恢复该县所办洛口灰炭柴草行翟子文又北大槐树集纪李捷三黄台洛口瓜行刘荩臣等堰头集纪马汉卿所认证均不及定章最低额无裨库收徒滋商累应予一律免设又泉路集纪李俊三等九户均未认明所办何行踪近垄断自应责令分别认清行业又东南关等处猪行费税原额为数颇巨应谕饬该纪崔士恩切实增认费税以昭核实仰讯即遵照办理勿违此令表存

中华民国二十七年十一月三十日

省长　马良

文别　呈
送达机关　省公署
民国二十七年十二月十七日送稿
十二月十九日缮校印发
事由　为册造本县查办编审各集经纪请鉴核由

附在上面的清册是省各年度牙纪费税，牲屠两税分款册县案卷中与民国二十七年到二十九年包商牙纪姓名清册和二十七年度段店集，终宫集，柳埠集，高而庄集，邵而庄集，兴隆庄，济南城关（鸡鸭……行）朱家庄集，洛口集，李家寺集，周家屯集有关的清册。

除以上外黄河，小清河的陈玉干的一百元（每年征费）四十元（每年税数）在后来被取消了

山东省公署指令
事由　该县所办黄河小清河称斗牙行陈玉乾应撤消其段店集经纪周松岩等十一户应予照准仰催解费税由
民国廿八年一月六日收到

山东省公署指令　　财字第一一九四号

令历城县知事　周　鼎

呈一件呈报办定本届秤斗牙纪周松岩等十二户造册请令遵照由

呈册均悉查该县沿黄河小清河一带船行载行粮行早经归入废除细杂税捐案内公布

取消在案表册所列黄河小清河秤斗牙纪陈玉干一户应予撤销免设其余段店集秤斗牙行周松岩等十一户应予照准仰即遵照将陈玉干一户布告撤销并随时严禁私收以杜流弊一面将应征证费及本年秋冬季牙税加紧催收报解以凭核发新证毋稍违延此令册存

中华名民国二十七年十二月三十一日

省长　马良

民国二十八年四月三日收到

山东省公署训令　财字　五二三号

令历城县知事

为训令事案查该县厅解二十七年各项杂税以及特许证费迭经饬催迄未报解殊属非是现值库储奇绌需款孔殷合行连同应解二十八年春季税款一并开单令催仰即遵照迅将前项费税于四月五日以前扫数解交省库以济要需仍将起解日期具报查考毋稍违延切切此令

计粘清单一纸

省长　唐仰杜

中华民国二十八年三月三十一日

编审征费一千五百一十元

历城县二十七年

秋冬季牙税四百二十元

二十八年春季牙税二百一十元

共计　二千一百四十元

| |
|---|
| 文别　呈<br>送达机关　省公署<br>事由　呈复本县应解廿七年各项杂税及特许证费未据周前知事移交先将遵办情形呈报鉴核由<br>民国廿八年四月廿八日送稿<br>五月三日印发 |

（呈文略，文中有如下记载）

因前知事共征起编审证费二千九百三十五元二十七年牙税八百六十元牲屠税营业征费十元

周前知事解过编审证费一百零五元牙税五百二十五元

| |
|---|
| 文别　训令<br>送达机关　各区<br>附伴　调查表一张<br>事由　为令发调查各区牙行税收表仰即认真澈查填列呈报由<br>民国廿八年九月廿二日送稿<br>九月廿三日判行印发 |

历城县公署训令　财字第　号

令各区区长

为训令事案查本县境圆内集牙行以及各区牲屠两税自前岁事变以后虽奉

省令招募妥人分别包办唯因承包无人除周前知事任内办定少数行纪外其余各行税收均未办定以致税款虚悬兹据报称各行牙税以及各区牲屠两税竟有不肖之徒私自收款殊属胆大已极自应认真查办以重税收除分令并派员密查外合行令仰该区长即便遵照领发表式认真彻查据实填列呈报来署以凭传案罚办而便另行招募勿稍徇延切切此令

计令发调查表式一纸（内容为有关原有收税人姓名住址，现在收税人姓名住址，收税地点，税款名称，有无本署核发执照等项的调查的记录）

中华民国二十八年九月

历城县二十七　八年春夏秋冬季牙税八百四十元（根据山东审调令财字二三号的督促，二十八年九月四日收到）

历城县二十七　八年春夏秋冬季牲税一千八百五十元

包商证费　十元（根据山东省公署训令　财字第一九号督促令，二十九年一月二十二日收到）

屠税一千二百五十元

二十七年秋冬季牙税　四百二十元

二十八年全年牙税　八百四十元

编审证费一千五百一十元

共计　五千八百八十元

二十七　八年春夏秋冬季牲税　一千八百五十元

（根据山东省公署训令财字第二二二号督促令）

二十九年三月二十五日收到

屠税　一千二百五十元

二十七年秋冬季牙税　四百二十元

二十八年全年牙税

共计　四千三百六十元

**5. 中华民国二十七年九月**

孙文斋承包张马乡牲畜屠宰请求销案

财字第九十九号　附刘鸿元卷

| | |
|---|---|
| 呈 | 民国廿七年八月十一日收到 |

为恳请投标以昭公允事窃历城县全境素有牲屠两税历年布告招商投标承包案今二

十七年度牲畜税逾期月余尚未承蒙布告招商投标承包商甘愿分包张马乡二十七年度牲畜屠宰两税为此恳请

钧署鉴核布告定期投标以昭公允实为公便谨呈

历城县县长 周

商民 孙文斋 谨呈

铺保 福兴源 普利街四十三号

中华民国二十七年八月 日

批示 呈悉仰即来案报到被听当堂验明核定税款无迟此批

| 呈 |
|---|
| 事由 为呈请准予免办张马乡牲畜税由 |
| 中华民国廿七年九月初九日收到 |

呈请准予免办事窃具呈呈请认包张马乡二十七年度牲畜屠宰税具呈之后前任调查情形能征收税款若何以便酌量认办税额不想到彼正在调查之际不料被便衣队将商捉获二日乘隙逃出回归实不敢承包认办张马乡区牲畜屠税事为此呈请

钧署鉴核准予免办感恩之至谨呈

历城县县长 周

商民 孙文斋 谨呈

中华民国二十七年九月 日

| 呈 中华民国十一月初四日收到 |
|---|

具呈人刘鸿元 年四十岁 历城人住德兴号

为承包牲屠两税请求立案并恳当发布告以利进行而裕国课事窃缘张马乡区牲屠两税现下乏人包办不但集期时常发生争端且与国课收入攸关民见及此情愿认交全年牲畜税款三百元屠宰税款三百元共计六百元如蒙

允准即取殷实铺保负责担款为此呈请

钧座鉴核准予承包并请速颁布告以便收执而利税收实为德便 谨呈

历城县县长 周

刘鸿元 呈

中华民国二十七年十一月 日

**6. 中华民国三十年二月**

省令办定二十九年度牲畜屠宰两税造册报卷

财税字第二号

| 快邮代电 |
| --- |
| 民国三十年一月十八日到 |
| 事由　该县办定生出屠宰两税仰速造册报核由 |

快邮代电省财字第15号

历城何知事鉴核县办定二十九年七月一日起至三十年十二月末日止牲屠两税一万一千一百元发经本署省财字第九号代电核准在案迄今日久尚未册报殊属非是仰速分造六清册克日呈核勿延省长唐寒财印

| 类别　财政 |
| --- |
| 文别　票 |
| 民国三十年三月十三日拟稿 |
| 三月十七日盖印 |
| 三月十八日封发 |
| 事由　票传各年度牲畜税包商来案讯夺由 |

历城县知事何

票传事仰警即收管二七年度牲屠税包商阎庆林等二十八年度牲屠税包商朱魁山等二十九年度各区牲屠税包商人等分别税款并有传讯之必要令仰警立传来案以凭鞫讯去警勿延速速

计票传八名（外有二十九年度各区包商迳向区公所传包商人）

二十七年度　牲屠税包商

崔寿成　阎庆林　邵而泉路两区

二十八年度　牲屠税包商

朱魁山　马家区

王其岚　老僧口区

李玉廷　董家区

刘心斋　泉路区

王廷芳　邵而区

王延寿

二十九年度牲屠税各区包商

右令警

准批

以下只选了张马区的关系

计开　　　　警长　王墨耕

刘心齐　二十八年度泉路区牲屠税包商

三月二十四日

刘心斋供我即是刘志田我去年由区公所包的张马区牲屠税九月布告谕单一年半二

千四百元办定的未交别的款项交了一千六百五十元完全送给副区长赵苇杭了有收据没有认征保状以前包的泉路区牲屠税并未收税就停止了所供是实

计开

刘心斋

阎庆林

李斯珊

季世明

王其岚　未到

刘心斋季世明分别具结阎庆林觅保交欠李斯珊

仰即向区询明再讯此谕

四月十一日

刘心斋供泉路区二十八年度牲屠税是我办的认交税款八百元分两次交的第一次交了二百元有收条下余六百元无收条是绍谢宝华差带在济南交华楼当面交给程玉泉的二十九年度张马区牲屠税是我由区公所办的认交二千四百元的税款两次交到区公所一千六百五十元有收条是赵珩经手下欠七百五十元未交所供是实

| 行政书状　民国三十年四月十四日　收到 |
|---|

具状人　刘心斋　五十岁　男　济南市洛口镇

为具甘结事情缘民承包张马区二十九年七月一日至三十年十二月末日牲畜屠宰税款洋共计二千四百元除已交一千六百五十元外左七百五十元情愿于五月内（本月十六日）先交四百元所具甘结是实

谨呈

历城县知事　何

具甘结人　刘心斋

中华民国三十年四月

历城县公署

为

谕允事案奉

山东省公署省财字第三四号训令内开查各县牲畜屠宰油业等税照章每年复查一次现在二十八年度各项税款均届期满亟应另行查办惟新会计年度系于每年一月一日开始此次该县复查牲屠油各税仍照向例办定二十九年七月一日至三十年六月末日一年税款外按照原税款该数目自三十年七月一日起至十二月月底止另办半年税款分项令造清册呈报查核令即遵照切实办理等因奉此业经布告在案兹据刘志田呈请觅定妥保情愿包办张马区牲屠两税遵令认征税款自二十九年七月一日起至三十年十二月底止等情据此当经核定准予承包除呈报布告周知外合行谕仰该包商即便遵照办理务须照章抽税按期缴款以凭报解勿得违章浮收致干重咎切切此谕

右谕　张马区牲屠税包商　刘志田　准此

中华民国二十九年九月十日

今收到
刘志田先生浮存税款洋九百五十元整
历城县张马区区公所
历城县张马区区公所
十月
具请
六日

今收到
刘志田先生浮存国币洋七百元整
历城县张马区区公所
经手人　赵苇杭　□
二十九年九月十日
历城县张马区区公所
条

**7. 中华民国三十年三月**

张马区长黄用九转呈韩大有等承办大辛庄、王舍人庄集经过情形卷

财税字第五号

| | |
|---|---|
| 呈 | 民国三十年二月二十二日收到 |

为转呈事窃据职属王舍人庄承包集市秤斗牙纪韩大有大辛庄承包集市秤斗牙纪王茂林等呈称为恳请呈税款交足已行开办事缘于二十九年十二月间蒙前县长勒令承包王舍人庄暨大辛庄集市秤斗牙行经纪并指定王舍人庄常年课程四十元大辛庄常年课程二十元期限以二年半为满王舍人庄交纳押贴洋八百元大辛庄交纳押贴洋七百元遂每庄发给谕单布告各一纸当即遵照进行现值我

新县长荣任伊始理合将承包集税经纪情形并照抄谕单一纸仰乞区长转呈备查实为公便等情前来查该经纪等所称尚实情理合查同谕单一并备文转呈伏乞

钧署鉴核实为公便谨呈

历城县知事　何

计粘抄谕单二纸

张马区区长　黄用九

历城县公署

谕充事案据韩大有呈报请承充王舍人庄集税经纪等情到署据此查本年办定各牙经纪现奉山东省公署模范财字第八五号训令内开查近来治安日见推进自应将来办各集遵照牙行整顿办法认真查办列表报核所有新办各牙纪均准变通于办定之月起税截至三十

二年六月底为有效期间以昭核实等因奉此查该纪业经照章核定费税在牙行特许证未办法以前由本署发给谕单准予承充除布告周知外合行谕仰该纪务须照章收佣不得稍涉浮冒致干重咎切切此谕

上谕　王舍人庄行集经纪韩大有　准此

中华民国二十九年九月十日

| | |
|---|---|
| 类别 | 财政 |
| 文别 | 传票 |
| 送达机关 | 韩大有　王茂林 |
| | 二十年三月十三日拟搞<br>三月二十日盖印<br>三月廿一日封发 |
| 事由 | 为票传王舍人庄经纪韩大有大辛庄经纪王茂林等来案以凭讯办由 |

历城县知事何

票传事案据张马区区长黄用九呈为王舍人庄及大辛庄集秤斗牙行纪韩大有等县税款交足已行开办收税请鉴核等情据此查大辛庄与王舍人庄秤斗牙行究竟何时办完悬案未准帅任移交无从考查除批示外合行传讯为此仰警等即将后列人等立传来案以凭讯审去警勿延速速

计传

韩大有　王舍人庄　　王茂林　大辛庄

右令警　　准此

计开　　　　　　　　　　警长　王墨耕

韩大有　　王舍人庄集包商

王茂林　　大辛庄集包商

三月二十四日

韩大有供我是王舍人庄集经纪在去年十二月四日办完的至三十二年六月底期满贴费课程共合八百二十元款都交齐了由区公所杨助理员春田经手没有收条以前归张马区试办以后经帅县叫我接办的所供是实

王茂林供我是大辛庄集经纪自二十九年七月十日起至三十二年十二月底七百二十元办完的有布告谕单是区公所用我叫的名交了一百二十元有收条副区长赵维杭收的其余交的款我自己证的有花单没有收条所供是实

## 8. 中华民国三十年四月

呈报省公署整顿牙税案卷

财税字　第六号

| | |
|---|---|
| 类别　财政<br>文别　传电<br>送达机关　省公署 | |
| | 三月三十一日拟稿<br>四月　二　日盖印<br>四月　三　日盖印 |
| 事由　为电陈整顿牙税情形请核示遵由 | |
| | 发文　财字地四九六号 |

山东省长唐钧鉴查本县境内计其集市五十余处民国二十七年办理牙行编审经周前任审定终宫柳埠等集十余处呈报有案嗣帅前知事到任接续编审究竟审定若干应征费税各若干查无底案册报国课攸关既未便稍涉含混而多数集市迄未审定亦无收入大有妨碍知事为彻底整顿起见一面拟将帅在经办各集逐传到案重新审查其其未办各集即由知事招商承办以免荒废藉裕税收除俟全案核定另文呈报外所拟整顿牙税一案办法是否有当乞电示遵暂代历城县知事何〇〇叩各部

| | |
|---|---|
| 类别　财政<br>文别　票 | |
| | 四月十五日拟稿<br>四月十九日缮写<br>四月廿一日盖印<br>四月廿二日封发 |
| 事由　票传各区牙纪来案讯夺由 | |

历城县知事何　　为

票传事仰警立即前往即将后开各集牙纪逐传来案以凭讯夺去警勿延速速

计票传

粘单一纸

上令警　　　　准此

以下即为传给政警王墨耕的令（四月二十四日）

（县限三日内撤销）

| | | | | |
|---|---|---|---|---|
| 张马区 | 王舍人镇 | 大辛庄 | 坝子屯 | 堰头镇 |
| 卧牛山 | 随堰头 | 清宁区 | 崔家寨 | 清宁寺 |
| 张家庄 | 朱毛店 | 马家区 | 香王店 | 焦家集 |
| 姚家店 | 高芦庄 | 老僧口区 | 唐王道口 | 娄家庄 |
| 崔家庄 | 老僧口庄 | 梨珩庄 | 高官寨 | 遥墙庄 |
| 郭而庄 | 鸡旺口 | | | |

附记

和本卷宗一起的还有以下的二种传票

一　历城县知事

票传事仰警即将二十七年度牲屠税包商阎庆林等二十八年度牲屠税包商朱魁山等二十九

年度各区牲屠税包商人等分别立传来案以凭鞠讯去警勿延速速

计票传　名

二十九年牲屠税包商（问区公所传包商人）

上令警长　王墨耕　准此

中华民国三十年三月八日

县限三日销

| | |
|---|---|
| 类别　财政 | |
| 文别　票 | |
| | 中华民国三十七年七月廿三日缮写 |
| | 七年廿四日盖印 |
| | 七月廿四日封发 |
| 事由　票传各集牙纪来县由 | |

历城县知事何　　为

票传事查本年下半年各集应交牙税现已逾期迄未交纳殊属非是再各集牙纪承包姓名拟即日造册呈报省署并仰各该纪务须亲身来案补具认保状严催汇持为此仰警前往各集即将各牙纪逐传来去警勿延速速

计票传

集牙纪……

上令警　　　　限　日销

针对四月二十四日的传令的计开

计开　　　　　　　警长　王墨耕

马家区

张省三　焦家集牙纪　欠二十八年下半年二十元三十年上半年

张振三　高芦庄牙纪　校供二十九年牙纪七十元已交

张杰三　姚家店牙纪　傅维伙友泉代系张杰三

张省三与张杰三二名均无认保状着分别出具认保状严催查核此谕　四月二十九日

张省三供四十五岁焦家集牙行经纪于二十八年年底在帅县长任内办定的认定五年征费三百元每年课程四十元有布告谕单款交给陈主任有介绍人无收条二十九年交了四十元有收条二十八年下半年年末交所供是实

张振三供我并不欠税款二十九年课程完全是交给程玉泉先生收的三十年度未交所供是实

张杰三供我名传维泉是代麦张杰三来的姚家店集于二十八年年底在帅县长任内办的认定五年帖费三百六十元每年课程二十元二十八年下半年欠交税款十元二十九年交清三十年度未交所供是实

计开　　　　　　　　　　　警长　王墨耕

清宁区　封寿亭　张家庄猪毛店牙纪

刘鹤亭　清宁寺牙纪

着分别具结存案严催核办此谕

四月二十九日

封寿亭供年五十二岁清宁寺人务农为业张家庄猪毛店两集是我办的认定五年征费一百元每年课程四十元所供是实

刘和亭供清宁寺集是我办的在二十九年三月间办

定五年征费四百二十元二元每年课程四十元所供是实

计开　　　　　　　　　　　　警长　王墨耕

张马区　韩大有　王舍人庄牙纪

王茂林　大辛庄牙纪

张延祚　坝子屯牙纪

马桂林　堰头镇卧牛山牙纪

除张延祚已具有结状外其余韩大有等着分别具结存案严催核办此谕

四月二十九日

韩大有供年四十五岁我是王舍人庄庄长本庄集经纪是在去年十二月十日办的认定五年征费八百元每年课程四十元款是交给区公所转交给都科长收的课程已交二十元下欠未交所供是实

王茂林供年五十三岁大辛庄人务农为业大辛庄集牙纪是在去年十二月间办定的认交帖费七百元每年课程四十元所供是实

张延祚供年三十三岁坝子人我在去年才接手帖费数目我不知道课程是四十元所供是实

马桂林供年五十六岁堰头人作买卖本集牙纪是我在去年十一月间办定的认定帖费三百元每年课程二十元所供是实

计开　　　　　　　　　　　　警长　王墨耕

焦尚祯供称五十岁住香王店自二十九年承办香王店集经纪认定证费二百六十元一次交清每年课程附娟交清欠交二十八年下期三十年

上期蒙讯具结所供是实

计开　　　　　　　　　　　　警长　王墨耕

鸭旺口

王希珍　系遥墙庄集包商

郭而庄

着分别出具认保结状各状存案并饬分集具结此谕

五月一日

王希珍供称四十六岁住遥墙自二十九年七月间承办遥墙集认定证费四百元课程四十元郭而庄集证费三百元课程三十元鸭旺口集证费三百元课程三十元三集共交证费一千元课程未交蒙讯自二十九年七月一日起分期交款立具结所供是实五月一日

计开　　　　　　　　　　　　警长　王墨耕

老僧口区

娄桐山　系唐王道口崔家庄牙纪

刘茂恒　系老僧口娄家庄牙纪

王锡义 系高寨梨珩牙纪

按照当时实际情形分别出具认保各状存档案核办此谕

五月三日

娄桐山供年三十四岁开油坊为业娄家庄人唐王道口集（崔家庄）是我办的认定帖费一百元课程四十元额外一百六十元二十九年度交了二十元下欠未交蒙讯出具认保各状所供是实

刘茂恒供三十三岁唐王道口人办牙行为业老僧口娄家庄集是我办的认定五年帖费一百五十元课程七十元额外一百八十元二十九年度税款交了三十五元下欠未交蒙讯出具认保各状所供是实

王锡义供高官寨梨珩庄牙行是我办的认定帖费一百元课程四十元额外二百元二十九年度税额交了二十元下欠未交蒙讯出具保结所供是实

计开　　　　　　　　　　　　警长 王墨耕

王焕章 系崔家寨集牙纪

着即出具认保结各状呈催汇案核办此谕

五月六日

王焕章供年四十岁崔家寨人办牙行为业崔家集税是我办的认定帖费六十元课程二十元二十九年度税款已经交清二十八年下半年未交当交手续费一百九十元蒙讯出具认保各状所供是实

计开　　　　　　　　　　　　警长 王墨耕

王延寿 邵而庄集牙纪

刘春轩 东渴马庄牙纪

王延寿欠交帖费一百元查核周任已经出具收条惟帅任并未列收此款先为何人所欠应由牙纪王延寿负责至王延寿欠交二十七年下半年附捐与二十八年附捐着即分别缴纳刘春轩着即分别具结此谕

五月七日

刘书轩供年五十二岁东渴马庄人在家种地渴马庄集是我办的牲口交易均按二成抽税其他买卖概不收佣并未发给布告谕单认定帖费三百六十元每年课程二十元二十九年下半年与三十年上半年税款未交蒙讯出具认保各状所供是实王延寿供五十岁住邵而庄包办牙行邵而庄集是我办的于二十七年下半年办定的有布告认定帖费二百五十元每年课程一百五十元二十七八九年附捐未交蒙讯具结所供是实

训令 各县牙纪自本年七月一日起除革旧募新不计外一律不准添募经纪以示限制仰遵办由

五月二十四日收到

山东省公署训令30省财杂和字第五一八号

令历城县知事

案查本届编审牙纪于二十七年七月通令各县查办承地方秩序破坏之余集市废弛商业凋敝办理既多困难进行尤为迂缓前曾令饬各县就政令能以推动之处先行查办其收复较晚区域俟政治推进随时查定册报两年以来据各县知事陆续办定牙纪册报之处仅达七

十余县募定牙纪户数认纳费税多寡极不一致较之事变以前额数相差甚巨本可俟地方治安推进随时添募经纪惟增设零星行户认税寥寥无裨库收迭据各县商民呈控新纪递年需索显有滋扰情事所有各县添设行纪在本年六月底以前呈报到署准予随时酌核办理自本年七月一日起除已办编审县分革旧募新不计外凡属治安稳定各县续办牙行以及收复较晚县分尚未编审牙纪之处一律不准添募经纪以示限制除通行并分令各道尹查照外合行令仰该知事即便遵照办理仍随时严行查禁私收以杜流弊是为至要切切此令

中华民国三十年五月

省长　唐仰杜

| | |
|---|---|
| 类别　财政 | |
| 文别　布告 | |
| 送达机关　阖邑商民 | |
| | 二十六年六月廿一日拟稿 |
| | 六年廿五日缮写 |
| | 六月廿六日盖印 |
| | 六月廿七日封发 |
| 事由　布告阖邑商民人凡有愿充未办各集牙行经纪者着即来县报名严催订期投标由 | |

历城县公署布告　　财字第　号

查本县治安现已达及全境所有未行办定各区各集牙行函应招商包办以免荒废兹将未行办定各处牙行开列于后如有愿充以后开列各集牙行经纪者着于本年七月十日前来县报名严催订期投标毋得自误切切此布

计开（照单开）

未行办定各集牙行坐落地点

一　（省略）

一　（省略）

一　（省略）

| | |
|---|---|
| 类别　财政 | |
| 文别　票 | |
| | 廿七年七月十九日缮写 |
| | 七年廿一日盖印 |
| | 七月廿二日封发 |
| 事由　票传未经办定各集牙行之各庄长来案讯夺由 | |

历城县知事何　　　　　　　　　　　　　为

饬传事查各该庄牙行迄未办定经本署布告招标亦复无人过问为此仰警前往即将后开未经办定各集牙行之各庄长务于七月　日逐传来案以凭讯夺去警勿延速速

票传

集庄长

右令警　　　限　日销

## 9. 中华民国三十年八月起
## 省令各年度牲屠两税、牙纪费税分款册报案卷

杂税类第十四号

| |
|---|
| 训令　仰将周帅两任少报之牙纪费税及帅任原办二十八九年度牲屠两税赶速分款册报由<br>民国三十年四月十六日收到 |

山东省公署训令　省财和字第三八〇号

令暂代历城县知事何闻天

为训令事案据该知事呈送前任知事帅景略任内经征各项杂税清册二本内列周前知事任内办定二十七年度各集牙行证费三千三百六十五元每年牙税三千六百八十元二十七年度牲税一千八百五十元屠税一千二百五十元帅前知事任内办定西瓜行及鸡鸭蛋行证费一千二百八十三元每年牙税七百零一元二十八年度办定各集牙行证费九百三十元每年牙税五百五十五元又办定二十八年度牲屠两税一千三百五十元二十九年度办定各集牙行证费三百十元每年牙税一百五十元又办定二十九年七月一日至三十年十二月底止牲屠两税一万一千一百元等情据此查核县周前知事办定段店集等处牙纪十一户认纳证费一千五百一十元每年牙税八百四十元帅前知事办定马家区等处斗秤牙纪焦尚祯等八户认纳证费七百三十元每年牙税二百九十元久经指令核准在案兹据该县册开牙纪费税各数核与周帅两任原报数目不符又所办西瓜行纪二户鸡鸭蛋行纪一户早经本署公财字第四八一号指令核驳应将原收证费如数发还商民领同册列西瓜行鸡鸭蛋行牙税应予剔除至帅任办定二十八年度牲屠两税一千三百五十元及二十九年七月一日至三十年十二月末日止牲屠两税一万一千一百元应即赶速分款分年补造包商姓名税款年籍清册呈送并将周帅两任少报之牙纪费税数目及帅任于二十八九两年办定各集牙纪十四处共认证费一千七百元每年牙税七百零五元究系何集何纪认纳费税各若干应速逐户开造行名经纪姓名年籍费税佃数清册呈送查核一面将该前知事征起各项税款刻速催齐清解未完商欠亦即严催缴解以重公帑除送到清册存查外合行令仰该知事即便遵照令饬各节克日分款造册呈报以凭核办毋稍违延切切此令

中华民国三十年四月

省长　唐仰杜

| |
|---|
| 类别　财政<br>文别　呈<br>送达机关　省公署<br>附件　清册七本<br>三十年七月十九日拟稿<br>八月　一日盖印<br>八月　二日封发<br>事由　呈送二十七八九年办定牲屠牙税包商牙纪姓名费税数目清册请鉴核查考由 |

案奉

钧署省财和字第三八零号训令内开以周帅两任经办各年度牲屠两税包商姓名税款年籍以及经办历年各集牙纪姓名税款清册饬即分款分年造册呈送等因奉此查帅前任经办历年各项杂税既未呈报立案复无底卷可查辗转传询资费时日正分途传讯间复奉钧署省财杂和字第七八七号令开前因除饬补具认保各状另文呈送外系帅前知事经办未准交代即因案离职亦未呈报立案又无底卷可稽当经分别传讯各包商牙纪等并取具保结各状存案现已分别传讯完毕理合分年分款造具包商姓名籍贯税款数目清册备文呈

钧署鉴核查考谨呈送

省长　唐

计呈送

二十七八九各年度牲屠税包商姓名税款数目清册各一本

二十七八九各年度办定各集牙行经纪姓名费税数目清册各一本

二十八九年度办定牲屠牙税包商牙纪交纳私款数目清册二本

署理历城县知事　何〇〇

**历城县知事何〇〇今代周前任历城县知事鼎二十七年度经办各集牙行经纪姓名费税数目清册恭请鉴核**

| | 集　称 | 行列 | 经纪姓名 | 五年征费 | | 每年牙税 | | 年龄 | 籍贯 | 备　注 |
|---|---|---|---|---|---|---|---|---|---|---|
| | | | | 元 | | 元 | | 不详 | 历城 | |
| | 终宫集 | 秤斗 | 吴明轩 | 200 | 00 | 100 | 00 | 同 | 同 | |
| | 柳埠(坞?)集 | 牙行 | 张东轩 | 150 | 00 | 70 | 00 | 同 | 同 | |
| | 高而庄集 | | 张全美 | 60 | 00 | 20 | 00 | 同 | 同 | |
| | 邵而庄集 | | 王延寿 | 250 | 00 | 150 | 00 | 同 | 同 | |
| | 兴隆庄集 | | 赵世仁 | 60 | 00 | 20 | 00 | 同 | 同 | |
| | 朱家庄集 | | 吴承芳 | 60 | 00 | 20 | 00 | 同 | 同 | 以上六集系周任办定呈报 |
| | 高芦庄集 | | 张振三 | 150 | 00 | 70 | 00 | 同 | 同 | 有案证明 |
| | 大间沟集 | | 杨万室 | 60 | 00 | 20 | 00 | 同 | 同 | |
| | 坝子集 | | 张延祚 | 100 | 00 | 140 | 00 | 同 | 同 | 以下四集系周任续办定未 |
| 收鸡鸭移 | 董家庄集 | | 吕月亭 | 400 | 00 | 240 | 00 | 同 | 同 | 报登明 |
| 列前段店 | 段店集 | | 周松岩 | 300 | 00 | 200 | 00 | 同 | 同 | 上款既于二十九年二月间 |
| 写到后一 | 鸡鸭藕行 | | 李长林 | 250 | 00 | 200 | 00 | 同 | 同 | 遵令布告除销登明 |
| 行 | 鱼虾 | | | | | | | | | |
| 下列三同 | 周官屯 | | 翟盛堂 | 60 | 00 | 20 | 00 | 同 | 同 | |
| 卷宗已函 | 洛口集 | | 翟允忠 | 60 | 00 | 20 | 00 | 同 | 同 | |
| 送市署 | 李家寺集 | | 翟兆鸿 | 60 | 00 | 20 | 00 | 同 | 同 | 以上六集于已于廿九年五 |
| | 肥猪行 | | 翟世恩 | 400 | 00 | 1000 | 00 | 同 | 同 | 月间移交济南市公署所有 |
| | 牛油骨行 | | 马玉东 | 100 | 00 | 70 | 00 | 同 | 同 | 欠交税款已函市署照数催 |
| | | | | | | | | | | 征证明 |
| | 北大槐树集 | | 李捷三 | 50 | 00 | 40 | 00 | 同 | 同 | 以上证费一百零五元系呈 |

续表

| 集称 | 行列 | 经纪姓名 | 五年征费 | 每年牙税 | 年龄 | 籍贯 | 备注 |
|---|---|---|---|---|---|---|---|
| 堰头集 | | 马汉卿 | 5000 | 3000 | 同 | 同 | 请文内每年交纳证费数登明 |
| 花生菓米行 | | 薛仲魁 | 10500 | 105000 | 同 | 同 | |
| 黄台桥 | | | | | | | |
| 西瓜行 | | 刘盖臣 | 2000 | 3000 | 同 | 同 | 以上六行系二十七年十二月间遵令取销登明 |
| 洛口西瓜行 | | 刘盖臣 | 2000 | 5000 | 同 | 同 | |
| 干鲜牛皮行 | | 马振鹏 | 40000 | 20000 | 同 | 同 | |
| 合计 | | 23名 | 3,36500 | 3,68000 | | | |

一　查二十七年度办定牙税二十三处每年应征三千六百八十元内于二十九年五月间移交市公署段店等集牙税一千三百三十元二十七年十二月奉令取消牛油骨行等集牙税一千六百元现在每年应征牙税七百五十元登明

历城县知事何〇〇今代卸任历城县知事帅景略补具二十八年度办定各集牙行经纪姓名费税数目清册恭请鉴核

| 集称 | 行别 | 经纪姓名 | 五年证费 | 每年牙税 | 年龄 | 籍贯 | 备注 |
|---|---|---|---|---|---|---|---|
| | | | 元 | 元 | | | |
| 崔家寨集 | 秤斗 | 王焕章 | 6000 | 2000 | 不详 | 历城 | |
| 香王店集 | 牙行 | 焦尚祯 | 6000 | 2000 | 同 | 同 | |
| 东南关集 | | 魏栋林 | 10000 | 4000 | 同 | 同 | |
| 焦家集 | | 张省三 | 10000 | 4000 | 同 | 同 | |
| 唐王道口集 | | 娄桐山 | 10000 | 4000 | 同 | 同 | |
| 姚家店集 | | 张杰三 | 6000 | 2000 | 同 | 同 | |
| 老僧口集 | | 刘茂恒 | 15000 | 7000 | 同 | 同 | |
| 高官寨集 | | 王锡义 | 10000 | 4000 | 同 | 同 | |
| 清宁寺集 | | 刘鹤亭 | 10000 | 4000 | 同 | 同 | |
| 张家庄集 | | 封寿亭 | 10000 | 4000 | 同 | 同 | |
| 合计 | | 十名 | 93000 | 37000 | | | |

一　查帅前任在二十八年度内陆续办定各集牙行十处每年应征牙税三百七十元自是年七月

一日起每半年应征牙税一百八十五元全年三百七十元前册呈报办定二十八年各集每年缴纳牙税五百五十元系二十八年下半年起至二十九年十二月底止一年半税款登明

历城县知事何〇〇今代卸任历城县知事帅景略补具二十九年度各集牙行经纪姓名费

税数目清册恭请
鉴核

| 集　称 | 行别 | 经纪姓名 | 五年证费 | 每年牙税 | 年龄 | 籍贯 | 备　注 |
|---|---|---|---|---|---|---|---|
| | | | 元 | 元 | | | |
| 渴马集 | 秤斗 | 刘春轩 | 60.00 | 20.00 | 不详 | 历城 | |
| 堰头集 | 牙行 | 马桂林 | 60.00 | 20.00 | 同 | 同 | |
| 遥墙集 | | 赵德新 | 150.00 | 70.00 | 同 | 同 | |
| 雅旺口集 | | 王希珍 | 100.00 | 40.00 | 同 | 同 | |
| 王舍人庄集 | | 韩大有 | 100.00 | 40.00 | 同 | 同 | |
| 大辛庄集 | | 王茂林 | 60.00 | 20.00 | 同 | 同 | |
| 合计 | | 6 名 | 530.00 | 210 | | | |

一　查前于本年三月间册报每年交纳牙税一百五十元嗣经查出帅任在二十九年十二月间又办定大辛庄王舍人庄两集每年交纳牙税六十元共计是年应征牙税二百一十元登明

历城县知事何〇〇今代周前任历城县知事鼎补具牲畜税包商姓名税款数目清册恭请鉴核

| 区　称 | 税　别 | 包商姓名 | 一年税款 | 年龄 | 籍贯 | 备　注 |
|---|---|---|---|---|---|---|
| | | | 元 | | | |
| 终宫区 | 牲畜税 | 吴得全 | 550.00 | 不详 | 历城 | |
| 邵而泉路两区 | | 崔守成 | 1300.00 | 同 | 同 | |
| 合计 | | | 1850.00 | | | 卷查前既呈报立案但未造送包商姓名清册今特代为补具登明 |

历城县知事何〇〇今代周前任历城县知事补具二十七年度屠宰税包商姓名税款数目清册
恭请　鉴核

| 区　称 | 税　别 | 包商姓名 | 一年税款 | 年龄 | 籍贯 | 备　注 |
|---|---|---|---|---|---|---|
| | | | 元 | | | |
| 终宫区 | 屠宰税 | 张东轩 | 350.00 | 不详 | 历城 | |
| 邵而泉路两区 | | 阎庆林 | 900.00 | 同 | 同 | |
| 合计 | | | 1250.00 | | | |

历城县知事何〇〇今代卸任历城县知事帅景略补具二十八年度牲畜屠宰税包商姓名税款数目清册恭请　鉴核

| 区　称 | 税　别 | 包商姓名 | 一年税款 | | 年龄 | 籍贯 | 备　注 |
|---|---|---|---|---|---|---|---|
| | | | 元 | | | | |
| 马家区 | 牲畜屠宰 | 朱魁山 | 250 | 00 | 不详 | 历城 | 此人已于上年七月间病故登明 |
| 老僧口区 | | 王其岚 | 300 | 00 | 同 | 同 | |
| 董家区 | | 李玉亭 | 300 | 00 | 同 | 同 | |
| 泉路区 | | 刘心斋 | 300 | 00 | 同 | 同 | |
| 邵而区 | | 王廷芳 | 200 | 00 | 同 | 同 | 以上系帅任混合办定既未呈报立案县卷亦无认状保结登明 |
| 合计 | | 5名 | 1350 | 00 | | | |

历城县知事何〇〇今代卸任历城县知事帅景略补具二十九年度牲畜屠宰税包商姓名税款数目清册恭请　鉴核

| 区　称 | 税　别 | 包商姓名 | 一年税款 | | 年龄 | 籍贯 | 备　注 |
|---|---|---|---|---|---|---|---|
| | | | 元 | | | | |
| 马家区 | 牲畜屠宰 | 张汉三 | 1200 | 00 | 不详 | 历城 | |
| 清宁区 | | 周锦洙 | 900 | 00 | 同 | 同 | |
| 张马区 | | 刘心斋 | 1200 | 00 | 同 | 同 | |
| 东梧区 | | 王立义 | 900 | 00 | 同 | 同 | |
| 泉路区 | | 李斯山 | 900 | 00 | 同 | 同 | |
| 董家区 | | 陈嘉善 | 1200 | 00 | 同 | 同 | |
| 老僧口区 | | 王其岚 | 1200 | 00 | 同 | 同 | |
| 党家区 | | 马书光 | 1050 | 00 | 同 | 同 | |
| 终宫区 | | 吴德全 | 900 | 00 | 同 | 同 | |
| 遥墙区 | | 王捷南 | 600 | 00 | 同 | 同 | |
| 邵而区 | | 马健民 | 1050 | 00 | 同 | 同 | 以上系帅任混合办定自廿九年七月一日起至卅年十二月底止均未呈报立案县档亦无认状保结登明 |
| 合计 | | 十一名 | 11100 | 00 | | | |

| |
|---|
| 事由　仰将县二十八九年度牲屠两税分年分款另造妥册呈送核办由<br>中华民国三十年九月十五日收到 |

山东省公署指令　省财杂平字第一四〇〇号

令历城县知事　何闻天

呈一件呈复造送二十七八九年度牲屠两税包商姓名税款数目册及原续办定牙纪姓名费税册请鉴核由呈册均悉查该县周前知事任内漏报高芦庄集秤斗牙行经纪张振三等四户共认证费七百十元每年牙税三百七十元帅前知事任内二十九年度办定渴马集秤斗牙行经纪刘春轩等六户共认证费五百三十元每年牙税二百一十元又于二十八年度办定崔家寨集秤斗牙行经纪王焕章等十户共认证费九百三十元每年牙税三百七十元核与该县前次册报帅任办定牙税年征五百五十元数目计短少一百八十五元是否确系原报错误抑系经管录事营私少报应再由县详查具复备核至册列周前知事任内办定二十七年度牲屠两税核与原办数目尚属相符惟二十八九两年度牲屠两税并未分项开列细数殊嫌含混仰即遵照详查经纪王焕章等十户原认牙税实收明白呈复并将牲屠两税分款分年另造妥册呈送核办一面将应征证费牙税及牲屠税款赶紧催收分批报解均毋违延切切此令册存

中华民国三十年八月

省长　唐仰杜

| |
|---|
| 类别　财政<br>文别　呈<br>送达机关　省公署<br>民国三十年十月一日拟稿<br>十月三日盖印<br>十月四日封发<br>事由　为呈复二十八九年度牲屠税分款困难及二十八年度牙税数目错误情形请鉴核备查由 |

案奉

钧署三十省财杂平字第一四零号指令以援本县呈复造送二十七八九年度牲屠两税包商姓名税款数目清册及原续办定牙纪姓名费税清册请鉴核一案缘由奉令内开查该县于二十八年度办定崔家寨集牙行经纪王焕章等十户共认每年牙税三百七十元核与该县前次册报帅任办定牙税年征五百五十五元数目计短少一百八十五元饬再查复备核至二十八九年度牲屠两税并未分项开列细数殊嫌含混仰即遵照详查呈复分款分年另造妥册呈送核办等因奉此遵查职县前报帅任办定牙税五百五十五元系一年半税款数目实系原报错误确无营私少报情事至二十八九年度牲屠两税系帅前任内混合办定所有税款数目无从分晰均于前呈清册说明栏内详细声叙在案兹奉前因理合据实呈复敬请

钧署鉴核备查谨呈

省长　唐

署理历城县知事　何〇〇

# 三 规则类集

## 1. 修正山东省征收田房契税暂行章程

（民国二十八年十一月五日奉省公署第七二号训令公布施行）

第一条 凡本省典卖田房应征契税均依本章程行之

第二条 典卖田房之买主或承典人须于契约成立后六个月内赴县市公署纳税领契凡官署地方自治团体及其他公益法人为不动产之买主或承典人免纳契税但以收入为目的者不在此限

第三条 买契纳买价百分之六典契纳典价百分之三无论典买每粘契纸一张征收契纸价银五角契税契价一律以银元计算其从前习惯写钱数者亦应按市价折合计算

第四条 买契税由买主交纳典契税由承典人交纳如出典人于限满赎产时归还税额之半于承典人先典后买之买契得以原纳典税划抵买契税但以承典人与买主属于一人者为限

第五条 凡典卖田房若逾本章程第二条规定限期延不纳税或匿写契价者一经查明或被告发其延不纳税者处以应纳税额五成之罚金匿写契价者除补缴所短税额外照应纳税额全数科罚前项罚款以半数留县市公署分别充赏半数报解充公

第六条 各县市征收前条罚款应造具被罚花户姓名清册及简明案由按月专案呈报查考

第七条 田房买典税契纸定为三联式由省公署编制印发各县市备用其一联留县市公署存查一联呈缴省公署查核一联发给业户收执

各县市公署领存前项契纸应妥慎保管其保管规则另定之

第八条 各县市粘发契纸时应于存根及缴查两联骑缝纵处用大写注明收税数目加盖县市之印并于缴查及发给业户之契纸骑缝纵处照所缴税额粘贴契税凭证加盖戳记

前项契税凭证规则另定之

第九条 人民典买田房应由各县市长官分别责成各区契约纸发行所人员等随时详查催令纳税其有延税匿价之户亦即责令查报并在科罚充赏款内由县市公署酌赏若扶同隐匿查出后并予究办

前项各区契约纸发行人员各县市长官就各该区之乡镇庄街长等人员派充之

第十条 各县市经征契税应由县市公署设立田房契税管理处派熟悉税务人员专管征收税款及粘发印契事项其办公费即在收起税款数内留支百分之八

第十一条 各级法院及县司法机关审理田房诉讼事件遇有未经完过契税之契纸应交由征收机关分别补税后再行依法裁决

第十二条 各级法院办理不动产登记应以完过契税之红契为证明方法未税之白契应交由征收机关分别补税后再行登记

第十三条　各县市预用契纸每三个月应将领销结存数目及承销契纸价额造表呈报

前项表式另定之

第十四条　各县市征起税款应按月造具月计表呈报省公署查核上月之表至迟不得逾下月上旬造报到署

省公署应按月汇全省县市之征收实况分别报会部并于每届会计年终了时列表汇报会部查核

前项表式另定之

第十五条　凡县公署依本章程规定呈报省公署之事项均应呈由道公署转报但遇有直接省公署之必要时得分呈道公署备查

第十六条　本章程自行政委员会核准后公布之日施行

### 2. 修正山东省推收户粮暂行规则

（民国二十八年十一月五日奉省公署第七二号训令公布施行）

第一条　山东省推行户粮依本规则办理之

第二条　各县市公署内附设户粮推收处由县市长官督同该管人员办理推收过拨注册事宜

第三条　人民买卖田房应由卖主遵章填具推收单交付买主拨粮过户注册管业

前项推收单由省公署规定式样令县市印制编号发交各区契约纸发行所保管以备人民成立契约时随同领用

第四条　非买卖行为（如继承分析赠与等）必须过拨粮赋者亦适用前条之规定

第五条　推收处接到前项推收单时应将业户过拨粮赋数目及其他事宜照单另立登记簿逐一注明以备稽考

第六条　业户呈交推收单请求推收时须呈验合法契约并由买主卖主双方报明以杜诈伪

第七条　地在甲庄户在乙庄者过粮时必须拨归地亩坐落之各本庄不得以户为转移

第八条　过拨费每户收洋一角此外不得多索

推收处人员如有额外需索或违法行为一经觉察或被告发查实严惩

第九条　推收处应支薪工纸张等费以过拨费分配支给之

第十条　本规则自行政委员会核准后公布之日施行

### 3. 修正山东省征收田赋暂行章程

（民国二十八年十二月　　奉省公署第七二号训令公布施行）

第一条　各县市征收田赋悉依本章程之规定办理之

第二条　本省田赋暂按各县市原有等则应纳丁漕数目每丁银一两按四元每漕米一石按六元折合征收之

第三条　本省田赋分为第一期（上忙地丁）第二期（下忙地丁）第三期（漕粮）三次征收之

第四条　田赋第一期于三月一日开征至六月二十日截数田赋第二期于九月一日开征至十二月二十日截数田赋第三期于十月一日开征至次年一月二十日截数

第五条　各县市因青黄不接呈准缓至麦后启征之第一期田赋应自七月一日开始至八月二十日截数

第六条　各县市遇有灾歉年分应将初勘册内所列蠲余应征之数先行催征报解不得借词灾案未定不能催征致碍截数

前项蠲余分数如果复勘案内再有变动时得分别更正

第七条　征收田赋所用之串票须照颁发式样于开征一个月前印制填发齐全每串票一张暂收费二十文（即当十铜元二枚）

第八条　各期串票均为四联甲联为通知单须于开征前一个月送交纳粮人乙联为凭单须于人民完粮时立即掣给丙联为缴查应于征收结束时汇呈省公署丁联为存根留市县备查

第九条　串票各联均应逐栏填写不准有空白及草书其中数目字尤须大写

第十条　各县市经征田赋须于开征前一个月印制各项地亩派征赋税一览表将田地名称赋税等差及某种地应征正税及附税各数目分款详列发给各乡镇张贴并于征收处门首依式大字书写俾众周知

第十一条　各县市经征田赋在开征期内必须逐日查造日计表每届月终造具月报清册连同本月日计表一并呈送省公署考核

省公署应按月汇集全省县市之征收实况分报会部并于会计年度终了时列表汇报会部查核

前项日计表及月报清册式样另定之

第十二条　各县市经征田赋在开征期内每届月终应将本月收数电报并须月清月款至截数之期须扫数解清倘遇扫数期后十日尚未将征完之款批解到库者即从严议处

第十三条　各县市经征田赋应于扫解后十日内造具盘查清册专案呈送省公署如遇新旧交代应由新任督催原征解之前任依限造送否则新旧两任均罚俸一个月

前项盘查清册式样另定之

第十四条　各县市征起田赋除应支征解费外应扫数解交省库其它无论何项开支非奉省令一律不得扣拨否则以侵蚀公款论责令经征人员赔偿其有紧急用项以省令饬拨者应于扣拨三日内呈请填发支付命令备文抵解但不得与现款并为一文

第十五条　各县市经征田赋所有畸零卷尾应以本期田赋卷尾名目照数解省

第十六条　各县市经征田赋准支百分之三征解费（以四成作征收员征费四成作县

市长官解费二成作征收员笔墨纸张印刷费）此项留支随时备具单据批廻呈请拨正

第十七条　各县市经征田赋如能将本期应征之数全数征齐于截数后十日内扫解到库者准按实解现款数目（以坐支命令抵解者应剔除计算）核给百分之一奖励金

前项奖励金须俟盘查核定后专案饬领不得先坐支否则以欠缴公款论

第十八条　各县市长官经征田赋如有催征不力至截数之期尚未终应征之数全数收齐者得依左列规定惩处之

一　逾限十日者申饬

二　逾限二十日者记过

三　逾限一个月者罚月俸百分之十

四　逾限二个月者罚月俸百分之二十并立予撤任

第十九条　各期田赋如有疲玩花户至截数之期尚未完纳者得按后列限期科以滞纳罚金

凡逾截数之期十日者照未完正税加征百分之三逾期一个月者加征百分之五逾期两个月以上者加征百分之十前项罚金数目应于串票各联分别盖红字戳详细注明所有收款除留收百分之三征解费外余款应专案批解

第二十条　各项地租（如柳园地租河滩地租垦务岁租等）向与田赋性质相同者均照本章程办理

第二十一条　各县经征田赋按本章程规定应呈报省公署之事项均应呈由道公署转报但遇有直接省公署之必要时得分呈道公署备查

第二十二条　本章程自行政委员会核准后公布之日施行

## 4. 修正山东省征收牙税暂行章程

第一条　凡本省各县市征收牙税均应依照本章程规定办理

第二条　本省各牙行每届五年应编审一次但为整顿税收起见得于必要时提前编审

第三条　牙纪承包行税应先取具殷实铺保由该铺保加具欠税认赔甘结呈送该管县市公署验明酌定费税报请省公署核定后给证承充如该承包人有亏税逃匿或欠款不办等情事应即责由铺保照数赔缴

第四条　招募牙纪必须查明其确系本人承包不准捏名顶或集股伙办如在同一地点有二人以上请求承包时应依投标法决定之其投标规则另定之

第五条　牙行特许证费分为下列六等但依投标法决定者不在此限

一　一等三百元

二　二等二百五十元

三　三等二百元

四　四等一百五十元

五　五等一百元

六　六等六十元

第六条　牙税每年应纳税额分为左列六等但依投标法决定者不在此限

一　一等二百元

二　二等一百五十元

三　三等一百元

四　四等七十元

五　五等四十元

六　六等二十元

第七条　凡新添牙行介绍买卖必须实系大宗生意或以向有人抽收此项佣钱方准添设如系零星使用之物一概不准设纪以免扰累

第八条　牙纪应认明行业指定抽佣区域不准开设总行或以一证包揽数种行业致涉垄断

第九条　牙纪介绍买卖一切应秉公平办理成交后按百分之二抽收行佣不准额外多索并不得于

第十条　买卖成交前先行抽佣

第十一条　行佣应抽诸卖主如各地情形不同有必须变通之处得声叙理由呈请省公署核准暂照当地惯例办理但无论抽自何方所收之数不得超过法定限度

第十二条　各县市牙纪如有违章浮收越境抽佣情事一经查实即予革退立按浮收之数处以三倍至五倍之罚金

第十三条　县各市商民如私行收取行佣除如数追缴所收佣金外立按私收之数处以三倍至五倍之罚金

第十四条　县各市牙纪如有违章舞弊或因案革退及中途病故告退等情事发生时该管县市公署应即据实报请省公署核准更换另募新纪接充其长缴证费概不退还

第十五条　依第十一条第十二条科罚所得罚款该管县市公署应留五成报解省库

第十六条　牙纪税款每年应分四期缴纳以三个月为一期应缴之款至迟不得逾下期首月

各县市公署对于前项税款应按期催缴批解并将经征完欠各数按季造具季报呈核省公署应按季汇集全省县市之征收实况分报会部并于每届会计年终了时列表汇报会部查核

第十六条　牙行证费各县市公署应于办定时征之非照数征齐清解后不得发给特许证

第十七条　各县市公署征起牙税准提百分之五作为征解费就款留支按照抵解程序专案呈请拨正

第十八条　各县公署依本章程应呈请或呈报省公署之件均应呈由道公署核转但遇

有直接省公署之必要时得分呈道公署备查

第十九条　本章程自行政委员会核准公布之日施行牙行特许证式

存根

山东省公署财政厅为存查事查本省牙税业经修
改章则通令各县赶办编审依限册报　在案
兹据　县市　集　行经纪　缴到　等证实
洋　元恳请领证前来除准予注册并填发特许
证外合留存根备查
中华民国　年　月　日

## 5. 修正山东省招募牙纪投标暂行规则

第一条　本规则依据山东省征收牙税暂行章程第四条之规定订定之

第二条　招募牙纪应按原有证费牙税数目或酌加成数作为标准数目

第三条　投标地点日期时间及出包最低额数应由该管县市公署于举行投标十日前以布告公布之

第四条　投标人应于布告后开明姓名年龄籍贯住址职业等项取具殷实铺保欠款认赔甘结向该管县市公署声明挂号

第五条　凡旧包商积欠税款在投标日期两日前不能全行缴清者不得挂号投标

第六条　投标人投标时应当场领取标纸依照载列各项逐一填明亲自投入标匣

第七条　投标数目以证费与税款合计并计算认包最多者为中标如所投之最多数不及布告所定之最低额应将原定费税酌减定期另行投标

第八条　投标完毕应即时当众开视并将投标结果宣布一面将已中各标纸封固加盖公印俟证费缴齐后一并备文呈送省公署核准发给牙行特许证

第九条　举行投标及开标时应由该管县市长官会同委员及商会会长警察局长到场监视

第十条　投标人得标后应将证费于三日内一次缴清如不能依期缴纳或缴不足额托故退包者应令其按照所投数目认纳十分之二罚款不能缴纳罚款者由原铺保负责

第十一条　各县公署依本规则应呈送省公署之件均应呈由该管道公署核转但遇有直接省公署之必要时得分呈公署调查

第十二条　本规则自行政委员会核准后公布之日施行

字 第 号

牙行特许证

山东省公署财政厅为发给牙行特许证事 查本省牙税业经修改章则通令各县赶办编审 依限册报在案兹据 集 行经济 缴到等证费洋 元恳请领证办税前来查该经纪年 岁系 县人每年应完牙税洋 元除注册外合发给特许证存照该经纪即执此证在该集评估物价照章抽仍务使商民两无损亏倘敢借此证为护符朋充影射需索累民定即追证革究如有无证私行在集抽仍一经发觉即从严惩办其有因事歇业或告退以及病故与残废者即将特许证呈缴该县公署以便另募他人接充不准以亲族子弟或行伙人等暗中接替以杜把持各宜凛遵毋违须至特许证者

计开简明章程三条

一、牙纪承报行税应先取具殷实铺保由该铺保加具欠税认赔甘结呈送该管 公署验明酌定费税报请省公署核定后给证承充如该承包人有亏税逃匿或欠款不缴等情事应即责由铺保照数赔缴

一、招募牙纪必须查明其确系本人承包不准捏名顶充或或集股伙办如在同一地点有二人以上之请求承包时应依投标法决定之其投标规则另定之

一、牙行特许证费分为六等但依投标法决定者不在此限一等三百元二等二百五十元三等二百元四等一百五十元五等一百元六等六十元

一、牙税每年应纳税额分为六等但依投标法决定者不在此限一等二百元二等一百五十元三等一百元四等七十元五等四十元六等二十元

一、凡新添牙行介绍买卖必须实系大宗生意或向有人抽收此项仍钱方准添设如系零星使用之物一概不准设纪以免扰累

一、牙纪应认明行业指定抽仍区域不准开设总行或以一证包揽数种行业致涉垄断

一、牙纪介绍买卖一切应秉公办理成交后按百分之二抽收行仍不准额外多索并不得于买卖成交之前先行抽佣

一、行佣应抽诸卖主如各地情形不同有必须变通之处得声叙理由呈请省公署核准暂照当地惯例办理但无论抽自何方所收之数不得超过法定限度

一、各县市牙纪如有违章浮收越境抽佣情事一经查实即予革退并案浮收之数处以三倍至五倍之罚金

一、各县市商民如私行收取行佣除如数退缴所收佣金外并按私收之数处以三倍至五倍之罚金

一、各县市牙纪如有违章舞弊或因案革退及中途病故告退等情事发生时该管县市公署应即据实报请省公署核准更换另募新纪接充其长缴证费概不退还

一、牙纪税款每年应按四期交纳以三个月为一期每期应缴之款至迟不得逾下期首月

一、牙行证费各县市公署应于办定时征收之非照数缴齐清解后不得发给特许证

右证给经纪 收执

中华民国 年 月 日

| 签　标 | | | | | |
|---|---|---|---|---|---|
| 包认数目 | 职业 | 住址 | 籍贯 | 年龄 | 姓名 |
| 五年证费若干<br>五年牙税若干 | | | | | |

## 6. 修正山东省征收牲畜税暂行章程

第一条　凡本省各县市征收牲畜税均应依照本章程规定办理

第二条　牲畜税除猪羊两种归入屠宰税办理外其骡马牛驴等牲畜于买卖成交时均应依左列税额征税

一骡马及牛每头征税一元（骡马牛等驹折半征收）

二驴每头征税三角（驴驹折半征收）

第三条　牲畜税就各县市原有骡马商场及集市由各县市公署派员征收招商包办其招商包办者每包商一名发给特许证一张征收特许证费五元专款报解

第四条　牲畜税每年应复查一次由省公署派员会同县市公署或由县市公署单独办理核定税款造册呈报省公署核准发给特许证

第五条　牲畜税专向卖主征收之凡已经纳税之牲畜应由征税机关烙印某处征税机关税讫字样以为标识

前项烙印由各征税机关自制之

第六条　凡买卖牲畜已成交者除征收牲畜税外其牙纪行用仍照牙税章程办理

第七条　凡买卖牲畜成交后卖主需即时向征税机关报税领取牲畜税纳税执照于领照后随同出卖之牲畜转交买主收执如不报税领照而私行出卖一经查出或被告发除令照章补税外并照应纳税额处以三倍至五倍之罚金

第八条　牲畜税执照用三联式一联制给牲畜卖主收执一联留经征机关备查一联缴财政厅查核

前项执照由财政厅印制颁发应用但招商包办者应由该包商制就送请该管县市公署盖印后填用

第九条　征收人员如有扶同舞弊及浮收侵蚀等情事除追征所吞没款项外并按情节轻重分别惩处

第十条　依第七条规定科罚所得罚款该管县市公署应留五成充赏以五成报解省库

第十一条　各县市公署征起牲畜税准提百分之五作为征解费就款留支按照抵解程序专案呈请拨正

第十二条　各县市公署经征牲畜税及填用收税执照应于每月月终造册呈执照存根随同呈缴征起税款按月清解不得丝毫拖欠

省公署应按月汇集全省县市征收实况分报会部并于每届会计年度终了时列表汇报会部查核

第十三条　各县公署依本章程应呈报呈送省公署之件均应呈由该管道公署核转

各县公署依本章程应呈报呈送省公署之件均应呈由该管道公署核转但遇有直接省公署或财政厅之必要时得分呈道公署备查

第十四条　本章程自行政委员会核准后公布之日施行

牲畜税包商特许证

山东省公署财政厅　为发给包商特许证事案据
县市商民　呈请承包　县市牲畜税等
情查该包商　现年　岁系　县　乡人计应缴
全年税款洋　元并缴证费洋五元兹据该县知事市长
办定造册呈报前来除准予立案外合行发给特许
证收执办税该包商务须遵照定章抽收税款不得
额外需索致干革究须至特许证者
右给　县市牲畜税包商　收执
中华民国　年　月　日

丙联

征收牲畜税执照存根

山东省公署财政厅　为
设立存根事查有　卖给　一头
应缴牲畜税洋　元　角业经如数收讫除掣
给执照并将缴查呈厅备案外留此存查
征收员
包商
中华民国　年　月　日

牲畜税执照式

乙联

征收牲畜税执照查缴

山东省公署财政厅　为
设立缴查事查有　卖给　一头
应缴牲畜税洋　元　角业经如数收讫除掣
给执照外应将此联缴厅查核
征收员
包商
中华民国　年　月　日

此联缴厅备查

甲联

征收牲畜税执照

山东省公署财政厅　为
掣给收据事查有　卖给　一头
应缴牲畜税洋　元　角业经如数收讫合将
执照掣给该卖主收执此据
征收员
包商
中华民国　年　月　日

此联掣给贩运商人收执

存根

山东省公署财政厅　为设立存根事案据
县市商民　呈请承包　县市牲畜税等
情查该包商　现年　岁系　县　乡人计应缴
全年税款洋　元并缴证费洋五元兹据该县知事市长
办定造册呈报前来除准予立案并印发特许证外
合将存根缴厅须至存根者
中华民国　年　月　日

字第号

## 7. 修正山东省征收屠宰税暂行章程

第一条　凡本省各县市征收屠宰税均应依照本章程规定办理

第二条　屠宰税以猪牛羊三种为限其应征税额如下

一、猪每头征税二角

二、牛每头征税一元

三、羊每头征税二角

第三条　各县屠宰税由各该县公署派员设所征收或招商包办其招商包办者每包商一名发给特许证一张征收特许证费五元专款报解济南烟台等市区屠宰税由财政厅直接设局征收

第四条　各县屠宰税每年应复查一次由省公署派员会同县公署或由县公署单独办理核定税款造册呈报省公署核准发给特许证

第五条　屠宰税由宰户完纳之不分牝牡大小及婚丧年节凡宰杀者一律照额征收

第六条　凡宰户屠宰猪牛羊均须先向征收机关完纳屠宰税领得执照后方准宰杀

第七条　屠宰税执照用三联式一联掣给宰户收执一联留经征机关备查一联缴财政厅查核

前项执照由财政厅印制颁发备用但招商包办者应由该包商印制送请县公署盖印后填用

第八条　凡宰户不领执照而私行宰杀猪牛羊者一经查出或被告发除令照章补税外并依左列规定处罚之

一、初犯者照应纳税额处以三倍至五倍之罚金

二、再犯以上者牛每头处十元以上四十元以下之罚金猪羊每头处三元以上五元以下之罚金

第九条　征收人员如有扶同舞弊及浮收侵蚀等情事除追征所吞没款项外并按情节轻重分别惩处

第十条　依第八条规定科罚所得罚款征收机关应留五成充赏以五成报解省库

第十一条　各县公署征起屠宰税准提百分之五作为征解费就款留支按照抵解程序专案呈请拨正

第十二条　各征收机关经征屠宰税及填用收税执照应于每月月终造册呈执照存根随同缴征起税款按月清解不得丝毫拖欠

省公署应按月汇集全省县市之征收实况分报会部并于每届会计年度终了时列表汇集会部查核

第十三条　各县公署依本章程应呈报呈送省公署财政厅之件均应呈由该管道公署核转但遇有直接省公署财政厅之必要时得分呈道公署备查

第十四条　本章程自行政委员会核准后公布之日施行

联　甲

照执税宰屠收征

山东省公署财政厅　为
製给收据事查有　县　村镇街　屠商　屠
一头应缴屠宰税洋　元　角业经如数收讫
合将执照掣给该商收执此据
征收员
包商
中华民国　年　月　日

执收商屠给掣联此

联　乙

查缴照执税宰屠收征

山东省公署财政厅　为
设立缴查事有　县　村镇街　屠商　屠
一头应缴屠宰税洋　元　角业经如数收讫
除掣给执照外应将此联缴厅查核
征收员
包商
中华民国　年　月　日

查备厅缴联此

字第号收洋元角　　　　查存此联

联　丙

存根照执税宰屠收征

山东省公署财政厅　为
设立存根事查有　县　村镇街　屠商　屠
一头应缴屠宰税洋　元　角业经如数收讫
除掣给执照并将缴查呈厅备案外留此存查
征收员
包商
中华民国　年　月　日

屠宰税执照式

根　存

山东省公署财政厅　为设立存根事案据
县商民　呈请承包　县屠宰税等情查该
包商　现年　岁系　县　乡人计应缴
全年税款洋　元并缴证费洋五元并据该县知
事办定造册呈报前来除准予立案并印发特许证
外合将存根缴厅须至存根者
中华民国　年　月　日

字第号

证许特商包税畜牲

山东省公署财政厅　为发给特许证事案据
县商民　呈请承包　县屠宰税等情查该
包商　现年　岁系　县　乡人计应缴
全年税款洋　元并缴证费洋五元兹据该县知
事办定造册呈报前来除准予立案外合行发给特
许证收执办税该包商务须遵照定章抽收税款不
得额外需索致干革究须至特许证者
右给　县牲畜税包商　收执
中华民国　年　月　日

## 8. 修正山东省各项杂税招商投标暂行规则

第一条　本省牲畜屠宰等税凡系招商包办者均应依本规则规定以投票方法决定之

第二条　投标地点日期时间及出包该项税之最低额应由该管县市公署于举行投标十日前以布告公布之并呈报省公署备查

第三条　投标人应于布告后开具姓名年龄籍贯住址职业等项向该管县市公署声明挂号

第四条　凡旧包商积欠税款在投标日期两日前不能全行缴清者不得挂号投标

第五条　各投标人应按照布告所定之日期时间齐集投标地点当场领取标纸依照载列各项逐一填明亲自投入标柜前项标纸经由各县市公署照颁发式样印发备用其式样另定之

第六条　投标完毕应即时当众开标并将结果宣布以所认税额最多者为中标人

第七条　举行投标及开标时应由该管县市长官会同委员商会会长及警察局长到场监视

第八条　投标人所投认税最多额有二人以上相同时如其一为旧包商则归该旧包商承包如均系新商应当场以抽签之法定之

第九条　各投标人所投数目如均不及布告所定之最低额时应于三日内另行定期举行投标

第十条　各投标人应在投标前照布告所定最低额缴纳十分之二之保证金由该管县市公署开给收据待开标后不中标者发还中标者抵做税款

第十一条　中标人应于三日内出具认状并取具殷实铺保欠款认赔甘结两份一并呈送该管县市公署分别存转

第十二条　中标人如无正当理由不得声请退包违者没收其保证金

第十三条　中标人退包时得由认税额次多者承包但其包税额应照退包人所投数目认缴

第十四条　投标完毕该管县市公署应一面将中标人姓名与承包数目即日布告周知一面将已中未中各标纸封固加盖公印连同中标人认状铺保甘结及所缴四分之一税款并特许证费一并备文呈送省公署核准发给特许证

第十五条　各县公署依本规则应呈报或呈送省公署之件均应呈由该管道公署核转但遇有直接省公署之必要时得分呈道公署备查

第十六条　本规则自行政委员会核准后公布之日施行

附投标纸式

| 认税数目 | 包办区域 | 承包税项 | 职业 | 住址 | 籍贯 | 姓名 |
| --- | --- | --- | --- | --- | --- | --- |
| | | | | | | |

# 关于惯行调查的座谈会

## 引　言

本书如实收录了在华北农村实施的法律惯行调查中的询问与回答。虽然以问答为主要内容，但是作为调查资料，仍有必要对其中多处地方进行补充说明。本次出版的书中，除了原始资料中调查员所记述的调查地点概况外，新增了出版委员执笔撰写的各个调查地点的大体状况，并将之放到了各个报告的开头（例如：关于河北省顺义县沙井村，第一卷附了67页等）。此外，作为这次调查活动整体的梗概，以《调查事业的沿革》为题，简单讲述了整体经过（同上13页等）。一并刊载这些内容和第一卷登载的序文、简介、末弘博士论文等，希望能给读者提供或多或少的方便。

但是，这也并不十分充分。为了理解本书所富含的各类资料，更重要的事情是知道收集这些资料时被调查对象的情况以及调查条件等。上面提到过的补充说明并不能做到对此具体明确的解释。另外，调查主体方面的各种条件也同样如此。此项调查策划实施前后大约经过6年，其间的计划、实施内容给调查带来非常大的影响。在此期间，作为调查员也有各类问题需要反思。

关于上述几点，以相关调查人员即编辑委员为中心，非委员的调查员根据自身情况方便与否参加了座谈会。调查相关的事项都尽可能具体地记录，以便计划得以施行。幸运的是，大部分的调查员都还在世，其中有4名是编辑委员。与调查计划相关的基本文书资料辗转回到了编辑委员会手中。至今为止，存在的类似记录除此无它。调查至今已过了十几年，调查员们有记忆模糊的地方，探讨能够让记忆清晰起来，这样既可以订正补充内容，也可以防止错误的发生。用今天的视角来反省此项惯行调查活动加上反省检讨，对于法制社会学方面的调查任务以及方法这类一般问题，也能做出一些贡献。

基于前文宗旨，我们召开了关于中国农村惯行调查的座谈会。这是受1955—1956年度日本文部省科学研究经费资助的部分研究活动。

可是，问题在于当时承担各类调查任务的调查员（满铁调查部惯行班）不能够聚集一堂。全体成员有14人（包括指导者在内），其中1人（早川保）已经逝世，有7人住在东京以外，在东京的只有6人。在不得已的情况下，我们以惯行调查的负责人即7位编辑委员为中心，经过数次协商召开了座谈会。根据情况，我们尽可能让其他的调查员也直接参与到座谈会中，也采取了将会议速记记录传阅给全体成员的方法。但是不得不承认，这个方法并没有在座谈会中收到理想的效果。尤为无奈的是，实地调查的指导者——杉之原舜一先生远居北海道，并且在调查刊发数年间，不曾来过东京。由于其在调查活动中的核心地位，未能参加座谈会也让此会减色不少。因此，1957 年 4 月，安藤镇正和小沼正两位编辑委员利用去北海道的机会，并以第 1 次座谈会为基础，与杉之原交谈，解决了一些疑惑，并且请杉之原执笔撰写备忘录，表达观点。两位委员对备忘录提出疑问，并得到了杉之原回应的补遗内容。这些记录登载在座谈会纪录之后。虽然调查内容不甚完善，但这已是尽了我们最大努力做到的结果。

整理编辑座谈会记录的方法如下文所示。

每次座谈会内容采取速记方式，会后，将原本以及誊抄本送交给出席座谈会人员以及相关人员，由他们对记录进行检查以及订正补充。非与会者则清楚地记载其书面参会的意旨。我们尽量按原始资料进行编辑，但偶有例外。第 1 次座谈会前后经过了 6 个小时，由于大致涵盖了全部问题，我们便按照谈话顺序，加入了若干整理内容。第 2 次座谈会之后则基本上没有改动过。多次座谈会中讨论的内容，有前后重复以及相互矛盾的现象，因此也不是一字未改。我们处理过重复的地方，但大体使用原文。但是，关于调查机构自身的人事情况（事实上可以说是与调查有非常重要关联的内容），由于原则，未能记述。座谈会期间，除了与调查相关的历史事实外，也包括今天视角的回顾、反省，或是评价、意见。这种主观上的叙述，既包括当初计划之中的内容，也包括从外面看到的内容。这些内容恰当与否，要由读者来判断。作为一种参考，我们并未删除这些内容。

为了便于阅读，编者制作了每次座谈会记录的标题以及一览表等，并同样制作了每次调查与本书的对照表。

让人感到悲哀的是，在此次会谈记录的编辑过程中，当年的调查员佐野利一先生去世了（1957 年元旦）。佐野不仅亲自出席了一次座谈会，还经常不辞辛劳地对会议记录进行细致周密的检查和校正。这让佐野学术研究的尾声更加精彩。在这份记录的结尾，让我们缅怀已经逝世的佐野先生和早川保先生。

# 关于中国农村惯行调查的座谈会（第1次）

## 1957年3月2日于岩波书店

出席者　安藤镇正　小沼正　幼方直吉　加藤一郎
　　　　旗田巍　仁井田陞　福岛正夫　本田悦朗
　　　　前田胜太郎　山本斌　佐野利一（书面参会）

### 一　宗旨与议题

福岛：我想谈一下这次座谈会的主旨。

从1940年到1944年在中国华北农村开展的法律惯行调查虽然已经收录在《中国农村惯行调查》6卷本当中，但归根结底，原始资料中并没有记述如何得到并制作整理资料的过程，最初是如何准备并实行调查的，以及调查中又遇到了哪些问题等。但是，我认为明确这些具体内容非常有必要，它可以作为批判资料、分析资料的参考，让人们利用这本书来做研究。

针对这一点，在《中国农村惯行调查》第1卷（前面13页[1]）有由旗田执笔撰写了短文《调查事业的沿革》。虽然是一篇简明扼要的文章，且没有详细入微的说明，但不得不承认它是一篇重要的梗概文献。因此，我认为有必要在今天的座谈会上以此为中心来讨论。

读了这篇《沿革》后，有以下几点想法，以下是我个人的意见。

第一，满铁调查班是由十多名富有个性的调查员组成的，调查员的专业以及研究经历各不相同。但是，调查事业是一项统一后才能持续推进的工作。在这种统一的情况下，统一认识首先是在调查项目完成过程中实现的，而且完全实现也非常不容易。

第二，关于调查的具体实行情况。主体方面，满铁原有计划。此外，东京的东亚研究所第六调查委员会学术部委员会方面有一个计划。这些计划交叠重合。客观方面，则是受中日战争的政治方面条件所制约，因而经常遇到相当多的困难。

第三，调查技术是调查员在调查过程中各自学到的技能。在早期调查中，调查员们都不太熟悉如何进行调查。随着调查的进行，调查员们领会并熟练掌握了调查技术，得到了成长。从整体来看，调查前期与后期的成果有所差异。

---

[1] 译者注：此处的页码是指引文在日语原书中的页码。

第四，虽然东京方面利用这些资料完成了若干报告书，但是，实地调查班至少用了3年时间专心收集资料，并将其提供给东京方面。由于这些内容具有相当的积累，调查班成员计划编辑自己所汇总的调查报告。事实上，实地调查成员也着手完成了一部分报告书，并对此进行相互评判，使之向更出色的作品靠拢。但是由于诸多情况，未能完成这项工作。如果这项工作能够完成的话，那将会取得多么重要的成果啊！

以上几点都是我自身的感想。接下来就请当时的诸位调查员们，就调查项目的整体情况多多交流。但是，从调查时期到现在，已经过去了十几年，记忆也不是那么精确，做到和历史上的事实完全一致是不可能的。再则，最让人无奈的是，当时的指导者杉之原舜一先生远在北海道，不能亲临会场。正如人们所说的，有一种功亏一篑的感觉。但是，无论如何，既然得到机会让大半的调查员们聚集到这里，那就要利用这个机会尽力回想，按照顺序展开的话，可以相互纠正记忆中的差异，比较容易得到关键。请务必多关照。

值此之际，我希望对于调查能够做到自我批判以及对其他事情的批判。诸位调查员们，从今天的角度来看的话是这样。如果能在这里表达调查应该这样做等意见，无疑可以为现在各方面正在进行的调查起到重要的提醒作用。

因此，本次讨论大致分为三个议题如何？第一个是调查开始的时期。这是1939年、1940年的事情。以前就在满铁调查部的山本（斌）、佐野、安藤、小沼诸位应该是承担这些工作的。

第二个是调查项目的制作以及进入正式准备时期的事情。此时，杉之原、早川、杉浦、本田、内田、旗田诸位作为新成员加入，是正式设计调查项目，尤其是访谈项目的时期。

第三个是调查的实施。这个则分别按照每次的调查来探讨。关于话题的方向，各位还有什么意见吗？

本田：不讨论汇总调查和写报告书的时期吗？

福田：那么，就将此放到三个议题的后面，作为第四个议题吧。

幼方：关于实施调查时的社会条件问题，开会至此一直都未曾提到过。但是问题在于是如何反映这一点的，或者是未能反映这一点。正式开展调查是在昭和15年、16年、17年这3年，也就是1940年、1941年、1942年。当时，抗日战争进入到了哪个阶段呢？是持久战阶段。双方战况处于胶着状态，是非常混乱的时期。1940年《新民主主义论》发表。

这样一些政治的、经济方面的条件不仅是对中国农村生活，也对北京城内的生活产生了制约。反过来说，在日本调查员的意识里，又是以怎样的形式来反映的呢？综合考虑这些，再依据年代学来探讨的话，我想能够对最后得出结论起到一定的参考作用。

旗田：虽然也是要尽可能考虑到这些问题，但是，探讨途中提问的话……很容易忘掉之前的想法啊……

## 二　调查的开始

福岛：那么，现在就按照顺序从第一个议题开始吧。今天，预计将全部内容过一遍，由于时间的原因，虽不能够针对每个问题进行深入讨论，但可以在之后的座谈会上进行补充。

首先，调查的准备时间是在1939—1940年。关于这个时期的事情，想请教在座最有资历的山本（斌）和小沼。

小沼：山本其实比我先进入惯行班，大致回想一下。事实上，我是在一个值得纪念的日子到北京赴任的。那是1939年4月23日，虽然对别人来说没什么历史意义，但在那一天，原来的调查部门分为华北交通和满铁两个部门。当时的人员有，作为负责人的村田和山本，之后又加上了我。赴任之前，我经过大连，见到了天海。当时，佐野也在。他是惯行调查要员，比我先到达大连。因此，由天海发起，他和佐野两人针对旧惯调查，基于我做土地关系调查的前提，对我说了许多话。

在那之后，佐野暂时留在大连继续进行研究。但是计划突变，5月初，他和天海、松山一起到了北京。这样，安藤既然已经到了北京，就去了联银。之后安藤回到调查所。接着，盐见先生从华北交通部转到了满铁。此外，刘钧仁也加入进来。这样，惯行调查班就大致形成了。

忘了是哪一天，我们首先去了土地行政和惯行调查关系比较先进的“满洲国”。这是这项调查的起始。因此，大体上是刚才提到过的人在“满洲国”围绕以上方面进行调查。虽然我因病未能成行，调查周期大概为两周。总之，去地籍管理局等地调查了以上方面内容。

回来之后归纳了视察报告。这就是当时惯行调查项目最初的报告（“满洲国”地籍整理关系视察报告[1]复印）。

当时恰好是7月份。5月份的时候，天海和松山从北京去了蒙疆，问我能否帮忙整理绥远垦务资料。此后，佐野和我代替他们去做这项工作。工作从7月份做到9月初，我大概在9月10日左右回到北京。因为垦务资料非常有意思，我和安斋库治约定回到北京也要继续学习垦务资料（东阳文化第25号，参考关于天海谦三郎先生的座谈会）。

回来之后，从村田那里知道东京方面的事宜已步入正轨，也听说不能干涉别处资料。山本和小刘、盐见先生和安藤各自组成小组，去各地收集调查资料。他们是沿着铁路线开展调查的，分别是津浦线、京奉线、京汉线。

在这之前，山本从4月份开始由着手基础工作。包括收集各地方志，从中摘录与土地关系相关的资料。这个和刚才提到的9月份的概况调查应该是一样的。

当时，和东京的联系也大致清楚了。为此，村田还去了东京。这时，我们的工作就是阅读《满洲旧惯调查报告》等并概括归纳。工作的具体实施是在1月过后，当时已大致了解东京方面来人的阵容了。从那以后，满铁内部的人员配置计划、预算关系等，也都固定下来了。

总之，大概就是这样的情况。当时，我们对从日本派过来的人员有一种伺机而动的心态。从日本过来的人员，反正是和我们一样不会说中文的，大概半年左右无所事事。因

---

〔1〕 译者注：原文如此。

此，我们这边应该是快要完成调查资料了吧。

山本：刚刚说了我们分头沿铁路完成概况调查的事情，我应该是第 2 次去吧？

小沼：山本走京汉线的时候，遇到了洪水吧，因此遭了大难，延后了日程。你和刘先生是去的京汉线、京包线，和京古线，安藤和盐见是去的京奉线和津浦线。

前田：当时的指导者是天海吗？

小沼：当时在北京大家各自都是很自由的。但是，基本上是天海在活动。

福岛：天海是一位卓越出众、有实力的指导者。对了，天海的观点，应该是基本沿袭满洲旧惯调查的方法吧？

小沼：那种方法是从土地关系出发，进一步扩展至土地买卖等活动。

山本：基本上和小沼说的差不多。但是，我最初是在经济调查处工作。惯行调查刚开始时，难免有些没理顺的地方，但是大体上没错。虽然存在很多问题，放弃当下的准备这样的话是从村田开始说起的。通过翻阅调查文献，自己能够得到学习，也能成为后来的参考。因此，我们几乎通读了华北各县县志。我虽不具备阅读汉文的能力，但也学到了很多。抽取相关资料后，虽然土地问题是重中之重，但是先做了目录吧。

小沼：山本一直负责在方志里挑选相关内容。目录里有这些内容……

福岛：天海他们是在这个时期写的《华北土地调查资料》吧？

小沼：那是满铁总部方面的人写的。

加藤：山本做的方志索引是按年代依次摘录而成的吗？

山本：粗略翻阅是这样的。

仁井田：方志是从清朝到中华民国的。

山本：满铁基本上都有，一本方志的内容可能有三四册。

福岛：能在多大程度上为调查所利用呢？

山本：当时情况怎样呢？因为调查地点都是限定的，在 3 个地方开展，基本上没有使用方志。

本田：去调查地点之前，稍微看过一下。

小沼：后来，本应该在归纳的过程中进行历史方面的考察等，本来想着进展到那个时候，应该会有更大的用处。但是，最后没有达到那种程度。

山本：目标是研究成为一般性调查对象的内容。应该多加注意之处是如何判别普遍的事物和地方固有的特殊事物。例如，有飞地问题。开始以为这只是少数局部地区才存在的问题，经过调查，发现此现象非常多。诸如山东省的飞地在河北省，密云县的飞地在顺义县等等，我们了解到这种现象随处可见，这也是不能忽视的中国社会的一个大问题。出于这个目的，我们从浏览过的方志当中，再次摘抄了与飞地相关的资料。此后，我们与后面来调查的人员就此展开了一番探讨。

小沼：我对历史方面的东西非常感兴趣。早前，恩师加藤繁先生推荐过《熙朝纪政》一书。佐野和我将其翻译成日文。想着这本书与清朝的事情有些关联，可能会对后续调查有参考作用。本来预定由日本评论社出版，最终还是未能出版。这是我认为翻译书籍和研究方志都对扩大视野很有帮助的一种表现。

仁井田：不得不研究方志呢。

小沼：顺义县的方志太旧了，因此无法直接使用。

山本：新民会也有方志吧。

小沼：新民会的倒是直接就用上了。

福岛：最后，设计完成了调查项目吗？

小沼：没有。之前给您看的满铁方面的文书（1939年12月满铁调查部《中国惯行调查方针的调查项目计划》）（参考后文551页[1]）里类似的计划。村田做了很多很多遍，还问我们怎么样。

福岛：啊，是村田计划啊。

小沼：没错。就是拿着那个去东京进行事前商量的。

山本：事实上是非常严谨地制定的。

小沼：关于资料的收集，我们首先在清朝的政治文件方面得到了天海的指导。而且，预算也非常充裕，所以买了非常多的中文书籍。不管是买资料的费用还是调查的费用，都比平时充裕。

加藤：调查费是由满铁方面出资的吗？

小沼：是的。中文书籍非常必要，因此我们亲手查阅并制作了参考目录。日本文献则是由东京方面收集写在卡片上送过来的。

福岛：那个卡片是东京方面委员平野义太郎制作的，最后派上用场了吗？

小沼：派上用场了哦。

安藤：是非常贵重的资料，因为别的文献都没有被整理出来……

小沼：没有收集到所有的杂志，能收集到所有杂志的话，就太好了……杂志很难买到，看不到杂志也就……

福岛：平野努力制作出来的资料，其实也是东京方面设想的最开始的工作。但是，由于没有引起什么反响，作为干事成员的我也有一些失望。那些资料现在还留着吗？

仁井田：我得到的那一部分还在我手上。

福岛：天海和村田的方针是完全一致的吗？

小沼：在这一方面，统一纳入天海的方针里了。

福岛：那这么说，第一阶段准备的调查基本方针在第二阶段实施的时候扩大了吧。

山本：第1次是以土地为中心来考虑的。大家实地调查后，就变成调查村落了。

仁井田：暂且不提和满铁方面的内容是否相同。东京方面也是以土地为中心进行调查的。但是，不调查村落关系的话，也不能获得土地制度的资料，因此必须同时进行村落的调查研究。

山本：是以地目为中心进行调查的。

仁井田：这样的话，就算是以同样的土地法作为调查目标，和东京方面的想法也是有很大不同的吧。

---

〔1〕 译者注：此处的页码是指引文在日语原书中的页码。

福岛：原来是以地目为中心的满洲旧惯调查方法。当时倾向于那样的方式。

## 三　制定调查项目与选定调查地点

### （1）调查项目的制定

福岛：接下来进入第二个议题，这一次旗田等人也参加了。

小沼：在这之前，旗田和本田就已经在了吧。到达的时候，调查项目里除了村落外，大致都已经完成了。杉之原、早川、内田、杉浦等也大致是同时到的。

旗田：那是什么时候？

小沼：内田等人是1940年的5月还是6月到的。在我的脑海里留下了深刻印象的是，我们最初期待杉之原是怎么想的，用词虽然不是很准确，杉之原一开口就说："在这里想和大家讨论一下调查项目的实施方法。是之前的旧惯调查、法律惯行调查，只做这一方面呢？或者是从广阔的社会、经济基础相关的内容来考察。到底选哪种呢？"就这样，关于这个问题，如果按照后一种方法操作，把项目的分类方法列举出来，就是今天的项目。大概是7个项目……现在看来，分成这几类项目，是因为当时东京方面的项目没有传过来，在东京时曾在某种程度上谈及这一理念。此后，为了制定项目，给承担者分配了任务。这里所说的承担者，就是在《中国农村惯行调查》第1卷的满铁方面项目里附上姓名的人。先不管将来承担哪一个项目，总之先决定由哪些人来承担制定项目的工作。

福岛：对当时有一种什么样的印象呢？感觉是在说大话，空谈吗？

小沼：那是由项目承担者决定的，两三天之后就非常清楚明白了，但是和以往的感觉不同，既觉得发生了不得了的事情，又觉得很有趣。之后，细致地制订了项目。也是在此前后，东京方面的项目传了过来。

加藤：开始时，有很多争论吗？

小沼：关于这个问题，最开始还没有。

山本（斌）：我跟人有过一些争执。那对完成项目制定来说非常的费时间。这边认为日本那边的人肯定是什么都不知道的，尤其是来到实地，也不去农村，做着在东京都能做的事情是白费力气。因此，到了实地之后，稍微去农村看看也挺好的啊。这样想着而争得一塌糊涂。

佐野（书面参加）：杉之原说最开始要制作简单的项目。但我并没有预料到最后会形成那样的项目。

我也明白项目的必要性，毕竟在日本只学习文献的话，什么都不明白。我有这样的想法：去实地调查，真真正正地去农村看过之后，再来制定项目。但我并是能说会道的人，也说过暂不通用日本发来的项目这样的话。因此出现了问题，对后来也有影响。

旗田：我在去北京之前，受到了池内宏先生的提醒"不要立马就去实地调查。可以的话，至少要在一年之内不去农村，而是学习"。因此就想着一年之内不下农村。如果不管不顾地就去了农村，想法会变得混乱，还是停止这些乱七八糟的想法去学习吧，不要被可感知的事物所迷惑。因此赴任的时候，我对杉之原说："请不要让我马上去做实地调查，我暂时不想离开北京。”然而，实际上，我还是立刻就去实地调查了。虽然杉之原说了“会听您的意见”的话……

安藤：正如山本所说，总之先去实地看看怎么样，像这样花费时间讨论细微的事，到最后还是会非常困扰的。最初的时候，这样的讨论非常多。

加藤：那种方法是正确的吧？暂且不管项目是否完成得很好，即便制定整体项目，可以先在哪里开展一次预备的调查，在此基础上探讨具体内容。我认为，为制定项目而进行调查是正确的方式。大家怎么看？

山本（斌）：刚刚所说的事情也确实是事实，但是就算是做预备调查，为此也要设计项目，又会出现激烈争论。当时，杉之原的意图是让调查员步调一致，期望于调查开始前确立调查方法论。推进这些工作在实际过程中绝非易事。

小沼：我认为这样的结果还不错，当时我们也对实地调查很有兴趣，认为某种程度上那样做也不错。对此，杉之原说，如果去的话，去观察什么，必须要提交相关内容。

后来，我们考虑了现在的项目和实际状况的关系，设计项目、根据实际状况进行修正、调查上述内容的顺序推进等所谓阶段问题，后来想想，杉之原的想法还是不错的。

仁井田：因为过去经验不同的人们聚到一起，各自单独行动也非常麻烦，也很难实行。所以为了团结起来，那样做也是很有必要的。

小沼：但是这些想法最后也未能实现。来看项目的制定方式的话，就会发现，最开始决定的项目和后来自由讨论得出的项目有很大不同。也有可能是后来大家的势头被激发出来了，那样的结果也还是不错吧。

正好是在那个时候，去了北京的西郊，是顺义还是哪里进行了实地观摩。也是项目讨论最激烈的时候，旗田和本田应该见过。

旗田：我记得我是8月5日到的。项目里只剩下“村落”还留着，就由我来负责村落部分。去北京之前，我在东京拜访了平野和福岛，大致明白项目的必要性。村落的项目，我在东京也看到过，就认为用东京方面的项目应该可以，而杉之原却提醒我要注意这些问题，被那样的东西束缚住是不行的。尽管我们这边一直在做村落的项目，但什么都不考虑，独自进行的话，经不起考验。后来虽然设计了内容，却在实地调查过程中被逐一推翻。村田和我共同做的设计，这都是血泪史。大家都如刚刚所说的非常熟练地正干得起劲。我们俩却遭遇了大难题，花了好些天。虽说最后留出了时间，但最严重的时候，我俩从早晨工作到夜间，花了2个月。

佐野（书面参会）：通过这次讨论，杉之原评定了每个人的学术倾向以及能力，改变了最初的计划，利用好的机会构思方案。忍受不了事实讨论，发牢骚、说怨气话的人也开始出现。

福岛：本田是什么时候去的呢？

本田：旗田正在努力工作，遭到困难的时候。我是1940年9月9日到的。

小沼：“家族”的项目是内田重写的。家族、村落两个方面都遇到了争议，花费了时间。山本（斌）的“小作（租佃）”则很快就完成了，佐野和我一同做的“赋税”内容很简单，很轻松地弄好了。

福岛：入会等的事情都有很详细的记载。

小沼：因人而异。那边是早川吧。

加藤：制定项目，大家讨论的时候是怎么样的……？

小沼：应该是复写，传阅给大家来说明。

旗田：我是第1次制定项目，连实际状况在项目里是否需要都不是很清楚，因此得到了很好的锻炼。

小沼：您一看就会发现，因各人和项目的不同，形式各有差异。

加藤：项目有东京方面和满铁方面两种，二者之间又有什么关系呢？

福岛：东京方面是以末弘准备试案（参考后文555页[1]）为基础设计的。是由我和平野、仁井田、戒能等一起讨论制定的。为了早点发给满铁调查部，基本上是赶着写完的。

加藤：杉之原不在其中吗？

福岛：是在就任之前的事情。调查项目对于满铁方面来说，学术委员会希望是这样来制作。之后，石田文次郎先生就用石田制定了调查项目。石田之前在满洲国研究了很长时间的土地制度。清水金二郎是其助手。但是，石田的调查不管怎么看都充斥着很强的地目主义的风格。

前田：杉之原在制定调查项目方面，有什么指导呢？

旗田：这事是以前绝对不能说的。尽管有人说这不是问题……

小沼：关于这一点，在法律时报的末弘追悼刊（1951年11月刊）里面，杉之原这样写道，“末弘经常以论文的批评和内容为中心进行讨论。末弘对杉之原所写文章的批评以讨论形式进行。讨论之后，并不具体指导论文订正与否，一旦订正，又如何订正。”杉之原从末弘那里继承了这种方法，对于我们来说，那种指导绝不是告诉我们结论应该是这样。而是一种方法：这里不是有问题吗？

旗田：因此，根据场合差异，我们会怀着一种“告诉我结论会怎样”的心情。

小沼：不行的话怎么办呢？是这样的感觉，本田说过的“去赴任时，期待着杉之原在何处，他沉默地站在角落”一直在我的脑海里存留着。基本上没怎么发言。

福岛：反过来说，大家平时发言很踊跃。

安藤：大致是花了3个多月吧。

小沼：是的，是在6月底开始，结束的时候是在9月底。应该是花了这么久。

幼方：作为历史学者的旗田之前应该没制作过调查项目。被要求做这个项目，是经过什么样的过程想出这样的方案的呢？

旗田：最开始是没办法，把自己在东京写的东西上附上了自己的名字。尽管因此被训斥了，但立即在得到锻炼的10天里，明白了调查项目是如何制定的。结束的时候也基本上习惯了。

山本（斌）：我制作的是租佃部分。在这方面，中国很早以前也做过很多调查，会不

〔1〕 译者注：此处的页码是指引文在日语原书中的页码。

会有和调查项目相关的资料呢，我多方寻找，得到了定县的资料。以往学者在定县这个地方对平民教育会和义恤会做了很多调查，之后出版了报告。农村社会的调查项目归纳成为2本书，多少能起到些参考作用。

福岛：旗田是参考了什么样的书呢？

旗田：没有看过相关文献呢，只能自己专心思考。因为没有学习的时间。

福岛：思考的话，是以什么为素材来进行思考的呢？

旗田：不如说是理论上的推测。

仁井田：也就是说推测吧。关于村落的项目是这样设计出来的吗？

佐野（书面参会）：旗田的脑海里肯定有卡尔·奥古斯特·魏特夫[1]的理论。中国农民问题和农业问题自1931—1932年起就大量显现。作为常识，也应该留有印象。

小沼：福岛带来的是满铁方面的调查项目，封面上写着《土地惯行调查前期》（参考后文548页[2]）。我们认为，既然有《前期》，相对应该有《后期》。但是，就算是前期的3年里，尽管设想以此为出发点，逐渐来改写项目，但连和大家一起讨论修改的空闲时间都没有。

本田：就调查员项目的想法而言，都是非常自由的。实际上是一边调查，一边修正。

加藤：因此，并不是按照先制定什么项目，然后去实地调查，再聚集在一起大致、全方面讨论，最后再制作最终项目的顺序吗？

小沼：不如说，正如本田所言，进行实地调查后，调查项目一定会变这样的想法很强烈。但是，在项目讨论方面，大家的想法都逐渐朝着同一个方向汇聚了。就好比将“马的鬃毛”弄整齐一样。并且，杉之原对那个项目有着很强的自信。

福岛：应该和现在的调查不同。现在的话，是先制定项目，做预备调查，讨论之后再进行正式调查的吧？

幼方：杉之原所选择的方法，虽然只是一种推测，我认为有之前天海的以地目为中心的调查方法的影子。从这一点来看，不是有把调查员的个性抛掉的意图吗？

本田：不止是这样吧。也有杉之原自己独到的方法吧。

小沼：佐野和我的的项目就受到了天海的调查方法的影响。杉之原最开始跟着天海多次来到北京，演练如何调查，大连方面也帮了忙。逐渐地，杉之原在惯行调查所里的地位变了，调查方法也有了不一样的地方，渐渐走向不同的方向。于是，在顺义县进行的第1次调查结束，出版问答录的时候，就很明显了。

加藤：刚才说到杉之原自身对调查项目很有信心。但是，调查员自己又是怎么想的呢？

本田：总之对大项目的想法是这样的。对于中小型项目，每个人都会有一些修正……

福岛：那么，对于杉之原的历史观念，大家又有什么见解呢？

旗田：这是非常有必要的，但这是在下一个的阶段要考虑的吧？

---

〔1〕译者注：卡尔·奥古斯特·魏特夫：德裔美国历史学家、汉学家。

〔2〕译者注：此处的页码是指引文在日语原书中的页码。

本田：先生一直主张先用怀疑的态度来看待文献。迄今为止的文献是被整理过的，因此必须先持有怀疑精神。他时常说，从最开始就不认同这种文献的资料性价值。

小沼：结合历史背景来追溯它存在的原因。这当然是杉之原的想法。比如，有地方、保正这样的说法，我选取了顺义县的县志中出现的清初地方、保正，用到了论文里。却被杉之原训的一塌糊涂，要求我说明在什么地方结成关系、这样的资料应该怎么使用等，退回了我的论文。对于这些，杉之原的态度是非常严厉的。但是，针对包税制度问题，我从获鹿县的档案一直追溯到了清朝末期，进行了详细的调查，先生说那样写很好，还说这样踏实的调查方法很好。因此，那篇论文合格，并收录在田中调查部长的纪念论文集（末期）中。就是以这样的做法进行研究。

福岛：是应该拥有这样的历史洞察力。那么，用历史方面的知识来进行实际状况调查，与现实情况相比，应该会出现不一样的东西吧。这是非常重要的，不能够遗漏。以超越历史学家的知识来制定项目是非常有必要的。

比如，仁井田在《中国农村家族》里写的“钥匙的权利”，这在中国从古至今的历史文献中是没有出现过的。那么，仁井田是从哪里发现这个的呢？其实是使用比较法制史这一方法，从盖尔曼的某一制度中得到的灵感。会不会有那样的东西呢？如果怀着这种想法来探查，小说《金瓶梅》里也有类似的东西，就像这样，从以往历史来看，我们带着的是打不开门的钥匙。带着这种钥匙出门的说法，在杉之原时期应该有过。

不过，要说是怎么做到的，正如刚刚所说到的，做概况调查的时候，不能大致摸清楚事物情况就着手调查的话，应该怎么做。刚才说到旗田在脑海里制定项目，脑中使用的是哪些资料？这些资料又是从哪里来的呢？末弘、平野、戒能等诸位先生涉猎广泛，必然使用比较法的方式来进行考察。因此，满铁方面在制定项目的时候，必须得以什么东西来作为基础。我一直怀有这样一个疑问，那到底是从哪里来的，是什么缘由导致他们对项目拥有信心的？

旗田：当时，学术界探讨了作为中国社会基础的村落共同体，我根据这些建立了假说。对于该假说，要再次探讨。关于村落共同体的问题，例如，在清水盛光先生的书中出现过。我记得有相关内容。实际上，制定调查项目的时候，虽说杉之原怀疑以往的学说，但仍有逻辑性地整理了一些问题，是由我来整理的……

福岛：是那些逻辑的基础吧。

旗田：我觉得是形式逻辑。

福岛：比如，明明是来入会的，只是形式逻辑的话，就不会来了。我认为是有实质性的前提。应该有对项目的成立有什么不可或缺的东西。

小沼：事实上，入会并没有出现在实态调查中。

仁井田：尽管如此，有了自信之后，会变得怎样呢？

小沼：并没有那样的事，说得明确一些好，这次讨论究竟瞄准了什么目标？……刚才福岛所提的几点，还基本没讨论呢。

仁井田：如果说具体事例，最近内田在研究报告里写过，内田的记述与迄今为止如何进行的研究调查、至今为止有怎样的学术成就又如何并无关联，而是以“白纸”（原初）

态度书写了报告这件事。内田在调查的时候也是以这样的态度对待的。在法律惯行调查当中是否有“白纸”（原初）方法，我对此持怀疑态度。内田贯彻内田的见解，并一贯保持这样的态度，那么大家又是如何的呢？福岛的问题点应该也是在这里吧。

小沼：至于这一点，我和佐野制定赋税项目时，说到提问线索，想要去见识这样的事物。

仁井田：我对内田所谓的“白纸”态度方法有一些问题。

本田：但是，刨根问底的话，不会演变成每个人的立场问题吗？对于这一点，杉之原早就说过从人的构成来说是浪费时间的。

小沼：而且，不正面提出与意识形态有关的想法也非常强烈。

前田：是与内田的“白纸”态度、方法相关的。我是后来进入惯行班的，留下深刻印象的是，杉之原一直强调这样一种指导方针：严肃排除使用既有的概念、理论进行调查的态度。与此相近，有种观点认为近代法律概念正好适用于华北农村的惯行，他对此观点持强烈批判的态度。在调查项目进行的过程中，事实上这并不是一件容易的事情，对中国社会进行理论讨论，需要非常谨慎的思考。因而，在惯行班，正面提出理论的事情是很少见的。这也并不一定全是受到惯行班所处环境各种条件的制约。我记得杉之原曾说过“现在并不是急于对中国社会构建理论的时候，而是应该积累更多更多数据的时候。”当然也不能说杉之原是毫无章法地进行调查的，因为他也曾说过“在其他（满铁调查）班当中，有人批判我们惯行班欠缺阶级性观点，但我想说，我们的整个调查项目不是一直贯彻着阶级性观点么？”

因此，杉之原的执导方针并不是被既有概念所束缚，而应该是表现出了以白纸的态度来对待调查项目。而且，每个人对内容的接受程度也不同。内田以内田的方式接受了杉之原的指导精神。难道不是因此而发表了那样的见解吗？虽然内田在惯行班里被认为是独来独往的，即便是如此，我认为他也受到了杉之原的影响……

福岛：安藤又是如何呢？

安藤：我在最开始还以为项目已经足够了，这自然是因为大家专业不同。尽管我认为可能是因为人们很少去正面思考金融以及贸易方面的东西，但在我记忆里并没有什么大问题出现。

福岛：金融项目从法律层面来说是非常整齐有序的吧。

安藤：总的来说，从我担任的项目来看，要是有需要我做的事情时候，始终没有受到束缚。我自己的话，不如说是因为没有怎么讨论到我的项目，略微不满罢了。

小沼：这是因为安藤非常清楚自己的项目。家族、村落等有很多的问题。

福岛：那是因为是中国式的、特殊的问题呢。

旗田：调查村落的时候，虽然一直仰仗东京方面的项目，但在出现社会构成这种词汇的时候，在项目审议时是会被斥责的。因此，因为使用职业、身份、各阶级户数、人口等词汇，要防止出现社会构成这类词汇。

小沼：经常被提醒要注意避免使用这类抽象的词汇呢。

本田：其他调查班的人员，经常会使用社会构成这类词汇。因为社会构成这一概念里表现了一定的立场……多少会影响到思想内容，所以才让我们避免使用的吧。

加藤：是因为什么呢？

福岛：应该是政治上的理由。

加藤：是作为方法论吗？

旗田：应该是因为社会构成这一想法的基础里有阶级对立的东西存在吧。不能够在表面上说出来应该是考虑到这一点吧。

加藤：确实，由于项目不同，性质也不同。村落等项目是最难的啊。

小沼：明确地说，我和村田在制定项目的时候学习到了很多，知道了很多内容。我认为这类项目很好，如果有线索就更好了。此外，对于杉之原来说，项目的制定方法不是这样的。我通过这个，也明白了思考原来是这样的，学习到了很多。

旗田：把东京方面平野等的项目作为前提，是否使用过度了呢？

福岛：嗯，假设确实可以成立。当时，魏特夫等人的影响非常强烈。另一方面，我们也在做日本的村落制度史，这一点也可能影响到了我们在中国的调查吧。现在想想看，尽管有无论如何哪种办法都不用的莫名其妙的东西，这样的东西应该存在，先把事情做了，可能会有很多受批判之处。

幼方：旗田对东京方面项目的批评意愿更强烈吗？

旗田：确实是这样呢，最开始虽然一直依赖东京方面……

本田：实际上，到了现场进入利用阶段时，利用方式因人而异，不尽相同。尽管制定项目的人非常辛苦，制定出来后，并没有被充分的利用。这是一个大问题啊。

小沼：本田对这一点非常有感触吧。因为不是大家自己制作出来的东西。

福岛：调查项目在制定之初，大家都很有信心。随着项目的施行，有没有什么时候觉得自信在瓦解呢？

小沼：这种时候，杉之原会说为了推进调查的项目和报告的项目有差距吧？

幼方：实际上计划已经制定完成，但是在实地调查时并没能实施时，是如何反省的呢？

本田：有这样的事。也就是说，那个调查项目是暂时性的。因此，实际进行调查时，当然会被要求进行修正。这个不如说是个问题。顺便说一句，最初的制定的时候大家都参与到纠错中来，但是之后并没有进行审议。从第 1 次的经历来看，这一点以此为中心，以及关于调查项目的缺点，出现了不得不那样做的情况。每个人都记了笔记，在备忘录式的东西完成之前，整个惯行班没有在一起进行过审议以及纠正错误。

福岛：对于调查过程中出现的新问题，有过在调查中进行批评并整理一下该多好的想法吗？

小沼：关于这一点，如果前面 3 年的实态调查已经结束，我曾认为在此应该进行一次彻底的反省。

本田：回到第一二次调查项目里，并开展审议，我认为大致上公认的形式上的纠正应该已经做了。虽然每个人都持有当年的备忘录，将这些进行对比、核查再来讨论这件事，在最开始是非常有干劲儿的，但是还不够。总体上还是感觉人手太少了。

福岛：刚才提到了备忘录，是什么样的备忘录呢？

本田：我都将这些全部写进了调查项目里。

旗田：有很多类别吧。也有人写在笔记本上。

小沼：赋税那一部分的调查项目基本上都是粗略写的，不算是问题……

本田：作为调查技术来看，应该大致是归拢在一起了。

福岛：这样一来，汇总最初调查项目的时候，有过热烈的讨论。可以说，这对整体调查非常有必要，也对统一全体人员的意识、对调查的根本方针有着重大的意义。但是，在实际运用中，由于是纸上谈兵，当然有必要整理一下，大家一起来讨论并修改。然后，以新的计划为基础，在实地调查中实行，是这样考虑的吗？

小沼：多少有点辩解的意思，就当作整理修订是在之后进行，是在进入汇总之后的时期后开始的。总之，是以精力充沛地进入实态调查为前提，在实态调查方面倾注了主要精力。

旗田：一方面是非常忙。必须要给东京方面邮寄资料，也不得不开展大量调查，就算是很冷静，也没有专注于制定调查项目的空闲时间。

安藤：从结果来看，之前的调查项目审议不如说是对与调查的态度得到协调的意义上有很重要的反响。但到了之后的具体调查阶段，调查表上项目的意义渐渐地不再那么重要。

本田：怎么说呢？比如说：根据调查员自身的个人兴趣来做某一个项目，之后，当然会有需要除去的东西。从指导者的立场来看，为了防止这一点，将各调查员正在做什么作为追求手段，这样的调查项目不也是很好吗？比如说，内田只专注做坟墓这一块的时候，在调查项目方面，并没有这样的内容，抓住这一点，多少可能会利用相关内容。

佐野（书面参会）：调查员们大致做出来的各种半专家的东西在推动调查进展，进一步开展计划方面很有困难。我认为这恐怕就是杉之原尽全力到最后也没有解决的问题之所在。例如，进行调查的当天晚上，将调查员们召集起来，互相报告白天的调查情况，商议次日的计划，互相交流白天所注意到的消息，这一直是调查的常规做法。但是，这类活动并未有组织性地得到开展。作为调查员，应受到训练，得到成长，实际情况却与此大为迥异。因此，调查员们屡次走了弯路。作为一种派系主义，我认为这一问题直到最后也没有利落地得到解决。

### （2）末弘理论

加藤：末弘建立过假说吧？

旗田：杉之原的观点是，有没有这样的事物，以及寻找什么样的事物合适。比起建立假说，倒不如说是提出一些问题。

福岛：在这一点上，我们陪着末弘一起于1940年8月份去了大陆，商议“调查的根本方针”。修正版内容在第1卷（前附17页[1]以后）当中也有记载。当时所说的话给实

〔1〕　译者注：此处的页码是指引文在日语原书中的页码。

地调查方面留下了怎样的印象以及影响呢？据说那些是安藤记录下来的，打印出来了吗？

安藤：虽然记得不清楚了……应该是没有寄给东京方面吧？

小沼：应该是发过去了。以《关于方针的商议》为题目，分发下去了。

福岛：好像是没有拿到记录的吧。不过，当时我在旅行笔记上只写了我们早就在东京听到过的东西，再加上先生自己所说的在满洲的见闻，这些话有益且丰富。正好当时东京的调查项目到达了北京，就此有很多的争论。惯行调查班的人员没有讨论基本方针，只是对“调查项目”里写的东西提了很多问题。

小沼：那是在制定项目的中途吧。

福岛：可能是因为那个原因。东京方面项目的表述有很多不好理解的地方。对于末弘的根本方针，大家有何种意见呢？

旗田：对于这个倒是没什么印象。是因为没有正面探讨的缘故吧。

小沼：倡导末弘根本方针的《满洲北中支农村视察状况》传过来的时候，并未讨论过。

福岛：关于这一点，我觉得很不可思议。这份《视察状况》虽然分发到了每个调查相关人员的手里，但是没有收到任何的意见。华北调查方面则是……而且，上海方面还对此召开了批评会。仁井田当时……

仁井田：我当时还在北京，没有去上海。

福岛：不是，是第 2 次，1941 年的时候。那时候，我稍微提了一下。从天野元之助、幼方……幼方的批评也写在日记里。但是，写下来的并不是基本的思路以及方法论方面的内容。只是针对个别的历史性事实的错误、有措辞错误的地方，指正了这几点不严谨之处。结果，末弘的根本方针，不管是在哪里都没有受到公开质疑吧？

安藤：也不能这么说，但是，确实没有讨论过。

加藤：杉之原的方法是紧跟末弘的根本方针吧？

小沼：东京方面的人员基本上都是客人，也就是说利用调查资料的一方。对于我来说，这个根本方针能倾向于杉之原的想法的话会很好，我坚持认为是这样。

福岛：从前田先生的话来看，在北京，末弘纲领并不被理解，此外，对杉之原纲领的接受程度似乎也各自有不同的理解。

小沼：我一直认为杉之原思想的根源里包含了末弘的想法。末弘的想法和杉之原的想法其实是同源的。

安藤：这应该也是因人而异的吧。

福岛：末弘的话，不知道对我们进行了多少次的测试。大体上，先生写的什么或者是笔记的原稿都会传与我们看，你们怎么想就……让大家陈述意见。杉之原就这一点是怎么做的呢？应该不是把带回来的末弘的基本构想直接照原样交给你们吧？

幼方：没有说过，末弘曾经那样或者这样说的吗？

小沼：没有强力推行自己的想法。这也是末弘构想的深意吧。

本田：不得不触及每个调查员立场的时候，也是一点儿也没触及到呢。

旗田：内田也曾嘲讽地说过“就像是出现了丁髻[1]一样的感觉”。

本田：针对最后的结果，即便说过应该像那样思考，也没说过正因为从这个角度思考会是这样的。

旗田：也就是放松自由地让大家去询问呢。

小沼：查看汇总的结果，再来指导的一种做法。

幼方：杉之原是如何指导内田的呢？

旗田：内田以前持有中国学的观点。经常使用共同社会这样的词汇。这样做的话，就很容易忘记中国社会内部的阶级对立问题。对于这种事情，杉之原也只能说是佯装不知。

福岛：其他人的立场呢？

旗田：这不是因为人不同才有细微的差别吗？

福岛：末弘说的是不连续的理论，支撑所谓“栩栩如生的法律”的阶层在哪里？维持其秩序的利益在哪里？这些对于其他的事物又是如何，不得不用阶级性的分析来贯穿这一切。老实说，就这一点，东京方面也非常薄弱。经济调查班那边没有批判过吗？

本田：并没有。满铁方面的经济从资源调查出发，大量进行军方物资调动的调查，以统计调查为主。这种涉及人际关系的内容，从传统来说是没有的。

福岛：看山东惠民县的调查，经常有。

幼方：这并不是主流，个别场合会有。

福岛：个别场合接触到的实态调查里确实有，但并不普遍。

幼方：确实是这样，在内蒙古做调查的安斋等也是这样吧。

佐野（书面参会）：军队的物资调动调查一般是通过省、县、村等行政组织开展的，并不是满铁为数不多的调查员所能承担的。不过，地下资源调查等是由资源班来做的。

小沼：杉之原说的是在全体中的位置。在整体社会结构中处于什么位置呢？他经常会说这样的话。

本田：杉之原经常使用标准这个词。说过每个人所持有的标准。调查方法也就是标准吧。是怎样的标准暂且不提，这个标准和什么东西牵连着呢？正确的体现出被这个标准所束缚住的事物。这个标准从某种程度上来说前提不同，忠实的带回个标准所反映的东西。这些都是被严密要求的。

福岛：杉之原自己没有写过“调查的根本方针”之类的文章吧？

旗田：我想是没有的。

### （3）选定调查地点

福岛：接下来我们就来讨论选定调查地点的问题吧。

旗田：归根到底，并没有什么理论上的依据。地点本身……并没有特别觉得必须在这里调查，大致从南、北、中部3个地方选定。不过，如此考虑，在某种程度上是因为当地的治安比较好，比较方便吧？

---

〔1〕　译者注：江户时代男子的发型之一。

福岛：为什么选定顺义呢？

小沼：在调查之前，我和旗田去过顺义……作为县顾问的森岛在那里。由于森岛在那里，当地离北京近，而且那里也有资料，像这样无论做什么都很方便，因此就这么决定了。栾城是杉之原、安藤和我 3 人去的，历城则是盐见和村田去的。

福岛：是什么时候呢？

旗田：应该是 1940 年的 10 月份。

福岛：选村的时候没有进行讨论吗？

小沼：讨论过，但并不是很激烈。

加藤：地域性方面是如何考虑的呢？

小沼：顺义是小麦，历城是米，栾城是棉花。不是进行得很好吗？

旗田：并不是针对这些来开展的。

小沼：虽然不是针对这些进行的，画了南、北、中部这样的一个三角形。因此，从每个顶点一个一个地去。

幼方：到此为止，满铁调查还未进入这些地方。这里也有杉之原的目标。

福岛：我们在 1940 年 8 月受邀去顺义是怎样的一种选择呢？根据我那个时候的日记来看，最初是准备去获鹿的，但是，中途治安不太好，就作罢了。

旗田：不是因为森岛（县顾问）的缘故吗？

小沼：那个时候决定去顺义的一个很重要的因素，是因为森岛能提供很多方便吧。

旗田：因此，那个人调到良乡后，我们也随之去了良乡。

福岛：那么，县下面的村呢？是怎么决定去哪个村的呢？

旗田：问了县顾问，哪里的治安好，哪里的村长知事晓礼等，由此决定。

小沼：我和旗田一起去了县里，在城内停留，和森岛商议了调查的范围。去到沙井村，对村民说这是调查，并且四处通知，村里的人来了很多。据说是为了调查而来的。调查一天就足够了，认定就是这里了。

旗田：因为这样而决定的啊。

小沼：之后，我和安齐去栾城的时候，是因为保定不行而去的栾城。在石门的道公署处，听说比较好的是三瓶所在的栾城县，治安也不错。觉得那里挺好就去了。历城的情况，我就不知道了。

安藤：历城是盐见经济南的松井介绍才决定去的。

幼方：果然最后的标准是治安呢。

旗田：那是决定性因素呢。

旗田：进入这些地带，可能参考了卜凯（John Lossing Back）等的调查。选择的三个地方，从人数来看是非常适当的。那个时候，最开始的计划是一个人问，一个人记录。顺义县最开始去了多少人啊？

小沼：是 4 个人吧？

福岛：选定地点是什么时候呢？项目制定完成是在 9 月底的时候。

安藤：不是是快 10 月底了吗？

小沼：应该是在1940年11月到12月间一起去的3个村子。那就是所谓的第1次调查。

福岛：那是选点调查吗？

小沼：不是，是正式调查。

福岛：提问项目是怎样的？

旗田：短时间内确实制定了详细的问题事项。

小沼：是三四个人一起去的吧。这样的话，就必须得要做的整体的项目。因此，不得不做得更加详细，匆匆忙忙地细分了一下调查项目。

福岛：是详细的东西吗？

小沼：非常详细。

加藤：还留着吗？

小沼：没有留着，因为没有用上。正式调查开始时，提问问答应该是按照那个来的。不过，在现实中，无法做到按照那个问答项目来进行提问。

福岛：终于进入到实态调查，当时那里的政治条件对调查员们带来了什么影响呢？

旗田：当时，八路也才开始活动。并没有得到充分的认识。并不知道他们拥有那么强大的根据地。

福岛：我在1940年9月3日的日记里是这么写的。“日本军队守卫着车站（顺义）。他们在等待汽车的时候谈论了八路的事情。八路军们很擅长游击战，也绝对不杀俘虏，反而会优待俘虏使之为己所用，家人等也因各种手段而被招揽。现在也是像这样向着八路的人也相当多。”稍微了解一下，有些惊讶。

旗田：有匪贼吧。据说在调查地点被索要人头费了。

山本（斌）：顺义县是没有这样的情况吧。

旗田：要说八路和匪贼哪个更危险的话，显然还是匪贼更危险些。

加藤：第1卷里也有匪贼的情况。

山本（斌）：流氓出身的同伴也在吧。但是并不是什么很了得的人。

旗田：1940年的时候，还是存在着匪贼的威胁。

前田：1943年秋天，我去了沙井村，八路军正在那边扩张根据地，村民们一直将我们送到了县城附近。

幼方：那么关于这类事，调查员们持有什么样的兴趣吗？

旗田：虽然感兴趣，但是是被禁止的。

山本（斌）：我曾拜读过古岛敏雄所写的（第4卷刊载的书评），读完后觉得我所做的也是被当作攻击对象。在某种程度上，一旦查明与农民的实际生活相关联的各种内容，最终阶级问题就会出现。对于这一点，没有了解到很多。一问这个，村民们就会露出不愿意的表情回家去了。我们应当记录下这种不满，而不对村民说这些。这样并不会完全冷场。虽然也想记述的更加深入，但是没有成功。只是，有很多不成文的东西在里面。

福岛：比如说，访谈贫农的时候，询问其真正的意愿时，就会变成对日本以及村的头目的统治的不满。因此，担心过他们自身会有危险吗？

旗田：我们向军方做过许多报告，在很多方面，说过不要限制自由、给他们穿小鞋……

加藤：调查本身就是有界限的。

旗田：不能调查的内容，超过某种程度的话……

山本（斌）：我意识到了，没有系统提问。听到的都是一些稀稀拉拉的断片性的话。将问题分阶段来提问，因此没有得到完整清晰的回答。虽然有渗透出自己想法的内容，但是极力避免需要承担责任的证言，毕竟那个年代，什么都无法得到保证……

**（4）惯行班对与惯行班相关的满铁机构内部的批评**

福岛：换个话题。满铁华北经济调查所的惯行调查班在所里处于什么样的地位呢？周围的人又是怎么理解的呢？我的旅行日记里在 1940 年 8 月 20 日一栏这么写着。在新京，我们 4 人（平野、仁井田、戒能、福岛）和满铁新京支社的调查部人员进行了会谈。当时《满洲土地法论》的作者板仓真五先生是调查室主任，他针对惯行调查事业提出了极其直率的见解，也就是说，华北调查是无法完成的。满洲是调查的先进地区，在满洲选择调查对象就好。他说，对华北等地什么情况也不知道就去开展调查，并没有什么意义。不仅是满铁内部有这种反对，新京以外也有吧？

安藤：不仅仅是板仓，调查部的畑，以及因铁路用地关系接触过当地的人中，认为自己知道相当多事情的人自信满满，把这些交给从日本才来的新人来制定项目，他们认为这工作实在是太容易了。

小沼：被所内当作问题的，最开始其实是非常无聊的事情。为了制定项目，一直工作到晚上 8 点。因此，次日 11 点左右上班，白天继续工作。当时的华北经济调查所长去了满铁的大连总部，说不知道惯行班在做些什么之类的话。所内的氛围中，弥漫着完全不明白到底要做什么的氛围。之后，在第 1 次报告的时候很明显地显现出来了。

本田：那个时候，其他班的调查是指经济调查吧？用统计表来做的调查吧？与这类调查相比，像惯行调查这样问别人想法的调查真是奇怪。总被认为作为资料非常不合适。在农业班，以及别的班不是备受争议么？一方面，惯行班的做法是杉之原以独特形式实施的，没怎么考虑和其他调查班联系，也没把之前那些调查班的意见作为参考意见。这里也有感情上的纠葛吧。

福岛：我是在 1941 年 3 月份去的，天海、杉之原两位都向我诉说了各自的难处。有传闻说，惯行调查班内部有“苏联内奸”的存在。（笑）也就是说被周围人所孤立。举个具体的例子吧，尽管所里的干部曾期待调查的中间报告，却没有对应的行为。对此，杉之原在从大连出发到奉天的车里做了解释。对于前面所举例子里的中间报告，对顺义调查提出了要求，但如果那么简单地操作，什么都做不成。实际上，在第 1 次和第 2 次调查里，看到了完全相反的结果，因此，再推进以下调查，准备好好总结之后再报告。感觉无法吻合。

小沼：刚才所说的第 1 次的报告会是在 3 月之前稍早的时候做的。调查所里……这是因为顺义以及其他 3 个地方的报告是由好几个人说的吧。是在 1 月份的样子。主要来听报告的是农业班的同事们吧。在那之后，受到了这样的批评“做了这么大一个项目，结果什么都没有完成吧？简直就是浪费纸。”之后，村田被停职的事情也一直发生。因此，逐渐有了问题纠纷。

旗田：针对惯行调查没有继承以往满铁成就的态度，非难、批评一直没断过。

本田：对于这些，杉之原的态度非常明确。

福岛：也就是说非妥协性的吧，刚才所说的满铁的以往成就那些……？

旗田：旧惯调查报告之后，成就斐然。

小沼：杉之原认为只利用统计方法是不够的，也曾说过质的问题是非常麻烦的。山本义三加入之后，就变得更加无视统计，不做这类调查，尽可能严格，接近于无视。

加藤：法社会学那样的思考非常强烈，忽视数量，重视质量，这也是最近觉得需要反省的地方。开展调查的话，最开始是汇集总数，可能回到了以前。

仁井田：但是，中国以前的统计数据基本上不能使用。另外，调查者应该谨慎不要掉入数字的陷阱，过于依赖数字会有大问题的。

本田：渐渐的，随着我们调查的开展，更加关注统计的确凿的证据。有时候，调查员们还会全体去挨家挨户地调查。

小沼：山本义三多次主张这种方法。不看实际数字就太过头了。

幼方：刚刚说到无视一直以来的满铁调查，这是方法论方面问题的同时，也是社内部的对抗关系。因为开展新式调查，组织内部不努力的话，搞砸的可能性是有的，也会受到强烈的批评。不在某种程度上忽视老调查员们以及天海等的意见的话，这个方针会无法贯彻下去的。

旗田：目前为止，满铁所做的调查和法律惯行有何区别，我也经常很烦恼，经常会在出差的地方和别人讨论。

加藤：也是会有这种策略。杉之原本质上的东西也是有的吧。因为对于这些方法论有确信，所以我们不是一直努力的吗？

## 四　调查的实施

### （1）第1次调查——进入调查地点的方法

福岛：从第1次调查开始吧，第1次调查时将所有的地点都分配好了进行的吧。

佐野（书面参会）：调查员分为2人或者4人一组，同时去3处地点。这个时候，进入实地调查的人要没有遗漏的调查惯行调查的全部项目。因此这种情况没有区分这个项目是自己还是别人担任。当时觉得，让其他的人也帮自己调查，项目会在某种程度上细分后更容易提问。第2次的时候，主要是追查自己的项目，提问的要领也是要自己下功夫去做的。

加藤：没有做过预备调查那样的工作吗？

旗田：多少还是做了的。

小沼：中途制定项目的时候，有人说必须要去实地考察。因此，去了万寿山附近的西郊方向，野餐的同时也做了实地考察。顺义的话，是东京研究所来人了，所以在那之前去过。在我的印象中，是从顺义出发到了古北口。这一次是全体成员一起去的。杉之原没去。福岛等东京研究所的人员，也一起去了顺义县呢，也就是这样的实地考察。

福岛：去顺义县的时候，为我们带路的人非常了解顺义县呢。

加藤：去哪里，谁去，是怎么决定的呢？

旗田：这是杉之原决定的，没有什么特殊的理由。进村子之前，首先要举办一个大宴会。是个非常盛大的宴会，县知事、日本守备队队长、县顾问、县厅的科长等、各个村的村长等人都参加了。我记得是在县公署举办的宴会。大致是说明我们此行的目的，并希望获得大家的支持。

加藤：守备队长也在的场合，会觉得很压抑，威严吧。

山本（斌）：新民会的代表，县里的达官贵人，以及村长们都夹杂在里面。像这样举办宴会，可以拜托他们协助我们工作。宪兵队长也来了。

旗田：日本军队，要非常留意劳神。主要是带些土特产，这也是一笔大费用。以接待费为名义……也带了很多烟草盆。

安藤：农村的话，是带了盐。

本田：要劳烦农民，所以带些小礼物去。

仁井田：是给谁带的礼物呢？

旗田：给县里的官员，送给村长的就是一些聊表心意的礼物了。

本田：也带了奶糖，是给小孩子的。

旗田：那个是为了安抚呢。

仁井田：真的是为了安抚的吗？

安藤：见面礼什么的，会让工作更加容易进行，说是安抚也不是那么妥当。

加藤：费用是满铁出的吗？

安藤：是的，很充足的费用。

福岛：首先做了这项工作，之后调查是如何进行的呢？

旗田：进村子的时候，当然是有护卫的。是县里的警备队，士兵还是中国人，大概两三个人带着我们去的。在顺义县的沙井村还请我们吃了午饭。是如何对待本人的呢？总之招待了我们好几天的丰盛的三餐。我们也带了盒饭过去，把盒饭放在一边，吃了很多好吃的。

旗田：在之后提问的时候，是当日结算，花了些钱，对于回答问题的谢礼。

幼方：是逐个给的吗？

旗田：是的。

加藤：是多少呢？

本田：是当时的日薪的费用，正确的支付。人工费的话……

加藤：男女不同吗？

旗田：女士们基本上都不出门，没能问到。

福岛：召集农民的时候是如何选定的呢？

旗田：最开始只有村长，学校的老师等说得上话的人来。在此期间，没被召集的人也冲着一天的工资，接二连三的来了。

小沼：接着，提问的时候就渐渐明白了。要想知道这些东西，还是要问这些人比较好。

福岛：以后，是问的一些相关的人员吗？

小沼：如果我们拜托对方的会长，会长就组织相关人员过来。

旗田：询问的地点，最开始是在村里进行的比较多。村里的寺庙、村公所等地方也进行过。也有在他们自己的房子里提问的，主要还是在村公所进行。

本田：之后是在城里的商务会进行的调查。

旗田：也举办了运动会，是在第2次调查的时候。

本田：扛着红枪的村民们还列道欢迎我们了。

福岛：1940年8月，我们去顺义县牛栏山的时候，在镇公所前面，地位高的人们排成队列等着我们。每家每户门口也挂着长长的横幅写着“欢迎森岛顾问”、“恩人顾问体恤人民”等，着实吓了一跳。多少觉得有政府官员调查的感觉。

旗田：最开始是有的，渐渐的就淡下去了。和孩子们倒是关系越来越好。

小沼：最初，就满铁班来调查这件事他们会持有何种态度开了许多会。

福岛：对于对方来说确实是个大问题呢。

旗田：恶人来了的感觉呢，对方的感觉……

加藤：非常在意对方的接受方法，是否是说的真实的情况，或者是隐瞒了什么，没有说出不好的东西等这些。

小沼：沙井村、栾城、历城是不一样的哟。沙井村比意料进展地更加顺利，他们心直口快地和我们讨论了许多问题。栾城是个很穷的地方，对于这样的问题，他们应该没有多少应该戒备的地方。与之相比，我们在历城感受到的就不一样。因为他们比较富裕，所以他们就有抵抗情绪。

旗田：最开始，内田等去历城冷水沟庄的时候，说他们很亲切。

小沼：那是不同的哟。比较3个村子的情况，历城是最难得到回答的，我加入调查的时候，就只去过村里一次。

福岛：在历城的调查吃了大苦头是怎么回事？

旗田：1941年的五六月进行第3次调查的时候。当时，给了对方礼物，请帮忙写个收据却死活不肯写。不管问他历城的任何问题，都装作啥都不是很清楚的样子。

安藤：一说到治安关系，村民们的态度也会立马大变。

小沼：是因为历城比较富裕的缘故吧。

福岛：富裕、贫穷、治安等，都对调查有影响吗？

小沼：虽然不能那么说……

本田：去恩县等地的时候，村子不仅贫穷，也不好做调查。恩县附近有军队在吧。

加藤：对于村民应该有说过是科学方面的调查吧。虽然调查的内容里也包括政治方面，能够理解这是一个追求真实的科学性的调查吗？

旗田：对方最开始并没有考虑这个吧。

福岛：就算是在日本的调查，就是语言能相通，也不能够理解吧。更别说语言不通在中国的调查，就更是不能理解了。

旗田：隐藏的田地（黑地）非常多，这方面也……

本田：不过，只是一般习惯的话，倒还是很爽快地告诉我们了。

福岛：调查的方法，是带着调查项目，一步一步来做的吗？

旗田：最开始是那样，是按照杉之原的指示来做的。

山本（斌）：我没有那么做。完全没有。我的是土地问题，土地是以怎样的规模存在的，想着让土地的记录很清晰地在纸上呈现出来，最开始是做的地图。和地图平行，每家每户是否有租佃关系，都要从很早以前开始追溯。最初的阶段，就决定不按照问答那样一个一个地问。

仁井田：第 1 卷卷末出现的地图就是这样吧。

山本（斌）：是的。

加藤：是很棒的方法。

旗田：这些都是调查项目里所没有的，是山本的创意。

山本（斌）：历城那边也是和沙井村一样的方法，一笔一笔画出村民的所有地的。

小沼：顺义有旗地，觉得非常有趣就去做那个去了，剩下的都强推给了本田去做。

旗田：模模糊糊的回答让人真的是很困扰呢。技术上娴熟了，就能随时加入调查项目的其他任何问题。最开始找不到问题就只能哑口无言了。

本田：我最开始做的时候，杉之原在旁边看。老是很困窘，状态非常不好。之后，杉之原帮助了我。

加藤：杉之原有没有跟其他调查员一起实地调查过呢？

小沼：有的，他是在“村概况”和“家族”方面进行了调查。我认为他是去到大家调查的地方，去看调查的实施方法是否步调统一，怀着这样的心情去的。第 1 次调查花了 1 个月，是个长期的调查。杉之原最开始是去的顺义县，然后去的历城、栾城。应该是全部都去转了一圈。去转的地方，就会开展讨论会，开到很晚。

福岛：当初，东亚研究所制定了 5 年计划，满铁班是 10 年计划。但是，满铁方面最初 3 年是没有自己总结，只是尽可能去调查，将原始资料送抵东京。这期间也充实了自己，学习了很多，但是不是最终的报告。就是这样。还有一个就是开头所说的那样，都是学问上各有专攻、个性化的一群人聚在一起的家庭。为了统一行动，杉之原真是费尽心力了。

加藤：读第 1 卷的时候，大家尽管一边说着“这里没有那样的东西。”，但多数情况还是会自己回答。

仁井田：当作其他的东西吧。

福岛：结束第 1 次调查后，曾针对此次调查方法开展讨论会吗？

小沼：在此之前，顺义县和栾城是基本上忠实于调查方针的。历城是早川和内田、村田吧。村田除了家族以外的项目都是如实按项目书在提问事项下面详细地写下了。对此，其他的同伴都没有写，而是结束问答之后回来后写的问题。

本田：这是一个问题。

小沼：3个地点的问答汇总在形式上的不一致非常不像话。这难道不是指挥者的问题吗？但是，杉之原也说过，我去的时候事情已经发展得束手无策了。

仁井田：仅仅是按照计划那样写，难道不会将本可以从那里延伸内容的问题，变得无法延伸了吗？

旗田：去历城的村田的情况，提问项目之下有的没的又全部写进去了……

加藤：和本来的计划的意义不同呢。

小沼：非常极端，村田很认真地记录，另外的2个人……

福岛：也就是喜欢的方面就大量延伸吧。

加藤：村田的从形式上面来看，确实非常扎实。

安藤：是承担了早川、内田2位的任务吧。

旗田：结束第1次调查回来的时候，去杉之原的房间花了好几天做班内的报告书。内田没有做自己调查的历城的家族方面的报告，而是做了安藤和佐野调查的栾城的家族的报告。

小沼：家族方面，是因为调查了栾城的情况。

旗田：互相觉得对方所调查到的都有点问题，所以一个一个进行了细致的讨论。

安藤：内田因为家族最原始的东西是从历城出现的，非常开心。

小沼：不管怎样，我对当时的报告会没有多少正面的记忆。每个人读的记忆是有的。但是，根据这个，第2次开始的问答项目也是扎实地完成了。还有一点就是，第2次开始，作为原则，每个人都有各自担任的项目去了各村。

仁井田：发生过意料之外的事情吗？

旗田：从我的经验来看，问村子有多大面积时，应该都是能回答的。但是，经过实地调查发现，很多人都不知道村子的土地面积。

佐野（书面参会）：根据调查技术，调查整体有了很大的进步。举个例子，想知道地主所拥有的土地面积，经常会有地主不想说出真实的情况。这个时候，如果最开始马马虎虎去听，之后的地租等其他调查也都不着边际了。因此，第一二天都是记录了他们的胡言乱语。之后，A调查员非常热情不管不顾地想让对方拿出账簿等资料，转眼间就会引起村民们的戒备心。B、C调查员的工作就会变得难做。

福岛：最开始是让负责各个地区的人做别人设计项目的方针吧。

小沼：这并没有通过，但是在第1次的时候是不得不做的。

安藤：根据那个安排，我们本应该着手做某种预备性的概况调查了。

福岛：那样的话，对自己负责的项目注入心力，有没有和别人产生交情呢？

本田：最开始是那样。

幼方：提问项目是调查员们自由发挥的吗？

旗田：是的，也没有空闲去讨论那个，大致上请杉之原指导过。

小沼：提问项目应该就是为了拜托别人，每个人将自己的项目展开的行为吧。

福岛：这样的话，每个人的项目中出现提问状况不佳的现象，要向负责人说吗？

旗田：还不至于做到那个地步。提问项目应该是从第 2 次开始就舍弃了的。自从项目责任人去各自的村子里转悠的时候就撤掉了。另外，实际上也是不需要的。比如入会等提问项目，不管做得多么详细，都没有实质内容。

佐野（书面参会）：在实地觉得无聊的是不是提了哪一个问题，回答这里没有那样情况的时候。与之相反，最开心的是发现了意想不到的习俗的时候。比如说，了解到继承财产有辈分的因素，也有其他社会规范所赋予的一定规律的事实，父子间的租佃关系、典租佃的实际情况的时候，就跟挖到了宝藏一样的开心。

加藤：制定提问项目应该是全体决定的。撤掉这一栏目是自然而然的撤销吗？

旗田：制定提问项目这件事本身就不是很好。尤其是短时间内做出来的东西。

安藤：因为是形式上的东西，仅凭此是无法实施的。

旗田：之后都没有问过提问项目。

小沼：也就是自己设身处地去思考呢。

旗田：每个人也都做了笔记。

小沼：然后，正好是那个时候，所里开了关于第 1 次调查的报告会。我觉得是 1941 年 1 月份左右，1 月还是 2 月，是在村田去世之前。

福岛：那个不是班内，而是整个研究所开的会吧。出现了什么吗？

小沼：问答的提纲，比如说，杉浦在栾城的村子里调查。此外，有多少人和他进行了问答之类的。总之，记得第 1 次问答记录在提问者面前堆了好高。

**（2）第 2 次调查**

福岛：第 2 次调查是实行的哪种方针呢？

旗田：从我的经历来说，第 1 次调查时以某方面为中心，或者是重点突击某方面比较好的地方都在第 2 次及以后延续下去。因此，第 2 次以后的调查人员从调查项目来看就会发现有许多变动。第 2 次是，每个人深入调查一个方面，其他方面就没有详细地去调查。因此，我认为每个人的个性就是在这种地方显现出来的。毕竟调查项目的范围实在是太广了。

福岛：每个人的问题意识都很清晰地显现出来了，有没有什么需要注意的地方呢？

本田：就这一点，东亚研究所相关的人员曾说过。除了阅读资料，追求基本调查项目之外，可以明白提问者的问题意识。能够很自然地捕捉到问题的所在重点。不管是那个项目，比如说是东研所的人员来读，不仅仅能发掘到新的问题，也能够从问题中得到问题的指向性。这是东研发现的，曾略微提及这一点。因此也就是说，提问事项一般都是追随调查项目而来的，其他的个人问题意识会自然地流露出来。

旗田：对于各自所负责的部分里出现的问题，大家有意识地讨论，难道不是自然发生的吗？

小沼：仅仅能够回忆起 1941 年的夏天。汇总问答后，各自在调查班内做了报告。认为这让问题变得十分清晰。与此同时开展的，还有制作卡片。

福岛：制作卡片是指……

小沼：将问答里的内容，抄写在卡片上。比如说历史的资料和将案例资料抄在卡片上是一样的。

加藤：一个一个的问题吗？

旗田：两三行，相关的东西就写在一张卡片上。基本上是按照调查项目的顺序来做的。因此，就算是一个事项，和好几个问题相关联的话，就需要两三张卡片。

福岛：很努力呢。但是，做这个和不做这个有很大区别吧。

旗田：用卡片来做还是用稿纸来做，非常纠结。

本田：佐野的问题也是，用卡片做是无用的。一方面我认为是不能够承认违反了基本方针。

佐野（书面参会）：卡片系统是我和杉之原最为推崇的主张，因此到最后都没有改变过。与之相对，像内田君那样到最后都持否定态度的行动也是让我们困扰。本田记错人了吧？

福岛：做了多少呢？

旗田：直到最后，积攒了相当多的卡片。

福岛：那么多的卡片，是大家自己拿的吗？

安藤：是的，非常的重。

加藤：是如何处置那些卡片的呢？

旗田：放在了北京。

小沼：对自己的项目很有必要的资料也可以从别人的问答中获取。杉之原在整个项目中率先制作了卡片。

福岛：用到了最后总结的论文里呢。那个在北京应该也是做了的吧。是仁井田等做的吗？

仁井田：不是，因为做不了这么费劲儿的事情，所以就没做。

小沼：看法律时报上的末弘的追悼号（第23卷第11号），是福岛写的。末弘提议过卡片系统吗？

福岛：末弘在去世之前，说过记笔记是不行的，必须要使用卡片样式。

小沼：第2次调查结束之后，1941年的夏天，像我刚才说的那样，汇总了问答。正要做那个的报告的时候，提出了制作卡片。

旗田：总之，白天晚上都在做，费了好大力气。

仁井田：完成了之后，毫无疑问非常方便。利用率也非常高，只是制作简直是费力。

小沼：佐野也写了很多。

福岛：调查的时候，是如何起到作用的呢？

旗田：直到现在都清晰地记得做了什么。将有关联的卡片都挑出来，写的时候，就会出现怎么都弄不出来的部分。这个时候就很明显感觉到调查的不完备之处。

小沼：就我看来，这一点，果然是杉之原相当谨慎地选择后，选出了这些。

旗田：应该是以这种形制整理的。但是仍然不到写报告书的阶段。报告书是在1942

年秋去了燕京之后写的。

福岛：接下里就是提问的方式，第 2 次调查之后变了很多吧？具体是怎么变的呢？

本田：是刚刚说的问题意识吗？

福岛：是的。

本田：调查事项中，在哪一方面要集中精力，逐步确定重点。

加藤：但是，这些大家应该都懂。也就是说，第 1 次全部都问，根据回答，知道没有这样的情况。这时要省掉那些没有的东西，或是预测可能相关内容还会再次出现呢？有第 1 次调查过的内容被第 2 次调查所推翻的情况吗？

小沼：细小的地方还是有很多的。

福岛：基本上不是很重要的部分吧。

旗田：推翻这一情况，不到最后是不会明白的。比如说，询问村里有多少共有地时，每次听到的都不一样。之后，村官有几人这样的问题也是每次听到的都不同。每次得到不同的答案，这才是问题所在吧。哪一个都解决不了呢。

本田：我在问租佃问题的时候，也认为中介人是租佃关系里的一个很大的问题。追究的时候，作为第 2 次调查的结论是，虽然有中介人，但没什么太大的关系。是否是起着决定性的作用呢？我一直认为中介人从中榨取了许多油水，调查之后发现，其实中介人并不是那么夸张。自己所拥有的评判标准不适用也是时而有之。

仁井田：刚才提到的中介人问题是这样，旗田做的“村界的不明”问题也是这样。自己也没想过的未知情况，随后认为不可思议的问题呈现在眼前，就是那个时候吧。

旗田：是的。

小沼：中国的封建制，对于我们来说是大难题啊。实际上去了当地之后，地主和佃农的关系，和预期的不太一样。这一点落差十分之大。

福岛：虽然有假设，不完全适用。和脑海里所想象的不同，出现了新的东西。

仁井田：中国的河北以及山东，在前几天福岛也说过地主和佃农的关系是雇佣的关系，这不能直接否定封建制，而是如何理解封建制的问题。“雇佣”这个关系，在河北、山东的村子里都认为是共同体关系。不仅在河北、山东等地，这类问题在全国范围内都存在。必须抓住这类问题，也就说实际上是在第 2 次调查里发现了这个课题。

安藤：是的，最开始还没习惯。

旗田：之后，技术方面也有很大不同了。

本田：第 2 次调查，在技术方面和第 1 次调查不是一个级别的。

旗田：对方就算是含糊不清地回答，不慌不忙绕圈子也要回到这个问题上来。

佐野（书面参会）：技术上重要的是了解他们生活上的感情，他们同时有政治、经济以及社会上不想让别人问的事情，有些被问了也没关系的事情，还有些想让别人知道的事情。从想被别人问的事情开始，接着问不想别人知道的事情，我认为这才是调查的奥义。因此，调查员们很有必要和村民闲聊，并学习他们的处事方式。不管是多大的项目，多有钱的人，只有掌握了这项技能才能取得成功。

福岛：掌握谈话技术也就会赢得对方的信任。我在 1941 年 3 月的日记里写着，旗田去了沙井村做调查。但是，发生了分家还是什么别的纷争，旗田拜托我来对他们进行调节。我觉得我发现了非常有趣的事情，洋洋得意地回来了。

加藤：是成功了吗？

旗田：嗯，是的。

**（3）第3次以后的调查以及概况调查**

福岛：那么，进入第3次之后调查的议题吧。为什么变更了地点呢？

小沼：说到变更地点，1941年的2、3、4月的第2次调查是集中在顺义县。1941年的5、6月的第3次调查是去了栾城、历城。第4次是10月到12月在栾城、历城，第5次是1942年的2、3月，也是在这3个县进行的调查。1942年的5、6月是去的昌黎县、良乡县和山东的恩县。

福岛：是什么理由呢？

小沼：应该3个地方都一次性结束了，那就此结束换个不同的地方去做调查吧。基本上都收集好资料了。

我和旗田、安藤到日本的时候，和山本义三、早川在一起，还记得为了选定地点而出行之事。当时，三个人一起去了静海。因为条件很好就决定去了。之后向北去了昌黎县。去山东的是本田和内田。但是，一到静海，发现治安不好，就改为良乡。

本田：那不是内田吗？山本义三到底还是去了恩县呀。选定的是……去恩县之前，山本义三作为先头部队去了那边运河的某个地方。

小沼：就是这样决定的地点，其实没有什么特别的含义。主要是治安因素占很大影响。刚好2个月之前，3月的时候去了历城，在冷水沟不能做调查了，改去路家庄调查。但是，那段时间无法调查。

旗田：以太平洋战争为界限，突然间治安就变差了。我们到当地之后无法调查，就立刻结束调查回去了。

小沼：这3个地方是新确定的，最初的3个地方中也只去了顺义。

幼方：因为治安恶化，调查进行不下去是从哪里看出来的呢？

旗田：首先是态度变了。从接待人的态度就知道。他们什么都不说，让我们觉得很不愉快。的确是非常冷淡，也不靠近你。实在是没办法，只叫了干部等来问些问题，渐渐地也不来了。

幼方：还有别的吗？更严重的有吗？

本田：在历城发生了什么？

旗田：在历城的时候，车站到宿舍有10—15分钟的路程，在此期间也是十分危险的。随便出去的话，经常会被骂。

福岛：接下来就是关于概况调查的事项。

安藤：调查是从1940年开始，到1941年3月在顺义县进行第2次调查。接着是5月在栾城、历城调查。我记得结束之后就到了暑假，有了空闲，就开始做概况调查了……

小沼：当时安藤去了山海关。内田是去的京津线和津浦线沿线，盐见去的山西。

山本（斌）：顺义县政府为了治安工作去了县里的农村。为什么不利用这个机会呢？因此，1941 年的 12 月，我和杉浦君也跟着去了。但是半数以上的时间是分开行动的，自己随便转悠。

福岛：概况调查大概做了多久？

安藤：2 个星期左右。

加藤：是到处都去打听了吗？

小沼：是的，是不受地点束缚而做的概况调查。与此相比，值得一提的是，山本（斌）做的是水利方面的调查。山本负责的是水利。他没有跟别人一起去各个地方调查，而是问水利问题。概况调查和水的资料收录在《中国农村惯行调查》最后的第 6 卷里。

加藤：补充调查和这些不同吗？

小沼：这是在沙井村等地……

旗田：有时候一两天会补充调查不完备之处。之后将提问事项做成一览表，将它订上，分发到各县请别人回答。

**（4）翻译的问题**

加藤：翻译是每个人都配了一个吗？

旗田：最开始是每两个人配一个翻译。

小沼：提问的人和写的人，这两个人再加上一个翻译。第 2 次之后是一个人配一个翻译。

福岛：栾城是？

安藤：栾城有一个非常有名的农民叫张乐卿，最开始就自告奋勇，与我和佐野组队，为我们翻译。

福岛：我来讲一个用翻译做调查时费尽心思的事情吧。

安藤：最开始是郭文山、霍满春、刘峻山、李寻春等人，给他们做了个测验。

小沼：我记得是有 5 个人的，剩下那一个人是谁来着？

安藤：孙希中是在之后吧。

福岛：是如何召集起来的呢？

小沼：在报纸上招募。我们作为面试官，周日的时候特地去给他们考试。我记得那个时候，问了刘峻山想要多少工资，他说多少都可以。

旗田：做调查的时候，临时招募的。

福岛：在那个村子里吗？

旗田：不是，在北京。然后带着他去的。

福岛：固定的翻译，翻译通常都做些什么呢？

旗田：一般都是誊写资料什么的。

福岛：做翻译吗？

旗田：不，没有那个能力。但是郭文山倒是胜任得了，也出版了自己做的调查问答录（惯行调查资料第 107 辑）。

福岛：就算是用翻译做调查，要是不懂中文也不行。

安藤：结果，即使用翻译调查，最后也要懂中文，就去学了中文。

旗田：我也是，开始要如何翻译比较好呢，完全找不到方法。因为我们这边什么都不知道。感觉得到很奇怪的程度罢了，找不到方法。

福岛：开始失败过吗？

安藤：当然有很多。

小沼：比如说，雇用临时的翻译，去历城翻译“小作”（租佃）的时候，我想着“小作”（租佃）应该能翻译出来，就直接说了“小作”。他们竟然直接就用“小作”的汉字来代替了。因此，我问他“你知道小作是什么意思吗？”回答说“不知道”，吓了我一跳。（笑）

福岛：那么，后来对方回答了吗？

小沼：嗯，经过两三次反复应答之后终于翻译出来了。（笑）

旗田：我们这边也是问题的意思完全不能翻译出来，反复好多次，终于翻译出来了。

福岛：首先，要让翻译理解的话，就得教授翻译们相关知识呢。

小沼：我们已经习惯了。最开始是采取让他们翻译长问题含义的方法，后来是采用分短句子让他们翻译的方法。

福岛：翻译自身没有训练过吗？

旗田：他们都是自学日语的。没有接受特别的教育。

安藤：据翻译们说，早点领会，自己就可以渐渐变得游刃有余，我们这边必须要纠正一些问题。

前田：对方用很长的句子回答，但翻译的时候，也有一两句就解决的时候。

旗田：失去了问答的气氛呢。

福岛：从刚才安藤的话来看，翻译自身也对提问很感兴趣是吗？

旗田：这也是有的。

安藤：还有，这个人在听我们提问题的时候，在翻译期间领会了我们的意思。这样的话，就会抢先问回答者。

旗田：因翻译者的性格，调查的结果也有不同呢。是跟人的品格有关吧。如果翻译和孩子的关系好，这种特点也会在调查结果中显现。有一次，在调查末期，我去了一趟历城，带着北京大学的学生去的，那个学生有抗日思想。那个时候，也不容易进到历城的农村里。后来，还影响了其他的翻译，翻译们都不干活了。

安藤：翻译中间也起过争执吧？

旗田：他们分为与满铁班一起行动的人和撤回来的人了。为了统一队伍，也有过默不作声的情况。

安藤；也有翘班的。也说过，你们要是不喜欢做翻译，干脆就别干了。

旗田：有一个日语非常棒的翻译，但是后来去了重庆。翘班是不行的。不管你是何种思想，思想是自由的，我们不干涉，但是不上班就让我们很困扰啊。这样说过之后，就渐渐不缺勤了。

福岛：翻译对农民的态度，像掌权者一样吗？也就是相当于日本被占领后的第二代那样吗？

小沼：我们比较戒备的不如说是翻译和村民的关系，从村民那里收东西，虽然算不上是贿赂，但还是比较担心。

旗田：满铁的固定翻译们都基本上还好，像占领军雇佣的第二代那样的态度，我们做调查的时候是没有的。

前田：翻译能够完全听懂农民们说的是什么吗？

旗田：场合不同，也有不能完全理解农民讲话的时候。栾城附近就有两三次，那边的四声是相反的。

福岛：栾城那边的话和北京话有很大不同。

安藤：乡下口音吧。

小沼：但是，后来就习惯了，两三天过后就习惯了。

福岛：富裕阶层的口音和农民阶层的口音是不一样的吗？

旗田：没什么差别吧。我觉得应该是没有语言上的阶级性。

安藤：比起语言，到底农民是没有去上过学的人，基本上不管被问什么都回答是的、不是。

**（5）文献资料收集**

福岛：那么接下来就谈一下文献资料的收集吧。

小沼：文献方面，是在 1941 年 2、3 月调查的时候让正好空闲的人去收集的。东京来的福岛看的审判资料就是那个时候从顺义县借的。还有就是获鹿山的县公署里应该是有资料的。一直持续到清朝末年的档案，是在县公署的鼓楼还是哪里。其中，康熙之后的档案有很多。当时满铁班内有一个叫俵先生的人，因这个人的介绍，得以借到资料带到北京。曾想过去其它有资料的昌黎、保定等地做调查。

安藤：我在京奉沿线做概况调查的时候，和临榆县（山海关）的顾问小仓先生聊天时听说这里也有那样的资料，之后另找机会去借了。放在行李箱里带了三四本回来。

旗田：没有什么空闲用文献资料。

安藤：顺义县的审判资料，我记得是内田在尘土飞扬的某天用卡车带过来的。

福岛：顺义县的资料也送了两三本到东京方面。

小沼：是的，这些我们就不还回来了。（笑）

福岛：还了哟。那是很贵重的资料，不得不还。

安藤：刊载在法律时报上按了手印脚印的中国休书的照片也是在那些书里吧。

山本（斌）：顺德地区有水利非常发达的地方。有水簿和鱼鳞册。乾隆时代记录的水的分配台帐。那个资料复印下来了吗？

小沼：嗯，放到了这次的第 6 卷里，你说的水资料是 1 到 8 的部分。

山本（斌）：这些只是一小部分啊。

旗田：是你油印的。

山本（斌）：水资料是非常有趣的。天海最初也做过这个。比起村子的资料，不如说是有组织体系的水系统的水头儿—闸夫—闸目。河北省的水利调查中最有趣的调查属顺德地区。一般来说，就算你调查了旱地的灌溉也基本上没什么深度。另外，水田灌溉的话，天津的小站、北京西郊涿县的水田地带是有的，但是水田的历史还是比较短。管理也是比较现代化的。与之相对，顺德、邯郸地区稻田地带的水利设施很复杂也很发达，可以说还遗留着传统的习俗。尤其是村子里防匪自卫的红枪会和水利组织联合，和每个村管事的人对立起来，组建了许多“连庄”。

在顺德地区，流向天津的白河上游滹沱河的更为上游一带，我去了5次，去了距离顺德府2里（日本里）的东旺村，并以此为据点前后共待了40天，做了调查。选定了100个村子，在当地完成了厚厚的调查项目，请当地新民会帮忙印刷，首先要把它送到村公所以及掌权的水头儿那里并登记。与此同时，一个一个地挨着去拜访水利组织，不知什么时候就调查到红枪会去了，把我自己也吓到了。虽然是玩笑，想起调查结束后，以答谢的名义将红枪会的大头目（水利系统有很多人）带到北京，并陪同他参观各处。且说水利地区的调查范围非常广，问答式的调查项目被许多农民看着，无法简单推进。但是，发放了大概两个星期左右，大致将其全部回收，之后又花了一周骑自行车绕着村子做了补充调查。我记得那个时候的调查纪录和誊写的水簿有六七十册。另外，还誊写了滹沱河边的治水碑文，顺德新民会还为了满铁调查班特意配备了一名学究——小栗满磨，帮忙誊写平乡县的治水碑文，一直抄到了傍晚。察觉到的时候，已经被共产党包围起来了，就这样被强行拉走。这应该是满铁调查班内惟一一次事故。之前提到的庞大的资料也都带回了北京，进入陆续整理阶段，但仍处于未定稿状态。

旗田：镰到底是什么？

安藤：根据某个人的说法，应该是表示发音的或者是借用字。

山本（斌）：那个清清楚楚地记在公文书里。不是音译文字。是用来表示用水的单位，分为镰分厘毫和十进法。

福岛：村里有成文规定的公文书吗？

旗田：写在纸上公布并贴到墙上的见到过一个。刻成碑文的在周口店还有别的地方见过。关于看青的规约到处可见。

仁井田：没有村法、村规那样的东西吗？

山本（斌）：我看到的是写在城门上面的。

旗田：普遍的说，村里基本上没有除了看青以外的规约。

小沼：这类琐碎的资料是进入村子之后收集到的。积攒了许多。寄存到北京的教会里，不知怎么，直到最后都还在手里。

福岛：日本有“五人组账”，即约束村民共同生活的东西，中国应该是没有的吧。

旗田：没有吧。这就是中国和日本不同的地方。

仁井田：也不能说一点儿也没有，查找的话多少还是有的。虽说不是绝对没有，但是华北农村内没有发现过。

安藤：收村费的时候的分配方法等，比如说把租佃5亩等同于自耕1亩的算法看作村规吗？虽然文书里没写。

**（6）对戒能和矶田两位先生论文的评判**

福岛：换个问题，关于此次调查的一项研究，1943年戒能通孝写了《中国土地法惯行序说》，就算是现在读来也依然是一部好作品。对于这篇论文，大家是如何评判的呢？

旗田：杉之原担任评判员。戒能的论文里有包括祁克等的所有权概念，用在这里非常合适，以此种标准来评测。

福岛：当时，顺义县以及其他的调查资料已经送往东京。戒能分析那个调查资料写出的文章，里面写了太多德国法学方面的见解。是评判它是否符合调查的结果吗？

旗田：嗯。

福岛：具体来说，看不出这一点，这种分析难道不是纸上谈兵吗？这个理论不符合中国实际情况，没有人指出这一点吗？

安藤：虽然是从我们这边送过去的资料，但我们在进村收集资料的时候，接连出现不明白的问题。对方虽然很简单地回答了，我认为有可能当地人及其立场与此含义不同。

本田：比如说，用同一个词的时候，要学会抓住的当时的语境，也有完全没抓住的时候。

小沼：杉之原在法律时报（1947年1月号）的一篇文章《典的法律性质——华北农村的惯行》中写到，法律制度是和当时当地社会经济基础有密不可分的关系，也和当时的历史背景相结合，才得以存在。无视这些，用超历史的观点来理解和评判是不行的。把近代古代的风俗用近代的法律上的观念或者法律概念来研究，不仅仅是失去了风俗原有的特点和社会机能，也会误解社会性和经济性的特色。这就是杉之原对于戒能论文的批判立场。杉之原对于戒能论文中运用祁克理论的部分逐一详实地进行了评判。

从结论来说，必须明确中国的土地所有权是近代的，还是其他性质的。他说，首先了解这一现实是非常重要的。

福岛：那么，对于杉之原的这些意见，大家对戒能的评判是同样的吗？

小沼：我在这一点上无法与杉之原抗衡。原来，法律学上存在着杉之原的想法以及对应的戒能的想法，对此，我感到震惊。

安藤：我是对其他层面感到惊讶。中国的所有权非常真实。先暂时无视别的东西，先看和近代法律关系类似的东西。但是，这样的东西就是近代的权利吗？说它相似之前，我们不得不思考这类东西的基础。村子、身份关系什么的，都是从哪里来的呢？感到不理解。就是这样，不能成为参考。原来，记忆里还有这样的想法啊。

本田：近代化还是市民，这样的感受对于东京人来说是新鲜的。之后，来到北京大学的兼子一先生认为中国的市民方面非常发达而来中国考察了，这果然是和戒能的想法很相似呢。但是，我们进入实地调查之后，感觉不是那样的，是不同的。

幼方：战争时期，我最喜欢读戒能写的《法律社会学的各种问题》，还写了一部书评《历史学研究》。我没有直接参与华北的调查，所以无法看清那种氛围和那篇论文有何种关系。但是，关于中国的封建性，戒能用其自成一体的把握方法来毫不犹豫地下判断的方式是很有趣的。关于土地所有权的性质，虽然祁克的理论是适用的。这种适用正确与否暂且不论，以那本书为媒介，我觉得呈现了末弘说的力学方面的关系，非常有趣。关于中国的官僚掌权出现了新的观点，这也是非常有趣的。

旗田：另外一点，就共同体这一点，存在着打破了以往观念的重大意义。村落共同体这种观念也开始打破。不用说村落，家族也被打破。

幼方：总之，就是以前一直说的停滞性理论。也就是相对于孤立分散的中国村落的传统见解来说，其实一点儿也不孤立分散。某种程度上来说，有流通圈。此外就封建性而言，那篇论文虽然没有明说，某种程度上还是突出呈现出来了。

加藤：刚才所说的感觉上不一样是指什么？可以具体说一下吗？

安藤：我觉得有很多。戒能自己拥有广泛的知识量，这一点非常厉害。以此种眼光来看，是没有去深挖那个问答的资料的，应该是抽取一些总结出来的。但是，我们也感知到了那些资料以外的东西。日本和实地勘查的立场是有错位的。我们不能那么大胆地说出来。

仁井田：即使如此，比如说，旗田做了村子的研究。这些研究里呈现的是不是北京方面代表的意见还未可知，但确实是大家讨论之后所得出的意见。

旗田：还没意识到那一点，关于村子的话，平野、戒能二者相比，我的想法和戒能相近一些。

仁井田：旗田在这一点明白很多。我听了今天的谈话之后也感受到了进行实地调查的人员之间的氛围，和我们这些看别人写出来的东西是不同的。但是，比如说，我会接受旗田所表现的以及表达出来的东西。

本田：虽然说没有封建性，进行实地调查后，我并不觉得完全没有。这是说，没有是无法表现出来的。无论如何都会出现这类细微的差别。

仁井田：这是根本。去做了好几次调查，不管是昌黎、顺义还是栾城，都获得了很多资料。但是也出现了应该思考的问题。我也是本应该抓住这些问题……对于封建性问题，我们必须思考。

幼方：其实，戒能的论文包括了许多问题，也有没解决的问题。这方面应该是带来了一些影响。引起关注的是让人感到之前的概念被否定，但新概念尚未形成。

旗田：有村落共同体这一想法本身，就是错误的。我认为，共同体的性质是，封建社会崩溃，产生市民社会的前提，而且出现具有公性质的村民。有这样的想法。

前田：但是，戒能是没有明确规定共同体是封建社会崩溃过程出现的。不如说是接受了否定这种西欧式发展阶段的想法。此外，出现了裂缝（差距）。虽然接受了其影响，但是没有完全理解。

本田：尽管被要求再作思考，但我感觉到有此后什么都做不出来的不满。

福岛：接下来是矶田进论文中所写的内容，那是在 1942 年 7 月写的《中国北部租佃的法律关系》。这是为什么呢？

小沼：做过读后感的报告吧，在班里……

福岛：是谁做的报告呢？

小沼：租佃的负责人——是本田和佐野吧？

旗田：杉之原非常敬佩他们，比戒能的论文还要敬佩……

仁井田：矶田的论文，使用资料的方法非常直接。与其说有弹力性不如说是有柔软性。

福岛：这篇论文有什么影响呢？

旗田：我记得正好当时是写报告书的时候……

本田：针对东京研究所的论文以及报告书，杉之原说，我们这边也准备写那些东西，但是东京方面已经先写了，我们再写同样东西的话，就是个问题。矶田在汇总的时候，杉之原回了日本，矶田也听了杉之原的想法。当时，矶田已经大致将总结的概况写了出来。因此，才会演变成刚刚所说的那样吧。

小沼：这是和戒能的论文相互形成对比吧。

旗田：杉之原也说了许多，也曾提过将问答记录送到东京的意见。这都是从矶田的论文中了解的。

本田：做出了不错的东西，被人抢先出版了，肯定有些垂头丧气。其实这个还是做得不错的。

福岛：这是实地调查员们的心情吗？

本田：应该不是很接近他们的心情。在这种意义上……

福岛：平野的关于村落的报告如何？

旗田：自圆其说的，讲不通的感觉。为了和戒能的观点不同，觉得应该是勉强自己的吧。

仁井田：东京方面的调查项目第三部村落是以平野为中心设计的吗？

福岛：是大家一起合作的。其中加入了日本农村的分析。村落共同体没有在中国农民的生活层面出现吗？

旗田：没有出现五人组之类的形式。尽管如此，在庙、神明等观念方面似乎形成了共同体。这在我看来也是非常勉强的，说不通的。

福岛：那个时候，东京方面发表的论文有 3 篇。其他的呢？

本田：有川野重任先生的。

幼方：川野的基本上是模仿戒能的构思方法。但不是法律方面的，而是经济学方面的分析。

前田：我觉得川野的论文虽然不像戒能那样提出那么多问题，但是还是做了很好的整理。

本田：惯行班解散后，我去了大连，以那篇论文为基础做了报告，还受到了好评。

福岛：没引用京都大学的八木芳之助教授的租佃方面研究报告吗？

本田：八木先生的引用了一部分，但是用的其他资料更多一些。

福岛：最终，在调查期间，涉及法惯行方面的论文只有戒能、平野、矶田写的 3 篇。我当时也去应征了。

幼方：仁井田的家族方面论文是在战争中写的还是战后写的呢？

仁井田：战争中开始的，进展不是很顺利，战后才完成。

幼方：最初的构想就是按照那个思路来的吗？

仁井田：战争中考虑了许多东西，但是事态没有完全按照我想的那样发展。最终日本还是战败了。此外，包括日本在内的从前的亚洲社会的权威主义被动摇、破坏了。我是从对这一问题的感受切入的。

**（7）调查员对中国社会观的变化**

福岛：接下来继续下一个问题，在这项调查持续的数年间，调查员在亲眼看到中国的意识方面，出现了什么变化吗？关于这一方面……

旗田：简单来说，虽然之前完全了解了中国的封建性，但是在推进调查的过程中，可以说是越来越不明白了。

仁井田：尽管如此，还是和以前一样去理解封建性吧。

旗田：也没办法说成其它的东西。

小沼：矶田来北京和大家交谈的时候，出现了似是而非的封建性的词，但从封建制度之前的社会来看，封建性还不十分成熟，就这样进入了近代社会。难道不是这样吗？虽然不是那样的状态，现在开始进入那种状态，就是问题，就以此结束了。

前田：确实无法解决封建性的问题，但也不是否定封建性。加上新的规定之后，调查的结果能否作为理论论据的想法非常强烈。

旗田：柏祐贤还是哪位先生提出了很有趣的试论。读《华北的农村经济社会》可知，虽然否定了封建性，但是，其中有一种无法解决问题的倾向。

福岛：治安逐步恶化，军事方面对八路军的关注变强。一方面，正如刚才所说，日本军队在某种程度上也知道，日本的占领体制所控制的人和八路军在政治方面所控制的人不同。对于这些，你们有没有过怀疑的态度？

旗田：像我这样，起初对于这场战争会变成什么样子是持有怀疑态度的。但是我们参与进来做了调查……如果八路军来了，还是会感到害怕。

福岛：调查进行到后面就变难了吧。

小沼：去不了沙井村，旗田就遇到过。

本田：我也是。

福岛：牛栏山也是。

本田：当然全都不行了。只有县城能进去。那是1944年吧。

小沼：在那之前，1943年的时候我去过历城。真的是有够受的。从车站到县城，由车和护卫来护送。县城里当然什么事儿都没有。

福岛：也就是说这样的事情呢。调查员是在日本的占领体制上进行了调查。占领体制一旦崩溃，村民们就对我们不加理睬。这个时候，合法秩序就自然而然的发生改变。到目前为止，全部接触过已调查过的对象和未调查过的对象了吗？

旗田：这个倒没有。

福岛：总是有一方的资料没有到手。

旗田：而且当时，共产党地区到底发生了什么样的变化，我们这边是不知道的。

福岛：是1942年吧，华北经济调查所刊发了一份秘密资料，是佐藤晴生先生写的《晋察冀地区的农业政策》，在中共解放区详细做过实地调查。看过那个吗？

旗田：想看的话是能看到的。但是总感觉还是不看为好。会有很多不同的意见，就想着还是离远点好……

安藤：那本书对于所里的各科而言是极密，可借阅。保管在科里，想看的话还是能看的。

仁井田：那么“二五减租”的影响是？

小沼：“二五减租”是在调查项目里有的。调查了之后发现完全没有。实际上华北地区是没有实行的吧。

仁井田：减租减息又是什么？好像没有这类问题呢。

旗田：关于共产党政治方面的知识直到最后都是非常少的。基本上不知道。

幼方：因此，1942年出版的佐藤的报告实在是例外中的例外。满铁社内除了情报负责人之外，都不太想看。毕竟军方的支配压力还是在的。

福岛：是的呢。军队等有情报网，做这了些调查，并收集了资料，但是作战以外都是机密。

旗田：关于共产党的军队，听说很不错。就算是被俘了，也会被重视，知道他们想要建造一片乐土，除这些以外，没有什么探究的欲望。也没有想要调查的心情。

前田：还记得曾被旗田说教如果在这些事情上用那个脑子的话，这个调查是完不成的。（笑）

安藤：停留在顺义的时候，不时听到宪兵说的让人不快的话，你们在干些什么，我们大家可都是知道的这类的话。

幼方：农民里也有宪兵的爪牙，你问了什么宪兵应该是知道的。

旗田：日本宪兵真是最可怕的。对那边不得不小心谨慎。

幼方：这些事情对调查员的心理带来了什么影响？是作为忌讳隐藏起来了吗？避免和日本宪兵队接触，这个算是心理反抗吧。

旗田：还被预备宪兵们提醒不能批评保甲制度。在宪兵们的头儿面前说了就惨了。

山本（斌）：去稍微偏僻一点儿的地方，就贴了很多对方的宣传单。果然是对日本的反感太强烈。刷上了浆糊贴着的。

仁井田：都写了些什么意思的话？

山本（斌）：日本的坏话吧。

福岛：我是在1940年夏天去的牛栏山，山顶上的岩石上用涂料大大地写着“打倒日本帝国主义”。看到这个，森岛顾问脸色就变了。

山本（斌）：三河不是抗日根据地吗？因为是在这旁边的县吧。

旗田：以八路军等为调查对象做调查研究的时候，因没有日本军的支持，所以很危险。如果没有特别许可的话，非常危险。

## 五　调查的汇总与对调查的感想

福岛：最后是汇总的问题。起草报告书是从1942年的秋天开始的吧？

旗田：最开始杉之原说几个月可以完成呢？3个月左右可以完成。因此，与调查员们进行了沟通。在这个问题上，杉之原和调查员之间是对立的。本田还和杉之原争论过。那么，问调查什么时候可以，本田说能做完的时候就可以了，大概要花2年吧。听到这话，杉之原勃然大怒。说过“就算是蠢也要有个度吧”这样的话……

小沼：直到这个时候调查班的气氛还是其乐融融的。在这一点上确实是对立的。杉之原和我们大家处于对立吧。

旗田：杉之原的想法是没有必要写那么详细的论文。松山（贞夫，上海商事金融惯行调查主任）曾经讽刺过，写法学论文和法学通论哪一个难一些？写概况的话，3个月就可以完成。然后，大家都提交了计划，实施起来才发现完全行不通。2个月的时候，十分之一都没做到。一方面，完成的初稿在班内传阅。因此，不管过多久都是完不成的。

福岛：在班内传阅最后变得怎么样了？

本田：杉之原将自己认为有疑问的地方贴了红色标签。

旗田：应该是标注意见传阅回来的。杉之原粘满了红色的纸。每周一次叫一个人，要求说明贴红标签的地方。我方一点儿声儿都没出。结束之时，如要抱怨，谁都能做到。自己写写看啊。（笑）

小沼：也是知道情况的，到燕京可以乘坐巴士。搬到燕京的住处后，先不管别的，大家投宿之后才开始。资料那么多，还要一鼓作气整理完。卡片也不是很完整……但是要写的时候还是写出来了。写了很大一堆。

福岛：这又是为什么呢？

小沼：最终还是带回了日本。

旗田：我带回去了。是有多少呢？大概是写了1000多张纸。而且还只是好几份中的一份。

本田：我在大连遗失了一部分。

福岛：那个论文是和矶田的论文差不多格式的吗？

旗田：差不多。根据资料来写的。

福岛：刚刚所说的历史文献资料和现在的惯行相联系的方面是如何写到报告书里的呢？

旗田：和历史的关联啊，基本上没什么。没有空闲去读那些文献资料。

福岛：即使如此，也还是写了1000多张纸，真是费了大力气的工作呢。

旗田：是的。写了1000张纸，而且只是计划的一部分，只按照计划写的就很不得了。

小沼：那些资料就那样写了好几年，真是不得了。

旗田：要是出版了就好了。但是杉之原持有不能出版这些资料的态度。

安藤：尽管如此，我在总结的时候跟杉之原说，将《关于典权》作为未定稿也可以，发表在什么杂志上怎么样？但是，那篇也没有发表，战后也没能带回来。

旗田：听说我的《关于边界》这篇论文收录在了田中清次郎先生的纪念论文集里。

福岛：大家写的大量报告书以及方才说的论文或草稿，如果送回东京就好了。这样基本上还是可以印出来再利用……

小沼：为什么那个时候急着整理报告书呢？

旗田：和满铁对话的时候，应该是有政治方面的理由，很急。

本田：光花钱，工作方面一点儿成果都没出的原因吧……

仁井田：如福岛刚才所言，对于自己的调查大家自己是如何评价的呢？

本田：资料的价值吗？

加藤：也请讲讲这个吧。

旗田：这个怎么说呢？界限吗……我们听从掌权者的意见吧。因此，这一点无论如何——

仁井田：古岛在他的书评（收录在第四卷）中说道“概况调查是根据各地区掌权者的意见而成的东西”。掌权者即会首层面的意见和普通农民的意见中不同的问题是什么呢？应该不仅仅将会首层面的人作为谈话对象。但是可以说基本上都是会首层面的人。

旗田：那些人比较多。

福岛：根据项目，村的法律体制的中坚人物应该也是会首层面的人吧。因此，对于古岛的批评，有什么需要辨明的地方吗？

仁井田：但是，正如末弘说的那样，把“不连续性的漩涡形式在逐渐形成”的法律惯行做为问题的话，会首层面的意向及其变化中，也应该是能看到问题吧？

福岛：我们的惯行调查相对于台湾私法以来开展的旧惯调查而言，扩大了范围，不仅抓住了活的内容，也在关注与历史相关联、持续至今的现状。其中，想要改变现状的原因是出现了新的政治力量，形成了许多形式。这些地方应该是末弘期待的理解方法。

仁井田：处理会首问题的时候，从各种侧面可以发现整理这个问题很有必要。旧中国社会里，在农民看来会首是一个权威的存在，应该是有比会首权力更高的人。会首和这些利害关系一致的情况、相反的情况也是有的。一致的时候，对农民来说是自上而下的整体性力量。相反的情况，则是作为与农民一起的自下而上的对抗性力量。当然，会首从自身利害出发表现自己的动向。即使只以会首为中心，农村惯行调查也不能够调查得很详细。但是，只以会首为中心，不是也能捕捉到大量内容吗？

本田：关于会首层面，我将此当作不得不接受的特殊人物，感到不加限定也很好。从谈话内容来看，不管什么时候我们去听，都觉得会首的话都是非常特殊的。下层说的话就完全不一样，完全不想听。但是也要根据问题情况而论……

旗田：之后有过这样的事情呢。对于日本占领政策的批判或者是对中共的想法等等，这些都是不能说的。会首层面本身是对占领政策持有批判意见的，但也有不能说的方面。

小沼：这类问题上，我觉得历城的会首们非常明白这一点。顺义和栾城，以及刚才本田所说的那样，一般村民和会首们之间是没什么区别。但在历城，则是非常明显。

福岛：会首层所承担的法律秩序和下面的贫农想要建立的法律秩序，如果站在主体立场来制定的话，法律秩序不是有两种吗？

安藤：历城这个村子，比顺义和栾城都大，也很富裕。那个地方的老板多少是上层阶级的人。

本田：沙井村没有那种人。只是侯家营多少有点儿罢了。

小沼：侯家营和恩县比怎么样？

本田：恩县也不是这样。只是根据调查事项，村民以不同的态度来回避某些问题。比如租佃关系，一般风俗习惯的发言还是没有什么差别的。

仁井田：调查内容里，不像福地今的“我是四川的地主”里写的那样，地主和佃农之间有明显的生活意识差别。比如说，四川的地主在外出的时候，佃农不管多忙、多么不愿意、答应不答应，都要给地主抬轿子。但调查内容里没有写这样的事情，

福岛：通过那个调查整体来看，封建制不是一般所说的封建制，封建性质的东西直到现在也是没有搞清楚的问题。将其作为实际的问题，以法律惯行为起点来弄清这一点，也是很不错的方法。

小沼：是的。

福岛：另外一个想问的就是，为将来的工作留下了什么。有这些时间、资金以及人力，比起其他，最应该着手解决这个问题……

本田：进入了总结阶段，痛感资料不齐全。综合一份资料的时候，虽然有很棒的东西，但是没有可以用来佐证的资料。比如说，很有必要评价沙井村的惯行在外面的实行状况如何，但是没有这些资料。因为像钻孔打眼一样集中在一个村庄，所以不知道附近的事情。完全没有普遍性。因此到了总结阶段，不得不全部打上括号、问号。

安藤：只能从某一方面来看呢。纵向、横向来看是不行的。

加藤：但是照那样深挖是做不到的。不管在哪儿做，一般调查也基本上是做不到的。我认为仅仅提出问题也有很大的意义。

安藤：与满铁一直以来做的实地调查以及平面性分析做对比的话，可以说差别特别大。

仁井田：比如说，调查资料里出现的赋税是重要的研究题目，但不是读以前的书就能明白的。这是和封建制相关联的问题，也是发现新问题的一个点。

小沼：这是个大问题呢。杉之原在朝日新闻（1941年2、3月份北京版）写了一篇题为《华北农村的征税机构》的文章，我认为里面写的理解征税的承包制度等过去的情况非常值得关注。另外，日本又是如何？这种情况经常成为问题。

旗田：不知道日本农村的情况非常不利，是大损失。因为什么都不知道……

仁井田：但是，看中国的农村所感受到的问题有理解深浅的差别，是从把日本农村问题作为问题所感受到的呢。

旗田：这也确实如此。

本田：虽然那3年做农村调查，但是村落这一部分依然是很坚固的框架。在这个意义上，觉得有沙井村式的框架，觉得有相似的地方。

仁井田：要是能抓住相似的地方或者是同性质的地方就好了。旗田在沙井村等中国农

村里，将没能发现和日本农村类似的大的问题作为一个问题。我是与这个调查相关、在很多意义上蒙受恩惠的人之一。首先，学习到了研究方法和看问题的角度。第二，克服了文献调查的限制。因此启发了到当时为止一直没想过的问题。随后，和1935年前后写《中国身份法史》时对比，自己都感觉到把握问题的方法以及深度、广度都有了很大的变化。但是，实地调查的负责人们是如何接受末弘、杉之原的意见呢？我怀有疑问。

关于调查，内田君说过“感受到了生活感情的精髓”就好、“调查的目标是……全新的、独自的，也就是基于白纸的立场，把握实际状况本身”。但是这一点无法明确作为科学的法学方面的立场。在什么样的学问方法里“触摸到了生活感情的精髓”，这一点并没有明确说出来。这是在被调查者当中感受到的极端情况吗？参加了末弘以及杉之原的调查方法和实态调查的各位与此之间，我认为不能说是没有差距。有差距但不是自身不好。不过，总体来说，研究调查方法上还是多少存在一些问题的。

但是，具体收集到的资料中，拥有目前为止大量其他调查无与伦比、被高度评价的内容。应该将学界的水准越来越高也计算在内，总之和目前为止的满铁调查以及台湾私法相比还是有相当大的差别。以前的水平，是不能做到这种程度的中国农村调查的。

然后就是像这样获得的资料方面的问题。比如说，我们从许多文献中获得历史和社会的材料，但是里面没有出现什么研究方法和看法。也有方法和看法方面的问题。我在增减素材、如何处理素材方面的感受比较多。

幼方：虽然能够理解这一点，也就是仁井田用自己的力量利用了这些材料，内田是用他自己的方法来使用的。因此，我觉得资料里应该有两位都可以参考的内容。但是不仅是仁井田和内田两位的方法，资料本身也有这种因素。这是从何处来的呢？是什么样的问题呢？目前为止已经说明过。这一点的极限，我认为是根据当时的内在或者是外部理由，资料本身所拥有的特征。

加藤：虽然资料自身也有可能拥有这样的特征，但这不也是使用者的使用方法吗？要点是……

幼方：主要是这样没错，但是资料本身也有许多制约，因此而那样使用的吧……

旗田：那是因为资料自己本身不是自始自终一样的吧。

仁井田：福岛是怎么想的呢？

福岛：虽然还没有理清。作为调查的成果，资料自身是贯穿了杉之原的方针、以及每个人个性在内的东西。另外其源头是末弘理论。资料的呈现方式也因每位调查员的个性和调查时期、调查深度不同而有差距。整体来说，脱离了台湾私法以及满洲旧惯调查等既有调查形式，用新的、更科学的方法来调查，曾经是这样考虑的。

但是从调查整体来看，只是刚才所说的整体计划的一部分。从调查地区来看，选点及其普遍化方面，不得不承认未完成的部分不在少数。

因此，问题在于资料的使用方法。这种情况下，仁井田有丰富的法制史知识，从调查中指出了问题，抓出重要的事实。那是目前为止的历史文献资料中没有出现的内容。这都是以有深厚历史文献基础为前提的。对我们来说，文献里没有出现的东西是理解不了的。这是仁井田式的利用方法。但不仅限于这些。比如说，有法社会学的见解，也有比较法的研究方法。从不同的观点、角度来使用这个调查。

加藤：我认为这是根据调查员的问题意识决定调查进展的方法。利用的方法本身是根据调查方法之上的问题意识而不同的吗？读了之后觉得有非常有趣，有趣之处也是因人而异的吧。

小沼：因此，不管怎样使用，只要用科学的方法了解资料的形成背景，就达到了我们原本的预期。

加藤：反过来说，多方面的话谁都能使用，谁都能从自己的立场出发使用，这也是一种特色。问答体的形式，更能生动地表达这种含义吧。

福岛：从这个意义来看，和古岛所说的还是有不同的地方。不要加工，想要原始的资料，这还是东京方面第1次向满铁调查部提出此类要求。杉之原也非常赞成，就这样将问答体的访谈内容送到东京。1941年春旅行的时候，在开往北京的车里向山田三良委员长说明了情况。但是，以这种主旨，东京方面了解的实地情况，从某一方面来说，是要以对中国相关文献有很深的涉猎为前提的。不以此为基础，单独使用的话也是会有勉强的地方。如果忽视其他文献资料，使用合适的原始资料，也是古岛敏雄所说的一种飞跃。

仁井田：用问答体有一个好处，用这样的方式问，出现了这样的回答，这些都能够清楚的明白。作为资料提出的话，有很多积极意义。这一点，比起三心二意的总结要好很多。

加藤：使用这种方法，调查一结束，就能清晰地看到漏洞，接着就是填补这些清晰的漏洞了。就算是很小的漏洞也能够知道。在这一层意义上是非常重要的东西。

福岛：以前的文献研究是，只能抓住大的框架。这个空间根据实态调查能够满足。因为不管是横向还是纵向都能够进入这个空间，这是个大成果。

本田：就以此来总结得出结论的话，价值就减半了。最终，正如福岛所说，以什么头绪来考虑的时候，包含着非常重要的问题意识。

旗田：这一点是幼方经常说的。只利用这个的话，极有可能会变成内田所写的论文那样……

幼方：仁井田式的利用方法，这和刚才福岛所说的那样，需要庞大的法制史知识储备为前提。这是不能要求一般研究者具备的能力。不如说这是例外的存在，这个打开宝库的钥匙，必须是一般人都能利用的东西。现在，我们在制作《中国农村惯行调查》全6卷的索引项目表。我觉得那能成为一个关键。这样的话，不需要特殊的、庞大的、专业的、熟练工的知识，某些程度各方面的人都能根据这些资料结合自己的问题来找出需要的东西。不这样的话，就会出现非常随意的利用方法。有干得好的时候，也有不顺利的地方。不过也是有像戒能那样的名人，从自己的体系中巧妙地纳入必要的东西。另外，也有像内田那样，根据汉学（中国问题研究）找出有趣的研究方法的人。

结合当前阶段，为了公开这本书的内容，依然还是有必要让编辑者们制作一些关键词，方便今天的读者阅读。这比这本书的价值还要高，难道不是正确的评价方法吗？

虽然不能直接从这本书的内容引出现代中国农村问题。但是，如果加入学问方面资料的话，还是有可能的。相反，也能结合这个资料的滞后性理论。这都是因为当时中国农村的条件是这样的，与其说是调查员的责任，不如说是现实问题的制约，这也是没办法的。阻碍了想要向上发展的东西。

最后我想说的是，在那场战争中，在满铁这种类似于军队延伸机关的地方工作的经验，就此想听听大家的意见。我虽然是在上海，最开始是觉得有趣就按照自己的想法做了，渐渐的就出现了一些问题。我们所去的地方都是处于被占领的统治之下。用中国今天的话来说，就是沦陷区。对我们来说治安好的地方，对于中国人来说却是危险的地方。也就是说，能捕捉人对人的姿态，不管是城市还是农村……这样的话，由于对方是人，假如没有像华北那样被八路军直接攻击，华中地区也没有那么的惨烈，局势渐渐就变好了，作为调查对象，人们的态度应该是会变化的。真是说了相当不讲道义的事情呢。对他们来说，是理所当然的事情。这样的话，我们就算再怎么在心里讲良心用科学的方法来做，光是想想都会受到冲击。就这样，渐渐失去了对这份工作的热情。也就是痛感学术方面的热情和现实之间的矛盾。

另外一点是，在我工作的最后阶段（1943 年），通货膨胀太厉害，满铁的出差旅费也不能够满足我们出差了，渐渐地也不能开展田野调查。刚才所说的心情一直持续到了最后。在这一点上，华北怎么样呢？

本田：没有想过这个呢。

旗田：调查变得困难之后就有点不愿意做了。

本田：但是这个和幼方的感觉是不一样的吧。良心上去做和失去热情还是稍微有些不同的吧。

幼方：调查对象的人们反馈给我们这样的态度，不是说做不了工作，我觉得是这样。为什么人们会选择这样的态度呢？这就不得不考虑当时的社会环境了。这是我觉得应该反省的。没这样的体验吗？

小沼：在这种问题上我比较干脆。但是安心于惯行调查的特征，考虑积极方面的东西也略……不是以赋予我们的条件为基础来调查的吗？是以这种想法来做的。历城就有很多例子，但是还有许多可以在实际调查里做得到的事情。从调查成果方面来考虑的话，不如考虑积极方面，大致上到结束都是这么做的。

仁井田：幼方说出心声之后，我也有话想说。我做的是行会的调查。1942 年、1943 年、1944 年间。我在以前学习的中国法律历史基础之上，了解到了中国法律发展中优秀的一面，比如刑法的原则、手印制度。虽说是法律，但这是古时候的东西，一般还是以权力支配手段为法律的主要内容。

然而就算是去了北京那边，也只能见到灰尘漫天的地方以及浑身沾满了灰的群众。这让我不得不思考，这个民族乃至民众与优秀法律的产生有什么样的关系。想到这些，我觉得非常紧张。思考行会的时候也是，思考农村和家族的时候也是，非常想要确认这一点，在这一点上也有自己的想法。但是，实际用心分析中国社会构成，变成革命的前景的话，是免不了含糊其辞以及漏看的。

虽然没有幼方直接面对的那种深刻感，当然我也不是不关心中国现实的苦难。和北京民众聊天的时候也什么都听。虽然有幼方所说的那种情况，也没想过就这样结束研究。

我在《中国的社会和行业》的序文里引用了五四运动之后数年林语堂写的东西。林语堂写道，“中国的知识分子在欧洲、美国的时候，虽然产生了革命思想。但是一回到乱七八糟的北京，被一千年、两千年的氛围所吸引住，革命思想是不会再次浮现出来的。”但是，不能断言没有改变中国的力量。也就是对封建社会进行实况分析，不如说我是被强迫去分析的。但是在这种情况下，明明知道要发现内在的东西，却没有去充分地了解就会导致失败。在这一点，我必须进行自我忏悔。

幼方：正好我们在中国居住的时候，老舍的《四世同堂》描写了北京的中国人是如何生活的。那样的生活是我们所不知道的。完全就是在别的地方。就像现在来日本的美国人接触日本人的生活一样，在另外一个世界工作。我们先不问期望的和不希望的，这样的客观制约，虽然当时我不明白。在今天来看，是不得不思考的问题。

小沼：虽然很好，刚才所说的变成失去意愿的话，归根到底，这类工作的意义也是做的事情变成了问题，另外，感觉为曾经做过这样的事情感到羞愧。我觉得不是这样。

幼方：是这样的。应该将学术方面的和客观方面的分开来评价。但是将学问上的问题和现实矛盾完全剥离的想法是要不得的。

福岛：学术性调查本身，不是信念而是调查员的自我意识问题吧。另外，在自我意识不同的条件下进行的华北和华中调查，所处的条件也有很大不同。

幼方：我所负责的地方有一个是无锡。那边是工厂区，和农村不同，有很强的反抗情绪。

福岛：在1941年的时候，我也在那里进行视察。骑自行车过去的时候，被小孩子扔石子了。

旗田：因为在眼前看到日军做的坏事了。不管怎么说，占领军做的事都不是好事。做这个调查的时候，怀有给占领军帮了忙这种心情。一边无言地斗争着，也不能装作什么都不知道。

幼方：也就是说，这个调查在大家的发言中越来越明朗。确实，从成立的原委来看，日中战争后的《台湾旧惯调查》，以及日俄战争后的《满洲旧惯调查》同样都是属于日本的殖民地调查的系谱内。而且，从今天来看，可以说是最后的工作。对于我们而言是一点也不能否定的，另外还清楚地承认了。虽然这个调查和《台湾私法》、《满洲旧惯调查》不同，有学术上的价值，问题在于是为什么在今天被承认了。重要的是，这是末弘（调查方针——第1卷第17页[1]）在战争的有限条件和苛刻的政治要求下，也没有失去学者的态度而进行研究的结果。也是以杉之原为首的调查团队踏踏实实地进行实地调查的结果。当然，其中也遇到了刚才所说的那些困难以及矛盾、不统一的情况。但至少作为研究者应有的姿态一直保持到最后，不管是末弘还是杉之原手下的调查员们。我认为，就因为有政治目的和学术研究的矛盾，才会有此次调查。所以不管是长处还是短处，都不能脱离这一点来讨论。

---

〔1〕 译者注：此处的页码是指引文在日语原书中的页码。

# 关于中国农村调查的座谈会（第2次）

## 1957年4月29日于本乡学士馆

出席者　安藤镇正　旗田巍
　　　　内田智雄　福岛正夫
　　　　小沼正　　本田悦郎
　　　　佐野利一　仁井田陞
　　　　杉浦贯一　山本义三

### 座谈会的宗旨

福岛：以春天的学会为契机，之前没能到座谈会的满铁调查的负责人有四位参加了本次座谈会，能够召集到各位实在是我们的荣幸。在这之前，分发了第一集速记记录，东京方面的人发言比较多。对此，今天开始希望在座的各位能够提出新的问题以及其他东西，我们将不胜感激。之前，是我主持会议，今天希望满铁调查方面的负责人能够主持会议进展。

小沼：正如福岛所说，今天希望能够以新到场的几位的发言为中心开展。但是，首先这个座谈会应该谈些什么呢？还是很有必要讨论一下。这样的话，就“什么”这一点有两个问题。一个是，北京方面的调查的推移在此前有很详细的追究，关于这个内容，希望新到场的相关各位能够说出自己的观点。

另一个问题就是，不是那样的事情，而是对于惯行调查自身意义的问题。剩下的就是谈谈东京方面的问题，之前没怎么谈到。

或者是可能出现更不一样的东西，像上面那样提出问题，考虑到今晚的集会呢，最初这个座谈会应该处理什么，应该先开展评判提出意见。并将这些和刚才说到的以北京方面的进展为中心进行深究，并加工润色，就成了一个问题。然后，如果刚刚提出的第二个成为了问题，就将这个问题的提出方法，从别的方向来做。这样思考，大家觉得如何？

安藤：再加一点我的想法吧。针对东京或者是东亚研究所的调查方针以及思考方法用中国的法惯行和法社会学来调查。关于末弘的调查方针以及其他人的方针应该都是有体现的思考方法。这样的话，实地调查的时候我们就拥有不同的经验、学问。这样的我们是以何种心情参与调查计划的呢？这样一些人参加调查，当然事先拟定了调查计划以及选定了调查的地点。通过这些能够将步调统一到何种程度继续前进；另外，通过这些如何推进调查。这些事情在某种程度上也是座谈会所瞄准的目标。每个调查员参加动机以及心情，在之前的座谈会上都是没有提到的。实地调查的人有何种程度的学问基础，之前曾提到过这些问题，但不是很多。也就是末弘所说的方针是如何被接受的这一事情虽然出现过，但是不多。另外，杉之原如何说明的，再就是是否有特别的指导调查方针，这一点我虽然觉得没有什么。但是我们从杉之原那里以何种态度怎么做的事情，可以明确说是被指导了或者是作为指导者让做了什么事，没有明确说明我们是如何接受的；另外还有一些没有提及到的要点。如果杉之原能出席这次座谈会就好了。

旗田：刚才安藤所说的东西确实都漏掉了。是以什么样的精神准备以及目标来参加这次调查的，大家都是不同的吧？我认为是有很大的不同。这些在调查的时候也体现出来了。是一个大问题。

内田：我感觉到的是，虽然我们制作调查项目并开始着手调查，像我这样的是非常典型的例子。作为超出常规的例子，在上次的座谈会记录中出现了多次（笑）。读了这本记录，我再一次感觉到应该这样或者那样调查。“我们非常”这样的表达有可能是不恰当的，漫不经心地面对调查这一点应该反省。不如说是被告知了还有这样的事。然后，首先是自己对调查的心理准备的问题，其次是调查的具体技术方法。与此相关，对于调查过的内容，我们深切感受到能写出一篇、两篇、三篇的反思，这件事是没有合目的性的。对开座谈会的各位再一次表示敬意。

本田：稍微有点儿形式化呢（笑）。

内田：如果有我在意的地方，请允许我随时插嘴。顺便再说一点，对于调查，我们的心理准备这个问题，虽然说这一点在调查中带来了许多影响。虽说是对调查的心理准备，从我自身来说的话，作为一名学校教师，来加入满铁调查是一个很大的转折。其次，考虑到当时的情况，进入实地的满铁调查部制作调查项目的时机和进入农村不是同一个时期。小沼等也不是说概况调查的时候做过一遍就能完成调查项目，还去了顺义等地方。总之，对调查怀揣积极的问题意识，去调查的时期和不同时期的心理准备也不同，到底要将焦点聚集在哪里好？另外就是参加的动机，没有必要去臆测那个人是那样啊、这样啊。另外，要是处理这样的问题，应该如何处理受理。调查项目的制定、地点的选定等也包括调查在内都有着广泛的意义，应该聚焦于何处呢？我觉得很有必要思考这一点。

佐野：刚才小沼所说的，看速记记录的第一集，这次谈话将成为第二集。在这种情况下，看第1次记录，请讲出感受最深的地方。我认为这样对今后应该如何开展很有帮助。

针对这一点，我再加一句。在此之前，主持人是东京方面的同事在做，也就是说谈话的一方落后于实地调查的一方。有一种那边站在要求上推动谈话进展，看桌上的策划书来推进谈话的感觉。接下来，我觉得很有必要，将我们在实地所做的事情，我们到底是用的什么方法、寻求什么、被什么困扰、有对什么感到有趣等问题，在实地解决。也就是，将实地作为谈话的现场。我是这么想的。

安藤：我认为这一点正是今晚的目标。

## 调查项目的制定

福岛：在这一点上，佐野能起个头吗？

佐野：我认为这项调查真正成为问题是在 1940 年夏天的时候。杉之原冲进来采取新的方针。最先成为问题的是，要对此后的调查制定一个计划。于是就开始了。也就是杉之原说的制定作为调查项目的内容去调查吧。

这样一来，我们在之前，粗略的说，之前的同事们和之后的杉之原的想法，最先产生了分歧。调查项目成了桌上的方案。有人提出意见，起初即便简单都无所谓，总之，先去实地观察，在此基础上制定项目，基本上获得了赞同。但是，杉之原在起初制定项目时就掌控了局面。制定简单的项目，并亲自上手是杉之原的意见。

于是开始设计项目，应该是花了 2 个多月吧。最开始我也在预测，应该是比杉之原预想的更为细密的调查项目。但是，查看调查项目，越接近末尾，就变得细致了。最初是乱七八糟的东西。因而，我们制定的调查项目首尾不一致。起初是简简单单就结束了，后面的家族以及村落的内容越来越精密，后面就变得越来越长了。于是，内容也有很大不同。因此，看项目内容时，如果由不了解情况的人来看，会认为是有合适的计划，根据计划来制定的项目。事实上并非如此，包括简单地直接采用起草者的方案，以及掺在一起的两种类型。将其作为一个项目推出。不了解缘由的人在看到项目的时候，应该会觉得真是不着边际的项目啊。

在制作这种项目的时候，我们也看了东研制作的项目。那些内容不能作为制定那么重要项目的参考资料。

福岛：具体来说，是针对什么样的调查项目？又变成了什么样呢？……

佐野：比如赋税这一部分，虽然是我们做的，在审议的时候，我们基本上没有修改我们制定的内容，就那样通过了。但是在家族和村落这一块，有习惯了的东西，也有明明是在发牢骚却纠结于轻易说出来的东西。

旗田：我经常遭人白眼，这也到底是视调查员自身而逐渐改变的。

佐野：与其说是逐渐改变，不如说一开始就没有明确的方针。总之，先做做看吧。杉之原自己就是这样。总之先给我做简单的项目，因此就制定了简单的项目。因此在提交的时候，最初这样就可以就通过了。但是在此过程中，逐渐形成了这样不好、这个不得不那样做等意见。

内田：应该不能这么理解吧？首先，比如说水利和土地的所有权这样的调查项目，和家族村落项目的比重。一般不是会衡量调查比重的轻重缓急吗？

再一个就是，杉之原对村落以及家庭项目非常感兴趣，另外还有丰富的知识。这难道不是也可以适用于赋税、土地所有权以及租佃吗？

然后，正如刚才所说，逐渐习惯了审议调查项目，通过审议还能了解各自的脾性，变得不用忌惮也能说出自己的观点。

接着，这些虽然是我通常认为的，基本上，我们对于调查项目的理解并不是十分充分，这一点是毋庸置疑的的事实。假如我以我做的家族为例，将出现的积极资料排列在调查项目中，这一想法占支配地位。没有这样的想法的话更好。如果这样的话，就对调查项目的理解不完整了。调查项目是在调查了家族制度、土地所有权、租佃等许多项目之后，超越现实的那样这样的东西。作为资料，在某种意义上有消极意义，也有积极意义。在理解了这些之后，就不知道该怎么做调查项目了。换句话说，虽然制定了调查项目，但这个调查项目要结合具体资料有弹性地去调查，对于这一点，我们的理解是不充分的，这也是完成调查项目不能获得很大成果的重要原因之一吧。应该是有这些因素的。

仁井田：与其说杉之原自己对村落等有兴趣，不如说是调查员们都有自己感兴趣的地方。

佐野：我没有考虑到各个项目所占的比重。如果最开始简单完成的东西此后继续做的话，那可能会变成相当复杂的一件事。

旗田：我做的是村落的项目。制定之前，我曾两次驳回。村田的情况是……最后留下来的是村落的项目吗？那个不是最先审议的吗？

佐野：被驳回的就是这个。据说在项目审议的时候，制定者无法忍受调查员的问题以及其他内容，把它扔了。

内田：原因在哪里呢？是因为虽然村田一直以来在满铁内部做了很多调查，但是并不是那方面的专家。但是，尽自己的知识与全力制定调查项目这是事实。然而，没有一以贯之的内容。如果是村落那就是村落吧。

安藤：我认为大家各有不同。刚才内田说的比重不同以及不单单是习惯了，到底还是项目自身有家族和村落以前的资料——橘朴先生写的《中国社会研究》以及其他的资料，大家在看了之后，多少会增长一些知识，我认为这在某种程度上有些关系。难道不是因为大家没有什么共同的理解，也没有就此讨论吗？比如我做金融项目的时候，没被怎么讨论就通过了。

当时有一个问题是，杉之原将项目分成各种各样的，是怎么想的呢？——家族和村落虽然没什么问题。但把所有权、租佃这些分成各类项目让每个人负责，制定项目，让我们去调查。到底是怎么考虑这样分的呢？……这些虽然没有向杉之原询问过，可能也没有必要把它当作问题……

内田：难道不是在东研项目到来之前决定的吗？

杉浦：我在制定项目的时候，东研的资料已经送过来了。最开始做的时候，东研的资料就到了。但是，我也不明白这个动机。虽然这个动机还是亲自去问杉之原自己比较好。

佐野：那9个项目是杉之原的独创内容。之后也没把这9个大项目原样贯穿到最后。所有权和地籍到最后应该是合并到一起了。设定这些项目只是杉之原的试行方案，并不是绝对不变的。也没规定项目的制定者将来就一定要调查这个项目，是让能够担任的人来负责的。关于这一点，杉之原也说项目制定者没有必要接着继续调查这个项目。因此，第1卷调查项目的地方出现的是负责人的名字而不是项目的制作者的名字。另外，调查的负责人中途也有过更换。

安藤：某种程度上，也有当初处于必须送资料的立场之故吧。尽可能和东研的资料保持一致，这也是一种考虑吧？

杉浦：大项目上是一致的，但在小的方面，东研只有资料，实际调查的时候，不是有必须自己独立调查的坚定决心吗？虽然我认为不可靠，东研的资料做得好的地方应该吸纳进来却没有吸纳进来。杉之原应该是打算吸纳进来的吧。但是，杉之原并没有说一定要最先提交自己的方案。只是一个项目。后面的时候，越来越精密，问很多人，你怎么看的，你怎么想的。问题变难了，谁的意见都不能那么直接采用了。没办法，杉之原只好拿出自己制定的方案了。有一点是，让调查员们能够充分发挥各自的才能。我们当时也对为什么把调查项目弄得那么精密感到怀疑。佐野虽然说调查项目花了2个月才制定完成。我记得却是5个月。确实是用了5、6、7、8、9这几个月。杉之原的想法是培养当时的调查积极性吧。逐渐丰富知识。但是，为什么会有满铁不制定项目就不能开始实地调查的想法呢？这种考虑是从何而来，我弄不明白。

佐野：杉之原不是将项目集中成八九个吗？那是杉之原在观察了中国的农村社会以及法惯行的情况之后，提出做这8个项目的。这一点是没错的。接着最开始做的时候，想着先从简单的做起。杉之原是这么说的。可是在实施的过程中，我后来想到，不是一边调查一边学习的感觉吗？

本田：就这一点，调查项目是暂定的，那个是暂时的，调查完成的时候，调查项目也就完成了，杉之原这么说过。然后，调查项目审议的过程中，虽然不知道是否瞄准了目标，后来想想，大家的想法都一致呢。这里难道不能说是重点吗？因此，不如说变成了以意见交换为中心，项目本身后期修正也行。因为是把它当作暂时的，之前的东西也是杜撰，后面的项目要慎重。这些事情，我认为即便是本人的想法，在那种意义上，也并没有想过把之前的东西像后面的项目那样重做一遍。

## 调查项目是否适当

旗田：调查项目不一致，确实，最开始是简单的，到了后面就变得精密起来。我认为原因有很多，这样不一致的调查项目，在调查的时候会带来什么样的结果呢？会产生什么影响呢？这些要点觉得怎么样？

杉浦：因为调查项目不完整而引起的问题有很多。所有权以及其他内容，因为调查项目不完整，导致实地调查的时候调查结果也不完整。调查项目越完整，调查中遗漏的地方越少。

福岛：山本斌先生在上次座谈会的时候说过没有很拘泥于调查项目来做调查吧。虽然其他的调查员们在第1次调查的时候忠实地按照调查项目来调查，第二三次调查的时候也渐渐明白了问题所在。某种意义上，脱离最开始制作的东西，跟随着问题意识去开展调查。这一点又是如何呢？

杉浦：但是，还是要参考调查项目。不是完全脱离，不知何时自己想调查这样的东西，因为是很长一段时间，所以在此期间去调查项目里没有的东西，专心跟进自己感兴趣的部分也是有可能的。虽然调查进程是被推动的，但是这也并不是说完全脱离调查项目吧。调查员们是最关心自己的调查项目的。

内田：调查项目本身，对于调查员们有很大影响吧。

安藤：像决定去哪个地方做调查那样，总之没有发生过不调查项目中的小项目就完成的。虽然有不充分的地方，但是调查员们将注意到的、能够问的都在调查中做了。

旗田：调查项目和实况调查还是有一些不同的。偏差应该是很大的。那个时候，本来调查项目本身也有应该修正的地方，但是却没有……

佐野：没有去修正项目，而是修正了调查。

安藤：那是因为调查项目和实际相差太多了。

旗田：果然还是没有正确订正、修改吧。调查项目没有订正，也会给调查带来影响。

内田：我认为影响很大。

佐野：现在来看，看起来是跟着调查项目来做的，但是实际开始调查的时候，调查项目缺乏实际性的东西。也就是说，只有一部分是符合实际情况的问题，这样的地方很多。虽然说作为项目也不是不能修改，但是……

杉浦：第1次调查的时候，开展了许多研讨。也就是调查之后，问答方式是否适当，不足的地方要如何做会比较好呢，探讨了这些问题。但是，研讨的也不是很完善，没有必要讨论全部的问题，只做了一部分。又再一次探讨了问答的优缺点。触及到了项目的核心吗？难道不是没有进入没触及到的地方吗？调查项目的哪一部分是调查遗漏？难道不是没搞明白就那么结束了吗？有一点就是，直到修改调查项目的时候，局势还不是很成熟，修改调查项目就被分配给每个人了。不是考虑到作为调查班，而是作为调查整体，研究应该再推迟一点儿再做，真正的调查成果还没出来，不是吗？

内田：刚才说的，完成调查之时也就是完成调查项目之日，的确是这样。但是，调查项目在刚才所说的那种意义上完成的话，杉之原应该是没有想到的。根据调查的现实情况，在此之上修正订正并完成项目。我觉得这是杉之原没有考虑到的。

杉浦：我很赞同内田刚刚说的修改调查项目这一点。

内田：调查员各自都认识到这是一个不完整的东西，在此基础上，才说是与调查相关、有必要吧？我是这么理解的。完成调查之时也就是完成调查项目之日，这句话不过就是形式上的罢了。

## 与满洲农村调查的比较

小沼：调查项目的问题先就这样吧，在这里想听听山本义三的意见，如果还有必要的话，就再回到调查项目这里。

山本（义）：在这里我想说一件和我自己有关的事情。读了第1次座谈会的会议记录，看到里面出现了天海的话。因此我1941年秋天转到北京之前的2年都在大连。和天海在一个调查室，我觉得还是向大家说一下这段时间的印象比较好。

天海和惯行调查到底有什么错综复杂的关系呢？或者说杉之原来了之后，对天海惯行调查的工作变成一种什么样的立场呢？虽然我就在近旁，却没有任何不满的地方。关于惯行调查的进展方向，怀揣善意的关心，特别是没有听到批判的意见。将天海这样好的性格也保留在记录里也挺好的。持有什么样的兴趣呢，在顺义的第1次报告书完成的时候，它被送到大连来，天海非常高兴地自始自终都很认真地读那份报告书。就算是附册里的跟土地关系有关的资料，他也非常认真的读了。有很多误排的地方，也都很认真的修改了。

关于这件事，和当地是否有过联络我不知道，总之他是从头到尾都是非常善意、热心的。我认为，作为他身边的人很有必要将这一点告诉大家。因为是多余不相关的事情、批评性的内容，没有向我询问的缘故，可能就没有说。但我认为天海一直都期待着能出现好的结果。在此之前，关于中间报告的总结，好像和杉之原之间有什么内情。可能因为我是无名小辈，所以什么也没有听到。

再有一点，我在1941年的时候去了北京的惯行调查班，虽然是我个人的事情，我在满洲大连的时候，没想到我也参与制定农村社会关系的项目，而且也参与了调查，观察了满洲的农村。正因为是做了这些，所以自己萌发了要去北京的想法。其间，旗田和其他有交情的人都推荐，就去了北京。天海也非常开心，也同意我去。更何况去的时候，没有任何关于惯行调查做法的建议。非常高兴能够以第三者的立场去。虽然不知道我来自大连这层关系是否有特别的色彩，但最终能够以新人的立场参与惯行调查。

还有一点，去了之后，如刚才所说的没有任何意见，项目也已经完成。去了之后，承蒙许多恩惠，一直到调查项目完成，大家都非常累。项目也很棒。期间和我有关系的村落项目里，旗田也非常用心。总之，搜集了必要的事项，我是没什么意见，按照完成的项目开展调查挺好的。

但是，渐渐地就察觉到，给大家添了麻烦。惯行调查的实施方法这一问题上，我认为有两点是无法勉强的。一个是之前小沼说过的作为法惯行的调查特征而采取了问答的调查方式。但是，尽管如此，还是觉得有必要知道调查地点的村子构成以及掌握概况之后去调查。这种方法，虽然在满铁其他项目里经常使用，比如说制作每家每户的概况调查表、每家的居住来历、土地关系等等。将这些极其概况的东西挨家挨户调查清楚。把整理出来的东西作为调查的前提知识，对村子有了解，比起问几个特定的人，更能够得到具体资料。虽然只有那么点并不全是调查的目的，但是作为前提知识，这样做还是有必要的。要是整理出这些东西，难道不会出现新的问题吗？我还记得有人建议把户别概况调查的东西合起来用。

接着，是之前的座谈会提到的事情。虽然我没有反省自己的能力就随便提出意见这一点实在是过意不去。钻研的调查方法在3个地方使用了。那个时候也询问了许多东西，但是，调查事实拥有多大的普遍性呢？另外，历史背景后面又有什么意思？如果可以的话，想合并文献史料的收集。这不言而喻是之前来的调查员着手过但又中断的事情。虽然这一方面的专家也在场，但是因为太忙了就没有做。我想说这样的空闲，大家还是挤一点出来吧。针对调查方法这方面，我就是这两点意见。总是难以称心如意啊。另外，我拙劣的说话方式给大家添了麻烦，也给杉之原添了麻烦。以上都是我关于调查方法所感觉到的内容。

关于这个，比较满洲的农村和华北农村调查，华北的农村调查困难在哪里呢？这一点在开始就深切感受到了。满洲的调查是1939—1940年。也可以说是1941年，治安方面没什么需要担心的。去调查的时候，还可以住在村子里，能做许多的调查。而且和农民的关系也变得亲密起来。可以随意聊天。说到我们调查的目的，总之和同事从早到晚都一直在一起，反正知道我们不是来收税的。渐渐的，调查可以很顺利地进行，来到华北之后，我大吃一惊，连住在村里都不行。在这样恶劣的环境下，大家还是那么认真工作，实在是太不容易了。尽管如此，还是尽可能前去访问，我在想这是否还有必要。我加入的时候，之前在顺义也是这样，记得尽量创造大家能一起去的机会。感觉到治安关系和调查的条件有很大不同，觉得真是太不容易了。

福岛：在之前的座谈会上，曾说过山本义三主张统计调查的必要性……

杉浦：这么做了，因为被采用了。

山本：是在顺义做的。

杉浦：在别的地方也做了，从结果来看，可以说不是很充分，栾城也可以这么说。

山本（义）：关于这一点，实施上还是存在一定困难性的。也就是说，像冷水沟那样超过400户人家的大村落，是很难做统计调查的。这是因为与选定村子的规模、概况调查以及时间都有关系，所以是做不到的。在顺义也做了户别调查，但并没有那么难。

## 赴任动机与进行调查的心理准备

旗田：内田，能说些什么吗？

内田：对调查的思想准备啊，也就是从日本出发的动机等都还可以，这方面说什么呢？

旗田：做这项工作能够体现调查的历史特征。

内田：大家一个一个来说也可以。调查之前、开始制定调查项目以及调查真正开始……

旗田：这是个大问题，那么，第1次情况如何？

内田：呀，这个还是让其他的在座各位说一下吧。一直都在那里调查的还有新加入的人以及新的调查员都相继赴任，对于这一点，大家有什么感想呢？

旗田：关于调查的思想准备等，也就是为了什么做调查呢？我觉得在调查进展过程中一直在变化。现在的话，也能够批判当时的事情。关于这一点……

杉浦：关于调查的心理准备，我在去之前没有做过任何调查。赴任之后，总是先让别人教我调查的方法以及自己的工作该怎么做比较好。总之是花大量时间做的调查，也不是那么着急的工作，稍微有一点慢性子地从容对待。但是，去了之后发现，并不是那么容易的事情，在进入第1次调查的时候，发现调查这件事真的是太难。第1次调查的时候，自我批评，和前年就去的人相比，新去的人有什么不同呢？那就是没有任何成果。而且加上和原来在满铁农业班那样的调查主旨完全不同，在这一点上收获很少。另外，问答的时候留下来的原始资料这一点应该重点评价一下吧。

虽然，我自己认为不就是做一些形式上的问答么。但是，像山本义三说的那样，也认为户别调查是很有必要的。渐渐地变成了要根据事实，抓住真的确切的资料。其中，应该领会法惯行的原本状态。因此，调查项目本身的结果是不能立马就拿出来的。另外，这虽然是杉之原所期待的效果，但是我自身不能够接受。因为是要花很长时间做的工作，这期间也考虑过别的。

内田：是有这样的事情。毕竟开始是说10年的计划，所以非常悠闲。我觉得这在某种意义上有好的一面，也有消极的一面。

旗田：内田是非常意气风发来满铁的，但是……

内田：总之，从我自己来说的话，到目前为止，我只看了书，而且还是非常古老的宗教社会学那样的东西，将法国的埃米尔·涂尔干[1]派的方法运用在中国古代，解释中国的原始社会、古代社会等问题上。像我这样的人，一心只专注于实地调查。为什么会有这样的转向呢？这一件事上认为没有直接关系，所以没有必要提出来。但总归是去了实地。我对以前的调查，比如说满铁以前的调查主要是有助于军队的作战计划以及治安工作等，对于这样的平面调查，没有产生过敬意。这是事实。

在这个意义上，与之相反的是，调查项目审议结束之后，最终自己根据某些实际情况，有非常强烈的愿望想去调查中国的家族制度。定下家族制度这个项目后，我充满干劲地去农村开展了调查。

这个时候，正如刚才我所说的，我在学问方面的经历在之前是中国学。前面的座谈会上也曾说过汉学（中国问题研究）。关于这一点，我有一些异议。像中国这样历史悠久的社会，从历史的角度来看，在北京市内现在都存在着汉代的社会的影子。另外，从变化的角度来看，北京的平民生活和市民生活很明显地发生了变化，这也是有可能的。总之，我无法脱离旧套，在这一点我可以坦率的承认并反省忏悔。

但是，是否和问的关注点相合我不知道。调查项目的审议，虽然没有按照杉之原的意愿朝那个方向进行。但是从杉之原那里学习了很多。我在这里向懂法律的人表示歉意，从根本来看事物，有弹性的来思考问题这一点，从我所知道的来说，没有比他更杰出的人了。座谈会记录里，写着调查员们富于变化也富有个性。发挥自己原有的特色，还要统率引领这些人还是做不到的。说起来简单做起来难。

具体来说，在惯行班充满精神解体的危机时，我妻先生邀请了东研所的先生们在东兴楼聚会。当时，我不得不将我妻先生和杉之原对比起来看。虽然当时的情景已经模糊不清，归根结底，我也不认识我妻先生。总之，作为一个搞法律的人，是一个思路很开阔的人。杉之原虽然是指导者，但是和我妻先生相比就还是暗淡了些。杉之原是一个完全不用手势的人，我对他比较尊敬。总之，发挥拥有许多个性的人的优点，并且步入正轨，是非常难的事情。正是因为缺乏这一点吧？虽然我们也有责任，我也不例外。但是仅仅是抽象地评价杉之原的话，还是可以说这些的。这里，话虽分前后，这个问答式的调查方法是突然变成了写卡片的。不管怎么说，这都是很独特的方法，将此保留下来，也可以说是延续了杉之原的调查方针。虽然和这个有关，资料本身从根本上来考虑的话，我通过对调查项目的审议，以及调查之后回去进行的讨论这些方面，从实际上学到了东西。

## 调查员对于法律惯行基本认识的烦恼

旗田：因为有机会和东京同事见面，还可以再了解。在此想听一下东京以外的佐野、

〔1〕 译者注：埃米尔·涂尔干：法国社会学家，代表作有《自杀论》《社会分工论》等。

杉浦、本田等对这方面的意见。

佐野：我们在惯行调查开始的时候，是以10年计划来做的满铁计划，我们认为用10年来完成，虽然不知道结束后会有什么成果，总之，我们有过在中国度过余生的打算。回到日本这种事都没想过。以这种状态开始的惯行调查。最开始，我始终无法摆脱这是一个历史相关的调查想法，看了许多文献资料。然后，大家在来之前多少都往脑袋里塞了一些这方面的资料。虽然到了后面没什么用。在进行惯行调查的时候，我觉得非常束手无策的是，这虽然是满铁调查员们想要达到的，但是探究中国社会的许多细微差别，需要达到非常严密的程度才能明白。

那个也知道，这个也知道，那里有这个这样的事情，记住这些种类繁多的事项、体验等，都是做了很长时间的人才能有的精细。天海就是这方面的专家。但是，我束手无策的是，个人的知识量有时候对调查起不到什么作用。我自己本身并不具备惯行调查所需的法律学以及经济学等基础知识。虽然我在相当一段时间里具备了社会科学类的知识。但是完全没有法律学方面的素养。因此不管知道多少东西，也仅仅是见多识广而已，在这里是行不通的。知道再多这样细碎的事情也不会是什么了不起的东西。在推动问题的时候，更要牢记自己所拥有的基本东西，然后重新再出发。满铁的调查员们没有大成就是因为没有领会这一点。没有走到那一步。总之，也就只是见多识广。满铁调查部没能出现大家，虽然知识渊博，实际上无法出现有深度、有体系的学者，我认为原因在这里。

因此，也就是其中的四苦八苦。这么说的话就算是去学习很多方面，也通常难以做到，就算是去问杉之原，也只会得到断片式的知识。我们也再稍微虚心坦怀一些，真的打算向谁求教的话，也许可能更进一步。总之，是在非常低层次的阶段左晃右晃的。

因此，尽管实地调查了还是不满足。也不过就是知道了地方的许多事实。这样的工作不管做多少年也没什么了不起的。这里就走不通了。就算出现了很多事实，然后把它编入体系中，使之在体系中充分发挥作用。我们目前尚未形成体系，在这一点我觉得十分困扰。而且，虽然对以前的文献有兴趣，但那是没有感情的东西。只看满铁旧惯调查，也能构建出基本的文献。但是，一去到实地调查，写在记录上的种类、虽然是日常生活中反复做的事情，却完全没有记在记录上。我们追求的是，他们在重复生活，他们没有日常意识，没有感觉到特殊的意识。应该是想要知道这些。比如说，在租佃契约里选一个例子。以前，如果有租佃契约书，其中的内容是在当地贯彻实施的。但是，仔细想想又不是这样。因为这个契约有可能会被毁约，所以不得不记录在这里。这类情况得以出现在书面上。但是这不是老规矩。不如说是在特殊的场合比较合适。

这样就渐渐能感觉到记录的不可靠。这样一来，所谓生动的惯行就只是这个人的日常生活。探究记录里没有的事务的时候，如果探究这个问题的人本身没有这些东西，是无法探明的。因此，不管你找多少资料都是没用的。这是找资料就能发现的吗？但是和这些联系起来、合起来，惯行也是不会出现的。

对这样的记录产生的不信任以及对自己能力的否定，这些在后半期是非常困扰我的。我能强烈感受到这种发展的过程。对于大家都很满足地做调查这一点我表示非常佩服，非常惊讶（笑）。真是一点都不厌烦，热情满满地做呢。我就非常困扰了。不管怎样都不行。

旗田：但是不是也应该有更为积极的一方面呢？因为是我做的，所以才对这样的成果如此自信？

佐野：虽然也有少许这种感受……

内田：但是不管做多少，最后都只会得出一个相同的事实。果然是问答式让我失去了积极的态度。我一直都感觉到调查的危机。虽然杉之原说不能以新奇的事物为目标，大概可以称为至理名言吧。我深切感受到我们在农村的调查生活以及我们在北京调查室的学习都是不够用的。基本上没有学习。另外，满铁调查部内也没有满足学习的条件。坐在桌前，把脚搁在桌上——本田君等人呢（笑）。还有另外一点，这不是调查室的问题，而是因为外地的生活以及华北农村的生活实在是太不受约束了。虽然我们也血气方刚，但是那样不受拘束、荒唐的生活有把我们变成那样的条件。虽然这不能成为我们不学习的狡辩……

我最想说的是早川君的事情。早川经常学习，总是能够以新的角度来汲取许多东西。举一个例子吧，在栾城县做通婚圈调查的时候，有那么好的目标也经常做，但是早川君没有热情去将这个问题探明到何种程度。对于其调查而言，思想准备、家庭条件、人的性格等有其由来，但他经常会出现自己做自己的就好这种想法。但不管怎么说，还是缺乏探究的热情啊。

旗田：刚才内田或是佐野所说的都提到了，没有体系就很困扰。再就是条件再好一点的话可能就做出来了，在满铁不能学习到东西。这些，我也确实感受到了被什么东西所追赶着。

佐野：因此，我和杉之原都极力主张不能操之过急，要采取卡片这种形式。制作并整理卡片的目的是为了提高自己并为下一次调查做好准备。自己处于低级阶段的话，也就只能做低层次的调查。探寻也只能做到那种程度。因此，最初做卡片的时候，非常地蛮不讲理，主张大家都要制作卡片。那可能也半途而废了，因为那样确实很花时间。10 年都如计划那样做的话，也很有可能做到啊……

旗田：这一点怎么看呢。制定调查项目的时候，某种程度上是抽象地在进行讨论。但是开始调查的时候都没考虑一下。也没有追求到底。在这一点上有鸿沟。确实，提问事项没有实质性的发展。只是堆砌了事实，期间都没有集中过想法。我在锻炼大家的时候，也在不断挑毛病。和之后反思提问事项有非常大的差别。

本田：这个啊，应该一次都没有反思过。关于自己做的提问事项，虽然汇总完了，但是没有研讨过。调查完就回去了，也没有反省过做完了就回去的行为。然后，对资料进行全面研讨这件事虽然在汇总阶段曾做过，但这时候还没做。

佐野：与其说没有时间，其实还是懒吧。所以要让我来说的话，如果再多一些计划性来操作，我觉得某种程度上可以达到效果。出去调查一下就回来，该项目就先暂告一段落，有很多白白浪费的时间。

本田：说到时间，利用从回去到启动下一次调查这段时间来整理多好。

内田：我觉得不单单是指导者的问题，还必须结合考虑战争进展到哪种程度，战争中北京以及农村的条件。接着，我觉得与其说调查员是以积极的态度去对待调查工作的，不如说是被分配了工作。总觉得那个惯行班已经失去了积极自主的精神。不能强行将责任推到指导者身上，但是如果这样的事情大家都共同感受到了，很有必要思考是什么让大家意识到了这一点。感觉是为了杉之原而做的调查。

小沼：这个应该跟把资料送到东京方面有些关系吧。

旗田：具体说的话，早点把论文写完就好了。

本田：总之就是集中起来看就可以明白……

旗田：就算不惩处也要把论文集中起来公开发表。这样的话，就能听到更广泛的批评了。

山本（义）：中期汇总的时候倒是互相讨论了好久。还是急着弄资料啊。

本田：汇总了不看的话，就不知道偏重了哪一点。

山本（义）：确实曾说过这样的话。比如说，因为是长期性的调查，所以有一种容易的感觉。但是短时间内将它分段，就有一点难了。

旗田：经常开研究会吧。虽然开了，但是没什么效果啊。

福岛：不管不顾地进行调查的后果就是，每个人都没有弄出自己的那套学问体系、被各种原因所催促，可能连分析研究的时间都没有了。但不是收集了大量的资料吗？如果理论上的探讨不足而连累其他的话，资料成果方面又……

杉浦：虽然是完成了，但有很多重复的。重复的地方也不是白费。虽然不是徒劳，也有可能没表现出十足的进展。先调查一次，然后汇总。之后在进行充分的研讨之后，进入第2次调查，这样就会有成果。接着第3次、第4次把全部都汇总，难道不会出现更精彩的内容吗？但是这样也有不利的地方，要是那么做的话，估计现在只有一半的资料，结果不是很好吗？因为只有这点资料……只是做同样的事情，各个调查员间又不联络，会有浪费精力的地方。

旗田：没有发挥各自的个性，虽然内田发挥了个性……

杉浦：第1次调查是在12月结束的，第二年的1月份直接进入了调查，对于这点感到惊讶。大家一起聚在顺义的时候，还抱怨过这样的日子要持续多少年啊？简直就是强行军。

安藤：因此虽然我们也有责任，总之有一点，不是量的问题，而是质的问题。在第1次、第2次、第3次、第4次、第5次，一点一点堆积的过程中，虽然会出现相同的东西，那是合理的重复吗？是因为这个才没有出现新的知识吗？我觉得是有的。

旗田：这个因人而异吧。

## 班外对惯行调查的批评

佐野：我认为对于这种事，天野先生和天海都有同感，而它已经被再三提出。也就是说，看了调查报告后就能知道大致的事情，但是想要进一步了解时便会无从下手。它里面并未涉及之后会出现的问题，这一点已经被提到很多次。实际上我们并没有把那些问题加进去吧。这在有着丰富经验的老手看来，肯定是件很恼火的事。

福岛：关于没有把问题加进去这一点，我认为随着研究的深入，有了问题意识以后就可以慢慢解决了。但基于当时客观条件的调查还是有限度的。

佐野：要说有困难的话，也确实存在客观条件的限制，但关键在于我们的级别还不够高。

福岛：如此说来，杉之原作为指导员，自己也在做调查，如果以这样的级别来做调查就没问题……。

安藤：也可以说，这里所说的问题与现场调查的问题是不一样的。

内田：是存在这个情况，杉之原的村落以外的调查都是非常杰出的。

杉浦：那是因为调查方法的不同。杉之原是进行过概况调查的吧，我们是从第二遍才开始进行正规调查的。

内田：那是出于不侵犯他人调查领域的考虑而产生的想法吧。

杉浦：这些前前后后杉之原都参与了的。

内田：同时他也是基于整体调查的方针和资料展开的。

安藤：关于天海和天野他们对我们的调查所抱有不满这一点，我想说的是，虽然老师们都拥有丰富的知识，但总觉得从某种意义上来说，那只是单纯的知识，它能否反映中国的农村社会等这些一般的事实还值得再考量。由于我们基本不考虑到一个村子里挑选一些特别的事例来打听，我们打听的问题都是关于村民之间普遍存在的状态。虽然也有由于不够深入而难以得出结论的情况，尽管这种情况可以被辩解为老师们拥有的知识还未到达能够深入调查的程度，但我认为我们的调查也并不是无法进行的。

内田：之前满铁调查前辈们的调查和我们的调查，对于调查和资料的心理准备及思考方法是基本不同的，至少我们应该怀有这样的抱负来展开调查。

杉浦：还有，调查的日程是明确定下了的，它在逐渐缩短。所以即使想要深入展开也难以如愿顺利进行。越到后面越会受到日程的制约。这一点虽未浮现于表面，但需要大家注意。

内田：我们缺乏目的意识，缺少去追求目的意识的努力，感觉这一点造成我们调查的机械及平面性。

田旗：另外，此后写论文的时候要总结资料了，到时候处理提问和整理资料这两方面都有困难。虽然在文献里面还有清晰的记忆残留，但在处理提问的时候，一下子讲出来时便不记得自己总结到哪里了。等到接下来具体做的时候，对于自己该做哪些事情并不明确。

内田：确实是这样啊。

## 调查技术的提高

福岛：第一二次和之后的调查，其成果是不断变化的。我们希望一般的研究人员在阅读资料的时候能够在理解这一点的基础上阅读。

安藤：在某种程度上来说是这样的。这个问题在迄今为止的谈话中不断被触及。项目的运作方式，提问的深入方式，翻译的问题，以及对于农村或农民的一般经验，换言之，诸如调查经验的东西，各调查员随着各自调查次数的增加在不断增长。而且越是到后面，不论是提问还是要领，都能更好地去总结。此外，调查初期在不了解农村事情的情况下进行提问，可能存在一些对农民的回答未能完全理解或是产生误解的提问。所以也可能存在回答是前后矛盾的情况。因此希望大家在了解某个村落时，至少把项目整理通读一遍再利用，在引用各个回答的时候注意到这层意思。当然不同的负责人会有不同的要求，在这里也不能一一列举了。

内田：具备那种意识的人有，不具备的人也有吧。要是我的话就愿意读昌黎和良乡的调查。

安藤：就是说你认为后面的调查更好是吧。一般来说也是这样的。

福岛：那样的话，在阅读之前的调查时该注意些什么呢？

杉浦：一开始的调查，都是按照项目，把项目所要求的事进行一般的抽象询问。我从第2次开始就认真进行了户别调查。做户别调查其实是有着这样一种心理，即：随着调查的进行会越来越接近真实，这些真实的习俗，哪怕只有一点点也想把它挖掘出来。但不仅仅是单纯地挖掘，它必须得是贯穿全村的户别调查。也可以说，于我而言，怀有这样一种心理，即碰到一般风俗，便想要在既得结果之上再多调查一点。从1942年12月份到1943年1月份，我在栾城进行过调查，调查结果还没来得及被打印出来，惯行调查就停止了，至今仍觉得很遗憾。

福岛：虽然随着调查的进行，问题意识越来越明确，很多方面也逐渐明朗起来，但调查对象由于治安的缘故很难被询问出什么结果，诸如此类负面的因素也会逐渐显现吧。

杉浦：虽然不同地方的情况肯定是不同的，像沙井村那样的地方也有治安很糟糕的情况，但在治安好转的时候前去调查的话，也能像以往一样进行调查吧。所以从这点看来负面因素并不怎么存在。

内田：也可以说问题是有限定的吧。是调查的范围呢？还是调查的对象呢？

杉浦：根据不同的个人，调查会有所偏向吧。越到后面越……

福岛：你说的有偏向是指，将目前为止已经弄清楚，已经明白的问题暂且放到一边，而着眼于尚未弄清楚、尚不明白的事情这一点吗？

杉浦：但是，也可以说并不是全面了解。一次全面调查并不意味着了解了全部，我的意思是，将精力着重放在自己最感兴趣的地方。当然在这其中也存在没有偏向的人员。

山本：我是第1次去历城的冷水沟，但是村田依靠之前的调查项目，对于全面性的问题一下子就揣测到了。可以说大家是在之前充分阅读、不断积累问题点的基础上进行的，但也可以说是随着各人进行第2次、第3次的调查对问题有了更深入的研究了吧。

杉浦：是那样的。当然可以说是随着调查的推进越来越深入。并不是一开始的那种带着偏向只做个别项目的那种状况。作为全面的倾向……

佐野：调查技术是随着时间的增加逐渐向上的。像我们负责的这一块儿，我们这边想要打听的事情从正面着手往往很难深入下去，常常为了解一件事而不得不从侧面着手深入。这时候这边就要明确，采取哪些行动是可以的。要是我们这边不明白、不能抓住重点的话是无法从侧面突破的。那样的话，即使我们想了解这个、想了解那个、不得不调查这个，也无法充分行动。为解决这一点，虽然能够在调查的技术层面上进行技术补充，但也存在从根本上无法补给的方面。所以就产生了刚刚所说的问题。关于这一点，要是我们想要打听的问题是由对方主动来告诉的话，对我们来说就非常有利了。

内田：从这个意义上讲，作为调查展开的条件，翻译是一个问题。这一点也在第1次座谈会上被提出来了。我认为这个很重要。即：去到那里的调查人员、翻译人员及接受调查的农民之间性格上的联系，至少得是相互之间保持有好感。暂且不论农民是否理解我们的调查，从我们的经验来看，要是这三者不能齐心协力，找不到某种共通的东西为前提的话是无法进行高质量的调查的。特别是翻译人员一定要在各个方面都很优秀，不论是在翻译、人格，还是在学问、语言学方面。上一次的纪录中出现了耕作事例。在北京、济南等地方，稍微对语言能力进行测试就予以采用。像这样的翻译人员，就算是想把工作做好也非常困难的吧。况且我们也应该明白华北农村的一般条件，不管是治安还是其他条件。还有，我们是占领者，而站在农民的立场上思考，会出现超乎我们想象的复杂心理活动。

## 文献研究的不足与讨论的活跃性

本田：从深入问题和深入调查的意义上讲，我们没怎么进行比如理论性、文献性等方面的研究。

内田：总之我们没有系统性地阅读过书籍，我们把闲暇都用来喝酒了吧。再者我们的房间面朝北边，周围很吵闹……虽然按理说只要有桌子和椅子就能读书了，但那也不是绝对的。

旗田：这一点我不太赞同。总之即使在东京也不得清静，从精神上也想逃离东京。到达北京的时候就觉得终于解脱了。

佐野：大家都是那样的啊。不可以把满铁的当地调查局当作内地研究所的延伸部分。

旗田：与此前相比，那时候自由到连方针都没有，什么都可以说。那是尾崎秀实等人正活跃的时代。虽说非常自由，但也没读过有关毛泽东的书……

佐野：那是所谓的第一线吧。在那种环境下被情势所逼，所以自由。其实那并非真正的自由。杉之原并没有进行关于理论的追求。

内田：把我所说的话，从那人的品性就可以看出。哪怕一点点也好，应该培养一下研究意欲，而事实上杉之原并没有核查这一点。

山本：讲一个很浅显的例子。从大连来到这里后，可以说居住条件非常糟糕。同时家里面孩子生病的有很多。这两点十分不利于调查研究。还有一点感受颇深，那就是北京的炎夏。从5月到9月，这是在大连所感受不到的。在此期间，严重的时候连思考问题的能力都没了。居住条件的恶劣和酷暑是必须要克服的难关。

内田：我的居住条件倒不差。虽说像天野原之助先生那样住在柳町一流住宅的是例外，但总之像大连的那种安定是十几年来受殖民影响的结果。虽然我们对比大连觉得这边不好，但它并没有坏到哪里去。

本田：总之没有学习的氛围。虽说到处奔波是没有问题的，但要想读一本书或是认真思考一些什么就变得困难了。

杉浦：这事该怎么说呢？这不同于在内地，惯行班在文献资料方面很匮乏，没什么书……

旗田：那是因为根本不怎么想读书……

内田：不，书是有的。如果现在还有，也价值好几千万元了吧，要多少有多少。

佐野：没有那种能让人静下心来读书的氛围啊。

小沼：旗田当时很积极嘛。围绕“圈”的问题来探讨，这种方法就是集中于这个问题而前进。随后在昌黎，为了接替我们组，杉之原也来一起汇合。当时旗田就说过这次只关注事件。便怀着只关注事件的心态去了村里。从这点来讲杉之原是被动的，而从对方身上却怎么也看不到这一点。我们的心理准备还不够啊……。

福岛：只关注事件是说……。

小沼：刚好发生了投水事件，所以去昌黎的时候，他说，“关注投水事件，下次我去调查”，说得很有趣，我也很感动。看看我们这边却做得很粗糙。

安藤：本田君和早川君你们俩也讨论得很不错嘛。

本田：讨论的很多，每晚都有。

佐野：此外杉之原也在人际关系上下了很大功夫。人际关系应该是最令人头疼的一环了吧。因为不管怎么说，并没有能认真吸取别人意见的人。在此之上，大家的思想倾向与对中国的认识也各自不同，而且还有一些自信心很强的伙伴。

内田：从这一点看来，问题出在未按计划采用人员。我们在采用人员时并未事先确定好分工，比如他是去调查村落还是调查家庭的。在某种程度来说是偶然的。他们并不是天海等人通过大学招来的人员，也没有特别的录用方针。因此去调查的人不是在精神上就是在物质上有所欠缺。（大笑）

福岛：在东京方面，除了仁井田，像平野、戒能和我这样的的调查人员从某种意义上讲都是这样的。

旗田：哎，大家都有这种毛病。

内田：都是些无法进入日本工作的人。有各种含义在里面……

佐野：那时候在日本摆出一副不可一世架子的人应该是国体明徽派。当时调查部的很多人都无法进入日本。而好的工作都让内地那些人做了。

仁井田：因为当时经过讨论，认为在现有条件下在国内是无法进行学术性调查的，那些调查得在中国进行。

小沼：调查本身是不能糊口的啊。（笑）

内田：总之，要是在日本制定好计划再按其进行调查，就能更全面地完成工作了。说不定能取得更好的成果呢。

本田：要是在日本的话或许就能好好学习了。（笑）

内田：条件不利于学习。如果认定那是困难的条件，那就是很困难了。

山本：总之相互之间的讨论真是挺多的。

内田：既存在于人群之中完全不受烦扰，就算身边有小孩在哭也能静下心的人，也存在对周围变化很敏感的人。像我这种人就会被酒影响。

福岛：虽说是学习，那种像书生一般在桌前一直静坐的做法并不是在学习。相互之间进行学问上的激烈讨论，在全体会议上的讨论，在这些形式下开展的才叫学习吧。

小沼：去燕京虽然是题外话，但在去燕京之前做了的，去燕京以后就无法做了。

## 杉之原先生的指导方法

福岛：杉之原的指导方法很独特，就是先不下定结论，而是以发挥各自个性的方式为主。

佐野：但那是作为一个指导员来说希望做到的。如果能在阅读了各调查员的成果后，就其提出一些指导意见的话效率会更高，但却没有那样做，我认为这是决定性的问题。就我而言，我自己本身在做着调查，针对调查出来的内容，什么意见都没提。如果是边读资料边指出某个问题在某处有什么需要追问，或是追究当时这样做是出于何种考虑的话，我可能会更靠拢杉之原的思路。

小沼：上级要求写的东西分配给下级写，从时间上讲是存在的吧。

佐野：但让写的话也是按自己的想法随意写的吧。我认为如果要想实行杉之原预定的计划，杉之原自己所持有的问题必须与调查员们一致，否则计划将无法顺利进行。

本田：杉之原是没办法进行提问指导的吧。就算能指导书面的内容，就提问来说，要说“你该这样做，该那样做”什么的，这点是办不到的。

佐野：虽然没有进行过刚才所说的那种指导，但一些令人惊叹的指导时时会出现。有一次我向老师询问了土地所有权是怎样产生，老师断言说它是伴随着不劳而获产生的。老师的话有如醍醐灌顶，让我很震撼。他能够干净利索、毫不敷衍且有独创性地回答像差额地价、绝对地价、封建地价等问题，这一点让我感到十分惊讶。我觉得要是把老师的解释放在所有权上来考虑的话，所有的谜团都能被解开。我至今都忘不了那种持续了好几天的欣喜若狂的感觉。

小沼：但杉之原是在去燕京之后实行这种指导的，他们一直在张贴召集令状。

本田：杉之原也是一直被客观情势所逼迫，所以现在利用召集令状一丝不苟地进行调查。

佐野：因为已经到了最后总结的阶段了嘛。

小沼：一开始已经进行过问答了，只从这一点看来，你那种“这样、那样”的询问方式是有问题的。

安藤：那可能因人而异。我认为那是杉之原的一流做法，激起每个人的积极性，因为过度抑制了反而不好。

佐野：不抑制意欲也能完成的。

## 对今后调查的希望

福岛：作为调查的经验，今后若还有这种调查，在当时希望提供一些帮助的话，就请各位老师指点一二，这将很有参考价值。这也和法社会学今后的调查有联系……

内田：是说调查的遗留问题吗？

福岛：关于今后想要开展调查情况下的方针和体验，还有什么想要说的吗？

本田：追究单个问题的方法可能肤浅。

内田：一方面，话也不是这样说的。也就是说，调查的成果——这一点放到其它的调查上也是适用的——太拘泥于总结的话，真正的调查是没办法进行的。所谓专心致志的调查——虽然我们的调查还未取得成果——想着进行专心致志的调查，我认为那样的努力是会有回报的。

本田：关于这一点，我回来后和别人一起去做一些农村调查。那时候就感到大家在调查方法上有很大的差异。在内地这一块儿的调查并没有超越之前的满铁农业班调查。

佐野：要制定好计划并严格按其执行。

本田：从那种意义上讲，我们一直以来并没有重视那一点，我总感觉这样是不行的。

山本：我认为那是在调查时间和经济上不能兼顾造成的。

本田：即使是满铁的情况，虽然考虑过要把你提到的户别调查之类的方法融合到满铁中去，但我觉得从一开始在对问题的理解方式上就存在问题。

内田：我想请教福岛一个问题。我们学校的调查人员在惯行调查资料出版以后，可以说是按照战后调查的方针之一，一直在扮演着那种角色……

福岛：利用那样的阵容、时间和金钱是无法在日本内地进行调查的，今天更是指望不上。不过我们可以从战后在日本进行的所谓法律社会学的调查方法等，从中国农村惯行调查等方面来吸取教训。但是，现在跟那个时候显然是不同的，已经取得了很大的发展和进步。现在和那时候从条件上看是根本不同的。因此，日本的调查可以从中国农村惯行调查这边借鉴经验。我在这里举三个例子。

第一，不要按照喜好挑选材料，把取舍选择放在后面考虑。把能获得的资料都拿到手。当然，我们考虑到调查项目不同，调查方向已经明确这一点，收集的资料要有一个范围。我们要将有用的资料大量收集起来。

第二，现场的演讲作为问题应记录下来。根据提问的地方、前后谈话的展开顺序，可以知道回答中所包含的态度和意思。表达上的细微差异也很重要。事实上我在进行某次调查的时候，曾尝试使用磁带录音。若把原封不动的录音和笔记本上记下要领进行比较的话，会发现两者存在本质性的不同。那种差别是难以用言语来形容的。记录不仅要有骨架，还得有覆盖在骨架之外的表象和填充在骨架中间的内容。

第三，要不紧不慢，不要急于求成，也不要赶着写报告书。要收集基本的信息。我想所谓真格，指的就是这个吧。

以上三点是与现在正在日本进行的诸多调查的一个对照。有这样一种倾向，即通过一个星期的调查，资料收集很得要领，从中选择自己感兴趣的，把在脑海中构造的印象付诸文字。造成这种倾向的最主要的原因就是我们的调查人员是非专业的。我们很担心存在主观主义。

我认为中国农村惯行调查刚好与之相反，它都是些唯物的、客观主义的东西。但是真正的客观主义，并不是说要理解所有问题，而是要具有很强的问题意识。就法律而言有法规范特有的法则。比如，在文化人类学当中，《人类学的记录与询问》[1]（英国皇家人类学会编）这本书非常具有参考意义。事实上在法惯行调查中，这本书基本未被利用到。因为两者的着眼点不同。我认为在这个意义上，在理解和深挖基本问题的项目制定阶段，我们下了很大功夫。研究中国史和中国农业的专家们对调查的批评很多都是偏离本质的。

## 调查地点、惯行与历史的关系

旗田：在地域上局限于华北，甚至只在河北、山东两省，这是很大的一个问题。

福岛：无法进行比较研究，在将来这是必须进行的。

旗田：看了福岛先生写的关于四川的报告后，我发现和我们这里有很大的不同。

佐野：山本义三很重视这个问题。虽说是选定了3个地点，但还不知道它自身具有多少普遍性。所以才要主张有必要进行广泛而简单的概况调查，以测试这3个地点的普遍性。这是个不错的主张，连方针都已经确定好了，因此可以证明杉之原的坚持是正确的。

本田：但是一旦到了总结阶段，在沙井村会存在这样一些问题：有多少是符合现实的？还有北京是怎样的情况？这些事情没搞明白的话，调查是算不上什么的。但要说那是它所欠缺的又很奇怪……

旗田：我认为这一点脱离了历史观。虽说指出来这里那里该是什么样子的，但所谓普遍性是指必须要站在历史性的阶段上看问题。也不知道我的这个观点是否切中要害。

佐野：这点在调查项目里虽然也有，但很难通过询问来获得资料。

本田：时间性定位也是一个系列。

内田：一般是10年时间，而且在调查的那个阶段也是没有办法的。但是在限定的村庄进行调查，并把该村彻底调查清楚，我认为这一方法是正确的。

旗田：我要说的是，我们无法判断某项方法惯行是正在崩溃还是正在生成。关于这一点哪怕仅仅是推测一下也好，若是能得出结论就能找到关联了。但现在是无法找到联系。

山本（义）：我认为在那个意义上要是能把它和在汉民族的殖民地满洲进行调查比较就好了，可惜办不到，时间有限啊。关于这个也是说到容易，做到难啊……既有因社会、地理条件的不同而消失的习俗，也有保留继承下来的习俗。

佐野：关于历史条件，参阅了县志后或许对某事会有一定程度的了解。但我们想要知道的东西是县志里面没有记载的。这样一来，就成了我们去到地方居民那里，去从他们的回忆里寻找一些东西。但回忆是不可靠的。

小沼：但顺义的档案、获鹿的档案是很有价值的。尽管没能参考……

内田：有关民事、刑事诉讼，哪怕具有专业性也该记录下来。那才是真正内心所牵挂的，尤其是民事诉讼的记录。

安藤：我之前手里有一部分让翻译人员翻译的顺义档案，但没能拿回来。在临榆县（山海关）的时候还特意借来了两箱清朝以后的档案书籍，结果到后来也没用成。

佐野：要是调查历史性的内容，那些档案或许能成为线索吧。

---

〔1〕 译者注：该书中译本名为《田野调查技术手册》，何国强等译，复旦大学出版社2016年出版。

内田：由于中国地盘很大，绝不仅限于我们所看到的那些，所以那实际上是很可惜的。尽管我只把目录带到了大连……

旗田：我认为在惯行调查的方法论中很少思考历史性的东西，这是一个问题。调查项目自身就缺少对问题的发展性思考。

佐野：在调查项目之中是吧。

旗田：在同时存在的事实之间，是不可能理论性地思考历史性序列的。我想我们在用历史性观点串联大量事实这一个方面做得还很不到位，仍需很多努力。

佐野：虽然连续观察了许多地方，但并不能一下子把所有都顾及到。

内田：照我的经验来讲，那是由于要寻找与调查有关联并对其有帮助的东西，这一想法太强烈的缘故。虽说学习得还不够，但就算是矛盾论也好，至少要利用原典来开展研究会，从根本上反思考虑问题的方式，保持相同步调往前推进。

佐野：我们当然希望杉之原也保持相同步调推进。若是按老师所说的，那么结束时意见要达成一致。但我知道说到底那是不能指望的了。因为有些人就仅仅是在制作与个人思想倾向无关的卡片时也表现得很任性。

旗田：比起表明中国社会正处于某一发展阶段的材料，其他方面的材料要多得多。因此，一直以来的关于中国社会发展阶段的学说有着很强的被否定的倾向。被否定了之后便无法得出任何结论。即使是假说也好，若是作为假说在惯行班里存在，以那样的立场出发来考虑资料的话，就能产生更为立体化的意见了吧。

本田：关于这点，靠访谈材料是办不到的吧。

小沼：但是，现在旗田正在做关于看青的研究吧。生活在内地历史背景下的人们一直批判我们的调查没有考虑历史性。但要收集那样的内容，将它们同文献什么的结合起来是非常困难的。

旗田：那些事是需要一直坚持不懈努力地去做的。

山本（义）：山西的农村、山东的恩县还有河北昌黎农村的状况存在很大差异。就说山西和山东，这两者有关联的地方倒是颇多，但它同满洲的情况相比就有很大的不同了。被选定的地点更加广阔，在进行相互比较研究的情况下，确实会考虑到历史、社会条件。那些调查因为治安等原因无法进行，要是能进到像山西那样的地方就好了。在这种意义上，恩县的调查要是能持续到后面也好啊，可惜由于治安的原因没能办到。

仁井田：但我认为这个调查确实是提出了华北地带存在的问题。虽说只调查华北地区是没办法同其他地区进行比较的，不过这种比较实际上是想要在10年计划中完成的吧。但在那样的条件之中，在那样短的时间范围以内想要完成比较，是太高估了自己的能力了。所以我觉得量力而行就足够了。

### 问答这种调查形式

小沼：话题已经涉及到内地的调查了。我觉得内地调查不需要问答录这样的形式。就我所知，只有作为结论被总结出来的东西。

本田：需要哦。我在埼玉县的村庄做过调查，当时把表带过去，并在上面进行记录。

最后成了数字与数字相连的线头一样的东西。要是没有问答录，就会有想当然的理论。

仁井田：那种答案是从怎样的提问中得来的，去掉条件之后只剩回答。

福岛：使用调查表进行的当面调查，提问的内容被印刷好了，根据印刷好的内容提问，再把听到的回答写下来。舆论调查也全是用这种方法做的。学生们去调查的话，肯定是根据提问表的内容和顺序来进行的，尽量做到没有偏差。然后在做开放式提问的时候，提问项目里没有的问题，作为个别情况被记录下来。那些回答是把提问及应答两部分都记录下来了。但是后来整理的时候没有原封不动地整理出来。本来是想那样做的，但是首先无法进行速记，然后是纸张数量不够。在日本内地好像没见过用中国农村惯行调查的方式来做调查报告的吧。

仁井田：通过问答的形式得出的结论并非不必要的，反而是必要的。

小沼：在内地也想看看那些，但看不到。

仁井田：这个和我们的惯行调查没有直接关系。比如，之前在报纸上公布的关于是否赞成宪法修正，正是因为同意与否的结论是基于问答形式得出的，所以才能够进行批判。要是不那样做而只公布结果，是没有办法对它进行批判的。东大社研的潮见君在报纸里也有写到，宪法调查会把调查结果附带着问答的过程一起发表了出来。看了那个，我们就明白了那些都是为了引出结论的提问。那也是因为有问答的形式才能够进行批判，要是没有的话是无法批判的。所以我认为通过提问问答的方式来进行调查非常好。

小沼：那也是因为希望在内地大量发行，只是纸张使用的数量已多到了要担心其成本的程度了。（笑）

仁井田：虽然刚才说到杉之原只做了概况调查，但我认为他也在做个别调查。比如关于昌黎县等，在个别调查上投入了很大精力啊。

杉浦：可以说既进行了概况调查，也做了关于家族和其他方面的个别调查。所以说他只做了概况调查是不对的。综合来看，应该说是主要做了概况调查。

## 契约文书与惯习

小沼：我对佐野说的话，以及杉之原只做了仅仅能提供线索的调查项目这一看法存有异议。关于项目的内容，一开始并未预料到会出现如此细致的内容。虽然越到后面会越显得强词夺理，但杉之原的预想并不是那么简单的。我们之中，“立刻到现场去”这一意见很强烈，最开始的出发点是简单制定好调查项目。关于这一点事先并未怎么考虑过。也就是说，会有类似这样的事：如果是旗地，就把旗地的事情委托过去。一开始杉之原考虑到的不是简单的情况。就算不是在头脑里决定好是怎样的事情。一旦做出决定，调查员一看是如此费工夫的事情就会立刻进行调查。有种被敷衍的感觉。

佐野：我是按照杉之原所说的话做的解释。

小沼：这点我承认。但关于调查项目的完成，在东京方面也有例子，我认为要考虑到会花费一定的时间。

仁井田：刚刚佐野说过到，“租佃证明、买卖证明，光有这些在文献里出现的话不能叫作习惯。不如说那些被记录的事是特殊问题”，这是什么意思？

佐野：那是说，根据条件有一些是必须被记下来的。说到租佃证明就会出现人名之类的。但是，一到记录大家认为是关键问题的租佃时限、地租的时候，是在考虑到它们有可能被破坏的情况下记下的。

仁井田：但是像土地买卖的情况，写证明是必要的。如果不写，契约是无法成立的，是无效的。再者，租佃证明也不是满铁调查组在调查的时候才出现的，之前就一直在写了。“有被破坏的可能”也是从很早以前清朝时候就存在了。

佐野：那是自然的。有的地方要写租佃证明，有的地方不写，你指的是哪一种情况？

仁井田：是在怎样的条件下考虑写租佃证明呢？

佐野：要签约的话，地租、租佃期限就会成为问题，因此要是不写那些的话就会被定义为一般习惯。

仁井田：受写下来的东西约束是当然的。

佐野：不过这种情况下，是在可变的其他条件下、可以成为契约的时候书写的。

仁井田：那是一般性的吗？

佐野：我想是的。

仁井田：既然是租佃证明，那目的当然确实是今后的证据，证明只是在这种条件下写下的吗？

佐野：那样限定的话我就不好办了。但我反对写在证明上的东西就是习俗这一意见，不如说那些是有必要写到证明里去的东西。证明里没有写到的情况是没有问题、不可侵犯、不变的习俗。所以租佃证明中写到的内容并不一定在华北一带通用。

仁井田：我研究了许多从古至今的租佃证明，佐野的看法当然是很重要的，但是至于他提到租佃证明的内容常常将习俗排除在外，与习俗对立这一点值得商榷。而且契约也不只限于不必要的东西。

佐野：至今还有一些人认为文献里记载的所有东西都是事实。举一个极端点的例子，某位调查人员听说华北农村一直有这样的习俗，于是就把它记下来了。这种情况，即使他真的实际去调查了也不可信赖。在负责历史之类的小组中有很多这样的人。所以可以说那些人不会管有没有实际的历史资料存在，只要是符合实际调查的他都相信。被记录下的事大多都是鲜有发生的，与之相反，记录那些日常生活中人们熟知常见的习俗是没有必要的。所以我认为文献主义是很危险的。必须要能够洞察文献背后所隐藏的东西。

仁井田：我也不能说写下来的东西就都能够相信，或者没有被记下的习俗在现实中就是不存在的。我认为佐野所说的是值得警醒的。但是对于佐野所说内容需要给予一个限度。不过，不管怎样他所说的是重要的。

佐野：租佃证明在形式上有不得不写的内容。也是为了整理租佃证明的形式。但是也存在没有被记录但很重要的东西。除了刚刚提到的，这也是一个问题。通过询问农民得知，A是热情且正直的人，所以租佃证明于他而言不是重要的，B我们并不了解，所以需要中人和租佃证明。这种情况到处都存在。对于他们来说，要是能够遵守约定的话，租佃证明和中人都不是必要的。

仁井田：我也不认为被记录下来的就能看作是资料。但有一点我确信，要结合佐野提到的问题来处理资料。

内田：最后让我说一句。不仅仅是在仁井田、福岛、幼方等人的协助下我们进行了调查，而且老朋友在久别之后相会，这种十分难得的事情能够实现，我感到非常激动。与调查并没有直接关系的各位在百忙之中能够助我们一臂之力，我们非常感动。我说这些实在是冒昧，但是远离家乡的人对这些是容易有感触的。因此，再次向大家表达谢意。

# 有关中国农村惯行调查的座谈会（第3次）

1957年8月17日于岩波书店

出席者　安藤镇正　仁井田陞
　　　　幼方直吉　旗田巍
　　　　小沼正　　福岛正夫

## 第1次调查

### 1940年11月、12月

### 于顺义县、栾城县、历城县

（1）顺义县沙井村的调查

| 调查报告 | | 调查项目 | 负责人 | 月 |
|---|---|---|---|---|
| 原资料 | 本书 | | | |
| 辑 | 卷　页 | | | |
| 2 | 2308 | 土地所有权 | 小沼　正 | 11、12月 |
| 2 | 2308 | 赋税 | 小沼　正 | 11、12月 |
| 2 | 2293 | 水 | 本田悦郎 | 12月 |
| 3 | 2169 | 土地买卖 | 本田悦郎 | 12月 |
| 4 | 21 | 租佃 | 山本　斌 | 12月 |
| 5 | 2295 | 赋税 | 小沼　正 | 11、12月 |
| 6 | 2193 | 金融贸易 | 旗田　巍 | 12月 |
| 7 | 1227 | 家族制度 | 本田悦郎 | 12月 |
| 8 | 189 | 村　落 | 旗田　巍 | 12月 |

福岛：下面我们开始第3次座谈会。最初的座谈会上关于调查的实况谈了很多。关于各次调查具体情况，比较起来我们只花了很少的时间。因此调查的实情还未十分明朗。然

后第 2 次会议主要明确了调查人员之间的气氛。因此今天要把重点放在具体的事情上，把各调查按照年份和地点分开，尽量详细地听取参加调查的各位的报告。

从顺义县的沙井村开始。去调查的时候是 1940 年的 11 月、12 月，它是第一个真正着手调查的地方。那么首先从旗田开始吧。

旗田：那时候除了杉之原以外，小沼君、本田君和我也去了，还有山本君，虽然他来晚了。杉之原在两三天之后被换掉了，因此参加调查的就是杉之原以外的 4 人了。刚开始的时候，把县知事、县顾问——这些是日本人——宪兵队长、守备队长、新民会的次官这些有影响力、有势力的人召集到了县公署，举办了宴会。人数很多，大概有二三十人吧。我们这边因为要到村子里去调查，所以很重视这些，也为此花了不少钱。从召集来的那些人那里得到一些土特产。我们到村子里去的时候也带了土特产去。

福岛：你提到的部队有多大规模？

安藤：那是小队吧。本部只有一分队、二分队。剩下的都被分派到杨各庄等一些地方去了。

福岛：是啊，是年轻少尉的这样级别。

安藤：对，就是年轻少尉这样的。

旗田：那时候把村长也一起叫去了。牵涉到有些偏僻的角落，不得不把邀请对象的级别降低。说到给村里留下的印象，可能有点麻烦。第 1 次我们去的时候，每次一定会被款待。因为一开始我们这边举行了盛大的招待会，所以可能是作为回报吧，不让我们吃自己带去的盒饭，而是由他们招待我们。这些花了许多钱，从第 2 次开始就没有了。要说印象的话不是坏印象，是好印象。至少周围所有的中国人向我们投来的目光不是恶意的。有一点要说的是，县顾问森岛在调查上十分尽心，非常热情。积极地对这里那里进行指示，召集客人来县公署也是森岛的主意。我认为是因为有森岛尽心，中国人对日本人的态度还挺好。还有，宿舍是在商务会。

安藤：从一开始就在商务会吗？

旗田：第 1 次是在那里，第 2 次是在县公署。

福岛：是在县城里面吗？

旗田：是的，我们一次也没在村子里寄宿过。宿舍在县城里面的商务会。

仁井田：没在牛栏山镇寄宿吗？那里有“排难纠纷”项目的县商会。

小沼：牛栏山不是调查点。只是在你来的时候去了那里。

福岛：治安怎么样？

旗田：白河对岸的治安很糟糕，大概从顺义开始 2 公里到 3 公里的范围。河这边的治安很好，对岸非常差。对岸在 1940 年的时候治安很好，渐渐变差了。那时候还可以悠闲地骑驴通过。由于河对岸没有桥，所以治安不能恶化下去。

福岛：从县城出发，每天都要经过那里吗？

旗田：要经过。从县城到村里，以中国的里来算是二三里，以日本的里数来算是半道的距离。到村子里去的时候没去老百姓的家里。大多老百姓的访谈安排在设于寺庙内的村政府的村公所里进行的。也没有接到去村长家的邀请，所以没去。访谈的地点在回答录上有记录。寺庙被用作村公所或是学校等。那里有很多房间，房间被分为好几个部分使用。到那里来的一开始应该是会长一类的吧。但是，最初的一周没有去村里，而是被叫到商务部去了。最开始来的是学校老师和会长。

福岛：他们流露出厌烦的表情了吗？

旗田：一开始显得比较迷惑，他们不知道调查会是什么样的。之后他们便慢慢习惯了。我认为他们渐渐便觉得这里面没有包含恶意了。

小沼：这是因为一开始搞不清楚怎么回事，不知道会被问到什么的缘故。

旗田：一开始有叫来学校老师研究提问的方式。我们这边也不习惯提问的方式。而且旁边还有杉之原。

小沼：那是进行“问答”的第一个地方。向不同的人分别访谈一些情况，这是最初的调查的起步。

旗田：不是那时候吧。一直在做土地调查。是通过那个得到的资料。因为所谓的土地调查就是揭发黑地。

小沼：说到土地调查，我和旗田去选定了土地，那时候调查正在沙井村进行。

福岛：是在县里进行的吗？

小沼：在县里的伙伴粮房要进行土地调查。我们去调查的时候他们刚好全部到达并在县里住了下来，为了税契正在大量收集地券。在资料的记载里漏掉了那一部分。

旗田：那时候是伪造了地券的吧。

小沼：接下来要说的这个我有点担心。名义上叫作村，其实并不是村吧……还有虽说表面上看有主村、副村，但其实都是独立的村子。

福岛：最初的调查花了几天时间啊？

旗田：40天左右。

福岛：40天都在县里吗？

旗田：住的地方在县城。

小沼：我们呆了40天，但是山本斌先生后来留在了那里。

旗田：那时候真的非常冷……因为是第1次，所以我们这边也摸不着头脑。

小沼：旗田是经常去村里的，我所在的组很少去村里。

旗田：后来也去了啊。

小沼：后来是去了，但是最初没有去。山本（斌）从一开始就经常去。我是不怎么去的。关于赋税的问题，在县公署里大体是明白的。在县公署里访谈了以赋税为中心的一些问题。一开始大概做了那些事，在调查项目中有土地所有权这项，有像沿革地目这些很有趣的东西。旗地关系……因此在县里做了额外的一些事。到后来山本（斌）经常到村子里去。关于赋税、土地关系，这两方面都必须向村里的人打听，和山本的户别调查一起做。村里的人把地券拿到村公所，向他们打听了关于土地的问题。在那些时候，我每天都会去村子里。

旗田：我中途感冒了，感冒好了以后就去了商务会。在商务会访谈信息的日期是刚开始的15、16、17这3天……从18号开始就到村子里去了。通过第1次的调查，和村里人的关系变得十分亲近，到后来关系一直很好。

小沼：刚刚提到的关于招待的事，大概是第1次村里出钱出得太多，第2次去的时候，会长一行人集中起来讨论了该如何对待满铁调查组的事。从第2次开始就没有再铺张地招待了。只有调查人员去的时候还好，但是还有作陪的人就令他们很为难了。每天都是一样的情况。

旗田：一起吃的喔，以聚餐的形式。

福岛：费用是由谁出的？

旗田：是村民们出的。

小沼：因此第2次的时候才进行了商量。

福岛：把人叫到商务会的时候，是怎样决定该叫哪些人的？

旗田：有的是前一天指明要他来的，还有的是那些我们认为可能对相关方面有所了解的人，委托别人传话告诉他来的。

福岛：有邀请了却没来的人吗？

旗田：基本上都来了的。一方面因为是有工钱的……在村里进行提问的时候有些人并没叫他，他也来了，显得慌慌张张的。

福岛：一天的工钱是多少？

旗田：大概1元左右吧。工钱和短工的标准差不多。

福岛：你们是拿了盒饭去的，那么那些被叫来的人呢？

旗田：我们这边不提供饭。

福岛：访谈进行的时间有多长？

旗田：长的时候要一整天，也有不断变换人员的情况。

小沼：第1次进行访谈的形式是2人一组，再配1个翻译。然后以1个人记笔记，1个人询问的形式进行。第2次是由1个人边听边记录。晚上以杉之原为中心举行一个类似讨论会的会议。那时候旗田虽往往不会参与争论，但我和本田经常争吵。

旗田：他们讨论得很激烈。

小沼：其他的事我不知道，我只做了赋税以及与土地有关的事。之前也提到过，那时去的人有本田、山本（斌）、旗田和我。斌做了关于租佃的调查，旗田大多时候要去村里。于是土地买卖以及家族调查就交给了本田。我和其他2人负责赋税。因此本田认为自己负责的部分是大家挑剩下的，很是生气。

旗田：老是有这种情绪的话，就会变得杀气腾腾。神经变得敏感，可能发生毫无意义的争吵。第1次是40天，时间太长了。

福岛：一开始计划的就是40天吗？

旗田：本来是1个月的，由于做出了热情，又把时间延长了。

福岛：要将预定计划中的内容全部访谈完毕，就只花了40天么？

小沼：是的。要说资料的话，我们在北京时没有想过这里有这么多资料。也收集到了地契。

福岛：成果也比预想的好。也是你们努力的结果。

小沼：确实是努力了的。也很有意思。

福岛：也就是说，调查初期是进行顺利了？

小沼：那时候没有治安以及感情上的问题。

旗田：是顺利进行的一次。

福岛：有调停的是……

旗田：那是在第 2 次去的时候。

福岛：调查对象一方没有出现什么不好的情况吧？

旗田：没有，最初宪兵队的人也没什么感觉。

小沼：关系变得很亲近，那里因为距离北京很近，完成任务回到北京后，在正月里有村里的人来拜访山本（斌）。从这里可以看出关系变得很亲近。

福岛：那边村里的主要人物同北京这边一直都有来往吗？

旗田：好像是经常来往的。正月里村里的人为了制作蜜供，到店里来看了看。副村长张瑞是带头人。

小沼：那时候在调查之中发现一些新奇的，诸如蜜供、卡套之类的东西。

旗田：是在前门外的店铺。所谓蜜供就是用小麦粉做成的花林糖，一共可以做出很多种形状来，做工不太精细。

幼方：不是很好吃。

旗田：嗯，看起来也不好看。

**(2) 栾城县寺北柴村的调查**

| 调查报告 | | | 调查项目 | 负责人 | 月 |
|---|---|---|---|---|---|
| 原资料 | 本书 | | | | |
| 辑 | 卷 | 页 | | | |
| 9 | 3 | 388 | 土地所有权 | 杉浦贯一 | 11 月 |
| 9 | 3 | 365 | 水 | 杉浦贯一 | 11 月 |
| 10 | 3 | 243 | 土地买卖 | 安藤镇正 | 12 月 |
| 11 | 3 | 161 | 租佃 | 佐野利一 | 12 月 |
| 12 | 3 | 170 | 租佃 | 佐野利一 | 12 月 |
| 13 | 3 | 367 | 赋税 | 盐见金五郎 | 11、12 月 |
| 14 | 3 | 307 | 金融贸易 | 安藤镇正 | 11、12 月 |
| 15 | 3 | 67 | 家族制度 | 佐野利一、安藤镇正 | 11 月 |
| 16 | 3 | 27 | 村　落 | 杉浦贯一 | 11、12 月 |

福岛：接下来该轮到历城了，但由于负责人没有出席会议，所以先把后面的栾城提上来讲，接下来由安藤来……

安藤：一开始是我和佐野君、杉浦君、盐见我们 4 人去的。最初在石门的特务机关里有满铁的人，受了那人很大的照顾，确实想的是先到石门，再坐卡车去那里，但是石门距离那里还很远。感觉坐卡车大概两个小时。

旗田：从石门出发的话，很难步行到达那里。就算是从窦妪出发也有相当一段距离。

安藤：在栾城县里还有一支比在顺义更大的部队……

小沼：部队长是少佐，所以是个大队。

安藤：有这个部队。住宿是在……

小沼：第2次的时候我们住在盐店。

安藤：起初是在顾问公馆的旁边，我们就住在那里。那时候是4个人去的。

小沼：后来杉之原去的时候不是已经在调查了吗？

旗田：杉之原不是从顺义去那里了吗？

小沼：杉浦对于直到深夜还在开讨论会发了点牢骚……

安藤：也举办了大型宴会。

小沼：我们第2次去的时候在县城里的店里举办的，在饭馆里……

安藤：在县里，那些也是委托顾问，受了他们很多照顾的。杉之原致了辞，县长张化五也致了辞，我们在同一时间做了相同的事。之后说的话有些语无伦次，但是记得在石门的时候去了特务机关，去了宪兵队打招呼。

还有一开始的时候，村长和另外2人被叫过来咨询了一些事。来的是那位颇有名气的张乐卿，还有后来成为村长的郝国梁这些人。先叫他们过来，事前打好一些照面，然后去到村子里。

印象中村子很穷，还有一直到后来到村里进行一些询问时仍与张乐卿、郝国梁这两人有联系。张乐卿之所以名气大，是因为他知识渊博。

福岛：所谓名气大，是指在调查员中间吗？

安藤：是的。此外在内地的老师中间也很有名气。

旗田：博览群书，无与伦比啊。就没有他不知道的。

安藤：也不能这么说，总之问什么都能回答出来。而且在村里也是做老师的。

旗田：是个大人物。其他村子没有这样的人物。

安藤：但虽说如此，他家曾是很有钱的大户人家，后来家道渐渐落魄了。概况里也写到过，村子整体来说非常贫困，现在在这里的2个人也是穿着破烂的衣服，此外都是真正的贫农了。我们刚去的那会儿村子挺平静的，但听说之前治安非常糟糕。查的进展只能用困难重重来形容。也是在县城里住宿，之后到村子里去。比沙井村稍微远一点。我们一直向北步行到那里。

旗田：要花三四十分钟吧。

安藤：作为护卫从部队带了2个人去，村子的外观比其他村子看起来更贫困。

旗田：但是我去过朝鲜，比起朝鲜，中国农村的贫困程度还算好的。无论是外观还是生活水准……。

幼方：看了沙井村的农家，觉得和日本的比起来差得多，朝鲜的还要更差吗？

旗田：中国农舍的屋顶是泥做的，朝鲜的是用稻草堆的，比起来朝鲜的要简陋很多。

福岛：多长时间？

安藤：根据刚刚调查结果来看，大概一个月。由于一开始就选好地方了，去的时候住在三瓶顾问家，食物什么的也是他提供。第1次的时候是把锅什么的买了一起带过去的。

小沼：第2次是在盐店。但没和安藤在一块儿。

安藤：第1次去栾城的时候是租了房子住的。从县公署门口稍微向南拐，在西南的方向租了房子，自己做过饭。在门口贴上“满铁华北经济调查所历城调查班本部”的纸张，还照了相。后来觉得危险，就把它拿掉了。

小沼：刚刚提到的沙井村，我们在那里也是自己做饭。

旗田：这部分费用就省下了。

安藤：米是在石门买的。

旗田：去顺义的时候也买了一桶味噌带过去的，小沼君喜欢味噌汤……

小沼：能够吃到味噌是好，但麻烦的是药品类的东西剩了很多。开始进入调查的时候带了各种各样的药品过去，但实际上是像旗田那样，真正生病的时候，直接去找台湾医生看病。这样一来，带去的药就剩下来了。一开始去的时候带了各种各样大量的药去。

安藤：除了那些东西，还有其它像烟草、洗脸盆什么的也带了过去。是在栾城把那些东西都买齐了带过去的。然后，最初的做法与后来不同的是，去的人员也会分担别人的项目，大家也在做着自己没有负责的项目。2个人配1个翻译。一开始的做法是1个人询问，1个人记录。所以有的方面没能问完全部的内容，只记了部分几个要点。因为是第1次，所以大家询问到的信息都很新颖，在栾城有很多实行大家庭制度的村子。然后是第1次接触张乐卿所拥有的知识，感受到由同族的家庭组成的组织，觉得很有趣。在栾城也和顺义一样，顾问是性格温厚的三瓶，很体谅我们，对我们很好。所以从这点看来我们没遇到什么阻碍。调查访谈的对象一开始就只有张乐卿、郝国梁这两个人，赋税的对象就有县里的公职人员，此外村民是怎样的情况还处于完全不知道的状态。

幼方：比如，说到翻译，他们的工作做得怎么样？

安藤：第1次的翻译直到调查结束都一直跟着我们，带到栾城去的翻译是霍满春、刘峻山这2个人。刘的翻译很好。总之2个人都不算糟糕。

小沼：第1次雇用的是长期翻译，后来雇用了临时翻译。第1次的不足之处就练习不充分。

安藤：这或许是共通的问题。因为是第1次调查，所以我们这边并不清楚回答问题的是些怎样的人，那些回答有多少可作为常识，或者是否能够信任。是通过翻译的回答来依次提问的，从这个意义上讲我们对调查是没有信心的。不过因为全是新的东西嘛。我觉得之后这种依次提问的方式应该是可行的……

小沼：还记得杉之原的指导方针吗？提问问答一直进行到深夜……

安藤：进行到深夜这个不大记得了。

小沼：杉浦经常说这样的话——自从见着杉之原以来，每天都讨论到深夜之类的。

安藤：感觉进行的讨论没有那么多，不过商讨倒是有过。没做过像你们那样的讨论之类。总之，杉浦和盐见这2位都不在参与讨论的成员之列。

福岛：杉之原一开始去了顺义和历城了吗？

安藤：他在那两处都分别呆了10天左右。

旗田：不是在顺义只呆了两三天吗？

安藤：最初选定的时候是骑着马去的，或许是那个时候。

小沼：不对，记得不是骑马。

安藤：是去韩家庄还是去聂家庄的时候的事。

小沼：好像是去了。

安藤：途中杉之原还从马背上掉下来了呢。（笑）

小沼：确实是有这事，不过感觉就像没发生过一样呢。那时候到顾问那里去，还去了村子里。

安藤：关于第1次我不大记得了。

小沼：那些事好像发生过，又好像没发生过。记得我们2个人去韩家庄附近，注意到那里百分之九十的人都姓韩。

安藤：是的呢，可能当时只做了选定。

旗田：在栾城有张乐卿这样一个人……

安藤：有好处也有坏处。

幼方：张乐卿是会首吗？

安藤：会长的亲戚。

仁井田：他知识很渊博。因为对答如流，所以觉得这样挺好。就算有一些令人担心的回答，也不会产生让人不信任的担心吧。

安藤：先生知识的积累实际上到了何种程度，我们也不明确。从回答看来，是一种有族长、门家长、家长的井然有序的制度。一定程度上在昌黎县也有这种情况的。

仁井田：比如关于栾城县的同族关系，把它拿来同在定县以及其他河北村落的同族关系进行整合，不一定会产生疑问，就可以认为它是好的材料。没必要进行特殊处理。定县的调查是李景汉在做，调查结果显示一般来说同族结合在华北农村地区是醒目且强有力的。参照旁边现有的例子，张乐卿所说的也不是那么不可思议的。

安藤：道理是通的，有族、门、家三个等级……

仁井田：从与其它比较的结果来看，他并没有说错什么。

福岛：张乐卿的那种博闻强识是从哪儿得来的？

旗田：听说他每天都会写日记。说是在战争中被烧毁了……也在教孩子读书。怎么说呢？像那种类型的人……

仁井田：在某种程度上可以说是有儒教教养的人。

旗田：是啊。只是让人为难的是，把老百姓一起叫来的时候，他明明什么都能回答却不插话，一句话也不说。

安藤：还有村里的百姓也会受他影响。虽说他这样做是因为不确定其中有没有反对派的缘故。

旗田：他也是医生，在给人诊断。都能通过看舌头给人诊断，也能开中药方。

小沼：在沙井村也想找一些知识分子，来了2个人，一个叫李濡源，还有一个是小学老师，叫吴殿臣。回答本身很清楚，但是想询问的事总是询问不到。张乐卿给人的感觉是在村里扎根的，而这两个人像是从旁边来的只为挣钱来了一样。沙井村是没有缙绅阶级的。

福岛：张乐卿不算是缙绅阶级的吗？

旗田：不，财产并没有那么多。

幼方：张乐卿的经历是？

安藤：没做过公职，在城里做过买卖但是失败了。哥哥死了，也吃了很多苦。哥哥的财产过继给了自己的长子。他自己应该是受过教育的。至于在哪儿接受的教育已经记不清楚了……

小沼：应该也去过像石门那些地方吧，年轻时候出去了那么长一段时间。

旗田：是个颇具古风的人物，但是对现今的新事物抱有很大兴趣。

福岛：那时候还很冷吧。

旗田：是最冷的时候了。因为是11月、12月，所以非常冷。为了取暖烧煤是很烦人的。

小沼：到沙井村的那天天气还挺好，但是回来的时候就下雪了。虽然坐着借来的车——车挺大的——回来了，但是天气实在太恶劣，眼泪都快要止不住掉下来了。

安藤：还有，在沙井村还有一个叫周树棠的人吧。

旗田：那人是官僚出身，反应有点迟钝。

福岛：你们的方针是尽量向老前辈询问吗？

旗田：他们比较明事理嘛。说是老前辈们却意外地年轻，事实上感觉是40左右的年龄。

安藤：张乐卿大概有40多岁吧，他儿子都20多了。

旗田：其实看上去挺老的。

安藤：比日本人看上去至少要老15岁吧，每天粗茶淡饭，人会衰老得很快。

**（3）历城县冷水沟庄的调查**

| 调查报告 | | 调查项目 | 负责人 | 月 |
|---|---|---|---|---|
| 原资料 | 本书 | | | |
| 辑 | 卷　页 | | | |
| 17 | 4 191 | 土地买卖 | 早川　保 | 12月 |
| 18 | 4 147 | 租佃 | 早川　保 | 12月 |
| 19 | 4 269 | 赋税 | 村田久一、刘钧　仁 | 11月 |
| 20 | 4 282 | 土地所有权 | 村田久一 | 11、12月 |
| 20 | 4 282 | 水 | 村田久一 | 11月 |
| 20 | 4 277 | 赋税 | 刘钧　仁 | 11、12月 |
| 21 | 4 217 | 金融贸易 | 刘钧　仁 | 12月 |
| 22 | 4　55 | 家族制度 | 内田智雄、早川　保 | 11、12月 |
| 23 | 4　1 | 村　　落 | 村田久一、刘钧　仁 | 11、12月 |

旗田：为人老练嘛。人啊……比日本人性格好。

**历城县冷水沟庄**

小沼：很遗憾这次负责人没有出席，但我还是想简单说说历城，之后再请他们来补充……去那里调查的有内田、早川、村田还有刘钧仁。

福岛：小刘是调查员吗？

旗田：既是调查员，也是翻译，还是学者，然后……

小沼：这里的村庄的政治力量是最强的。一开始也是住在县公署里，和顾问住一个地方，也只有那一个住所。然后去到村子里，一味地以为它是典型的村子，出现了许多问题。一旦出现调查技术上的问题，就像之前在座谈会上提到的那样，村田认真地进行各项提问项目，迅速往下展开。与此相对，内田、早川两位老师一丝不苟地做着自己的项目，完全没有进行提问。回到北京以后才改为问答的形式。翻译和对方关系很好，收到过生孩子的贺礼之类，还有我们没注意的情况。

仁井田：没注意的情况是指……？

小沼：翻译向对方索要物品等，在冷水沟有很多这样的现象。从地理位置上讲，宿舍离得很远，去调查一次花在路上的时间很多，很不方便。

旗田：真是个很奇怪的地方，县城里就只有县公署。要是一般的县城，周围都会有商家什么的，那里就只有一个县公署孤零零地伫立在田野之中。

安藤：那是很奇怪啊。

小沼：那是从济南带过去的风格。

幼方：说到县城，我去过顺义，但那比我想象中的要小，要贫穷许多。那种情况用“早上才穿过一座城，到晚上又穿过一座城”这样的话来形容一点也不夸张。

安藤：大多数的县都像那样。

旗田：栾城还好，历城就显得很简陋了。有离车站很远的小镇……

安藤：从那里步行大概 10 分钟，只有一座被城墙围绕的县政府的建筑。

旗田：一般的门前街有的……至少有饭馆吧？

安藤：饭馆是有，然后是县政府和住宅，然后就没有别的了。

小沼：在车站和县城中间有个王舍人庄，那是一个比部队还离得远的地方，什么都没有。

福岛：部队怎么样？

旗田：在县城里有，虽数量不多。

小沼：有很多日本顾问喔。

仁井田：历城处于水田地带吧，正因为此特殊条件所以才选择了它。要进行调查，也不一定都选择条件好的地方。不管怎么说，我有一种从居住之地千里迢迢来到这里，为做调查而鞠躬尽瘁的感觉……

小沼：为什么选了那里？地方太大了点吧？去选定调查地点的是村田和盐见吧。

旗田：县城和村子的联系挺紧密的，途中可能没有像样的村子了。

安藤：我倒是觉得附近有不错的地方……

旗田：那不像村庄。

仁井田：就连山东一带的土地都很宽广，其他地方也一定有很多……

福岛：说不在铁路沿线附近就是损失的意思……

旗田：山东治安很差所以没去。还有土匪，这个匪、那个匪的数量有很多。当然还有八路军，所以流通的纸币是各种各样。

福岛：说调查员刘钧仁是学者……

旗田：他编纂了中国地名词典。

安藤：他是中国地名词典的编者，也是前任县长。绝对是一个有政治手腕的人物。

小沼：但是我们说的日语他都听得懂。

福岛：小刘用日语记录问答内容……

旗田：那是做不到的。

安藤：上面写着“村田、刘”，其中难道没有小刘的一部分吗？

小沼：请他一块儿去了栾城，拜托他整理了资料什么的。

安藤：我去做概况调查的时候也是用简单的中文记录的，之后把它们改写成日文。

福岛：哪年？

安藤：当时 40 几岁吧。

福岛：要是小刘写了访谈记录的话，内容说不定会很有趣。

旗田：但是，可能听起来反而会别扭。中国人……我们什么都不知道，所以倒是可以听……

福岛：小刘和杉之原一起做调查前在会晤时写过吗？

小沼：没有。不会日语确实是致命伤，而且他还挺古风的。

福岛：第 1 次调查结束后回来开了报告会的。

小沼：说是报告会，首先是提问问答的讨论会。那并不能对症下药。会上提到的都是“这种提问方式很奇怪”啦，“在这里该提问的呀”啦，“既然那个都问了，这个也该问呀”这样的讨论。

福岛：在讨论会上，关于访谈方式的方针变了吗？

小沼：既然项目是各自决定的，就该各自去调查。第 1 次没搞清大概情况，把别人负责的区域也一块儿调查了。按理说应该是各人完成各人所负责的项目。

安藤：那时候，本来该记下问答内容的，但历城方面却没有写，被狠狠批评了的。

小沼：讨论会进行了两三天。在进入第 2 次之前针对农业班在小房间开了报告会。采取我们说，他们听的形式进行的。

# 第 2 次调查

## 1941 年 2 月、3 月、4 月

### 于顺义县

(1) 顺义县沙井村的调查

| 调查报告 | | 调查项目 | 负责人 | 月 |
|---|---|---|---|---|
| 原资料 | 本　书 | | | |
| 辑 | 卷　页 | | | |
| 24 | 2　450 | 土地所有权 | 杉浦贯一 | 2、3 月 |
| 24 | 2　450 | 水 | 杉浦贯一 | 2、3 月 |
| 25 | 2　180 | 土地买卖 | 早川　保 | 3 月 |
| 26 | 1　162 | 土地买卖 | 旗田　巍、安藤镇正 | 3 月 |
| 27—1 | 2　91 | 租佃 | 佐野利一 | 3、4 月 |
| 27—2 | 2　110 | 租佃 | 山本　斌 | 3、4 月 |
| 28—1 | 2　319 | 赋税 | 本田悦郎 | 2、3 月 |
| 28—2 | 2　365 | 赋税 | 小沼　正 | 2、3 月 |
| 29 | 2　420 | 赋税 | 盐见金五郎 | 2、3 月 |
| 30 | 2　201 | 金融贸易 | 安藤镇正 | 3 月 |
| 31—1 | 1　249 | 家族制度 | 内田智雄 | 3 月 |
| 31—2 | 1　293 | 家族制度 | 早川　保 | 3、4 月 |
| 32 | 1　122 | 村　落 | 旗田　巍 | 3、4 月 |

福岛：那么，让我们进入从 1941 年 2 月开始到 3 月的第 2 次调查。

小沼：进入第 2 次的时候，出现了这样的意见。第 1 次去到的那些地点做的调查各自都以不满意告终，因此出现了这样的意见：第 2 次调查还是要去第 1 次去的地点，把没做完的继续做完。针对这个，我提出了如下意见：那样就只能了解当地情况了，而重要的是要先得出各地的概况，所以不如改变调查地点，我们应该去之前没去到的地方进行调查。这样一来意见不能统一，于是决定干脆只集中去一个地方，所以最后全部人员都去了沙井村。

安藤：确实是这样的。

小沼：去了第 1 次没去过的地方，虽然大家都感觉对概况的把握比之前更好了，但由于刚刚提到的原委，所以拖沓了许久。

旗田：在技术性上存在问题。在那里呆了很长时间。刚开始去的人回来了，后面的人再去，按照这样的方式累计起来，滞留的时间就变长了。

幼方：杉之原一直很担心大家因为调查太枯燥而时不时会回北京一趟。

小沼：这一点刚刚倒是漏掉了。第1次调查一共是持续了40天，在顺义的人员是能回北京的。那时刚好会我部雄老师光临北京，所以我回去了一趟。然后说到总务部，据说总务部的人在背地里说，要是他们能去出差，就算是半年他们也去。但我们时不时会回来歇口气。

福岛：第2次的调查是在1941年的2月、3月、4月吧。

小沼：做得晚的到4月都还没结束呢。

安藤：去得早的人就结束得早。

旗田：分成前面一组和后面一组是吧？

小沼：前面一组有我、杉浦、盐见，还有本田吧，这些人是一起的。当时住的地方不是商务会，是在城里的县公所里面。是顾问的房间，他们让顾问把房间给我们腾了出来。

幼方：是类似学生宿舍那样无趣的地方。

小沼：总之记得的是有盐见、杉浦、本田、我……后来安藤也来了。

旗田：村田没去。

福岛：前后的小组都各自去了1个月吗？

旗田：没那么长吧。

小沼：之前旗田和我为了写纪念加藤繁先生的文章回去过。也有旗田和我同时都在的情况。

安藤：时间不是重合了吗？

旗田：去3月7号开始提问直到4月1号，大概是1个月。

小沼：我是从2月25号开始到3月14号，就是这个长度。

安藤：佐野是从3月7号到27号。

小沼：我因为想着要去获鹿取资料，所以可能比其他人回来得早一点。

福岛：和后面的组稍稍在时间上有些重合了吧。

安藤：是重了的。

幼方：有守备队在那里，是宪兵吗？

旗田：是的。

幼方：有土牢房，里面还关着犯人。

安藤：你是和舟桥（谆一，九大教授）先生在一起的吧？

福岛：舟桥先生也住在那里吗？

旗田：住了一晚上。松山那时候也来了。

幼方：那时进行了很激烈的讨论。

小沼：原来是这样的啊。那时我不在。

幼方：到现在还记得顺义城里的空气的味道，想想觉得不可思议。

旗田：是啊。进入县公署的大门，正中间的通道两侧有拘留所。

福岛：那个在我们东京方面在 1941 年视察时拍了照片，被刊登在了“满洲北中支农村视察状况”报告书中。

安藤：顺义县城的形状虽然不是杂乱无章的，但也不是正四边形吧。

旗田：第 2 次去的时候人家也没有招待我们。

安藤：但是每次都去问候了大家的。

小沼：村里的人员在饭馆集中，杉之原通过高津君的翻译进行了致辞。这份资料说是被送到了东京。

福岛：村里人是什么反应啊？

小沼：我觉得形式上的效果是有的。从村民方面来看，免不了会有一种反感。第 2 次我们这边是大部队，从宪兵队那边开始，喝酒的时候出现了无理取闹等很多倍受争议的事。

安藤：你们这是在干什么，我们这边都很明白情况是怎么一回事了吧。然后你们还胡乱去迎合别人。

旗田：宪兵队有权对中国人执行死刑，也被允许航渡去日本。像伍长什么的。

安藤：队长是军曹，还有一位是伍长。

旗田：治安和以前相比也没什么变化。

小沼：旗田，我们做了调停，开了运动会，那些方面……

旗田：在沙井村开了大型运动会喔。当时据说直到当时村里还没举行过这样的活动。

安藤：村里的大婶、姑娘们也过来观看了。

旗田：还有纪念品，从早到晚开了一整天。

安藤：那场运动会很成功，虽说运动会什么的应该是在师范学校举行的，照理不会在村里举办。

福岛：都有些什么活动？

旗田：接力赛呀、让孩子们做游戏呀、玩两人三足的游戏呀。活动进行了一整天。请翻译教我们的，翻译也是干劲十足、兴致勃勃。

安藤：整个村子确实很高兴。

旗田：第 2 次虽然是临时雇的翻译，但是质量挺好的。那些成员们也团结一心帮着做准备。

幼方：在哪里进行的呀？

旗田：在位于沙井村的寺庙庭院里。虽然场地就和幼儿园的庭院一般大小，但花上一天把这个活动举办下来，相互之间的亲切感大为增长。所以到我们撤回的时候，小学生们都来送行了哦，弄得大家泪流满面。由于我们没有告诉他们出发时间，所以他们从早上开始一直排队等，等到我们坐着卡车从他们身旁经过。

小沼：杉浦很强硬。让沙井村持有地券的人都把地券带过来，让我们誊写下来。去财务科的时候发现财务科长在沙井村也有土地，于是调查组就命令财务科长把地券拿过来，财务科长十分不乐意地把地券给我们拿了过来。这在之前是从未有过的吧。

福岛：在那种情况下，村子里是怎样完成指示的呢？

小沼：是通过会首。让会首联络他的。粮仓并不能进行股票的买卖，但现实中还是持有股票的利权。

旗田：第2次的时候做过调停。

安藤：介入村落的土地买卖。

旗田：这是与我们都熟悉了以后吧，委托给我们来做……

安藤：你们觉得因为人家拜托你了，所以得帮忙。其实先是拜托李濡源和其他会首们，但他们也没法解决，不得已才过来跟这边斡旋的。

福岛：拜托调查员进行调停是什么意思啊？是因为大家认为满铁比村里的头面人物更有权力的原因吗……？

安藤：这个嘛，要看是干什么事了。当事人双方是赵文有和李广恩。李濡源是有势力的一族，他是村里的老资格了。赵文有是从隔壁村子新搬来的，才过来一两年。所以并没有成为真正意义上的本地人。赵声称从李注源那里买来的土地包括通道。但是没有说明李广恩的是中介，不能当作通道通过。在这种情况下，李注源连路一块儿卖给了赵文有。由此双方产生纠纷，发生争吵。然后虽然李濡源拿出了调停方案。但由于对方案不满意，李广恩一方擅自从路上通过，赵觉得不合理，因而起诉了李广恩。由于问题很棘手，所以来拜托我们调停解决，因此我们询问了双方事情经过，就是前面叙述的那些。把这些事拜托给我们，从中我们感到一种信任。而且以此为契机，打听到了很多真实的信息。

仁井田：是希望得到调停所以过来拜托你们的吗？

安藤：是的。

福岛：我去北京的时候，旗田刚刚从调查地回来，他一脸得意地把事情跟我讲了一遍。

仁井田：正因为问题出现以后卖主把公共道路另作他用，最后事情没能顺利解决。结果你们调停的结果又如何呢？

旗田：让卖主把土地买回了。分家单上写得也不明确。把地分成4份，其中1份包括了道路。李广恩在分家单上写明了是公共道路，而李注源没有写，因此买下土地的赵文有并不知情。因此后来因道路不能通过而产生纠纷。买主叫价很高，说100元买的要200元卖出，光是道路就要价50元。

福岛：在之后的调查中，这件事给居民带来好影响了吗？

旗田：后来反响颇好。

福岛：是怎么样？……

旗田：当时对方也很为难，包括会长那些人，他们虽然很生气，觉得不讲理但也奈何不了人。而却被我们解决了……

福岛：要是起诉到县公署也会演变为那样蛮不讲理的事态吗？

旗田：分家单是不完整的，而且卖主没跟周围商量就把土地卖了出去。村长是知道的，让他们拟一下草案，他们也没写。由于这种事马虎不得，所以从邻村拿来纸张写了草案。

福岛：通过村里长老的调停也可以避免去到法庭。这点和日本是一样的。大正时期，在岐阜县某村的村务报告中，该村自夸说村民之间的民事纠纷在村公所就能解决，不需烦扰法庭。事实上在公所的记录中附有关于村长介入解决关于收养、债权等的事件记载。关于这个的讨论就到这里。与第1次相比，第2次在调查技术性上怎么样？

旗田：那是有明显进步的，应该是找到技巧了吧。第2次调查的时候都有街坊之类的人来，这完全是偶然的。

仁井田：所谓的“街坊”对于别的村也通用吗？

旗田：只在该村的村民之间成立，而和别村村民之间是一种特殊关系。

幼方：会首层面的范围在第1次调查是就弄明白了吗？

旗田：并不是很清楚，是第2次弄清楚的吧。虽说弄清楚了，但到什么程度为止算会首还不明确。那可能是由于会首的政策吧，跟日本村会所的官员们一样，并不是平时就决定好的，而是等到出了事之后才出面。它就是这种含糊不清的东西。会首的地位并不很明确，也没有任免令。

仁井田：根据问题不同，会首是流动的。

旗田：是的，忽上忽下的。

福岛：第2次的时候，由于各部门的负责人全部去了一个地方，部门之间相互关联，谁也没有明确负责的事项。

小沼：相互讨论调查的进展状况这一点是有好处的。但会出现这样的情况，刚刚提到我和本田发生了争执。第1次有两个人负责赋税，本田是第1次、第2次都负责公课公租，然而做法跟我的有很大不同，因此我们进行了讨论，发生了争执。本田的做法具有他本人的风格，非常有趣。租佃这一块儿也是由佐野和山本斌两人负责，两个人的做法也是全然不同的。并不是一起合作了就可以更清楚明白了，有时是把差异性明确显示出来了。

福岛：差异的本源是在于历史学家和法律学家的差异吧。

小沼：是由于双方的方法论都不是固定的。本田有他的风格，且没有一套固定的方法论，我也是如此，所以就变成了调查自己感兴趣的地方。一旦成了那样，就慢慢习惯了。

旗田：从第2次开始，大家的调查就从调查项目脱离了。对于该把重点放在哪里进行调查这点已经很熟悉了。

福岛：安藤负责的是农村金融和农村交易这一块儿，除了农村，你的调查有没有扩展到与其相关的县城内部资本这一块儿呢？

安藤：我在县城外也稍稍调查了一下，但是没能涉及到商业资本的调查。大致是在向村里人打听的时候，连同那些一块儿包含在内询问的。第2次是打算把一般状况从整体上大致询问一遍的。关于县城里的情况也是在那里打听的，但还没有调查到县城里的店铺，只是向商会的官员们打听了一些情况。要是村里有做买卖的人，也会通过他们了解一些情况。但关于贸易的基本关系还是不太清楚。

小沼：关于集市不是打听了很多吗？

安藤：也有在县城里边走边看，对于所谓的贸易情况，不是那种一般性的看法，而是通过金融等集市从与贸易分开的角度来调查的，因此不是那种可以整合的广泛意义上的调查方式。

福岛：在调查农村的时候，感觉以县城或是镇为中心的流通机构之间的关系不是很重要。

安藤：那样的事情，由于与“市场”有关系，所以也进行了一些调查。就沙井村来说，除了县城里的“市场”，没必要关注其他的“市场”。我们可以了解到有关村民的生活、生产和消费这些，是通过与县城里“市场”的关系，从北京买回肥料。但也有做小买卖的人去到其他市镇的，也有从其他市镇进货的……那个村在做线香、过节时需要的纸张——那是邻村——向制作、贩卖那些东西的人们打听情况。也有人做一点断断续续的买卖。然后以那种方式从一个叫赵绍廷的卖草席的男人那里打听了一点事情。说到和县城里的买卖建立关系这一点，有些人从小时候开始到商店做伙计，后来逐步晋升为掌柜，有些人把孩子送到北京当长工，有些人把孩子送到城里的饭店等等，是通过这些方式和县城里发生联系的，当然这些并不足以说明所有情况。也有前任村长在县城里做买卖的情况，从这种建立关系的方面来看，好像也有以个人身份借钱的例子。然后是村里出现经费不足这些情况时，会长或村长也会向店铺借钱。在栾城见到的那种“典租佃”的特征，在沙井村并没怎么注意到。

福岛：那么县城的不在村里的地主……？

安藤：可能多少是存在的，但很少……。

小沼：刚才说的财务科长呀什么的也是这样的。

旗田：他是住在县里的。

安藤：这么说来，沙井村和栾城那些不同，是个没什么特色的村子。

仁井田：与旗地有关的问题怎么样了？

小沼：之前的谈话中也提到过的，我们所期待的封建性事实上并不像我们想的那样，土地名目很多。那种关系根本不可能不存在，或者说国家只是在控制税收而已。

福岛：不但离县城近，从距离北京也很近这一点来看，与其说是典型的中国农村，不如说是一个特例。

小沼：只选3个地点，其中1个就选在沙井村是否真的妥当，关于这点当时在内部成了一个疑问。从这点来看，作为1个村，沙井村位于那种地方，是不符合村子的特点的。感觉没有特点，或者说是鲜有特点。

福岛：也不属于在郊外的。

旗田：所谓村的势力范围，是能找到根据的。有的村连一般百姓都能对村长进行批判。我们同村长关系挺好的。有些百姓就直说，村长、会首都是仗着自己有钱，或是说他们都是傻瓜。

福岛：一直以来在头面人物势力强大的地方，要是被无视了，他们说话就不管用了。这个从刚才提到的调停一事也能推测到。混乱发生后，头面人物的力量便减弱了。因此下面的人公然开始抱怨，要是出现了比头面人物更强势的人，便会要直接跟你商谈，或是连谈都不谈就直接去县公署寻求解决。

旗田：之后头面人物来寺里卖土地的时候，就有村外的人巴结。他们或是与村里的头面人物联合，或是同满铁调查班这样的联合也行，总之是要联合另外一种力量。

福岛：和县城里的头面人物联合的话，不会激发与村里的争斗吗？

旗田：是有这样的情况。以县城为中心的头面人物的势力是相当强大的。无论如何也不会有人对他们出手。遇到这些乱来的家伙是要绕道走的。在日本的话，全村人都会与这样的人绝交的，而在中国没有。

安藤：没有像栾城的张乐卿这样能慑服人心的人吗？

旗田：栾城的张乐卿，如果是在日本的话，会被全村人制裁的……

安藤：历城还真是强啊。

旗田：良乡就不行了，比沙井村还弱。

安藤：良乡很乱。

小沼：像沙井村那样村里的头号人物明着跟寺庙联合的或许是特例。

仁井田：问题是特殊到什么程度。虽说没有全村人制裁一个人的形式，但并不只是这样的制裁才叫制裁，制裁本身是存在并盛行的。虽不是上述的全村人制裁一个人的形式，但也在按照一定的形式进行着制裁吧。

旗田：要是被讨厌的话就有受排挤的倾向。也就是说，在没达到被全村人制裁的情况下是不够强有力的。有因为被嫌弃而受排挤的现象存在。

仁井田：要说全中国都是那样的还为时过早吧。

安藤：同族达半数以上的村子又是不一样的。

仁井田：调查中并未发现全村人制裁一个人的制裁方式，对吧。

福岛：也可能存在地痞流氓。这是个问题，因为那些人是无视法律的。

仁井田：要是和地痞流氓发生争执的话，一定会招致灾祸的，所以要安抚他们。要想办成事是会有所付出的……

福岛：要是头面人物强势一点的话是不会产生地痞流氓的吧。

旗田：石门的地痞流氓竟是以前的村长。他很爱诉讼，常常从一端开始进行诉讼。村里的人很是厌恶他，最后和头面人物勾结，偷盗村里的土地，凡事都要诉讼，村民视他们如蛇蝎，在路上碰到都要绕道。

安藤：一个反抗的人也没有。

旗田：村里人也没有团结起来抵制。

福岛：没人能震慑、压制那些地痞流氓吗？

旗田：没有。

福岛：这些事是在第2次去沙井村调查的时候弄明白的吧。

旗田：那种事是可以预测的。现在想来，我们也推选过村长。杨泽虽然是村长的弟弟，但也当了会首喔。

安藤：他以前不是会首吗？

旗田：不是的。

安藤：1942年到这里来调查的时候是会首，这会儿不是了，那时候不是会首的这会儿成了会首了呢。

仁井田：在日本也是自从美国人来之后渐渐产生了会首的吧，对外工作人员就是这种意义上的会首嘛。

旗田：杨泽那些人确实是这样的。他人品很好，我们去的时候是一定会来拜访我们的。

# 第3次调查

## 1941年5月、6月

### 于栾城县、历城县

（1）栾城县寺北柴村的调查

| 调查报告 | | 调查项目 | 负责人 | 月 |
|---|---|---|---|---|
| 原资料 | 本　书 | | | |
| 辑 | 卷　页 | | | |
| 33 | 3 177 | 租佃 | 山本　斌 | 5月 |
| 34—1 | 3 391 | 赋税 | 小沼　正 | 5月 |
| 34—2 | 3 432 | 赋税 | 本田悦郎 | 5月 |

福岛：那么，接下来我们进入第3次调查。第3次去的是栾城和历城，到那里去的是哪些人呢？

小沼：去栾城的是我，去历城的是安藤。事实上正如刚才所讲到的经过一样，因为大家3月应该去沙井村，所以就去了那里。然后决定剩下的2个地点下次再去，于是从5月到6月就去了历城和栾城。我去的是栾城，虽说去那里做调查是第1次，但之前选定地点的时候和安藤、杉之原他们一起去过。那时候的事记得不太清楚了，但确实是在石门买的米，收拾好东西后有人派了一辆卡车过来，我们坐着卡车去了那里。

去到的那个地方，城里面有盐店，于是在那里住下了。那时去的成员有山本斌先生、我、本田、还有刘钧仁。5月到6月正是天气炎热的时候。尤其是栾城，特别热。但是店的墙壁挺厚，所以蛮凉快的。到那里住下以后，大概是由于温差的缘故吧，大家接二连三地病倒了。山本斌先生、本田和我都感冒了，大家都变得很奇怪。总之我还记得这些事。去趟村里非常隆重，由于太远了，我们都有一种几乎不可能走到那里的感觉。

福岛：在村子里住宿……

旗田：没有住在村里。

小沼：山本义三先生过来提倡户别调查，进行户别调查是后来的事了。这时候调查的是赋税，做了问答等，由县公署指导。还会步行到周围的村庄去视察，偶尔也出出村子。还记得因为太热，大家都患了感冒。另外，大家参照着之前安藤和杉浦的做法进行着各自的调查。还有，后来那次去的时候，牙税和包税变化非常之大。而这个时候实行的还是承包制度。至于后来变成直接征收，是下一次去的时候发生的变化，而这时候还没有太大的变化。

福岛：这时候刘钧仁都做了些什么呢？

小沼：我和本田找出了许多与县有关的资料，小刘把除了把与之相关的资料整理成我们自己的资料，还应我们的要求，收集与之相关的资料。盐店里有与它的沿革相关的旧资料。这些资料非常有意思，所以给带回了北京，但是之后没能进行整理。在盐店里放着的竟然还是些康熙年间的东西呢。

小沼：那些资料没有整理真是可惜了。另外有可爱的女孩子在，所以大家心情都蛮好，所藏资料里有很有意思的一些翻译文稿，我们向她们提出能不能把那些资料带回去，她们也愉快地同意了。

安藤：盐店指的是县城里的财主吗？

旗田：是个很了不起的地方，大户人家的宅子。大户人家的宅子也是相当好的，四周围着高高的墙壁，在城中独占一角。

福岛：盐店的交易范围是？

旗田：整个栾城都是的吧。从遥远的地方千里迢迢地来这里购买货物。

福岛：是直接过来买的吗？

小沼：我原以为交易只限于在城里，后来发现它与赵县那些更远的地方做买卖。

安藤：是垄断吧。

小沼：关于赋税是没什么有趣的啦。

旗田：那时候我没去，因为图书整理……

小沼：那时候佐野不是因为孩子生病回去了吗？佐野虽然过来了，但很快就被叫回去了，而这时候佐野还没到。县知事特地到我们的宿舍来拜访，此人是商人出身，牙税的承包什么的都是他制定的。这时的治安也是比较好。次任的队长人很不错，我们之间有多次来往也是在那个时候，而这时候相互的来往还没有那么多。

**（2）历城县冷水沟庄的调查**

| 调查报告 | | 调查项目 | 负责人 | 月 |
|---|---|---|---|---|
| 原资料 | 本　书 | | | |
| 辑 | 卷　页 | | | |
| 35 | 4　230 | 金融贸易 | 安藤镇正 | 5、6 月 |
| 36 | 4　84 | 家族制度 | 内田智雄 | 5、6 月 |

福岛：那么接下来是历城县……

安藤：虽然记录里写的是内田和我的名字，但其实早川君也一起去了的，但是他得了痢疾。住在县城里的宿舍里，按约定早晨去看他的时候发现他排出的大便是带血的。想到这样下去是不行的，于是将他带去济南，那里有一家华北交通医院，就让他在那里住院。结果他在调查期间住院了，所以没有关于他的记录。

福岛：治安怎么样?

安藤：这时候还好。我是第1次去历城。最初去的是栾城，后来又去了两次沙井村，就只对历城一无所知。这时候把人叫到县城里来向他们打听，或是去到村里调查，感觉治安没那么糟糕。在村里调查的时候是有2名士兵跟着。

福岛：带部队去的就只有历城吗?

旗田：不是，我们很少擅自去。县顾问也跟我们说过，要是我们擅自去调查会给大家造成困扰。部队是对方的部队，而且县里的部队，不是治安军或是国民军，都是些杂牌军，是由县知事管辖的警备队。

安藤：他们肩上都扛着枪炮。

旗田：途中突然开一枪，其实什么事都没发生，于是被狠狠批评一顿……森岛说要是子弹数减少的话士兵会被扣分，还关系到一天的工钱。

安藤：去的话我们就在村里吃吃饭、抽抽烟，不妨碍他们。第1次到历城时觉得它很大，感觉村民看我们就像是在看什么奇怪的生物一样。顾问也没有比其他县的顾问热心多少，倒是一个叫三泽的人很热心。

小沼：在那里助理之间会产生纠纷的吧?

旗田：日本人之间发生了什么吧。

小沼：在那里的时候，去村里的是大部队，和其它地方不同。

安藤：我以为只有两三个人。说到回答问题的人，经常到县城里来的有三四个人。这里的办事人员与沙井村、历城的办事人员比起来，不是太值得信任。

福岛：该回答的还是回答了的吧。

安藤：答是回答了的，通过翻译人员翻译过来的回答感觉意思有些偏差，并没有照实回答。

那时候由于早川君生病了，我们两人只调查了自己负责的项目，像后来那种大部队去时发生的大事件几乎是没有的。关于历城到现在为止还没有讲太多，在山东省的省公署，以前被日本进驻的时候，有段时间盐见在济南。那时候通过治安维持会还是什么的关系，一开始认识了一个叫俞康德的人，这个人十分亲日，毕业于齐鲁大学，很有教养，也会一定的日语。然后刚到济南的时候先去他那里拜访。他是个非常好的人，后来成了教育厅长，最初见他时还是秘书长。之后在济南还去了一趟特务机构，那里有没有宪兵队已经不记得了，接着是去历城，顺序就是这样的。

# 第4次调查

## 1941年10月、11月、12月

**于栾城县、历城县**

福岛：接下来进入第4次调查。此次调查从1941年的晚秋开始到同年的冬季，地点是栾城县和历城县。当时去的调查人员也是被分成了两组，也有一个人同时在两个组的情况……去栾城的时间是10月、11月，去历城的时间是11月、12月。

旗田：刚好是太平洋战争初期。听说是在火车里爆发了战斗。

仁井田：去调查的人员相互之间产生了差异吧。

小沼：那时候去历城的有我、盐见、佐野和本田，这是前面一组。然后我没有去成，后来转到栾城去了，而栾城小组后来转去了历城。

安藤：我5月去了历城，所以这次就没去了。

仁井田：你去了栾城的是吧？

小沼：两边都去了的有杉浦、本田、盐见、早川、旗田这些人。

安藤：奇怪的是这时候内田没有加入进来，在历城的时候是一起的，在陆家庄的时候也是一起的……到11月、12月的时候两边都没有内田，他是不是已经回内地了啊？

小沼：内田是在12月份和我一块儿回的内地。

旗田：那时候惯行班内部的情势很险恶。1941年的11月、12月，内部十分混乱，正值太平洋战争初期。内部产生了芥蒂。

幼方：是什么样的情况？

旗田：有关许多调查的展开方式，山本义三那边进行了许多批判。

幼方：也有筋疲力尽的情况。

旗田：也有这样的情况……调查地点的气氛也很紧张。

幼方：对杉之原不满的意见也出现了。

旗田：那时候出现了很多。

福岛：也就是说，没提出太多对于调查整体的展望吗？

安藤：从1940年开始，一直在做问答，也有冷静下来的时候。

小沼：不同人理解的是不一样的。情势真正变得险恶是在我们转移到燕京去的时候。这个时候还全是理论性的问题，没有情感上的纠纷吧。

福岛：那么接下来从栾城开始。这个该由安藤、旗田你们两人进行说明了吧。

旗田：治安还是很好。栾城……我和安藤一块步行去了窦妪。

安藤：是有这回事儿。

旗田：本田、佐野、盐见，他们是同时期去的栾城，但是是后面一组，之前去的是杉浦、安藤、早川和我。

**（1）栾城县寺北桥村的调查**

| 调查报告 | | 调查项目 | 负责人 | 月 |
|---|---|---|---|---|
| 原资料 | 本　书 | | | |
| 辑 | 卷　页 | | | |
| 37 | 3　244 | 土地买卖 | 杉浦贯一 | 10、11月 |
| 38 | 3　197 | 租佃 | 本田悦郎 | 11月 |
| 39 | 3　211 | 租佃 | 佐野利一 | 11月 |
| 40 | 3　473 | 赋税 | 盐见金五郎 | 11、12月 |
| 41 | 3　328 | 金融贸易 | 安藤镇正 | 10、11月 |
| 42 | 3　89 | 家族制度 | 早川　保 | 10、11月 |
| 43 | 3　40 | 村　　落 | 旗田　巍 | 10、11月 |

福岛：这里也是分成前面一组和后面一组吗？

安藤：是刚从历城出来然后转来这里的。

福岛：旗田是第1次去吗？

旗田：是的。住在盐店里，心情很好。栾城……总之也没什么值得强调的事，就感觉去到了一个一切步入轨道的地方。

福岛：然后这是第3次调查了，在以前的实际成绩之上，问题意识有没有深深扎根呢？

旗田：也就是确认前面调查结果是吧。之前的结果有一种不成立的倾向。说全部都不成立有一点极端了，但是有很大差异，很多信息我们又重新询问并修改了一遍。

仁井田：是向同一个人打听吗？

旗田：不是。对象不一样。

仁井田：那么上述情况就很正常了嘛，就算是把一个问题问同一个人两遍也不一定得出相同的答案啊。不成立是质量性的吗？

福岛：确认前面的人的调查结果时发现，不一样是由于原来没把信息听清楚，或是没说清楚的缘故，存在这样的情况吗？

旗田：张乐卿的话是前后一致的。但是有和其他村民说的不一样的情况。不过感觉他很博识，说的话是有根据的。

安藤：并没有向同一个人问两次同样的问题。但是我们认为第1次进行了一般性的询问后，并不足以了解事情真相。所以为了搞清楚村民们的生活是怎样的，为了确认回答的内容是否属实，第2次的时候我们把村民叫出来想要引出一些话题，询问一些与生活状态有关的情况。我和杉浦君比较容易问到的是与每个村民都有关系的事情，比如“典租佃”是怎样进行的这样的问题。对于在村里到处都能看到的事就没怎么打听了。

然后，虽然是第2次，但张乐卿因地主林风楼不返还他土地而苦恼，于是拜托我们去调停。后来我们把地主叫出来询问了情况，虽然不是以很好的询问方式……我们向承审处的承审官咨询过判断问题的方式。

刚刚小沼提到过交易中的包税制度发生了变化，1940 年第 1 次去的时候见到的情况和 1941 年再去时见到的状况完全不一样。这与在日军的方针下新民会进行的改造有很大关系。因此地点也变得集中起来。从表面上看废止了承包制度。

小沼：第 2 次去顺义的时候，也用的那种新的调查方法。

安藤：看来各地都采用了那种方法。

**(2) 历城县冷水沟庄的调查**

| 调查报告 | | 调查项目 | 负责人 | 月 |
|---|---|---|---|---|
| 原资料 | 本　书 | | | |
| 辑 | 卷　页 | | | |
| 44 | 4　200 | 土地买卖 | 杉浦贯一 | 11、12 月 |
| 45 | 4　156 | 租佃 | 本田悦郎 | 10、11 月 |
| 46 | 4　174 | 租佃 | 佐野利一 | 10、11 月 |
| 47—1 | 4　287 | 赋税 | 盐见金五郎 | 10、11 月 |
| 47—2 | 4　370 | 赋税 | 小沼　正 | 10、11 月 |
| 48 | 4　116 | 家族制度 | 早川　保 | 11、12 月 |
| 49 | 4　21 | 村　　落 | 山本义三 | 11、12 月 |
| 50 | 4　47 | 村　　落 | 旗田　巍 | 11、12 月 |

福岛：接下来进入有关历城方面的座谈。

小沼：那时候首先去历城的有佐野、盐见、本田和我，我是第 1 次去那里，而最令我吃惊的是村子和以往那些不一样，所以只去了一次。想要把村里转了一遍，得花掉半天或是一天时间。每天都去的话，距离太远了。要是走路去那里，相当花时间。

安藤：历城是被叫到县里询问人数最多的县吧。

小沼：治安还是挺好的。我一大早和翻译一起出门去村庄的集市，而那种地方助理常常是一个人去的，这让我感到很吃惊，在翻译看来简直不可思议。要说“市”的话，车站和县城的中间有一个叫王舍人庄。

安藤：我们倒是很想去那些地方，但是大家都知道集市是很危险的吧。

小沼：与河北相比从税制开始就不同，这是调查进行较困难的方面。虽然旗田觉得周围气氛相当紧张，但我们前面一组的成员们还是在夜里集合起来，讨论应该如何询问以及下次该用哪种询问方式好。

旗田：后面一组有山本义三君和东亚研究所的中村治兵卫君（现九州大学文学部副教授）两人加入了进来。

小沼：早川和杉浦也应该是在一起的。

安藤：早川君这个时候去是因为他之前生病了。之前由于生病几乎没怎么去。

福岛：小沼对村子的印象是？

小沼：这个嘛，与沙井村和栾城比起来，说它更像个村子呢……

旗田：非常不错，蛮富裕的。

小沼：也去生产大米的地方去看了看。对那样的东西不是太有记忆。我只去过一次，之后便到顺义去收集资料去了，带着小杨一起，去搜集有关赋税的资料。

福岛：那时候正值严寒时节吧？

旗田：从10月到11月还不错，正是有很多美味水果的季节。

安藤：栾城就没什么水果，但有好吃的小梨子，旁边赵县的梨是大梨。

旗田：历城的柿子很好吃。

# 第5次调查

## 1942年2月、3月

### 于顺义县、栾城县

福岛：1942年2月、3月在顺义和历城这两个地方进行了调查。首先请安藤来介绍有关去顺义沙井村调查的情况……

（1）顺义县沙井村的调查

| 调查报告 | | 调查项目 | 负责人 | 月 |
|---|---|---|---|---|
| 原资料 | 本　书 | | | |
| 辑 | 卷　页 | | | |
| 58 | 2　249 | 金融贸易 | 安藤镇正 | 3月 |
| 59 | 2　504 | 赋税 | 盐见金五郎 | 3月 |
| 60 | 1　171 | 村　　落 | 旗田　巍 | 3月 |
| 61 | 2　141 | 租佃 | 本田悦郎 | 3月 |

安藤：这时候是我、盐见、旗田和本田，我们4个人去的。我在沙井村挑选了17家民居，从各个方面调查村民的生活状态……之后便进行了一些对之前的补充性工作。

小沼：所谓户别调查，是之前山本义三提案的，后来在各村进行了户别调查。这个调查在栾城是分担着做的，由各村当时来城里的人做的。这点似乎说明这个调查缺乏统计性。当然，这个和安藤做的是不一样的。

安藤：要是这种在各村做的户别调查全部以表的形式呈现出来就好了。

小沼：这确实很可惜啊。我那时候虽然没去顺义，但大乡制度被确立起来，诸如此类，许多政策在当时渗透开来，同时治安也变坏了。

福岛：制定大乡制政策的时候，实际上感觉出它的必要性了吗？毕竟是与政治和治安有关的东西。

旗田：所谓良乡的模范乡，就是那种自古以来是大乡的，然后将它们选作模范乡。

安藤：比如增强警备力量什么的。

小沼：但在行政上，只要县能控制住就很方便了。

旗田：因为没办法一个村一个村地挨着去。实际上很难做。就是在地图上标明测量数据。

小沼：更早的时候对村子的边界很感兴趣。

旗田：补了之前漏掉了的内容是吧。

福岛：之前漏掉的内容是指项目还是指人啊？

旗田：不是指人。

福岛：那些询问的人，两次、三次都是问的同一个对象吗？

旗田：大概的范围是差不多的。

福岛：问答的都是见了好几次的人了，他们应该还记得之前所说的话吧，有没有自发地补充一些什么呢？

旗田：有那样的情况。

福岛：结果第 4 次调查就成了补充性的调查，在各个方面的问题意识都有深入突破吧。

旗田：是的。

小沼：但我们的调查也陷入了僵局。

福岛：陷入僵局是什么意思？

仁井田：旗田不是已经进一步开始深入研究村界的问题了吗？

旗田：到现在为止收集的资料还不足以得出明确的结论。而一旦到了关于中国封建制到底是什么样的这一点上就深入不下去了。

小沼：最初去之前想要了解的是基本都了解了，更进一步的事就需要有一个能够进一步调查的方法。那样的话就得做点什么，写点什么，但这些却做不到。而从以前到现在一直萦绕脑际的很想知道的事，不管去到那儿都能打听得到。

福岛：对于这样的僵局与烦恼，杉之原的态度是怎样的呢？

安藤：杉之原自己有没有因这些事查看大家的资料这点我不知道，只是关于顺义，在当时的会议上，先生自己听了后做了笔记的。应该是从前面的郝家疃和后面的保甲薄上誊写了各姓户甲表的。至于有没有想过要进一步询问这些事，我就不知道了。

福岛：事实上是想从那里开始记录下来再商讨的，这是调查方法上的一次飞跃吧。

安藤：总之差不多。

旗田：到了这时候已经是有意识地去询问了。之前的调查项目里都有的，这里只需要确认了。我们询问的是觉得可能存在什么问题的地方。但是这样就可以了吗？想到这个让人很是烦闷。

**(2) 栾城县寺北柴村的调查**

| 调查报告 | | 调查项目 | 负责人 | 月 |
|---|---|---|---|---|
| 原资料 | 本　书 | | | |
| 辑 | 卷　页 | | | |
| 57 | 3　118 | 家族制度 | 早川　保 | 2、3月 |
| 61 | 3　141 | 家族制度 | 内田智雄 | 3月 |
| 62 | 3　488 | 赋税 | 小沼　正 | 3月 |
| 67 | 3　235 | 租佃 | 佐野利一 | 3月 |
| 68 | 3　284 | 土地买卖 | 杉浦贯一 | 3月 |

福岛：栾城县怎么样？这是小沼负责的吧。

小沼：刚刚已经提到过，税制完全变了。要说我的调查陷入僵局的话，比如，在栾城进行问答的最后阶段，给村里经费造成了负担。不同的村子造成负担的原因是不同的，半天的时间里去了四五个村子。然后，这时候令人感兴趣的是那里有旗地，这是最初未曾预想到的。这块儿是盐见负责询问的，接着又问了很多。那里的征税系统是不同的。是因为觉得它有趣所以打听。这个那个的，没有一个明确的中心，最后只在一个一个分散的点上把握了问题。

福岛：一整年都跑偏了，结果没能通过整体来发现中心问题，没能理解共通的问题。

旗田：技术上的要领差不多都得出来了。虽然明白了针对想要达到的目的该怎样提问，但还是没能取得飞跃性进步。

小沼：之后就是扩大调查地点到底好不好的问题了。

旗田：扩大地点就意味着要从头开始做，在服务于东京的义务中，应该做到把更多的资料送过去。

仁井田：虽然在同一地点深入调查是很必要的这一点毋庸置疑，但将调查地点扩展到昌黎是很好的。从结果上看，扩大地点是很好的。

小沼：但是我们就成了牺牲者了。

安藤：大体的知识这边是具备的，在昌黎等地进行提问的进展还是很顺利的。

**(3) 历城县路家庄村的调查**

| 调查报告 | | 调查项目 | 负责人 | 月 |
|---|---|---|---|---|
| 原资料 | 本　书 | | | |
| 辑 | 卷　页 | | | |
| 56 | 4　353 | 概况 | 旗田　巍<br>内田智雄<br>本田悦郎<br>盐见金五郎<br>安藤镇正 | 2月 |

福岛：这时候还去了历城县的路家庄村。请你们说明一下。

旗田：那时候治安情况急转直下，变得非常糟糕。那是 1942 年的 2 月、3 月份。在历城，就算叫村民过来他们也不来，过来了也是尽说一些自相矛盾的话。即使是我们这边到村里去，感觉村子的态度也是冷淡的，无从着手调查。在县城里的日本人也是很混乱。由于不能外出，听到了许多抱怨的声音。情况突然变得无比糟糕。路家庄村也只去了一两天，剩下的就是敷衍了事了。那时正值太平洋战争的高潮，对方开始反击的阶段。

安藤：治安恶化大致也是有山东省多山地的缘故吧。从济南的情况看，在多山地的地域，治安也很糟糕。

旗田：那时候内田也在一起呢。虽然内田说过第 1 次要亲自参加，不要紧之类的话，但是没有插手。

安藤：只把路家庄村的情况询问完就撤回了。

仁井田：从这点来看的话，到现在为止的调查是值得表扬的，因为我们在治安尚好的时候就在调查了。

安藤：反过来说是这样的。所以说杉之原的概况调查也不能说是历城的，因为那些仅限于栾城和顺义。

幼方：路家庄是在历城吗？

安藤：是的。虽是同一时期也不是栾城和顺义。尽管顺义的河南村相当远，但我们还是步行去了，花了一个小时以上。

小沼：你们不记得我们见过河南村的村长了吗？那个知识渊博的胖子。仁井田、福岛你们二位来的时候，把他叫到了顺义县城，向他打听了很多概况，他很得意地向我们叙说着情况。

旗田：我们问一句他要答十句。

福岛：这个倒是不记得了。那么路家庄的调查后来怎么样了呢？

旗田：结果只去了 2 天，从警备队带了很多人过去，路家庄距离冷水沟很近的吧，因为有个服从日方顾问的村长，所以好像是在敷衍了事。

福岛：是个小地方吗？

旗田：有大概 100 户人。

小沼：那时候在栾城的部队长是个非常亲民的人，常常要我们去他那里，去了后常常款待我们，在很多方面都很照顾我们。那人跟我们说“我认为维持治安最好的方式就是步行巡视，所以每天都派部队到县城里步行巡视，因此治安完全没问题。”满铁华北经济调查所的熟人也加入部队了的，那时我们和军队的关系非常好，但也不是说得到了多大好处。

旗田：山东是对方的据点吧，完全没法儿着手呀。

# 关于中国农村惯行调查的座谈会（第4次）

1957年10月31日于岩波书店

出席者　安藤镇正　前田胜太郎
　　　　幼方直吉　仁井田陞（书面参加）
　　　　小沼正　　旗田巍（书面参加）
　　　　福岛正夫　山本义三（书面参加）
　　　　本田悦郎

## 第6次调查

### 1942年5月、6月

**于昌黎县、恩县、良乡县**

（1）调查地点的扩大

福岛：那么，接着前面的座谈会，我们进入第六次调查。今天的议题就是关于在顺义、栾城、历城的调查结束之后开始的进入昌黎、恩县、良乡的调查。在此之前，请小沼来说明一下昌黎、恩县和良乡的调查在所有的调查中具有怎样的意义。

小沼：总之最初我们每次去的都是顺义县沙井村，然后是栾城县寺北柴村和历城县冷水沟村。关于这些地方大致的调查已经结束，但是觉得有必要继续向前发展。这并不是说在之前的那些地方的调查就彻底结束了，那些地方的调查仍是要继续的，但我们考虑到还应该把调查的范围继续扩大。

要说是什么时候的话，那时候我们把整理总结出的一小部分成果带到东京去，去的人有旗田、安藤和盐见这3位。期间决定除现有成果外将调查的范围再扩大。于是3人去了之后，就做出了要为扩大调查范围做准备的决定。

选择地点的标准现在记得不是很清楚了，但有一点是要在顺义以北，在地图上的位置以在顺义之上的为好。然后虽然在山东已经调查了历城，但最好能再考虑去另外一处。再者将河北分成南北来看的话，天津的南面还有一片调查的空白区。所以大致想的是在天津的北部找一处，天津的南部找一处，然后在山东找一处地方来进行调查。

然后我们分头行动去选择地点。我记得我和早川去了天津，到它的北部和南部去搜寻，最初去的是一个叫静海的地方。为了去静海，首先以在南部的沧县为中心，是在那里找出静海然后再去那里的。我们把静海决定下来了，这地方是面朝运河的。然后我们回到天津，开始寻找北部的地点，刚好满铁以前的农家经济调查是在昌黎进行的，大概是对以前做过农家经济调查的昌黎怀有好感吧，我们选择了昌黎。后来山本义三也加入了进来，山东方面我记不大清楚了，本田你不是也去了那里的吗？

本田：我们为什么选择了恩县记得不是很清楚了，也没有一个很明确的选择标准。不过那里算得上符合标准基准的一点是，它位于连接天津和济南的正中，我们在地图上找这样一个地方的时候就发现了它。然后就去了那里。

小沼：也符合我刚刚提到的，这个地点要选在山东。

本田：那是当然的。

福岛：这时候要进行的总结是之前提到的那一次吗？

小沼：所谓总结就是根据收集来的资料一篇篇地写论文。但是比起这个来，还得向东京那边输送资料，而且最好是输送另一些地点的资料。

福岛：所以选定了昌黎、恩县和静海三地是吗？

小沼：是去考察了刚刚说到的地点。说到昌黎，因为有做过满铁农家经济调查的村子，所以是骑自行车去的。但是这个地方是以果树园为中心的村子，这一点比较特殊，不太符合惯行调查的要求，所以放弃了这里。然后去了铁路对侧的侯家营村。

在静海的上口子门村虽说是跨了运河的，但因为治安绝对安全，所以选定了这里。但过了一两个月进入实态调查之后，发现情况糟糕到已经发现不了问题了，刚刚去的时候还好好的……那时治安非常好，我们本以为可以进行长期调查的。介于以上情况，比较简单地就把地点定下来了。

福岛：也就是说新地点的扩大是很简单的吧。

小沼：利用夏季的空闲时间来做概况调查另当别论。那是因事而异。

**（2）昌黎县侯家营的调查**

| 调查报告 | | 调查项目 | 负责人 | 月 |
|---|---|---|---|---|
| 原资料 | 本　书 | | | |
| 辑 | 卷　页 | | | |
| 70 | 5　1 | 村　落 | 杉之原舜一 | |
| 82 | 5　59 | 家族制度 | 安藤镇正 | 5月 |
| 83 | 5　247 | 金融贸易 | 安藤镇正 | 5月 |
| 84 | 5　199 | 土地买卖 | 小沼　正 | 5、6月 |
| 85 | 5　316 | 赋税 | 小沼　正 | 5、6月 |
| 86 | 5　143 | 租　佃 | 山本　斌 | 5、6月 |
| 87 | 5　297 | 水 | 山本　斌 | 6月 |

福岛：接下来首先从介绍昌黎县的调查状况开始。去昌黎的是杉之原、安藤、小沼和

山本（斌）吧，时间是在5月、6月份对吧？

小沼：还能回忆起的是，事实上之后进入第2次调查后，从东京方面过来了戒能、矶田、德田等人，他们在良乡和昌黎分别呆了一小段时间，那是秋天的时候。之前的第1次调查我去了昌黎。昌黎是由我选定的，杉之原先去了那里。还记得一开始确实是县里的官员们款待了我们一顿。谈到地方特征，是距离县城很远，而之前的那些地点几乎没有远离县城的。于是我们住在了离县城较远的地方。去的时候发现有大人物，有个齐（镇长），他把万事都安排妥当了的。这样，远离县城是一个特征。

福岛：距离县城有多远啊？

安藤：按中国的里来算是20里左右吧，按日本的里来算是三四里。

本田：不得不租车去，步行是不行的。

安藤：一开始住在镇公所里面，到附近的一些村子去察看了一下……侯家营是从一开始就确定下来了的吧。

小沼：确定了的喔。

安藤：那样的话，一开始好像就进行了户别调查。

小沼：大家分工做的，还画了地图。

安藤：总之那里整体给人的感觉像个村子，而且侯姓很多。虽然是离沙井村近的贫穷的村子，但也有少数有钱人。然后要说那个村子有什么特征的话，就是村民去到满洲打工挣钱的特别多。所以那些有钱有地的人都是去满洲挣钱回来的。所以我记得是有的人家每隔一两代贫富就颠倒一次。一开始村民是到镇公所来了，后来是我们到村里去的，村公所有空房子，我们就在那里摆上一张桌子，然后让一个叫侯瑞和的人每天适当叫来一些人，由我们询问一些问题。调查就是以这种方式进行的。

福岛：镇公所是？

安藤：在一个叫作泥井的镇里。

福岛：距离镇公所有多远？

安藤：2公里左右吧。

小沼：10分钟的距离喔。

福岛：和县城隔得远的话，镇和村的关系就比较紧密了吧。

安藤：那个泥井镇是附近10个、11个村的中心，是有集市的地方。

小沼：治安也比其它的地方好很多。邻村的治安更好一点，从这点来讲没有太大问题，因此需要的护卫人数比别的地方少。由于受满洲行政的影响，和沙井村那些比起来要进步得多。比如像市场的交易场、征税什么的在形式上是条理有序的。然后找到了村里记录村费出纳的旧资料。另外，我们去调查的地方还存留有关于征税，地保之类的古碑文。这些第2次去的时候已经没有了，而第1次去的时候还有。

从那时起往前推3年，天海带我去看过那里的县公署。那时候正在进行土地整理，发行了很多地券，也有新的方志，是个有着丰富资料的县。去到那里，让人震惊的是社书在行政上已经消失了，但实际是有存留的。以前农民们逾期不缴田赋的时候，社书从县里买来串票。那些串票在我们去的时候还剩有。然后我们对新的征税制度产生了很大兴趣。

安藤：那地方因为地处冀东，从冀东政府时代开始延续了下来。除了那些山地和远离铁路沿线的地区，其余治安都挺好的。

本田：有很多山东来的移民。

安藤：不对，那个村子里的村民不是来自山东。

小沼：山东的人都去满洲挣钱去了吧，跨过海就到了满洲的。

本田：在那边立足了吧。

安藤：不，由于离满洲近所以在那边也有人，依靠着那边往返于两地。而且也有家人在对面。

小沼：我有在县里住两三天，干别的事情的时候，由于与县城隔得远，所以对县城的情况不是很了解。

本田：早川提出过这样一个特征，即：女人保管钥匙，女人掌握着家里的实权。这项是分开提问的。

仁井田：昌黎一带与男人们出去打工挣钱的地方有关联，所以那样的妇女地位在别的地方是见不到的。但是后来我调查了一些文献资料，发现主妇，也就是当家掌握着象征地位的钥匙这一情况只限于这个地方。围绕钥匙展开的调查在中国农村惯行调查中不只在这里，直到 1942 年以后还一直在持续，其它地区的情况应该也是清楚的。但是只在这里关于钥匙的发现就很了不起。之后末弘也发现了钥匙由主妇们保管这一习惯，就这一点来看，这次的调查很了不起了。

安藤：我一开始也负责家族这一块儿，总结得比较好。

本田：安藤君发现了吧。

小沼：也承担了别人负责的一部分项目。我负责土地买卖，那时候安藤负责家族。

安藤：在这个意义上那里是比较有趣的。

福岛：山本斌先生负责的是租佃和水。

本田：是与租佃相关的。所谓的养老地租佃，在沙井村几乎没有，在那里找到了很多。还有稍稍弄明白的且在别处很少见的是关于分益租佃的阶段形态，分益租佃究竟是怎样分的，在沙井村地主是不参与的，但在侯家营地主参与程度非常高，或分成一束束的，或分成一垄垄的，感觉很清楚。

幼方：还是捎地吗？

本田：不，是伙种。捎地是只在栾城使用的词。

前田：在昌黎虽然进展顺利，但询问的方式不怎么好吧。

本田：确实是询问的方式不怎么好。

小沼：从整体来看是能够顺利进行的地方，有大乡制呀小乡制这些机构，跟日本很相近。

本田：有一些想干的欲望。确实我们这边的询问方式不怎么好，我也注意到了这一点。也有事先在脑海中想好调查项目，井然有序地展开询问，取得良好询问效果的时候。

前田：侯家营那边的调查报告书做得最好，这种感觉很强烈。

**（3）静海县的调查**

| 调查报告 | | 调查项目 | 负责人 | 月 |
|---|---|---|---|---|
| 原资料 | 本 书 | | | |
| 辑<br>77 | 卷 页<br>5 652 | 概况 | 杉之原舜一<br>旗田 巍<br>盐见金五郎<br>早川 保<br>佐野利一 | 5月 |

小沼：关于静海县，我和早川在4月去的时候治安很好，去了一阵后觉得不行。尽管那里有大量宪兵，常常说那里治安不错。

幼方：这里正好是两股势力相互碰撞的地方，在持久战中会混进多种势力。

小沼：后面情况的说明就交给旗田了。

旗田：静海是和杉之原、盐见、早川、佐野等人一起去的。虽然之前听说治安不错，但去了之后总觉得有点害怕，甚至发生了有人在日军守备队门前开枪后逃走的事件。把村民叫到城里的宿舍来询问村里的情况，那些人也总摆出一副避着日本人的态度，去村里打听的时候也显出一副不愿意我们去的样子，我们去了之后连茶都不给喝一杯。虽然在县里和新民会的日本人说治安没有问题，但我们还是很担心，总觉得要发生什么大事。还有就是农民的态度很冷淡，所以我们觉得就算勉强询问了也问不出什么结果来。因此那时候大家商量了一下，决定停止调查，那是调查开始的第二天还是第三天。但是由于之前大肆宣扬过，现在要是突然停止调查，势必会给日本人以打击，那些人的立场就会对我们不利，将来可能会给调查造成阻碍。关于这点我们挖空心思想了很久，结果大家没有立刻撤回，而是让杉之原先回去，回去后从北京或是天津发出撤退的命令，然后大家表现出因为是命令才没办法只能撤回的态度。我们采取的是这种方法，按照这样的顺序早早地撤回了。那时杉之原确实从天津发来了电报，我们把电报拿给县里和新民会的那些人看，表示了我们也不想停止调查但面对命令无能为力的立场，然后撤回来了。

**（4）恩县后夏寨村的调查**

| 调查报告 | | 调查项目 | 负责人 | 月 |
|---|---|---|---|---|
| 原资料 | 本 书 | | | |
| 辑 | 卷 页 | | | |
| 71 | 4 433 | 家族制度 | 内田智雄 | 5、6月 |
| 78 | 4 397 | 村 落 | 山本义三 | 5、6月 |
| 79 | 4 477 | 土地买卖 | 杉浦贯一 | 5、6月 |
| 79 | 4 477 | 金融贸易 | 杉浦贯一 | 5、6月 |
| 80 | 4 515 | 赋税 | 山本悦郎 | 6月 |
| 81 | 4 459 | 租佃 | 山本悦郎 | 5、6月 |

福岛：那么接下来我们非常荣幸地请到莅临这里的本田来介绍一下关于恩县的情况。

本田：运河的一侧有个叫德县的地方，山本义三的前辈在那里，那前辈是道路顾问，并且是对那种调查有所了解的一高出身的人。因为想到可以受此人照顾，所以我们选择了恩县。不管是我们还是山本义三，后来去调查的地方都是之前自己选定的地方。

小沼：去选点的是山本义三和内田吧。

本田：记得是去了的……去选地点的时候是我和山本义三一起去的。去的时候在德县境内渡到了运河左岸去。因为距离县城较近，所以觉得可以试一试，虽然离运河很近，但因为那里很荒凉，就回来了。没什么人烟，怎么说呢，被荒弃的民居远远地分布在对岸，总感觉有点恐怖，稍稍进去看了看，就觉得这里肯定不行，于是又退了出来。然后给北京方面打了报告，后来选择了恩县。

那时候山本义三的主张是等到治安情况稍稍好转一点时就再往深处去调查调查。比起都市附近的地方来，稍偏远的地方还没怎么被都市化，或许还保留着它们原来的样子。想着应该进行这样的惯行调查，所以尽可能想要去稍偏远一点的地区。那里非常远，即便坐汽车去也感觉很远。

安藤：那里距离县城没有你说得那么远吧。

本田：不，从铁路沿线的德县到恩县，距离是很远的，得花上半天以上的时间。大家预想途中会很危险，但事实并不是那样。其实顾问推荐恩县的理由就是那里治安非常好。但实际去到那里看了之后，发现县长已经归顺我们，且是在不久之前的事，他并不老实，此前不断举旗造反，之前听说他有那样的实力，去了之后发现他果然是有实力的。我们见过那个县长，一般来说县长对日本人都是点头哈腰的，但他不是的。那人傲气凌人的，所以我们觉得这说明他挺有实力，也很难对付。特别让人感到吃惊的是县里面竟然有武器制造所，那里生产着武器弹药。尽管制造着和日本三八式步枪相同的家伙，但打五发子弹左右就不行了，是使用普通的铁锤做的。还用黄磷火柴作为材料制着手榴弹。看到这些有点让人毛骨悚然。而且治安军是以他为头目的归顺部队。因此在调查员之间流传着他有朝一日突然造反便会要了大家性命这样的谣言，虽然县里的人认为大概是不会发生那种事的，但是有些人就用这些来威胁我们。值得庆幸的是顾问是不一样的，新民会的人很喜欢调查，所以他们挺照顾我们的。

和刚刚说的有关，县城里有部队（中队），那个部队的望楼是正值战斗态势的望楼，随时都能看见。至此为止去过的县里还没遇到过受到如此严格监控的局面。历城那时也有过。虽说调查村是在县城附近找到，但是没有像顺义那样合适的地点……骑自行车 20 分钟左右能到达也行，符合条件的有个后夏寨，由于考虑到能骑自行车往返，所以选了这里。

后夏村孤零零地坐落在麦田里，我们去到那里，发现大约有 30 多个农家的石像，它们仿佛在以一种抵抗的姿势怔怔地盯着我们。离铁路沿线更远一点的地方，日本人可能感觉不出来，我们感觉不到一丝亲切感。

进入村子，只有一户大户人家，是一个有三层望楼的人家，说是轮换着在那里看守。我们当时要是能察觉到就好了，现在回想起来气氛还是多少有些紧张的，这里和其它地方不同。但我们表面还是显得比较平静的。

进入村庄里面除了那个大户人家好像就没有富裕的迹象了，是个小村子。那里有比较多的人去满洲打工挣钱去了。说到特征的话，就是如预想的一样，分益租佃和身份是有关系的，佃农分得的份是不同的，相当少。比例为二比八，也有普通的租佃。我们察觉到这种在别的地方见不到的二八租佃的气息在这里很浓。作为连接其它地点的分益租佃关系，它的情况是很好的。

只是在调查的中途，在调查期限未到时发生了治安问题，所以我们早早回来了。要是没发生那事的话，我们每天都会到人家家里去调查的，从某天开始进行不下去了，所以就回来了。事后村长秘密向调查班发紧急报告。事实上那天我们被八路军的便衣队员包围了。而我们完全不知道。好像有几名便衣。县里有蒋介石的军队，也有八路军，而进村的应该是八路军。村长和村里的头面人物向便衣一个劲儿地道歉，向他们求饶道，要是把调查员交给他们，村民就会被日军杀害的。作为交换条件，八路军向村子要了粮食和马饲料。那件事是回到县城里才知道了，十分后怕。

福岛：好险啊。

本田：后来村长希望满铁能支付村里当时付出的粮食和饲料的费用，于是到北京来说明情况。我们也说过要是有什么尽管来找我们这样的话。他说他们缴了很多。后来决定关于代付款的解决最好不要公开，所以调查班可能才没能明白地把情况说清楚。总之那种事是在调查期间发生的，把我们吓了一大跳，于是早早地回来了。也没跟县里说过就回来了，还涉及到顾问的面子问题，县长那边也说是不方便，于是我们稳稳妥妥地把事情藏在心里返回了。

促使我们撤退的还有一个原因是对于食物的不适应。没有味噌和酱油，每天去中国人的饭馆去吃饭，见到油就想吐，倒不是小沼，但有人的身体需要摄入味噌汁，于是没办法，每天就煮山芋蘸着酱油吃，吃到后来实在消受不起了。然后还很热，恩县非常非常热，我们可谓是归心似箭。

福岛：这么说来，一般的村民并没有协助调查的吧。

本田：不。村民们并不是什么都不回答的态势。因为付了他们工钱，所以他们对我们说了很多。一般去村子的日本人都是去抢东西的，他们应该是第1次见到军人以外的日本人，与平时见到的那些飞扬跋扈的家伙们形成了对照了，所以我感觉调查并没有遇到什么障碍。

幼方：村长到北京来索要代付款的事情怎么样了呢？

本田：那个说起来就麻烦了……说到真相的话，要求代付款是从村长那里听来的，我们对村长说了要是能够的话尽量来北京，因为有那句话所以村长就来了。村长请求我们说，为了你们我们交了大量金钱，由此给村子造成了很大困扰，所以哪怕是一部分也好，请补偿村里一点。关于这件事由于存在特殊情况，所以小组并没有报告。我们3个人把村长带到东安市场去请他吃了一顿成吉思汗料理，得知和满铁没有交涉成功，十分沮丧，尽管第1次来北京却丝毫没有欣赏周围风景的心情。他一直在担心村子，即使请他吃了一顿好的，也一脸阴沉的样子。我们劝解了他一会儿，然后他就回去了。

小沼：我们这些当事人完全不知道，这也是很奇怪啊。

福岛：村长和谁一起来的？

本田：村长一个人来的。

福岛：村长是住在那个三层建筑里吗？

本田：不是的，那幢望楼是有钱人的房子。那是地主吧，村长不一定就是有钱人啊，就像普通的沙井村人员，那种程度的。

福岛：那里是日军、八路军还有蒋介石军队的分界地带吧。那地方的村长会是怎样的人呢？像机器人一样吧。

安藤：那边的村长和这边的村长是不一样的。

本田：这一点到不是很清楚……没跟村里人打听过，但他是一位很忠实的村长。并没有给人那种两面派的不真实的感觉。所以要说村长对两边都奉承，这一点在村里的时候也没看出来。

安藤：在那方面这边并不了解。

本田：但是没有那种因为要做调查所以去见村民的感觉。

安藤：从这里的地势看来是有可能的。

小沼：在恩县的调查无法做下去了是因为……

本田：还是因为治安。

安藤：果然只有它是远离铁路的。

本田：要是真的发生什么就没法挽回了。八路的事知道后，接下来还有坏消息传来，说是好像昨晚蒋介石的大军团经过了村子，像这样的事接二连三地发生。我们就像是井底之蛙一样。

福岛：那些事调查员不知道，这是怎么回事？

本田：顾问那些人的感觉和我们的感觉还是不一样，对自己县里的治安基准，和我们认为的基准不同，尤其是到了一些偏远的地方，双方对于治安好与不好这一概念的理解是不同的。

幼方：正如刚刚所说的，存在一个晚上情况紧急转变的情况。

本田：历城也有那样的情况。

山本（义）（书面参加）：我去了恩县两次，分别是去选定地点的预备调查和正式调查。我想对之前本田的话进行一些补充。1942 年的 2 月下旬开始到 3 月上旬，因为弟弟病逝，我回到了东京。这时候已经确定了为选定新调查地点而开展预备调查的方针，我回到北京以后也参加了调查。当时选择山东省北部德县附近村落的方针已经确定下来了。这时我能想到的可以同行的人就只有本田了。

正如本田所说，在德县西郊的运河西岸的预定村落进行了预备调查。那时我对那里的印象和本田一样，觉得它是以贫农为主的都市周边村庄，由于只依靠农耕是无法维持生活的，所以很多人去到县城打工或是去那里贩卖蔬菜，以前在运河的船舶上工作的人好像挺多。带路的那些村民也没有要协助调查的意思，村子留给我的整体印象是阴暗的。根据县公署的意见，在县城的周围没有其它合适的村落了，另外，就算不考虑不合适的因素，而在当初选定的村子进行调查，在德县县城里供调查团住宿的设施以及交通什么的也不方便。在得知这些情况后我们一行人也想不出什么办法。

因此我们决定去道公署，去问问顾问的意见。道顾问（山东省东临道）胜田伍郎是东大出身，是我在高中时代的后辈。他听了我们的话后说道，从惯行调查的目的、治安关系以及县顾问对调查的协助理解这些方面来分析，恩县是最适合的，于是他给恩县顾问写了介绍信。

由此我们的视线转向了恩县。这时候内田也从北京过来并和我们一块儿过去了。恩县正如地图上所标明的那样位于德县的正南方，乘坐定期巴士（代燃车）去需要花上2小时左右的时间。从距离上来看的话，按日本的里来算是有六七里。即使是这样，可能会受到对偏远地区持有的受先入为主观念的影响，感觉上好像是隔了很远的一段距离（刚刚本田说花了半天时间于是出于这种感觉吧）。恩县的县城像农村地区一样，规模很小，没有发现作为城镇应有的活力。县顾问叫作桥本，并不是我们所想象的豪放型人物，而是关西大学毕业的细心的知识分子。通晓满铁调查部的概要，在我们进行调查的时候表明了自己会竭尽全力的宗旨。此外，从农事指导官山县先生那里打听了很多有关县内农业的情况。在这两人的协助之下，考虑到作为调查地点的村落规模、治安情况、交通条件这些因素，我们认为在县城西南方向，距离县城1里多（日本里）的后夏寨村符合条件。并得知调查团来的时候可以把县公署里的房子借给我们住，而且为了方便往返于县城和村子，会把配备给县公署的自行车借给我们。由于想到桥本顾问能给的帮助，在恩县实施调查便具有可能性了，所以我们回北京后报告了这一主张，决定把恩县作为新增调查点之一。

于是终于到了进入正式调查的时候，事先和内田、本田、杉浦他们商量，比如在情况允许的范围内由我们去到村子展开调查，要留意一下户别概况调查这些事，在这方面我想其它调查班也是一样的。5月的山东十分炎热，和翻译一起骑从县公署借来的自行车去村子里时的心情是很特别的。

作为山东的村子特色来说，每个村子里都有一座或两座望楼，从另一面来说这些望楼就像在相互呼应一般给人一种异样的感觉。这也与治安有关。调查村的村民们对待调查的态度正如本田所说的那样并没有太差。

虽然对于村长那怯生生的态度和大地主没有回应见面一事，我们很是失望，但连日去村里开展的户别调查和访谈都在展开，一开始的时候并没有什么让人担心的事。在村落关系上我们知道了很多书里写到的村落内部的社会性结合关系的事例，证实这一点的账簿也应我们的请求交了上来，我们感到非常高兴。想着在这里认真调查的话，便能和在历城县一样了解到具有山东村落特色的东西。我们处于一种抱着期待的状态。

但是，在村里的调查过了一周之后，5月23日的早晨，村长、甲长等数十个人来到县公署，对我们说，要是我们到村里去，万一发生紧急情况他们会很困扰，于是向我们申请由他们到县里来。我们想到去村里调查会给村长添麻烦，所以答应了他们的请求。但是第二天、第三天都没有人来，我们虽然觉得很奇怪，但从26号开始又到村子调查去了，那时候还没怎么感觉到调查上的困难。但这时候调查团内部的意见分成两种，一种意见为治安感到担心，由于他们认为一到夜里村子就处于八路军的支配范围，也不知道什么时候就会有事故发生，所以希望尽快终止调查；另一种意见认为我们的调查并没有给村民们带来什么经济上的不利，这点通过亲身接触村民们也能感觉出来，所以关于治安问题没必要过分担心，从县顾问和村民的态度看来调查还能继续进行。我们就以上两种意见每晚都在进行争论。本田提到土匪出身的县长态度的不可预测和饮食情况的恶化也成为了调查终止论的依据。这样一直到了6月份，由于传来我们在村里进行调查时有八路军到来这样的消息，众人一致决定强行进行的调查应全面终止。于是到村里做的实地调查于6月3日结束，后来几天是在县公署里进行调查打发时间，然后我们就从恩县撤了回来。并不只是因为治安的关系才慌忙撤退的，前后大约跨度20天的第1次调查在筛选问题方面已经取得了很大的成果。由于当时我们并不清楚村长为了我们调查团向八路军提供了物资，对于进行第2次调查的可能性还没有抱太悲观的看法。后来我被命令转职离开惯行调查班，但是得知秋天的时候千里迢迢来到北京的村长向本田或内田请求的补偿并没有达到目的一事，我觉得这真是十分可怜。

**（5）良乡县吴店村的调查**

| 调查报告 | | 调查项目 | 负责人 | 月 |
|---|---|---|---|---|
| 原资料 | 本　书 | | | |
| 辑 | 卷　页 | | | |
| 72 | 5　406 | 村　落 | 旗田　巍 | 5—6月 |
| 73 | 5　559 | 金融贸易 | 早川　保<br>佐野利一 | 5—6月 |
| 74 | 5　445 | 家族制度 | 早川　保 | 5—6月 |
| 75 | 5　592 | 赋　税 | 盐见金五郎 | 5—6月 |
| 75 | 5　592 | 土地买卖 | 盐见金五郎 | 5—6月 |
| 76 | 5　509 | 租　佃 | 佐野利一 | 5—6月 |

福岛：请旗田来介绍第1次去良乡县调查的情况。

旗田：从静海的调查撤退回北京后，马上开始找寻代替的调查地点。由于事出紧急，没有到远处考察的空暇，也没有仔细考量的余地。

我还记得当初在顺义很照顾我们的森岛顾问移居到了良乡，于是我们就去询问他良乡的情况如何。首先是我和佐野去良乡一天，同森岛见了面，并询问他有关治安的一些事，他说没问题，所以我们就确定了良乡。那时候没有时间仔细考察调查村（吴店村）的情况，于是把万事都托付给森岛后就回来了。两三天后开始了在那里的调查，所以感觉选择良乡完全就是一种应急对策。

在良乡有当时华北地区少见的大乡（被称为模范乡），1940年末弘一行人到北京来的时候，满铁的人员带他们去那里参观过。在调查村里选择吴店村是因为从县城徒步就能到达。那里的村长（这里被称为参议）是个巡查出身，没什么实力，我们后来才知道他还用公款消费，在村中也不受信任。没办法通过村长接触村民，再加上村里也没什么权威人士，所以很难跟村民们接近。为了处理好人际关系，我们跟他们在寺庙的庭院里喝酒唱歌。不是跟一个特定的人，而是跟到这里来的人们搞好关系，和我关系最好的是庙里的看守，他就相当于一个穷人，没什么势力。只有和这些人搞好关系这一个办法，这点和顺义、栾城那些地方完全不一样。

这一年由于大旱，农民生活很艰难。再加上琉璃河的大河川工程向农民大动员，要求他们负担筹款以及出劳力。加上这些情况，印象中与其它村子比起来，和这里的农民接触起来比较困难。

# 第7次调查

## 1942年10月、11月

### 于昌黎县、良乡县

（1）与东京方面研究员的对话

小沼：关于在昌黎、恩县、良乡进行的第1次调查就大致说到这里，那年秋天进行了第2次调查，也是整体的第七次调查了。从刚刚讲到的情况来看，第2次调查放弃了恩县，所以这次全部的调查人员都去了良乡和昌黎。

所有调查人员之前都负担了一些别人负责的项目，而这一次是带着自己负责的项目去到这两个地点的。然后，戒能、矶田、德田从东京那边过来，大家一起去调查。这时候的事情……（参照第5卷272—274页[1]）

本田：戒能、矶田、德田召开了一次关于租佃的座谈会。那是在开始进入调查之前开的。

小沼：我感觉自己是被带去昌黎的。去昌黎的那天晚上由于戒能撤退了，所以我去了县城，和矶田一起坐汽车从北京去了那里。

安藤：德田是一开始就和大家一起来到昌黎的，戒能稍稍迟到了，所以他是一个人来的，而最开始去良乡的是矶田。

小沼：由于这个原因，时期比较混乱。我和矶田去北京后，戒能和德田先生由于撤退的原因也来到了同一个住处。所以我到昌黎去是作为先遣小组去的，但是却迟到了。然后返回来转去良乡。矶田是在良乡的调查进行到一半时撤回来的。

本田：那时候我们是在一起的吧。

小沼：这次我们想要回北京的时候，旗田、杉之原都到县城里来了，你那时候也是来了的。

本田：这么多人集中在天津是怎么回事？

---

〔1〕　译者注：此处的页码是指引文在日语原书中的页码。

小沼：集中地点是与第 1 次相同的昌黎吧。第 1 次的时候大家在天津集合，再分别去昌黎、静海和恩县。不管是南下的还是北上的，大家都在那儿集合。

总之，总结刚刚提到的事情就是，有东京方面的人到来，和那些人一起在北京召开了座谈会。然后谈论了有关东京，有关当地的情况，接着把人员分为 4 个小组，和东京来的人员一块儿去展开调查。

本田：良乡的问题还记得很清楚。也就是安藤他们去了东京，开始在东京对那些资料进行总结。在当地也进行总结，使用的是相同的资料。当地的调查人员一边在一定程度上描画出轮廓，一边追求问题的答案，他们以这样的方式就某个问题进行提问。要追查提问的顺序的话，会发现问题本身是一个负责人提出的。因此即使使用相同的资料进行总结，问题也会落在相同的地方。

小沼：也把那些事告诉了东京那边的人员了的吧。

本田：也提出了这样一个问题。在租佃问题上，因为矶田在做这方面的调查，而我也在做，所以我们提出了究竟什么是租佃这一问题。也就是租佃从本质上来说是什么的问题。我也在思考这个问题，杉之原和本田君也常常在提它，于是有关租佃的问题发展成了一场讨论。矶田总结了提问的内容，并根据这些提出了本质论。那时候参加的人都听过那个理论吧。我和旗田、安藤也在。关于租佃的本质论，矶田提出他的见解，我们也同意他的见解，因此有一种接受指示的感觉。所以我记得东研那边的人过来讲话的情况都挺好的。杉之原也对此发过言。

小沼：虽然没有涉及那些细节的核心，但在东京方面的人员到这里来之前已在北京进行了一次，是关于怎样看待矶田报告书的。

本田：当时在北京的研究会就已经得出了认可矶田报告书的结论了吧……

小沼：矶田他们来的时候又做了一遍的吧。

安藤：当时认为矶田说的内容好在……

本田：大体上是根据现场的调查资料得出的结论。因此好在资料的使用方法上，像那样没有脱离当地的实情。

安藤：矶田甚至还提出了“华北的租佃关系”的吧。

本田：是提出了的。顺义的……

小沼：正是发现那些问题的时候，三位老师过来了。

本田：他们在那时候来真是太好了……

小沼：我基于包税什么的和矶田一起做了一些零碎的小事，矶田走了以后，大家在昌黎的住处集合起来等待回去的列车，杉之原他们在准备开始的时候忘记了主题，但也勉强做了些事。

安藤：所谓引起一系列事件具体是指挑衅具体问题是吧。

本田：总之这是一个大家开始思考问题本质的阶段了。

### （2）良乡县吴店村及昌黎县侯家营的调查

**良乡县吴店村**

| 调查报告 | | 调查项目 | 负责人 | 月 |
|---|---|---|---|---|
| 原资料 | 本 书 | | | |
| 辑 | 卷 页 | | | |
| 92 | 5 456 | 家族制度 | 杉之原舜一 | 10月 |
| 93 | 5 431 | 村 落 | 旗田 巍 | 10月 |
| 94 | 5 572 | 金融贸易 | 安藤镇正 | 10、11月 |
| 95 | 5 616 | 赋税 | 小沼 正 | 11月 |
| 96 | 5 492 | 家族制度 | 早川 保 | 11月 |
| 97 | 5 540 | 土地买卖 | 杉浦贯一 | 11月 |
| 98 | 5 528 | 租 佃 | 本田悦郎 | 10月 |
| 109 | 5 478 | 家族制度 | 内田智雄 | 10、11月 |

福岛：接下来是关于第2次去良乡的调查。

小沼：进入良乡后感觉到的是和昌黎比较起来不容易进行调查。怎么说呢？感觉那里的人很世故。

安藤：感觉村子很混乱。

**昌黎县侯家营**

| 调查报告 | | 调查项目 | 负责人 | 月 |
|---|---|---|---|---|
| 原资料 | 本 书 | | | |
| 辑 | 卷 页 | | | |
| 99 | 5 97 | 家族制度 | 杉之原舜一 | 10、11月 |
| 100 | 5 34 | 村 落 | 旗田 巍 | 10、11月 |
| 101 | 5 271 | 金融贸易 | 安藤镇正 | 10月 |
| 102 | 5 378 | 赋税 | 小沼 正 | 10月 |
| 103 | 5 76 | 家族制度 | 早川 保 | 10月 |
| 104 | 5 229 | 土地买卖 | 杉浦贯一 | 10月 |
| 105 | 5 175 | 租 佃 | 本田悦郎 | 11月 |
| 110 | 5 123 | 家族制度 | 内田智雄 | 10月 |

小沼：土地一点也没有。

本田：县顾问和我们去的时候都是森岛在那里，新民会是久保田在那里。

小沼：森岛是从顺义移居过来的。我们正挑选地点的时候他刚好在那里，情况刚好合适，所以就去了那里。

福岛：我们在1942年去良乡的时候，是二宫金次郎在新民会，由他给我们做向导。

小沼：去良乡的那个秋天，我们转移到燕京的事出了一点问题。最初的一组是刚好按照预定时间回来的，接着去的那一组人员由于燕京的搬家迫在眉睫，所以当初去的时候是叫他们早点回来的。后来就在按计划要早点结束调查，准备回来的时候，竟由于燕京转移开始而接到了要求尽快回北京的电话，这无形中让调查变得有些慌乱。

虽说那里以前就是模范乡一直很有名气，但姑且不看县城，吴店村是相当贫困的。受土地集中的影响，能强烈感觉到它作为村的连结关系也被破坏了。

行政上因为和顺义一样同是北京周边的县，所以大乡制、包税的直接征收、土地调查等进行的步调基本和顺义是一致的。然后关于旗地，也和顺义在很多地方是共通的。所以我认为因为有顺义的关系，这是一个适合推进调查的好地点。可惜的是，虽然它离北京很近，但我只去过一次，之后一直待在北京整理资料，暂时停止了实态调查。这时候由于在惯行调查班中不仅存调查方面的困难，还存在燕京转移等问题，气氛逐渐变得慌乱起来。还记得在良乡，每天去吃饭的饭馆墙壁上贴着“莫谈国事”（不要谈论国家的事）。

旗田（纸上参会）：在昌黎和良乡的调查时，调查员已经非常熟练，进入了一个怀着问题意识调查的阶段。同时也深感调查的困难以及瓶颈期，并为打破这样的状态深思熟虑了很久。我自己也知道过去的村落共同体理论并未在现实中体现，烦恼于该建立怎样的理论。记得虽然在昌黎的时候我们脱离调查项目的体系，而去专门搜寻具体事件，但也有上述烦恼需要谋求解决。虽然戒能和德田参加了在良乡进行的第 2 次调查，两人也就这个问题进行了讨论，但并未得出什么结论。不过倒是对德田先生提出的充满才气的意见很是佩服。还有，我觉得在良乡有过大丰收，在这样一个破败的村子，村界是清晰存在的。我认为 1940 年调查开始时存在疑问的村界问题，根据在这个村的调查结果可以找到解决的线索。村民落魄、离村、其它村子的人加入进来，村子在被破坏的过程中形成了村界，这一事实揭示了中国农村特征的一部分。另外，在此次调查期间，杉之原和内田等人去周口店观看遗迹一事也令人难以忘怀。

安藤：虽然这个时期我只去过良乡一次，但我能感觉到它不同于其它任何一个村子，在第 5 卷的概况里也有过论述，不论是村子的形成方式还是结合程度，相比较而言都是偶然且脆弱的。其它村子，村民的祖先是从洪洞县移居过来的，而这个村子不是这样，我们感到这里村民的姓氏很杂乱。我们在知道村民的贫困程度，由此发生的土地转移和地主集中在县城这些情况后，就像在栾城的时候一样，想要进一步寻找并研究一些具体的例子。但预定只在那里呆一周的时间，所以没能办到。与土地有关的“租”“典”这些名称，在村里或是这个地方，比如和旗地地点的关联等的调查也没时间进行了。

小沼：转变一下话题，关于问答，关于假定的提问具有多大的意义这一点我们进行了讨论。

本田：总而言之就是，法律系统的调查员立即做出假定，假定出在不同的场合该提怎样的问题。小沼之所以发言是因为他认为我们并没有能力那样做却那样操作了，他的话里面满是小沼式的一流批判意味。但从表面上看我们是回答了那些提问的。关于这一点，旗田和小沼是一致的。内田也是这样，历史系统的人的意见理所当然是那样的。但另一方面，法律系统的我们在感受历史系统的人的做事方法时，只看到他们对于资料和事实的收集。然而为了寻求规范，无论如何也要在那种问题假设的过程之中观察规范意识是如何变化的，以及根据变化的方式来测定规范意识。因此我们要假定问题用于询问。但是存在问题的设定过于虚构，过于偏离事实的情况。历史系统的人们比起规范意识来，会将事实关系作为追求本身的主体。这一点是小沼自己说的，我们并没有进行深究。

小沼：这牵涉到到底法律是学问，还是历史是学问的问题了吧。

安藤：然后在顺义进行了十分激烈的讨论。

本田：我和旗田很认真地说过一次，一说到“在所有的历史中东洋史是最落后”的话，有人就会说“确实如此”并问道“为何如此落后呢？”于是“嗯，事实挺可悲的。要说东洋史的大家嘛就是加藤先生了。”那人在书里看的知识到在这时候吐出来了。“看了那些书也得不到任何方法论上的指示，只是事实的堆砌，一点意思也没有。”然后旗田自己也说：“在那个意义上确实是那样的。自然东洋史是落后的，东洋史并没有方法论啊。”那时候小沼也说过那种话，只是多少显得有些心急。

小沼：比起这个，重要的是我说的和旗田说的是一致的，想要打破那东洋史。

本田：特别是小沼意识到了这一点啊。

福岛：我认为站在调查的立场上来看，规范意识是很重要的问题。对于这点，杉之原是怎样考虑的呢？

本田：关于那个问题，杉之原并没有直接批判我们的吧。

小沼：我记得是本田的家族这方面内容早川到后来还一直持续着，假定大大脱离了现实。所谓与现实脱离是指在华北地区询问到了无法想象到的事。针对这一点，杉之原也说过我们做得太过了。

本田：杉之原并没有直接对我们说什么。

小沼：我还记得那时候早川因为此事还被贴了很多红标签（每个人都贴了红标签）。

安藤：关于基本方法论，在具体的问答中出现的形式性的提问是被批判了的。

本田：早川认为家长权适用于既成的概念，把这个要素维持下去，会得出具有有特征性的东西。但是早川当时很是一副得理不饶人的样子。

安藤：那就是内田老师说过的概念法学吧。

本田：从那个意义来，怎么说呢？调查时间再长一点的话，说不定大家就能相互了解各自的观点了。大家成了一个团队，相互有所顾虑，而在深入对方的思考进行批判这一点上是保守的。

安藤：还没保守到那种地步吧，大家还处于专心致志搞自己负责项目的阶段。

本田：虽然可能存在那样的情况，但是暂停书面作业而进行意见的相互交换，在这种情况下涉及到理论了，但毕竟不愿意打破表面的外壳，所以进入体系本身，并没有深入讨论。虽然与事实有关的问题被相当严厉地指出，光有这个还不够。应该注入自己的方法论、思考方式等诸多问题，但是一到这里大家就变得保守了，觉得不必再往前讨论了。我们都还是单身，还具备接纳不同意见的能力。

福岛：不只是各调查员自己持有立场，也存在调查方法论的问题。

安藤：是有吧，若按各自来说的话……但是也没有采取别的方法吧。

本田：不，我们也成立过研究会之类的吧，参考各种书籍，进行理论性的学习。那时大家的调查都陷入了瓶颈期，所以做了那些努力。那个并没怎么发展起来。

小沼：也进行过类似书评的活动，举办了读书会。

本田：比如你们还讲解过史记的吧。

小沼：也读了清水盛光先生的著作，介绍读过的书。

前田：但虽说是方法论，我们至今持有的东西什么都不是，大家强烈主张唯一的办法就是多多了解事实。所以关于方法论，并不是纠结于它到底有没有一个清楚的概念。

小沼：旗田他们一直在努力解构自己以前拥有的思考方式，虽然他是这样的人，但有时也存在解构不了的情况。

本田：存在所谓外壳一样的东西吧。

小沼：其他人也想解构，但无论是自己还是别人都做不到。

本田：反过来说，解构这一说跟杉之原的想法很相近。杉之原的想法具有压倒性的力量。在这个意义上并没怎么积极努力让它成为自己的东西。总之，调查员自身是不会满足于仅仅扩张事实的。于是这一次想要深入研究问题了。

在那方面的理论是不足的，有自己的一套学问的话矛盾就是各种各样的。但是由于都是大家，所以即使有那种矛盾，也并没有到那种要积极找寻打破它的方法的地步。

小沼：要是内田的话，自己的思考方式已经很固定了，是打破不了的了，而我们还很年轻，所以……想要打破它，却不知道该怎么做。

安藤：运用调查员的知识，旗田这样的到现场去临场发挥就好了，如果是非东洋史专业的人，就不得不先做好准备。现在自己拥有的知识是不足以应对变化多端的现实的。所以存在打破不了的因素。

还有一点是旗田负责的村落情况，从某种程度上讲已经在恶化了，我们想在一定程度上做出假定……

本田：所谓旗田那个村落的恶化，就像杉之原说的社会学上的东西，稍稍到后期以后，就会按照旗田的思维方式来总结。于是那方面的领域就越变越广。社会学的观点融入到对事物的看法中，于是在那里就发生恶化了。

小沼：总之在对事实的理解上，旗田和杉之原越来越相近了。

福岛：从调查的结果来看，在面对文献之中没有出现的事物时，我们既成的知识体系发生动摇，想要更深入去挖掘，去增加它的含义时，若不修正知识体系是无法获得事实真相的。这种情况是存在的。

本田：历史系统的人，在进入实态调查的时候，发现自己已有的历史知识与现实完全是两码事的时候，是会进行很大幅度修正的。

小沼：比如封建制的那些东西，靠以前那些文献上记载的东西是无法理解的。

本田：东洋史专业的那些人由于知道自古以来的那些学说，所以相当厉害吧。

小沼：就拿早川举例吧，虽然刚刚被人说他得理不让人，但他确实有法律上的概念，那是想扔也扔不掉的。所以他想应用一下法律上的知识。

本田：不，早川并不想抛弃什么，只不过他学得很认真。

小沼：那来自于要丢弃什么的这样一种心情吧。

本田：但是在调查里面它并未被具体化吧。

安藤：在这点上，存在比我们学得多却反而被限制的情况吧。

幼方：我去顺义的时候听说杉之原批判法律出身的人比批判历史出身的人要严厉。杉之原自己就是法律出身，所以比起历史出身，他更了解法律出身的强项和弱项。所以对其猛烈批判，对早川批判得最为严厉。

小沼：杉之原对于历史出身的人，由于自己并不了解历史知识……

幼方：但我从以前就认识旗田，他在这次惯行调查中改变了自己的学问体系。说到这个就有点题外话了，但大体上东洋史专业中坚以上的人，很少有理论性地思考事物的。在形式上是有的，但在往前推进一步时是无论如何也不会进行理论性思考的。原因就是他们被资料束缚住了，也就是资料的运用方式。旗田一直在做的事对于研究者来说是很重要的。

本田：从这个意义上讲，小沼没有旗田解构得厉害吧。

前田：赋税有着非常复杂的结构，光理解起来就很难。大体……

福岛：这是用哪一个联系原理更为接近的问题了。在村落里的情况是尤其不会想到与原理没有联系的东西。

本田：我认为课税这个就很接近，征税组织是相当符合社会学上所说的拓展的，而且肯定是符合的。要是无视这点而只关注制度的话……

前田：光制度就很麻烦了，把它一条一条弄清楚……

小沼：但对于我来说，我是无法做到丢弃自己的思考方式而去顺应那边的。

本田：在课税这一方面，有必要彻底调查一下课税制度。小沼很善于研究深挖课税制度本身，在调查员中他在那方面做得最好。

小沼：刚刚说到的关于旗田的问题，与其说是理论上的变化，不如说是我们学东洋史的是以史料为中心。旗田也根据资料进行了很多思考。但是去现场一看，发现和史料上记载的完全不一样，于是旗田在进行调整。但是就算是那样做了，一说到历史性的理解，是无法把已有历史中的看青进行历史性结合的。这一点是很难的。

本田：但是，只需在制度上理解了所谓的看青，就能得出与旗田所理解的完全不同的理解。说到制度性，与其说是事实存在于制度上，不如说是表现出来的东西是否以制度的形式被处理了，以及处理过程中是否有社会性的扩张。因此我想要说的是，作为制度被明确下来，被明确下来本身，也就是说在扩张过程中被明确下来的形式，它作为一种制度，在历史场合中是以或多或少以被阻碍的形式进行的。我认为尽量还原与制度相关的事实是很重要的。

小沼：那要尽量广泛地进行，我们正在努力着。

本田：这点因人而异。旗田是很积极地在做的。

小沼：把制度同历史关系割断的旗田……我也不知道有没有表明自己的意思，就算不割断也能做到的吧，这有点半途而废的感觉。

安藤：那毕竟不是负责的项目啊。一旦被分配了拓展的任务，就涉及到了别人负责的领域了，便很难进行。

幼方：我认为如果将战后日本的法社会学方法更明确一些教给当时的调查员，情况就会很不一样。当时末弘已经说明过了的，但时不时会被曲解成那种意思。所以那些对日本的法社会学水准也是负有责任的。并没有消化那么多。所以法学出身、历史出身的那些人正处于想要拿出新制度的摸索状态。这反映了现场方法论的弱点。

小沼：但我觉得要是持续几年的话是能做成的。

本田：法学和历史学双方的反差是很大的。一方一味追求对于概念的摸索，一方重视实际摸索。如果能将二者融合应该会对调查很有利的，可惜时间太少了。

安藤：刚刚提到的早川，我觉得早川一直很苦恼。在燕京整理自己负责的家族那部分资料时只找到残损不齐的资料，即使这样他也写出了很不错的东西。

前田：像早川那样，提出那个社会完全不存在的假定问题，从那里引出社会的规范再进行搜寻，从法社会学的角度来看怎么样呢？

本田：虽说是假定的，但也存在普遍的事实吧。比如，问到父母去世要服丧的情况，在现场回答的人的父母不可能都死了吧（偶然碰到符合事实的情况自然是好的，但不符合事实条件也不能终止调查的，特别是在问答的人数本来就有限的情况下）。

小沼：那当然是好。

本田：但是死者如果是你的妻子或是弟弟的话，情况又是这样的呢？

小沼：没有发生那种事自然是好的，我们事先并不确认有没有发生过那些事，而是直接进行询问的。

本田：问题是试着提出假想后，根据那个标准会得出怎样的答复。寻找的标准完全是日本式的，或者是完全虚构的。根据标准不同，得到一些非常奇妙的回答，那么那就是在错误的标准下得出的结果，只需把结果修正过来就好了。

福岛：也就是可以说只要根据实际存在的文献或实际发生的事件，接触到该社会的社会规范的话，调查的回答基本上都能反映出现实存在的客观规范吧。但是如果询问到该社会中不太可能存在的问题时，那些人经过思考后给出的答案就会因人而异，因此回答就变得很主观。这种情况在这本问答录上也是有记载的吧。

幼方：我注意到了一个例子，是关于是否存在二五减租的。二五减租只是稍稍在国民党统治初期的华北地区进行了实施，除此以外的地方或时期（解放地区例外）是绝对没有实施的，这个是历史事实。所以基于那种非历史性的假想提出的问题是没有意义的。

小沼：这有什么不可以的呢？针对“有没有”进行提问。没有就是没有嘛。

福岛：但若是问他们如果现在还在实行二五减租的话该怎么办，问这些问题也很让人困扰的吧。

幼方：要是设想解放地区的土地政策，进行那样的提问又是另一回事了。

小沼：也不是的。我们询问的是有根据的事情，所以……

幼方：关于有没有二五减租的提问和关于假设现在存在二五减租的提问，这两个问题的意思完全不同，而且回答也是不一样的。

小沼：虽说那可能是无用功，但肯定是没错的。

本田：这是假设存在这样的情况的话该怎么办的问题。这个问题涉及到个人意识与社会整体意识的关系。向对方询问一些非常私人且完全是按自己的意思空想出的问题，在这种情况下作为假定的问题，它与规范意识的距离可能就远了。但关键是在这种情况下一般来说该怎么做的事实，以及事实的列举方式。虽然同时存在事实的内容和事实的列举方式，但事实是通过怎样举例被表现的，这点要是关于村里的知识更丰富一些的话，比如我们说到死者的墓是如何排列的，它不是日本的那种排列方法，以现在的排列方式为参考材料，再假定一个主线轴，并询问接下来会变成什么样的情况，这个要是能询问出来的话就好了。这样一来，事实存在与否就全凭个人恣意判断了。遇到在中国农村普遍存在的情况，就以这个为依据。比如死了妹妹，在订婚的情况下是怎样的，在结婚的情况下又是怎样。然后在这种情况下，对于订婚，在自己一直反对的情况下订了婚，或是订婚的时候存不存在感情基础，把这些因素考虑进去会演变成什么情况。这些都会成为社会或是村子的表象的吧。

福岛：还存在法律解释的呀。主观性的事情常常会在自己脑海里形成解释。所以一开始被询问了一个问题，然后之后又被重复询问了同一个问题，由于给的解释是不一样的，所以发生了变化。与此相对，由于实际存在事情的历史事实只有一个，所以它是不会变的。也就是说，规范意识根据不同人的不同状态是有偏差的。

本田：必须对偏差进行充分计算。关于最后还存不存在事实这点，在不存在的情况下，虽然之前询问结果的价值会被贬低，但以低价值的形式来判断的话，就是通过存在的事实得出的结论，以及通过假定得出的结论。由于假定没有事实根据，所以无法进一步深入……通过假定存在订婚这一情况来询问墓的排列习惯，要是把由这种根据不同人在不同场合回答得出的结论和根据存在的事实得出的结论以相同的方式进行评价的话是有问题的。根据社会整体统一的一个思考方式，一种意识来显示平均水平的资料是能够办到的。在现实中不存在家长权的情况下，勉强进入调查显得有点做过头了。

福岛：要是被询问的人自然而然地流露出自己的思考还好，要是从头脑中抽出的知识就缺乏普遍性了，它是远离客观性的。

小沼：要决定这个力度是非常困难的。

安藤：虽然根据提问被引出的回答只是些在头脑中组合起来的答案，但这也是没有办法的事。

前田：栾城张荣卿的回答几乎是没用的。

本田：那只能作为对于提问的回答之一，给调查提供一种参考而已。

福岛：我去农村调查的时候，有时候到后面就把村民惹恼了，整整 4 个小时一直在提问，到最后那些人的回答已经是不负责任的了。

本田：有这样的情况。很明显是不负责任的回答，一听就能明白。

安藤：这要看对方而论，有的人一会说是这个，一会儿又是说那个，是很奇怪。

本田：调查员已经说明了情况。可用的资料到什么程度，可信度有多强，这些调查员都是知道的。

幼方：偶尔还有问答是加注了的，这点很奇怪啊。

本田：这个不用校对很多遍的吧。

福岛：这个不是稍稍读一读就能明白的。第 3 个人读了还很难明白呢，所以无论如何也要多读几遍。

本田：你们一点没察觉到吗？一点也不觉得奇怪吗？

小沼：关于我的话，比较三四个同样的提问就能明白了。

安藤：之前在第 1 次调查的时候也说过，一句一句地挑出来使用也很麻烦，但关于一个村的资料，至少要把它们都通读一遍再使用吧。

本田：除了进行比较没有其它的方法了。只能聚集到一块儿来判定大致的情况。由于我们还有记忆，所以是能够判断有些不可靠的信息的。

福岛：改变一下话题，有利用中国人当调查员来协助调查的情况吗？

本田：在燕京（华北综合调查研究所）已经试行过了吧。

小沼：最初在杉之原来之前，由于村田的嘱托，所以我到桥川那里去拜托他找一些能够胜任这个工作的中国大学毕业生。后来有一个人被介绍过来，结果由于在工资上日本人和中国人的待遇是有差异，他觉得自己是大学出身，这点工资不够，所以不干了。这种事在杉之原来之前是有过的。

本田：据说在燕京（华北综合调查研究所），刚好在杉之原负责的那个部门里，偶然遇到一个一高和东大出身的可以用作调查员的中国人。也考虑过以那些人为中心培养在中国的调查员，然后由他们进行调查。好像杉之原是同意了这种由与我们不同组织的中国人自己来完成调查的这种形式的。

小沼：倒不是满铁，但他们在综研（华北综合调查研究所）以调查班的身份进行了调查的吧。

本田：组织了一个文科系统的班。杉之原是为此出了力的。

小沼：杉之原去过石家庄还是什么地方。

本田：问杉之原能否让他们当调查员，杉之原认为说不定是对调查有利的，所以有点失望。还是很有希望的……

小沼：没能和满铁的日本人一起合作，有刚刚提到的原因。实际出发之后又怎么样了呢？

幼方：以我的经验来判断，那在满铁的组织里是绝对不可能的。不止是待遇的问题，在预防间谍上力度也是很强的。打杂的、翻译以上的职位就没雇佣过中国人。

小沼：这一点和上海不一样啊，李老师就加入进来了。

安藤：但是会传阅极密的书籍、资料什么的，但是像综研那样的组织就另当别论了。

本田：这一点是几乎办不到的吧。

福岛：还有，在中国农村里面是否把像沙井村那样的村子当作一个参考的基准。

小沼：内田倒是说过“冷水沟是华北的典型农村”，我觉得他那样断定是有问题的。

福岛：例如，离县城较远的恩县的村子，作为农村也具备它典型的一面，而像沙井村那样离北京较近的村子，它本身的结构正在被破坏，关于这个大家有没有感觉到或是注意到什么呢？

安藤：这和东郊或是西郊是不一样的，我认为沙井村和栾城并未因受到影响而破坏了自身结构。

小沼：要说特殊的话就是良乡了，栾城县的村子发展得都很好。

安藤：由于栾城的农村离县城远，所以有一定的差异，但我们并不清楚它到底受了多少影响。

小沼：良乡的话，地主基本都住在城里面，就是栾城，自耕农也减少了很多，而且出现了租佃的情况。

本田：我感觉在不同地点做调查的感觉是不一样的，总之范围是很广的。不同地方设立的实验区也是有差异的，如果不设立无数的实验区，恐怕是无法得出平均的。

小沼：日本在这方面也是一样的。

本田：不是的，没有那回事。虽然不清楚日本的问题，但在中国，去到沙井村和去到良乡的感觉也是不一样的吧。所以搞不清楚差异到了什么地步，沙井村的普遍性有多大。觉得山东省与整个中国是不同的。

小沼：这一点和日本的情况很相近。好比矶田的四国调查和古岛的山梨调查是不同的。

福岛：但是有差异的地方是不一样的。

本田：虽然只是感觉，但觉得沙井村在那附近是很平凡的村子，并不特殊。

小沼：侯家营也是这样的，但良乡不一样。

安藤：感觉吴家店不像个村子……它存在结构被破坏的问题。

小沼：要是非要说栾城属于哪一类的话，和吴家店比较相近。

本田：感觉沙井村比栾城更具有普遍性。

小沼：若非要指出像样的村或是古村的话，那就是恩县。

本田：询问二八（分种）前，没想到会有这么大的差距。

安藤：但是存在像侯家营那样远离县城，还有许多村民往返于满洲、土地也转移很多的地方。从这点来看，感觉我们总结某个村子像不像村子，是看它是不是处于偏僻地带。而确实各个地方都有它的特点，但都是作为村子，并不觉得哪个村子的情况能有多么特殊。

小沼：从这点来看，是否基准，这个问题的提出可能是有些牵强的。

幼方：对于读者来说，刚刚的发言是很具有参考价值的，也就是说不能拿日本的村子来类推。

安藤：拿日本的村子来类推中国的村子是不可行的。

# 关于中国农村惯行调查的座谈会（第 5 次）

## 1958 年 1 月 18 日于岩波书店

出席者　安藤镇正　旗田巍
　　　　幼方直吉　福岛正夫
　　　　小沼正　　前田胜太郎
　　　　仁井田陞　杉浦贯一

从 1942 年 12 月到 1944 年 8 月的调查（顺义县沙井村及安次县）

| 调查报告 | | 调查项目 | 负责人 | 月 |
|---|---|---|---|---|
| 原资料 | 本　书 | | | |
| 辑 | 卷　页 | | | |
| 112 | 1　194 | 村　落 | 旗田　巍 | 1942 年 12 月 |
| 113 | 1　207 | 村　落 | 旗田　巍 | 1943 年 11 月 |
| 114 | 1　214 | 村　落 | 旗田　巍 | 1944 年 8 月 |
| | 2　165 | 租　佃 | 本田悦郎 | 1944 年 8 月 |
| 111 | 6 | （概况安次） | 内田智雄、杉浦贯一 | 1943 年 11 月 |

福岛：这是上次座谈会遗留下的最后一次调查。最后是 1942 年 12 月旗田在顺义进行的调查，还有后来的 1943 年 11 月和 1944 年 8 月在顺义进行的调查。此外还有 1943 年 11 月在河北安次县进行的调查。因为这些调查并未被编入预定的惯行调查计划，所以在性质上谈不上是第几回调查，但它成了整个调查最后的收尾。关于这些，请旗田……

旗田：1942 年 12 月的调查是从突发事件开始的。事情的起因是沙井村的村长和头面人物带着邻村石门村的村长到北京拜访山本斌调查员。来找他的原因是，石门村寺庙里的土地被恶人强占了，他们想请满铁来裁判。山本斌那时候刚好有要事在身去不了，于是我便代替他去了。我去沙井村，并同时解决了石门村和沙井村的问题，那是 1942 年 12 月的调查。

很有意思，强占土地的人是城里城隍庙的和尚们。这些和尚非常坏，他们赌博，贩卖女人，吸食鸦片，一看就是些粗野的和尚。他们将县里各村寺庙里的土地强占为自己的财产，而最先下手就是在石门村，一旦得手就要去沙井村，所以村里的态度是很强硬，毫不妥协。因为要是败下阵来便会锐气大伤，所以态度很强硬。那些和尚的爪牙是石门村的一个村民。他当时是一个村民们敬而远之的恶棍，而且是前任村长，打架斗殴、无恶不作。平时打听村里有没有恶棍，大家都不做声，现在一下子说了好多真相，非常有意思。

现在回想当时调停的方法，我们是站在当权者的立场来做的。我们把和尚和恶棍叫出来狠狠斥责了一顿，但那些人还是不认错，于是把他们交给县顾问。县顾问十分生气地叱训道"你们要再做那些混账事，就让你们滚出顺义县"，然后强行让他们写了保证，而且用的是这边起草的保证书并且让他们在上面画了押。村里人都十分感激。

福岛：这件事以后，那些和尚和无赖们怎么样了呢，打听过吗？

旗田：具体情况不清楚。当时那些无赖们说道"已经没法再在村里待下去了，要去北京"，也无从得知他们有没有离开村子。倒是没听说和尚们被逐出城隍庙，但是听说他们没能强占顺义县其它村子的庙地。

福岛：那么，关于1943年11月在顺义的调查……

旗田：1943年11月在顺义进行的这次调查不能说是在满铁调查计划之中的。刚好那时候东亚研究所的百濑君到华北来视察。因为百濑君是东亚研究所惯行调查的负责人，所以我们带着他去到了顺义。那时前田也一起去了的。这次调查时间特别短，只是把调查再完善了一下而已，算不上什么。前田君你还有什么印象吗？那里治安状况是不大好吧。

前田：很糟糕。副村长张瑞来找过旗田，说是八路军来了，叫我们赶快撤，再拖延下去他们就不负责了。他说话时的表情十分严峻。

旗田：然后把我们送到村界，并告诫我们步行是很危险的。那时候我们住在城里的商务会。调查本身是很简单的，就是带百濑君过去看看，然后顺便做做调查。

前田：刚开始和旗田一块儿去的时候，由于之前提到的有关当权者的调查一事，还怀有一点成见，但去了之后发现好多孩子围在旗田周围吵吵闹闹个不停，与他关系真的是非常亲密。那种和谐的气氛给我留下了很深的印象。满铁的惯行调查，至少从与沙井村相关的这些情况来看，与村民之间建立起了一种信赖关系。

旗田：可能是我很喜欢小孩子的缘故吧，很快就和沙井村的孩子们打成一片了。他们叫着我的名字，向我扑过来，现在回想起来还很怀念。

前田：1943年秋天张乐卿的儿子来北京，趁着这个机会杉之原询问了有关家族、同族的事，那些没有被放到资料里面吗？连续问了两个小时喔。

旗田：没把它誊写下来，因此就没放进去。

福岛：关于最后进行的调查……

旗田：最后是在1944年的8月份。大家撤到燕京的研究所，惯行调查小组的大多数人员都去大连了，只有少数人回到北京的事务所开展调查。进行这次调查的时候杉之原不在，去东京出差了。那时候的所长是阿部。然后就剩下小沼、本田和我了，也没什么重要工作，所以想着要不然去哪个地方调查一下，然后跟所长商量了一下，所长同意了。前前后后的话有点混乱，那时我们去华北开发会社一事已基本确定。担心用满铁的费用去旅行是否会不合适，但别人告诉我们无需存在那种顾虑，所以我们就去了。由于地方太远且治安又不好，所以我们没去成。最后怀着去京古线沿线转一圈的目的愉快地出发了。但是那天早晨小沼因家人生病而请假了，于是就我和本田君两个人去了。

一起去了顺义，在顺义住了一两晚后去了古北口。在古北口调查之类的都没办法进行，但是印象很深刻的是那天是十五，晚上月亮非常漂亮。我们登上万里长城，眺望雄伟的风景。然后吃着水果，看着清澈的流水，唱了歌、喝了酒，那是最快活的回忆了。然后在返回的途中顺便去了密云——那是个令人生厌的地方，好像将要发生什么事……在密云也没能进行调查。

这时候调查什么的已经无法开展了。在县城里的日本人开始动摇，不知道以后该如何是好。不管去到哪儿都怨声载道。而且还没有建设材料，我想恐怕供应战争的材料也没了。每一处都能听到许多人在抱怨，这种状态下，调查是无论如何也进行不了了。

有点语无伦次。最后去顺义的时候，沙井村确实已经是进不去了，沙井村的村民到县城里来，告诉我们中国人到村子里去是没问题的，但是日本人就不要去了。县顾问也告诫我们不要出去乱逛了。就算距离只有 3 公里也不能去。于是村民到县城里来接受提问。那时候满铁北京事务所整体规模变得很小，一切都开始动摇。所以这次谈不上真正意义上的调查。

福岛：那时你们去那儿的意图是什么呢？

旗田：就是直接去那里，虽然漫无目的但也是没有办法的事。最后变成了只是去旅行一趟。

小沼：在出发前一天晚上孩子生病了，当时情况很危急，所以就没有出发。我还记得旗田回来后给我们讲的关于土特产的事，还说到当时顺义有个弥勒教，重松俊章先生不是研究过明末元初的弥勒教吗？还记得我们当时谈论了有关那个有关的内容。

仁井田：是先天道集团吧。

小沼：像那种盗匪一样的宗教集团到处蔓延开来。

旗田：日本的武力无法进入。

仁井田：是与日军对抗的集团。

小沼：也就是自卫组织吧。

旗田：手里还舞着青龙刀。整天搞些像巫术一样的东西，说是要把来征税的人打倒之类的，而在思想上却没有成形。

福岛：那样的话，就是在势力失衡的那些中间地带，真空地带自然发生的旧式形态的组织吧。

旗田：大致是这样的。日本的县顾问很是愤慨，因为这显得日本一点威信也没有。巡逻一去就被青龙刀给剁了。这是后话了，到了 1945 年，华北经济调查所去到顺义调查，那时候加进去的。

小沼：谁？

旗田：在宿舍里的山口他们。那时候加进去的。

小沼：调查所的成员去的话，会配备强有力的守卫吧。

旗田：那一带的先天道很有意思。

幼方：我们听说了那个传言。

旗田：传言是那样的，实际也有村民加入。而且加入的是些中坚力量，不是下层缺少知识的人，而是会首那些人。会首里有个叫杨泽的，是村长的弟弟，他也加入了进去。

福岛：那个在这本书里也有记载的吧。

旗田：有的，在第一卷第225页[1]。

福岛：下面是关于概况调查的，1943年11月在河北省安次县调查的情况……

旗田：说到安次县的调查，那是华北派遣军花了大力气的。军粮供给情况和治安情况都逐渐恶化。为了探究其原因，土地也是一样的，动用飞机拍照，找出物资的隐藏地点，规模很大。

以华北综合调查研究所为主体的华北开发、满铁、华北交通——在华北的调查机构很多，是大家合作完成的。好像还动用了坦克。安次县处在北京和天津中间，距离满铁只有几公里。目的是要彻底地调查清楚那里的情况。而满铁也需要派调查人员加入，所以惯行调查这边也得派人加入。大家都不愿意当选，由于那时正值大家写调查报告书的时候，所以谁都不愿意去。结果是再三央求内田和杉浦这两位去了。

杉浦：安次县的调查，从惯行调查小组中派了我们2人参加，那时军队花了大力气进行了这次大规模调查。调查人员和翻译合在一块儿至少得有三四百人。

这次调查的目的正如旗田所说的，和我们惯行调查的目的完全不一样。因此调查方法也不像我们一样通过问答记录的形式展开。印刷了大量用于户别调查的纸张，调查员首先按照表的要求进行户别调查，计划包括了整个县的户别调查。

但是，并没有分配给我们两人要负责的村子，极端点说有一种连调查都没有参与的感觉，由于村落和调查方式的选择全凭我们自己决定，所以我们认为这是个很好的机会，就按照一直以来的方法把它做成了惯行调查。然后我们选定了一个叫作王家庄（?）[2]的村子立即进行调查。调查进行了五六天后，发现村民们不怎么欢迎我们的调查，觉得不太适合继续在那里调查下去了，于是我们立即转移了地点。转移后的地点叫作祖各庄，在那里调查进展地非常顺利。

调查的日期也在30天以上，有了时间的保证，调查应该是能取得相当的成果的。每天往返于村子，在村里的代表人物（村长?）[3]家里，把村民们轮流叫过来，按照以前的方法进行问答的原封不动的记录，也收集必要的资料。

村里大概有百十户人家，在以前惯行调查班选择的村落当中算是富裕的。我负责调查的是有关土地买卖的习俗。拥有300亩左右土地的村里最大的地主把家业传给下一代后，在较短时间内土地就被挥霍接近一半的例子之外，还有一两个鲜见的例子。内容是记得不大清楚了，但大致记得有关水利的习俗很独特。我和内田负责的调查进展都相当顺利，能

---

〔1〕译者注：此处的页码是指引文在日语原书中的页码。

〔2〕译者注：原文如此。

〔3〕同上。

够带着大量惯行调查的资料回来也很高兴。但是由于一些原因并未把资料印刷出来，当时的记录并没有完整地保存下来。

福岛：有没把问答做成资料的情况吗？

旗田：杉浦的就是这样的。

福岛：那种类别的内容没有送到这边来……也不是什么重要的内容。

小沼：觉得还是把资料整理在一起比较好。因为调查在长时间进行，所以收集了很多资料。大致将那些资料分类的话，档案类是顺义的档案，这个是诉讼记录。接下来获鹿是以征税关系为主。这是从清朝末期开始的，将那些资料在一定程度上整理了一下。与之相关但没能整理的是获鹿的旧资料。它被埋在县公署鼓楼的灰尘里，但还保存着原貌，就那样把它带回北京，留在了灯市口的事务所，最终也没有处理。

福岛：是什么时候的资料？

小沼：里面的资料可以追溯到顺治、康熙年间。然后还有安藤从山海关带回来的档案……还有每次到调查地点去的时候，那些地方堆着成批的村子正在使用的文书和账簿之类的东西。尽管那些都被编了号整理好了，但是并未着手处理过那些收集起来的资料。当然现在在哪里是无从知晓了，但当时为了整理档案的种类，把顺义和获鹿的那一部分送到了桥川所在的近代科学图书馆。然后又隔了很久，已经到了战后，从村里收集起来并整理好的资料被放在了崇文门内的某个教会里。就这样那些资料分散了，其中不乏许多很有趣的资料。

## 惯行调查事业的停止

福岛：接下来有关惯行调查室最后解散的情况……

旗田：齐藤良卫先生到我们这里来视察的时候是在 1943 年的秋天。齐藤良卫是外务省出身，并且是满铁的最高顾问。1943 年秋天，此人就任满铁最高顾问的时候，我们都非常高兴。起初由于那人很有能力又很喜欢调查，所以以此为契机我们想扩大调查范围。当时有人说，这样的话，奄奄一息的调查局的情况应该也会有好转了吧。此人到北京看了一圈，非常高兴，让大家到他面前逐一向他说明情况。各班都派了人去，围着齐藤向他说明了自己是怎样做的。他一边点头一边听着。但是齐藤回到总部不久，华北经济调查所的缩小方案就出台了，那时候还果断停办了《满铁调查月报》。那时并不是可以进行印刷的时局，告诉我们说报告奋笔疾书而成的也可以，因为是速记所以用铅笔也无妨，写完交给首脑部，因为首脑部要看了报告才制定计划。总之时局不容写论文和印资料。所以我们的希望突然就破灭了。

齐藤开始给我们带来的希望并未实现，华北经济调查的规模反而大大缩小。接到上级要命令最小限度地留下人员，剩下的全体人员都回总部。在那种情况下还有一个问题就是惯行调查的人员该怎么办。确实在那时候，渡濑庶务课长叫我们过去，一个个打听我们之后的打算。记得当时也提到了整个满铁该怎么办的问题。但是当时那种情况下满铁已经无法进行整理行动了。有人回总部，有人留在北京，大家都分散了。

根据那时的形势，满铁首脑部的意向是由于惯行调查不是必需的，虽然它有帮助，但在这种时局下是不必要的了，因此要把人员转移到别的地方。我自己也被预先安排到总部的资料科。

在那种情势之下，惯行调查小组中有几个人回到了总部，各自找到了自己的职务，留下来的那些人后来的情况是：

那时留下来的有小沼、本田和我。之后的去向还没有决定下来。还不知道什么时候被解雇。没听总部的话，半途而废可能又会陷入进退两难之境。当时是华北开发会社的伊泽道雄调查局长帮助了我们。他说要是北京无法运转的话，就到华北开发来，可以在一定限度内持续我们的调查，但表面上不要声张。就这样，我们被华北开发的经济调查室收留了。在那里让我们做的是劳动调查。我们做了炭矿以及它周边农村的调查。

福岛：从内地的劳动科学研究所来的藤本先生做了龙烟铁矿劳动调查，是在那之前吗？

旗田：很早以前的事了，在时局较好的时候。当然杉之原是回不了总部的，纵使动员整个满铁，北京方面也不会行动。我们就那件事与东京进行交涉。说到那时的内情，似乎很多地方都没有能接手的。一个是东亚研究所不接手，毕竟它当时也出于将自己的调查员缩小到一位的情况……然后最后缩小规模的时候调查小组内部产生了很多问题。

福岛：那时是旗田、小沼和本田3人是吧。

旗田：不是的，随后本田去了大连，最后就只有小沼和我了。

福岛：几乎是四分五裂了。

旗田：回大连的人员就职场所也是各种各样。

小沼：同去华北开发的还有一个人，就是兼岁一正君。这个人是在惯行班转移到燕京的时候，作为资料小组的资料负责人加入进来的。就要出征的时候，在我们3人转到北中国开发去的时候被队里除名了。然后没留在满铁而是跟着我们转移了过来。在停战以前一直帮着杉之原做一些琐碎的工作。撤退后到劳动省的调查局就职，可惜的是后来去清濑的东京疗养所住院了，1952年年底，在第1卷刊行及获得朝日文化奖前面一点的时候去世了。

福岛：他就那样直到最后都在努力做着调查。我在1941年8月应召去朝鲜的咸兴，然后由于建筑工程需要又立刻从原队被派到张鼓岑的队，觉得那会丢掉性命所以不干了。之后因为根本没有发生战争，于是利用国境警备的警官这一职务，在从夏末到初冬这3个月期间进行了一点有关居民的惯行调查。那些记录在好几次转移期间丢失了。德田良治君寄来明信片，说他也于第二年应召，并从京汉沿线得到军队及上官的信任，想让惯行调查暂停来进行休整。他在战后不久就在前线病故了，在北朝鲜的清津。应该是位集大成与一身的学者，很是可惜。另外在最后调查时期，关于战局的大势，你们了解多少呢？

旗田：直觉上是不好的。之前进行过特务机关大改造，日本人的县顾问和文官等那些人被解雇了，已经是没有余力来养活那些人了。很多军属也被解雇，被转到满铁以外的国策会社。可谓是大异动了。一下子就把军属给切掉了，大概是没有收容那些人的能力了。

安藤：也就是说只养活军队了吗？

旗田：日本人再也不能横行霸道，县顾问的威力也没有了。

安藤：最后就是日军被打败的时期。

小沼：依转移到华北开发后的情势，劳动调查什么的也是无法进行的。

旗田：汽车也是进退两难，疲惫不堪。

安藤：我们想要撤回也是由于调查已经陷入无法进行的状态的缘故。虽说抱着死之前要一直待在北京的打算来的，但确实没有办法了。

幼方：一直以来调查所积累的书籍和原稿之类的有各自保管吗？

旗田：自己的原稿是自己来保管的，原稿和卡片是一个非常庞大的东西。去大连的人就把卡片和原稿带过去，留在北京的人也是把它们带在身边。就是以这种形式分散着。

福岛：旗田你多少也带了一点回来吗？

旗田：带了一点原稿回来。

福岛：回国后立刻发表的文论那些……

旗田：那是停战后在北京写的。因为没什么事做。

福岛：那时候家里还有调查资料呀什么的。

旗田：是的，完全是靠这些我带来的资料的细节来写论文的。

仁井田：是啊，资料太分散了。

小沼：是的，我们都觉得很可惜。

## 对已故早川保、佐野利一的回忆

福岛：接下来请战后不久就逝世的我们的调查员早川保和佐野利一的知己和同事来回忆一下他们的事迹。早川是在 1947 年去世的吗？

安藤：他在 1944 年我们解散之后去了新京调查室，在那里做过各种各样的工作。战后新京调查室的人由于俄语很好，被征用为苏联军的翻译要员，在将日军俘虏送到西伯利亚去的时候一起被带到那里，好像和竹内正巳一起被扣留在了同一个地方。后来从竹内那里得知他已经死了。去了苏联之后，本来身体就不怎么好，结果因为营养不良去世。还一个劲儿地吸食烟草，听说即使是分配给他的面包也被他拿来换烟抽了，最后死于营养不良。

旗田：他是很天真单纯的一个人。

安藤：偏食偏得十分厉害，由于妻子有病而与他分居了。

福岛：是九大出身，舟桥谆一的弟子。

安藤：是的。决定了要去苏联的时候，在福冈与杉之原见过一面，那时候到杉之原的房间去睡了一晚，还被杉之原拿来说笑。内田常常将他作为拘束于概念法学的例子举出来，多少是有那个倾向的。他是个非常正直的人，令人惊讶的是他的德语非常之好。当时在历城的时候那里的县知事是去德国留过学的，他和那人见面后用很流利的德语交谈。并很正确地用了德语助词。他是一个有洁癖的人。由于夫人生病了，他所以很寂寞，常常拎着一壶酒到我们宿舍来同我们喝喝酒什么的。得知他死了我们感到十分可惜。

前田：我和早川作为室友共同生活过，那时他和旗田一起为惯行班里的调查操了很多心。我到北京的那天，得知那两人讨论惯行班的内部情况讨论到了深夜，持续了 10 个小时，令我相当惊讶。对于身患结核病而卧床不起的妻子的思念也很让人敬佩，常常给她写很长的信件，送去自己读的书。他在北京的生活很干净清洁。就像由于他要支付疗养费而压缩生活费一样，这些都是多年的习惯，并不是一朝一夕可养成的。这种风气给惯行班的工作也带来了些许影响。一说这些，虽然对于早川的感觉是他这人过于墨守成规，但不知怎么的还感觉对他的印象有些模棱两可。

他有时寂寞难耐，就会从夜里12点、1点的时候出去散步，常常外出去前门那里。他还是一个很谨慎的人，有时和他一起上街时我说了些不好的话，他过了一个星期左右找到一个合适的机会会来斥责我。那时候说话的本人已经记不得自己说过什么了，便觉得那没什么大不了的了。他就是那样一个很重视细节的人。

福岛：然后是佐野，去年他还出席了在本乡的学士会馆举行第2次座谈会，那时他提出了十分尖锐的意见，关于座谈会的记录，不管什么时候他都会给出订正和补充，可谓是鞠躬尽瘁。那时就已经听说他得病了，后来病情突然恶化，就导致了今年元月1日的悲剧。最近在他工作的学校里举行了盛大的葬礼，安藤也去参加了。这完全就像是在做梦一样。我想请大家说说对于佐野的记忆。

旗田：他是个非常聪明的人，一喝酒自己的言论就变得很尖锐，是个很有趣的人。

仁井田：喝了酒思维还是清晰的，他常常会把人吓一跳。

幼方：我最初知道佐野的名字是在世界历史大系的东洋近世篇发现了他的名字，那以当时的水准来看是非常了不起的著作。

旗田：佐野是第一个说唐代是古代社会的人。他是个很有想法的人。但之后要求扎扎实实仔细论证时，他就不擅长了。

幼方：他是个不停开发新领域的人。

前田：在学生时代的研究会上，我记得佐野给我讲过有关亚细亚生产方式，他还写了相关的论文。他浑身散发着清新的气息，连我们也跟着变得精神起来。但是在北京见到他的时候，他的身体状况已经很糟糕了，与之前给人的印象完全不同，让我非常惊讶。

仁井田：惯行调查的时候怎么样呢？还是很敏锐……

小沼：他是个很特异的存在，对于调查方式持有很多疑问，问答的方式很不一样。他从开始到结束一直在怀疑那种做法到底能不能把握住问题。

福岛：在第2次座谈会的时候他也谈到了一些有趣的事。他问杉之原土地所有权是怎样产生的，杉之原回答说是从不劳所得那里产生的。听了那些之后，激动地仿佛经历了一次醍醐灌顶。虽然他不擅长理论性的一一阐述，但在某些方面是很有天赋的。

仁井田：在表达的时候会有所诉求。不是那种迟钝的表达，而是那种一针见血、扣人心弦的锋利的表达。

福岛：他还是个练剑术的人。

旗田：是我介绍佐野去满铁的。当时有个叫大上末广的人，他问我有没有合适的人选，我就跟他推荐佐野，说他是个知识渊博的优秀人才，不用的话是非常可惜的。于是他让我带佐野过去，我们就去了。所以他身体状况恶化我也有责任……

安藤：但是他也很高兴到这里来嘛。

小沼：1939 年 4 月 10 日左右我到了大连，佐野在那里。和他做同样的工作，很高兴。佐野在学生时代的言谈就很一针见血，所以有些担心，但当时他给我的感觉是通达世故，感情纤细。我们关系很对等。在北京呆的那一年期间我一直是单身，所以常常到佐野那里寄宿，从那里去公司。

安藤：我在 1939 年的年初去了大连，那是他比我稍稍晚到了一点。我去的时候很快分到了宿舍，佐野来了之后，跟我说他得麻疹的孩子刚刚出院，十分困扰，于是我问他愿不愿意住到我这里来，到去北京之前他都一直住我家。

小沼：有这样的事，5 月初佐野单独到北京赴任，当时的情况在之前的座谈会上很说到过，一开始我和佐野他们在大连接受天海给我们的训练。随后方针改变，我在 4 月 20 几号的时候来到北京，跟着佐野也于 5 月初独自来到北京，然后由于要翻阅发达国家满洲的地籍关系去了大连。刚好之前他太太带着孩子一块儿过来了，在船上的时候孩子生病了，于是去了安藤那里。事情经过就是这样。正如刚刚提到的，佐野去翻阅地籍关系的资料了。在他不在期间，他的家人都住在安藤那里。两边的家人都来北京待了 7 天左右。

安藤：是的。

小沼：我由于患了痢疾，没能参加满洲视察，病好以后必须得去整理蒙疆的垦务资料。去蒙疆是和佐野交替着去的，佐野先去，然后作为替换我再去安齐那里。安齐很感动，他说佐野这个人虽然他研究的是东洋史，但广泛阅读了很多书籍，他很感动。

福岛：佐野在调查中主要负责的是租佃这一部分吧。

小沼：赋税这个项目是佐野来制定的，我就只是出了出意见而已。然后全体项目都制定好以后，才决定由他来负责租佃这个部分，他和山本斌一块儿做的。

福岛：和山本斌的话，这真是一个有趣的组合了。

安藤：因为山本斌大致是法律系的——说“大致”是有点过分了（笑），他们是法系和东洋史的组合。

小沼：佐野是想做租佃的，应该是这样的。

幼方：事实上他在惯行班也很引人注目。战后顺路到清水去跟佐野聊了很多，到他任职的学校去，后来听在静冈的日教小组的人说，他在静冈算是个名人了。好像是很出名的校长代理。然后他对自己的职业怀着一种自豪感，感到工作很有意义，绝没考虑过以它作为跳板去东京。

小沼：另外他很有人情味，让人感到温暖。

幼方：佐野在教员之中很有影响力。

安藤：从葬礼上的所见所闻看，虽然他在静冈高中只待了 3 年左右，但作为学生部长接触了很多学生，那时候每年正月都会有几名学生到他那里去喝酒、寄宿，相谈甚欢，那已经成为惯例了。看着那些孩子专心致志的情形，感到很出色——这样说是不大好，但是是从好的意思上讲，可以看出他是一个好老师。

# 有关中国农村惯行调查的笔记

杉之原舜一

关于计划以及实施满铁在华北农村调查的经过等，其他人已经叙述得很详尽了，在此我想从自己作为这个实态调查的直接负责人立场来谈几个问题。

一、我决定要实施这个调查主要基于以下两个原因。

一个原因是，虽说满铁做的所有调查放在满铁的立场来说是理所当然的，它主要是为我国对满洲、对中国政策的树立遂行做贡献的，本调查是站在纯粹的科学立场上进行的调查，是致力于为学界做出贡献的。因此，第一期的计划是准备调查10年，第一期之后还会接着落实第二期、第三期与科学调查相符的长期计划。

另一个原因是，从纯粹的以科学调查为目的这点来说，当时把所谓的半封建半殖民地社会等定义为还未充分近代化，而且我对出于探明急速变革过程中的中国社会抱有极大的兴趣。因此我对调查制定的方针是，不管是依照项目调查的结构还是实态调查的结构来进行，都要以这两点为前提，从思考该怎样做才能更好达成这两个目的的观点出发，并全部由我来推断。

二、本调查正如它的名字所显示的那样，总之是以在法律基础上理解华北的惯行实态为目的，毋庸置疑它不是从其他专业领域，比如经济学、社会学的立场来进行的惯行调查，但是也不能说它与其他专业领域毫无关系。

惯行一直在产生并且一直在发展，也可以说它是活的东西，不是停滞的。因此为了科学把握具有现在时效的惯行实态，

（1）不得不探明生产和发展惯行所需要的相关力量，以及那些力量所依靠的经济基础，以及经济基础之上的力量及其与社会、政治的关系。

（2）还有，由于作为调查对象的具有现在时效性的惯行一直都在生成，也就是说它是活的惯行，所以我们不得不把它作为在从过去到现在的发展过程中，即历史发展过程中的现在的惯行来把握。

因此，为了让我们进行的调查具有科学性，不能仅从一直以来简单的法学立场看问题，从以华北农村社会为对象的社会学科，比如经济社会学的立场，进一步来说的话，要把以制约华北农村经济的诸多自然条件为对象的自然科学专业领域的诸多调查进行有机结合，这点是绝对必要的。从调查组织来讲的话，要是没有由以科学把握华北农村社会实态为共通目的的社会学科、自然学科的诸多领域组成的综合庞大的调查机构的话，我们的调查是不可能取得如此充分的成果的。

我以这样的构想为基础，到现在再来回顾，一切就像是在做梦一样，但是我想把它作为我们惯行班能像上面一样将来发展成为综合研究机构的一个部署，并考虑将惯行班发展成为一个机构。在调查员的构成上，我们不仅有法学专业的人员，还有经济学、史学专业的人员，把这些考虑在内的话是能够达到上面提到的构想的。

三、我在去北京之前着手进行的惯行调查项目是东亚研究所的那一份方案，以及之前已经做成的满铁的那一份。关于我们实态调查的方针该放在哪里，还有调查项目应该怎样进行，由于赴任前的人员选定去东京的一两周内，从末弘那里接到的前面提到的两个调查项目方案，还记得那时候交换了很多一般性意见。记得当时和末弘交换的意见全是一般性的，并未涉及到具体的问题。结果末弘的意见被记载到中国农村惯行调查第 1 卷的要点范围里，由于在座谈的时候也被提出了，所以并没把它记做特别形式或是归纳为意见交换。

关于怎样制定调查项目，我记得当时是过渡到了参考上面提出的两个项目方案。关于那个，先生和我都提出了两三点意见，结果我们的调查员们在现场一边参考着这些方案，一边各自行动。作为长时间接受末弘老师指导的我来说，先生对于事物的见地，以及有关调查的基本方针上，并没有出现在需要在交换意见时要特别强调，或是事前商量的那种程度的差异。

在杂谈中应该可以说是达到心意相通的境界了。关于方针，我记得彼此能相互理解，没什么问题。因此，先生的态度是把调查项目该怎样建立，实态调查该怎样推进这些具体的事情都交给我负责。关于在惯行调查上弘末先生究竟给予了哪些具体的指导，东研方面和现场人员中间都有很多推测，而事实情况就是我上面叙述的那些。

由此有人认为在本调查中并没有末弘先生的指导。但事实上，在通过长时间接受先生指导的我的观点来看，可能还存在很大一部分不充分的内容。在将先生的指导运用到这次调查中这点来看，先生的指导是存在于调查中的，这一点不容否认。在我看来，末弘对后辈的指导方针本来就是这样的。当时对于调查，末弘最关心的是我们这些现场调查人员产生创意想法，以及该怎样满足能充分发挥的这些条件。

经常激励我们说“是想在你们的方针上给予你们充分的自由”，为了不在这点上产生阻碍，即使在产生了阻碍的情况下也努力为我们去除，在这一点上我真的由衷感谢先生。比如我们的调查是以问答的形式做的，关于剩下的资料，先生并未指示我们应该怎么做。对于这种形式，一开始我们从各方面进行了批评，协商得出将来在我们的实态调查上会出现许多阻碍。在东京察觉到这种气氛后，先生担心我们的调查在将来会陷入困境，于是和东研的一行人最初一起到华北视察实态调查的中途，顺便到了大连满铁总部，强调了以问答的形式来保存资料的价值所在。

四、我为实施这次实态调查所做的准备，首先是从让调查员们自己制定调查项目开始的。这花费了大概 3 个月的时间，当时有很多关于它的批判，现在也有。但是关于这点我至今也认为没有错。

(1) 为了能科学开展实态调查，各调查员必须掌握各自的调查方针以及与之相符的调查项目。毋庸置疑是不能期待别人给他调查方针、调查项目之类的，也就是说借来的科学调查。我去赴任的时候，当时在我们的惯行班是没有作为惯行班应该确立的基本方针和调查项目的。

（2）本调查是由数十名调查人员进行的，而且他们的专业领域存在差异。在这种情况下要是不按统一的方针制定综合计划，不基于计划展开调查的话，是无法达到调查目的的。也就是说，要是在调查方针上调查员的步调不一致，调查员无法知道各自负责的调查项目之间是否能有机联合的话，是无法达成调查目的的。我们调查组的组成人员是刚刚提到领域的新进专家。本调查的方针该放在何处，由此调查项目该如何确立，还有各调查员有没有一边与其他调查员的调查进行有机结合，一边展开调查，关于这些调查员们的意见不一定是一致的。比起这些，实际上我们看到调查员们提出了存在很大分歧的对立意见。例如是按照一直以来在台湾、满洲调查相同的方针进行呢，还是以刚刚提到的那个方针为基础进行呢？关于这个各个调查员之间的意见存在很大对立。如果以这样的状态立即进入调查，进行科学性综合调查的目的到底是无法实现的。

要克服这些问题的话，无论如何也要让调查员们自己来制定调查项目，在项目制作期间调查员们无所顾忌的讨论中，让他们统一并理解掌握调查方针和调查项目。在项目制定过程中，在调查员们相互讨论的时候，我并没有就那样直接提出自己的结论，而是不断抛出达成结论所要提出的问题，想让他们在讨论问题的过程中得出一定的结论，并将其吸收到自己的观点中。

五、在制定调查项目过程中产生的一个问题是，为了制定调查项目，是否应该先进行实态调查。但当时的情况是我们调查组连为制作项且而进行的预备实态调查项目都未实施。而且就像刚刚说到的那样，关于调查的基本方针，调查员们相互之间也没有一个统一的认识。在那种状况下，调查员们抱着各自的意图进入了调查，不但没有取得一点发展，反而是混乱状态逐渐加深。在那种意义上，我们制定的调查项目在某种意义上不能说是为预备调查而制定的调查项目。但是当时我并没有考虑过要为制定调查项目而进行预备调查。我们最初制定的调查项目是得要在基于项目不断进行实态调查的过程中，逐渐且比较正确地进行修正。

六、在文献调查与实态调查的关系上也存在问题。我当时是清楚对于文献资料的评价不能过少。但是从对中国存在的法律性质的实态的理解来看，我怀疑根据今后我们的实态调查的情况，对于文献资料的批判一定会增加的，这一点我是有充分根据的。因此，没有在一定程度不断进行实态调查的情况下，还要如此看重文献资料，就会因具有约束性质的已有资料的约束而导致我们的调查失去它的本来面目，或者出现被扭曲的情况。

七、我们的调查项目一直都是为实态调查而制定的。而不是总结实态调查结果的项目，即报告书的目录。而东研的调查项目就是为了总结项目。关于我们的调查项目的制定方式，在满铁内部也受到了很多批判。比如有人指出，我们缺少在农村社会的调查里最重要的社会构成项目。但如以农村社会构成为题目的项目作为调查项目反而不恰当了。我是有意识地避免这种调查。要调查农村社会构成的话，必须得调查它的土地关系、家族关系、村落关系等在村落的所有与社会生活相关的各个方面。与社会生活相关的各个方面之中，要研究明白社会构成就需要加入一些必要的调查项目。这样一想，我们惯行班的调查项目全都是与农村社会构成相关的。

八、作为实态调查的方法，末弘提出了概况调查和钻孔式调查，将这二者结合起来，我想我们的调查方式就会比较正确了。关于地点的选定，在理论上比如制作政治地带、经济地带、自然同一地带等地带图，考虑在讨论各个地带的重复部分之后应该完成什么。但是当时华北的治安状况是不容许我们采取这种方式的。在选择地点时，只能将重点放在治安情况上，再尽量选择不同地点。虽说选定的地点存在偶然性，但从调查取得的成果来看，也不能断言地点的选择是杂乱无章的。

九、考虑用问答的形式来保存调查资料的原因是，第一，调查员一边做现场调查，一边对收到的资料进行取舍，这种取舍是很容易变成根据各调查人员的主观性的基准来判定的了，因此各调查员所掌握的已有概念——它本来就可能通过将来的实态调查来修正——那么恐怕着急下判断呀，对惯行实态的误解或遗漏就会大量存在了。所以出于要防止这种危险性，我们采用了问答的形式。第二，以口头提问形式进行的调查，根据不同的提问方式常常会得出不同的回答。因此只有通过将回答的意思同提问结合起来考虑才能正确把握问题，还有，会不会提问也会影响到惯行的实态是否会被误解或是遗漏。这样的顾虑就将问答作为资料来保存显得十分重要。

对于所有的提问项目，我并没有太重视它的必要性。因为问题的内容以及发问的形式根据现场应答者的实情是千差万别的，具有必须临场决定的性质。这个只能通过各个调查员经验的积累和相互批判来获得。一旦提问项目做得不彻底，所有的都会沦落为问卷式调查，恐怕口头提问难得的优点就会失去。

十、数量性质的调查和质量性质的调查所占比重也成了一个问题。在我们的调查中二者缺一不可，这点是常识。只是在当时，满铁调查的主流是数量性质的调查。在这个立场上看，我们被批判缺少数量性质的调查是理所当然的。我发现问题就在于关于这个观点的争论。从满铁主流那里来的批判，除此之外还有比如，对地点选择发生错误的批判。那些基本上是从怀疑中国特有的惯行中得来的。但是由于我们就是在中国华北农村的实态，就算中国特有的惯行在那里不存在，我们也不能将其排除在调查对象之外。假如现在有不具备中国特有惯行的村子，排除掉那些村子是无法把握整个华北农村的实态的。这样就出现了由于对事物的理解方式不同而对我们的调查产生的误解。

十一、本调查就像刚刚提到的那样，由于第一期调查是在计划调查 10 年的基础上开始的，所以我们预定在以长期计划为基础一步一步落实调查之上展开。因此在制定项目上我们就花了 3 个月时间，但这绝不是没考虑到时间问题。最初制定的项目到最后也没有修正，这并不是我们怠慢。由于战局急速推移，长期计划突然要在短时间内终止，结果最后我们的调查也不得不半途而废。在本资料上这种痕迹也显而易见。

十二、在终止调查的意图越来越明显的时候，我们痛感必须尽快整理总结一直以来收集的资料了。其中一个目的是，通过大致的汇总将之前的资料整理好，重新为将来的调查营造一种态势。第二是，出于通过在一定程度上发表整理出来的调查成果，尽可能掩盖调查终止的动向这一政治目的。由于，有了这些目的而开始整理，但它只是暂时性的整理总结，但没有解决的问题还是没能解决，这便阻止了将来的问题提出，对于这一点我们还是应该满意的。因此一点也不能期待法学通论性质的总结，也不该期待这个，即使期待也很清楚它是不可能实现的了。至今我也认为，在调查的某个阶段有像这样一个暂定的总结，是将来展开更科学的调查所不可或缺的。

十三、最后还想谈谈进行本调查的东研和满铁，从而说说东研和我们惯行班的合作关系。两者是各自独立的调查组织，相互合作进行本次调查。我记得合作的方法大体上是我们惯行班向东研方面提供实态调查的资料，东研向我们提供文献资料。以这些资料为基础总结出的报告书是站在各自的立场上分别单独完成的。当然为了调查能够按照所期待的最佳效果进行，所有双方的努力都是不可或缺的。

关于这一点，末弘和我之间并没有分歧。但当时两者合作的方式是我们惯行班只向东研方面提供惯行调查的资料，并不是只靠自己进行的总结，总结是东研那边的工作。所以我们对于东研来说，只是承担实态调查的一个承包机构。这种合作关系中存在的误解，以及由误解产生的问题在东研调查人员和我们惯行班成员之间并不是没有的。还有，前面提到过我们第一期计划的时间是10年，而东研的时间比起我们来说相当之短，因此当然希望是在短时间内得到更多实态调查资料的。而在我们的长期计划下进行的实态调查未必就能与东研方面的希望相符合。事实上我在这个问题的调节上花了很多工夫。由于考虑到东研方面的希望没必要一开始就要充分满足，或者说产生了刚刚提到的“承包机构”这样的误解，至少要弄明白东研和我们并不是“承包机构”这样的关系。

**【笔记的补充】**

# 杉之原和安藤的对话

安藤：这个资料每次刊行都会赠送一些给中国科学院。先生认为它对现代中国还有用处吗？还有，对于日本来说又怎么样呢？

杉之原：我觉得有用。就像在日本资本主义发展史上存在诸多问题一样，要回顾一个社会的发展史，就必须要知道它在各个阶段的实态。像中国那样落后的还未实现近代化的社会，在急速变革的时候，在这个里面记载的东西，从各种意义上来说都是必要的。也和末弘谈到过这一点，在这个意义上，它对今天的中国是有帮助的。与此同时，通过这份资料不仅能够窥视日本社会的发展过程，而且还能作为供我们反省的参考。我事前来日本时，由于日本还处于有利条件，所以关于日本社会，东研还在考虑进行那样的实态调查的事。那也可以成为我们的参考。

但是，对于我这样的发言，在会议上并没有什么反对意见。同时也没用想要实行的具体意见。意见是十分赞成的。从当时的国内形势看来，并没有进行那种调查的经济基础，而且现在的学术界，那些从事研究工作的人员动不动就容易陷入某种思维，也就是有宗派倾向。因此这是很难的。

安藤：关于问答的形式，当时在内部也引起了相当大的批判，天野元之助那些人呢？

杉之原：天野认为不是问卷调查就不行。如果是问卷的话，换谁来做他询问的问题都是与大家统一的。他批判问答会有漏掉的部分因而不行。之后他的观点也没有改变。转移到总部之后，他就没再说过了。

安藤：制定调查项目，再制定好提问项目，然后进入调查。也根据对调查结果的讨论修正了调查项目，本来应该是更接近实态了的。但是实际上并没有这样反省的机会，感觉是在忙着做调查和资料。在此期间有人提出应该早一点进行中间总结，后来怎么样了呢？

杉之原：之前也曾说过，不管怎样我脑海里存在第一期为期 10 年的长期计划，最初向东研提供资料的那 3 年，对于 10 年计划来讲完全是一个预备调查期间的这样一个前提。记得是要等这个准备期间一结束，就整顿出一个新的出发点。关于这一点，我意外地没有性急。

安藤：作为指导者，关于各个人的调查结果在一定程度上给予批判性的指导的话，大家的效率会变得很高，然而有人指出在调查中途并没有听到这样的指导，关于这一点你是怎么考虑的呢？

杉之原：我觉得这完全是我自己能力不足和怠慢造成的。当时也存在要尽快向东研提供资料的情况，怎么说也是第一期 10 年的计划，而且在学问上也抱有要做划时代的调查这样的野心，然后当然也考虑到了该如何正确运用各个调查员的创意，所以一开始的两三年间一直热衷于实态调查，我也不是没有想到过在那当中，各个调查员根据自己的创意会锁定一定的调查方向，这种锁定并不是外部强制的。

安藤：只在调查的村落进行惯行调查，并不能主张为普遍性，希望做一些能确认它的调查，而且还有人指出尽管有普遍性但还是感到与历史脱节了。你怎么认为呢？（也就是说某种惯行是正在逐渐消失还是逐渐生成，无从明白其中的联系。）

杉之原：我并不想辩解，但我认为惯行班的基本调查方针也存在于这里。只是作为实际问题，不可能同时被解决多个。尤其是一开始的时候大部分调查人员完全没有接触中国农村的实态这一点是事实。而且还以各个调查员已有的知识为基础来冲击实态。我现在都还在想是有必要掌握一些实态性知识。并不是所有的都是以那个为前提的吧。事实上我说不出调查的缺陷或是成果，从我们惯行班的方针来看，现在刊行的那本资料满是缺陷，连目的的万分之一都没达到。但我确信的是它绝不是一点可取的地方都没有。

安藤：在山本义三来了以后，在进入调查后实行了户别调查，有人指出整理了家族构成、土地关系以及其它，之后个别调查就能成效了。关于这一点，先生的意见是怎样的呢？有没有统一行动的记忆呢？

杉之原：这是与量化调查和质的调查有关的。但是未能统一是事实，必须要批判。但是山本君的意见是如果非要选择一个，那就选择量化调查。这也许是我的误解，多少是有些语病吧，我还在想质的调查，然后那里面的量化调查之类的。不在一定程度上强调调查的质量而是强调数量，我对这一点还持有疑问。

# 满铁调查部关于中国惯行调查的计划

## ——与东亚研究所调查计划的关系——

## 凡　例

本书中记载的资料是满铁总部在1940年（昭和15年）4月正式决定在满铁调查部实施《中国惯行调查计划》而取得成果的一部分。参照本书第1卷序文以及第6卷杉之原舜一、有关中国农村惯行调查的笔记。但是在正式决定之前的1939年，本调查在满铁调查部、华北经济调查所以及上海事务所被计入年度业务计划书，从4月开始着手调查。以上决定是同年秋天满铁调查部相关人员在东京与东亚研究所方面进行事前会面，在调整了双方的合作关系后形成的。这是一个将1940年作为第1个年度并持续10年，总预算为557万元的庞大计划。中国农村惯行调查是在此计划的基础上以华北的土地法为中心进行的。

另一方面，东亚研究所从1939年秋天开始制定《中国惯行调查计划》。与学术振兴会的关系被调整解决，于1940年10月2日设置第六调查委员会，这是当时发生的事。同委员会实质上吸收了学术振兴会的相关人员，设置作为中央组织的总务部委员会（东研副总裁大藏公望先生任委员长，织田万、山田三良两位博士任副委员长）、学术部委员会（山田博士任委员长）、以及干事会。调查期间大致是3年，由学术部委员会进行法学性质调查，并将经济学性质调查研究委托给京大经济学部。但现场调查不可擅自进行，以满铁调查机构为主体负责此项工作。

关于这点，满铁方面也完全了解，因此在此形成东京方面（东研第六调查委员会）和满铁方面的协定，双方在调查的实施上要以下面形式进行合作。即，满铁调查局独自开展自己的10年计划，其中最初的3年要承担向东研提供资料的任务，但绝不是东研的承包机构，是为后者的短期计划提供方便，并充实自己用于长期计划的基本资料。

东研、满铁双方之间有必要在调查上进行密切协商。在学术部委员会，土地法部门有末弘严太郎，商事金融法部门有田中耕太郎两位博士主任推进；其他委员、研究员是既定的。满铁方面的相关人员于1939年到东京，同东研之间进行了11次会议。在这些会议中展现出双方的见解，特别是末弘博士的见解，充实了在本调查中极其重要的学问上的方法论。此外，由于本次调查属于《非政府资助项目》，以山田博士为中心的东京诸位学者们显现出十分强烈的追究学问性目的的态度，值得注意。

关于以上内容，我们以当时的文献资料为依据，抽选出与本调查资料有着深度联系的部分，记载如下。

## 一　1940年（昭和十五年）4月20日满铁总部决裁

——关于中国惯行调查实施的问题

起草：1940年2月24日

裁决：1940年4月20日

关于中国惯行调查实施的问题

调查以全面了解中国民族社会以及日本的对中政策的树立为宗旨，做出以下决定。

一、调查方针

将中国社会的规范即惯行作为中国社会的历史、社会、经济的产物来理解时不要把其当成表面形态来罗列，必须以发展的眼光探究其社会性和经济性的根源。即将其以动态来把握、整理并体系化。（另附文件1）

二、调查项目

（一）土地法

（二）财产法

（三）债权法以及商务法

（四）人事法

（五）自治制度

（六）金融工业矿业法以及有关的公私法制度（另附文件2）

三、调查时间以及地点

调查时间：1940年（昭和十五年）开始实施10年计划

调查地点：以河北、山东、山西、绥察地区、江苏、浙江为中心进行调查

四、调查组织

为了圆满完成调查的联络、运营以及实行等，在大连调查部设立委员会，在中国北部经济调查所、张家口出差所以及上海事物所调查室里设立专门的调查班和调查人员，并在东京的中国调查室里派遣专门负责本调查的对外负责人。（另附文件3）

五、经费（抄）

| | | |
|---|---|---|
| 第一年 | 1940年（昭和十五年） | 326, 899元 |
| 第二年 | 1941年（昭和十六年） | 586, 126 |
| 第三年 | 1942年（昭和十七年） | 672, 043 |
| 第四年 | 1943年（昭和十八年） | 655, 639 |
| 第五年 | 1944年（昭和十九年） | 676, 896 |

续表

| | | |
|---|---|---|
| 第六年 | 1945年（昭和二十年） | 660,284 |
| 第七年 | 1946年（昭和二十一年） | 673,122 |
| 第八年 | 1947年（昭和二十二年） | 527,482 |
| 第九年 | 1948年（昭和二十三年） | 509,358 |
| 第十年 | 1949年（昭和二十四年） | 283,940 |
| 合　　计 | | 5,573,789 |

六、要员（参考后附表格）

文件1：

中国惯行调查方针：

本调查的调查对象为以中国的社会性规范的统治与管辖为依据所定型的法制惯行。

随之，拟定调查实行计划时，将调查事项用法律概念来整理并体系化。

中国社会的固有法律中，私立法律几乎没有直接服从于国家的成文法律机制，做为社会内部的法律惯行来存在。随之，私立法律在中国经济的直接监管下存在。与此相反，执行国家的成文法律形态的公立法律极端地反映中国专治政府的特殊政策下的社会经济。考虑以下情况，确定调查事项时以私立法律的概念作为依据更为妥当。

但是作为调查事项的依据的法律概念并不能最终决定调查内容，只是作为整理并体系化调查的直接对象的依据。

即法律是对于社会的统治与管辖下的社会成员的最低程度的行为规范要求，并且法律又是历史、社会经济的产物。作为社会行为规范的法律已成为该社会的社会、经济基础构造的历史性的凝固。总之，中国固有法律的调查作为中国社会的社会性规范的调查，与中国社会构成、中国经济社会的基础构造等的调查一起成为探究中国社会基础构造的一部分。同时，本调查不能仅仅整理罗列各种法律事项，必须将其作为中国社会内部的法律惯行，也作为历史、社会、经济的产物来把握并分析。（另附文件3）

文件2：

调查事项明细：

1. 土地法

（1）有关土地法的权利关系（包含债权性的土地利用关系）

①所有权（业权、业主权）

②典当权（当权、买卖）

③抵押权（压权）

④地上权（永租权）

⑤永佃权（永小作权）

⑥租赁权

⑦地役权

⑧人役权

⑨入会权

⑩占有权

土地法将解释有关上述权利的意义、性质、效力、起效、变更、消减、种类、特殊事项、近代法律的影响等。

(2) 有关土地法的各项制度

①地目：作为权利的归属、土地的用法、税目等标准的分类以及各种地目的起效、沿革、管理的异同以及整理的推移等。

②地籍：种类、公布、测量方法等

③公共课税：种类、征收组织、征收区域、征收手续、征收时期、征收解释及交代、实收等。

④有关土地的账本：种类、性质、样式、用法、效力等

⑤公正制度、契税、验税、补税、过剩以及登记

⑥地券：种类、样式、性质、效力、签订合约方法等

⑦开垦：清理赋税、清丈、丈放等

⑧印章：种类、样式、用法、效力、机关等

⑨地政机关：种类、沿革、组织、权限、管理范围等

⑩地籍管理：沿革以及现状

2. 财产法

(1) 有关土地以外的不动产法、房子、林木、柴草、土石、坟墓、水域等土地的产物以及构成部分的权利关系

(2) 一般财产以及动产法

①一般财产：分类（官方财产、公立财产、私立财产、合并财产等）、果实、物权行为论

②动产法：动产（意义、种类、动产上的权利）、动产所有权、动产担保制度、典当权、占有权

3. 债权法以及商务法

(1) 债权法

①债权法总则：债权的意义、性质、效力、种类、金钱债权、利息、多数当事人的债权关系、债权让渡、债权消减

②债权契约：契约的意义、性质、内容、成立、效力、解除、各种债权契约关系（赠与、买卖、交换、使用借贷、消费借贷、租赁、寄托、雇佣、请求、和解等）

③不正当的得利

④不法行为

(2) 商务法

①一般商务：行政的取缔、官方的辩证

②商人以及有关商人的各项制度：商人团体、市场、店铺、账本、印章、营业让渡、商业用人、代理店

③经营组织法：合伙、组织、会社、联盟

④有债证券法：汇票、凭单

⑤商务行为法：商务买卖、仲、行、栈、交易往来、运输、寄托等

⑥商务诉讼的和解、调节等

⑦海事商务

4. 人事法

（1）通则部分：权利能力、行为能力、出生、死亡、身份、阶级、姓名、户籍、地址、失踪

（2）亲族

①亲族关系：名称、种类、范围、发生、消减、公私法律上的效果

②意义、设立、废除、家人口、家长、尊长

③婚姻：成立、效力、夫妻财产关系、离婚、倒插门婚姻、养媳妇、养女婿、纳妾

④亲子：实际亲子、养父子、养子

⑤孤儿托付、监护、养护

⑥亲族会

（3）继承

①宗亲继承

②财产继承、房子、私有财产、遗产、家产、分割

③遗言

5. 自治制度

（1）一般自治制度：各种自治团体、机能

（2）同族部落：宗法、族长、族祠、族产、自治制裁以及基于其他同族意识形态的各项制度

（3）自治的各项组织（村部落自治体的组织）：自治基本法、与自治设施（息讼会、治蝗会、积储会、青苗会等）、官方自治组织（保甲制、区村制、乡镇制、警防制）等的关系、自治体的财政

6、特殊事项

（1）团体法：工商业者的职业团体、乡镇团体、氏族团体、祭祀团体以及其他惯行的各团体组织

（2）金融制度：不动产金融、商业金融、庶民金融的法律各形态

（3）工业矿业惯行：与土地利用之间的各项关系、行政法上的制度以及助长设施、租矿、有关工人的各项劳动法

（4）其他公认的公私法制度

调查时间

将调查时间定为 10 年。调查实行计划表如下。

| 地域别／目别／年度别 | 北京 | | | | | | 上海 | | | | | | 张家口 |
|---|---|---|---|---|---|---|---|---|---|---|---|---|---|
| | 土地法 | 财物法 | 债权及商事法 | 人事法 | 自治制 | 特殊事项 | 土地法 | 财物法 | 债权及商事法 | 人事法 | 自治制 | 特殊事项 | 土地法 |
| 1 | ↑ | | ↑ | ↑ | | ↑ | | | ↑ | | | ↑ | |
| 2 | │ | | │ | │ | | │ | | | │ | | | │ | ↑ |
| 3 | │ | | │ | ↓ | | ↓ | ↑ | | │ | ↑ | | ↓ | │ |
| 4 | │ | | │ | | | | │ | | │ | │ | | | │ |
| 5 | ↓ | | │ | | | | │ | | ↓ | │ | | | │ |
| 6 | | ↑ | │ | ↑ | ↑ | | │ | | | │ | | ↑ | │ |
| 7 | | ↓ | ↓ | │ | │ | | ↓ | | | │ | | │ | ↓ |
| 8 | | | | │ | │ | ↑ | | ↑ | | │ | ↑ | ↓ | |
| 9 | | | | ↓ | ↓ | │ | | ↓ | | ↓ | │ | | |
| 10 | | | | | | ↓ | | | | | ↓ | | |

调查地区

以河北、山东、山西、绥察地区、江苏、浙江为中心进行调查。根据当时的调查情况，其他地区也作为参考调查对象。

文件 3：

调查组织

为了圆满完成调查任务，进行对内外的联络、全面运营调查事务，在各地设立随时协助调查的机构。在大连调查部设立委员会（称之为中国惯行调查委员会），在中国北部经济调查所、张家口出差所（再议内蒙和新疆地区设立调查组织）以及上海事物所调查室里设立专门的调查班和调查人员，并在东京的中国调查室里派遣专门负责本调查的对外负责人。

（1）委员会组织（设立于调查内部）

委员长：调查部部长

副委员长：调查部次长

中国北部经济调查所所长

上海分社事务所调查室主任

东京分社调查室主任

委员：调查部综合科长

张家口出差所(再议内蒙和新疆地区设立调查组织)

中国北部经济调查所调查指导员

上海事务所调查室调查指导员

调查部第二调查室调查指导员

社内学识经验者

特别委员：社内学识经验者

委员会主任（干事长）：调查部第二调查室主调查人员

干事：调查部综合科担当调查人员

调查部第二调查室担当调查人员

中国北部经济调查所第一调查班调查人员

上海事务所调查室业务员以及调查主任

张家口出差所干事事务由中国北部经济调查所干事承担

上述委员会的经费原则上由每个委员所在的事务所来承担

（2）中国北部经济调查所、张家口出差所以及上海事务所调查室担当调查班的负责人的编制如下表。

东京分社调查室的对外联络责任人为东京分社调查室主任（认命其为委员会副委员长）

另附表格

**北京、上海、张家口、年度别及项目别调查员编制表**

| 地域别 / 项目别 / 年度别 | 北京 | | | | | | | 上海 | | | | | | | 张家口 |
|---|---|---|---|---|---|---|---|---|---|---|---|---|---|---|---|
| | 土地法 | 财物法 | 债权及商事法 | 人事法 | 自治制 | 特殊事项 | 合计 | 土地法 | 财物法 | 债权及商事法 | 人事法 | 自治制 | 特殊事项 | 合计 | 土地法 |
| 1 | 8 | | 2 | 1 | | 1 | 12 | | | 5 | | | 2 | 7 | |
| 2 | 8 | | 2 | 2 | | 2 | 14 | | | 6 | | | 2 | 8 | 6 |
| 3 | 8 | | 2 | 2 | | 2 | 14 | 4 | | 6 | 2 | | 2 | 14 | 6 |
| 4 | 10 | | 4 | | | | 14 | 8 | | 4 | 2 | | | 14 | 6 |
| 5 | 10 | | 4 | | | | 14 | 8 | | 4 | 2 | | | 14 | 6 |
| 6 | | 2 | 4 | | 3 | | 14 | 8 | | | 4 | | 2 | 14 | 6 |
| 7 | | 2 | 4 | | 3 | | 14 | 8 | | | 4 | | 2 | 14 | 6 |

续表

| 地域别 / 项目别 / 年度别 | 北京 | | | | | | | 上海 | | | | | | | 张家口 |
|---|---|---|---|---|---|---|---|---|---|---|---|---|---|---|---|
| | 土地法 | 财物法 | 债权及商事法 | 人事法 | 自治制 | 特殊事项 | 合计 | 土地法 | 财物法 | 债权及商事法 | 人事法 | 自治制 | 特殊事项 | 合计 | 土地法 |
| 8 | | | | 5 | 5 | 2 | 12 | | 2 | | 4 | 6 | 2 | 14 | |
| 9 | | | | 5 | 5 | 2 | 12 | | 2 | | 4 | 6 | | 12 | |
| 10 | | | | | | 2 | 2 | | | | | 6 | | 6 | |

## 二　1939年（昭和十四年）十二月满铁总部决裁

——关于中国惯行调查实施的问题（手抄版）

中国调查计划案

一、调查目的

通过研究中国法制、经济的再建设以及中国社会等，为日本制定综合性的对中政策而提供资源。

二、调查时间

调查时间定为10年。

调查期间的调查实行预案如下文件所示。

三、调查经费（略）

四、调查方针和调查项目

如文件所示（因与上次的总部决裁书一样，因此在这里省略—编者）

以河北、山东、山西、绥察地区、江苏、浙江为中心进行调查。根据当时的调查情况，其他地区也作为参考调查对象。

五、调查组织（略）

六、与东亚研究所的关系

（一）根据公司调查部任务的执行情况，可满足东亚研究所的委托。

在10年调查时间中的前3年，在调查项目和调查方法等方面双方充分讨论之后将其按照新旧的顺序总结好，并给东亚研究所提他们委托的有关中国惯行的调查资料。在第3年末，将这些资料根据调查计划书的内容重新整理之后制定中期调查报告书，将其报告书作为东亚研究所的参考资料来提供。

（二）东亚研究所的中国惯行调查委员会由公司派遣适合的人员参加调查并且提供援助。

东亚研究所支援公司委员会、特别委员会以及其他调查人员。东亚研究所与公司的事务联络通过东京分社调查室主任（委员会副委员长）汇报给委员会委员长。

## 三　东亚研究所第六调查委员会纲要

东亚研究所第六调查所经过多方面的努力于昭和十四年（1939 年）十月二日成立。成立初提出《中国旧惯调查计划案》于昭和十三年（1938 年）十月二十八日完成。之后改为《中国惯行调查计划案》。下面将介绍此计划案的最终版。

第六（中国惯行）调查委员会刚要：

一、目的

为日本的对中政策的实行提供资料，进行中国北部的法律、经济的各项惯行的调查，完成东亚研究所委托的任务。

以此为目的在东亚研究所设立第六调查委员会。

二、时间

第一期为 3 年。

第一年：文献的预备调查研究

第二年：文献以及实地调查的正式调查研究

第三年：正式的调查研究以及调查研究报告的完成

根据第一期进展情况制定第二期的调查计划书。

本调查从昭和十四年（1939 年）十月一日开始实施。

三、经费预算

第一年：10 万日元

第二年：约 18 万日元

第三年：约 15 万日元

本预算仅限于内地调查，现场调查委托给满铁调查机关。

四、调查研究主要项目

为日本的对中发展做出直接的贡献，并且为正确把握中国的国家社会而做带头研究。具体调查研究项目如下。

（一）土地惯行

（1）关于农业土地制度的经济学角度的调查研究

（2）关于土地法以及土地惯行的法律学角度的调查研究

（3）上述调查研究中所需要的家族以及村落制度的研究

（二）商务及金融惯行

（1）关于商业及商业活动的经济学和法律学角度的调查研究

（2）关于金融制度及货币制度的经济学和法律学角度的调查研究

（三）工业矿业惯行

（1）关于工业矿业的经济组织的经济学角度的调查研究

（2）关于工业矿业所有权及经营权等的法律学角度的调查研究

（四）有关领事裁判权及租界的调查研究

（五）其他公私法制度

五、调查地区

以目前的调查技术不可能对全中国进行调查，按照日本的对中政策的地理性发展的顺序来确定调查地区。调查地区如下。

（一）河北、山东

在此地区进行全部调查项目的调查研究

（二）山西

在此地区进行工业矿业项目的调查研究

（三）江苏、浙江

在此地区进行调查项目第4项以及商务、金融、工业惯行的调查研究

六、调查组织

调查组织分为中央组织和现场组织。

（一）中央组织

中央组织以总务部委员会、学术部委员会及干事会来组成。

（1）总务部委员会由司法部官员、外交部官员、学识经验者、满铁官员、东亚研究所代表来组成。其业务为调查方针及调查成果的审议和决策、预算、决算以及其他重要任务的处理。

（2）学术部委员会由学识经验者几名和研究补助人员几名来组成，基于总务部委员会的决议进行调查研究。

（3）干事会由干事几名和事务人员几名来组成，制定调查研究的统一企划案初稿并向总务部委员会提出，并且负责各方面的联络和日常事务。

（二）现场组织

现场组织以满铁调查机关为主体，中国的学者和经验者作为调查的协助人员。

现场组织所属于委员会制度下的满铁调查机关。

七、上述调查项目中的有关经济学角度的研究由第六调查委员会来委托给京都帝国大学[1]经济学院。法学角度的研究由本调查研究学术委员会承担，且两者相互协助。

## 四　满铁调查部当局者与东研第六调查委员会的商议

“1939年12月7日，根据附加在满铁调查部综合科《关于中国惯行调查和东亚研究所的事前商议谅解事项》里的《中国惯行调查事前商议会诸会议事录》。在此之精选该书

〔1〕译者注：京东帝国大学为现在的京东大学的前身。

的70页左右的内容与本调查资料相关的发言部分。括号内为编者补充”

### （1）东研预备事前商议会议（1939年11月18日午后）

山田（三良）：尽量吸收满铁10年方案里的东研3年方案。关于制定方案，学术振兴会关于制定方案之前，满铁方案已经被制定出来了。学振方面已经有了个人意见，但组织的方案还未出来。

……………

山田：希望尽早制成调查细目。中心负责人是负责土地法的末弘（严太郎），负责商法金融的是田中（耕太郎）。

末弘（严太郎）：负责有机构成调查整理的负责人分工很细致，这一点不大好。如金融，要把握农村金融，得先把握与土地惯行有机结合的村落的全体构成，调查机构也必须是有机的，负责联络的人是必要的。

……………

末弘：必须商议实地调查的具体方法。

那须（皓）：社会经济基础构造与本调查的负责人的关系——希望找到经济基础构造与法律性质的关系。希望关于这两方面，能在同一土地上进行实地调查。

……………

那须：从对华政策来说，最好早一点实施自治制。人事法放到后面实施也无妨。

……………

山田：人事法最好从家族制度方面开始。

松山（贞夫、满铁委托）：在土地法实行过程中也加入自治制的实施。

末弘：虽说要在东研进行3年，但我们对于调查结果期望到何种程度，不能够让本来的惯行脱离法与经济。在能动性地考虑实际起作用的惯行时，两者实际上变成了同一事物。只了解形式就成了法律性质的东西，而在它背后还存在社会经济原因，所以必须要全面且能动地掌握这两者。因此只了解法律的形式是不符合调查宗旨的，有必要弄明白中国社会本身。

山田：作为东研，我们想知道现在中国的法制经济状态，而并不特别是那些有益于政治的东西，但是结果被政治所利用是个别问题。要是能得到中间报告的话，东研便可以以此为材料进一步研究并作出报告。也就是说，想让你们理解了实际的惯行以后，将其制成报告。由于和兴亚院的对立关系，无法给予太多调查时间。

……………

### （2）东研事前商议会议（同一天傍晚）

东大教授以外，出席者还有来自京大的织田万、石川兴二、蜷川虎三、谷口吉彦、八木芳之助诸位教授。

次长（次长官本通治）：满铁认识到本调查的重要性时，正好东研请求合作，于是非常高兴地答应了。在性质上要求进行长期调查，故而计划了10年，但作为社议还没有被决定下来。要将法性质的惯行与社会经济因素相结合。本调查将作为中国社会基础性研究的一翼。为了能网罗事件，不发生遗漏，要从私法性角度来组建。关于调整与东研的关系，需要相关人员集合起来就人员配置、项目、调查方法进行实质性事前商议。除了从公司提出资料，我们计划经过 3 年后作出中间报告并提供给东研方面作为参考。

……………

押川（满铁华北经济调查所所长）：中国人在顾问、委员会的设置、个人利用这些方面可被聘用，此外也可考虑设置法院，由中国方面进行同种类调查，但不指望具有个人性质的聘用。

……………

末弘：必须以工作能够顺利进行为目的来决定调查事项的领域。本调查的本质是符合社会性的。在此之中，有适合法律社会学者做的事情。比如必须按京大八木案中的土地所有形态和其性质来将这个领域分配到两者之间。

……………

山田：关于中国人的利用，希望大家能够考虑一下。

### （3）东研细目事前商议会议（11 月 20 日）

末弘：关于土地惯行调查，京都方案里面的项目适合于法律社会学者的研究。

……………

那须：脱离农村实态，惯行就会显露出来。在不制造麻烦的范围内，希望双方能一起进行调查……在惯行和实态调查分别由不同的负责人来做的情况下，想让他们去做惯行的地方进行实态调查。

村田（久一、满铁职员、本调查相关人员）：一直以来在华北的农村调查在访谈的时候，被询问者都只限于很少的一部分人，所以两个调查组一起进行惯行和实态调查是极其困难的。眼下正在思考该如何把两个调查结合在一起。

……………

山田：要是能把人事惯行放到土地惯行的范围内弄明白就好了。

松田：关于调查项目，是要接受从东研方面提出的项目，然后加入到满铁方案之中。

……………

那须：在做惯行调查的时候，也想听听被调查者对于该惯行的意见。可能在某种情况下，在提出报告书之后有必要对被调查者进行再讯问。考虑到那种情况，针对调查事项，希望能记下被调查者的名字。

……………

那须：关于农地所有权的移动，希望能调查根据遗产均分相继来细划分的限度以及它与农业经营的关系；还有相反的，土地兼并的倾向以及它与农业经营的关系。为了明确该把重点放于何处，需要制成并提出详细的项目。

仁井田（陞）：关于合有、共有等，它们是否在实际上符合那种情况，在这里产生出了很多问题。

……………

末弘：希望能调查惯行的地域分布。

### （4）东研细节事前商议继行会议（同一天下午）

山田：月底提出东研方面的细节调查方针。若是能提前通知实地调查的时期的话，就派东研委员、研究院去出差。一开始去的时候预定调查时间为40天。

### （5）东大事前商议会议

末弘：在东研方面，以满铁的惯行调查为中心进行协助，本来的方针是将到现场调查为止的部分全部一体化，由于种种情况成了现在这种形式。但是打算以满铁的10年方案为主体，东研这边给予帮助。

……………

末弘：关于土地惯行，希望能够注意到各方面的有机联系。例如城市或是农村若是混乱就会很困扰。也就是说要从整体来把握农村生活。因此，想先以惯行为中心，制作出使全体部门的联络关系一目了然的鸟瞰图（理想图），由满铁来制作这张图怎么样？

平野（义太郎）：中国社会存在的旧中国性质的东西和新中国性质的东西，这两者该如何把握，希望将把握的方法明确一下。比如寺庙地，要明确它现在的作用，即要明确寺庙地在将来拥有的意义以及寺庙地的近代化记忆是如何交错的。

……………

末弘：希望能够调查旧中国制度被维持到何种程度，在何种程度上与新中国制度并存以及它移动的方向。

……………

平野：作为把握惯行动向的标准，必须要调查有关民国成立前后、欧洲大战前后、1929年以后的农业危机、最近10年间等这些时期……国民政府着手整理土地事业的困难情况、土地私有化的路径，这些在调查进行的时候都应该考虑到。

松山：末弘方面考虑的调查计划最终并未止于惯行调查那样狭隘的范围，而可以说是明确的中国社会经济调查。

末弘：还是要以惯行为中心。正如万物生存法则一样，以理解社会内部的普通情况为目标。所以才变成了社会调查、经济调查。

# 日本学者对中国惯行调查的意见

## 凡　例

在着手进行中国惯行调查的时候，日本方面的诸位学者们利用种种机会，从各自的学问立场出发来表明自己对于调查的意见（调查的方针、事项、要领以及其它）。上面摘抄的与满铁方面相关人员举行的事前商议会议事录中也有记载，经作者允许，在此将其中文书化的部分摘抄如下。

正如和田博士讲话中提到的，关于《中国行政法》，当时织田万、加藤繁两位博士给介绍了很多体验；关于《满洲旧惯行调查》，最近天海谦三郎也给我们讲了很多经验之谈。也有记录，但由于和本书并不直接相关，这里便省略不写了。（关于天海先生座谈会在东洋文化第25号有全文记载）。

## 一　末弘严太郎博士的《调查事项准备私案》

本篇文书原本具有作为土地相关的东京方面调查项目大纲的意义。

末弘博士是东亚研究所第六调查委员会学术部委员会的土地法部门的调查主任，在与满铁调查部相关人员的事前商议中，为了明确东京方面惯行调查的基本方针，制成了大纲式的方案，此时是1939年11月17日。有关方案的制成，平野义太郎进行了部分内容的补充。

《私案》是在同年11月30日，在满铁调查部松山贞夫先生和东大相关人员的座谈会上，和《从农家经济观点来看华北农村的各经济惯行》一起交给松山先生的。满铁方面把它作为东京方面的大纲性调查案收下了，它在同年12月15日将《关于中国惯行调查》送到东亚研究所第六调查委员会委员长那里的时候，作为附属书籍一起被送了过去。

《私案》毋庸置疑是东京方面调查项目（第1卷中有记载）的基础。而且在《私案》里，博士写下了以下文字。“为了能动理解华北社会的特征，最重要的是先明确逐渐成为华北社会经济中心的农业经济关系在法性质规律下是如何成立的”。

## 调查事项准备私案

### 第一、土地所有关系

一、土地的区别
民地
公地（官庄、官田、屯田等）
旗地、蒙地、族田、寺庙地等的半封建性乃至身份的所有形态
沿革
现存事物的所有形态（也与后文的耕作关系、租税等相关）
清朝制度的残存
民国十七年土地法的关系
民国二十一年剿匪区内各省农村土地处理条例
是否存在总有土地
村落共有地
宗族有地
家族制度、继承制度和土地制度的关系
在同族村落的族产、祭田和学田
家产
分别继承的家族制度的制约、同族无断业、同族典卖优先权
二、土地的权利关系
土地的所有权
检地制土地台账地券登记制
与土地耕作相关的权利关系
民法典其他制度法和惯行（民法典以外例如民国十九年的农业法等制定法）
权利的种类内容
特别是租佃惯行的详细调查（留意不同地方的区别）
租佃关系
佃农保护法（民国十九年）
保障佃农辩法原则
实施状况
大土地所有和农业劳动者
公地耕作关系的特殊性
总有土地的权利关系
三、住宅地
土地和建筑物的关系
借地关系

借家关系

**第二、农业金融的诸关系**

由于华北有很多小规模自耕农，如果不能明确租佃关系以外的实际支配自耕农经营的金融、税租、市场等诸多关系，是无法从全局把握农业惯行的实态的。

（一）高利贷资本

其特殊性—与商业资本的关系

其所有者（官僚、豪绅、富农、商人等）

借贷关系的种类内容

担保，特别是物品担保（典、当）

合会（类似于日本的标会）的法律关系

（二）商业资本

在中国的商业资本的特色—与外国资本的关系

买办

（三）市场的诸关系

中国市场的特殊性

作为市场支配者的公会

商人公会

手工业公会

（四）牙行、经纪（中介业）

其交易关系

（五）各种杂货铺

（六）农业和银行资本的关系

信用合作社的农业金融中介功能

**第三、以租税为中心的农地关系**

（一）农业与租税

（二）租税制度—法制与实际

田赋、公地的田赋

田赋附加税

其他的杂税外税类似的强制比例等

征收制度—包税制度

有关实情的详细调查

**第四、农村自治及农村生活**

（一）农村自治制度的历史、现况及农村生活

农村的社会构成

乡约
（二）保甲制度的现状与将来、村落内的司法
（三）社仓、义仓
（四）合作社其他协同合作运动

**第五、水利灌溉**
华北农业灌溉的重要性
井的法律关系
与公用排水事业相关的法律关系
有关与日本水利结构相当事项的调查
关于洪水过后的恢复工作问题
诸制定法例如统一水利行政及辩法纲要等
有关诸河川惯行

**第六、农业经营与农家经济**
（一）耕种法、农具、肥料、家畜
灌溉用器械
（二）农具经济（包含副业、家内工业等）
（三）农业劳动惯行
雇农、游行工人
外出务工

**第七、矿业**
诸制定法
其实施状况
土法采掘的契约关系

**第八、水产业**
盐田、盐池
渔业权
渔具
劳动关系
自古以来专卖制度的沿革
盐法
制盐特许条件
其他制定法

**第九、交通**

道路

运河

构筑维持的关系

使用关系

## 二　津田左右吉博士对调查的意见

利用满铁调查部相关人员和东京方面进行事前商议而到东京来的机会，1939 年 12 月 25 日，东京方面的一位委员津田左右吉博士来访大隈会馆，毫无顾忌地询问了大家关于惯行调查的意见。本文是当时东京方面干事记下的谈话记录，并请博士进行了校阅和修正补充，为方面大家参考，誊写了小部分在这里。

津田左右吉博士的意见：

原来我只是做过一点其他社会文献上的研究，而且还只是研究与对象的文化、思想相关的方面，所以我想知道这些东西具有怎样的经济、社会基础，因此关于此次调查，我认为从我自身的学问上来看，这次机会是相当难得的。

**第一、关于中国文化阶级与民众之间的关系**

一般来说维持负担中国文化的知识分子同时也是有产阶级，将拥有的财产用于维持生活、学习，学成之后成为官员，当官以后继续制造财富。如果是这样的话，这种学问生活和财产生活的关系是怎样的呢？

即（1）作为地主阶级利用土地的动向是怎样的？

（2）作为官员，与其就任地群众的关系如何？

以上对于明确知识阶级的生活根据是否是必要的，从文献中却无法得知。所以成了我的疑问。

接下来

（3）老百姓是否有成为知识分子的可能？

（4）如果老百姓可能成为知识分子，之后又将产生怎样的关系呢？

（5）反过来，知识分子有没有可能沦为老百姓？

**第二、关于军人**

中国的文人（官人）阶级是从有产者中循环产生的，而政治上的掌权人更多是军人出身。那么军人的社会、经济地位又如何呢？

（1）作为武官，很有地位的那些军人拥有土地，成为地主，那么他们的子孙是怎样维持其社会地位的呢，和知识阶级、士人阶级是一样的吗？

（2）在某种情况下拥有同军人一样的工作，或是被给予军人地位的匪贼与土地所有的关系是怎样的？

以上就是我想知道的推动中国政治的原动力。

**第三、关于中国的劳动阶级**

（1）特别是有关满洲方面，华北的居民搬家的最初的动机是什么，这点请从人性的角度来考察。我觉得是否与同乡人的邀请与人口密度有关。

（2）接下来是，搬家与还乡的关系是怎样的？有的中国人是很重视故乡，即使出去挣钱，挣到钱后都会返乡；但也有已经建设好新生活，对新土地产生深厚感情，于是在那里扎根的人。到底是怎样的呢？

与此相关的内容涉及到史学问题。汉代，在当时还属于中国领土的辽东乐浪地方，大多数中国人定居在那里。然而高句丽占领那里之后，那些中国人的命运如何呢，这个无从知晓。这些在根本上是殖民地人民的乡土观念问题。

（3）以上问题对中国本土而言也是一样的。因为水旱灾害离开故乡的游民中有多少人后来回到了故乡，或者是没有回，但是否抱有回去的希望呢，还有，没回去的人又过着怎样的生活呢？以上作为国内外移民问题，我认为它与民族膨胀有关系。而华侨的心理多少也和这个有关。

**第四、洪水过后的土地的处理**

在中国，屡屡发生洪水过后，土地界线会消失，区域会紊乱，这该如何处理？有没有测量这个的简易方法，还有这些土地区域该如何恢复？

**第五、对于土地的热爱**

我认为中国农民对土地相当热爱，这和所有欲的关系是怎样的，比如佃农会不会产生把耕地占为己有的欲望。如果有的话，可能性又有多大？

**第六、关于家族制度**

中国的家族制度到底是大家庭还是小家庭？在这一点上士人和老百姓之间有没有差异？还有，大家庭和累世同居的制度是原封不动自古继承下来的呢，还是在某个时代由于某种突发情况而产生的？

在家庭这样一个经济结合体中存在的经济根据是否在土地所有中已经存在了。那样，作为经济根据的照应，扶助义务上就会出现问题。比如官场有寄生虫存在的原因之一就是官吏的贪婪。

我想这些情况是自古的传统吧。比如杨贵妃受宠以后，她的家族成员都位列高官。中国存在一人犯罪，九族受罚的情况，这也可以作为一个证据。或者这种结合的根本原因是在中国社会的根基中找不到的。还有，我想知道现在的同族结合状态在土地关系上的实证。

**第七、与村落的关系**

中国有同姓村，这样的姓氏是如何产生的？是自古沿革下来的吗？在同姓村落里血缘关系和土地关系存在怎样的联系？

日本村落与中国的相比有很大不同。并没有那么尊敬姓氏，而且存在贬低外来者，把原有姓氏改为古老姓氏的情况。在中国村民之间真的有血缘关系的吗？在华北有一姓一屯的情况吗？

**第八、关于寺庙及祭祀**

（1）中国的寺庙、道观是如何维持的，是怎样与一般老百姓的生活联系起来的？我觉得佛教和道教的寺庙道观普遍是通过所拥有的土地来维持的，而并不像日本的风俗那样，是通过信徒的净财来维持的。是否可以认为他们的宗教信仰也是极具个人性质的，信徒不会以集团的形式运作。

（2）村落里的神庙是怎样和村子全体的生活联系起来的？它的维持费用和祭祀费用是是否由村民来负担？是的话又是怎样的负担方法？以上是与村落生活的共同性程度相结合的。也就是说，民众是否有共同经营事业的性格。村落中对神的祭祀不是由大家一块儿祭祀的，而是分别祭祀的。

**第九、关于城墙**

是否具有结合中国都邑内部居民的功能，若是村落，又是怎样的内部结合？血缘性的东西与通过共同防御外敌而产生的地缘结合的关系如何？

**第十、对外人的观念**

中国的村民是如何看待外来人口的，那些外来人口是否能拥有村里的土地？如果能，需要一个怎要的过程？特别是如果想要取得土地的权利，需要什么手续？

制度是很重要的，我想知道在某种制度之下，人们是怎样生活的，那种制度实际上是怎样运作的。比如，关于家族制度的话，家庭的生活方式或生活感情，亲子、夫妇、兄弟之间的相互交流，态度、气氛这些；村落制度方面，村民之间的相互交流，作为同村人的共同心情，对于其他村里的感情，村落行政是怎样运用的，租税徭役是怎样的等等，这些通过文献似乎到底是无法明白的。还有土地方面，对于有关土地或农业的宗教祭祀，农民的土地的感情。这些事我都想知道。

（津田追忆）

## 三　和田清博士《关于中国惯行调查参考文献的讲话》

本笔记是 1940 年 7 月 5 日，在学术部委员会，对委员文学博士和田清先生的讲述的速记。

此讲述是东洋史学界的泰斗和田博士为了惯行调查事业而对参考文献进行的指示、解说，是非常有益的内容，所以在获得博士的特别许可之后，对其进行摘录收取，校阅誊写，再颁发给相关人员。

在此表达对和田博士的深厚谢意。

第六调查委员会学术部委员会

今天主要讲与法律相关的内容。简单地介绍一下大家在进行惯行调查的过程中多少会参考的一些书籍。但是由于时间有限，不可能全部讲完。关于那些古籍，在《清国行政法》卷首记载的参考书目至今仍十分优秀，有那些就足够了。如果是新书的话，中国中部建设资料整备事务所发行的资料通报里记载的书籍，我想大家都知道。还有最近很有名的爱斯卡拉的有关法律的著作，巴茨克的有关农业的著作都是很优秀的作品，关于这些新书，有像平野先生这样的专家在，如今就更没有让我来介绍的必要了，因此我就把这些都省略。那么接下来，请允许我稍稍介绍一下处于新旧两者之间的书籍。当然接下来要提到的这些书籍，也不尽全是某个方面的代表作，它们只是我在关于各个方面能够想到的书籍，希望大家不要误解这一点。

进入正题之前先谈一谈书目。前几天参编清国行政法的织田先生讲过柯蒂斯的简明书库非常有用的理由，此书至今仍是西洋书籍中唯一的最大的书目。柯蒂斯以外也有人出了两三个法律相关的书目。例如，保罗 · 伯希和[1]的《伯希和敦煌石窟笔记》、浅井虎夫先生的《中国法典编辑的沿革》、孙祖基的《中国历代法律学家著作考察》等。《伯希和敦煌石窟笔记》虽然被称为中国法律书的解说，但是整理得不太好。所以我认为浅井先生的书更简单扼要，使用起来更方便。《中国历代法学家著作考察》也不是很好。也就是说这三本不是非常重要的书。我认为关于中国法制关系的好论文其实很多刊登在学术杂志上。例如，以前的中国评论、王立亚洲协会中国北部支部的杂志以及最近的中国政治学会学报等。

**首先介绍外文书籍。**

MAYERS, William Frederick

The Chinese Government; a Manual of Chinese Titles, Categorically Arranged. 2ed. With additions by G. M. H, Playfair. Shanghai. 1886.

HOANG, Pierre.

Mélanges sur l'Administration. Variétés Sinologiques 21. Changhai. 1902.

以上两本是织田老师提到的非常有用的书，而且简单易读。后一本书的作者黄伯禄先生还有如下著作。

Notions techniques sur la Propriété en Chine avec un Choix d' Actes et de Documents

〔1〕 译者注：保罗 · 伯希和为法国著名的汉学家。

officiels. V. S. 11. Changhai. 1898. Pp. ii. 200.

Le Mariage Chinois au Point de Vue legal. V. S. 14. 2ed.

Revised. Changhai, 1916. Pp. 54. 259. 86.

Exposé du Commerce public du Sel. V. S. 15. 1898.

我认为比这些更详细、或说是更有用的书包括

BRUNNERT, H, S. and HAGELSTROM, V. V.

Present Day Political Organization of China. Revised by A. Beltchenko and E. E. Moran. Shanghai, 1912. Pp. iv. 572. Lxxxi.

HSIEH, Pao – Chao

The Government of China (1644 – 1911). Baltimore: Johns Hopkins press, 1925. pp. 414.

以上是行政组织方面的书籍，与中国的法律、刑法、民法等更相关的包括

BRYAN, Rob. T.

An Outline of Chinese Civil Law. Shanghai, 1925. pp. vi, 92.

RIASANOVSKY. V. A.

The Modern Civil Law of China. Harbin. 1927. pp. 187.

更简明扼要、稍有详尽特色的如下

JAMIESON, G.

Chinese Family and Commercial Law. Shanghai, 1921. pp. ii, 188.

作者是英国的上海总领事，担任之前提到的皇家亚洲协会中国北部支部长，翻译注释了与清律户律当中与家族制度及商业相关的条目，将原刊载于“China Review”上的文章修改为一本书，即此书。

作者于1889年委托中国全国的传教士去调查土地租借及其他土地相关内容，加以整理，完成了提名为“Tenure of Land in China and The Condition of the Rural Population”（中国的土地使用权及农村人口的状况）的文章，投给亚洲协会的杂志，是这一方面的先行者。

特别在中国土地制度相关方面，有名的包括

FRANKE, O.

Die Rechtverhältnisse am Grundeigentum in China. Leipzig, 1903. pp. viii, 104.

这本书中有所涉及。关于中国刑法，スタントン曾翻译过《大清律例》，但这部分内容过于古旧，因此近年来出版了下列书籍。

ALABASTER, Ernest.

Notes and Commentaries on Chinese Criminal Law, and Cognate Topics, with Special Relation to Ruling Cases. Together with a brief Excursus on the Law of Property chiefly founded on the Writings of the late Sir Chaloner Alabaster. London, 1899. pp. lxxii, 677.

BOULAIS, Le P. Gui.

Manual du Code Chinois. V. S. 55. 2 vols. Changhai, 1923 – 4. pp. 7, vi, 352, 6, 4; 9, 353 – 740, vii.

大清律例便览的翻译

关于中国家族制度最简明的书是李鸿章曾经的顾问所写的书

MöLLENDORFF, G. P. von

Family Law of the Chinese. Shanghai, 1876. P. 60.

另外，

SU, Sing Ging

The Chinese Family System. New York, 1922. P. 112

虽然乏味，但记录了很多关于中国家族制度的欧洲文字参考书目，非常便利。

书写村落组织情况的书当中，最基础的入门书有

LEONG, Y. K. and TAO, L. K.

Village and Town Life in China. London, 1915. pp. xi. 155.

以实行美式社会调查为特色的作品中，有下列作品

KULP Ⅱ, Daniel Harrison.

Country Life in South China. The Sociology of Familism. Vol. l. Phenix Village, Kwantung, China. New York, 1925. pp. xxxi, 367.

在中国开展社会调查的鼻祖是西德尼·甘博

GAMBLE, Sidney D.

Peking. A Social Survey. New York, 1921. P. 538.

其作品诸位都知晓，非常有名。他曾是宣统皇帝的师傅。

JOHNSTON, R. F.

Lion and Dragon in Northern China. History, Folklore, Peligious Practices and Social Customs of the Territory of Wei Hai wei. London, 1910. pp. xiv. 461.

他曾任威海卫的民政官，记录了在任时期的审判情况，具体展示了中国村落生活的状况。在这方面，其作品被认为比著名的亚瑟·史密斯的《中国的村落生活》还要有趣。

接下来介绍“中文书”

首先是入门书籍，由先达织田博士、加藤博士推荐的六部成语注释，这是珍藏本，虽然错字很多但很方便。最近京都的有志校订之后准备出版*。加藤博士也推荐和刻本

福惠全书三十二卷

大清律例统纂集成四十卷

等很方便，那个种类的书还有

吾学录初篇二十四卷（道光十二年吴荣光撰）

制度通十三卷（享保九年伊藤长胤撰）

明律国字解十六卷（荻生茂卿撰）

清俗纪闻六卷（近藤守重撰）

是江户时代，当时向渡来长崎的中国商人询问后以图解的方式著成的，上面记载了许多与制度、风俗相关的内容，此外书中还涉及到旅行签证、证文，虽然旧了一点但很不错的一本书。

以上所介绍的，按织田、加藤两位博士的话讲就是一些入门书籍，事实上那是以前的情况了，现在两位博士苦心编纂的《清国行政法》、《台湾私法》或是《满洲旧惯调查报告》这些，查阅起来更为方便，所以以上书籍的必要程度已经下降了。

然后，要说资料和书的话，第一个要举的就是类书。其实也说不上是类书，它们是中国自古以来的，那里面也有法制经济史料这一类的书。接下来我举几本与我们目的相符的书。

太平御览一千卷（宋李昉等撰兵部、刑法部、资产部）

永乐大典二万二千八百七十七卷（明解缙等撰）

三才图会一百零六卷（明王圻撰）

图书编一百二十七卷（明章潢撰）

渊鉴类函四百五十卷（康熙四十九年张英等撰三五五—八卷产业部）

古今图书集成一万卷（清蒋廷锡等撰经济汇编食货典）等。

用一句话来概括，它们都是非常宝贵的，但还未涉及到根本。接下来举几本涉及到根本的中国人所谓的政书，第一本是唐代杜佑的《通典》，很有名气的文献通考三百四十八卷（元马端临撰田赋、钱币、户口、职役、征榷、土贡、国用）是它的增补版。它所记述的时间跨度是从太古至宋末。通典、文献通考和宋代郑樵的通志被称为“三通”，然后再加上清代敕撰的钦定续通典、通志、通考以及钦定皇朝通典、通志、通考这六本书一起被称为“九通”。与它们互补的有明代王圻的续文献通考、清代刘锦藻的皇朝续文献通考、其它的还有西汉会要、东汉会要、三国会要、唐会要、五代会要、宋会要、明会要这七种会要。其中最经典的是宋会要，是宋代首屈一指的根本资料。以及和马端临的书齐名的

钦定续文献通考二百五十卷（清乾隆十二年嵇潢等撰）

记述的是宋末到明末的事情，接着是

钦定皇朝文献通考二百六十六卷（清乾隆十二年嵇潢等撰）

记述的是清初到雍正年间的事，接着是

皇朝续文献通考三百二十卷（光绪三十一年刘锦藻等撰）

记述的是乾隆年间到清末的事情。通过这些书，便可了解从太古到清末的状况了。但就像前几天加藤博士所说，还有

皇朝政典类纂五百卷（光绪二十九年沈惟贤等撰），

它的内容比皇朝续文献通考丰富，只限于记述清朝后期的事情，无出其右。与它相同的还有

皇朝掌故汇编一百卷（清宋文蔚等编）

这书并不是什么经典，但由于它是清末的书，所以也提提它的名字。

以上列举的就是所谓的政书，它们是贯通古今而编纂的书籍，比这些更为根本的是历代正史的志书，这里只举一部代表作

中国历代食货志正续篇（民国二十五年上海大光书局刊）

正史不只限于这类志书，也说不上是必须要浏览一遍的。

比正史更为根本的是当代法典、则例一类，有唐六典、元典章、明会典、唐明律等多

种，这里只举清末的两种。

大清会典一百卷图二百七十卷事例一百二十三卷（光绪二十五年徐相孙家鼎等修）

所谓会典就是会要章典，在明代也有正德、万历二典，清代也有康熙、雍正、乾隆、嘉庆、光绪五典，上面举的是光绪时期的会典。

钦定户部则例一百卷（同治十二年载龄等修）

全部的则例大约有五百种，这里举的一例有关土地人口村落的某户部则例普通版。这书和大清会典一样都是不可缺少的。

钦定赋役全书

虽然没起到什么作用，但也将它作为同时代的代表大作举出来。再举如下的几本其它的类似判例治绩始末的书。

案刑六十卷、续增十六卷、三编十六卷（道光十四年鲍书艺祝庆祺同撰二十年祝宋庵续增、光绪十六年何维松三编）

实际上沈家本的三百五十卷版本的三编要好一点。

驳案汇编三十二卷（朱梅臣、全士潮刊）

例案全集三十九卷、续四十五卷、新编四十一卷（雍正十一年、乾隆二年、乾隆二十四年刊）

以上中国的诉讼大体是刑事诉讼，一般的民事诉讼是委托给地方自治的，所以这些书里反而没有民事诉讼。

徐中丞勘语四卷（徐士林撰）

从政绪余录七卷（陈坤撰）

天台治略十卷（康熙中戴兆佳撰）

晋政辑要四十卷（光绪中安颐等撰）

记述施行民政的方式和官吏心得体会的所谓官箴书类中也有很有趣的。

牧令书二十三卷（道光十八年徐栋撰）

实政录七卷（明吕坤撰）

钱谷备要十卷（清王又槐撰）

和这些不同类的

得一录十一卷（清余治撰）

是收集了中国民间救济制度，比如养老院、义仓等的规则的书。与农业相关的书籍有

农政全书

援时通考

这些书的数量也很多。而自古以来诏令奏议的汇集大量存在，首先是近代的

十朝圣训九百二十二卷

它收录的是从清初到同治朝的历代天子的诏敕中，特别分类的有关经世济民的内容。

论摺汇存

是敕诏（谕）和上奏（摺），是光绪三十四年间的根本资料。

华制存考

也是宣统年间的谕摺汇存，在日本无现存本**。

政治官报

宣统末年政体改变之后出版的书籍，内容是前者的后续。

政府公报

民国时期的出版物，除中央政府外，还有大量地方政府公报。

光绪新法令二十册

宣统新法令三十五册

光绪末年至宣统年间变法政令。

中华民国法规大全

蒋介石政府出版物，有好几个版本，以民国25年出版的九册本最好。

中国民事惯行大全

中国商事惯行大全

以上两本书规格较小，起不到很大帮助。这几年来应该有出版更好的书***。

皇朝经世文编一百二十卷（道光六年贺长龄编）

清初到道光初年期间的经世论，即与政治、民主相关的各种上奏文、议论文，价值颇高。

皇朝经世文续编一百二十卷

此书有两类，其一是光绪十四年葛士撰写的，其一是光绪十八年盛康编著的。虽然通常用的是前者，但两者都有参考的必要。此外还有三编、四编、民国经世文编。详见白濑先生的《清末的经世文编》（池内博士纪念论集）。

皇清奏议六十八卷（琴川居士编）

清朝初年到中期，其中也包含值得注目的有关旗地的奏议。

皇朝道光同光奏议六十四卷（光绪二十八年王廷熙王树敏同编）

道光、咸丰、同治、光绪年间（同上）。

江苏减赋全案八卷

全案是有关清末的文书集，其中包含海军全案、鉴法全案等很多方面，也是当时有关土地制度的一例。

接下来说一说方志类和家乘族谱类。对于研究来说最重要的是文书和调查，紧接着它的就是方志了。方志在中国是个古老的存在，其中在像顾炎武的《天下郡国利病书》或是《大清一统志》那样的总志里也包含了有关土地制度、村落组织及其他资料，但是由于总志是很简略的，所以大都起不到什么作用。比总志记述得更为详细的有以省为单位的通志，大都经学者整理总结，但也和总志一样没有记载琐碎的习惯，因此也起不到多大作用。比较起来，府县志、镇志、乡土志这些规格越小的方志记述的内容就很琐碎，而越是琐碎，往往很有帮助。此外方志共有6000多部，从中搜寻起来很不容易。这里列举几部方志研究的参考书。

方志学（民国二十四年1月李泰茶著）

中国方志学通论（民国二十四年12月傅振伦著）

可以说是地方志的指南针，其中记述了操作方式。

方志考稿甲集六卷（瞿宣颖撰）

以天津任民的藏本为基础，详细解说了有关东北中国的地方志。

中国地方志总录（朱士嘉撰）

是分散在全国各地的中国地方志总录，也有补充。

东洋文库地方志目录

现在日本拥有最多方志的是东洋文库，由于目录可以用来检索书目，所以非常方便。

除地方志以外，不可忽略的还有家谱、族谱一类。这些书对于了解家族制度和村落组织等是非常宝贵的。在日本存有家谱最多的是东洋文库和东方文化学院[****]。

我认为很多小说杂家也可用作参考。特别是外国人，如果不阅读中国小说，是无法了解他们的风俗习惯的。小说的数量是很多的，在这里作为入门书籍，我只列举几本小说史和小说。

中国小说史略一卷（民国十四年鲁迅周树人撰）

作者鲁迅也是很有名的中国小说家，同时也是一名学者，本书很得要领地介绍了从太古到当代的小说。

晚清小说史一卷（民国二十六年5月阿英撰）

是以清末为背景的小说。

今古奇观四十回

是明代短篇小说集萃。

儒林外史五十五回（雍正末吴敬梓）

书中描写了学者的家庭生活，同时也描写了很多民间乡村生活。

官场现形记六十回（光绪二十九年李宝嘉撰）

二十年目睹之怪现状一百零八回（宣统元年吴沃尧）

以上两本书都是揭露了官吏生活内幕的小说。

今天讲了一些无聊的话，还请大家见谅。

＊此六部成语注解是根据加藤博士所藏的写本所著，由内藤乾吉先生于1940年刊行。

＊＊现在华制参考被保存在东京大学东洋文化研究所大木文库。

＊＊＊中国民事习惯大全是从民商事习惯调查报告录（中华民国十九年5月司法行政部刊）全四编中摘录而成。到民商事习惯调查报告录的第三编为止附有清水金二郎和张源祥两位的翻译。

＊＊＊＊现已交接给东京大学东洋文化研究所。

# 总索引

# 凡　例

## I　关于事项索引的目的和使用方法

A　此事项索引的目的，是为《中国农村惯行调查》全六卷的读者在检索及研究本书调查资料中的所有事项时提供便利。本书所包括的原资料，是以“资料”的形式特别刊登出来，另行制作了“资料目录”，一并提供参考。

本书以新民主主义革命前夕的前近代社会中国农村为调查对象，其内容一般是因以近代法的概念而难以理解其特性，把这些内容作为事项索引应该如何处理，在诸多方面都有难度。编辑委员以据此完成的如下所述的双重结构索引为方针，规定了各自分工并历经长期工作，进行了二十多次基于共同研究的商讨才完成了这部分内容。但是无论如何，也不是原来完整的内容，而且不能否认其中存在各种各样的不足之处。

B　此事项索引由分类项目表和索引两部分构成。搜索出某个事项在正文中页码的方法属于后者，而了解正文刊登了哪些事项的则是前者。

关于两者的使用方法，首先根据分类项目表，读者查阅自己研究对象的情况是如何被项目化的，然后根据索引，所看到的每个项目的页码就是普通的顺序。当然，只搜索已知的项目时，不需要参考前者，直接查看后者就很方便。

采用这样的双重结构基于以下理由，仅索引满足不了本书的索引。第一，本书的对象是旧中国农村的法的惯例、诸种制度，如上所述，前近代的特性是用特殊用语表达的，把这种用语项目化的情况下，除了少数精通这些的人之外，其他人很难利用简单的索引。第二，假如即使知道这些特殊的用语，但是从这些用语和其他的项目是如何相关联的，在法惯例中占有什么样的体系来看，更加困难。第三，想要了解本书中一般调查什么样的事项，与这种要求相对的则是索引满足不了这种要求。作为以上诸缺点的补充而编写了分类项目表，置于索引前。

C　因为各调查项目、各调查事项相互之间存在有机关联，为了把握各个事项以及用语的正确用法，而并不是部分的、片断的，至少是关于某个村落，真切希望能不辞劳苦通读全文。换句话说，把某件事的一字一句抽出来利用的话，作为调查者也非常困难。希望读者至少在全部通读关于某一个村的资料之后，再查阅本索引。

## II　关于分类项目表

A　分类项目表整体分为村落、家族、一般土地所有权、租佃、土地买卖、农村贸易、农村金融、水、赋税、司法制度十个门类。除了以上的各个门类，虽然没有设“杂项”这一门类，但是具有这一性质的内容，大体上都包含于以上的任一部分中。不过，在完整的程度上也不能说是包括所有杂项。

上文的门类区分大体上是根据当时调查使用的调查项目。时至今日，相关反思自然也有很多，但是考虑到原来这项调查的方法基本上与当初调查项目的规定、制约有关，在项目表的构成上，采用这种区分是自然且适当的。

B　各部分的内容尽可能按体系分类整理，从概括性的、抽象的项目开始，逐渐下降到个别的、具体的项目，以此构成。然后索引中所刊登的全部项目，无论属于哪一个部分，适当地找其位置，进行分置。

这种分类项目表的构成，把重点放在便于项目检索的同时，也意图对本书的资料内容进行伦理、体系性整理分类。因此，不以当初的调查项目为基准，而是基于调查结果本身，尝试对调查记录进行某种程度的科学分析。在这种意义上，虽然还不完整，但是已经成为编辑委员“中国农村惯行调查的法律社会学研究”的一环，关于展望调查结果的全体，认为可以给读者些许参考。

C　各个门类并非各自独立，相互之间有关联性。因此，在内容里经常有部分重复的情况。此时，作为原则，以一个门类为主，在里面刊载具体的项目名称，在其他门类里面只有概括性的项目，不会重复出现具体的项目，也不会出现在主门类中。一个门类的内部，在各事项之间有关联性的情况下则按照上文处理（尤其是家族）。这种情况之下，一定要通读各部分，相互参考相关内容。

D　关于分类项目表的制作方法，在编辑委员的研究会上商讨此事，尽可能地加入调整，期望统一。从各部分的性质，以及负责人的立场、个性来看，对于各项产生的若干分歧也是理所当然、无可奈何的。但是从整体来看，按照中国农村的法律惯例的实态特质，在各部分仅是对调查内容进行分析，通览分类项目表，掌握在此所列举的各个问题的这种构成方式，也是共同追求的目标。

E　分类项目表所刊登的项目，有在索引标注了页码的，有未标注页码而只表明其他的项目的，有索引未记录的，还有只是便于说明目标的。无论哪一项，请参见分类项目表开头的符号说明。关于同一事项，有中文和日文两种项目的情形，无论哪样未必都附有页码。

### III　关于项目的决定及其表达

A　如分类项目表的方针所示，在项目中有概括性的内容，也有个别性的内容，前者遵循用日语表达的原则，后者用日语或者中文两种，或者用其中一种来表达。任何事情一般尽量用通用的日本法律用语、经济用语等，尽量使其能够检索出。

B　在选取项目时，作为其意义内容的基准，尽量周密地从正文的问答中抽出事项作为基本方针。因此，这里的用语有中文，有日语，有近代的法律概念，有前近代的用语，可以从各种各样的方向引出事项。

这种情况下，也设计了少量正文中未使用的词汇。这可以说是正文的“小标题”（在本书刊行之际，作为编辑委员新完成的内容，在各卷的正文目录里全部刊载)，做为项目内容要顾及这些，但不用完全遵从这种说法。因为有正文与“小标题”的用语放到一起不恰当的情况。

C 正文以及“小标题”里经常使用近代法的概念，但在把这些用语所包含的法的关系念在心里而提问的情况下，在相应的回答中，涉及到部分或者是一般的类似法关系的内容，以及没有其他合适表达的情况也不少。例如，使用连带保证、破产之类用语的时候，调查时未必意味着对于近代法律的连带保证、破产，认可其正确的法律关系。这不仅是在正文中，索引和分类项目表的用语，同样应该注意。

D 在正文中有下述情况，用省略用语表示全部或者一部分不存在的否定情况。例如，经调查得知，时效、王土思想这一类别在华北农村完全不存在。此外，某些事项有在某个地域存在、而其他地域不存在的情况（例如村的边界)，或是有一部分不适合的情况。在这些之中，逐一展示否定的案例很是棘手。当然，一般认为否定也是一项重要的调查内容，在这种意义上，项目以设问为中心而建立。

E 而且，同样的目的关于某个事项本来有理论上的问题，举出其用语并且必须附加各种各样的条件，有省去其条件而成为项目的情况。例如，关于债务继承的“父债子还”，就有不能准确对应的问题，在项目表中，好像是暂且对应而构成的。此外，例如关于佃农的地位，对于佃权这种用语的表达非常有问题，但是为便于设问，也会使用这种用语。

F 在调查中所使用的日语并非正确意思的时候，在项目中采取正确的用语。例如，仲裁这种正文中的用语在索引项目中改为调停。

## IV 关于中文和日语的用法

在正文和事项索引中大量使用了中文。而且，在使用日语情况的关系方面，也有各种问题。

基于原来承担调查任务的调查员（因项目和调查员会有分歧，尽管不能一概而论，但在大体上）在调查的初期不熟悉中文，主要会根据日语以及日本的法律概念进行提问，回答也是基于此进行记录已经成为常态。但随着调查次数的增多，调查员也逐渐熟练中文，通过农村的实际情况也逐渐了解农民的用语及其意思、内容等。此时，提问也好，回答记录也好，都尽可能使用农民用语的情况逐渐增多。当然，最后会翻译成日语，理论上想要重新改写，但又认为直接保留问答式记录以及对话的风格很有必要，因此自然而然地形成了这种方法。

基于这些调查实情，希望本书的利用者所注意的要点如下：

A 有中文和日语中本来就几乎意义相同的词汇，例如朋友、利息等，但是整体来看却非常少。此外，日本的法律用语直接传入中国，被认为用于法律和文件用语（例如保证人、责任等类)，这种例子被公认为在近年的法令、规则等里面比较多，除此之外非常少。

B 一般来讲，农民例行的用语以及概念虽然很寻常，但是却是固有的内容，因此无法用贴切的日语来表达的情况已经司空见惯。这类事情如上所述，也是正文的提问与回答中多使用中文的原因之一。

于是在项目方面，我们采取尽可能把使用的具体中文与表示其含义的日语并列记录的方式。但也绝非完全不能用日语表达，在日语中也有相当勉强的表述。

C　某些词汇既不是中文也不是日语，是在调查当时调查员为了方便而惯用的，自然而然地就成了既定概念，在正文中也经常使用。在项目当中，也有这种保持原貌使用的词汇。其中明显的例子就是“典小作”，典是中文，小作（租佃）是日语，是混血儿式用语。

D　某些词汇，同样的词句在中国和日本都在使用，但在正文中所使用的中文意思与在日本的意思完全不一样（例如义子、本家等）。这些不拘泥于意思的差异，在项目中有保持原貌使用的情况，所以请注意。但是也有分家等在两国语言中都正确，却无法对应的例子。这种程度的情况也不少。

E　而且，同样是中文词句，各地的用法、意思也不同。例如，在某个地方，抵押不动产被称为当地，典地的用法只在租佃关系中通用，而在另一个地方，通常把抵押不动产称为租地、典地，一般不说当地。但在华北的其他地方，把抵押不动产称为典地或者当地却很寻常。关于租佃关系，一般称为租地，但上述地区却是例外，关于它的形态在各地有各样的称呼。作为调查员，经常确认每个场合的用语。这是因为，如果省去对基本关系的理解去提问，是毫无意义的。因此，在分类项目表中，这种情况下，设置“什么什么名称”的项目，便于搜索。

F　尤其多见于赋税部分，官方用语已经消失，此后成立了新的机关，但农民依然惯用旧名称。例如，把田赋征收处称为粮房、户房、六房等，归于税务承征员称为包商等。这种称呼是指的旧制度的还是新制度的，有不少不明确的地方。这种情况在索引中，作为同一特性的机关进行处理，同时值得考查沿革、变迁，可稍加留意。

G　另外，某些词汇，同样的中文有多种含义。例如“当家”，广义上指的是生计的负责人，也指家长的意思、主妇的意思和家长代理人。除此之外，也指广义上团体的指挥者、负责人的意思。再比如，“伙计”可用于长工、店员、以及保正的帮手。

H　中文的用法因地域不同有很大的差异，要特别注意。换言之，同一种法律关系，因场合不同其名称不同的例子也不少见（E就是其中一个例子）。在分类项目表中，同义语虽然被表达过，但在查阅索引而阅读正文时还需要注意。

I　在本书的正文中，每同一个字在中文当中都有正体字、俗体字、简化字混淆（例如账—帐，糧—粮，墳—坟等）。这些在分类项目表和索引中，有未必统一而使用的情况[1]。

[1]　译者注：在翻译时已经统一了异体字、繁简体字。

# 关于索引

A　索引的项目排列是按照五十音顺序[1]，并非电话号码簿形式的。因此首字母相同的项目未必就并立，要注意其中也会插入其他首字母的项目。附有〈〉的情况不要拘泥于括号，直接通读。

关于汉字的发音，一般中国式的读法和日本式的读法不一样，作为原则采取后者。大家认为中国式的读法更加顺耳的情况，破例与日本式的读法一并列出[2]。例如糧桟（りょうさん、りゃんざん）等。

日本式的读法也有两种读音，容易混淆，要将认为是更常见读法的项目附在页码上，其他读法的项目，只列举出首字母并且参考前者。

B　中文里的谚语、熟语，不用日语的训读，而要用汉语的语音通读。例如“买马不离槽”即为ばいばふりそう。

C　为了避免索引的庞大化，在索引中只记录项目的页码，并不表示其中的上中下段。因此，希望读者不辞劳苦通读整页。这是因为那个项目的内容未必局限于一页中的一个地方。

D　在索引中，有成为一个团体，多个事项以一个项目的形式插入的情况。详情参阅索引的符号说明，其内容并不属于五十音顺序。

E　关于一般难度的汉字，在分类项目表和索引的 cf. 中，在包含汉字的熟语中附上假名。此外，通常在索引的记号说明之后附有难读字表。

这份事项索引在编辑委员会之间的任务分担如下所示。旗田、安藤、小沼三人，按照调查员当时的负责分工。本项工作是受 1956 年、1957 年度文部省的科学研究费资助而完成的研究成果的一部分。

村落　旗田　巍　家族　前田胜太郎　一般土地所有权　福岛正夫　租佃 幼方直吉　土地买卖　仁井田陞　农村贸易　安藤镇正　农村金融　安藤镇正　水　幼方直吉　赋税　小沼正　司法制度　福岛正夫

---

〔1〕　译者注：在译文中，索引已改为按英文字母顺序排列。

〔2〕　译者注：翻译时省略了原文标注的中文读音。

# 分类项目表

## 符号说明

〔 〕此括号内的事项是为了体系地分类整理而列出的，在索引中，不作为项目而列举。

（ ）此括号内的事项，意味着括号前的事项和同义语的内容。而且在索引中虽作为项目而列举，却只表示括号前事项的项目，且不标注页码。

例　养老地（养赡地、养老费、养老粮）

在养老地项目中标注页码（页码标注项目），养赡地以下的三个项目和养老地是同义语，仅作为指示项目。

〈〉此括号内的事项是限定括号前某项目的意思，所以和前面的项目并行列出，其本身不单列为条目。

例　家长〈女人的〉，摊款〈县〉

—〈〉在横线前一行的项目附有限定，分开列举同一项目的各种各样的内容，有目的的使用。与下面符号所并列的内容在索引中作为整体直接列出。

例　婚姻阻碍

——〈同姓〉

—〈重婚〉

—〈宗教不同〉

关于婚姻阻碍这一项目，其内容划分为同姓以及其他各种情况，而且也是这么区分的。而在索引中，以在分类项目表中的形式概括起来，各自附上页码等列出。

“”内的事项指谚语、俗语等用中文叙述的内容。它以括号的形式列在索引中。

例如“卖马不离槽”“好官司不如恶宴席”

→这个箭头指的是它左侧的项目是指示项目，右侧的项目是页码记载项目，表明的意思是“看这个”。

例　村费征收账→青苗账，大秋账，麦秋账，谢秋账，…

意味着村费征收账的事项，具体指的是青苗账等，所以页码必须引出后面的各个事项。

← 这个箭头与上面那个箭头相反，它右边的项目为指示项目，左侧的项目是标注页码的项目，表明的意思是“看这个”。

例 家长的地位/职责←家长权

家长权这个日本的法律概念，只不过是指示项目，其所指的内容根据左侧项目的页码而知。←→ 这个箭头指的是其两侧的各个项目都是标注页码的项目，所指示的意思是“请相互参见”。（页码可能会有部分重复，原则上是不同的）

例 地籍←→田赋征收台账

市集的种类←→粮食市场，牲口市场，猪市，酒肉集，…

地籍、市集的种类等上述项目，田赋征收台账或者粮食市场等下侧的项目，两者都是标注页码项目。因此，为了能够查阅这些相关事项，必须把双方项目页码全部引出来。这些页码，虽然有重复的部分，但大体上是不同的。

cf. 这个简略符号，在某个项目和其他门类相关联的情况下，指的是相关的位置，意思是请参见在那里列出的各个项目。

例 契税的负责人 cf. 金融 X3B

，逗号表示几个项目的并立。

例 粮食市场，牲口市场，猪市，酒肉集，…

/ 指的是在一个项目里的说明，并非划分开项目。

例 村长的职责/权限

部门的略称 为省略部门名称，将其简化为两个字以下，使用下列略称。

所有 = 一般土地所有权 买卖 = 土地买卖 贸易 = 农村贸易 金融 = 农村金融 公租 = 赋税

司法 = 司法制度

# 村落

Ⅰ村的概况　Ⅱ村的范围/边界　Ⅲ村民　Ⅳ阶级/身份/职业　Ⅴ村里的行政组织　Ⅵ村的财政　Ⅶ 村的治安维持　Ⅷ农作物的看守　Ⅸ村的司法　Ⅹ宗教设施和仪式　Ⅺ教育/教化　Ⅻ互助/合作　XIII 村里团体的规定　XIV 财政和县/新民会/交通公司的关系　XV 同族和村

Ⅰ　**〔村的概况〕**

1　村的名称/沿革←→村（庄），洪洞县〈山西省〉

2　〔村的地理〕

A　自然条件

B　灾害

a　水灾

b　旱灾

c　虫灾←蝗灾

d　雹灾

C　村的位置/交通

D　〔产物〕

a　〔作物〕cf. 租佃 I1A

b　手工业制品→副业

3　土地的种类 cf. 公租 V1Bg，租佃 IV1

A　旱地

B　水田

C　菜园 cf. 租佃 VI1C，所有 VI2Bb

D　宅地 cf. 所有 VI2Bb

E　墓地←→义地（乱葬冈子）cf. 家族 VII8，IX21F，XI8F，XII4E

F　河淤地←→淹地 cf. 公租 XV3

4　聚落的形态

5　村的户口

A　各姓户口

B　各阶层户口→土地分配情况

6　村的面积←→村的范围/边界

7　村落生活的变迁

II　**村的范围/边界←边界〈村的〉**

1　村的界标←界标〈村的〉

2　村费征收范围

3　劳役〈村的〉的征收范围

4　看青的范围

5　放牧范围→放牧自由

6　采摘植物的范围→采摘植物，入会地，开叶子，拾落穗

7　村民对村子边界的意识

8　村的飞地←→外庄地

9　县边界←边界〈县的〉cf. 公租 I4，V1Bh

A　县的飞地←→飞村

10　〔私有地的边界〕→边界〈私有地的〉cf. 所有 VI

III　**〔村民〕**

1　村民

家人 XI10A
e　村长的选任和妇女的投票←妇女的地位〈在村政里〉cf. 家族 I5
f　村长的任期
g　村长的退任
h　村长的职责/权限 cf. 公租 V2Bi，VI1C
－〈征税〉cf. 公租 V1J
－〈治安维持〉→保长
－〈监证人〉cf. 公租 VII2G
－〈调解〉
－〈裁判〉cf. 司法 VIII1
－〈请愿〉
－〈分家的中人〉cf. 家族 IX11
－〈水利设施管理〉
－〈选定闸的管理人〉
i　村长的报酬/好处
j　村长的社会地位
k　村长的不正行为
l　针对村长的诉讼 cf. 司法 X7A
B　副村长
a　副村长的名称→村副，村佐，村富，副乡长，乡副，副保长，副参议，副庄长
b　副村长的资格
c　副村长的选任/退任←选举〔副村长的〕
d　副村长的职责/权限
C　会首〈村的〉←→香头〈庙的〉，甲长，十家长，当家的〈村的〉
a　会首〈村的〉的名称→会头，董事，首事人〈村的〉，办事人，办公人员，公正，公会人，在会的人
b　会首〈村的〉的资格
c　会首〈村的〉的选任/退任
d　会首〈村的〉的职责
e　会首〈村的〉和家族/同族的关系
f　会首〈村的〉和香头〈庙的〉
D　会头←→总会头，大会头
a　会头的资格
b　会头的选任/退任
c　会头的职责
d　会头和同族的关系
E　董事
F　村的管理者的协议←→会，公会，村公会，公议会，庄会，庄务会，庄中会，上社
2　村办公地点 cf. 公租 IV8Jd，VIII2Fb
A　村办公地点的名称/沿革→村公所，乡公所，庄公所，会/公会，村公会，青苗会 cf. 水 V3
B　〔村办公地点的人员〕
a　村的书记/会计←→司房，司账，司库，管账的，账房先生，公会先生
b　村的勤杂工→乡丁，使丁，村警，乡保，老道，看庙，地方〈村的勤杂工〉，联络员，帮办，乡警
C　〔农作物的看守人〕→闸夫，叫人头
3　村民的会议←→村民会议，村民大会，乡民大会，全村代表会，会，公会，村公会，公议，公议会，民众大会
4　村民对村政的关心
5　〔村内的组〕
A　闾邻制

6 村费的支出←→村费的垫付，会首的职责
7 村费的滞纳
8 村费的减免
9 实物征收（村的）cf. 公租 X2，XI3E
10 劳役〈村的〉←村的劳役，摊夫，摊工，派人，派工，催夫，夫役 cf. 公租 X3，XI3F
A 劳役〈村的〉的种类
a 夜警的出工
b 保甲的出工
C 〔看青的出工〕→义坡
d 铁路/道路的警备
e 修路 cf. 所有 V1
f 装卸工
g 堑壕掘（挖沟）
h 挖井
i 河川工程的出工 cf. 水 X2，4A
j 修桥
B 劳役〈村的〉的分配方法
C 劳役〈村的〉的征收范围
D 劳役〈村的〉的报酬
E 劳役〈村的〉的征收机关
11 村的借款
12 村的财产
A 村的公有地←→庙的土地，公会地，公议堂的土地 cf. 公租 V1Bg，所有 VI2Bc
a 村的公有地的变迁
b 村的公有地的买卖 cf. 买卖 II1F
c 村的公有地的租佃 cf. 租佃 V4A
d 村的公有地的收益
B 〔村公有地的公共利用〕
a 苇地←→水坑
b 采土地←→官土坑，入会地
c 肥堆（粪坑）
d 打谷场
e 广场
f 义地（乱葬岗子）
C 村的公共用具/设施←→水利设施〈村的〉，井〈村的〉cf. 水 V5
13 村的财政账簿
A 土地台账←→地亩账（地亩册，地亩劄子），地亩泼差底账，地柳子，鱼鳞册
B 村费征收帐←→青苗账，大秋账，麦秋账，谢秋账，派款账，摊款账
C 村费出入的杂记账→流水账，出入账，杂记，杂费老账
D 村费的收支决算书
E 提交给县的关于村费的报告书←→四柱册，月报表 cf. 公租 IV6
14 村费的收支决算公示

**VII 〔村的治安维持〕→治安状况**

1 〔治安情况之一〕
A 八路军
2 〔治安状况之二〕
A 土匪
B 强盗←→作物强盗
3 保甲制
A 保甲的编成←→联保
B 保长←→总保长
a 保长的选任/退任
b 保长的职责
c 保长的不正行为
d 保长和村长/副村长
C 副保长
D 甲长

A 看青范围的名称→圈，看圈，青圈，圈界，内圈/内圈地，本圈地，外圈，外圈地，本村地，外村地，本庄地，外庄地

B 看青范围的起源→看青夫圈绳定界，连坡，看青（看青夫自己的）

8 〔关于看青和其他村的协定〕

A 看青〈数村联合的〉

B 〔与在圈内的外村人的作物看守的协定〕→连圈，插花圈

C 看清费的清算协定→贴款（贴钱）

**IX 村的司法**

1 纷争/犯罪的种类 cf. 司法 X1

A 土地的纷争 cf. 买卖 V，司法 X4

B 〔租佃的纷争 cf. 租佃 XIII，司法 X4B

C 争水纷争 cf. 水 VII，司法 x6

D 〔借款纷争〕cf. 金融 v2c

E 家族/同族内的纷争 cf. 家族 II3D，IX21E，XI11，司法 X5

F 其他村/和其他村人的纷争 cf. 水 VII，司法 X8

G 作物强盗

H 不成功者的纷争←→无赖汉

I 罪恶的意识

2 村规（村约）

A 〔有关看青的村规〕→看青的规定，义坡的规定

B 水利的村规→河规〈村的〉cf. 水 V3

3 调解←仲裁

A 调解人←→调解委员

——〈村长〉

——〈会首，会头，董事〉

——〈保长，甲长〉

B 调解的手续/方法

C 争水纠纷的调解 cf. 水 VII2

D 族内纷争的调解 cf. 家人 XI11

E 息讼会 cf. 司法 IX6，租佃 XIII1

4 处罚

A 作物强盗的裁判/制裁

B 村八分

5 〔自救和复议〕cf. 司法 IX8，9

6 〔诉讼〕cf. 司法 VIII，IX，X

**X 〔宗教的设施和仪式〕**

1 宗教/信仰

A 道教←→善书，太上感应篇

B 回教←→回教村落，清真寺

C 基督教

D 先天道

E 在里←→在家里，当家的〈在家里的〉，松柏堂〈在家里的〉

F 在门

G 大教〈佛教〉

H 自然崇拜

I 风水

J 疾病的祈祷←→当会的，夙愿的，老君堂0

2 庙

A 庙的名称/种类/沿革→城隍庙，土地庙（五道庙，七圣神祠，五圣神祠），关帝庙（老爷庙），龙王庙，娘娘庙，财神庙，玉皇庙，三官庙，三教庙（三清观），三圣堂，观音寺，观音堂，观音庙，白衣庙，真武庙，菩萨庙，镇武庙，周公祠（小站的），大王庙，兴国寺，火神庙，药王庙

XII　［互助/合作］
1　互助/合作团体的称呼→社，会，会社
2　［农业经营上的互助/合作］
A　［因相互提供劳力/耕畜/农具形成的合作］→搭套，打套，插伙种地，　插伙坌地，插伙，打具，合具，合伙，伙养活，合养活，穿换，串换，跟驹代地，换工，工换工
B　耕畜农具的借贷　cf. 租佃 I4A
C　耕畜的共同饲育　cf. 租佃 I4C
D　耕畜/农具的共同购买　cf. 租佃 I4B，贸易 III5c
E　害虫的驱除←蝗虫的驱除，虫害
3　〔与水有关的合作〕
A　〔与井有关的合作关系〕
a　井的共有←→伙井
b　井的借用
c　井的自由使用
d　井〈村的〉
e　东井社
B　〔与灌溉/治水有关的村民的合作〕→河川工程的出工　cf. 水 X2
C　祈雨（村的）←→龙王，龙王庙 cf. 水 IX1C
4　帮忙←→帮忙，帮工
5　婚丧嫁娶的互助→孝帽子会，亡社会，红白会，喜社会，打老人会，猪会，碗社
6　〔金融上的互助〕cf. 金融 XII
7　扶贫/抚恤/备荒←→慈善会，积谷会，义仓，义地，cf. 公租 IV1Bd
8　村的土木工程←→井〈村的〉
9　村的防卫→保甲制，村的治安维持团体，夜警
10　村的祭礼/仪式→庙，仪式和会
11　村与村的合作
A　〔与灌溉/治水有关的与其他村的合作〕cf. 水 III，V，X
B　祈雨〈数村合作的〉←→龙王会
C　〔与其他村关于庙的合作〕
a　修庙
b　〔庙的祭礼〕→仪式和会
D　〔学校的合作经营〕→学校
E　〔与其他村关于看青的合作〕→看青〈数村联合的〉，连圈，插花圈，贴款
F　〔与其他村关于治安维持的合作〕→联保，联庄会
G　〔村与村关于桥的合作〕
a　桥的管理团体→桥会
b　桥会的负责人←→香头〈桥会的〉，首事人〈桥会的〉，会首〈桥会的〉
c　桥会的财产 cf. 公租 XV4A
d　桥会的事业→修桥，搭桥，折桥，摆渡
e　桥会和庙

XIII　〔村会团体的规定〕
1　〔与土地的买卖/典有关的规定〕cf. 买卖 II3，金融 X1De
2　〔关于土地的利用/摘取植物的规定〕
A　放牧的自由
B　入会地
C　植物的采取
D　〔关于采取高粱叶的村规〕→开叶子（开圈，开圈打叶子，劈高粱叶子）

A　各姓户口 cf. 家族 XI1

B　同族和街

C　同族村落

2　〔同族结合和村政〕

A　同族代表和村负责人←→董事，会头 cf. 家族 XI10A

B　村长的选任和同族制约

C　同族相互的对立

3　〔同族的代际秩序和村的代际秩序〕→街坊的辈（乡亲，乡间辈，前辈，论辈）cf. 家人 I2

A　街坊的辈的称呼

B　街坊的辈的称呼范围

C　〔街坊的辈的任务〕

a　街坊的辈和村外结婚 cf. 家族 VI9

b　街坊的辈和坐席

c　街坊的辈和年龄

d　街坊的辈与纷争的处理

# 家　族

家长、家庭成员、亲代、子代、夫、妻、媳、女孩（在家庭中的）的地位/职责这些项目，在索引中，除了家长，其余都不显示页码，或者只是其中一部分显示页码，很多参考项目不重复列举。这是因为上述的地位/职责具体来讲是家族项目共有的内容，而且相互关联，有错综复杂的关系。例如，因为存在未必明确区别家长和父母的提问内容，便以父母的地位/职责为主来表示家长。此外，也有在家庭成员的地位/职责中表示家长的情况。

I 家庭概况　II 家长和家庭成员　III 家庭劳动　IV 亲子关系　V 监护人　VI 婚姻　VII 家产　VIII 抚养　IX 分家　X 遗言　XI 同族　XII 同族分派　XIII 姻亲　XIV 殡葬仪式

的〉〈主妇的〉〈媳妇的〉〈女儿的〉〈小孩的〉

IV　父母的地位/职责〈父亲死后母亲的〉，杀婴

VI　婚姻的目的，指腹婚，童养媳，媳妇的地位/职责，妻子的持有财产，后妻，寡妻，离婚，寡妇再婚，纳妾理由，妾的地位

VII　女子在家产中的地位

IX　在家产分割中女子的地位，分家后未婚女子的生活

XIV　出生庆贺、生日庆贺、祖先祭祀中女子的地位，参见埋葬（夫妇的），寄埋/坵子等 cf. 村落 V1Ae

II　**〔家长和家庭成员〕**

1　家长（当家，当家人，当家的人，老当家，老当家的，老祖宗，老祖长，老人家，掌柜，掌柜的，老掌柜的，管事的，管事儿的，户长）←→“家有千口，主事一人”

A　家长的资格←→家长〈女的〉，遗言的效力〈家长的指定〉

B　家长〈女的〉←女家长←→家长的资格

C　家长的交代←→家长〈女的〉

D　家长的地位/职责←家长权

——〈家的代表〉

——〈祖先祭祀〉←→祖先祭祀

——〈收养养子的决定/同意/商量〉→收养养子的决定/同意/商量

——〈弃养养子的同意〉

——〈婚姻的决定/同意/商量〉→婚姻的决定/同意/商量

——〈离婚的决定/同意/商量〉→离婚的决定/同意/商量

——〈寡妇再婚的同意〉→寡妇再婚和家父长的同意

——〈纳妾的决定/同意/商量〉→纳妾的决定/同意/商量

——〈分家的决定/同意/商量〉→分家的决定/同意/商量

——〈生产和消费的管理〉

——〈外出务工的同意〉

——〈家产的管理〉→家产管理的所有项目

——〈与家庭成员的所得/汇款的关系〉

——〈债务的负担〉cf. 金融 VI1

——〈对于家庭成员债务的责任〉cf. 金融 VI2

——〈家产的处理〉→VII6 家产处理的所有项目

——〈扶养〉

——〈教育/训育〉

——〈惩戒〉

——〈纷争的调解〉

——〈对于家庭成员行为的责任〉

——〈与父母的地位/职责的关系〉

——〈与丈夫的地位/职责的关系〉←→“公公不打儿媳”

II　家长的代理，家庭成员的地位/职责，家庭成员的特有财产

IV　父母的地位/职责（父亲死后母亲的），孩子的分居，孩子的买卖，杀婴

VI　自由结婚，指腹为婚，童养媳，媳妇的地位/职责，

居的理由，赶走孩子的理由
b　家庭内纷争的调解
c　家长和家庭成员的纷争←→父母孩子吵架，赶走孩子，孩子的分居，分家的原因
d　父母孩子吵架←→家长和家庭成员的纷争，赶走孩子，孩子的分居，分家的原因，cf. 司法 X5E
e　夫妇吵架←→离婚
f　妻妾吵架←→妾的地位
E　外出务工人员和家庭的关系←→家长的地位/职责〈和家庭成员的所得/汇款的关系〉

III　**〔家庭劳动〕**cf. **租佃 III4**
1　家庭劳动的指挥/统制→家长的地位/职责〈生产和消费的统制〉，主妇的地位/职责〈女子劳动的指挥〉
2　家庭劳动〈对于作为劳动力的儿子的评价〉
3　家庭劳动〈对于作为劳动力的媳妇的评价〉←→媳妇的地位/职责
4　家庭劳动〈男的〉
5　家庭劳动〈女的〉
6　家庭劳动〈主妇的〉←→主妇的地位/职责
7　家庭劳动〈媳妇的〉←→媳妇的地位/职责
8　家庭劳动〈女儿的〉
9　家庭劳动〈孩子的〉
10　家庭劳动〈女儿的〉

IV　**〔亲子关系〕**
1　〔出生和成年〕
A　出生←→出生的庆祝
a　出生〈结婚后不到十个月〉←→禁止再婚期间
b　出生〈结婚后不到六个月〉（六月鲜）←→禁止再婚期间
B　成年
2　〔儿子〕
A　嫡子←→家长的资格
B　妾的儿子←→家长的资格
C　私生子（私哇，私孩子，后小子）
D　长子←→“绝次不绝长”，家长的资格
E　先妻之子←继子女
F　后妻之子
G　带来的儿子（代官，代管子）←继子
3　养子（过继，过继子，过继儿子，过子，抱儿子，过继孙，过继孙子）
A　收养养子的目的
B　养子的选择范围/顺序
a　兼祧（“一子两不绝”，“一子三不绝”“一子四不绝”，承支，借种，“承祀兼祧”）
b　“绝次不绝长”（“绝弟不绝兄”）←→“绝长不绝次”
c　养子〈异姓的〉（借子，抱养，抱养儿子，义子，过继子，代管子，领来的，义儿，要的孩子）←异姓养子
d　养女（爱继，要的女）
C　收养养子的决定/同意/商量
——〈养家/生家的家父长的〉
——〈本人的〉
——〈分家后的父母的〉
——〈分家股的〉
——〈同族分派及其年长的〉

7　孩子的分居（另过，单过）
A　孩子分居的理由
B　孩子分居和这个儿子的地位
C　孩子分居和家产分割→参与家产分割者〈分居的儿子〉
D　孩子分居的调解
8　赶出孩子（赶出去，杆出去，分出去，打出去，轰出去，另过，单过）
A　赶出孩子的理由
B　赶出孩子和这个孩子的地位
C　赶出孩子和家产分割→家产分割的参与者〈被赶出去的儿子〉
D　赶出孩子的调解
9　买卖孩子←→童养媳
10　杀婴←杀婴儿[1]

V　**〔监护人〕**
1　监护人的名称（照管人，家族办事人，代办家务人）
2　监护人的资格
3　监护人的选定
4　监护期间
5　监护人的权限

VI　**婚姻〔求亲，娶亲，娶媳妇，说媳妇，说媒〕**
1　婚姻的目的
2　婚姻的决定/同意/商量
——〈家父长的〉
——〈本人的〉
——〈父亲死后母亲的〉
——〈妻子的〉
——〈家庭成员的〉
——〈分家后父母的〉
——〈分家股的〉
——〈同族分派及其年长者的〉
——〈同族及族长的〉
——〈姻亲的〉
3　自由结婚
4　婚姻和辈行
5　婚姻和家格（“门当户对”）
6　〔婚姻年龄〕
A　婚约和结婚的年龄
B　在婚姻中男女的年龄差
7　结婚调查
8　婚姻障碍←→寡妇再婚的障碍，婚姻和辈行
——〈同姓〉（“同姓不婚”“同姓不做亲”“同姓不结亲”）
——〈特殊的亲属关系〉
——〈重婚〉←重婚
——〈宗教的不同〉
9　通婚圈←→村内结婚 cf. 村落 XV3Ca
A　村内结婚←→通婚圈 cf. 村落 XV3Ca
10　婚约（订婚，定亲，招亲）
A　婚约的期间
B　媒人←中人〈婚姻的〉，婚姻的中人
a　媒人在婚约后的职责
C　婚约字据（婚书，订婚大帖，龙凤大帖，大帖，大柬，订婚小帖，小帖，小帖儿，过小帖，小签儿，拿帖，求亲帖，柬帖）
a　婚约字据的书写格式/实例
D　结纳（贺礼钱，花钱，彩礼，下定礼，下财礼，放定礼，彩礼金，礼钱，押婚）
E　婚约的仪式

---

〔1〕 译者注：为减少家里吃饭的人而杀死幼儿。

13　离婚（休妻，休媳，休回去）
A　离婚的原因←通奸 cf. 司法 X5C
B　离婚的决定/同意/商量
——〈家父长的〉
——〈父亲死后母亲的〉
——〈丈夫的〉
——〈妻子的〉
——〈家庭成员的〉
——〈妻子娘家的〉
C　离婚的中人←中人〈离婚的〉
D　离婚状〈休书〉
E　离婚的申请〈妻子的〉
F　离婚与妻子财产的归属
G　离婚和孩子的归属
H　离婚的赔偿金（离婚钱）
I　离婚后的抚养费
J　离婚诉讼　cf. 司法 X5C，D
14　再婚←→后妻
A　禁止再婚期间←→出生〈结婚后不到十个月的〉，出生〈结婚后不到六个月的〉
B　再婚〈和亡妻的姐妹〉
C　寡妇再婚〈改嫁〉←再婚〈寡妇的〉
←→寡妇
a　寡妇再婚的伦理观
b　寡妇再婚的理由
c　寡妇再婚和家长的同意
d　寡妇再婚和娘家的同意
e　寡妇再婚的障碍
——〈亡夫的兄弟〉
——〈亡夫的同族〉
——〈亡夫的同村人〉
f　水钱（踏街子钱，踏街的钱，差接子钱）cf. 村落 XIII4B
g　身价钱（走道钱）
h　寡妇再婚和孩子的处置
i　招夫（“坐山招夫”）
15　招婿（“招门纳婿”，招赘子，倒踏门，义子，完婚）←上门女婿
A　养老女婿（招养老，“坐地招夫”）
a　养老女婿的赶出（轰出去）
16　妾（二房，老二，二太太，二夫人，二家子，姨太太，姨奶奶，小，小的，小小，找小，小奶奶，小老婆，小婆子，续弦）
A　纳妾的理由
B　纳妾的伦理观
C　纳妾的决定/同意/商量
——〈家父长的〉
——〈妻子的〉
——〈同族的〉
D　纳妾的年龄
E　妾的婚约和结婚仪式←媒人〈妾的〉，婚约字据〈妾的〉
F　妾的身价
G　妾的地位
H　妾的离婚
I　隐藏的女人（靠人，糊麻，打伙）

## VII　家产（家业，祖业，祖产，公产，家当，本产，事业，产业，过度，度用）

1　家产的所有名义←→堂名，分家后家产的名义
2　家产的所有主体（伙里的）
←家族共产，父子共产，继承
←→“同居无异产”
3　〔家产的构成〕
A　家产〈祖先传来的〉（祖产，祖业，祖遗家产，祖遗家业）
a　租佃地〈家父长死后的〉

女受柜”
——〈兄弟等〉→家产均分
——〈妾的儿子〉
——〈养子〉
——〈去别人家的养子〉
——〈分居的儿子〉
——〈赶出去的儿子〉
——〈长子的地位〉
——〈对待年少者〉←→家产均分和未婚者/年少者的补贴部分

10 在家产分割中女子的地位（胭粉钱，胭脂钱，嫁妆，嫁妆费，妆费，妆奁费，妆奁地，胭粉地）←→“儿受家产女受柜”

11 分家的中人〈分家人〉←中人〈分家的〉，cf. 村落 V1Ah

12 分家字据（分家单，分书，分单，分册）
a 分家字据的书写格式
b 分家字据的实际例子
c 字据的遗失
d 分家字据和分家后的土地买卖

13 由抽签决定家产分割（抓阄，拈阄，纸球，抓儿，抓球儿）

14 不由抽签决定的家产分割

15 分家时的聚餐（散伙饭，散烟的饭）

16 家产均分←→遗言的效力（家产分割），家产分割的目的物
A 家产均分和代位←→“妇承夫财”“子承父业”
B 家产均分和长子的补贴部分
C 家产均分和赡养父母者的补贴部分
D 家产均分和未婚者/年少者的补贴部分←→参与家产分割的人〈年少者的处理〉
E 家产均分和养老地的保留→养老地

17 不分割家产的分家

18 家产分割的目的物
——〈土地/房屋〉
——〈农具/家畜/家具/谷物等〉
——〈墓地〉
——〈牌位/家谱等的归属〉
——〈租佃地〉 cf. 租佃 X1D
——〈债务〉 cf. 金融 IV8

19 家产分割外的财产（家庭成员的特有财产/妻子的持有财产）

20 分家后家产的名义

21 分家后的家集团关系
A 分家后的家集团关系的总家长（家族长，老家长，总家长）
B 分家后的共同做饭/耕作
C 分家股（本家，小股，当家子，门，支）
D 分家股的相互关系
a 在分家股中长门的地位→家产分割的参与者〈长子的地位〉
b 分家股的住处
c 分家股的祖先祭祀
d 由分家股决定的父母扶养→养老地，“轮流管饭”，养老粮，养老钱
e 分家股决定的父母葬费分担←→父母死后养老地的处理
f 分家股之间的收养养子→养子的选择范围/顺序/兼祧，“绝次不绝长”
g 与分家股商量收养养子→收养养子的决定/同意/商量〈分家股的〉
h 与分家股商量婚姻→婚姻的决

**本宗，一大家，一族，自家，院里，同家，当家）**

1　同族的户数 cf. 村落 XV1A

2　同族村落 cf. 村落 XV1C

3　同族的称呼

4　同族内的近亲和远亲（近亲，近门，近当家子，近同族，五服，五代，五辈，一家子，家里，远亲，远门，远当家子，远同族，当户，本家，本族，族家，自家）←→同族分派，分家后的家集团关系，分家股，丧服制

5　同族的辈行←→族长的资格，结婚仪式的辈行，葬礼的辈行，排行字，同族的拜年，同族的祖先祭祀和聚餐，同族会的祖先祭祀和聚餐，同族分派的祖先祭祀和聚餐，同族分派的同族会的祖先祭祀和聚餐，收养养子的选择范围/顺序

6　族长（老族长，老家长，老祖长，老族家，老先人，家族长，大爷，大辈，老掌家局儿，爷爷）

A　族长的资格

B　族长的地位/职责

——〈向同族成员的族长拜年〉

——〈祖先祭祀和聚餐的主持人/席次〉

——〈收养养子的商量/中人〉

——〈婚姻的商量/结婚仪式的列席〉

——〈分家的商量/中人〉

——〈葬礼的商量/列席〉

——〈同族集会的主持〉

——〈同族内家长的任命/驱逐〉

——〈家产处理的商量〉→家产处理和与族长的商量

——〈养老地处理的同意〉

——〈同族成员债务的处理〉

——〈同族会的负责人〉

——〈同族墓地和附属耕地的管理〉

——〈同组人员的扶助〉

——〈纠纷的调解〉

C　族长的代理

D　没有族长的同族

7　〔同族的集会〕

A　同族集会（本族代表会议，同族会议，同族议合）←→坟地租佃人的选定

B　同族的拜年←→族长的地位/职责（向同族成员的族长拜年）

C　同族的祖先祭祀和聚餐←→同族会的祖先祭祀和聚餐，族长的地位/职责〈祖先祭祀和集会的司仪/席次〉，同族墓地附属耕地的目的，坟地地租的用途，替代坟地地租的负担

8　同族会（清明会，父子会，宗会，坟会，寒食会，家谱社，宗社，老会，老坟会，家会，宗祖社，宗祖会，祭扫会，老坟社）

A　同族会的祖先祭祀和聚餐←→同族的祖先祭祀和聚餐，族长的地位/职责〈祖先祭祀和聚餐的司仪/席次〉，同族墓地附属耕地的目的，坟地地租的用途，替代坟地租佃地的负担

B　同族会的负责人（清明会值年，办清明会的，办会的，作会的，社头，香头儿，会董事）

C　同族会的会费/基金 cf. 金融 XII2B

D　同族会的账簿

E　同族会的入会〈分家的情况〉

H　同族间的服丧→丧服制
I　同族的监护→监护人的资格
J　同族先买权 cf. 买卖 II3，所有 I2
K　同族的互助
L　同族间的租佃 cf. 租佃 VII8
M　同族间的金钱借贷 cf. 金融 XII2A
N　同族间的典/当/押 cf. 金融 XII2A
O　同族间的交流→同族的拜年，分家的中人，婚约的仪式，结婚仪式，结婚祝贺的金钱物品，葬礼，香奠，出生的庆祝，同族内的近亲和远亲

11　同族间的纷争及其调解 cf. 村落 IX1E，3D
12　由同族引起的家庭内纠纷的调解
13　同姓不同宗←→婚姻障碍〈同姓〉

**XII　同族分派（一家，一族，同家，门，股，小股，院）←→同族内的近亲和远亲，分家后的家集团关系，分家股**

1　同族分派的长（支长，支派长，门家长，家族长，家长）
A　同族分派的长的资格
B　同族分派的长的地位/职责
——〈祖先祭祀的司仪〉
——〈收养养子的商量/中人〉
——〈婚姻的商量/结婚仪式的列席〉
——〈分家的商量/中人〉
——〈遗言的列席〉
——〈葬礼的商量/列席〉
——〈同族分派的同族会的负责人〉
——〈家产处理的商量〉→家产的处理和同族分派长的商量
——〈养老地处理的同意〉
——〈同族间租佃的证人〉
——〈纠纷的调解〉

2　〔同族分派的集会〕
A　同族分派的集会（本门会议）
B　同族分派的祖先祭祀和聚餐←→同族分派的同族会的祖先祭祀和聚餐，同族分派的坟地租佃

3　同族分派的同族会
A　同族分派的同族会的祖先祭祀和聚餐←→同族分派的祖先祭祀和聚餐，同族分派的坟地租佃
B　同族分派的同族会的负责人
C　同族分派的同族会的会费/基金 cf. 金融 XII2B
D　同族分派的同族会的账簿
E　同族分派的同族会的收支报告

4　〔同族分派的共有财产〕
A　族谱〈同族分派的〉
B　家庙〈同族分派的〉
C　同族分派的救济基金
D　同族分派的农具/役畜/井等 cf. 租佃 I4
E　同族分派的墓地和附属耕地 cf. 村落 I3E
a　同族分派的墓地和附属耕地的所有名义
b　同族分派的墓地和附属耕地的赋税 cf. 公租 V1Bg
F　同族分派的坟地租佃
←同族分派的墓地附属耕地的租佃
←→同族分派的祖先祭祀和聚餐，同族分派的同族会的祖先祭

5　家的祭神

6　［葬礼］

A　葬礼←→族长的地位/职责〈葬礼的商量/列席〉，同族分派长得地位/职责〈葬礼的商量/列席〉

a　葬礼的丧主

b　葬礼的负责人

c　葬礼的辈行

d　葬礼的费用←→由分家股分担父母的葬礼费用，养老地在父母死后的处理 cf. 金融 I2C

e　葬礼的通知书（讣闻，报丧帖）

f　香奠（祭礼，弔仪，上礼，余礼，官弔，果供）←丧礼簿

B　〔埋葬〕

a　埋葬的形式←→昭穆葬，大昭穆葬，携子抱孙葬，抱孙子葬，领子葬，带子上堂葬，挟葬，夹骨葬，爷爷顶孙葬，长子不离父葬，大兆墓葬，祖领葬，排葬，排骨葬，一字葬，顺穴葬，跑马葬，挟棍葬，合葬

b　埋葬〈夫妇的〉

c　埋葬〈婚约后的〉←→婚约后的死亡

d　埋葬〈未婚者/年少者的〉←→寄埋/邱子

e　寄埋/坵子

←寄埋，坵子，坵，佈坵，上葬，寄葬

←→埋葬〈未婚者/年少者的〉

f　埋葬的占卜→风水先生（阴阳先生，算卦的先生）

g　墓

h　墓的方位

i　墓的转移（迁坟，起坟，挪坟，拔坟）

C　丧服制←服丧

←→同族的称呼，同族内的近亲和远亲，姻亲的称呼

D　阴亲（幽婚，鬼婚，冥婚，冥配，阴婚，会婚，死夫妇，娶阴婚，娶骨尸，配骨，虚礼，说死媳妇）

# 一般土地所有权

I 土地所有的观念　II 所有权不明确的土地　III 由洪水引起的河道移动和和河床地　IV 开垦和土地的获取　V 耕作地的通行权　VI 相邻关系

**I　土地所有权的观念←→地权，产权，产业，〔永远为业〕，起租籽权** cf. 金融 IX2A，**公租** XIV1D

1　王土思想

2　同族土地所有的观念 cf. 家族 XI10J，买卖 II3

3　双重所有权→田面田底，地皮地骨，永佃权，cf. 公租 XIV5A，XV1C，2A，3A，4B，租佃 III2B

**II　〔所有权不明确的土地〕**

1　无主的地 cf. 公租 V1Bf

2　〔用益自由的土地〕cf. 村落 VI12B

**III　由洪水引起的河道移动和河床地**

1　河床地→由洪水引起的河道移动和河床地，余出来，“隔河找地” cf. 公租 XV3

2　洪水后的土地测量←→边界和水灾，水灾后的土地所有 cf. 水 X1D

**IV　开垦和土地的获得**

←→招垦，圈佔，圈地，开垦黑地，开垦报领地 cf. 公租 V1Be，XIV1C，XV1A

**V　耕作地的通行权**

1　道路←→官道，修路 cf. 村落 VI10Ae，XIV4C

2　私道←→官走道，伙巷

3　便道←→耕作地的通行权

**VI　相邻关系→地界，边界〈私有地的〉，界标〈私有地的〉**

1　地界←→边界〈私有地的〉cf. 买卖 III5Ja

A　自然地界

B　人工地界

2　界标〈私有地的〉← 围墙，垣←→基趾

A　界标〈私有地的〉的种类←→界标〈私有地的〉，抱幅地

B　〔各种土地的界标〕

a　耕地的界标→界标〈私有地的〉

b　宅地/菜园的界标 cf. 租佃 IV1C，村落 I3C，D

c　公有地私有地间的界标 cf. 村落 VI12A

d　墓地的界标 cf. 村落 I3E，家族 XIV6B

e　田地的界标

C　界标〈私有地的〉的设置费用

D　界标〈私有地的〉的撤去

3　边界纠纷←→侵犯边界的诉讼 cf. 司法 X4A

4　邻地的使用/通行→袋地，抬牛地，耕地的通行权

5　边界附近的建筑物的设置

6　边界附近的猪圈/粪坑的设置

7　超过边界的竹木的树枝和根

8　墙壁的共用←→“伙山墙用”“隔山墙用”

# 租佃

1　租佃的名称同时包括租佃地。在农民自身的通用语中，二者没有区别。

2　典租佃的租佃人在正文中是以地主来表示的。在这种情况下，所谓的地主就是指一般土地所有者，在阶级上意味着作为主人的自耕农，并非阶级上的地主。换句话说，土地所有者的自耕农向阶级上的地主出典土地，因此就成了典租佃的租佃人。

I 农业经营的形态　II 租佃概况　III 社会构成　IV 租佃地　V 租佃的种类　VI 地租　VII 租佃契约　VIII 租佃期限　IX 租佃期限的更新　X 租佃权的效力　XI 土地受理　XII 租佃人的负担和赋税　XIII 租佃纠纷　XIV 农民组合

I　**〔农业经营的形态〕**

1　〔作物〕

A　作物的种类

B　商品作物　cf. 贸易 III1，2

C　作物的产量和价格 cf. 贸易 III1H，2D，4B

2　耕作方法←→轮作，轮种，混作，轮看，排种，垄，农闲时期的工作

A　水田耕作 cf. 水 II，III，VI，VII

3　〔共同耕作〕→搭套 cf. 村落 XII2A

4　役畜〈牲口〉/农具

A　役畜/农具的借贷←→家伙，打套 cf. 家族 IX21F，XI9E，XII4D

B　役畜/农具的共同购买→伙买，搭伙买 cf. 贸易 III5c

C　役畜的共同饲育→共同〈役畜的〉，公有〈役畜的〉公用〈役畜的〉，公买（役畜的），伙喂牲口

D　水利设施〈水车等—农家的〉cf. 水 VI3

5　肥料←→畜粪，粪土 cf. 贸易 I1A，III5B

II　**租佃概况**

1　租佃的名称→租地〈租佃人的〉，典地〈租佃人的〉，租子地，分种地，分粮食，出租地，捎地，交粮地，伙种地，包种地，现租地，打现租，分租，租〈租佃的〉，典〈租佃的〉

III　**〔社会构成〕**

1　地主的名称←→地东家，不种人，

财主
A　不在地主
B　地主的高利贷业
C　大地主
D　〔特殊的地主〕
a　大捎地的地主←→大捎地的长工
b　佃户〈作为官旗地的地主〉←→官旗地的租佃
E　地主的代理人←→捡验人，管事的〈地主的〉
2　〈自耕农/自耕兼租佃〉
A　自耕农/自耕兼租佃
B　〈特殊的自耕农/自耕兼租佃〉永佃户〈官旗地的〉→佃户〈官旗地的〉，cf. 公租 XIV2，3A，5，XV1C，2A，3A，4B
3　〔租佃人〕
A　租佃人的名称→租户，种地人，租地人，租地户，佃户〈租佃的〉，租地的，地户，典户，典种人，典地的人，包地人，庄稼人，典地人，种地的主儿，分种地户，小佃户，捎地人，种份子
B　租佃人的资格
C　租佃人的副业 cf. 村落 IV5A
D　租佃人的住处
E　外村的租佃人 cf. 村落 III2
F　对地主的租佃人的支配/干涉
——〈租佃地的作物指定〉
——〈租佃人的劳力提供〉
——〈租佃人的赠物和聚餐〉
——〈对租佃人生活的干涉〉←→月粮
4　〔雇农〕cf. 家族 III
A　雇农的名称→长工，半长工，月工，短工，包工，把式，偏把式，大捎地的长工
B　〔长工〕
a　长工的名称←→打头的，扛活，伙计，〈租佃的〉，年工
b　长工的经历
c　长工的中介人←→中介人〈长工的〉
d　长工的雇佣和条件
e　长工的工作
f　长工间的指挥←→大打头，大头子，大伙计，二头子
g　长工的租金
h　长工的借款
i　长工在家庭内的地位和称呼 cf. 家族 II3A
C　半长工←→秋班儿，半工
D　月工
E　〔短工〕
a　短工的名称←→半壁儿，半个伙儿，工夫，作活，打短
b　短工的雇佣和条件
c　短工的工作
d　短工的日数和赁金
e　短工市场〈人市，招工市场〉
F　〔特殊的雇农〕
a　包工
b　把式
c　偏把式
d　大捎地的长工

**IV　〔租佃地〕**
1　〔租佃地的种类〕
A　旱地 cf. 村落 I3A
B　水田←→水田耕作 cf. 公租 XV1
C　菜园（园地）cf. 村落 I3C，所有 VI2Bb，水 VI2，VII，VIII

佃的滞纳地租和赎回　cf. 金融 X4Ak，De

E 〔典租佃的租佃人丧失出典地〕

a 给承典人的典地卖却 cf. 金融 X4Gc

b 先典后卖事例 cf. 买卖 II4Ai，cf. 金融 X4Gc

V Ⅰ**地租**

1 〔地租的形态〕

A 交纳现金地租→交钱，租子〈租佃的〉，纳钱，租钱，地典钱，打现租，现租（租价），典地钱，租钱，典钱

B 交纳实物地租←→交粮（谷租，分粮），租粮，租米，租麦，地粮〈租佃的〉，大分，纳粮

C 交纳代金〈地租的〉→折价，折租，粮食折钱，粮食作钱

2 地租的决定

3 地租数额

——〈定额地租的〉→交纳定额金的租佃，交纳定额物的租佃

——〈分益租佃的〉→分益租佃，分垄

4 地租的调遣

5 地租的交纳期

A 地租的预交←→上打地租，上打租，现租

B 地租的后付←→秋租，下打租，清明租，下打现租

C 地租的分纳←→分期打租，打粮，滞纳地租的处理方法

6 地租的缴纳←→收成，收租

A 地租缴纳的收条←→秋粮账

B 地租缴纳的延期←→滞纳地租的处理方法

7 地租的变动

——〈根据地价的起落〉cf. 买卖 I3

——〈根据能否灌溉〉cf. 水 VI2C

8 地租的减免

——〈歉收引起的〉cf. 村落 I2B

——〈水灾引起的〉cf. 水 X1B

——〈战争引起的〉cf. 村落 VII1A

9 滞纳地租→欠租，欠典钱，短收成

A 滞纳地租　cf. 金融 I2A

——〈歉收引起的〉cf. 村落 I2B

——〈水灾引起的〉cf. 村落 I2B 水 X1B

——〈战争引起的〉　cf. 村落 VII1A

B 滞纳地租的处理方法←→“人不死债不烂”“活人欠不下活人的钱”cf. 金融 I2A，IV7

——〈缴纳延期和分期缴纳〉←→地租的纳期，地租的缴纳

——〈用劳动来还清〉　cf. 金融 IV5Db

——〈拘禁租佃人〉←→对于地主的租佃人进行支配，干涉

——〈放入借用字据〉　cf. 金融 VII1Ca

——〈不动产担保〉　cf. 金融 IX4

C 租佃滞纳和保人→保人〈租佃的〉（保证人〈租佃的〉），代还保证人〈租佃的〉

VII 〔**租佃契约**〕

1 租佃契约的申请和时期←→白地 cf. 金融 X1Db

5　不能没收土地〈租佃期间的〉←→年季租佃，租佃权的保护书

**XII　〔租佃人的负担和赋税〕**

1　土地〈租佃地〉的赋税负担概况 cf. 公租 I2D

2　土地〈典租佃地的〉的赋税负担情况 cf. 公租 I2C

3　村费的土地分割比例（按地亩摊款）cf. 村落 VI3Ba

4　劳役〈村的〉cf. 村落 VI10

5　摊款〈八路军等的〉cf. 公租 X1L

**XIII　租佃纠纷 cf. 司法**

1　租佃纠纷和调解〈仲裁〉←→息讼会 cf. 村落 IX3E，司法 IX6

**XIV　农民组合（农民协会）←→租佃纠纷**

# 土地买卖

这部分内容以土地买卖为主，也包括相关的房屋、家畜、其他的买卖以及交换和赠与等。关于家畜以及除此之外的买卖，都和农村贸易有很深的关系，请参见农村贸易分类项目。

I 一般土地买卖　II 永久买卖　III 买卖的过程　IV 卖主及买主的义务　V 土地买卖的纠纷和诉讼事件　Vi 买房条约款项及买卖　VII 担保制度　VIII 买卖和公证制度　IX 土地台账和名义更换　X 土地买卖和镰簿/河簿的名义更换　XI 交换和赠与

I 〔**一般土地买卖**〕

1 土地买卖的倾向

2 土地买卖的原因事情

3 土地的价格 cf. 金融 XIDc，水 VI7

II **永久买卖→绝卖，杜绝买卖，死卖，死契**

1 〔买卖契约的主体〕

A 买卖契约和家族关系〈家长和家族〉 ←→ "有父不言子" cf. 家族 VII6

B 分家兄弟间的土地买卖 cf. 家族 IX21D1

C 同族间的土地买卖

D 回民和汉族/旗人间的土地买卖

E 官有地的买卖

F 村有地的买卖 cf. 村落 VI12Ab

G 庙产的买卖→庙的土地买卖 cf. 村落 X3E

2 买卖契约的制约条件→先买权，追夺担保 cf. 家族 VII6

——〈家族关系〉

——〈同族关系〉←→土地买卖和族长的地位

——〈四邻关系〉

——〈本村人和外村人的关系〉←→土地买卖和本村人外村人

3 先买权 cf. 家族 VII6，IX21Dk，XI10J，XII5F，金融 X4Gb

——〈兄弟的〉

——〈同族的〉

——〈近亲的〉

——〈承典者的〉

——〈四邻的〉

——〈本村人的〉

4 〔买卖契约的目的物〕

A 〔土地的买卖〕

a 定着物←立木

b 有立木/石/井/小屋/石磨等的土地的买卖←→有树木的土地

的买卖 cf. 水 VI2B

C　有作物的土地的买卖 cf. 租佃 X1C

d　宅地的买卖←→庄伙的买卖，地基的买卖

e　会地的买卖 cf. 家族 XI9Fc

f　墓地的买卖→坟地的买卖，有坟的土地的买卖，护茔地/祖茔地的买卖 cf. 家族 VII8A，XI9Fc

g　养老地的买卖 cf. 家族 IX21Hd，f

h　旗地的买卖←→推，退，过，认，倒，兑，典，转佃，永佃地的买卖，租籽地的买卖，旗地的卖主（过主），旗地的卖主（吃主）

i　典地的买卖（质地的买卖，出典地的买卖）←→先典后卖，先当后卖，罄地，卖罄，典地的买卖和典的关系，典地的买卖和赎回，担保土地的买卖，“当不拦卖”“典不押卖”“租当不了典，典当不了卖”“押典卖”“当不押不押卖”“押当不押卖”cf. 金融 X4Aj，Ga，XI3D，租佃 V5Eb

j　典形式的卖 cf. 金融 X1B，2Ab

k　指地借钱和担保土地的典卖 cf. 金融 XI3D

l　租佃地的买卖
←→租佃地的买卖和租佃人的地位 cf. 租佃 X2

m　黑地的买卖

B　房屋的买卖

C　家畜的买卖→家畜的贸易 cf. 贸易 III3

D　〔其他的买卖〕

a　卖青田←→卖青苗，出青苗，卖空 cf. 贸易 III1I，2E

b　租佃权的买卖〈包括让渡〉←→佃权的买卖 cf. 租佃 X1A

5　〔土地买卖契约的性质和契约的成立要素〕

A　〔要物契约〕

a　买卖目的物的交付

b　款项的支付

B　〔要求格式的契约〕

a　买卖字据的制定和交付

## III　买卖的过程

1　〔买卖的中间人，保证人以及列席人等〕

A　中人〈买卖的〉←→中介人〈买卖的〉，中间人〈买卖的〉，央中人，同中人，说合人〈买卖的〉，地牵人

a　中人〈买卖的〉的责任

b　中人〈买卖的〉的职责

c　给中人〈买卖的〉的谢礼/手续费←→“成三破二”“中三代二”

B　中保人〈买卖的〉←→中介人，说合人，地牵人

a　中保人〈买卖的〉的责任

b　中保人〈买卖的〉的职责

c　给中保人〈买卖的〉的谢礼/手续费←→“成三破二”“中三代二”

C　牙纪〈买卖的〉←→田房牙纪，地牙纪，官中牙纪 cf. 公租 VIII1Qb

第三者追夺担保

c 瑕疵担保←→家畜的贸易和瑕疵担保 cf. 贸易 III3C，IV2

E 双重买卖 ←→一地二契

F 盗卖（土地的）

G 买回

2 〔买主的义务〕

A 款项的支付

**V 土地买卖的纠纷和诉讼事件** cf. **司法** X4C

**VI 买回条款附买卖←→活卖，活契，“死地活口”**

VII **〔担保制度〕** cf. **金融** IX，X，XI

VIII **〔买卖和公证制度〕** cf. **公租** V，VII

IX **〔土地台账和名义更换〕** cf. **公租** V2B

**X 土地买卖和镰簿/河簿的名义更换** cf. **水** VI1Bb，Eb

**XI 〔交换和赠与〕**

1 交换和字据

2 赠与和字据

# 农村贸易

1 调查项目及正文的问答资料都有“农村金融以及贸易”部分，但在此项目表中，分为农村贸易和农村金融两个部分。

2 度量衡和货币与各个项目相互关联，要归于杂项部门的内容很多。便利起见，将其归入贸易中的一个项目。

I 一般农村贸易　II 贸易机构　III 贸易的种类　IV 贸易关系　V 贸易和征税

**I 〔一般农村贸易〕**

1 〔生产和生产资料的供需〕

A 肥料，农具等供需 cf. 租佃 I1，4，5

2 消费和必需品的供需→生计调查（沙井村）

A 日常饮食和粮食消费量

B 衣服的供需/纺织 cf. 村落 IV5Aa

C 燃料和其他必需品的供需

3 贸易概况

**II 〔贸易机构〕**

1 市集（集市/集）cf. 租佃 IB，公租 VIII1I

A 集市的变迁

B 集市的日期和分布 cf. 公租 VIII1Ib

C 集市和集市的距离

D 集市的种类←→粮食市场，牲口市场（家畜市场），猪市（家畜市场），花市，布市，大市/小市（大集/小集），酒肉集

E 聚集于集市的人的范围（集市圈）

F 集市的规定/时间←→集市的区划，集市和征税

G 集市视察记

H 集市的区划←→摊儿，长摊儿/浮摊儿，花摊，粮食摊

I 集市的场所费←→摊钱（地摊钱），保街钱，地主钱，地面钱，地皮钱，案子钱，集市进款，集租钱

J 集市的商品/商人←→集市的种类，集市的区划

K 庙会和集市

2 〔贸易场〕

A 贸易场和贸易统制→合作社及其事业，贸易场和征税 cf. 公租 VIII4Aa，XIII2Aa

3 集市外贸易→和城镇商店的贸易 cf. 村落 IV5B

A 村内贸易
B 村内商人
C 行商人
4 和城镇商店的贸易→赊账，商店〈作为租方的〉，粮食店〈贸易的〉
A 和商店的贸易方法→赊账，赊粮
B 赊账（挂买）←→和商店的贸易方法，赊粮
C 赊账的清算方法
5 合作社及其事业←→贸易场的贸易统制 贸易场和征税，新民会的贷款 cf. 公租 VIII4Aa，XIII2Aa，金融 XIII1

III 〔贸易的种类〕
1 〔谷物的贸易〕cf. 公租 VIII1Cb
A 谷物贸易的时期
B 谷物贸易的场所←→粮食市场（粮市） cf. 公租 VIII1Ia
C 谷物贸易的当事者
a 粮食店〈贸易的〉←→赊粮〈粮市挂买〉，粮店〈贸易的〉，粮房〈贸易的〉〈粮行〈贸易的〉〉，粮栈〈贸易的〉，借粮 cf. 公租 VIII1Hb
b 粮食摊
c 粮贩（贩子），贩户
d 做糖，糖坊（糖房）cf. 村落 IV5Ad
e 磨粉（磨面人）cf. 村落 IV5Ac
f 新民会的贸易←→合作社及其事业，米的贸易 cf. 公租 XIII2Ab
D 谷物贸易和粮食经纪←→牙伙，斗子，斗伙，斗牙，斗行，量斗，官斗等 cf. 公租 IV8Hh，VIII3Ba，Ea
E 粮食市场的苦力（杠行）cf. 公租 VIII3Ba，4Ac
F 谷物贸易和价格的决定
G 米的贸易←→新民会的贸易 cf. 公租 XII2Ab
H 谷物的价格
I 卖青田←→卖青苗，出青苗，卖空，放花账
2 棉花的贸易 cf. 公租 VIII1Ci
A 棉花贸易的场所←→花市，花摊 cf. 公租 VIII1Ia
B 棉花贸易的当事人←→花房（轧花人/扎房），花店（粘花店），花绒行，花贩儿
C 棉花贸易和棉花经纪（籽花牙纪）cf. 公租 VIII3Be
D 棉花的价格
E 放花账←→“青黄不接”（“秋收不接”，“新旧不接”），卖青田
3 〔家畜的贸易〕 cf. 公租 VIII1Cc
A 家畜贸易的时期 cf. 公租 VIII1Hc
B 家畜贸易的场所←→牲口市场（家畜市场），猪市（家畜市场），大市/小市（大集/小集） cf. 公租 VIII1Ia
C 家畜贸易和瑕疵的担保←→保槽 cf. 公租 VIII3Eb
D 家畜贸易和经纪←→牙行〈牲畜〉（牙伙〈牲畜〉），牙纪〈牲畜〉，牲畜经纪，（牲畜牙纪，猪牙纪） cf. 公租 VIII3Bb，Eb
E 家畜的价格

租 II1D

d　腌菜店〈酱园〉的经营/贸易

B　商铺的徒弟雇佣关系←→身份保字据样式〈伙计的〉

C　商铺的贸易资金金融←→银行/银号（钱铺），凭贴　cf. 金融 II7，8，9

D　商会的组织和功能 cf. 公租 XIII1A

E　商会的加入者和职员←→同业公会

F　商会和公权力〈县署等〉的关系 cf. 公租 IV7K，X1K，XIII1C，D

a　商会的赋税代征 cf. 公租 IX1Ba，XIII1D

b　对县收入的商铺的预托/贷款 cf. 公租 IV2

5　运输〈伴随着贸易〉←→拉脚（脚力）cf. 村落 IV5Ab，公租 VIII4Ac

V　〔**贸易和征税**〕

1　集市和征税 cf. 公租 VIII1A，Ca，2A，D，3A，B

2　贸易场所和征税 cf. 公租 VIII1Df，4Aa

3　集市外贸易和征税 cf. 公租 VIII1Id，e，f

4　谷物贸易和税/手续费 cf. 公租 VIII1Cb，2Da，3Ba，Fa

5　棉花贸易和税/手续费 cf. 公租 VIII1Ci，2D，3Be，F

6　家畜贸易和税/手续费 cf. 公租 VIII1Cc，2Dc，3Bb，Fb

# 农村金融

1　在农村金融关系中，可以看到某种程度上的实物借贷，但主要的是金钱借贷，当然辨别清楚其担保已经成为问题，所以主要要从担保的种类、形态的方面系统考虑。于是，要划分人的担保、动产担保、不动产担保等阶段，但是支配农民生活的还是人与人之间的基础关系，因此人的担保关系成了重复的要件，我们为此设置了中人、保人等问题。

2　关于担保，根据其程度和种类，我们编写了以契约的形式为要件的字据。这些通称和书面记载的名称、内容等因地而异。尽管有所差异，我们仍根据其基本性质特点进行了分类。

3　具有相互扶助功能的类似于标会的组织，以及其他构成公共资金的要素等，因其体系不同，我们将其附加于末尾。

而且，信用这个用语是中文，所谓的信用借钱、信用借款等是中文原有的说法。虽然是主观的表达，但是根据社会行为的实际业绩和财产来证明的个人的等级。因此即使说为信用借贷，未必和日本的用法相同。

破产，也是全部是作为民间手续的内容，并非日本法院的相关含义。

I 一般农村金融　II 农村金融的贷主　III 借贷的形态和条件　IV 借贷契约和效力　V 借贷纠纷和破产　VI 家族关系和金融关系　VII 借贷人的担保　VIII 动产担保及债权抵押等　IX 一般不动产担保　X 典当（不动产抵押）　XI 指地借钱（抵押）　XII 相互扶助的金融　XIII 公共资金的金融

I　**〔一般农村金融〕**

1　村民的贫富和负债情况←→借款纠纷和调解 cf. 村落 I2B，IV1，2，3F，家族 I1Fb

2　〔负债的原因〕

A　借款的原因←→筹款导致的出售土地，婚葬费的调遣，抵押的原因，地租的滞纳 cf. 买卖 I2，司法 X4D，租佃 VI9A，B

B　筹款导致的出售土地←→婚葬费的调遣，先典后卖事例 cf. 买卖 I2

C　婚葬费的筹备←→借款的原因 cf. 家族 VI11E，XIV6Ad

3　金融概况

II　**农村金融的贷主←→金融概况**

1　〔朋友/邻居〕→金融概况，无利息信用借贷

2 〔同族/家族〕→同族间的金钱借贷 cf. 家族 XI10M
3 地主〈作为贷主的〉
4 高利贷
5 抵押屋→当铺
6 新民会/合作社→新民会的贷款 cf. 公租 XIII2Aa
7 银行/银号（钱铺），钱桌子 cf. 贸易 IV4C
8 商店〈作为贷主的〉←→赊账，附有利息的信用借贷 cf. 贸易 IV4C
9 粮食店〈作为贷主的〉，粮行，粮店〈作为贷主的〉，粮钱〈作为贷主的〉←→赊粮，粮食借贷 cf. 贸易 IV4C
10 放账铺

III **〔借贷的形态和条件〕**
1 金融的方法和形态
←→信用借贷，动产担保，用劳动归还，不动产担保的形态，相互扶助的金融，商店（作为贷主的），借粮，赊粮，筹款导致的出售土地，卖青田，放花账
A 金融的形态和条件→期限，利息
B 金融的形态和利用顺序
C 金融的贷主和利用顺序
D 金融的形态和面子
2 〔金融借贷和实物借贷〕
A 金钱借贷→信用借贷，动产担保，债权抵押，抵押，指地借钱，相互扶助的金融
B 〔实物借贷〕
粮食借贷←→借粮，赊粮（粮食赊买），商店〈作为贷主的〉，粮食店〈作为贷主的〉等
a 借粮（借粮还粮）←→“借轻还重”，“勤借勤还再借不难”，指地借粮
b 借粮的利息←→实物缴纳的利息〈粮利〉
c 借粮和借钱←→粮食借贷
d 借粮换钱←→粮食借贷，赊粮
e 借钱还粮←→赊粮，借粮和借钱
f 指地借粮←→借粮，指地借钱

IV **〔借贷契约及其效力〕**
1 借贷契约及其形式
A 借贷的口头契约←→无利息信用借贷，中介人〈金融的〉的角色和责任
B 借贷字据的编写〈立字据〉←→借帖（借约，借字儿），抵押的字据，指地借钱的字据 cf. 买卖 III5
a 借贷字据的样式←→借帖，典契样式，指地借钱契样式，例子，使钱文书，使账文书，使利钱文书
b 借贷字据的署名人等
c 借贷字据的署名，摁手印，画押 cf. 买卖 III5M
d 借贷字据作成的数量←→典契的数量
e 借贷字据记载的错误←→中介人〈金融的〉的角色和责任
f 借贷字据编写的意义←→“空口无凭立契为证”
g 借贷字据的遗失←→失迷字
2 借贷契约和中介人，列席人←→中

C 借款的纠纷和调解 cf. 村落 IX1D

D 还债引起的土地交付〈出当，出卖〉←→典的原因 cf. 买卖 I12

E 还债请求诉讼 cf. 司法 X2

F 家产的还债领受

G 还债的减免

H 免于归还〈朋友间的〉←包哭

3 破产←→爪分，均锅，破产归债，大还账，还破账 cf. 司法 VI9

A 大还账和介绍人的责任

B 不用大还账处理的财产

C 大还账和商务会的关系

D 竞卖 → 拍卖

4 〔被赖账和夜逃〕

A 被赖账←→历年账，坑人/坑账，三不要，飞账，瞎账

B 夜逃

VI 〔**家族关系和金融关系**〕

1 家的借款及其名义 cf. 家族 II1D，VII7

2 家庭成员的借款和家长的责任 cf. 家族 II1D

3 分家和债务的处理→债务的继承〈继承〉cf. 家族 IX18

4 根据遗言偿还债务 cf. 家族 X5

5 押/典/卖行为和家庭关系 cf. 家族 VII6A，7A

VII 〔**借贷的人的担保**〕

1 〔无担保信用借贷〕

A 〔对人信用的基础〕

a 信用和友情/面子等的关系←→对扶人，维护朋友，靠面子和不靠面子

b 靠面子和不靠面子←→无利息信用借贷，有利息的信用借贷

c 借贷契约和担保的必要与否

d 信用借贷→无利息信用借贷，有利息的信用借贷

B 无利息信用借贷←→浮摘，浮借，浮债，摘借，浮拿摘借/浮挪暂借，对扶钱，暂借，借来住，来往，通融，借项钱，借情钱（借情），拉饥荒

a 无利息信用借贷的贷主

b 无利息信用借贷的期限

c 无利息信用借贷的事例

C 有利息的信用借贷（信用借钱/信用借款）

←→短期钱/短期，使钱，取钱，借利息钱，红帖借钱，借钱和使钱的区别，借钱和取钱的区别，借贷字据的编写，中介人（金融的）的角色和责任，利息和期限

a 借帖（借约/借字儿）←→借贷字据的编写 cf. 租佃 VI9B

b 有利息的信用借贷和中人/保人等的责任←→“担保人负担完全责任”，“本利不归有保钱人负完全责任”，信用借款与承还保人，保人/保钱人等的责任

c 有利息的信用借贷的期限←→期限

d 有利息的信用借贷的贷主

e 有利息的信用借贷的事例

2 〔中介人—中人/保人等的责任〕

A 〔中介人和保证人的名称〕

中介人〈金融的〉→中人〈金融的〉，中保人〈金融的〉，保人

A　典（抵押不动产）←当，租〈金融的〉

B　典的性质/内容←→“典地不典权”，活契，活卖，典形式的卖，“死地活口”，不动产担保的利用，“名下为业”和“名下耕种”的区别

C　典的客体←→不动产担保的客体，典房，旗地的典，坟地的典，出租地〈租佃地〉的出典和租佃人的地位，“租当不了典，典当不了卖” cf. 水 VI1Ea，2B

D　〔典的经济关系〕

a　典的原因←→借款的原因，典的相关事例 cf. 司法 VII2

b　典的时期/季节←→典的字据，借款的原因，赎回的时期，白地 cf. 村落 VI3Ba，租佃 VII1

c　典的担保力〈地价和典价的关系〉←→不动产的担保力，典的期限和典价 cf. 买卖 I3

d　典的当事人←→典的相关事例，典租佃相关事例

e　出典和同族地邻等的制约←→典的当事人

2　〔典的契约〕

A　〔典的字据〕

a　典的契约手续←→中介人〈金融的〉的角色和责任，借贷字据的编写和中介人/代笔人

典的走契←走契〈典的〉 cf. 公租 VII1Dg

典的定钱←首付金〈典的〉，定钱〈典的〉

b　典的字据←→典契，借贷字据的编写

典契纸（典当田房草契），典契的数（典的副契），典契样式，典契例，典形式的指地借钱契，指地借钱形式的典契，当形式的卖，“死地活口” cf. 买卖 II4Aj，公租 VII1Dg

c　典契和地契〈老契〉

d　典契的丢失←→失迷字

B　典的中人/中保人←→中介人〈金融〉的角色和责任，典中人的谢礼

C　典的贷增←→拔价（拔地价），找价，找钱，坐价（坐钱），爬崖，撩钱（撩价），提价，典的中人/中保人

a　典的贷增字据←→坐钱条（坐帖），找条儿

D　典的期限←→期限，典的字据，典的赎回，典租佃的期限

a　典期限的含义←→无期限的典

b　典的永续性←→典的赎回年限

c　无期限的典←→典期限的意义

d　典的期限和典价←→典的担保力，典的贷增

e　典的期限和县的规则←→典租佃

3　典的公证和征税←→指地借钱形式的典契　cf. 公租 VII1c，2D，Gb

A　典的税契/登记　cf. 公租 VI3，VII1C

B　典契税及其负担 cf. 公租 VII1I

4　〔典的效力〕

A　典的赎回→典的赎回（赎回，回地，赎地，）典的中人/中保人，典租佃的地租滞纳和赎回

a　赎回典的手续

b　赎回典的时期←→典的时期/

指地借钱←→指地使钱，押，取钱，使账，使钱，使利钱，立下字据

B 指地借钱的性质←→不动产担保的形态，不动产担保的利用，指地借钱事例

C 指地借钱的客体←→不动产担保的客体

a 承典地的指地借钱

b 指房借钱，指墙借钱

D 〔指地借钱的经济关系〕

a 指地借钱的担保力（地价和押价的关系）←→不动产的担保力 cf. 买卖 I3

b 指地借钱的贷增←→找价，撩钱

2 〔指地借钱的契约〕

A 指地借钱的字据（指地借钱契）←→押契，使钱文书，使账文书，使利钱文书，指地借钱形式的典契，典形式的指地借钱契，立下字据，中介人〈金融的〉的角色和责任，借贷字据的编写

a 指地借钱契约和地契〈老契〉的交付←→押，押契

b 不立字据的指地借钱（地契担保）←以老契作押，以地作押

c 指地借钱契样式/例子

B 指地借钱的期限←→期限

C 指地借钱的利息←→利息，用物品缴纳的利息

D 指地借钱的中人/中保人←→中介人〈金融的〉的角色和责任，保人/保钱人等的责任

3 〔指地借钱的效力〕

A 指地借钱债务不履行时的处置←→中介人〈金融的〉的角色和责任，保人/保钱人等的责任

B 指地借钱和转押

C 指地借钱和重押←→指地借钱的公知性，中介人〈金融的〉的角色和责任

D 指地借钱和担保土地的典卖←→中介人〈金融的〉的角色和责任，保人/保钱人等的责任，还账 cf. 买卖 II4Ai

E 指地借钱的部分偿还和担保土地

F 指地借钱的卖死〈找死〉←→偿还

**XII 相互扶助的金融←→钱会，请会，拔会，助会，乡社，朝山拜顶，打老人会，红白会，喜社会，亡社会，戒烟会/戒赌会，碗社，饽饽会，河口社**

1 钱会（标会）

A 钱会←→请会，请会的保人，钱会〈请会〉会账形式，拔会

B 〔婚葬互助会〕助会，红白会，喜社会，亡社会，打老人会 cf. 村落 XII5

C 女会，戒烟会/戒赌会

2 〔同族相互扶助的金融〕

A 同族间的金钱借贷←→同族的互助，同族间的典/当/押 cf. 家族 IX21Do，F，XI10M，N

B 同族会的金融←→郝家会的金融，清明会的金融 cf. 家族 XI8C，XII3C

3 〔信仰团体相互扶助的金融〕

A 乡社的金融 cf. 村落 X4D

B 朝山拜顶的金融

4 运用共同出资的金融

# 水

水利团体的沿革/名称（III1），其各自的闸并非仅仅是水门的名称，意思是以水门为中心的水利团体。因此，这只不过是闸的名称，与河务局的水门（II1）的内容不同。

I 河务局〈省的〉　II 河务局的河川灌溉　III 水利团体的河川灌溉　IV 水利团体的组织　V 水利团体和村落　VI 水利权　VII 争水　VIII 泉水/地下水/水沟/池/渠的灌溉　IX 井水的利用　X 河防　XI 水运　XII 渔业　XIII 与水有关的信仰

**I　〔河务局〈省的〉〕**

1　河务局的名称→南北运河河务局，永定河河务局

2　河务局的组织权限

3　河务局的河道管理→河务局和警察

A　河道管理的单位→段和闸〈河务局的〉

B　河兵←→工巡夫

4　河务局的土地 cf. 公租 XV3

5　河务局的收入（河租）cf. 公租 XV3B

**II　〔河务局的河川灌溉〕**

1　水门〈河务局的〉的沿革/名称→九宣闸，兴农闸，白河闸

2　〔水门〈河务局的〉的管理组织〕

A　稽查员〈河务局的〉

B　闸目

a　闸目的资格

b　闸目的职责

C　闸夫

a　闸夫的资格

b　闸夫的职责

3　涵洞〈河务局的〉

A　河务局对涵洞〈河务局的〉的权限

B　涵洞〈河务局的〉的灌溉/饮用水的利用

**III　〔水利团体的河川灌溉〕**

1　水利团体的沿革/名称→东汪闸，永利闸，济民闸，河口社（百泉大闸）

2　〔水利团体的灌溉设施〕

A　水门〈水利团体的〉←民闸

a　看闸

B　涵洞〈水利团体的〉

C　用水路（河沟）

3　水利团体的土地

**IV　〔水利团体的组织〕**

1　水利团体的负责人→河正，河副，公直，小甲

c 供水中的上游和下游←→争水纠纷，“自上而下”

d 供水〈没有限制的〉←→“自上而下”

e 日军对供水的干涉

E 〔水利权〈河川灌溉的〉和土地所有权的统一〕

a 水利权〈河川灌溉的〉和出典/租佃 cf. 金融 IX1

b 水利权〈河川灌溉的〉和土地买卖→拨镰，小甲的职责

F 〔水利权的不法篡夺和卖水〕

a 卖水的沿革

b 作为卖水者的村庄支配者

c 土匪对水利权的不法篡夺 cf. 村落 VII2A

d 买水农家的负担

2 水利权〈井水灌溉的〉→井水灌溉

A 井和地价 cf. 买卖 I3

B 井和土地买卖/出典 cf. 买卖 II4Ab，金融 IX1

C 井和租佃地 cf. 租佃 IV1C，VI7

3 水利设施〈水车等—农家的〉

**VII 争水**

1 争水 cf. 村落 IX1C

2 争水的调解←→水利会，河正的职务，小甲的职务，河务专员 cf. 村落 IX3C

3 关于水的诉讼 cf. 司法 X6，8，9

cf.

**VIII 〔泉水/地下水/水沟/池/渠的灌溉〕**

**IX 〔井水的利用〕**

1 井→“先有井，后有庄” cf. 村落 XII3A

A 挖井的方法和费用

B 井的修理和费用 cf. 村落 XII3Ae

C 井和龙神祭 cf. 村落 XII3C

2 井水灌溉←→水利权〈井水灌溉的〉 cf. 租佃 IV1

3 饮用水〈井水的〉→涵洞〈河务局的〉的灌溉/饮用水的利用

**X 〔河防〕**

1 水灾←→“甲子丰年丙子旱，戊子蝗虫庚子乱，惟有壬子水连天，十日无子天下乱” cf. 所有 III1，2

A 难民

a 难民和教会

B 水灾和租佃 cf. 租佃 VI8，9

C 水灾和赋税的减免 cf. 公租 V1Qc

D 水灾后的土地所有 cf. 所有 III

2 河防〈河务局的〉←→水灾委员会

A 劳工的动员

B 劳工出工的分摊 cf. 村落 VI10Ai

C 劳工的工作

D 劳工的报酬

3 河防〈水利团体的〉←→江工会

4 〔挖河〈官田的〉〕

A 挖河〈官田的〉的出工分摊 cf. 村落 VI10Ai

B 挖河〈官田的〉的指挥→河夫

**XI 水运←→雇船，官缆**

1 船会的沿革/组织

2 船会的职员

A 香头〈船会的〉

B 副香头〈船会的〉

C 首事人〈船会的〉

3 船会职员的职务

# 赋税

1　在农村，赋税的根本是田赋（对土地的赋税）、契税（对不动产买卖的课税）、包税（对买卖的承包课税）三种，全部都是省税。这三种之外的省税和县税一并列入“其他的省税/县税”部分。

2　赋税的种类除了上述类别，还包括“II 国税”、临时征收的钱款、实物征收以及劳役。我们根据征收机关将其分为“县的摊款/实物征收/劳役”“区/警察分所/大乡的摊款/实物征收/劳役”“村的摊款/实物征收/劳役”“商会/新民会的摊款”。

3　关于以上各个税种，其项目大致按照以下的顺序来展示。

（1）沿革（2）种类（3）课税对象（4）税率/税额（5）税收额（6）负担比例（7）征收手续（8）征收时期（9）相关文件（10）逃税/滞纳/减免（11）征收机关

4　关于征收机关，负责每个税种的机关包含于各自的税种中，在省/县中全面处理征税的机关包括“III 省财政和征税行政”“IV 县财政和征税行政”。

5　与田赋征收相关的机关是政务警，也有保正地方，社书/里书等，但由于政务警、保正地方同时也从事其他的行政事务，将其纳入“IV 县财政和征税行政”中。与此相对，社书/里书等是专门处理田赋征收的，因此将其纳入“V 针对土地的课税、田税”中。

6　考虑到“土地调查/土地买卖字据的一并检查、验契/不动产登记”是田赋征收的基础条件，将其安排在田赋后的 VI 中。

7　县摊款和田赋附加的内容很难区别，而且我们认为这种区分没有意义，一并纳入“X 县的赊款/实物征收/劳役”中的“1B 赊款（县）的内容”中。

8　包税是指承包税的内容，但在“VIII 对买卖的承包税、包税”中，包括对买卖行为不征收课税的屠宰税，而不包括烟酒牌照税。

9　牙税是由征收承包人的帮手（牙纪、经纪等）来征收的，很多情况下和牙税一起征收中介手续费（佣钱），这两者的区别未必明确。因此，在牙税中通常包含佣钱。

10　承包课税（包税）已被废除，可以看出由贸易场/税务征收局向省县直接征收制转移的趋势。这些征收机关的相关内容被纳入“VIII 对买卖的承包课税、包税”。

11　我们列出了两种特殊的不动产。其一是清朝时代所设定的官地/旗地，现在除了钟杨宅地、松宅地等民有地、船户地等，应该已经整理完成。其二是河务、农田局等的官地，此处也包括桥会的所有地。

I 赋税的概况　II 国税　III 省财政和征税行政　IV 县财政和征税行政　V 针对土地的

课税，田赋 VI 土地调查/土地买卖字据的一并检查，验契/不动产登记 VII 针对不动产买卖的课税、契税 VIII 针对买卖的承包课税、包税 IX 其他的省税/县税 X 县的摊款/实物征收/劳役 XI 区/警察分所/大乡的摊款/实物征收/劳役 XII 村的摊款/实物征收/劳役 XIII 商会/新民会的摊款 XIV 特殊不动产一：清朝的官旗地 XV 特殊不动产二：现存的永佃官地

有地〈县的〉的地租　cf. 租佃 V4F
c　教育基金〈县的〉等公款的利息
d　义仓　cf. 村落 XII7
e　县的事业
f　司法收入〈县的〉
g　行政状纸出售价款（状纸出售价款，缮状费）状纸←→缮状处，缮状生　cf. 司法 III2C，VI1，2
C　县预算
D　县预算的制订方法←→各款独立，统收统支
E　省税的县附加
F　省给县的补助→省的行政补助费（库款补助），省税的留拨
G　省税代收及其费用←→田赋征收处的经费，田赋征收处的收入
H　超过省税代收定额的补偿→溢征提奖
I　县收入的预征/预借←→摊款〈县的〉的预征/预借
2　县收入的管理 cf. 贸易 IV4Fb
3　县支出
A　县补助〈对区乡等〉
4　省对县财政的监督←省视察委员
5　道对县财政的监督←道稽核专员
6　县的监督〈对村费〉cf. 村落 VI13E，XV2Bd
7　〔县的征税机关〕V3，4 田赋的征收机关 VII1Q 契税的征收机关 VIII2，3 参见包税的征收机关
A　县公署的沿革（吏房，礼房，兵房，刑房，工房，库房，召房，堂房）←→一科（二科，三科）财政科的名称
a　田赋征收处的沿革 V3B 参见田赋征收处的沿革
b　衙役（政务警的沿革）←→差役，三班（四班，六班，七班），班头（班役，当差，班里，人役），小差（班头的）cf. 村落 XIV1Bd，政务警，法警 cf. 司法 IV9，10
B　县/县长和征税
C　〔财政科〕
a　财政科的名称（财务科，县财政科，县财务科）←→一科
b　财政科的组织
c　财政科的业务
——〈田赋征收〉
——〈税收处理〉
d　财政科和田赋征收处←→田赋征收处的业务
e　财政科使用的文件
D　县款股←→财政局（财务局）
E　省款股〈县的〉←库款股
F　田赋股←→ 田赋征收处的名称
G　县金库←会计处〈县的〉，账房，会计股〈县的〉
H　杂税股←税务股，捐务股
I　教育科〈县的〉
J　秘书处〈县的〉←礼房
K　县政会议（联席会议，行政会议）←→商会的县政参加，摊款〈县〉的商民比例的决定 cf. 贸易 IV4F
L　政务警（行政警）←→法警，催粮警，cf. 司法 IV9，10
a　政务警的沿革 →衙役
b　政务警的所属
c　政务警的选任和身份

B 〔田赋租课的课税对象〕

a　地籍←→田赋征收台账，土地调查的效力〈土地台账的编写〉

b　私有地→民粮地（钱粮地，老民粮地，大粮地，有粮地），里甲的民地（在里甲的地，不在甲的地），成户 cf. 村落 XIV1Bf

c　租课的土地（卫粮地，屯粮地）←→旗粮地，河租地〈黄河的〉，（租地〈黄河的〉），河游地

d　黑地←→有地无粮的地（空粮地），有照无粮的地，旗黑地，地多报少的地（白占地，浮多地），土地调查的效力（黑地附加的缴纳）cf. 村落 VI14Cc

e　升科←黑地升科，黑地请粮，报粮升科，买黑投税 cf. 所有 IV

f　无主的地←→无地有粮的地（包丁钱粮），有粮无照的地，地少报多的地，死亡逃绝地（退户无名的地），逃户 cf. 所有 II1，村落 IV3F

g　免税地 cf. 村落 I3

——〈公会地〉cf. 村落 VI12A

——〈庙产〉cf. 村落 VI12A，X3A

——〈学田〉cf. 村落 XI2H

——〈墓地〉cf. 家族 XI9Fd，XII4Eb

——〈义地〉

——〈宅地〉

——〈菜园〉

h　县外地主的土地（外关，外管）←→外关〈旗粮地的〉，属地主义〈赋税的〉，寄庄 cf. 村落 II9

C　田赋征收基准和土地的等级

←大地，小地，大亩，官亩

←→田赋的银米豆草的换算，旗租和田赋

D　田赋附加（小粮）←→摊款〈县〉，亩捐〈县〉

a　田赋附加的内容→摊款〈县〉的内容

E　田赋征收总额和地亩数

F　田赋的承担者和承担比例←→钱粮杂派，包纳，粮钱

G　田赋征收手续←→ 自封投柜

H　田赋征收时期←→上忙/下忙

I　田赋征收区域←→社书/里书的管辖区域，里甲的民地 cf. 村落 XIV1Bf

J　田赋征收和村长 cf. 村落 V1Ah

K　田赋征收和钱铺

L　田赋垫付征收〈社书的〉

M　田赋督促←→田赋垫付征收〈社书的〉

N　田赋的预征/预借（钱粮借款，抵完钱粮）←→田赋借券

O 〔田赋的相关文件和账簿〕

a　田赋征收台账（红簿，库簿，粮册，征粮册，底册，地亩册）←→地籍，鱼鳞册

b　田赋征收日计簿←流水簿〈田赋的〉，田赋总簿

c　田赋征收收据←田赋征收通知书，收据〈田赋的〉，串票，粮票

d　田赋征收报告书

e　田赋借用证→田赋借券

←比卯〈田赋征收处的〉，办卯人，卯期总簿的编写

c　过割〈田赋征收处的〉←→过割

d　税契〈田赋征收处的〉←→税契

e　田赋征收处的田赋之外征税

f　田赋征收处的雍和宫香灯租的代收←→雍和宫香灯租地的租子

g　土地调查的从事人员〈田赋征收从事人员〉

h　验契〈田赋征收处的〉←→验契

E　〔田赋征收处的经费和收入〕

a　田赋征收处的经费←→省税代收及其费用

b　田赋征收处的收入

←→省税代收及其费用

←茶资〈田赋征收处的〉，酒钱〈田赋征收处的〉

c　在田赋征收处根据升科的增加面积的分配方法

F　田赋征收从事人员的选任和身份

G　田赋征收从事人员的收入/报酬

H　田赋征收处和其他机关的关系

a　田赋征收处和保正地方←→保正地方的职责

b　社书/里书和田赋征收处

I　田赋征收处的不当和弊端←捲尾，三撩主义

4　〔田赋的征收机关之二：社书/里书〕

A　社书（册书，粮书，时纪，小催，庸书，什季）←→里书（派书，总房，总书，乡约），旗头（催头〈旗粮地的〉），催头〈民粮地的〉，里老人，里长

B　社书/里书的沿革

C　〔社书的种类〕

a　总社书←→社书

总旗头←→旗头

b　社书〈内社的〉，社书〈外社的〉

c　社书〈县外来的〉←滦县社书，山海关社书

d　社书〈旗粮地的〉

D　社书/里书的职责←监证人和社书

a　过割〈社书/里书的〉←里老人的过割，旗头的过割

b　社书/里书的田赋相关文件的编写和保管

c　社书/里书的会议

d　田赋垫付征收〈社书的〉←包封，“楼封完呈”，“扫数楼封”

e　土地调查的从事人员〈社书/里书〉

f　社书/里书的管辖区域 cf. 村落 XIV1Bf

E　社书/里书的选任和身份←→旗头的本粮地，旗头的交代

F　旗头的职责

a　田赋垫付征收〈旗头的〉

G　社书/里书的收入/报酬←→催粮地〈旗粮地的〉（旗的公有地），催粮地〈民粮地的〉，“开一收二”

H　〔社书/里书和其他机关的关系〕

a　社书/里书和田赋征收处

b　社书/里书和政务警

c　社书/里书和地方

d　社书里书和村长 cf. 村落 V1A

税），cf. 金融 X3，4Cd

D　契的种类←→地契　cf. 买卖 III5

a　白契（白头字儿）←→实卖契　cf. 买卖 III5B

b　走契，走水文书 cf. 买卖 III5C

c　草契（官草契，格纸，田房草契，田房卖契约）←→买卖田房草契，契纸，官契，官契纸，官给用纸，官纸 cf. 买卖 III5D，8A

d　卖契/卖地契（买契，买契地）←→红契，契尾，官契，官契纸，官纸　cf. 买卖 III8A，B

e　老契 cf. 买卖 III6

f　推契（兑契，退契）cf. 买卖 III5K

g　典契（当契，典当契）　cf. 金融 X2Aa，b，4Ce

E　契税的税率/数额及其内容

F　契税的县附加

G　契税的税收额

H　超过契税代收定额的奖金→溢征提奖

I　契税的承担者　cf. 金融 X3B

J　契税的征收手续←→土地调查的效力〈契税的申请〉

a　契税手续的期限←退年限，减半收税

b　作为契税手续的实地检证

c　分家和税契　cf. 家族 IX22A

K　契税的相关文件和账簿

——〈收据〉

——〈账簿〉

——〈月报〉←田房贸易月报

L　契税的逃税和处罚

M　契税的滞纳减免和免税地←→省税的滞纳和减免

N　契税的普及度

O　契税的效力←→过割和契税，验契和税契

P　补契

Q　〔契税的征收机关〕→监证人

a　契税股（税契股）←→收发处，商店〈契税征收机关〉cf. 司法 III2B

b　田房牙纪（牙纪〈田房〉），红名经纪，经纪〈田房〉←→官中牙纪，地牙纪，官中，五尺行〈作为牙纪〉（官中人）cf. 买卖 III1C，D

2　〔监证〕

A　监证的沿革

B　监证的规则

C　监证的费用

a　监证的学费征收（扣留学堂款，抽收田房贸易学款）

D　监证的手续　cf. 金融 X3

E　监证的印

F　监证的效力

G　监证人（田房贸易监证人，公证人）←→契税的征收机关 cf. 买卖 III1H，　村落 V1Ah

a　监证人的资格←小学校长〈监证人的资格〉

b　监证人的职责　cf. 金融 X3

c　监证人的管辖区域

d　监证人的收入/报酬←提金〈监证人的〉，成交人费

e　对监证人的赏罚

f　监证人和社书←→社书/里书的职责

b 牙税粮食店的统一纳税（粮飞，飞子）cf. 贸易 III1Ca

c 牙税〈牲畜〉/牲畜税的征收手续←补税〈牲畜税的〉cf. 贸易 III3A

d 屠宰税的征收手续

I 〔包税征收的场所/日期〕→集市，酒肉市（集市，赶集，集，大集，小集，牲畜市） cf. 贸易 II1

a 集市的场所 cf. 贸易 III1B，2A，3B

b 集市的日期 cf. 贸易 II1B

c 集市的季节

d 包税的征收〈集市外的〉cf. 贸易 V3

e 包税的征收〈集市日期以外日子的〉cf. 贸易 V3

f 屠宰税的征收〈在村里〉cf. 贸易 V3

J 包税的相关文件和账簿

a 包税征收收据←牙税收据，屠宰税执照

K 包税的逃税/滞纳/减免

a 牙税〈斗〉的逃税/滞纳/减免

b 牙税〈牲畜〉/牲畜税的逃税/滞纳/减免

c 屠宰税的逃税/滞纳/减免

L 包税的废除→省县的直接征收，包商的废除，牙纪的废除

2 〔包税的征收机关之一：征税承担人〕

A 包税征收承担人的名称→包商（包税人，包办人，帖头，贴头），承征员（征收员，承征员，协征员，征收员，稽征员），牙行 cf. 贸易 IV1，V1

B 包商制度及其沿革→包税制度及其沿革

C 包商的规则

D 包商的种类→总包商，分包商，散包商 cf. 贸易 V1，V5

a 斗牙税包商，粮市贴头，斗头→包商〈斗牙税〉 cf. 贸易 V4

b 秤牙税包商，秤市贴头→包商〈秤牙税〉

c 牲畜牙税/牲畜税包商，大市贴头，猪市贴头，牲市包税的，小包税→包商〈牲畜牙税/牲畜税〉，大包税 cf. 贸易 V6

d 屠宰税包商←包商〈屠宰税〉cf. 贸易 III4C

E 屠宰税包商的事务员

F 〔屠宰税的承包〕

a 屠宰税的村内承包人→包村的〈屠宰税的〉

b 屠宰税承包〈在村公会〉cf. 村落 V2

c 保正地方的屠宰税代管←→屠宰税包商

G 护路队的包税代收

H 包商的选任与合伙

I 包商的保证人/保证金

J 包商的承包金额与收入

K 包商的职责与管辖区域

L 包商的废除 ←→ 省县的直接征收

3 〔包税的征收机关二：征收承包人的帮手〕

A 征收承包人的帮手→牙纪，经纪，牙伙，牙行 cf. 贸易

A 烟酒牌照税←烟酒牌照税，烟酒税〈牌照税〉，酒税〈牌照税〉

B 营业税

a 营业税的商会代收 cf. 贸易 IV4Fa

C 当税

D 油税

E 棉花专税

2 县税〈田赋/契税/包税的各县税附加税以外的〉→县收入的种类和数额

A 杂捐←杂货捐，房捐，席捐，屠牛公益税，牛双护送费，兽皮捐，公路捐

B 针对车辆的课税←自行车捐，大车捐，车捐，车牌捐

C 针对煤炭的课税→煤炭捐

D 针对棉花的县课税→穰花捐，新民会穰花捐的征收

E 针对猪小肠的课税→猪小肠捐（小肠捐）

F 针对谷物出境的课税→粮食出境捐（粮行通捐费）

G 针对石灰的课税→石灰捐（灰捐）

X 〔**县的摊款/实物征收/劳役**〕

1 县摊款，乡民款，乡款，商民摊款，绅商摊款，差钱〈县〉→摊款〈县〉，亩捐〈县〉（县亩捐，粮捐，钱粮加捐），田赋附加 cf. 村落 VI1，VI2Bf

A 摊款〈县〉的沿革←钦差，官差，平差，兵差，大差，红差，河差

B 摊款〈县〉的内容

——〈军事特捐〉←军事支应摊款，兵差摊款，治安军摊款

——〈保甲费〉←保甲防卫沟补助费

——〈保卫团费〉←警备费，警团费，保安队费，自卫团摊款，赈捐

——〈警款〉←警捐〈县〉，村摊警款，民摊警款，警察费

——〈行政事务补助费〉←自治费〈县摊款〉，区费〈县摊款〉，地方款，乡村补助费，加征摊款，维持会摊款，战捐〈县摊款〉，指导员经费〈县摊款〉，新民会青训生摊款〈县摊款〉

——〈建设费〉

——〈水灾摊款〉

——〈教育款〉←学费〈县摊款〉，教育费〈县摊款〉，随粮代征学款，代征学款

C 摊款〈县〉的商民比例决定←→商会的县政参加，县政会议

D 摊款〈县〉的征收标准和承担者

E 摊款〈县〉的征收方法和时期

F 摊款〈县〉的预征/预借←亩捐借款，赈捐

G 省里对摊款〈县〉征收的许可

H 与摊款〈县〉有关的文件

I 摊款〈县〉的免除

J 摊款〈县〉的废除

K 针对商人的县摊款→商捐，县政会议，cf. 贸易 IV4F

a 商捐的分配方法

L 摊款〈八路军等的〉←八路军等的摊款

D 大乡的支出

E 大乡的实物征收→实物征收〈大乡〉 cf. 村落 VI9

F 大乡的劳动力→劳动力〈大乡〉 cf. 村落 VI10

XII 〔村的摊款/实物征收/劳役〕

1 摊款〈村的〉 cf. 村落 VI2—7

2 实物征收〈村的〉 cf. 村落 VI8

3 劳役〈村的〉 cf. 村落 VI9

XIII 〔商会/新民会的摊款〕

1 商会（商务会）←→保正地方和商会

A 商会的组织和功能 cf. 贸易 IV4D

B 商会的规则

C 商会的县政参加←→摊款〈县的〉的商民比例决定，县政会议 cf. 贸易 IV4F

D 商会的赋税代征→营业税的商会代征 cf. 贸易 IV4F

E 商会的会费征收

F 商会的物价报告

2 〔新民会〕 cf. 村落 XIV3，金融 XIII1

A 新民会的业务

a 新民会的合作社贸易场的经营和手续费征收←→贸易场 cf. 贸易 II5，金融 II6，村落 XIV3Ae

b 新民会收购米 cf. 贸易 III1cf.，G

c 新民会征收穰花捐←→穰花捐

B 新民会的摊款→摊款〈新民会〉

XIV 〔特殊不动产之一：清朝的官旗地〕

1 〔官旗地的起源〕

A 王府

B 旗人

a 旗人/汉人之争

C 旗地的起源←跑马圈，带地投充，上赏地，自置买地 cf. 所有 IV

D 旗地征租的权利←起租籽权，产权， cf. 金融 IX2A，所有 1

E 公有地〈旗人的〉←学田〈旗人的〉

2 官旗地（旗地，旗产，老租地，庄头地，租籽地〈官旗地的〉）←→官旗地的种类（旗地的种类） cf. 租佃 III2B

A 皇产

B 王府地

C 内务府地

D 内务府造办处地

E 会计司地

F 匠役地〈匠艺地〉

G 船户地

H 马馆地←→马馆租

I 鉴与卫地

J 胭粉地〈官旗地〉

K 御道余地←陵户地

L 卫地←→屯田，绿营地，马厂地，临归卫地，拨补地，租课的土地

M 周庄头地

N 韩庄头地

O 吴庄头地，吴庄头地〈九爷府〉

P 滦州租地←谢庄头地

Q 八项旗产←五项旗产，六项旗产

R 雍和宫香灯租地

E　管旗产整理的相关文件（粮照）←→财政部执照

F　管旗产的未整理土地

G　管旗产整理的机关←管旗产清理处，旗产清理处，清查地亩局，清查地亩处，官产处，官产局，清丈局，清查局

a　官产总署

b　八旗王公旗产联合清理会

XV　**〔特殊不动产之二：现存的永佃官地〕**

1　官地〈农田局的〉←小站的水田 cf. 租佃 IV1B，V4G

A　官地〈农田局的〉的起源←→开垦〈屯田导致〉　cf. 所有 IV

a　周公祠〈小站的〉

B　官地〈农田局的〉的管理机关（农田局，营田局，营产局，管事人〈农田局等的〉）

C　官地〈农田局的〉的永佃户（佃户〈农田局官地的〉，永佃户〈农田局官地的〉）←→佃户〈官旗地的〉　cf. 所有 I3，租佃 III2B

D　官地〈农田局的〉地租/苇湖租←苇坑〈农田局官地的〉，苇沟〈农田局官地的〉

——的减免←荒芜地〈农田局官地的〉

E　官地〈农田局〉的执照

F　官地〈农田局〉的区田←区田

2　〔官地〈上沽林的〉〕

A　官地〈上沽林〉的永佃（〈永佃户〈上沽林的〉）←→佃户〈官旗地的〉　cf. 所有 I3，租佃 III2B

B　官地〈上沽林的〉的赋税缴纳

3　官地〈河务局的〉（河租地〈河务局的〉，河务局河租地〉）←→河淤地，河游地，河滩地，河租地〈黄河的〉，籽粒地，麻课地〈蕨课地〉，河淤地 cf. 水 I4，所有 III1，村落 I3F

A　官地〈河务局〉的永佃户（永佃户〈河务局官地的〉）←→佃户〈官旗地的〉 cf. 所有 I3，租佃 III2B

B　官地〈河务局〉的租子 cf. 水 I5

C　官地〈河务局〉的执照

4　〔桥会的永佃地〕

A　桥会永佃地的起源←永佃地〈桥会〉的起源　cf. 村落 XĬI11Gc

B　桥会永佃地的佃户（永佃户〈桥会永佃地的〉）←→永佃权〈桥会永佃地的〉，佃户〈官旗地的〉 cf. 所有 I3，租佃 III2B

C　桥会永佃地的租子

D　桥会永佃地的钱粮/黑地附加←→土地调查的效力〈黑地附加的缴纳〉

E　桥会永佃地的租票

# 司法制度

I 旧司法制度和旧法　II 法律　III 司法机关　IV 司法职员　V 县长和承审员的关系　VI 诉讼手续　VII 诉讼费用　VIII 诉讼和村的关系　IX 诉讼和农民　X 各种各样的诉讼案件

I　〔**旧司法制度和旧法**〕

1　旧司法组织

2　〔旧法〕

A　旧律

B　暂行新刑律

C　冈田朝太郎的刑法典起草

II　〔**法律**〕

1　六法全书

2　新兴律

3　河北省县政府承审处暂行规程

4　县知事审理诉讼暂行章程

III　〔**司法机关**〕

1　〔上级法院及其他〕

A　最高法院←→大理院

B　高等法院

C　地方法院←→法院　cf. 公租 VI3G

D　监狱公署

2　〔县司法机关〕

A　承审处　cf. 公租 VI3G

B　收发处　cf. 公租 VIII1Qa

C　缮状处　cf. 公租 IV1Bg

D　登记处　cf. 公租 VI3G

IV　〔**司法职员**〕

1　承审员←→承审官，试办承审员 cf. 公租 VI3G

A　承审员的任命

B　承审员的资格和任命←→政法学校

C　承审员的身份

D　承审员的忌讳/回避

E　承审员的转任

F　承审员的俸给

G　承审员的成绩评定

2　法官，审判官，推事，监督推事

3　〔书记〕

A　书记员，书记官

B　书记

C　录事

4　检察官

5　帮审员 cf. 公租 VI3G

6　秘书

7　承发吏 cf. 公租 VI3G

8　检验吏

9　差役 cf. 公租 IV7Ab，L

10　法警←→政务警 cf. 公租 IV7Ab，L

V　〔县长和承审员的关系〕
1　县长的裁判权←→红笔师爷，黑笔师爷，批
2　承审员的意见和县长的意见←→县长的裁判权

VI　〔诉讼手续〕
1　诉状，状纸 cf. 公租 IV1Bg
2　缮状生←→代书人 cf. 公租 IV1Bg
3　诉讼能力
4　歇家←→诉讼宿
5　诉讼的代理←→抱告
6　裁定
7　上诉
8　执行犹豫←→缓刑
9　强制执行←→破产 cf. 金融 V2，3

VII　〔诉讼费用〕
1　〔各种费用〕审判费，证人费用，诉讼印纸，送达费
2　诉讼费用引起的出典 cf. 金融 X1Da

VIII　〔诉讼和村的关系〕cf. 村落 IX3
1　诉讼和村长的理解 cf. 村落 V1Ah
2　越诉
3　不经过村调解的诉讼

IX　〔诉讼和农民〕
1　诉讼和贿赂
2　喜爱诉讼（好打官司）
3　三百代言（调辞架讼）
4　讨厌诉讼←→“好官司不如恶宴席”，“穷死不作贼，屈死不告状”
5　不诉讼的理由
6　息讼会 cf. 村落 IX3E，租佃 XIII1
7　诉讼的调解（仲裁）cf. 村落 IX3
8　自救（自力救济）cf. 金融 V2A
9　复仇←→世仇 cf. 村落 IX5

X　〔各种诉讼案件〕
1　诉讼的诸例←→打官司 cf. 村落 IX1
2　民事诉讼事件←→还债请求诉讼 cf. 金融 V2E，贸易 IV2
3　刑事诉讼事件←→ 告诉
4　土地相关的诉讼
A　侵犯边界的诉讼　cf. 所有 VI3
B　租佃关系的诉讼←→租佃纠纷 cf. 租佃 XIII
C　土地买卖的诉讼
D　与出典有关的诉讼　cf. 金融 X
E　指地借钱的诉讼　cf. 金融 XI
F　与庙产有关的诉讼 cf. 村落 X3
G　与族田有关的诉讼←→与同族墓地附属耕地有关的诉讼　cf. 家族 XI9Fg
5　家庭关系诉讼
A　失踪的诉讼
B　与分家有关的诉讼 cf. 家族 IX4
C　通奸的诉讼　cf. 家族 VI13A，J
D　离婚诉讼　cf. 家族 VI13J
E　父母孩子间的诉讼　cf. 家族 II3Dd
F　养子相关的诉讼　cf. 家族 IV3M
6　与水有关的诉讼 cf. 水 VII3
7　〔对村长/有权力者的诉讼〕
A　对村长的诉讼　cf. 村落 V1AI
B　对镇长的诉讼
C　对绅士的诉讼　cf. 村落 IV4A
D　村政相关的诉讼
8　村与村之间的诉讼　cf. 村落 IX1F
9　县与县之间的诉讼

# 索引

## 符号说明

I、II、III、IV、V、VI 这些数字表示本书的卷数。

1、12、35 这些数字表示各卷的页码。

29—31 这些数字表示连续的页码。

例如：II68 指第 2 卷第 68 页，V225 指第 5 卷第 225 页，VI105—7 指第 6 卷第 105 至 107 页。

〈〉这个括号内的事项，是为了表示限定括号前的某个项目的意思，和括号前的某个项目一起刊载，并非自身独立。

——〈〉这个符号的一系列的项目，是括号前一行项目中附加的限定，在这个索引的排列中作为集体项目而处理。它在分类项目表中与集体项目一样，因此，其内在顺序不是五十音顺序，在理论上和分类项目表有一样的顺序。

例　婚姻障碍

——〈同姓〉

——〈重婚〉

——〈宗教不同〉

关于婚姻阻碍这一项目，其内容包括同姓以及其他各种分类，为了便于读者了解具体内容所在页码，我们将其列入索引中。

“”内的事项指谚语、俗语等用中文叙述的东西，需要注意其读音是汉语读法。（参见凡例 VB）

例如“卖马不离槽”“好官司不如恶宴席”

cf. 这个简略符号，意思是请参见右侧的项目。因此在分类项目表中使用→←→cf. 等各符号，全部都用 cf. 来表示。

，逗号意味着与几个项目的并列。

例：粮食市场，牲口市场，猪市，酒肉集，…

/ 指的是在一个项目里的说明，并非划分开项目。

例 村长的职责/权限

部门的略称 因为要省略部门名称变成两个字以下，使用以下略称。

所有 = 一般土地所有权 买卖 = 土地买卖 贸易 = 农村贸易 金融 = 农村金融 公租 = 赋税 司法 = 司法制度

A



B

K

# 资料目录

1. 此目录不包含事项索引的原资料，即以正文访谈［资料］的形式，特别是以已有资料为基础，将其他资料分类，目的是与事项索引一起为读者的研究提供便利。但即便是事项索引包含的原资料，有时也会与事项索引有所重复。这样的例子在字据、契约书的类别中最多。

2. 此目录和分类项目表一样，首先对部门进行分类，且在其开头加上“地图”、“调查村的各户调查统计表”。而且在村落、家族、赋税三个部分还按照分类项目表的体系进行细分。

3. 如上所述约有 50 个分类，各分类的排列顺序是按照卷数顺序、页数顺序。只是全部分类中，分家字据、租佃字据、卖契等的字据、契约书的内容，分别将其页数总括起来表示在各分类的末尾处。

4. 资料的名称不一定和正文一样，我们尽可能令人一读便知其意。

5. 同一资料与两个以上部分相关的情况下，只在其中一个部分标出。例如，商会关系放在农村贸易部分，典契和典租佃契放在农村金融部分，卖契则放在土地买卖部分当中。

此外，卖契、租票等分别在“土地买卖”的卖契，“现存的永佃官地”的租票部分。与此相对，诉状则视其诉讼事件的性质而分别归入相关部分。

## 地图



## 调查村的分户调查统计表



## 村落

### I 户口/土地分配/职业

## II　边界



## III　村的行政组织



## IV　村费/劳役

**V 治安维持/看青**



**VI 纷争/合作**



**VII 碑文/钟铭/额**

# 家族

## I　家族关系



## II 同族关系

## 租佃



## 土地买卖

## 农村贸易

# 农村金融



# 水

## 赋税

### Ⅰ　赋税的概况



### Ⅱ　国税

### III 省县税和省税



### IV 县财政和征税行政

#### 1 县财政和县税

[1] 译者注：原文如此。

### VII　验契



### VIII　不动产登记



### IX　契税

1　契税概况

## XI　其他的省税/县税



## XII　县的摊款/实物征收/劳役

### 1　县的摊款

## XIV　清朝的官旗地



## XV　现存的永佃官地

## 司法制度

# 译者后记

参加中国农村研究院院长、长江学者徐勇教授和社科处原处长、人文社会科学高等研究院石挺常务副院长共同发起和促成的满铁农村调查翻译出版工作，是我和我的 13 人的日语教师翻译团队组成以来所做的最大的项目，也是我们所遇到的最大的挑战，但同时也是我们所从事的最有跨学科学术意义和未来指向的世纪工程。

在此，我想用几个关键词说明一下保证我们完成翻译工作的人员组织基础：石挺常务副院长是中国农村研究院与外院日语系、徐勇教授和我之间的“媒人”，而邓大才教授则是在我们中间做具体工作和多方协调的“调度”，另外还有学校领导和科研处等相关部门的指导和资金支持等方面的“促成”，更有我的教师团队和我的研究生全体以及我的高年级本科生优秀骨干的积极“参与”与“投入”，不能不提的还有日籍教授石桥一纪这位日语母语“顾问”等，这一切都缺一不可地保证了翻译工作的阶段性顺利进行。

翻译工作的难度超过了我们的想象，不仅是与现代日语有着很大语法和词语环境不同的明治与昭和前期的日语问题，更有俚语方言、外来语、少数民族发音的模拟词汇等等非当时当地人无法理解和明白的词汇与用法的大量出现，特别是调查资料的影印版年代久远，字迹模糊无法辨认、度量衡标准与制度无法统一、随意性强等不一而足。因一个单词一个地名或人名多方查找、开会研究、多语种同时辨认，一个星期无法进展的尴尬困苦经常出现。

团队的女同事偏多，她们为了每个人每期几十万字的翻译，废寝忘食、子女难顾、家庭出现矛盾的情况也此起彼伏，不言自明，这与她们繁重的教学科研工作是同时进行的；研究生和部分本科生们不但有繁多的科目学习以及大量的作业和研究报告等，还要在频繁的课外活动、集体行动的同时担任初步的翻译和资料核实工作，许多同学苦不堪言。当然，尤其要指出的是，个别教师和同学住进医院还在病床上校对译稿，令人动容。

凡此种种，困难重重，但我们团队教师和学生共 70 多人，严肃认真、不分昼夜、同心协力、共同奋斗，仍然按时初步完成了阶段性的满铁农村的调查的惯行部分的翻译工作。我们已经从最初的项目型、任务型变成了我们自己的一种事业追求。各小组的教师和同学积极参加每次日译汉翻译培训活动，互通信息，举一反三，交流心得体会。教师翻译、指导、校对，严肃认真，一丝不苟，学生忠实践行教师的翻译理念和翻译方针，学习教师的翻译方法和技巧，协助教师的校译工作。作为整个项目的主译我感到无比的欣慰，同时向团队的每一位教师和同学表示衷心的谢意！

具体各翻译小组的成员构成情况如下：

第一小组：李俄宪：王思璇，汤俊峰，郑萌，胡晓晓，李亚芬，林智丹

第二小组：尹仙花：万珺，徐金晶，聂咸昌，林子愉，李思琦

第三小组：吕卫清：高歌，董春玲，阚旭琴，李晨，倪丽畅

第四小组：娜仁图雅：马倩，项莹莹，隋玲梅，李龙，刘琦

第五小组：汉娜：张红，姚晓静，陈晨，姜俊芳，郭新梅

第六小组：李雪芬：谢芬，卢珊珊，张佳凤，吕佳琳，王登林

第七小组：李莹：赵晓婧，王珂，万卫平，张勇，谭鹤

第八小组：金英丹：宋兰奇，李倩，陈佳桂，黎智，杨佩瑶

第九小组：王霞：朱璐瑶，戴思佳，贾茹，齐锦轩，廖珍珍

最后，谨在此向中国社会科学出版社的赵剑英社长表示感谢！向认真负责的责任编辑冯春凤女士谨致谢意！向中国农村研究院的满铁农村调查编辑团队的教师和同学们表示感谢！

李俄宪

2015 年 12 月 6 日

# 编者后记

满铁农村调查的翻译和出版是徐勇教授、石挺处长多年来关心、关注、领导并尽力促成的重大工程。十多年前，石挺处长在担任华中师范大学社科处长时就安排专门的经费资助满铁调查的翻译和资料收集，并亲自协调中国农村研究院和外语学院日语系的协作，共同编辑、翻译与出版。经过 2014 年的试出版，我们决定，先翻译和出版满铁的惯行调查资料。这才有了《满铁农村调查·惯行卷》译稿的问世。

在满铁翻译和出版过程中，我们形成了一个流程，由中国农村研究院负责总体设计规划、编辑，并寻找翻译文本；由外语学院李俄宪副院长带领团队翻译；最后由中国农村研究院负责统稿、校订、制作图表与目录等工作。

《满铁农村调查·惯行卷》的日文版为《中国农村惯行调查》（六卷本），由岩波书店于 1952 – 1958 年出版。为了本书的版权，我们请教了华中师范大学法学院的刘华教授，向她咨询版权问题，并联系了岩波书店，确认该书的著作权保护期已满，可以在中国翻译出版发行。本卷译稿完成后，中国农村研究院的杨嬛老师对译稿进行了第一轮校订，随后邓大才教授进行了第二轮校订，最后张晶晶老师重点参考邓大才教授校订的稿件，对照原书，进行了第三轮校订。这三轮校订的内容包括订正错误、查缺补漏、规范用词、润色语句、理顺逻辑、统一格式等。中国农村研究院基地班的陈明真、冯雪艳、石健、周志姚四位同学参与了本卷图片、表格的制作，许鑫、余碧艺、倪威威三位同学核对了本卷的民间契约、政府案卷等繁体汉字内容，闫利、孟庆渡两位同学校对了本卷的部分文字，刘思敏、王豆茹、于佳佳三位同学制作了本卷末的索引内容。

本书的内容以访谈形式为主，并收录了当时官方及民间的部分文献资料，文中大量的对话及冗长的文献往往使读者不得要领。为了方便读者阅读并理解其调查者的意图，邓大才教授撰写了导读——《惯行与治理：满铁对华北三省诸县调查概况》、《治水惯行：对河北省诸县水利惯行调查》。

满铁农村调查第六卷能够出版，还要感谢中国社会科学出版社及赵剑英社长给予的大力支持。同时要感谢出版社的冯春凤女士，是她的精心安排促成了本书的顺利出版。在此我们代表编辑翻译委员会向为本书翻译和出版做出贡献的各位领导、专家、同学表示感谢！

邓大才

2018 年 8 月 31 日